D1689774

BANK CIAL (SCHWEIZ)
Marktplatz 11-13
CH-4001 BASEL

Fredmund Malik   **Strategie des Managements komplexer Systeme**

Prof. Dr. Fredmund Malik

Strategie des Managements komplexer Systeme

Ein Beitrag zur Management-Kybernetik evolutionärer Systeme

6., unveränderte Auflage

Verlag Paul Haupt
Bern · Stuttgart · Wien

Fredmund Malik, Prof. Dr., ist Titularprofessor für Unternehmungsführungslehre an der Universität St. Gallen (HSG) und Gastprofessor an der Wirtschaftsuniversität Wien. Seit 1977 ist er geschäftsführender Direktor, seit 1984 Verwaltungsratspräsident des Management Zentrums St. Gallen, einer der führenden Organisationen im deutschsprachigen Raum auf den Gebieten der systemorientierten Managementschulung, -beratung und -entwicklung. Die in diesem Buch enthaltenen Erkenntnisse sind wesentlich von seinen Erfahrungen im Rahmen dieser Funktion beeinflusst.

Die Schwerpunkte seiner Tätigkeit liegen auf den Gebieten strategisches Management, Unternehmungs-Struktur und -Organisation, Management-Control-Systeme sowie Management-Development. Von 1979 bis 1984 war er Direktor am Institut für Betriebswirtschaft an der HSG.

Die erste Auflage wurde publiziert mit Unterstützung des Schweizerischen Nationalfonds zur Förderung der wissenschaftlichen Forschung.

1. Auflage: 1984
2. Auflage: 1986
3. Auflage: 1989
4. Auflage: 1992
5. Auflage: 1996

Die Deutsche Bibliothek – CIP-Einheitsaufnahme

Malik, Fredmund:
Strategie des Managements komplexer Systeme :
ein Beitrag zur Management-Kybernetik evolutionärer Systeme /
Fredmund Malik. –
6., unveränd. Aufl. –
Bern ; Stuttgart ; Wien : Haupt, 2000
Zugl.: St. Gallen, Univ., Habil.-Schr., 1977
ISBN 3-258-05369-3

Alle Rechte vorbehalten
Copyright © 2000 by Paul Haupt Berne
Jede Art der Vervielfältigung ohne Genehmigung des Verlages ist unzulässig
Umschlaggestaltung: Atelier Nicholas Mühlberg, Basel
Dieses Papier ist umweltverträglich, weil chlorfrei hergestellt;
es stammt aus Schweizer Produktion mit entsprechend kurzen Transportwegen
Printed in Switzerland

http://www.haupt.ch

Für
Angelika,
Constantin-Frederic
und
Olivia-Christina

Vorwort zur 1. Auflage

Die vorliegende Arbeit, von deren Teilen 1, 2 und 3 ich im August 1977 eine Manuskriptfassung abschloss, die 1978 von der Hochschule St. Gallen als Habilitationsschrift angenommen wurde, ist einer längeren, in St. Gallen gepflegten Tradition verpflichtet.

Seit Mitte der sechziger Jahre wurde von einer in ihrer personellen Zusammensetzung wechselnden Gruppe unter der geistigen Leitung von Prof. Dr. Dr. h. c. mult. Hans Ulrich versucht, eine Managementlehre als Lehre von der Gestaltung und Lenkung komplexer, soziotechnischer Systeme zu schaffen. Dies geschah teilweise mit der Absicht, die Betriebswirtschaftslehre mit ihrer primär an ökonomischen Fragen orientierten Denkweise zu reformieren, teilweise aber auch in Abkehr von der Betriebswirtschaftslehre, denn zumindest aus heutiger Perspektive ist fraglich, ob Betriebswirtschaftslehre und Managementlehre überhaupt viel miteinander zu tun haben.

Ich meine, dass die Managementlehre ein anderes Problem zu lösen versucht als die Betriebswirtschaftslehre. Während Wöhe in seiner „Einführung in die allgemeine Betriebswirtschaftslehre" davon ausgeht, dass der Gegenstand der Betriebswirtschaftslehre „die Summe aller wirtschaftlichen Entscheidungen (ist), die im Rahmen eines Betriebes erfolgen"[1] und weiter klarstellt, dass „nicht der Betrieb schlechthin" Gegenstand der Betriebswirtschaftslehre sei, sondern nur „die wirtschaftliche Seite des Betriebes und Betriebsprozesses"[2], so geht es der Managementlehre darum, das System Unternehmung-Umwelt in seiner ganzen Komplexität unter Kontrolle zu bringen. Für die Managementlehre darf es schon deshalb keine Einschränkung auf irgendeinen einzelnen Aspekt geben, weil das Management in der Praxis sich ja ebenfalls nicht auf einzelne Aspekte zurückziehen kann. Das System muss in allen relevanten Dimensionen unter Kontrolle sein.

Es ist aber nicht nur der Versuch der Berücksichtigung der Vieldimensionalität, der für die Managementlehre dieser Art typisch ist, sondern es ist vielleicht noch stärker die Problemstellung des „Etwas-unter-Kontrolle-Bringens". Entscheidungen, wie sie der Betriebswirtschafter untersucht, sind ein Mittel, das der Lösung dieses Problems dienen kann, aber bei weitem nicht das einzige.

Wie ich in diesem Buch zu zeigen versuche, finden Management, und damit auch die Managementlehre ihre Fundamente in den Systemwissenschaften, ganz besonders in einer bestimmten Art der Kybernetik. Allerdings ist hier nicht jene Spielart der Kybernetik gemeint, die primär unter den Bezeichnungen Regelungstheorie und Regelungstechnik geführt wird, sondern es ist die Kybernetik der wirklich komplexen Systeme, der organismischen, selbst organisierenden und evolvierenden Systeme.

---

1 Wöhe (Betriebswirtschaftslehre) 2.
2 Ders., a.a.O., 6.

Man kann mit Recht die Frage stellen, ob eigentlich eine alltägliche Tätigkeit wie Management einen so komplizierten Produktionsumweg für ihre Fundierung benötigt und rechtfertigt. Ich meine, ja. Unsere Welt ist, selbst nach menschlichen Massstäben, in sehr kurzen Zeiträumen eine organisierte Welt geworden, ein Netzwerk aus Institutionen, das so komplex ist, dass es in menschlichen Dimensionen längst nicht mehr begreifbar ist. Diese Welt ist Ergebnis des Handelns von Menschen, und hierin spielt die explosionsartig gestiegene Anzahl der Manager auf allen hierarchischen Ebenen eine immer wichtigere Rolle. Diese Welt ist wesentlich das Resultat der Handlungen von Managern. Ist sie auch das Resultat ihrer Absichten?

Ich bin mir nicht sicher, ob auf diese Frage die Antwort ja oder nein die schwierigeren Probleme aufwirft. Ein wesentlicher Teil dieser Arbeit ist der Klärung der Frage gewidmet, welche der möglichen Antworten zutreffender ist und welche Konsequenzen dies hat. Mehr Menschen als je zuvor erfüllen Managementaufgaben, und mehr Menschen als je zuvor werden von der Tätigkeit von Managern betroffen und sind von ihr abhängig. Es wird daher für uns immer wichtiger, beurteilen zu können, worin gutes Management und worin schlechtes Management besteht, wer ein guter Manager ist und wer ein schlechter, und welche Theorie am ehesten geeignet ist, die Managementprobleme unserer Zeit und der Zukunft zu lösen.

Nachdem ich die erwähnten drei Kapitel dieser Arbeit abgeschlossen hatte, standen seit 1977 im Rahmen meiner Tätigkeit als Direktor des Management Zentrums St. Gallen, einer Managementschulungs-, Managemententwicklungs- und beratungsorganisation, die Anwendungsfragen im Mittelpunkt. Mein Interesse war auf die Frage gerichtet, ob sich die hier skizzierten Denkweisen praktisch anwenden lassen, ob das Geschehen in Unternehmungen, menschliches Verhalten usw. verständlicher wird, wenn man es aus der hier vertretenen Perspektive sieht.

Meine persönlichen Erfahrungen, für die ich selbstverständlich keinerlei Beweiskraft beanspruche, haben mich davon überzeugt, dass Unternehmungen, wie auch die meisten anderen sozialen Institutionen, wirklich komplexe, selbstorganisierende und evolvierende Systeme sind, und dass es daher nur ganz bestimmte Möglichkeiten ihrer Beeinflussung, Steuerung, Lenkung und Gestaltung gibt, die Erfolgschancen haben. Vieles von dem, was in Unternehmungen passiert, sind Rituale, die nichts wirklich bewirken, nichts wirklich verändern. Viele sozialen Institutionen sind, obwohl es den Anschein hat, gar nicht geführt, weil sie nicht führbar sind. Viele Entscheidungen werden nicht getroffen, sie treffen sich; in vielen Organisationen geschieht Vernünftiges nicht wegen, sondern trotz des Managements und in vielen Fällen haben die letzten Jahre gezeigt, dass es nur weniger Veränderungen bedarf, um ganze Branchen ausser Kontrolle zu bringen. In vielen gesellschaftlichen Bereichen kann nur eine bis ans Äusserste gehende Strapazierung der Semantik darüber hinweg täuschen, dass die betreffenden Systeme nie unter Kontrolle waren. Viele Probleme können wir nur deshalb als unter Kontrolle befindlich betrachten, weil wir die Anforderungen an ihre Lösung vollständig an die tatsächlichen Zustände angepasst haben.

Die Bemühungen um die praktische Erprobung und die Eigendynamik, die in dieser Art von Tätigkeit steckt, vor allem die Wünsche der Klienten und der damit verbundene Termindruck, verursachten eine längere Verzögerung der Überarbeitung des Manuskripts für die Drucklegung, als ich zunächst angenommen hatte. Dies machte es erforderlich, im Lichte der Erfahrungen bedeutende Veränderungen und Ergänzungen vorzunehmen. Die Kapitel 0 und 4 sind gänzlich neu hinzugekommen, und Kapitel 3 erfuhr wesentliche Ergänzungen. Kapitel 1 blieb, aus noch darzulegenden Gründen, unverändert, während Kapitel 2 nur geringfügig modifiziert wurde.

Ich danke allen, die zur Entstehung dieser Arbeit beigetragen haben:
- Jenen, die mein Denken und meine Auffassungen über Management geprägt haben, allen voran Herrn Professor Dr. Hans Ulrich sowie meinem Kollegen Dr. Walter Krieg;
- vielen Führungskräften in der Praxis, mit denen ich in zahlreichen Seminaren und im Rahmen von Beratungsprojekten unzählige Gespräche führen und dabei lernen konnte, die Welt mit ihren Augen zu sehen;
- den Klienten-Unternehmungen, die über die unmittelbar zu lösenden Probleme hinaus immer auch Forschungsgegenstand waren;
- meinen Kollegen und Mitarbeitern am Management Zentrum St. Gallen und am Institut für Betriebswirtschaft an der Hochschule St. Gallen, die mir viele Managementprobleme stellten und manche zu lösen halfen;
- dem Schweizerischen Nationalfonds für die Finanzierung der Arbeit;
- dem Verlag Paul Haupt, der nicht mehr ernsthaft damit rechnen konnte, das Manuskript jemals zu erhalten;
- Frau Ruth Blumer, Frau Felicitas Kurth und meiner Mutter für die Erstellung und Betreuung des Manuskriptes;
- Herrn Jochen Overlack für die Korrektur der Druckfahnen.

Mein besonderer Dank gilt meiner Familie. Wer selbst ein Buch geschrieben hat, weiss, wie total vereinnahmend dies ist, wie vollständig alles andere in den Hintergrund treten muss. Immer, wenn meine kleine, dreieinhalbjährige Tochter mich fragte: „Pappi, wann spielst Du mit mir?" antwortete ich: „Wenn ich fertig bin." „Aber wann bist Du denn fertig?" – Mit der Zeit schienen die Kinder Natur und Ziel der Evolution zu begreifen, denn eines Tages sagte mein fünfjähriger Sohn, nachdem er längere Zeit nachdenklich meinen überfüllten Schreibtisch und die reichlich chaotisch am Boden herumliegenden Bücher, Papiere und Dossiers betrachtet hatte: „Pappi, ich glaube, Dein Buch wird nie fertig …".

St. Gallen, im April 1984   Fredmund Malik

Vorwort zur 2. Auflage

Systemisches Denken scheint auf vielen Gebieten so etwas wie eine kritische Masse erreicht zu haben. Aus immer mehr Bereichen menschlichen Denkens und Handelns wird bekannt, dass man sich mit der natürlichen Systemhaftigkeit der Dinge ernsthaft zu beschäftigen begonnen hat. So ermutigend dies ist, so darf man sich doch bezüglich der für die Umsetzung einer derartigen Innovation erforderlichen Zeit keine Illusionen machen. Grundlegende Innovationen, sei es auf geistigem oder technischem Gebiet, reifen langsam.

Wenn man die Entwicklungsmuster längerer Epochen zu verstehen versucht, kann man feststellen, dass es immer etwa 50 Jahre gedauert hat, bis eine grundlegende Erfindung oder Entdeckung zu einer Innovation geführt hat, also zu einer Veränderung des Tuns. Die vom Zeitpunkt der Innovation an einsetzende Substitution alter durch neue Denk- und Verhaltensweisen benötigt ebenfalls nochmals beträchtliche Zeiträume.

Es sind nun rund 20 Jahre seit dem Erscheinen der ersten St. Galler Arbeiten zum Systemansatz vergangen. Inzwischen zeigt die Arbeit erste Früchte. Ganzheitlich-integrierende Betrachtungsweisen sind den Führungskräften in beträchtlichem Masse vertraut. Konzeptionelles Denken steht auch bei pragmatisch eingestellten Managern im Vordergrund. Die Tatsache der Komplexität von Führungsproblemen wird weithin akzeptiert und daher werden die Forderungen nach einfachen Rezepten deutlich seltener. Dass es längst nicht genügt, im Rahmen gegebener Systeme bestmöglich zu operieren, sondern dass die meisten Unternehmungen nur noch indirekt, über die Entwicklung und Gestaltung von Systemen zu steuern sind, ist unter Praktikern weithin unbestritten.

Die Probleme des Umganges mit komplexen Systemen haben in einer sich immer stärker vernetzenden Welt sprunghaft an Bedeutung gewonnen. Noch sind wir weit davon entfernt, Lösungen für alle diese Probleme zu haben. Aber es scheint, als ob die Richtungen erkennbar sind, in die zu suchen es sich lohnt.

Die 1. Auflage meines Buches hat gerade unter Praktikern eine erfreulich positive Aufnahme gefunden und rasch eine neue Auflage erforderlich gemacht. Grössere Änderungen waren daher weder möglich noch notwendig. Ich beschränkte mich auf die Verbesserung von Formulierungen, die zu missverständlichen Interpretationen Anlass gaben. Für die Mitwirkung bei den Korrekturarbeiten danke ich Herrn lic. oec. A. Bossler sehr herzlich.

St. Gallen, im Mai 1986   Prof. Dr F. Malik

Vorwort zur 3. Auflage

In erfreulich kurzer Zeit war die 2. Auflage vergriffen, was mich selbst überrascht hat, denn das vorliegende Buch richtete sich ursprünglich, wie man aus mancherlei Formulierungen merkt, an einen vorwiegend *wissenschaftlich* orientierten Leserkreis. Dass das Buch darüber hinaus auch einen weiteren, praxis- und anwendungsorientierten Kreis anspricht, ist meines Erachtens darauf zurückzuführen, dass die Menschen fast täglich die Erfahrung machen, dass Komplexität und Vernetztheit der Systeme, in denen sie leben und handeln, Anpassungen an Ereignisse und Umstände erfordern, die sie nicht wirklich verstehen und wegen ihrer Komplexität auch nie gänzlich verstehen können. Die meisten Faktoren, die für unser Verhalten wichtig sind, können wir in ihrem zukünftigen Verlauf nicht wirklich prognostizieren. Deshalb stellt sich eben die Frage, wie eine Institution gestaltet und gesteuert werden muss, um trotz Turbulenzen, Mangel an Prognostizierbarkeit und höchster Komplexität möglichst lebensfähig zu bleiben. Gerade diese Frage stellt den Ausgangspunkt meiner Überlegungen zum Management komplexer Systeme dar.

Das vorliegende Buch in seiner 3. und unveränderten Auflage bietet wegen seiner ursprünglichen Zweckbestimmung einen offenbar nach wie vor aktuellen Leitfaden zur eigentlichen Natur von Management, nämlich zur Lenkung, Gestaltung und Entwicklung komplexer Systeme.

St. Gallen, im März 1989   Prof. Dr. F. Malik

Vorwort zur 4. Auflage

Wenn die Ereignisse, die seit dem Erscheinen der 3.Auflage im März 1989 passiert sind, eines gezeigt haben, dann wohl unmissverständlich, dass wir tatsächlich in einer Welt der hochkomplexen Systeme leben, dass viele dieser Systeme äusserst fragil sind, wir weder ihre Struktur noch ihr Verhalten in einem ernstzunehmenden Sinne kennen, und dass wir daher auch weit entfernt davon sind, sie wirklich unter Kontrolle zu haben. Vordergründig geringfügigste Anlässe bringen sie zur Implosion und/oder entfesseln ihre besorgniserregende Eigendynamik, für deren Steuerung unsere Institutionen so gut wie gar nicht vorbereitet und eingerichtet sind.

Das Durchschneiden eines Stacheldrahtes durch einen ungarischen Grenzposten im Sommer 1989 hat den Ostblock kollabieren lassen – mit rasender Geschwindigkeit, in völlig unvorhersehbarer Art und Weise und mit Konsequenzen, die auch jetzt noch nicht beurteilt werden können. Seit Sommer 1990 steht die Weltwirtschaft plötzlich statt des nicht enden wollenden Liquiditäts- und Kreditüberflusses vor der Situation einer sich immer dramatischer verschärfenden Geld- und Kreditknappheit, und nach acht Jahren Boom inmitten einer scharfen Rezession, deren Ende sich bisher trotz grösster wirtschaftspolitischer Bemühungen nirgends abzeichnet. Die ausser Kontrolle geratene Drogenszene, organisierte Kriminalität in nie gekanntem Ausmass, Flüchtlingsströme und neue Radikalisierungswellen bedrohen den demokratischen Rechtsstaat in den Grundfesten. Die Erosion und teilweise bereits Verrottung wichtiger Teile der gesellschaflichen Infrastruktur, wie etwa des amerikanischen Bildungssystems, der Sozialsysteme in den meisten Ländern, des Gesundheitswesens und die neue Armut auch in den entwickelten Ländern sind weitere Beispiele, von der ökologischen Situation ganz zu schweigen.

Dies alles lässt es dringend geboten erscheinen, ein ernsthaftes Studium komplexer Systeme zu betreiben, und zwar jenseits allen kurzsichtigen, pragmatischen Macher-Gehabes. Nur auf diesem Wege werden wir zu einer problementsprechenden Einschätzung der Bedeutung der wichtigsten sozialen Funktion der heutigen Gesellschaft kommen – nämlich des Managements ihrer Institutionen und Organisationen, und nur auf diesem Wege werden wir es verbessern können. Dies wird auch der einzige Weg sein, die reichlich wuchernde Scharlatanerie auf diesem Gebiet zu erkennen.

St. Gallen, im Dezember 1991   Prof. Dr. F. Malik

Vorwort zur 5. Auflage

Dieser 5. Auflage, die ich nicht erhoffen konnte und schon gar nicht geplant hatte, stelle ich eine neue Einführung voran, in der ich zu einigen jüngeren Entwicklungen im Bereich des systemisch-kybernetischen Managements Stellung nehme, die ich für Fehlentwicklungen halte. Ausserdem enthält sie Überlegungen zum Problemlösungspotential dieser Art von Management. Meiner Auffassung nach wird das von vielen, die sich prinzipiell als Befürworter systemischen Managements verstehen, deutlich unterschätzt. Schliesslich erwidere ich in einem Anhang Kritik, die vorgebracht wurde.

Kann man zehn Jahre nach der ersten Veröffentlichung noch zu einem Buch stehen, in dem überdies drei Hauptteile enthalten sind, die fast zwanzig Jahre alt sind? Das war wohl die Hauptfrage, die sich Verleger und Autor für die Neuauflage stellen mussten. Selbstverständlich tue ich das in dem Sinne, als das Buch eben meinem damaligen Wissensstand und meinen Auffassungen zu jener Zeit entspricht. Ich stehe dazu aber auch in einem **erweiterten** Sinne. Ich glaube, dass das Buch noch immer ein Beitrag zum Verständnis komplexer Systeme ist, zu ihrer Kybernetik und zum Umgang mit ihnen - zu ihrem Management. Auch vor dem Hintergrund neuerer Entwicklungen scheinen mir die hier vertretenen Auffassungen sowohl aus einer theoretischen als auch einer praktischen Sicht nicht nur vertretbar, sondern auch im wesentlichen in dem Sinne richtig zu sein, als sie der bisher vorgebrachten Kritik - wie ich glaube - standzuhalten vermögen und sich ausserdem vieles auch als praktisch brauchbar erwiesen hat.

Gelegentlich vermisste ausführliche Begründungen von Aussagen dieses Buches finden sich durchwegs im ersten Band von Gomez/Malik/Oeller, „Systemmethodik: Grundlagen einer Methodik zur Erforschung und Gestaltung komplexer, sozio-technischer Systeme", Bern und Stuttgart 1975, kurz „Systemmethodik". Dieser erste Band enthält die Darstellung, Erläuterung und die Auseinandersetzung mit jenen Begriffen, Konzepten, Modellen und Theoriebereichen, die ich auch heute noch als Basis einer systemorientierten oder systemischen Managementlehre betrachte. Welche Bereiche das sind, und warum ich glaubte, sie zu einem neuen Ganzen integrieren zu dürfen, habe ich auf den Seiten 26 ff. des vorliegenden Buches dargestellt.

Die erwähnte „Systemmethodik" ist seit längerer Zeit vergriffen. Ich hoffe aber, in nächster Zeit den ersten Band, der mit Ausnahme eines kurzen, 14 Seiten umfassenden Exkurses zur Theorie von Ashby von mir geschrieben wurde, als selbständiges Buch wieder veröffentlichen zu können. Dies wäre insofern vertretbar und nützlich, als *erstens* die theoretische Basis im ersten Band der „Systemmethodik" geschlossen abgehandelt wird[1], und *zweitens* würde dann der erste Band der „Systemmethodik" zusammen mit dem vorliegenden Buch ein Ganzes bilden. Bis dahin muss dem an hier vermissten Begründungen und Erläuterungen interessierten Leser dieser bibliographische Hinweis genügen.

---

1 Der zweite Band der „Systemmethodik" enthält eine Auseinandersetzung mit verschiedenen, damals vorgeschlagenen Vorgehensweisen für die Lösung komplexer Probleme, die Darstellung der Systemmethodik im einzelnen sowie verschiedene ihrer Anwendungsmöglichkeiten.

Wichtiger als die Theorie ist mir heute aber ihre **praktische Anwendung**. Ich hatte nun seit etwas über zwanzig Jahren die Möglichkeit, mit Führungskräften als Lehrer, Ausbilder und Berater zusammenzuarbeiten. Dadurch konnte ich pro Jahr etwa 500 Führungskräfte neu kennenlernen, ihre Denkweise, ihre Probleme und Lösungen studieren und sehen, was ihnen wichtig ist und warum. Ich konnte auch ihre Erfolge und Misserfolge sehen, zu denen ich - und zwar zu beidem - gelegentlich nicht unerheblich beigetragen habe. Ich konnte aus beidem lernen.

Zwanzig Jahre reichen zwar nicht aus, um **die** Wirtschaft kennenzulernen, aber ich betrachte es als grosses Privileg, dass ich nicht darauf angewiesen war, mir am Schreibtisch zu ersinnen, wie es „da draussen" in der Wirtschaft wohl zugehen könnte. Ich konnte das **erleben**, in den genannten Funktionen, aber auch in eigener Sache als Unternehmer. Erfolg und Misserfolg in der Praxis haben zwar keine theoretische Beweiskraft, sie sind kein Argument. Ich möchte somit weder utilitaristisch noch pragmatistisch argumentieren. Aber die praktische Erfahrung ist eben doch eine ausserordentlich wertvolle - und ich meine unverzichtbare - Hilfe für das Erkennen von Prioritäten, das Abwägen von Proportionen und relativen Gewichten, worum ja auch der „reine" Theoretiker nicht herumkommt, nur hat er eben eine entscheidende Dimension nicht zur Verfügung.

Heinz von Foerster[2] hat schon vor langem einmal gesagt, dass wir kybernetische Systeme *in vivo* und nicht *in vitro* studieren sollen. Dazu hatte ich reichlich Gelegenheit, die ich auch voll nützte. Er hat auch gesagt: *„Die Naturgesetze werden von Menschen geschrieben. Die Gesetze der Biologie müssen sich selbst schreiben"*, und er hat dies als sein Theorem Nr. 3 bezeichnet. Ich möchte dem ein viertes Theorem hinzufügen:

*„Auch die Gesetze der Management-Praxis schreiben sich selbst -
und sie sind immer für Überraschungen gut"*.

Sie lassen sich weder von den Möglichkeits- noch von den Unmöglichkeitsbehauptungen der Theoretiker einfangen.

Es ist ja leider Mode geworden, in Zusammenhang mit systemischem Management vor allem gerade die **kompliziertesten** Aspekte von Systemtheorie und Kybernetik in den Vordergrund zu stellen. Da hört und liest man von den logischen Paradoxien, in die man sich verstricken kann, von der Unmöglichkeit, die Wirklichkeit zu erkennen, von der prinzipiellen Unberechenbarkeit komplexer Systeme, von den nichttrivialen Maschinen, den unentscheidbaren Fragen usw.. Zugegeben, das sind **intellektuell** faszinierende Dinge. Einige kommen auch in diesem Buch vor und sie gehören schon auch zu einem vertieften Verständnis für komplexe Systeme. Sind sie aber auch **praktisch** bedeutsam? Und falls ja, wann, wo und warum?

---

2 Heinz von Foersters bahnbrechende Schriften wurden in den 90erJahren glücklicherweise auch ins Deutsche übersetzt. Ich hatte schon 1977 eine vollständige Sammlung seiner Arbeiten einschliesslich der legendären und als „Geheimtip" gehandelten Mikroverfilmungen aller Arbeiten, die am Biological Computer Laboratory entstanden.

Die Praxis lässt sich nicht von den Paradoxien aufhalten, mögen sie in der Geschichte vom „kretischen Lügner" oder vom „mittelalterlichen Barbier" auftreten, die ich hier nicht noch einmal aufwärmen möchte. Wenn es wichtig genug ist, dann findet man **praktische** Wege, um herauszufinden, ob der Kreter ein Kreter ist und ob er lügt oder nicht. Und ob der Barbier sich letztlich selbst rasiert oder nicht, spielt für niemanden eine praktische Rolle - man nimmt ihn mit Bart und ohne, solange er die anderen rasiert; - und wenn er es nicht tut, dann findet sich ein anderer Barbier. Theoretisch unentscheidbare Fragen werden entschieden durch praktisches Handeln. Prinzipiell unberechenbare Systeme werden umorganisiert. Mit unlösbaren Problemen arrangiert man sich - und langfristig sind wir bekanntlich alle tot - aber die Welt geht weiter. Alexander hat den Knoten nicht gelöst; er hat sich von ihm aber auch nicht aufhalten lassen.

Management und Manager - wie auch immer historisch ihre Bezeichnungen und Namen gewesen sein mochten, und wie sie es in Zukunft sein werden - werden, solange es sie gibt, Systeme gestalten und lenken, Unmögliches möglich machen und Mögliches zu tun versäumen. Das alles gehört zur **Kybernetik der Praxis**, und es interessiert sie nicht, ob dies in den Theorien über sie enthalten ist oder nicht.

Ungeachtet aller **theoretisch** noch nicht gelösten oder auch nicht lösbaren Fragen kann man den Managern dabei helfen, **praktische** Probleme zu lösen, und man kann mit ihnen gemeinsam über Fortschritt und Rückschritt nachdenken, über bessere und schlechtere Lösungen. Die Manager haben vielleicht mit ihrer hemdsärmeligen Art grösseres Unheil angerichtet als die Philosophen; aber sie haben auch grösseren Segen gestiftet als diese. Die guten Manager nehmen ihre Verantwortung ernst und sie nehmen Hilfe an, sie sind interessiert an besseren Lösungen und an einer besseren Welt. Aber diese Hilfe muss ihnen so leicht wie möglich gemacht werden, weil noch anderes zu tun haben, als sich mit komplizierten Theorien auseinanderzusetzen.

Das einzige, was ich somit in Zusammenhang mit diesem Buch und seiner Neuauflage bedaure, ist, dass ich damals manche Dinge komplizierter formuliert habe als ich es heute könnte. Und ich bedaure, dass ich an manchen Stellen nicht den Mut zu jenem Mass an Vereinfachung und Klarheit hatte, den ich, gestützt auf meine praktischen Erfahrungen, heute aufbringe. Umso dankbarer bin ich jenen Praktikern, die sich dadurch nicht davon abhalten liessen, sich wenigstens teilweise durch über 500 Seiten zu arbeiten und sich darüberhinaus bemühten, das eine oder andere auszuprobieren. Ich konnte unendlich viel von ihnen lernen, weit mehr als von jenen Theoretikern, die es damit bewenden liessen, einzelne Sätze herauszugreifen und sie ohne Beachtung des Kontexts zu kritisieren.

Das einzige, was ich meinen Freunden aus der Managementpraxis als Gegenleistung versprechen kann, ist, dass ich sie nicht im Stich lassen werde. Der Plan, eine **praktische** Management-Kybernetik, ein Buch nicht über systemisches Management als solches, sondern über die **Praxis** des systemischen Managements zu schreiben, hat schon recht deutliche Konturen angenommen.

St. Gallen, im März 1996   Fredmund Malik

Inhaltsübersicht

Einführung zur 5. Auflage 3

0. Einführung: Konstruktion und Evolution 19

0.1 Prämissen, Bezugssysteme und Scheinwelten 19
0.2 Systemorientierte Managementlehre 22
0.3 Zwei Arten von Managementtheorien 36
0.4 Sieben dominierende Denkmuster 48
0.5 Chance des Umdenkens 70

1. Die kybernetischen Organisationsstrukturen von Managementsystemen 75

1.1 Einleitung 75
1.2 Management-Kybernetik 76
1.3 Die Struktur lebensfähiger Systeme 80
1.4 Prinzipien des Modellaufbaues und der Modellverwendung 98
1.5 Das detaillierte Modell der kybernetischen Organisationsstruktur von Managementsystemen 115
1.6 Das Gesamtmodell: Eine grafische Darstellung auf verschiedenen Rekursionsebenen 156

2. Strategisches Management und das Problem der Komplexität 169

2.1 Strategisches Management als Mittel der Komplexitätsbeherrschung . 169
2.2 Komplexität 184
2.3 Komplexitätsbeherrschung durch Ordnung 210
2.4 Komplexitätsbeherrschung durch Problemlösen 248

3. Strategien des Komplexitäts-Managements 341

3.1 Die Realität des strategischen Verhaltens von Managern 341
3.2 Strategiealternativen 345
3.3 System und Meta-System; Kommunikation und Meta-Kommunikation 352
3.4 Kybernetische System-Methodik: Systemische und metasystemische Strategien 361
3.5 Strategien und heuristische Prinzipien 425
3.6 Systemmethodischer Einsatz des lebensfähigen Systems 453
3.7 Synthese 477

4.	**Epilog: Wenn das Ende der Beginn ist**	483
4.1	Erfahrungen mit komplexen Unternehmungsentwicklungsprozessen	483
4.2	Interpretationen des Modells lebensfähiger Systeme	489
4.3	Praxis: Ein Fallbeispiel	522
4.4	Aufklärung oder Abklärung?	541

Anhang: Stellungnahme zu Kritik ... 542

Inhaltsverzeichnis

0.	**Einführung: Konstruktion und Evolution**	19
0.1	Prämissen, Bezugssysteme und Scheinwelten	19
0.2	Systemorientierte Managementlehre	22
0.3	Zwei Arten von Managementtheorien	36
0.4	Sieben dominierende Denkmuster	48
0.41	Management als Gestaltung und Lenkung ganzer Institutionen in ihrer Umwelt statt Menschenführung	49
0.42	Management als Führung vieler Menschen statt Führung Weniger	51
0.43	Management als Aufgabe Vieler statt als Aufgabe Weniger	53
0.44	Management als indirektes Einwirken auf der Metaebene statt direktes Einwirken auf der Objektebene	57
0.45	Management unter dem Kriterium der Steuerbarkeit statt der Optimalität	61
0.46	Management verfügt nie über ausreichendes Wissen statt Annahme einer ausreichenden Informationsbasis	63
0.47	Management mit dem Ziel der Maximierung der Lebensfähigkeit statt der Maximierung des Gewinnes	66
0.5	Chance des Umdenkens	70
1.	**Die kybernetischen Organisationsstrukturen von Management-Systemen**	75
1.1	Einleitung	75
1.2	Management-Kybernetik	76
1.3	Die Struktur lebensfähiger Systeme	80
1.31	Das Modell des lebensfähigen Systems	81
1.32	Die Invarianz der Struktur	92
1.33	Die Verteilung der Funktionen	94
1.4	Prinzipien des Modellaufbaues und der Modellverwendung	98
1.41	Das Prinzip der Rekursion	98
1.42	Das Autonomieprinzip: Zentralisation versus Dezentralisation	103
1.43	Das Prinzip der Lebensfähigkeit	111

1.44	Zusammenfassung	114
1.5	Das detaillierte Modell der kybernetischen Organisationsstruktur von Managementsystemen	115
1.51	System Eins	115
1.52	System Zwei	128
1.53	System Drei	131
1.54	System Vier	140
1.55	System Fünf	149
1.6	Das Gesamtmodell: Eine grafische Darstellung auf verschiedenen Rekursionsebenen	156

2. Strategisches Management und das Problem der Komplexität 169

2.1	Strategisches Management als Mittel der Komplexitätsbeherrschung	169
2.11	Das Problem	169
2.12	Strategien und Strategisches Management	177
2.2	Komplexität	184
2.21	Komplexität und Varietät	184
2.22	Der kybernetische und systemtheoretische Standpunkt	190
2.23	Das Gesetz der erforderlichen Varietät	191
2.24	Das Bremerman'sche Limit	198
2.25	Die Grenzen menschlichen Wissens und ihre Konsequenzen	201
2.3	Komplexitätsbeherrschung durch Ordnung	210
2.31	Spontane Ordnungen	210
2.32	Das Problem der Lenkbarkeit von Ordnungen	232
2.4	Komplexitätsbeherrschung durch Problemlösen	248
2.41	Einführung in die evolutionäre Methode des Problemlösens	248
2.412	Evolutionstheoretische Missverständnisse	249
2.413	Zwei Arten von Methoden	253
2.42	Die Grundstruktur des evolutionären Problemlösungsprozesses	265
2.421	Darstellung des Prozesses	265
2.422	Diskussion von Gegenargumenten	271
2.43	Spezielle Aspekte der evolutionären Problemlösungs-Methodik	285
2.431	Internalisierung der Prozesslogik	286
2.432	Strukturaufprägung	292
2.433	Kognitive Funktionsprinzipien	295

2.44	Die systematische Gestaltung von Entdeckungsprozessen	309
2.45	Ablaufmerkmale von evolutionären Problemlösungs-Prozessen	320
2.451	Berücksichtigung einer beschränkten Zahl von Alternativen	321
2.452	Berücksichtigung einer beschränkten Anzahl von wichtigen Konsequenzen	322
2.453	Entscheidungsbestimmung durch marginale und inkrementale Differenzen	323
2.454	Wechselwirkungen zwischen Zielen und Verhaltensalternativen	327
2.455	Restrukturierende Behandlung von Daten	329
2.456	Sequentielle Analyse und Evaluation	330
2.457	Remediale Orientierung der evolutionären Strategie	333
2.458	Soziale Fragmentation	336
2.46	Zusammenfassung	339

3. Strategien des Komplexitäts-Managements ... 341

3.1	Die Realität des strategischen Verhaltens von Managern	341
3.2	Strategiealternativen	345
3.3	System und Meta-System; Kommunikation und Meta-Kommunikation	352
3.4	Kybernetische System-Methodik: Systemische und metasystemische Strategien	361
3.41	Grundidee der lenkungsorientierten System-Methodik	361
3.42	Evolutionäre Überlagerung konstruktivistischer Problemlösungsprozesse	367
3.43	Einbezug der Systemcharakteristika und der systemischen Regulationsmechanismen	376
3.431	Das Feedback-Prinzip	383
3.432	Einfache Regelungssysteme	385
3.433	Höhere Formen von Regelungssystemen	387
3.433.1	Implizite Regelung	387
3.433.2	Vernetzte Systeme	387
3.433.3	Das Prinzip der Homöostase	389
3.433.4	Das polystabile System	395
3.433.5	Metasystemische Regulation	397
3.44	Metasystemische Lenkung: Strategien und Prinzipien	399
3.441	Fall 1: Grosse Einflussmöglichkeiten	399
3.442	Fall 2: Geringe Einflussmöglichkeiten	411

3.5	Strategien und heuristische Prinzipien	425
3.51	Strategische Grundsätze und Heuristiken	425
3.52	Strategische Verhaltensweisen	443
3.6	Systemmethodischer Einsatz des lebensfähigen Systems	453
3.7	Synthese	474
4.	**Epilog: Wenn das Ende der Beginn ist**	**483**
4.1	Erfahrungen mit komplexen Unternehmungsentwicklungsprozessen	483
4.2	Interpretationen des Modells lebensfähiger Systeme	489
4.3	Praxis: Ein Fallbeispiel	511
4.31	Geschichtsschreibung versus Tagebuchschreibung	511
4.32	Phase 1: Einen ersten Eindruck gewinnen	513
4.33	Phase 2: Die Komplexität „fühlen"	515
4.34	Phase 3: Das System zum Sprechen bringen	516
4.35	Phase 4: Was mir das System sagte	523
4.36	Phase 5: Lerne zu werden, was Du sein kannst	528
4.37	Phase 6: Der Weg ist das Ziel	531
4.38	Phase 7: Ja, mach' nur einen Plan	532
4.39	Phase 8: Ein System ist ein System ist ein System	537
4.4	Aufklärung oder Abklärung?	541

Anhang: Stellungnahme zu Kritik ... 543

Verzeichnis und Quellenangaben der Mottos ... 569

Literaturverzeichnis ... 571

Namensverzeichnis ... 577

Stichwortverzeichnis ... 579

Wir verfügen jetzt über sehr viel Kybernetik, eine Menge Spieltheorie und die Anfänge des Verständnisses komplexer Systeme. Aber jedes Verständnis kann destruktiv eingesetzt werden. Ich glaube, die Kybernetik ist der grösste Bissen aus der Frucht vom Baum der Erkenntnis, den die Menschheit in den letzten zweitausend Jahren zu sich genommen hat. Die meisten Bisse von diesem Apfel haben sich jedoch als ziemlich unverdaulich erwiesen – meistens aus kybernetischen Gründen. In der Kybernetik selbst steckt die Integrität, die uns dazu verhilft, nicht durch sie zu einem weiteren Wahnsinn verführt zu werden, aber wir können nicht darauf vertrauen, dass *sie* uns von der Sünde abhält.

Gregory Bateson

Einführung zur 5. Auflage

Inhaltsverzeichnis

Endlich der Durchbruch?
Fehlentwicklungen
1. Konkretisierung tut not
2. Schwierigkeiten werden zu unlösbaren Problemen hochstilisiert
3. Klein- oder Grosssystem?
4. Mystifizierung des Systemansatzes
Das Potential des Systemansatzes

Endlich der Durchbruch?

Als Hans Ulrich Mitte der 60er Jahre gemeinsam mit anderen damals an der Hochschule St. Gallen tätigen Dozenten begann, eine Managementlehre zu entwickeln, als deren Basis er die Systemwissenschaften und die Kybernetik ansah, waren zwar mit diesen beiden Gebieten grosse Hoffnungen verbunden, aber mehr als Hoffnungen durfte man bezüglich der praktischen Anwendung dieser abstrakten Gebiete zu jener Zeit kaum haben. Auch noch 20 Jahre später, als die 1. Auflage dieses Buches erschien, war ich zwar subjektiv von der Nützlichkeit systemwissenschaftlicher und kybernetischer Denkweisen und Methoden überzeugt, aber es gab wenig Anzeichen dafür, dass diese Ansätze über einen kleinen Kreis von Spezialisten hinaus Verbreitung und Akzeptanz finden würden.

Heute, weitere gute 10 Jahre später, bietet sich ein völlig anderes Bild. Ausgelöst und getrieben vor allem durch die rasante Entwicklung in Elektronik und Informatik sind die Spezialistenbegriffe aus der Pionierzeit beinahe Allgemeingut geworden. Alle Welt spricht von Ganzheitlichkeit und Vernetzung; „Information" und „Kommunikation" sind Alltagsbegriffe geworden; Internet-Surfing ist zum Hobby nicht nur der „Kids" sondern auch braver Angestellter geworden; „Cyberspace" und virtuelle Realitäten, die fraktale Fabrik und der Information Highway sind Anlass für Schlagzeilen in den Medien.

Ob der Sache damit ein Dienst erwiesen wird, ist eine andere Frage. Aber immerhin: Komplexität, Systeme, Netzwerke und Cyber-"Irgendwas" sind zum Thema geworden. Darin liegt, bei aller mit dieser Entwicklung jedenfalls auch verbundenen Fragwürdigkeit, eine Chance. Vor allem ist damit ein **Zwang** verbunden: Niemand kann heute mehr die **Relevanz** der Systemwissenschaften und vor allem jene ihres Grundbegriffes – nämlich Komplexität – für die Gestaltung und Lenkung von Institutionen guten Gewissens leugnen oder folgenfrei ignorieren. Daher wird wohl niemand mehr darauf verzichten können, sich ernsthaft mit dieser Materie zu befassen.

Damit will ich nicht sagen, dass jeder Manager ein Experte in der Theorie komplexer Systeme werden muss, aber viele Führungskräfte werden sehr genau deren

Möglichkeiten, Grenzen und Konsequenzen für die Praxis des Managements kennen müssen. Und in den meisten Institutionen, seien es die Organisationen der Wirtschaft oder jene des immer grösser und wichtiger werdenden Non-Profit-Bereiches, wird es zumindest einige wenige Spezialisten für Systemtheorie und Kybernetik geben müssen. Dies wird die Voraussetzung dafür sein, die Gefahren von Komplexität zu vermeiden und/oder ihre Chancen zu nutzen. In der Wirtschaft wird man schon deshalb nicht darum herumkommen, weil man damit rechnen muss, dass die Konkurrenten sich damit beschäftigen und daraus auch Vorteile ziehen werden. Im Non-Profit-Sektor wird es erforderlich sein, weil viele der bisherigen Organisationen ihre Aufgaben nur noch mit Mühe erfüllen, und ohne grundlegende Reformen werden sie das in Zukunft überhaupt nicht mehr tun können.

Wirtschaft und Gesellschaft durchlaufen eine der grössten Transformationen, die es überhaupt je gegeben hat. Fast alle Institutionen stehen daher vor der Notwendigkeit grundlegender, teilweise radikaler Veränderungen ihrer Struktur und Funktionsweise. Die Systemwissenschaften und die Kybernetik sind meiner Meinung nach unverzichtbare Grundlagen und Hilfsmittel für die Bewältigung der aktuellen und zukünftigen Probleme, die mit diesem Wandel zusammenhängen. Ich sage nicht, dass sie für **alle** Probleme eine Lösung, gar eine leichte und angenehme Lösung bringen werden, aber sie haben ein Potential, auf das man kaum verzichten kann.

Umso wichtiger wird es allerdings auch sein, die Spreu vom Weizen zu unterscheiden. Längst nicht alles, was aufgrund des aktuellen Interesses auf diesem Gebiet publiziert wird, ist brauchbar. Das wachsende Interesse an Systemwissenschaften und Kybernetik führt leider unvermeidbar auch zu Fehlentwicklungen und Missverständnissen, zu Irrtümern und Missinterpretationen.[1]

Besonders anfällig für Fehlentwicklungen scheint mir die Schnittfläche der System- und der Humanwissenschaften zu sein. In besonderem Masse möchte ich das für jenen Anwendungsbereich postulieren, der mich persönlich immer besonders interessiert hat, nämlich Management. Warum das so ist, mag viele Gründe haben. Ein besonders wichtiger Grund scheint mir aber darin zu liegen, dass hier kaum eine kritische Auseinandersetzung stattfindet. Das methodische Prinzip der kritischen Prüfung, aus den Naturwissenschaften und der Technik nicht wegzudenken und dort eindeutig der Motor des Fortschrittes, ist in grossen Teilen der Human- und Geisteswissenschaften, trotz der Methodenstreite, nach wie vor unterentwickelt. In Management und Managementlehre gibt es das so gut wie gar nicht. Es wird zwar sehr viel publiziert, aber es gibt kaum eine kritische Diskussion. In den Naturwissenschaften werden neue Ergebnisse oft innerhalb weniger Wochen oder Monate von anderen Forschern unabhängig getestet, das Datenmaterial wird überprüft, Hypothesen und Experimente werden kritisch hinterfragt. Leider geschieht Ähnliches nur sehr selten auf dem anderen Gebiet.

Einige der Fehlentwicklungen, die mir besonders auffallen, möchte ich kurz skizzieren:

---

1 Siehe dazu auch meine Stellungnahme zu Kritik im Anhang.

Fehlentwicklungen

1. Konkretisierung tut not

Als erstes fällt mir auf, dass ein nicht unwesentlicher Teil der Literatur sehr vage und oberflächlich bleibt. Es hilft wenig und insbesondere hilft es dem Praktiker nicht, wenn in jedem zweiten Satz Begriffe, wie System, Subsystem, Element, Interaktion, Selbstorganisation, Selbstreferenz, Autopoiesis, Feedback, Komplexität usw. zwar genannt werden, dann aber nur mit ihnen oder über sie theoretisiert wird, aber ihre **praktischen** Konsequenzen und Anwendungsmöglichkeiten kaum sichtbar gemacht werden. Manche Autoren, so scheint mir, schreiben immer wieder dieselben Grundlagenbücher, sie gehen aber nie über diese Grundlagen hinaus zur **Anwendung**. Gerade weil Systemtheorie und Kybernetik sehr abstrakt sind, halte ich es für ausserordentlich wichtig, erheblichen Aufwand zu betreiben, sie zu konkretisieren. Insbesondere muss das von jenen verlangt werden, die an der praktischen Nutzung des Problemlösungspotentials dieser Wissensgebiete interessiert sind. Wird das nicht gemacht, kann man kaum hoffen, dass es zu einer Verbreitung in der Praxis kommt.

An sich sind viele Praktiker, Unternehmer, Manager, Politiker, Chefbeamte usw., diesen Dingen gegenüber sehr aufgeschlossen und sie sind daran interessiert. Das überrascht auch nicht besonders, denn viele merken doch, dass sie mit den bisherigen Methoden definitiv an Grenzen stossen. Vieles, was die Systemwissenschaften und die Kybernetik zu bieten haben, entspricht ihrem intuitiven Gespür und ihren Erfahrungen, auch wenn sie es nur selten klar artikulieren können.

Jeder erfahrene Praktiker – das gilt naturgemäss nicht für die unerfahrenen – weiss bekanntlich, dass sich in seiner Organisation vieles selbst reguliert, selbst organisiert und selbst entwickelt. Er hat allerdings auch die Erfahrung gemacht, dass die Ergebnisse dieser „Selbst"-Prozesse nicht immer wünschenswert sind, und dass sie manchmal geradewegs ins Desaster führen. Daher ist die Haltung der meisten sehr ambivalent. Neben vitalem Interesse an besserem Verständnis für komplexe Systeme, sei dieses auch nur aus Not und Orientierungslosigkeit geboren, gibt es auch ein erhebliches Mass an Skepsis und Misstrauen – zu Recht, wie ich meine. Man muss dem Praktiker eben auch praktische Hilfsmittel an die Hand geben und ihm zumindest anhand einiger Beispiele zeigen, dass systemwissenschaftliches Gedankengut manches seiner Probleme lösen kann, und dass diese Lösungen manchmal besser sind als andere.

So hat es z.B. bezogen auf den praktischen Kontext von Management wenig Sinn, ständig über „Interaktion" zu reden. Selbstverständlich resultiert in komplexen Systemen vieles, gerade ihre Komplexität, aus Interaktion. Der Praktiker weiss das, auch wenn er nicht diesen Begriff verwendet. Aber er kann nicht warten, bis die Wissenschaft alle Interaktionen erforscht hat. Seine Situation ist die, dass er am Montagmorgen etwas tun muss. Wenn **er** es nicht tut, dann tut **es** sich – und nicht selten falsch.

Ich will, was ich damit meine, wenigstens an einem Beispiel illustrieren, das im weitesten Sinne dem Gebiet der Motivationsproblematik zuzuordnen ist: Die letzten 30 bis 40 Jahre waren geprägt durch das, was man die Arbeitszufriedenheitslehre nennen kann. Überspitzt ausgedrückt kann man sie in einem Satz zusammenfassen: *Mache die Menschen zufrieden, dann werden sie leisten.* Nun wird niemand behaupten können, dass in diese Richtung nichts getan worden sei. Kann man mit den Ergebnissen zufrieden sein? Ich meine, dass sie vor dem Hintergrund der internationalen Konkurrenzvergleiche, der Produktivitätsunterschiede, der Marktanteilsverschiebungen usw. weniger gut sind als erwünscht wäre. Die Vertreter der Arbeitszufriedenheitslehre werden natürlich sogleich erwidern, dass meine obige Zusammenfassung ihrer Lehre so nicht richtig sei, dass es eben Wechselwirkungen zwischen Zufriedenheit und Leistung gebe, dass es ein „interaktionales" Problem sei. Mag ja sein.... Aber was soll der Praktiker **tun**? Wie lange kann er warten?

Er hat nicht die Zeit – und er hat sie **gerade** aus systemischen Gründen nicht – auf die Ergebnisse der Interaktionsforschung und ihre Publikation zu warten. Gerade **weil** er es mit „dynamischen" Systemen zu tun hat, mit solchen, die sich stündlich und täglich ändern, die morgen schon in einer anderen Konstellation sind, **muss** er handeln. Er **kann** sich nicht auf eine kontemplative Position zurückziehen.

Ich mache ihm daher einen ganz anderen Vorschlag. *Erstens* sage ich ihm, dass ich nicht von der Richtigkeit der Arbeitszufriedenheitslehre überzeugt bin; die Evidenz, die für sie vorgebracht werden kann, und die bisherigen Ergebnisse, wecken begründete Zweifel. Geschichtlich ist auf dieser Welt wahrscheinlich noch nie eine Leistung aus Zufriedenheit heraus entstanden, sondern eher aus dem Gegenteil, aus Unzufriedenheit. Wäre der Steinzeitmensch mit seiner nasskalten Höhle zufrieden gewesen, wäre er ja wohl nicht aus ihr herausgetreten und hätte schliesslich auch nicht ein Einfamilienhaus mit Zentralheizung gebaut. Dann werde ich *zweitens* natürlich sofort mit der Frage konfrontiert: Ja, sollen wir denn die Menschen unzufrieden machen, damit sie etwas leisten? Nein, das selbstverständlich nicht. Aber es gibt noch eine *dritte* Möglichkeit: *Gib den Menschen die Möglichkeit, eine Leistung zu erbringen, eine für sie relativ und individuell grosse Leistung – und viele von ihnen (nicht alle) werden ein erstaunliches Mass an Zufriedenheit erlangen –,* das etwa ist mein Vorschlag.

Ich weiss, und jeder, der sich mit diesem Problem beschäftigt, weiss es auch, dass die Situation auch damit noch nicht ganz richtig getroffen ist. Wahrscheinlich ist auch das eben eine zu einfache Darstellung der „wirklichen" Verhältnisse und wahrscheinlich haben wir es hier eben doch mit einer recht komplexen Interaktion, mit einer kybernetischen oder systemischen Wechselwirkung zu tun, in die noch viele andere Variablen eingehen. Aber das hilft niemandem. Dem Manager, der die Frage stellt: „Was soll ich am Montagmorgen tun; auf welche Weise soll ich in mein System eingreifen, um es in einen anderen und hoffentlich besseren Zustand zu bringen oder wenigstens auf den Weg dorthin?", mache ich doch den genannten Vorschlag und glaube, damit dem Praktiker auf eine im wesentlichen systemgerechte Weise helfen zu können. Dann kann er nämlich über das Wochenende darüber nachdenken, wie er seinen Mitarbeitern eine Leistung ermöglicht, wie er ihre Aufgaben daher gestalten muss und er wird vor allem darüber nachdenken, nicht, wie er dies für **die** Menschen tun kann, sondern für seine 8, 12 oder 15 individuellen und direkten Mitarbeiter, denn nur dieses Problem stellt sich für ihn und nicht die Verbesserung der Welt. Dies mag manchen

Systemforschern als zu schlicht und zu bescheiden vorkommen, und es mag zur Suboptimierung führen. Wenn aber alle oder wenigstens viele Manager so handelten, dann wäre ein grosser Schritt nach vorne getan.

Ich meine, dass es für die hier dargelegte Auffassung gute Gründe (nicht letzte Beweise) gibt, und dass diese Gründe gerade aus der Kybernetik und den Systemwissenschaften abgeleitet werden können. Aus eben kybernetischen Gründen heraus und eben weil es um ein komplexes System geht, mache ich diesen Vorschlag.

Ähnliches könnte man an vielen anderen Beispielen illustrieren, etwa in Zusammenhang mit Kooperation, Koordination, Koexistenz und Koevolution, die in vielen systemtheoretischen Schriften dem Manager anstelle von Konkurrenz empfohlen werden. Ich bin auch nicht sicher, dass dem Praktiker ein Dienst erwiesen wird, wenn man ihm ständig Vernetzung empfiehlt, wo er doch jeden Tag die Erfahrung macht, dass man manchmal besser beraten ist, wenn man die Dinge entflechtet, sie gerade nicht interagieren lässt. Wozu sonst wird dezentralisiert, werden autonome Einheiten gebildet, wird Verantwortung möglichst weit nach „unten" oder nach „aussen" delegiert? Ein System, in dem alles mit allem vernetzt ist, ist ein **sich selbst blockierendes** System, in dem überhaupt nichts mehr läuft. Vielleicht sollte man also doch jenen, die permanent und leider viel zu pauschal über Vernetzung reden, die Lektüre einiger Arbeiten des Altpioniers der Kybernetik, **W. Ross Ashby**, empfehlen, der das bereits in den Sechzigerjahren wunderschön dargelegt hat.

2. Schwierigkeiten werden zu unlösbaren Problemen hochstilisiert

Analoges gilt etwa für den in der systemwissenschaftlichen Literatur in Mode gekommenen Umstand, die Philosophie des (radikalen) Konstruktivismus[2] weit über jedes vernünftige Mass hinaus zu strapazieren. Die Grundaussage dieser Denkrichtung ist, dass das Bild, das wir von der Welt haben, unsere eigene Konstruktion, unsere eigene „Erfindung" ist. Dieses an sich wird wohl kaum jemand bestreiten, der einigermassen die Hauptströmungen der Philosophie und der Erkenntnislehre studiert hat, und es hat selbstverständlich auch seine (wichtigen) Auswirkungen auf das Management von Organisationen. Daran habe ich in diesem Buch keinen Zweifel gelassen.

Manche Vertreter des Konstruktivismus scheinen nun aber darüber weit hinaus zu gehen und zu behaupten, dass es „da draussen" gar keine Welt, keine Wirklichkeit

---

[2] Vielleicht sollte ich, weil es ohnehin schon genug Missverständnisse gibt, doch erwähnen, dass der im Text dieses Buches häufig verwendete Begriff „konstruktivistisch" mit dem hier gemeinten Konstruktivismus nichts zu tun hat. Ich verwende „konstruktivistisch" in Verbindung mit „technomorph" und bezeichne mit diesen Begriffen das Gegenteil von „systemisch-evolutionär". Damit übernehme ich die Terminologie von Friedrich von Hayek, die nach meinem Wissensstand älter ist als der sogenannte (radikale) Konstruktivismus. Soweit ich sehen kann, ist dieser Begriff in einer gänzlich anderen Bedeutung sehr viel später, in den 70er Jahren, von Ernst von Glasersfeld in die Diskussion gebracht worden. Er ist in der Folge dann aber von mehreren Autoren, die zu Systemtheorie, Kybernetik und zu systemischem Management publizierten, verwendet worden und zwar in jener Bedeutung, die von Glasersfeld eingeführt hat. Ich war immer der Meinung, dass damit grosse Verwirrung gestiftet wird und möchte daher auf Verwechslungsmöglichkeiten aufmerksam machen, die zu völliger Sinnentstellung führen.

gebe. Die Frage ist ja nicht nur, ob unser „Welt"-Bild unsere eigene Konstruktion ist, sondern was diese Konstruktion mit einer allenfalls unabhängig vom erkennenden Subjekt existierenden Realität zu tun hat, ob es also ein völlig subjektives Bild ist, oder ob es wenigstens in gewissen Punkten ein richtiges Bild ist, ob es verbesserungsfähig ist, ob es sich an so etwas wie eine Realität annähern kann oder nicht.

Wären das **nur** Philosophien, bräuchte man sich mit ihnen vielleicht im Management nicht näher zu befassen. Die verschiedenen Spielarten dieses Konstruktivismus werden aber auf vielen Wegen in die Praxis von Organisationen gebracht, über die Kommunikationstheorie und das Kommunikationstraining, über die Ausbildung in Mitarbeiterführung, Motivation usw. und über inzwischen immer zahlreichere Schriften zum Thema „systemisches Management", etwa jene des Heidelberger Instituts für systemische Forschung. Selbstverständlich bin ich dafür, dass man sich mit den hier angeschnittenen Fragen intensiv beschäftigt, und ich erhoffe mir Ergebnisse, die das möglicherweise gemeinsame Anliegen, nämlich zu einem besseren Management von Organisationen beizutragen, vorwärtsbringen.

Aber es wird uns kaum gelingen, jedenfalls mit den bisher vorgebrachten Argumenten wird das nicht gehen, den Praktiker davon zu überzeugen, dass er sich die Welt **nur** „einbildet". Nicht alle, aber viele Manager, sind selbstverständlich bereit, zuzugeben, dass sie sich täuschen können, dass sie oft ein fehlerhaftes und nur sehr teilweise zutreffendes Bild von der Wirklichkeit haben. Wozu sonst würden sie so grosse Anstrengungen machen, um Informationen zu gewinnen, sich Klarheit zu verschaffen, Markt- und Konkurrenzforschung zu betreiben usw. Aber wir werden sie kaum davon überzeugen können, dass die Wechselkurse keine Realität sein sollen; dass das bessere Produkt oder die bessere Werbekampagne der Konkurrenz, die ihnen Marktanteile und Umsätze wegnimmt, nur Konstruktionen sein sollen, und dass sie sich die wegen einer zu geringen Dividende und sinkender Aktienkurse erbosten Aktionäre an der Hauptversammlung nur einbilden.

Gerade die guten Manager sind äusserst bereit, über Fragestellungen, wie sie diese Richtung des Konstruktivismus aufwirft, nachzudenken, weil sie ja von gewissen Erkenntnissen dieser Denkrichtung täglich Gebrauch machen (und dies übrigens schon lange taten, bevor es den Konstruktivismus gab), so z.B. in der Werbung oder in Verhandlungen. Und sie haben natürlich immer schon gewusst, dass eine Bilanz niemals ein Bild der Wirklichkeit ist. Aber gerade deshalb kann man ja auch niemanden, der sein Handwerk gelernt hat, mit Bilanzen bluffen. Er hat eben gelernt, nicht nur die Bilanz als solche zu verwenden, sondern er hat sehr genau die Beziehungen studiert, die es zwischen der Bilanz und der wirtschaftlichen Wirklichkeit gibt, die es zwischen „Map" und „Territory", zwischen der „Landkarte" und dem „Land" zu beachten gilt.

Diese – systemischen – Probleme sind gerade in der Wirtschaft viel früher und viel intensiver beachtet, untersucht und auch praktisch genutzt worden, als sich die Philosophen mit ihnen befasst haben. Man kann zurückgehen bis zu den angeblich sumerischen, in Wahrheit wohl eher chaldäischen Schriftzeichen[3]. Sie haben weniger, wie uns das viele

---

[3] Siehe dazu Heinsohn, G., Die Sumerer gab es nicht, Frankfurt 1988

Historiker nahelegen wollen, der Aufzeichnung der „Ruhmestaten" der gekrönten Häupter gedient, als vielmehr der Dokumentation von Schuldner-Gläubiger-Beziehungen.

Will man also das Management von Organisationen mit Hilfe systemwissenschaftlicher und kybernetischer Ergebnisse verändern und will man es vielleicht damit sogar verbessern, kommt man nicht um die Aufgabe herum, den Praktiker dafür zu gewinnen. Dies wird nur mit Konkretisierung, mit Beispielen und mit praktischer Hilfestellung gelingen.

Um das zu erreichen, muss man – ob einem das gefällt oder nicht – auch zu Kompromissen bereit sein, etwa bezüglich der Wort- und Begriffwahl, der Wahl der Beispiele und mit Bezug auf die konkreten Empfehlungen, die man macht. Jedes Beispiel hat seine Grenzen und wirft sein Wenn und Aber auf; nicht jede Formulierung wird einer puristischen, semantischen Analyse standhalten können und nicht jede Empfehlung kann bis ins Letzte begründet werden. Wenn aber die Systemwissenschaften und systemisches Management zu einer intellektualistischen Spielwiese degenerieren, dann mag das zwar eine sehr **interessante** Sache sein, aber sie wird praktisch **wirkungslos** bleiben. Und die Praktiker werden das mit Recht und vielleicht sogar ziemlich aggressiv ablehnen, weil es ihnen *erstens* nicht hilft, weil es für sie und ihre Mitarbeiter *zweitens* nur noch zu mehr Verwirrung führt als sie ohnehin täglich erleben und weil sie *drittens* auch noch wissen, dass sie es sind, dass es die Wirtschaft ist, die zuerst Wertschöpfung erzielen muss, bevor mit den Steuergeldern dann intellektuelle Spielereien finanziert werden können.

3. Klein- oder Grosssystem?

Man kann eine dritte Beobachtung machen. Ein erheblicher Teil der neueren Literatur über systemisches Denken und systemisches Management befasst sich mit jenem Typus von System, den man als **Kleinsystem** bezeichnen kann. Es ist die Face-to-Face-Gruppe, das Team, die Arbeitsgruppe, die Familie usw. Fast das gesamte Gebiet der Organisationsentwicklung, der Mitarbeiterführung und dessen, was üblicherweise unter Menschenführung verstanden wird, ist davon geprägt, und es ist stark beeinflusst von der sogenannten systemischen Therapie. Ich will keineswegs Berechtigung und Wert der Befassung mit diesen Aspekten in Frage stellen. Wir verdanken den Forschungen auf diesem Gebiet sehr wichtige Einsichten. Selbstverständlich sind auch Kleinsysteme Systeme. Ihre Fruchtbarkeit werden die Systemwissenschaften und die Kybernetik aber nicht in erster Linie auf diesem Gebiet erweisen. Hier ist zwar gegen die Verwendung systemischer Begriffe, Konzepte und Denkweisen nichts einzuwenden, aber man würde sie nur selten benötigen. Hier kommt man mit gesundem Menschenverstand und etwas Lebenserfahrung auch schon ziemlich weit.

Der praktische Kontext **dieser** Art von systemischem Management, systemischer Therapie usw. ist typischerweise eine **kleine** Zahl von Personen, das Paar oder eine Gruppe bis vielleicht 20 oder 25 Personen. Bei dieser Systemgrösse und der dadurch gegebenen Komplexität besteht der ganz wesentliche Vorteil, dass Struktur und Verhalten des Systems und seiner Elemente (der einzelnen Menschen und ihrer verschiedenen Gruppierungen) der Erfahrung durch die Sinnesorgane zugänglich ist. Diese Erfahrung ist zwar durch Konstruktion geprägt und kommt möglicherweise nur schwer oder (falls man dem radikalen Konstruktivismus folgen will) auch gar nicht aus dieser heraus. Aber es liegt hier eben doch eine ganz andere und – wie ich meine – sehr viel **einfachere** Situation vor, als beim **Grosssystem**. Die echten Schwierigkeiten ergeben sich **jenseits** der Grenzen des kleinen Systems, dort, wo man es mit Organisationen zu tun hat, die aus Tausenden oder Hunderttausenden von Menschen bestehen. Systeme dieser Art sind der Sinneserfahrung nicht mehr zugänglich, und hier haben wir jene Dimensionen der Komplexität, die nun wirklich den Einsatz ganz anderer Denkweisen und Methoden – eben jene des systemischen Managements erfordern. Jedenfalls darf sich systemisches Management nicht in der Befassung mit kleinen und/oder einfachen Systemen erschöpfen und auf diese beschränken. Ganz sicher muss der Eindruck vermieden werden, dies sei der dominierende oder der bevorzugte oder der fruchtbarste Anwendungsbezug.

Dies ist vielleicht der richtige Ort, um ein persönliches Erlebnis zu schildern, das mir im Gedächtnis geblieben ist: Vor einigen Jahren fand in Wien ein kleines Symposium über „Evolution und Management" statt. Es war dem Veranstalter gelungen, nicht nur einschlägig tätige Wissenschafter aus verschiedenen Disziplinen als Referenten zu gewinnen, sondern vor allem höhere und höchste Führungskräfte aus der Praxis, teils als Referenten, vorwiegend aber als Teilnehmer. Bei den Praktikern bestand offenkundiges Interesse an den Anwendungsmöglichkeiten von evolutionärem oder eben systemischem Management in der Praxis. Einer der Referenten aus der Wissenschaft – ein Betriebswirtschafter – hielt einen sehr interessanten, umfassenden Vortrag über einen Unternehmens-Fall, bei dem systemisches Denken praktisch und der Meinung des Referenten nach vorbildhaft angewandt wurde. Er schilderte eindrucksvoll das methodische Vorgehen, zeigte Charts mit komplexen Netzwerkdiagrammen, die im Rahmen der Analyse des Unternehmens erarbeitet worden waren, kommentierte eine ebenfalls recht umfassende Einflussgrössen-Matrix und legte u.a. auch den zeitlichen und personellen Aufwand dar, den dieses Anwendungsprojekt verursachte. Es waren mehrere Mann-Monate. Einer der anwesenden Praktiker fragte ihn dann – sichtlich beeindruckt – um welche Art und Grösse von Unternehmen es sich hier handle. Der Referent gab bereitwillig Auskunft – es war ein Handelsunternehmen mit 8 Mitarbeitern ... Die Enttäuschung stand dem Teilnehmer ins Gesicht geschrieben. Er fragte dann – mit vollem Recht – was **ihm** nun eine solche Methode nützen könne, denn er habe einen Konzern mit über 100'000 Mitarbeitern zu führen, bestehend aus mehreren Dutzend Konzerngesellschaften, die in insgesamt über 500 Geschäftsbereichen weltweit tätig seien ...! – So geht es natürlich nicht. Man kann nicht Problemchen, die sich bestenfalls als Fallstudien für eine Seminararbeit von Studenten im dritten Semester eignen, Praktikern vorsetzen, die es nun tatsächlich mit völlig anderen Dimensionen zu tun haben und hoffen, dass sie sich auch nur versuchsweise auf einen solchen Management-Approach einlassen würden.

Es kommt noch etwas hinzu. Der Einfluss der systemischen Therapie bringt es mit sich, dass etwas zu beobachten ist, was ich die **„Dominanz des pathologischen Falles"** nennen möchte. Der Therapeut hat es mit **kranken** Menschen und

kranken Systemen zu tun. Wenn ihm bei den Therapiebemühungen systemisches Gedankengut hilft, so soll das gut sein.

In den Organisationen ist der typische Fall aber der **gesunde** Mensch, der normale Mensch. Oder, um präziser zu sein: Wahrscheinlich sind wir alle „krank" oder anormal – schon weil niemand „Normalität" definieren kann. Aber die meisten von uns sind nur **ganz normal anormal**. Vielleicht sind wir alle „krank" und „verrückt" – aber nur auf ganz **gewöhnliche** Weise. Jeder hat seine Probleme und seine neurotischen Züge, aber man kann im grossen und ganzen damit zurechtkommen. Auch viele Organisationen sind wohl in diesem Sinne „krank", oder besser, sie haben ihre Schwächen, Struktur- und Funktionsmängel und daher sind sie reform- und umbaubedürftig. Menschen und Organisationen haben also ihre **Schwierigkeiten**. Aber daraus **Krankheiten** zu machen, halte ich für falsch.

Manche Therapeuten und Organisationsentwickler scheinen aus gewöhnlichen Schwierigkeiten, aus Reibereien und gelegentlichen, ganz natürlichen und unvermeidbaren Konflikten schwer pathologische Fälle zu kreieren. Manchmal mag ein solcher vorliegen, aber das ist eher selten. Die überwiegende Zahl von Schwierigkeiten resultiert daraus, dass Menschen Menschen sind, was man offenbar nicht immer wahrhaben will. Und viele Schwierigkeiten folgen aus simplen Missverständnissen und aus einer nachlässigen Erfüllung elementarer Managementaufgaben. Für die Lösung oder Elimination solcher „Probleme" braucht man nicht das schwere Geschütz einer Therapie, schon gar nicht einer systemischen.

4. Mystifizierung des Systemansatzes

Eine weitere Entwicklungslinie – eine Fehlentwicklung – die zu erkennen ist, kann als die „Mystifizierung" des Systemansatzes bezeichnet werden. Im Grunde und aus einer wissenschaftlichen Perspektive ist es kaum der Mühe wert, sich damit auseinanderzusetzen, denn die argumentative Basis ist ausserordentlich dünn und daher auch sehr brüchig. Diese Linie hat aber für erstaunlich viele Menschen eine hohe **emotionale** Anziehungskraft. Sie ist eng verbunden mit dem, was gelegentlich als „Psycho-Boom" bezeichnet wird, etwas, was ja auch den ernsthaften Psychologen wenig Freude bereitet.

Im Zuge dieser Entwicklung wird der Systemansatz in enge Verbindung mit Heilslehren verschiedenster Art und Provenienz gebracht, seien es chinesische, indische oder tibetische, seien die Wurzeln taoistisch, hinduistisch, buddhistisch oder konfuzianisch; seien es Esoterik, New-Age-Bewegungen, Spiritualismus oder sonstiges mythologisches Gedankengut. Gelegentlich stützen sich Vertreter dieser Richtung auf Schriften von Autoren, die als durchaus seriöse Wissenschaftler Reputation hatten, bevor sie auf den „Trip" gingen. Ihre zunächst gegebene wissenschaftliche Reputation hat ihren mystifizierenden Gedankengängen nicht selten zu einem Mass an Verbreitung und Überzeugungskraft verholfen, die durch die Qualität ihrer metaphysischen Gedankenlabyrinthe keineswegs zu rechtfertigen wäre. Nun sind ja bekanntlich auch Wissenschaftler nur Menschen; sie gehen, wie jeder andere, durch Höhen und Tiefen, haben ihre Emotionen, Zweifel und Selbstzweifel und parallel zu ausgeprägter Rationalität kann bei manchen auch ein bemerkenswertes Mass an Irrationalität beobachtet werden.

Es ist kein Ausnahmefall, dass z.B. hochbegabte Physiker, die Wesentliches zum Fortschritt der Physik beitrugen, im Alter oder durch persönliche Lebensumstände bedingt einen ausgesprochenenen Hang zu Metaphysik und Mystizismus entwickelten. Im Prinzip ist dagegen nichts zu sagen; man kann es auch gar nicht verhindern. Die Frage ist immer nur, welche **Wirkungen** das auf andere hat, welche geistigen Strömungen dadurch ausgelöst werden, welcher Missbrauch damit getrieben werden kann, und welcher „Drall" in einer Disziplin dadurch entstehen kann.

Wären das alles nur Fragen, die sich **innerhalb** der Wissenschaften stellten, könnte man durchaus beruhigt auf deren selbstkorrigierende Kräfte vertrauen. In einer **Medienwelt** ist das aber etwas anders zu beurteilen. Gerade die emotionale Anziehungskraft mystifizierender Heilslehren macht diese ja zu einem bevorzugten, weil leicht zu vermarktenden Produkt der Medien. Die Wirkung solcher Heilslehren ist somit grösser als man sich wünschen kann, insbesondere wenn die Wirkung geeignet ist, eine Disziplin so stark in Verruf zu bringen, dass sie ausserhalb der „esoterischen Zirkel" gerade wegen dieser Zirkel pauschal abgelehnt wird.

Interessanterweise finden mystifizierende Auffassungen mit Heilslehrencharakter auch in Unternehmer- und Managerkreisen oft grosse Sympathie, nicht selten sogar glühende Anhänger, die alle Anzeichen des Sektierertums aufweisen. Vielleicht sind es die zum Teil recht exponierten Stellungen solcher Leute, ihre Einsamkeit an der Spitze von Organisationen, der Druck des Entscheidungszwanges und der nicht unbeträchtliche Stress in Führungspositionen, die sie anfällig machen – nicht nur für die sonstigen Versuchungen unserer modernen Gesellschaft, wie Alkohol, stimulierende oder tranquillierende Medikamente und Drogen (Dinge, über die zwar kaum diskutiert wird, die aber in den Chefetagen häufiger vorkommen als man meint), sondern eben auch für den Mystifizismus, sei er nun systemisch verbrämt oder nicht. Wahrsagerei, Astrologie, Pendlerei und andere magische Rituale sind „Methoden", die durchaus und leider ihren festen Platz in manchen Unternehmen haben, ungeachtet ihrer erwiesenen Unhaltbarkeit und ungeachtet der Schäden, die durch sie angerichtet werden.

Das mindeste, was man sich bei den Heilslehren fragen muss, seien sie nun systemisch maskiert oder von anderer Art, ist doch, was denn jene, die ihr Handeln danach ausrichten, tatsächlich erreicht haben. Ob es nun indische, chinesische, transzendentale oder andere Metaphysiken sein mögen, wie sieht die Bilanz aus? Ich bin für meinen Teil davon nicht sonderlich beeindruckt. Selbst wenn man konzediert, dass es historisch Hochkulturen gab, die behaupteterweise auf den nun wieder empfohlenen philosophischen oder religiösen Grundlagen aufbauen, so müssen jedenfalls folgende Fragen erlaubt sein: War – und in welchem Ausmass – war das praktische Alltagsleben tatsächlich von diesen philosophisch-religiösen Lehren geprägt?

Warum sind diese Kulturen dann untergegangen, wenn ihre geistigen Fundamente so viel besser und überlegener waren, dass sie uns heute empfohlen werden müssen? Warum ist die jüngere Geschichte dieser Völker, ihre ökonomische, soziale und politische Situation, alles andere als beeindruckend? Könnte man, selbst wenn man zu einem positiven Gesamturteil käme, tatsächlich solche Lehren in eine ganz andere Tradition verpflanzen und mit einer gänzlich anderen Mentalität verbinden?

Ich hatte immer erhebliche Zweifel daran, dass z.B. Japan seine wirtschaftlichen Erfolge der letzten 30 bis 40 Jahre besonderen fernöstlichen Kultur- und Mentalitätsaspekten verdanken soll, und die selben Zweifel habe ich, wenn Ähnliches heute von China behauptet wird. Viel leichter und überzeugender scheinen mir diese Erfolge dadurch erklärbar, dass diese Länder nach Jahrzehnten und oft Jahrhunderten politischer und sozialer Fehlentwicklung an einem Punkt angelangt waren, der sie zwang, einigen Wahrheiten ins Auge zu blicken, und dass sie danach genau jene Philosophien und Methoden übernahmen, die im Westen zwar nicht zum Paradies, aber eben doch zu Lebensformen und einer Lebensweise führten, die ihren eigenen Bevölkerungen nun auch wesentlich wünschenswerter erscheinen als die bisherigen. Was immer die japanische Wirtschaft geleistet hat, sie hat es mit westlichen Methoden geleistet, mit Methoden, die die Japaner nachweislich vom Westen übernommen haben. Oft waren es Methoden, die zwar im Westen entstanden sind, von diesem selbst sträflich ignoriert, von den Japanern aber kompromisslos und besser angewandt wurden. Ähnliches gilt für China.

Das Potential des Systemansatzes

Man muss also aufpassen, wenn man sich mit systemischem oder systemorientiertem Management befasst, dass man nicht auf einen der Irrwege gerät. Richtig verstandenes systemisches Management hat aber ein sehr grosses Potential. Man wird es brauchen, und jene, die damit umzugehen verstehen, werden erhebliche Fortschritte verzeichnen können. Sie werden ein deutlich höheres Mass an Komplexität bewältigen können und sie werden damit auch grössere persönliche und wirtschaftliche Erfolge erzielen.

Systemisch-kybernetische Methoden und Erkenntnisse helfen einem, z.B. eine bessere und zutreffendere Lagebeurteilung für gegebene Situationen und ihre zukünftige Entwicklung zu erarbeiten. In erheblichem Umfang führe ich es auf meine jahrelange Beschäftigung mit komplexen Systemen zurück, dass ich Ende der Achzigerjahre eine ganz andere – und wie sich gezeigt hat, sehr viel bessere – Lagebeurteilung für die Entwicklungen der Neunzigerjahre hatte, als fast alle anderen, die sich ebenfalls zur Lage äusserten.[4] Weder habe ich die allgegenwärtige Euphorie bezüglich der Entwicklung Europas geteilt, noch jene bezüglich der Zukunft der zusammengebrochenen kommunistischen Welt. Aus einer

---

4 Siehe dazu u.a. mein Buch „Krisengefahren in der Weltwirtschaft" (zusammen mit D. Stelter), Zürich 1991

systemisch-kybernetischen Perspektive war mir völlig klar, dass diese Hoffnungen nicht in Erfüllung gehen können, ausser es würde ein Wunder passieren. Ebenso klar konnte ich damit vorhersagen, dass die gesamte Weltwirtschaft in den Neunzigerjahren in erhebliche Schwierigkeiten kommen wird, dass man mit schweren Rezessionen, wenn nicht Schlimmerem rechnen muss.[5] Damit liess sich prognostizieren, dass Veränderungen des ökonomischen und damit auch des politischen und sozialen Klimas in grossem Ausmass und zum Schlechteren viel wahrscheinlicher sein werden, als das Szenario der meisten Ökonomen, Zukunftsforscher, Manager und Politiker, die für die Neunzigerjahre fast durchwegs nur schöne Zustände vorhersagten. Man braucht ja heute nur die damaligen Schlagzeilen und Veröffentlichungen zu lesen, um zu sehen, dass praktisch nicht nur nichts von dem eingetreten ist, sondern dass das genaue Gegenteil Wirklichkeit wurde. Man konnte, gestützt auf die Befassung mit komplexen Systemen, weitere Prognosen machen – dass Europa mit den gegebenen und geplanten Strukturen nicht funktionieren wird, und dass die UNO in eine schwere Krise geraten und entweder irrelevant werden oder auseinanderbrechen wird. In beiden Fällen (es gibt zahlreiche weitere) genügt schon eine grobe Systemanalyse, um zu sehen, dass die Architektur dieser Systeme falsch ist, und dass ihnen wichtige Regeln und Instrumente fehlen, um Kohärenz und Integration zu schaffen.

Komplexe Systeme haben ihre eigenen Gesetzmässigkeiten. Wenn man sie kennt, lassen sich offenbar ihre grundsätzlichen Verhaltensmöglichkeiten und ihre wahrscheinlichen Entwicklungen viel besser verstehen, erklären und prognostizieren als mit den Mitteln z.B. der Ökonomie oder der Trendforschung. Sie lassen sich dann auch besser organisieren und steuern, und man kann sie damit, wenn man will, in einem bestimmten Sinne auch besser beherrschen.

Wichtig vor allem ist, dass man sich mit einem gründlichen Studium komplexer Systeme leicht und schnell von jenem naiven Machbarkeitsglauben verabschiedet, der in so grossem Masse die Köpfe eines gewissen Typus von Managern und Politikern beherrscht, die meinen, sie seien die Herren ihrer Systeme. Damit lässt sich z.B. recht zuverlässig sagen, ob ein Unternehmen mit einer bestimmten Strategie Erfolg haben wird oder nicht bzw. unter welchen Voraussetzungen es nur Erfolg erwarten darf. Es war klar erkennbar – und ich bin mit meiner rechtzeitig geäusserten Meinung „on the records" – dass einige strategische Manöver in der Wirtschaft scheitern und mit schwerwiegenden Folgen scheitern werden, auch wenn sie zu der Zeit, als sie eingeleitet wurden, allgemeinen Beifall der „Experten" erhielten und als leuchtende Beispiele besonderer unternehmerischer Weitsicht und Klugheit galten. Es gibt diesen naiven Managertyp, – er ist eine Folge falscher Personalentscheidungen – aber es gibt auch sehr viele andere, die ein der Komplexität der Systeme, in denen und für die sie handeln, durchaus angemessenes Verständnis haben.

Die Kenntnis der Gesetzmässigkeiten komplexer Systeme erlaubt es in hohem Masse zu beurteilen, was ein System **nicht** kann, was **nicht** funktionieren wird

---

5 Ich habe mit dieser Entwicklung schon für das letzte Fünftel der Achtzigerjahre gerechnet, aber so genau kann man auch mit Systemtheorie und Kybernetik nicht sein, obwohl diese Prognose für Japan gestimmt hat.

und das eliminiert den **naiven** Machbarkeitsglauben. Aber es ist damit auch möglich zu beurteilen, was ein System **kann** und was funktionieren **wird.**

Nur weil man den naiven **Machbarkeits**glauben aufgegeben hat, braucht man also noch lange nicht jenem anderen, genauso naiven Glauben zu verfallen, man könne überhaupt nichts oder fast nichts tun. Man kann das als den naiven **Unmöglichkeitsglauben** bezeichnen, der leider gerade unter jenen weit verbreitet zu sein scheint, die sich **für** systemisches Management einsetzen. Ich meine, dass sie damit weder recht haben, noch der Sache einen Dienst erweisen. So wird z.B. behauptet, die sozialen Beziehungen (in sozialen Systemen) liessen sich nicht durch die Manager organisieren, weil diese selbst Teil dieser Organisation seien[6]. Oder Manager und Management werden auf die Rolle von Katalysatoren und Moderatoren reduziert oder auf „ein prozessorientiertes Anregen, 'Stören' und Irritieren."[7] Das Verhaltensspektrum des Managers umfasst das zwar **auch**. Ich habe gelegentlich selbst die Begriffe „Katalysator" oder „Kultivator" verwendet, um jenen Grad an Behutsamkeit auszudrücken, der manchmal erforderlich ist, z.B. in Verhandlungen. Aber dass dies **auch** im Verhaltensrepertoire von Führungskräften enthalten sein sollte, heisst selbstverständlich nicht, dass nicht auch ganz andere, sehr direktive Gestaltungsmassnahmen möglich und manchmal auch notwendig sind.

Nicht nur werden damit die – wie ich meine, nachweisbaren – Möglichkeiten der Gestaltung und Veränderung, auch der Verbesserung von Systemen massiv unterschätzt, sondern mit solchen Rollenbildern wird man Führungskräfte auch kaum gewinnen können, sich mit Systemen und systemischem Management zu befassen, um auf dieser Grundlage dann möglicherweise ihr dysfunktionales Rollenverständnis zu ändern. Man wird sie aber als Verbündete brauchen – einmal mehr gerade aus systemischen und kybernetischen Gründen.

Die Beispiele dafür sind zahlreich, dass Führungskräfte Systeme verändern, dass sie sie managen **können** und dass sie sie in einem positiven, erwünschten, dem Systeminteresse oder dem Systemzweck dienenden Sinne weisen können. So gibt es Firmenfusionen, die sehr professionell, geschickt, klug und durchaus systemisch angegangen wurden, etwa die Ciba-Geigy Fusion in den 60er Jahren. Und es sieht vieles danach aus, dass auch die jüngste Bewegung, der Zusammenschluss von Ciby-Geigy und Sandoz zu einem neuen System führt, das gute Erfolgsaussichten in mehrfacher Hinsicht hat.

Jede erfolgreiche Firmenkooperation, und deren gibt es viele, ist ein Beispiel. Diese Systeme entstehen nicht von allein; es müssen Entscheidungen getroffen werden und sie werden von Managern in ihrer Eigenschaft als Mitglieder der gesetzlichen oder statutarischen Organe getroffen. Dass als Folge solcher Entscheidungen und sehr häufig, ja praktisch immer und oft auch bewusst so angelegt, im

---

[6] z.B. Fischer, H.R., Management by Bye?, in : Schmitz, C./Gester, P.W./Heitger, B. (Hrsg.), Managerie - 1. Jahrbuch für Systemisches Denken und Handeln im Management, Heidelberg 1992, S. 28.
[7] Schmitz, Ch., S. 67, der das als „Anregungsmodus" bezeichnet und in einen Gegensatz zum „Kontrollmodus" setzt.

Vollzug Selbstregulierung und Selbstorganisation wesentlich sind, ändert nichts daran, dass vorher Entscheidungen erforderlich waren.

Damit soll auch nicht geleugnet werden, dass es für jedes positive Beispiel sehr viel zahlreichere negative gibt. Darin liegt ja gerade ein Beweis dafür, dass man solche Dinge **richtig**, also systemgerecht, und dass man sie **falsch** machen kann.

Gleichermassen ist es selbstverständlich möglich, dass Struktur und Funktionsweise z.B. des Top Managements, zweifellos ein System und ein soziales System, geändert und verbessert werden können durch die Gestaltung der Verträge, der Geschäftsordnung und nicht zuletzt durch eine der wirksamsten systemischen Interventionen, nämlich die Gestaltung der Bezahlungsweise der Manager.

Ein weiteres Beispiel: Es kann doch gar keinen Zweifel daran geben, dass man das schlechte System der europäischen Luftverkehrskontrolle, das aus mehreren Dutzend autonomen, wohl vernetzten und interagierenden, aber vorwiegend hinderliche Komplexität produzierenden lokalen bzw. nationalen Zentren besteht, anders gestalten **kann** – mit enormen, positiven Wirkungen auf praktisch jede Systemvariable (ausser nationalem und ziemlich infantilem Prestigedenken). In den USA ist das längst realisiert und in Europa wird das ohne Frage auch gemacht werden, auch wenn es – wiederum aus systemischen Gründen – etwas länger dauert. Dass hier technische Strukturen und Bedingungen eine wesentliche Rolle spielen müssen, ist klar, ändert aber nichts daran, dass es auch ein soziales oder eben ein sozio-technisches System ist.

Ich meine, dass diese Beispiele genügen müssen, um zu zeigen, dass Systeme und ihre Strukturen gestaltet werden **können** und auch täglich gestaltet werden, manchmal mit mehr systemischer Kompetenz, manchmal mit weniger, und dass dabei Fehler gemacht werden können, ist selbstverständlich. Mit derart gestalteten Systemen werden klarerweise auch die Bedingungen verändert, unter denen Selbstregulierung, Selbstorganisation und weitere Evolution des Systems stattfinden, und damit werden eben auch die sozialen Beziehungen in einem System gemanagt – nicht im Detail, wohl aber ihre Patterns. Und das war ja immer jene Bedeutung, die „control" im kybernetischen Sinne hatte, sei es nun Kybernetik erster oder zweiter Ordnung.

Man **kann** also handeln und etwas tun – und ich meine, dass damit auch die Verpflichtung besteht, zu handeln. Das bedeutet nicht, dass man **immer** und **überall** handeln kann und es bedeutet ebenfalls nicht, dass dieses Handeln immer fehlerfrei ist.

Wie ich schon bemerkte: Wirtschaft und Gesellschaft erfahren zur Zeit eine ihrer grössten Transformationen. Fast alle Systeme stehen vor fundamentalen Wandlungen. Fast alles, was wir tun und wie wir es tun, wird sich in den nächsten 10 bis 15 Jahren verändern: die Art und Weise, wie wir produzieren und konsumieren, wie wir distribuieren und finanzieren; die Art, wie wir forschen, lehren, lernen und innovieren, wie wir also Wissen gewinnen, verbreiten und nutzen; es wird sich verändern, was wir arbeiten und wie wir es tun.

Dies alles findet durch und vermittels von Organisationen statt, von Systemen, die für den Einzelnen oft nur schwer und für viele vielleicht überhaupt nicht zu verstehen und zu überblicken sind. Daher sind auch ganz bestimmte Reaktionen der Menschen vorprogrammiert. Die einen werden resignieren und sich in die Romantik der geschlossenen Stammesgesellschaft zurücksehnen und einige werden dies mit Aggressivität herbeizuführen versuchen. Andere werden fasziniert von neuen Welten träumen. Und wieder andere werden sich nüchtern daran machen, diese Entwicklungen zu nutzen und vielleicht auch auszunutzen und zu missbrauchen.

Wie auch immer man dazu stehen mag, wir werden diese Systeme haben. Weder wird man sie ignorieren, noch wird man ihnen entkommen können. Es wird die Aufgabe von systemischem Management sein, dafür zu sorgen, dass diese Systeme dem Menschen dienen und nicht umgekehrt. Es wird Systemarchitekten, Systemregulatoren und Systemorganisatoren brauchen und sie werden nicht nur sehr viel von komplexen Systemen verstehen müssen, sondern sie werden auch eine Ethik und eine Moral brauchen, die der Komplexität dieser Systeme angemessen ist, um Missbrauch schon im Keim zu erkennen und um ihn zu verhindern.

Eines der wichtigsten aber auch schwierigsten Probleme wird die Frage der **Verantwortung** sein. Wie implantiert man wirksam Verantwortung in einem komplexen System, was bedeutet sie, was muss sie bedeuten? Die Lösung dieses Problems muss erste Priorität haben. Dazu gehört natürlich auch die Verantwortung des systemischen Beraters und des Therapeuten. Vielleicht gibt es keine **allgemeine** Lösung für diese Fragen; es gibt aber nachweislich **spezielle** Lösungen, solche für den Einzelfall, und eine Kumulation von Einzelfällen bedeutet bereits einen Fortschritt. Wirksame Verantwortung wird **Haftung** sein müssen, weil man sonst aus dem Bereich des blossen Appells nicht herauskommt.

Wie dem bereits in der ersten Auflage vorangestellten Zitat von Gregory Bateson zu entnehmen ist, kann auch das Verständnis für komplexe Systeme **missbraucht** werden. Ich kann mich manchmal des Eindrucks nicht erwehren, dass zu den besten Systemkennern leider auch die „Paten" in den mafiosen Organisationen und die Köpfe hinter den Drogenkartellen und Terrororganisationen gehören. Die Effizienz dieser Systeme kann leider nicht ignoriert werden, und dass sie nicht nur auf Intuition beruht, sondern professionelle Experten in den Diensten solcher Organisationen stehen, weiss man. Dass es Missbrauch ist, braucht kaum betont zu werden.

Umso wichtiger ist es, dass es Manager im weitesten Sinne und in grosser Zahl gibt, die profunde Kenntnisse über komplexe Systeme haben und diese verantwortungsbewusst und ethisch-moralisch vertretbar einsetzen. Keine Philosophie, keine Theorie und keine Disziplin ist vor Missbrauch gefeit und solange wir keine Computer haben, die ethische Entscheidungen treffen können und sie verantworten müssen, werden sie von Menschen getroffen und verantwortet werden müssen. Ich halte es daher für überaus wichtig, dass Kenntnisse über komplexe Systeme grösstmögliche Verbreitung erfahren, damit möglichst viele Menschen ein besseres Verständnis für sie erlangen und an ihrer Gestaltung kompetent mitwirken können.

0. Einführung: Konstruktion und Evolution*

> ...we create the world that we
> perceive, not because there
> is no reality outside our heads,
> but because we select and
> edit the reality we see to
> conform to our beliefs about
> what sort of world we live in
>
> Mark Engel

0.1 Prämissen, Bezugssysteme und Scheinwelten

Eine Wissenschaft wird zu anderen Schlussfolgerungen kommen, ja wird sogar ein völlig anderes Theorieverständnis haben, je nachdem von welchen Prämissen über ihr Erkenntnisobjekt und ihre Problemstellungen sie ausgeht. Prämissen über die Natur des Gegenstandes und die zentralen Problemstellungen haben es an sich, dass sie häufig als so selbstverständlich erscheinen, oft auch als trivial, dass sie in vielen Fällen als unproblematisch einfach hingenommen werden. Viele dieser Prämissen sind gar nicht explizit bekannt, sondern werden stillschweigend faktisch akzeptiert, und manche Prämisse kann möglicherweise gar nicht artikuliert werden, weil sie in der Art und Weise, wie wir uns in der Welt orientieren, insbesondere in der Struktur der die Welt beschreibenden Sprache, implizit enthalten ist.

Der Streit wissenschaftlicher Schulen kann häufig auf unterschiedliche Basisannahmen zurückgeführt werden, von denen ihre Vertreter ausgehen, ohne sich dessen immer bewusst zu sein. Die Schlussfolgerungen, die von verschie-

---

* Eine stark gekürzte Fassung dieser Einführung wurde unter dem Titel „Zwei Arten von Managementtheorien: Konstruktion und Evolution" veröffentlicht in Siegwart, H. und Probst, G. (Hrsg.), Mitarbeiterführung und gesellschaftlicher Wandel, Festschrift für Charles Lattmann, Bern und Stuttgart 1983.

denen Kontrahenten vertreten werden und die daraus resultierenden Handlungsempfehlungen können einen sehr unversöhnlichen und sich tief widersprechenden Charakter haben, wobei Diskussionen in diesem Zusammenhang nicht selten höchst emotionaler Natur sind, weil beide Parteien von der ebenso auf Prämissen beruhenden Auffassung ausgehen, sie redeten über ein und denselben Gegenstand, während eine genauere Analyse oft zeigt, dass es keine Verständigung geben kann, weil man über ganz Verschiedenes spricht.

Nicht selten werden wir hier Opfer einer semantischen Falle, die darin besteht, dass wir glauben, dass mit identischen Bezeichnungen auch identische Gegenstände gemeint seien. Alfred Korzybski[1] ist für seine Behauptung bekannt, dass die Landkarte nicht das Territorium ist, und der Name nicht das durch ihn bezeichnete Ding. Diese Aussagen sind nur scheinbar trivial. Im Verbund mit Gesetzmässigkeiten menschlicher Kommunikation kann die Nichtbeachtung dieser Prämissen zum Aufbau von Scheinwelten führen, die – und das ist das Diabolische daran – als solche nicht mehr zu erkennen sind.

Dies hängt damit zusammen, dass das Erkennen der Realität ein schwierigeres Problem ist, als allgemein angenommen wird, primär deshalb, weil Gehirne die Fähigkeit besitzen, verschiedene Realitäten zu konstruieren, die je in sich konsistent sein können, so dass es unter gewissen Voraussetzungen unmöglich wird zu erkennen, welche Konstruktion die bessere ist. Wir haben kein „Bild" von der Realität, sondern wir müssen lernen sie wahrzunehmen. Dies gilt gleichermassen für den Organismus, wie für die Wissenschaft und dort, wo wir es mit einer im Prinzip gestaltungsfähigen Realität zu tun haben, wo wir vor allem dem Phänomen begegnen, dass für Menschen das Realität ist, was sie für real halten, wird die Frage besonders wichtig, welche Prämissen zu welchen Realitätskonstruktionen führen und wie wir Scheinwelten als solche erkennen können.

Für die Sozialwissenschaften sind diese Fragen wahrscheinlich von viel grösserer Bedeutung als für die Naturwissenschaften. Wenn Menschen das als Realität nehmen, was sie für real halten, dann werden sie auch dementsprechend handeln. Ein wesentlicher Aspekt von „sozial" besteht ja gerade darin, dass wir aufgrund von Erwartungen und Meinungen über unsere Mitmenschen uns in einer diesen Meinungen entsprechenden Weise verhalten. Damit beeinflussen wir wiederum die Erwartungen und Meinungen sowie das Verhalten der anderen und so fort, so dass auf diesem Wege sozial konstruierte Realitäten entstehen können, die im Verbund mit moderner Technologie in den gestaltungsfähigen Bereichen der Welt dann in der Tat zu *der* Realität werden können, die aber in fundamentalem Widerspruch zu den noch nicht von dieser Konstruktion erfassten Bereichen stehen kann. In hohem Masse anwendungsorientierte Wissenschaften tragen hier eine besondere Verantwortung, denn es

---

1 Korzybski (Science).

sind immer stärker die von ihnen vermittelten „Weltbilder", die das Handeln der Menschen, vor allem in ihrer Eigenschaft als Organe von Institutionen bestimmen.

Grosse Teile der Betriebswirtschaftslehre scheinen derartige Scheinwelten zu sein, die aus verschiedenen Gründen als solche nicht oder nur schwer entlarvt werden können. Der wichtigste Grund besteht darin, dass die Natur der Erkenntnisse, die wir zu gewinnen vermögen, eine Funktion der Natur der Erkenntnisinstrumente ist. Dazu gehört zum einen die Sprache, und hier insbesondere die Struktur des Sprachspiels, das in einer Wissenschaft dominiert, des Bezugsrahmens (universe of discourse), den wir dem Erkenntnisgegenstand gewissermassen überstülpen und in dessen Licht wir ihn sehen. Ein anderer Aspekt ist aber auch die Sprachstruktur in einem weiteren Sinne, jene Struktur, die man mit Objekt- und Metasprache zu bezeichnen pflegt, womit die logische Geschichtetheit der Sprache gemeint ist, die Voraussetzung dafür ist, dass es trotz der oft sehr grossen Schwierigkeiten einen Bezugsrahmen zu sprengen, doch nicht vollständig unmöglich ist, diesen zu transzendieren. Insbesondere die Konfusion von Objekt- und Metaebene der Sprache bewirkt, dass bestimmte Phänomene gar nicht erkannt werden können.

Als Bezugsrahmen wird hier ein System von Prämissen verstanden, das ein in sich meistens aber nicht notwendigerweise, konsistentes „Bild" einer Realität entstehen lässt. Ein Bezugsrahmen ist vergleichbar einem Koordinatensystem, das bestimmt, was als relevant angesehen wird, auf welche Weise Wahrnehmungen, Beobachtungen, Aussagen, Behauptungen usw. zu interpretieren sind, welche Art von Fragen „zulässig" ist und welche nicht usw. Was hier „Bezugsrahmen" genannt wird, kommt unter verschiedenen anderen Bezeichnungen in der allgemeinen Diskussion vor: Rahmenwerk (Framework), Hintergrundwissen (Background-Knowledge), Weltbild, Weltanschauung, Universe of Discourse usw. Trotz aller verschiedenen Variationen, die die Idee des Paradigmas im Sinne von T. S. Kuhn aufweist, scheint mir doch der harte Kern dieses Konzepts recht gut der Idee des Bezugsrahmens zu entsprechen.

Eine besondere Schwierigkeit, mit der die Diskussion um Zweckmässigkeit und Angemessenheit eines bestimmten Bezugsrahmens konfrontiert ist, ist philosophischer Natur. Die Diskussion führt nämlich zwangsläufig zu ontologischen Fragen, und diese gelten von manchen erkenntnistheoretischen Standpunkten aus als unzulässig. Viele Wissenschafter glauben daher, diesen Problemen ausweichen zu müssen, um nicht den Anspruch der Wissenschaftlichkeit aufzugeben gezwungen zu sein. Ich möchte im Gegensatz dazu hier die Auffassung vertreten, dass Überlegungen zum Charakter der Natur des Erkenntnisobjektes aber auf weite Strecken nicht philosophischer, sondern empirischer Natur sind, dass wir also im Grunde damit beschäftigt sind, eine empirische Theorie über die Natur des uns interessierenden Problemfeldes zu machen. Dies bedeutet nichts anderes, als dass zumindest ein Teil der einleitend erwähnten Prämissen nicht den Charakter logischer Axiome hat, sondern den Charakter empirischer Behauptungen. Auch hier führt ein bestimmter Gebrauch des Wortes „Prämisse" oft dazu, dass hierunter ausschliesslich *logische* Prämissen gemeint sind, wie sie etwa in der Grundlagenforschung der Mathematik und der formalen Logik diskutiert werden; Prämissen also im Sinne von nicht weiter zu hinterfragenden Annahmen oft tautologischer Natur (zum Beispiel p → p) oder auch Annahmen definitorischen Charakters. Zwar haben wir es wahrscheinlich auch in den empirischen Wissenschaften mit einer ganzen Reihe von Prämissen in diesem Sinne zu tun; ein erheblicher Teil von Annahmen ist aber empirischer Natur und kann demzufolge auch mit Hilfe von empirischen Mitteln überprüft werden.

0.2 Systemorientierte Managementlehre

In der Betriebswirtschaftslehre scheinen einige wichtige Annahmen empirischer Natur zu dominieren, die sich bei näherer Untersuchung als sehr fragwürdig erweisen und von denen ein Teil auch als falsch erkannt werden kann.

Unter der Bezeichnung „Betriebswirtschaftslehre" kann nun allerdings sehr Verschiedenartiges verstanden werden. Es würde zu weit führen, die ganze Spannweite der betriebswirtschaftlichen Richtungen und ihre ohnehin sehr unterschiedlichen Perspektiven zu diskutieren. Hier steht im Vordergrund jene Form der Betriebswirtschaftslehre, die sich als *Managementlehre* versteht. Dabei soll nicht weiter untersucht werden, ob es, wie soeben impliziert, richtig oder zweckmässig ist, die Managementlehre als Variante der Betriebswirtschaftslehre aufzufassen. Vieles spricht dafür, die Managementlehre als eigenständig und als etwas völlig anderes zu verstehen, als es zumindest die dominierende deutschsprachige Betriebswirtschaftslehre darstellt, die sich zu einem grossen Teil noch immer als im wesentlichen wirtschaftswissenschaftliche Schwesterdisziplin der Ökonomie darbietet.

Es kann festgestellt werden, dass in der Wirtschaftspraxis betriebswirtschaftliche Probleme und ihre Lösungen nicht isoliert vorkommen, sondern immer im Verbund mit Problemen der *Unternehmungsführung*. Damit taucht aber sofort die Frage auf, was unter „Unternehmungsführung" zu verstehen ist, denn die gerade aufgestellte Behauptung stimmt natürlich nur unter ganz bestimmten Voraussetzungen, das heisst, nur auf der Basis einer ganz bestimmten Vorstellung über Unternehmungsführung. Im folgenden sollen daher die Basisannahmen dieser Vorstellung herausgearbeitet werden, um eben jene semantische Falle zu umgehen, die in der Bezeichnung unterschiedlicher Dinge mit demselben Namen besteht.

Einige historische Bemerkungen zur Entwicklung der Managementlehre, wie sie hier zunächst noch ohne weitere Umschreibung gemeint ist, mögen dem Verständnis dienlich sein. Vor dem Hintergrund einer Reform des betriebswirtschaftlichen Studiums an der Hochschule St. Gallen erschien 1968 Ulrichs Buch „Die Unternehmung als produktives soziales System". Die darin vorgelegte, in ihren Grundzügen von einer grösseren Gruppe von Dozenten mitgestaltete Betriebswirtschaftslehre ist — wie der Untertitel zum Ausdruck bringt — als eine *allgemeine Unternehmungslehre* konzipiert, die explizit auf die allgemeine Systemtheorie und Kybernetik als Grundlagenwissenschaften abstellt und die die Unternehmung als vieldimensionale Ganzheit versteht. Die Betriebswirtschaftslehre wurde bereits hier als Lehre von der *„Gestaltung und Führung von Systemen"* verstanden.[2]

Der sogenannte „Systemansatz" wurde in den darauffolgenden Jahren von Doktoranden, wissenschaftlichen Mitarbeitern und Habilitanden weiter auszubauen, zu begründen und schliesslich auch praktisch anwendbar zu machen versucht. Ulrich ging davon aus, dass die Betriebswirtschaftslehre in ihrem damaligen Verständnis als Schwesterdisziplin der Volkswirtschaftslehre für die Lösung von praktischen Problemen nur sehr eingeschränkt Hilfe leisten konnte. Insbesondere Fragen der Unternehmungsführung blieben weitgehend ausgeklammert, primär durch die Beschränkung der Probleme auf ihre rein wirtschaftliche Dimension. Unternehmungs*führung* war aber im Verständnis Ulrichs das zentrale Problem überhaupt, und er beurteilte die Leistungsfähigkeit der Betriebswirtschaftslehre im wesentlichen nach ihrem Beitrag zur Lösung von Unternehmungsführungsproblemen.

Für Ulrich war Unternehmungsführung schon damals keineswegs reduzierbar auf Fragen der Menschenführung; vielmehr ging es ihm um die umfassende, der praktischen Wirksamkeit verpflichtete Gestaltung und Lenkung der Unternehmung. Somit handelte es sich hier um ein vieldimensionales Problem, das aus einer ökonomischen Perspektive allein nicht zu lösen war, und demzufolge musste auch die Ausbildung von Führungskräften über die Betriebswirtschaftslehre hinausgehende Aspekte umfassen.

Unternehmungen (in der weiteren Folge dann aber beliebige soziale Institutionen) als komplexe, vieldimensionale, offene und dynamische *Systeme* zu begreifen, schien ein fruchtbarer Ansatz zu sein, der eine Reihe von neuen Perspektiven eröffnete, neue Probleme aufwarf und trotz seiner sehr abstrakten Grundlagen doch wesentlich näher an die reale Problemsituation von Führungskräften in der Praxis heranzuführen schien als die rein ökonomistisch ausgerichtete Betriebswirtschaftslehre. Durch diesen Ansatz schien die Betriebswirtschaftslehre an sozialer Relevanz zu gewinnen, ohne zu einer rein pragmatischen Kunstlehre zu degenerieren; im Gegenteil war zu vermuten, dass auch der Versuch der wissenschaftlich-theoretischen Fundierung zu interessanten Ergebnissen führen würde.

---

2 Ulrich (Unternehmung) 45.

Dadurch, dass das Problem der Unternehmungs*führung* im Sinne der umfassenden, ganzheitlichen Gestaltung und Lenkung der Unternehmung in den Mittelpunkt gestellt wurde, ergaben sich, wie erwähnt, neue Fragestellungen. Zum ersten schloss diese Problemstellung selbstverständlich auch die Einbettung und Positionierung der Unternehmung in der für sie relevanten Umwelt (Märkte, politische und soziale Umwelt usw.) mit ein, die natürlich nicht als a priori bekannt vorausgesetzt werden konnte, sondern herauszufinden war. Zum zweiten war von Anfang an klar, dass die Unternehmung nur als Teil eines viel grösseren Netzwerkes von Institutionen, das in sich wiederum einen Schichtenbau aufwies, begriffen werden konnte und dass die Reduktion dieses Netzwerkes auf nur gerade die Unternehmung selbst eine unzulässige Vereinfachung bzw. einen fundamentalen Fehler in der Systemabgrenzung darstellte. Zum dritten aber wurde durch die weitere Ausarbeitung dieses Ansatzes deutlich, dass sich die Problemsituation der in einer und für eine Unternehmung handelnden Menschen zum Teil wesentlich anders darstellen musste, als dies von der klassischen Betriebswirtschaftslehre angenommen wurde.

Insbesondere dann, wenn man eine wesentliche Eigenschaft von Unternehmungen, nämlich ihre Komplexität und Dynamik, ernst nahm und nicht durch reduktionistische Annahmen und die ceteris paribus Klausel künstlich eliminierte, wurde deutlich, dass viele im Zentrum der klassischen, ökonomistischen Betriebswirtschaftslehre stehenden Fragen im Grunde von recht untergeordneter Bedeutung waren oder doch recht selten vorkommende Spezialfälle darstellten. Weiter zeigte sich, dass zahlreiche Probleme von grösster Relevanz bis dahin nur wenig oder gar keine Beachtung fanden. Die Beispiele sind zahlreich: es beginnt mit grundlegenden Problemen, wie etwa, ob Unternehmungsführung aus der Perspektive der Gewinnmaximierung oder -optimierung überhaupt richtig verstanden werden kann, ob das Problem der Faktorkombination sich für die Unternehmung in der von der Betriebswirtschaftslehre behandelten Weise stellt, ob die etwa im Bereich der Absatzwirtschaft behandelten Preisbildungsmodelle und -hypothesen praktische Relevanz besitzen, ob Investitionen wirklich nach den Gesichtspunkten der Investitionstheorie beurteilt werden usw.

Wesentliches Element der klassischen Ansätze ist ja das Problem der Optimierung unter bestimmten Bedingungen oder auch der optimalen Entscheidungsfindung, wobei aber in der Regel die Verwendung ökonomischer und damit quantifizierbarer Parameter dominiert. Sind die unterstellten Voraussetzungen aber auch wirklich erfüllt? Genügt es, ökonomisch-quantitative Einflussgrössen allein zu berücksichtigen? Viele Beobachtungen zeigen, dass für die praktische Unternehmungsführung viele andere Dinge eine wesentlich wichtigere Rolle spielen und es nur selten um Optimierungsfragen geht, sondern man vielfach schon dann zufrieden sein muss, wenn man die Ereignisse überhaupt unter einer gewissen Kontrolle hat.

Management – und dies wurde von einigen angelsächsischen Autoren, vor allem von Peter Drucker, schon recht früh erkannt – hat weniger mit Optimieren als mit Balancieren zu tun; zwar auch mit Analyse, vor allem aber mit Integration und Synthese sehr verschiedenartiger Faktoren, weniger mit der Konstruktion widerspruchsloser Zielsysteme als mit der sich täglich neu stellenden Problematik der Harmonisierung unvermeidlich widersprüchlicher Absichten und Erwartungen. Management kann man möglicherweise – so die Vermutung – viel besser verstehen als das ständige Bemühen, ein sehr komplexes System unter Kontrolle zu bringen und zu halten, das durch ein hohes Mass an Probabilismus gekennzeichnet ist, dessen Elemente sich ständig verändern, sowohl bezüglich ihrer Zustände als auch, grundlegender, bezüglich ihrer Art und Zahl, und dessen Eigendynamik bewirkt, dass es nur schwer, und häufig mit unerwünschten Nebenwirkungen, beeinflusst werden kann.

Es geht also wesentlich darum, ein System zu lenken, und diese Aufgabe stellt sich je nach der Struktur und den Wirkungsmechanismen des Systems unterschiedlich dar. Die Lenkbarkeit von Systemen zu ermöglichen, oder zu verbessern, ist wiederum eine der wichtigen Gestaltungsaufgaben von Managern. Gestaltung und Lenkung von komplexen, dynamischen Systemen ist somit die Perspektive der systemorientierten Managementlehre.

Mehr und mehr wurde aber klar, dass der Schritt von einer wirtschaftswissenschaftlich ausgerichteten Betriebswirtschaftslehre zu einer systemorientierten Managementlehre weit grössere Konsequenzen haben könnte, als dies möglicherweise selbst die Väter des neuen Ansatzes vermutet haben dürften. Um den anspruchsvollen Forderungen einer ganzheitlichen und vieldimensionalen Unternehmungslehre und Unternehmungsführungslehre genügen zu können, war und ist es erforderlich, immer mehr Gebiete einzubeziehen, die bis anhin nicht einmal im entferntesten etwas mit Betriebswirtschaftslehre zu tun hatten, ja nicht einmal in den Bereich der Wirtschafts- und Sozialwissenschaften im allgemeinen eingeordnet werden konnten.

Die Verwendung des weitgehend formalen, jedenfalls aber sehr weiten Systembegriffes, und der Versuch, eine derartig verstandene Betriebswirtschaftslehre systemtheoretisch zu fundieren, waren seither ebensosehr Vorteil wie Hindernis. Vorteil deshalb, weil durch die Orientierung an der Allgemeinen Systemtheorie eine ungewöhnliche Öffnung der Perspektive erfolgte, was dazu führte, dass bis dahin gänzlich ausgeklammerte Wissenschaften auf ihre mögliche Relevanz für die Lösung betriebswirtschaftlicher Probleme untersucht wurden. In einer Reihe von Arbeiten, die seither zur Systemorientierten Betriebswirtschaftslehre im weitesten Sinne in St. Gallen, aber auch andernorts, geschrieben wurden, findet man daher zahlreiche Beispiele dafür, dass sich die Autoren mit, aus der Sicht der klassischen Betriebswirtschaftslehre, recht exotisch erscheinenden Wissenschaften auseinandersetzten. Dominierendes Beispiel ist hier die Kybernetik mit all ihren Spielarten von der Regelungstheorie über die Bio- und Neurokybernetik bis zu den Forschungen über künstliche Intelligenz, Linguistik und Evolutionstheorie.

Die Hindernisse bestanden und bestehen darin, dass durch die Beschäftigung mit derartigen Gebieten auch viele Missverständnisse entstehen. Der Versuch, Denkweisen, Theorien, Ergebnisse usw. aus gänzlich anderen Disziplinen in die Betriebswirtschaftslehre aufzunehmen, ist mit zahlreichen Schwierigkeiten verbunden, die nicht nur die Relevanz dieser Gebiete für die in Entstehung begriffene Systemorientierte Betriebswirtschaftslehre betrafen, sondern von vornherein auch die Frage berührten, ob man die neuen bzw. andersartigen Wissenschaften überhaupt richtig verstanden hatte.

Diese Schwierigkeiten prägten auch ein in den Jahren 1972 bis 1974 am Institut für Betriebswirtschaft an der Hochschule St. Gallen durchgeführtes Forschungsprojekt zur Entwicklung einer sogenannten „System-Methodik".[3] Zweck dieser Methodik sollte es sein, aufbauend auf dem damaligen Entwicklungsstand der systemorientierten Managementlehre für die Gestaltung und Lenkung von komplexen Systemen konkret anwendbare methodische Hilfsmittel im Sinne einer generellen Vorgehensweise sowie Regeln, Grundsätze, Techniken usw. zu entwickeln. Allgemein kann man sagen, dass die Grundidee darin bestand, eine Methodik für den *Umgang* mit komplexen Systemen zu schaffen, dabei bewusst die Tatsache einbeziehend, dass das Umgehen mit derartigen Systemen in der Realität, gemessen am Standard klassischer Rationalitätsvorstellungen, immer erhebliche Unvollkommenheiten aufweisen musste, oft weit entfernt vom theoretischen Optimum zu operieren hatte und das Erfolgskriterium oft nur darin bestehen konnte, das System so zu beeinflussen, dass ein einigermassen zufriedenstellender Output resultiert und dabei wichtige Systemeigenschaften, wie etwa die Anpassungsfähigkeit des Systems, erhalten bleiben.

Das Resultat dieses Projektes stützte sich auf meinen, im ersten Band des zitierten Buches dargestellten, möglicherweise etwas kühnen und in vielen Belangen durchaus Kritik provozierenden Versuch, mehrere sehr verschiedene Gebiete menschlichen Wissens miteinander zu vereinen, die prima vista nichts oder nicht viel miteinander zu tun hatten, bei deren näherer Analyse sich aber doch vermuten liess, dass sie einen Beitrag zur Lösung des gestellten Problems leisten könnten.

Einer der wesentlichen Bestandteile war Poppers Theorie des Wissens (Theory of Knowledge) auf ihrem Stand von 1972, also unter Einschluss und Berücksichtigung seines damals gerade erschienenen Buches „Objective Knowledge", weil, wie ich in Teil A des zitierten Buches begründet zu haben glaubte, Poppers Erkenntnistheorie, die er selbst im wesentlichen als *Problemlösungsmethodik* versteht, gerade auch für die Lösung von Problemen, die im Zusam-

---

3 Gomez, P., Malik, F., Oeller, K. H.: Systemmethodik: Grundlagen einer Methodik zur Erforschung und Gestaltung komplexer soziotechnischer Systeme, 2 Bände, Bern und Stuttgart 1975.

menhang mit der Gestaltung und Lenkung komplexer Systeme auftreten, von grundlegender Relevanz ist. Ich bin immer noch der Auffassung, dass die richtig verstandene Philosophie und Erkenntnistheorie Poppers für das praktische Management sozialer Institutionen eine unverzichtbare Grundlage darstellt. In dieser Auffassung wurde ich in der Folge durch das Studium des wissenschaftlichen Werkes von Friedrich von Hayek bestärkt, dem ich die für die vorliegende Arbeit wohl wichtigsten Einsichten in das Funktionieren komplexer Systeme und die Problematik, welchen Anforderungen eine Theorie komplexer Systeme zu entsprechen hat, verdanke.[4]

Weitere Bestandteile waren bestimmte Richtungen der Kybernetik, insbesondere die Arbeiten von Stafford Beer, Gordon Pask, Ross Ashby und Heinz von Foerster, die deshalb wesentlich erschienen, weil sie weit über das im deutschsprachigen Raum übliche Verständnis der Kybernetik als Regelungstheorie bzw. -technik hinausgingen und insbesondere in jenen Bereich vorstiessen, der durch hohe Komplexität gekennzeichnet ist.

Basis für die hier zugrundeliegende Auffassung über Kybernetik waren drei, bereits im Jahre 1958 erschienene Artikel: Von Gordon Pask „Organic control and the Cybernetic Method"[5], von Stafford Beer „The Irrelevance of Automation"[6] sowie ein Aufsatz von Heinz von Foerster „Some Aspects in the Design of Biological Computers"[7]. Eines der grundlegenden Studienobjekte dieser Art von Kybernetik ist der frei lebende Organismus in seiner natürlichen Umgebung und seine Fähigkeit, sich ständig wechselnden Umständen anzupassen, zu lernen, zu evolvieren — allgemein vielleicht: erfolgreich zu leben. Von besonderer Bedeutung war in diesem Zusammenhang auch die Arbeit von Ashby „Design for a Brain", in deren ersten Kapitel er das Problem wie folgt formuliert: „Our problem is, first, to identify the nature of the change which shows as learning, and secondly, to find why such changes should tend to cause better adaptation for the whole organism."[8]

Diese, damals noch rudimentären, ersten Versuche wurden von den genannten Autoren in bemerkenswerter und für die vorliegende Arbeit höchst bedeut-

---

4 Eine meines Erachtens überzeugende Darstellung der Relevanz der Methodologie Poppers für eine rationale Praxis findet sich auch in dem erst nach Abschluss des Hauptteiles des Manuskriptes zu dieser Arbeit erschienenen Buch von Hans Albert, Traktat über rationale Praxis, Tübingen 1978; wichtige Argumente sind schliesslich auch in dem 1980 veröffentlichten Nachwort „Der Kritizismus und seine Kritiker" in Alberts Traktat über kritische Vernunft, 4. Aufl., Tübingen 1980, enthalten.
5 Pask, Gordon; Organic control and the cybernetic method, in Cybernetica, I, (1958) 155–173.
6 Beer, Stafford; The irrelevance of automation, ebenda 280–295.
7 von Foerster, Heinz; Some Aspects in the Design of Biological Computers, in Proceedings of the 2nd International Congress on Cybernetics, Namur 1958, Paris 1960.
8 Ashby, W. R.; Design for a Brain, The origin of adaptive behaviour, London 1952, S. 12.

samer Weise weiter entwickelt. Aus Pasks damaliger Auffassung entstand eine umfassende Theorie lernender Systeme, deren Basismodell ein sich frei entfaltender Konversationsprozess ist.[9] Beers Denken kulminiert vorläufig in seinem Modell lebensfähiger Systeme [10], das im ersten Teil dieser Arbeit dargestellt wird. Die Kybernetik von Stafford Beer bildet ein wesentliches Fundament dieser Arbeit. Heinz von Foerster muss als einer der ganz grossen Pioniere systemtheoretischen und kybernetischen Denkens angesehen werden. Seine Arbeiten sind äusserst vielseitig und facettenreich und können nicht in ein paar Worten zusammengefasst werden. Ein für diese Arbeit wichtiges Ergebnis ist seine kybernetische Epistemologie für beobachtende (im Gegensatz zu beobachtete) Systeme [11], die darauf hinausläuft, dass das erkennende Subjekt und sein Erkenntnisapparat in die Erklärung des Erkenntnisprozesses miteinbezogen werden muss, um diesen und seine Ergebnisse und das darauf beruhende Verhalten überhaupt verstehen zu können. Diese Denkrichtung trifft sich mit einer neuesten Entwicklung aus der Biologie, nämlich der evolutionären Erkenntnistheorie und der Theorie autopoietischer Systeme, die versuchen, Leben als sich selbst produzierenden (nicht *re*produzierenden) Erkenntnisvorgang bzw. Ordnungsprozess zu begreifen. [12]

Ich erwähne diese, von den genannten ursprünglichen Ansätzen ausgehende Entwicklung deshalb, weil eben noch viel zu oft die allgemeine Systemtheorie nur als spezieller Zweig der Mathematik (was sie sicher *auch* ist) gesehen wird, und die Kybernetik mit der Regelungstheorie, insbesondere jener von Systemen mit bekannten oder identifizierbaren Transferfunktionen (was sie natürlich auch umfasst) gleichgesetzt wird. Für komplexe soziale Systeme sind aber jene kybernetischen Denkweisen, die eben um das Phänomen der organischen Kontrolle entstanden sind, viel wichtiger.

Von Bedeutung für das System-Methodik-Projekt erwiesen sich ferner die Arbeiten von Jean Piaget zur genetischen Psychologie, dessen Denken meiner damaligen Auffassung nach eine nicht zu übersehende Verwandtschaft mit den Ansätzen der organischen Kybernetik hat, was übrigens erst in jüngster Zeit in einem hochinteressanten Artikel von Heinz von Foerster bestätigt wird. [13]

---

9 Pask, G.; The Cybernetics of Human Learning and Performance, London 1975; sowie Conversation, Cognition and Learning: a Cybernetic Theory and Methodology, Elsevier Press 1974.
10 Beer, S.; The Heart of Enterprise, London 1979.
11 von Foerster, H.; Objects Tokens for (Eigen-)behaviours ASC Cybernetics Forum. Vol. VIII, Nos. 3+4, pp. 91–96.
12 Vgl. hierzu etwa: Riedl, R.; Die Ordnung des Lebendigen: Systembedingungen der Evolution, Hamburg und Berlin 1975, sowie ders., Biologie der Erkenntnis, Hamburg und Berlin 1980; ferner Maturana, H. R. und Varela, J. F., Autopoiesis and Cognition, Dordrecht 1980.
13 siehe Fussnote 11.

Die Arbeiten von Piaget sind meines Erachtens auch eine wesentliche Ergänzung empirischer Art zur Erkenntnistheorie Poppers und stellen einen wichtigen Schritt auf dem Wege zu einer empirischen Epistemologie dar, wie sie etwa von Warren McCulloch, einem weiteren grossen Pionier der Kybernetik, der schon in den vierziger Jahren eine empirische und experimentelle Epistemologie in dem Sinne forderte, als die Auffassungen der Philosophie letztlich durch Erkenntnisse über Anatomie und Funktion der den Organismen zur Verfügung stehenden Erkenntnisapparate, also über Gehirne und Zentralnervensysteme, gestützt werden müssen.[14] Diese Forderung findet auch eine eindrückliche Erfüllung durch die Untersuchungen von Eccles[15] und natürlich auch durch die evolutionäre bzw. biologische Erkenntnistheorie.

Weiter habe ich dort das TOTE-Konzept und die damit verbundene Theorie kognitiver Prozesse von Miller/Galanter/Pribram verwendet, deren Konnex sowohl zur Kybernetik wie zur Erkenntnistheorie nicht zu übersehen ist und schliesslich die Theorie der Personal Constructs von George Kelley, die einen interessanten Versuch darstellt, Erkenntnis- und Lernprozesse als die Bildung eines System zu verstehen.

Ergebnis dieser Integrationsversuche war eine Problemlösungs-Methodik in Gestalt einer Schrittfolge, die als Ausgangspunkt die Konstatierung eines Problems im Sinne Poppers hat, wobei aber die Art des Problems eingegrenzt wurde auf eine ganz bestimmte Kategorie, nämlich die Klasse der *Lenkungsprobleme* (control problems). Die leitende Vorstellung bestand darin, dass Führungskräfte (Manager), wie schon erwähnt, in letzter Konsequenz immer vor der Frage stehen, wie sie den Bereich oder das System, für das sie zuständig und verantwortlich sind, unter Kontrolle bringen und unter Kontrolle halten. Dass es sich hierbei um ein ganz bestimmtes Verständnis des Wortes „Kontrolle" handelt, wurde im Rahmen jener Forschungen deutlich gemacht. Hier sei nur sehr verkürzt und bildhaft gesagt, dass etwa die Formulierungen „ein Orchester unter Kontrolle haben", „eine Sportart oder Fremdsprache beherrschen" jene Bedeutung von „Kontrolle" zum Ausdruck bringen, die in diesem Zusammenhang gemeint ist.

Wenn als Grundproblem die in diesem Sinne verstandene Beherrschung oder Kontrolle eines Systems angenommen wurde, so ergab sich die nächste Hauptkomponente der Methodik auf natürliche Weise: die Frage, ob und in welchem Ausmass man ein System unter Kontrolle haben kann, hängt ganz wesentlich

---

14 Vgl. seine bis ins Jahr 1943 zurückreichende Aufsatzsammlung Embodiments of Mind, MIT Press 1965, insbesondere auch die Einführung zu diesem Buch von Seymour Papert, der ebenfalls die Beziehungen zur Theorie von Piaget klar herausarbeitet.
15 Vgl. Eccles, J. C.; The Human Psyche, Berlin, Heidelberg, New York 1980; ders.; The Human Mystery, a. a. O. 1979; ders.; Facing Reality, a. a. O. 1970; sowie Popper, K. R. und Eccles, J. C.; The Self and its Brain, a. a. O. 1977.

von den Eigenschaften der beteiligten Systeme ab: des Systems, das unter Kontrolle gebracht werden soll und desjenigen Systems, dem sich diese Aufgabe stellt. Manche Systeme lassen sich, z. B. weil sie sehr einfach und unkompliziert sind, sehr leicht beherrschen; andere entziehen sich, möglicherweise grundsätzlich, jeder Form menschlicher Kontrolle.

Das Problem schien wesentlich von der Komplexität der fraglichen Systeme bestimmt zu sein und von der Frage, welche Voraussetzungen überhaupt eine Chance mit sich bringen, ein System unter Kontrolle zu bringen. Dies führte im Rahmen des damaligen Forschungsprojektes zu einer intensiven Beschäftigung mit den Charakteristika von Systemen, etwas unscharf ausgedrückt, mit der Natur von Systemen und mit typischen Formen der Lenkung, sogenannten Control-Modellen.

Als nächstes Hauptelement der Methodik waren schliesslich Massnahmen zur Beeinflussung eines Systems vorgesehen, die in Kenntnis der Natur des Systems und seiner Lenkungsmechanismen Aussicht auf Wirksamkeit boten, wobei ganz im Sinne des für die Kybernetik typischen Kreislaufdenkens die dadurch erzielten Effekte bzw. bereits die bezüglich der angenommenen Effekte gebildeten Erwartungen wiederum zum Ausgangspunkt weiterer Beeinflussungen wurden.

Die die Entwicklung dieser Systemmethodik beherrschende Vorstellung des Grundproblems lässt sich vielleicht veranschaulichen durch folgende Beispiele:

1. Hüten einer Herde: Je nachdem, um welche Tiere es sich handelt, wird es in Abhängigkeit vom Gelände, den Witterungseinflüssen, der Bedrohung durch Gefahren usw. unterschiedlich schwierig sein, dieses Problem im Detail zu lösen; eine Herde halbwilder Pferde beisammenzuhalten erfordert andere Methoden und Hilfsmittel, als eine Herde Schafe zu hüten. Das Grundproblem, die Herde unter Kontrolle zu halten, ist aber deutlich sichtbar.

2. Dressur einer gemischten Raubtiergruppe: Auch hier hängt die Gesamtstrategie und der Einsatz verschiedener Verhaltensweisen, Techniken und Tricks wesentlich von der Natur des Systems bzw. der einzelnen Elemente ab. Die Kontrolle muss ständig unter grösster Konzentration und physischer wie psychischer Präsenz aufrechterhalten werden. Der Dompteur muss auf die unterschiedlichsten Einflüsse und Störungen in richtiger Weise reagieren mit dem Ziel, einerseits die Nummer in vorgesehener Weise abzuwickeln und andererseits gleichzeitig Leben und Gesundheit zu bewahren und die Tiere nicht zu verderben.

3. Ökologisches Gleichgewicht: Die Interaktion verschiedenartiger Tiere und Pflanzenarten führt in der Natur zu Gleichgewichtszuständen, die charakteristisch für das Oekotop sind. Hier liegt allerdings insofern eine wichtige Besonderheit vor, als kein persönlicher Lenker im Sinne eines Hirten oder Dompteurs gegeben ist, sondern vielmehr eine Art systemimmanente Kontrolle, resultierend aus der Art und Weise der faktischen Interaktion. Diese

Form von Kontrolle ist für die vorliegende Arbeit von besonderem Interesse. Sie wird im zweiten Teil speziell und ausführlich diskutiert.

4. Schaffung und Bewahrung einer glücklichen Familie: Zusammenhalt und „Klima" einer Familie hängen von vielen Einflüssen ab, und es ist eine sich unter den Einflüssen und Ereignissen im Laufe des Lebens der Familienmitglieder immer wieder neu stellende Aufgabe, in der aber das Grundmuster der allgemeinen Problemstellung unschwer zu erkennen ist.

5. Unternehmungsführung: Wie schon einleitend im Zusammenhang mit der Skizzierung der Entwicklung des Systemansatzes in der Betriebswirtschaftslehre angedeutet, weist auch das Problem der Unternehmungsführung dieselben Züge auf wie die anderen Spielarten des Problems. Natürlich steht ausser Diskussion, dass die konkret relevanten Variablen und Einflussfaktoren gänzlich anderer Art sind als in den anderen Beispielen. Abstrahiert man aber von den Besonderheiten der konkreten Umstände, so ist deutlich zu erkennen, dass das Grundmuster der kybernetischen Problemstellung auch hier wiederkehrt.

Die Systemmethodik, wie sie 1975 publiziert wurde, war sehr allgemein gehalten. Bezüge zu konkreten Problemen des Managements von Institutionen spielten eine untergeordnete Rolle. Dies war einerseits darauf zurückzuführen, dass im Rahmen des zeitlich begrenzten Forschungsprojektes viele Fragen nicht behandelt werden konnten; andererseits aber war dies auch ein Resultat eines Dilemmas, in das man bei Beschäftigung mit systemtheoretischen Ansätzen sehr leicht geraten kann: nämlich der Frage, ob man die Aussagen allgemein halten und damit der Absicht nach alle beliebigen Systeme einschliessen soll, oder ob man sich auf eine ganz bestimmte Klasse von Systemen, etwa Unternehmungen, beschränken soll, um deren Probleme möglichst konkret zu behandeln.

Der Grad an Allgemeinheit des damaligen Standes der Systemmethodik legte es nahe, im Rahmen eines Fortsetzungsprojektes den Versuch einer Konkretisierung für das Gebiet der Unternehmungsführung zu machen. Der Projektplan sah vor, in drei getrennten, aber in engem Zusammenhang stehenden Teilprojekten die Systemmethodik erstens auf die Probleme des Operations Managements und zweitens des strategischen Managements anzuwenden und sie dadurch zu konkretisieren. Drittens sollte ein spezielles, in seinen Grundzügen von Beer skizziertes, kybernetisches Kommunikationssystem entwickelt werden, das aufbauend auf, in besonderer Weise konstruierten, Indices und Kennziffern eine den Strukturen des lebensfähigen Systems speziell angepasste Informationsverarbeitung ermöglichen sollte.

Die Mitglieder der Forschungsgruppe, P. Gomez, der die Fragen des Operations Managements bearbeitete, [16] K. H. Oeller, dem die Erarbeitung des Kennzahlensystems zufiel [17] und ich waren der Auffassung, dass es nützlich sein könnte, für die drei Teilprojekte ein gemeinsames Kapitel zu schreiben, in dem als Grundlage für die weitere Bearbeitung der Themen ein als besonders fruchtbar angesehenes kybernetisches Modell dargestellt werden sollte, das als Bezugsrahmen für die weiteren Entwicklungen dienen sollte.

Diese Überlegungen entsprachen konsequent der Konzeption der Systemmethodik, die ja als wesentliches Element die Forderung enthielt, das jeweils zu lösende Problem aus der Sicht der dem Problemlöser zur Verfügung stehenden Lenkungs- und Beeinflussungsmöglichkeiten zu modellieren und dies bedeutete, die in der Problemsituation wirkenden, bzw. diese erzeugenden, lenkungsrelevanten Mechanismen zu identifizieren und herauszuarbeiten.

Als höchstentwickeltes, mit dem grössten Strukturreichtum versehenes, kybernetisches Modell erschien uns das *Modell lebensfähiger Systeme* von Stafford Beer, das den Vorteil aufzuweisen schien, erstens die grösstmögliche Zahl lenkungsrelevanter Fragen implizit oder explizit zu umfassen, zweitens eine saubere Lokalisierung und Zuordnung von operativen und strategischen Problemen zu ermöglichen und damit eine zweckmässige Arbeitsteilung in der Forschungsgruppe zu erlauben; schliesslich konnte man drittens für die Entwicklung des Kennzahlensystems auf einige sehr interessante Ansätze, die Beer selbst im Zusammenhang mit seinem Modell entwickelt hatte, zurückgreifen. Die Verwendung dieses Modells als gemeinsame Grundlage eröffnete somit die Hoffnung auf eine grösstmögliche antizipative Integration getrennt zu erarbeitender Teilprobleme durch gemeinsame Strukturvorstellungen und eine durch diese implizierte gemeinsame Sprache.

Ergebnis dieser gemeinsamen Auffassungen ist das in den drei Arbeiten identische Kapitel 1, dessen Abschnitte 11 bis 14 von mir, Abschnitt 15 von P. Gomez und Abschnitt 16 von K. H. Oeller verfasst wurden.

Die Schwierigkeiten der weiteren Entwicklung der systemorientierten Managementlehre mit ihren recht ambitiösen Zielsetzungen liegen aber nicht nur in der Notwendigkeit derart verschiedene Gebiete menschlichen Wissens, wie sie soeben diskutiert wurden, zu integrieren. Im Laufe der Zeit wurde ebenso deutlich, dass der Entwicklung und Verbreitung einer systemorientierten Managementlehre noch andere Hindernisse entgegenstanden. Man musste zuerst lernen, die Welt der Praxis richtig zu verstehen, im Rahmen der Wissenschaft zu verarbeiten und schliesslich nach vielfältigen und im einzelnen möglicherweise

---

16 Vgl. Gomez, P.; Die kybernetische Gestaltung des Operations Managements, Bern und Stuttgart 1978.
17 Oeller, K. H.; Grundlagen und Entwicklung kybernetischer Kennzahlensysteme, bisher unveröffentlichtes Manuskript 1976.

gar nicht rekonstruierbaren Transformationsprozessen, in einer wiederum für die Praxis relevanten Weise, einen Beitrag zur Lösung von Praxisproblemen zu leisten. Dabei war natürlich immer klar, dass es nicht nur um die jeweils gerade vorherrschende Sicht der Praxis, oder gar einer ganz bestimmten Art der Praxis gehen konnte, sondern dass der Rahmen wesentlich weiter zu spannen war. Obwohl der Wert des Alltagsverständnisses keineswegs gering geschätzt wurde, sondern man im Gegenteil davon ausging, dass diesem grösste Bedeutung beizumessen war, so war doch auch klar, dass sich eine *Wissenschaft* von der Gestaltung und Lenkung produktiver sozialer Systeme auch die Aufgabe stellen musste, die Praxis zu transzendieren, zu hinterfragen, Lösungen anzubieten, wo man noch gar keine Probleme sah und Probleme zu entdecken, wo man schon Lösungen zu besitzen glaubte.

Kriterium war und ist aber immer der Praxisbezug oder der Anwendungszusammenhang. Und gerade dies brachte erhebliche Schwierigkeiten mit sich, denn es zeigte sich, dass die ganz massgeblich von Systemtheorie und Kybernetik beeinflusste Sicht und Denkweise des systemorientierten Ansatzes in der Betriebswirtschaftslehre zunächst von der Praxis gar nicht verstanden wurde. Es ging daher nicht nur um die Entwicklung der systemorientierten Betriebswirtschaftslehre, sondern es musste auch darum gehen, die Transferierungsmechanismen eines neuen Ansatzes in die Praxis verstehen zu lernen. Es stellten sich also Fragen, wie etwa: Wie sieht die Praxis die Wissenschaft? Was erwartet sie von ihr? Wie versteht sich die Praxis selbst? Auf welche Weise werden Wissen, Denkweisen, Verhaltensweisen, ja ganze Paradigmata in der Praxis aufgenommen und verarbeitet?, usw.

Im Laufe der Auseinandersetzung mit derartigen Fragen zeigte sich nun sehr schnell, dass in der Praxis wie in der Wissenschaft ganz spezielle Annahmen und Überzeugungen vorherrschten und dass diese Annahmen primär von der Wirtschaftslage der fünfziger, sechziger und frühen siebziger Jahre geprägt waren.

Es waren tief verwurzelte, vom Erfolg der stabilen Jahrzehnte geprägte Annahmen über die grundsätzlichen Möglichkeiten des Wirtschaftens, über die Voraussetzungen erfolgreichen Managements und über die „richtigen" Methoden und Prinzipien der Unternehmungsführung, die mit Basisannahmen der systemorientierten Managementlehre oft in Widerspruch standen und deren Verbreitung erschwerten. Dem Charakter einer Wissenschaft entsprechend, versuchte die systemorientierte Managementlehre den *allgemeinen* Fall zu behandeln, während in der Praxis der spezielle Fall der gerade vorherrschenden Wirtschaftslage dominierte. Weil diese Wirtschaftslage in ihrer Grundstruktur den Zeitraum einer ganzen Generation überspannte, konnte die Illusion entstehen, dass der *spezielle* Fall der *allgemeine* sei und dass Methoden und Prinzipien, die sich im speziellen Kontext der Hochkonjunkturlage der Nachkriegszeit bewährten, allgemeingültige Lösungen für allgemeingültige Probleme seien.

Diese Entwicklung in der Praxis hatte aber ihre Parallele in der Wissenschaft. Hier begannen Denkmotive die Oberhand zu gewinnen, die, wie zu zeigen sein wird, ebenfalls auf ganz speziellen Annahmen aufgebaut sind. Im Kontext stabiler Wirtschaftsverhältnisse mögen diese Denkmotive zwar ihre Berechtigung haben; sie sind aber gefährlich irreführend, wenn die ihnen zugrundeliegenden Annahmen nicht mehr zutreffen.

Inzwischen sind diese Urüberzeugungen, die Jahr für Jahr durch die sichtbaren Erfolge gestärkt wurden, ins Schwanken geraten. Die Erkenntnis, dass wir in einer Zeit der strukturellen Umbrüche und der grundlegenden Trendwende leben[18], beginnt sich durchzusetzen – noch nicht überall auf der kognitiven Ebene, wohl aber in Form der Auswirkungen der Umbrüche in den Bilanzen der Unternehmungen und in den Insolvenzstatistiken der Staaten. Die Einsicht, dass als unerschütterlich angesehene Fundamente von Wirtschaft und Gesellschaft sich binnen kürzester Zeit vollkommen verändern können und damit die Voraussetzungen für eine ganz bestimmte Art der Unternehmungsführung weggefallen sind, bringt zum ersten Mal seit Beginn des grossen Wirtschaftsaufschwunges auf breiter Basis die Chance einer Besinnung auf die Natur jener sozialen Funktion, die wir Management nennen.

Gerade die Literatur der letzten zehn Jahre zu strategischen Fragen des Managements zeigt aber sehr deutlich, dass ganz bestimmte Denkkonfigurationen, im Sinne der zu Beginn dieser Einführung besprochenen Prämissensysteme oder Bezugsrahmen, nach wie vor dominierend sind, und aufgrund der ihnen immanenten Perpetuierungstendenzen der Gefängnischarakter derart konstruierter Realitäten nicht einmal bemerkt werden kann.

Obwohl die Intensivierung der Beschäftigung mit strategischen Problemen eine Reihe wertvoller Einsichten mit sich brachte, muss doch festgestellt werden, dass ein zentrales Phänomen konsequent ausgeklammert wird: *das Problem der Komplexität*. Je nachdem, ob man von komplexen oder von einfachen Verhältnissen ausgeht, stellen sich strategische Probleme gänzlich anders dar und sind selbstverständlich auch die Merkmale ihrer Lösung fundamental verschieden. Die Feststellung, dass das Problem der Komplexität in der Literatur zu strategischen Managementproblemen grösstenteils ausgeklammert bleibt, trifft allerdings für die Managementliteratur insgesamt in bemerkenswertem Umfange zu.

Je nach der Art und Weise, wie das Problem der Komplexität behandelt wird, ergeben sich zwei völlig verschiedene Arten von Management-Theorien, die ich im folgenden in geraffter Form darstellen möchte, weil ihre Unterscheidung für das Verständnis dieser Arbeit von grundlegender Bedeutung ist. Die eine Art dieser Management-Theorien ist zwar noch immer faktisch dominierend; ich betrachte sie jedoch in ihrem Ansatz als überholt und letztendlich gefährlich, und ich vermute, dass sie ein erhebliches Mass an Mitschuld an den gegenwärtigen Schwierigkeiten in Wirtschaft und Gesellschaft trägt.

---

18 Kneschaurek (Unternehmer).

Die zweite Art der hier besprochenen Managementtheorien scheint mir wenigstens den Keim der Chance in sich zu tragen, aufgrund einer tieferen Einsicht in gerade das wirklich Soziale des Menschen und der Gesellschaft, einen besseren Beitrag zur Lösung der Probleme unserer Zeit zu leisten, als dies jener Typ von Managementtheorie tut, der sich zwar auch sehr verhaltens- und sozialwissenschaftlich gibt, jedoch aufgrund von einseitigen oder gar falsch verstandenen Wissenschaftlichkeitskriterien auf jene Formen der Sozialwissenschaft zurückgreift, die durch sklavische Nachahmung von Denkweisen und Methoden der Naturwissenschaften zutiefst antisozial und in den Folgen ihrer faktischen Anwendung nicht selten asozial geworden sind.

Die erste Art von Management-Theorie ist ein Resultat jener von Friedrich von Hayek so treffend bezeichneten und charakterisierten *Anmassung der Vernunft*[19], der kurzschlüssigen Illusion des Menschen, mit genügend Aufwand alles in beliebigem Detail unter Kontrolle bringen zu können und des Aberglaubens an die im Prinzip unbeschränkte Machbarkeit aller Dinge und Lösbarkeit aller Probleme. So lange diese Illusion durch die Erfolge einer Epoche genährt wurden, die auf einer singulären Konstellation günstiger Faktoren beruhte und die Folgewirkungen eines Tuns noch nicht sichtbar waren, das systemische Zusammenhänge und Gesetzmässigkeiten nicht berücksichtigte, war es so gut wie hoffnungslos, für die zweite Art der Management-Theorie Gehör und Interesse zu finden.

Die Voraussetzungen dafür, dass der Mensch lernt, durch Einsicht in die Grenzen seines Wissens, seiner Vernunft und seiner Macht eben diese Instrumente weiser und damit letztlich auch erfolgversprechender einzusetzen, sind inzwischen etwas günstiger geworden. Wir beginnen gerade zu begreifen, dass es ausser dem durch ein selbst nicht lernfähiges Bildungssystem vermittelten Modells der Welt und ihres Funktionierens noch ganz andere Realitäten gibt; wir beginnen den systemischen Netzwerk-Charakter allen Geschehens langsam zu verstehen; es wird mehr und mehr klar, dass die sich am wissenschaftlichsten gebärdenden Denkweisen und Methoden am wenigsten geeignet sind, zu unserem Verständnis der Welt beizutragen, sondern dass sie Pseudo-Erkenntnisse schaffen, die ihrem Status nach nicht besser sind als die Mythologien der Geschichte.

---

19 Vgl. z. B. Hayek, F. v.; The Errors of Constructivism und The Pretence of Knowledge, beide in New Studies in Philosophy, Politics, Economics and the History of Ideas, London und Chicago 1978.

0.3 Zwei Arten von Managementtheorien

Die Umbrüche, die wir erleben, beziehen sich nicht nur auf die Welt der Wirtschaft. Wir haben es nicht nur, vielleicht nicht einmal in erster Linie, damit zu tun, was in der öffentlichen, insbesondere von den Medien bestimmten Diskussion das dominierende Thema ist, nämlich das Problem der Wirtschaftslage oder der Wirtschaftszyklen. Es ist bemerkenswert, wie stark in dieser Diskussion die Annahme vorherrscht, dass wir es mit einem Problem wirtschaftspolitischer Natur zu tun hätten. Man scheint zu glauben, dass eine Veränderung dieser oder jener wirtschaftlicher Grösse(n), der Inflationsrate, der Geldmenge, der Beschäftigung, der Staatsausgaben, des Steueraufkommens, der Leistungen der Sozialversicherung usw., allein oder in Kombination die Situation verbessern oder zumindest eine Tendenz in Richtung Besserung einleiten könnte. Die Diskussion wird demzufolge auch beherrscht von Wirtschaftsjournalisten, Ökonomen und Wirtschaftspolitikern.

Man kann die gegenwärtige Misere aber auch aus einer ganz anderen Perspektive betrachten. Ein zumindest ebenso legitimer Standpunkt wie der ökonomisch-politische, ist der *Management-Standpunkt*. Die Schwierigkeiten von heute sind ja nicht zuletzt ein Problem des Nicht-Funktionierens oder Schlecht-Funktionierens von Institutionen und ihres Zusammenwirkens. Die Funktionsweise einer Institution ist aber primär ein Problem ihrer Organisation oder „Architektur" und ihres dadurch bestimmten Verhaltens. Es sind daher Probleme der Gestaltung und Lenkung, also des Managements von Institutionen, die einen erheblichen Teil der gegenwärtigen Problematik ausmachen.

Ich möchte so weit gehen zu vermuten, dass die Schwierigkeiten unserer Zeit wahrscheinlich im Grunde auf die Art und Weise zurückzuführen sind, wie unsere Gesellschaft organisiert ist, auf ihre Steuerungs- und Regelungsmechanismen und auf die grundlegenden Managementvorstellungen, die in unserer Gesellschaft vorherrschen. Im Lichte dieser Vermutung ist es bemerkenswert, dass an der Diskussion, die über diese Probleme geführt wird, praktisch kaum Managementwissenschafter teilnehmen, dass also die Relevanz der Managementtheorie für eine mögliche Lösung dieser Probleme gar nicht gesehen wird.

Um nun allerdings die Reichweite der Managementtheorie zu sehen und damit ihre potentielle Relevanz beurteilen zu können, ist es erforderlich, zwei grundlegend verschiedene Ansätze oder Theorietypen zu unterscheiden: den *konstruktivistisch-technomorphen* und den *systemisch-evolutionären* Ansatz. Diese beiden Ansätze unterscheiden sich fundamental, sowohl in ihren Auffassungen darüber, welche logischen und empirischen Merkmale der Gegenstand von Management hat, über die Natur der Problemstellungen einer Managementtheorie, darüber, was als Lösungen zählt, wie auch über die Erkenntnis- und Handlungsmöglichkeiten, die den Menschen gegeben sind.

Lösen wir Management aus dem gegenwärtig vorherrschenden Kontext heraus, der ein primär wirtschaftlicher ist, also Management als Management von Wirtschaftsunternehmungen versteht, und verallgemeinern wir Management im Lichte der Auffassung, dass es um Gestalten und Lenken von Institutionen im allgemeinen, oder um Gestalten und Lenken von soziotechnischen Systemen geht, so sind wir letztendlich gezwungen, das Grundproblem von Management in der *Beherrschung von Komplexität* zu sehen.

Komplexität als empirisches Merkmal von soziotechnischen Systemen bezeichnet die Mannigfaltigkeit von Zuständen und Zustandskonfigurationen von Systemen. Diese Mannigfaltigkeit resultiert im Prinzip aus der Interaktion von Systemen und Systemelementen.

Je grösser Zahl und Mannigfaltigkeit der Zustände eines Systems sind, um so schwieriger ist das Problem des Managements, denn in der Regel sind, welche Kriterien man auch immer verwendet, nicht alle Zustände akzeptabel. Management besteht ja zu einem erheblichen Teil gerade darin, Zustände, die inakzeptabel sind, auszuschalten und solche, die akzeptabel sind, hervorzubringen oder zu bewahren. Dabei spielt es, wie angedeutet, für den allgemeinen Fall keine Rolle, welche Kriterien mit welchem konkreten Inhalt zur Beurteilung von Zuständen verwendet werden. Das Problem wird in seinem Grundcharakter dadurch nicht berührt, denn jedes Kriterium führt zu einer Scheidung von wünschbaren und nicht wünschbaren, von akzeptablen und nicht akzeptablen Zuständen. Die Wahl bestimmter Kriterien mag also im konkreten Fall eine Erschwerung oder Erleichterung von Management bedeuten, ändert aber am grundlegenden Charakter der Aufgabe nichts, die sich als in der Regel immens grosse Zahl und Mannigfaltigkeit der Systemzustände manifestierende Komplexität in dem Sinne unter Kontrolle zu bringen, als nur ganz bestimmte Zustände auftreten sollen, alle anderen hingegen nicht.

Das Problem der Komplexitätsbeherrschung im soeben dargestellten Sinne kann nun auf zweierlei gänzlich verschiedene Arten zu lösen versucht werden: auf die konstruktivistisch-technomorphe und auf die systemisch-evolutionäre.

Das Basisparadigma der ersten Art, hier als *konstruktivistisch-technomorpher* Theorietyp bezeichnet, ist die Maschine im Sinne der klassischen Mechanik [20].

---

[20] Dass hier von Maschinen im Sinne der klassischen Mechanik die Rede ist, muss deshalb betont werden, weil in der modernen Wissenschaft ein gänzlich anderer Maschinenbegriff entwickelt wurde, der zwar als Spezialfall den klassischen Maschinenbegriff mitumfasst, jedoch sämtliche, diesem inhärenten Beschränkungen nicht aufweist. Dieser moderne Maschinenbegriff wurde wesentlich von den Entwicklungen in der Kybernetik und in den allgemeinen Systemwissenschaften geprägt und bezeichnet in diesen Wissenschaften jegliches System mit einem regelmässigen Verhalten, man könnte auch sagen, einem regelgemässen Verhalten. Dies bedeutet, dass die ursprünglich als konstitutiv betrachteten

Die Grundvorstellung über eine Maschine besteht darin, dass sie einer bewusst vorgefassten Zwecksetzung und einem Plan entsprechend zu konstruieren ist und dass ihre Funktion, Zuverlässigkeit und Effizienz abhängig sind von den entsprechenden Funktionen und Eigenschaften ihrer Einzelteile. Weiter ist damit die Vorstellung verbunden, dass alle Einzelteile nach exakten und bis ins Detail ausgearbeiteten Plänen konstruiert und in einer im voraus genau bestimmten Art und Weise zusammengesetzt werden müssen. Eine Maschine muss also von ihrem Konstrukteur bis ins einzelne im voraus durchdacht und beherrscht werden, nichts bleibt unbestimmt; Maschinenbau in diesem Sinne erfordert vollständiges Wissen über alle Details der Einzelteile und vollständige Informationen über deren Zusammenwirken. Die Erfolge, die in technologischer Hinsicht auf diesem Gebiet und mit dieser Denkweise bis heute erzielt wurden, sind so überzeugend, dass der Glaube an die Verallgemeinerungsfähigkeit der zugrundeliegenden Vorstellungen entstand und schliesslich eine Art Paradigma, dessen Anwendungsmöglichkeiten weit über den angestammten Bereich der Ingenieur-Wissenschaften hinaus zu reichen schien, oder jedenfalls über diesen Bereich hinaus faktisch ausgeweitet wurde.

Komplexitätsbeherrschung im Lichte dieses Paradigmas bedeutet also die Herstellung einer an bestimmten, im voraus festzulegenden Zwecksetzungen zu beurteilenden und im Lichte dieser Zwecksetzungen als rational geltenden Ordnung (von Elementen, Abläufen usw.) durch planvolles menschliches Handeln derart, dass das Resultat dieses Handelns aufgrund der dem Handeln inhärenten Zweckrationalität den vorgefassten Absichten und Zwecken entspricht. Zu diesem Paradigma gehört weiter die Vorstellung, dass ausser auf diesem Wege nichts Zweckmässiges entstehen *kann,* dass also jede menschlichen Zwecken entsprechende Ordnung ausschliesslich durch, im beschriebenen Sinne, zweckrationales und absichtvolles Handeln zustande kommen kann.

Der zweite, als *systemisch-evolutionär* bezeichnete Typ der Managementtheorie geht von gänzlich anderen Grundvorstellungen aus. Sein Basis-Paradigma ist die spontane [21], sich selbst generierende Ordnung, deren anschaulich-

---

Eigenschaften der Determiniertheit im Sinne des physikalischen Determinismus und der Materiegebundenheit bedeutungslos geworden sind, bzw. eben den Charakter spezieller Fälle haben. Dieser neue Maschinenbegriff hat sich in der allgemeinen Diskussion aber noch nicht durchgesetzt und insbesondere im Alltag ist fast nur der klassische Maschinenbegriff in Gebrauch, so dass es zulässig erscheint, zur Illustration des technomorphen Typs der Management-Theorie diesen Begriff zu verwenden.

21 Der Ausdruck „spontan" wird primär von Friedrich von Hayek verwendet. Er weist aber darauf hin, dass aufgrund der Fortschritte in den Systemwissenschaften und in der Kybernetik, die wesentlich zum Verständnis sich selbst generierender Systeme beigetragen haben, die Ausdrücke „selbstgenerierend" oder „selbstorganisierend" sich in Zukunft als besser geeignet erweisen könnten, als der Ausdruck „spontan" (Hayek, Political Order, xi ff.).

stes und dem Alltagsverständnis wahrscheinlich am nächsten stehendes Beispiel der lebende Organismus ist. Organismen werden von niemandem wirklich gemacht, sie entwickeln sich. Auch im sozialen Bereich entwickeln sich spontane Ordnungen, die von niemandem gemacht werden. Spontane Ordnungen im sozialen Bereich entstehen zwar durch das Handeln von Menschen, also als Resultat menschlichen Handelns, entsprechen aber nicht notwendigerweise im voraus gefassten menschlichen Absichten, Plänen oder Zwecksetzungen. Sie können dennoch in hohem Masse zweckrational sein, das heisst, sie können menschlichen Zwecken dienlich sein, obwohl sie nicht von Menschen in zweckrationaler Absicht gestaltet wurden.

Dass Organismen im biologischen Sinne nach dem heutigen Stand der Wissenschaft vorläufige Resultate eines Prozesses der Selbstorganisation sind, wird, obwohl längst nicht alle Probleme der Evolutionstheorie gelöst sind, nicht ernsthaft bestritten, und sei es auch nur deshalb, weil alle alternativen Erklärungsformen noch viel gravierendere Probleme aufwerfen, als dies bei der Evolutionstheorie der Fall ist. Dass die biologische Ordnung dem Menschen, obwohl sie natürlich für diesen nicht nur vorteilhaft ist, sondern auch erhebliche Gefahren aufweist, doch in hohem Masse dienlich ist, wird ebenfalls nicht in Abrede gestellt. Zumindest in diesem Bereich haben wir also einen Fall einer sich selbst generierenden Ordnung, die ohne Zutun des Menschen entstanden und dennoch dessen Zwecken förderlich ist – und sei es auch nur deshalb, weil der Mensch gelernt hat, sich diese Ordnung zunutze zu machen.

Die umstritteneren Gebiete dieses Typs von Theorie sind jedoch nicht im biologischen, sondern im sozialen Bereich zu finden. Die Theorie der spontanen Ordnungen wird nämlich für den Sozialwissenschafter und für Management deshalb wirklich interessant, weil sie soziale Errungenschaften, letztlich Zivilisation und Kultur, mit Hilfe der Theorie spontaner, sich selbst generierender Ordnungen zu erklären versucht.

Die Theorie der spontanen, selbstgenerierenden Ordnungen besagt im wesentlichen folgendes: Der Mensch hat die ihm zur Bewältigung seines Lebens so überaus dienlichen sozialen Institutionen, wie beispielsweise Sitte, Moral, Sprache, Recht, Familie, Geld, Kredit, Wirtschaft, Unternehmung usw., die in ihrer Gesamtheit in der Regel mit den Sammelbezeichnungen Zivilisation und Kultur bezeichnet werden, nicht geschaffen oder erfunden, jedenfalls nicht im selben Sinne, wie er Maschinen und Werkzeuge erfunden und geschaffen hat. Es war nicht die menschliche Vernunft, die soziale Institutionen hervorgebracht hat, um damit im voraus bestimmte Zwecke zu erfüllen, sondern die menschliche Vernunft ist als Ergebnis der Evolution sozialer Institutionen entstanden. Ganz extrem und etwas zu überspitzt formuliert kann man sagen, dass der Mensch nicht ein Kulturwesen ist, weil er Vernunft hat, sondern dass er umgekehrt Vernunft hat, weil er ein Kulturwesen ist. Jedenfalls ist diese Formulierung, auch wenn sie ins Extreme geht, weniger gefährlich und weniger irreführend, als die konstruktivistische Auffassung, dass der Mensch seine zweckrationalen Institutionen mittels seiner Vernunft durch absichtsvolles Handeln seinen Zwecken gemäss geschaffen hat.

Es ist diese, dem Alltagsverständnis sozialer Phänomene so völlig widersprechende Auffassung, die dazu führt, dass die Diskussion nicht selten sehr emotional geführt wird. Es ist für manche im buchstäblichen Sinne nicht einsehbar, dass etwas Zweckmässiges im sozialen Bereich entstehen kann, ohne dass auf die Schaffung, Herbeiführung oder Konstruktion dieses Zweckmässigen gerichtetes menschliches Handeln vorausgesetzt werden müsste. Und noch viel unverständlicher scheint es zu sein, dass auf diese Weise nicht nur sehr zweckrationale Systeme entstanden sein *können*, sondern dass sie *nur* so entstanden sein *können*, weil sie, so die Theorie der spontanen Ordnung, selbst viel zu komplex sind und auch der Beherrschung viel zu komplexer Verhältnisse dienen, als dass sie jemals als Ganzes Gegenstand menschlicher Gestaltung sein hätten können.

Die Entstehung zweckrationaler Ordnungen wird im Rahmen des systemisch-evolutionären Paradigmas darauf zurückgeführt, dass der Mensch nicht nur ein von *Zielen* geleitetes Wesen ist, sondern dass sein Verhalten ebensosehr auch von *Regeln* geleitet wird, die unabhängig von den konkreten Zielen des Einzelfalles die *Art und Weise* seines Verhaltens bestimmen. Während gerade in der Managementtheorie den Zielen menschlichen Verhaltens, vor allem im wirtschaftlichen Bereich, grosse Bedeutung geschenkt wurde, blieben die, die Art und Weise des Verhaltens bestimmenden Regeln weitgehend unbeachtet, wenn man von den wenig befriedigenden Versuchen im Rahmen der Führungsstildiskussion absieht, die auf weite Strecken gerade nicht systemisch-evolutionärer, sondern weit eher konstruktivistischer Natur ist. Mit „Stil" wird ja nicht ein bestimmtes, konkretes Verhalten bezeichnet, sondern eine bestimmte *Art* des Verhaltens. Man versucht damit die Tatsache zu bezeichnen, dass, unabhängig von den konkreten Umständen des Einzelfalles und der im einzelnen verfolgten Ziele, das Verhalten einer Führungskraft an gewissen Normen und Regeln orientiert ist oder sein soll. Stil im allgemeinen, oder einen bestimmten Stil, hat demnach jemand, der bestimmte Normen und Regeln in seinem Verhalten berücksichtigt bzw. dieses an jenen orientiert.

Stil in dieser Wortbedeutung kann man nur in einem gewissen Sinne lernen; er kann gepflegt und kultiviert werden, und er kann sich auf diesem Wege entwickeln. Hier scheinen Vorbild und Imitation eine wesentliche Rolle zu spielen oder jener Vorgang, den man Internalisierung nennt, ein Prozess, der in der Regel nicht bewusst vonstatten geht. Ich vermute, dass uns hier z. B. die Theorie von Piaget, die Konzepte von Akkommodation und Assimilation, wesentlich besser helfen könnten, als die Vorstellung von instruierendem Lernen. Der Führungsstil wird aber in der entsprechenden Theorie nun gerade als etwas Machbares angesehen, als etwas, das durch geeignetes Training bewusst verändert werden kann, obschon die Resultate praktischer Schulungstätigkeit ganz und gar nicht Anlass zu Optimismus geben. Es scheint sogar viel eher so zu sein, dass wir den Führungsstil ab gewissen Entwicklungs- und Altersphasen auf dem Wege des bewussten Einwirkens nicht mehr verändern können.

Die die *Art* des Verhaltens bestimmenden Regeln sind meistens negativer Art. Sie postulieren nicht, was zu tun ist, sondern weit mehr, was zu vermeiden, zu unterlassen ist. Diese Regeln haben den Charakter von Verboten, und sie bestimmen somit den Spielraum zulässigen oder gefahrlosen Handelns. Regeln dieser Art und ihre spielraumbestimmende Wirkung sind ein äusserst wichtiger, vielleicht sogar der wichtigste, Mechanismus der Komplexitätsbeherrschung überhaupt, denn sie sind auch oder gerade dort hilfreich, wo positives Wissen über Ursache und Wirkung mangels Kenntnis der besonderen Umstände des Einzelfalles nicht möglich oder nicht ausreichend ist.

Ordnungen im Sinne des systemisch-evolutionären Ansatzes entstehen, wie bereits kurz erwähnt, dadurch, dass ihre Elemente (Individuen) allgemeine Regeln des Verhaltens faktisch befolgen, ohne dass vorausgesetzt werden muss, dass sie diese Regeln auch in dem Sinne kennen, dass sie sie nennen oder beschreiben könnten. Dadurch entstehen Regelmässigkeiten, die – und das ist das Entscheidende – es ermöglichen, *sich zu orientieren*, stabile Erwartungen über das Verhalten anderer mit hoher Erfüllungswahrscheinlichkeit zu bilden, und aufgrund dessen sein eigenes Verhalten mit demjenigen einer unbestimmten, im Prinzip beliebig grossen Zahl anderer koordinieren zu können.

Es ist diese Orientierungsleistung, die es erlaubt, Komplexität jener Art in gewisser Weise zu beherrschen, die aus der andernfalls bestehenden Unberechenbarkeit und Unvorhersehbarkeit des Verhaltens anderer entsteht, also aus unserem unvermeidlichen Nichtwissen bei Wegfall dieser Regelmässigkeiten. Es ist diese Orientierungsleistung, die den Sinn der Ordnung ausmacht – in buchstäblicher Bedeutung, denn die Verhaltensweisen der Individuen sind sinnvoll im Rahmen dieser Ordnung und nur darin, und diese wird wiederum durch deren Verhalten erhalten.

Nicht alle Regeln und Regelsysteme [22] führen zu einem, diese Leistungen erbringenden Ordnungstyp. Es sind Regelsysteme denkbar, die zur Desorientierung der diese Regeln befolgenden Individuen führen. Dies bedeutet aber auch, dass sich entwicklungsgeschichtlich nur jene Ordnungstypen und Regelsysteme erhalten konnten, die die Orientierung und Koordination von Individuen im Rahmen eines sozialen Verbandes ermöglichten, denn alle anderen Verbände, Gruppen, Gesellschaften usw. mussten auseinanderfallen und als Sozialsystem untergehen.

---

[22] Es ist ohne weiteres möglich, die Wirkungen verschiedener Typen von Regeln und Regelsystemen mit Hilfe von Computern oder auch „von Hand" durchzusimulieren, um herauszufinden, welche Ordnungstypen dadurch entstehen, ob diese stabil sind und ob sie auf bestimmte Zustände konvergieren (Eigen/Winkler, (Spiel)).

In der Konkurrenz verschiedener Gruppen mussten jene sich als überlegen erweisen, deren Regelsysteme ihnen zur Lösung der sich stellenden Probleme die bessere Orientierung und Koordination erlaubten, so dass im Prozess der soziokulturellen Evolution jene Ordnungs- und Regelsysteme die Oberhand erlangen mussten. Um hier gleich einem stereotypen Argument entgegenzutreten, das in diesem Zusammenhang von Sozialdarwinismus spricht, sei darauf hingewiesen, dass die Theorie der spontanen Ordnung bzw. der systemisch-evolutionäre Ansatz niemals von einer direkten Konkurrenz zwischen Individuen ausging, sondern von einer Konkurrenz der Ordnungstypen und Regelsysteme. Jene Ordnungen „überlebten", deren Regeln tradiert werden konnten, weil ihre Befolgung für die sie befolgenden Gruppen kompetitive Vorteile brachte.

Zielrationalität im üblichen Sinne setzt voraus, dass wir ausreichendes Wissen über die die Erreichung des Zieles bestimmenden Kausalitäten haben. Ein eine bestimmte Ordnung bzw. einen bestimmten Ordnungstyp bewahrendes Verhalten ist aber auch dort noch möglich, wo wir uns lediglich an allgemeinen Regeln orientieren können, ohne damit konkretere Ziele zu verfolgen, als dasjenige, ein die Ordnung störendes oder gefährdendes Verhalten zu vermeiden. Diese Regeln erlauben also ein in einem bestimmten Sinne zweckmässiges oder sinnvolles Verhalten auch dort, wo unser Wissen über die konkret vorherrschenden Umstände zu gering ist, um den Kausalzusammenhängen des besonderen Falles entsprechend überhaupt rational handeln zu können.

Es kann nun festgestellt werden, dass im Kontext komplexer Systeme unser positives Wissen über die besonderen, im Einzelfall vorherrschenden, konkreten Umstände, die ein den Besonderheiten des Einzelfalles adäquates Verhalten, also ein dem Einzelfall entsprechendes rationales Verhalten ermöglichen würde, in der Regel nicht vorliegt und nicht erworben werden kann. Dies gilt sowohl für das Individuum, das in zahlreichen sozialen Situationen auch zur Erreichung sehr konkreter Ziele handeln muss, ohne ausreichendes Wissen über die Kausalitäten der Situation zu besitzen oder erwerben zu können, als auch für jene Repräsentanten oder Organe von Institutionen, die für die Institution als Ganzes handeln. Auf dem Gebiet des Managements könnten viele Beispiele angeführt werden; stellvertretend soll hier lediglich auf das Problem der Entscheidungsfindung hingewiesen werden, das ja kein Problem wäre, wenn wir alle Informationen hätten oder erwerben könnten, die wir bräuchten, um rational entscheiden zu können. Die Befolgung bestimmter Regeln im hier dargestellten Sinne ermöglicht es aber selbst unter solchen Umständen, zeitlich aufeinanderfolgenden und verschiedene Aspekte betreffenden Entscheidungen eine gewisse Kohärenz zu geben, ja dies ist wahrscheinlich hierfür die einzige Möglichkeit. Um auf die praktische Relevanz dieses Mechanismus aufmerksam zu machen, sei lediglich auf das Phänomen des Präjudizes hingewiesen.

Die Annahme, dass die erforderliche Vollständigkeit der Information empirisch möglich sei, liegt dem konstruktivistischen Theorietyp zugrunde, wie dies oben dargestellt wurde. Nun wird natürlich auch in diesem Theorietyp der Fall der unvollständigen Information behandelt. Entsprechend der paradigmatischen Natur des konstruktivistischen Ansatzes wird dieser Fall aber innerhalb des Paradigmas gewissermassen als besonders schwieriges Hindernis für die konstruktivistische Rationalität betrachtet, nicht hingegen als grundsätzliche Weggabelung, an der möglicherweise die Entscheidung zwischen gänzlich verschiedenen Theorietypen getroffen werden muss.

Im Gegensatz zur konstruktivistischen Einvernahme des Problems der unvermeidlichen Unvollständigkeit unseres Wissens ist es für den systemisch-evolutionären Ansatz der Ausgangspunkt für eine völlig anders geartete Lösung, die darauf hinaus läuft, dass eben durch den besonderen Umgang mit der sich im menschlichen Nichtwissen manifestierenden Komplexität die sozialen Institutionen als evolutionäre Anpassungen an dieses Nichtwissen entstanden sind.

„Rational" im konstruktivistischen Theorietyp heisst im wesentlichen, einem im voraus bestimmten konkreten Ziel auf der Basis erkannter oder praktisch erkennbarer Kausalzusammenhänge entsprechend möglichst ökonomisch zu handeln. „Rational" im systemisch-evolutionären Theorietyp heisst, sich in einer, der Erhaltung eines Ordnungstyps förderlichen Weise zu verhalten, der selbst keinen konkreten individuellen Zielen oder Zwecken dient, sondern nur den Zweck der grösstmöglichen Orientierbarkeit aller sich an diesem Ordnungstyp orientierenden Individuen hat. Es geht also zunächst um viel bescheidenere Ansprüche, die aber gleichzeitig auch viel fundamentaler sind, weil sie notwendige Voraussetzungen für die konstruktivistischen Zielsetzungen sind.

Gewinnt nun aber das konstruktivistische Paradigma die Oberhand dort, wo es nur anwendbar ist, weil eine soziale Ordnung auf evolutionärem Wege gewachsen ist, die bereits so viel Komplexität zu absorbieren vermag, dass auf der Basis genereller Orientierungen auch die Verfolgung konkreter Zielsetzungen möglich wurde, so ist eine erhebliche Gefahr gegeben, dass diese Basis zerstört wird durch eben jene Vorstellungen der Dominanz und Priorität menschlicher Vernunft, die davon ausgeht, dass die der allgemeinen Orientierung dienende spontane Ordnung ein Produkt menschlicher Vernunft und absichtvollen menschlichen Handelns sei.

Im Rahmen des konstruktivistischen Paradigmas und der durch dieses bestimmten Form der Rationalität, können somit die der Anwendung dieses Ansatzes zugrundeliegenden Voraussetzungen gar nicht hinterfragt werden, denn die Betrachtung dieser Rationalität als Schöpferin jener Systeme, die im Rahmen des evolutionären Ansatzes gerade umgekehrt Voraussetzung für die Entstehung und Anwendung dieser Form von Rationalität sind, lässt eine entsprechende Fragestellung gar nicht zu.

Zum Verständnis der Theorie der spontanen Ordnungen sind noch einige weitere Hinweise notwendig, damit ihre mögliche Relevanz für Management gesehen werden kann. Die erwähnten Regeln des Verhaltens müssen, um keine Missverständnisse entstehen zu lassen, zumindest in dreifacher Weise unterschieden werden[23]. Zum ersten Regeln, die faktisch befolgt werden, aber nie in Worten ausgedrückt wurden und möglicherweise auch gar nicht ausgedrückt werden könnten. Ein Beispiel für den ersten Fall ist etwa die Fähigkeit eines Kindes, korrekten Gebrauch von der Sprache zu machen, lange bevor es in der Lage ist, die Regeln der Grammatik zu verstehen und sie sprachlich auszudrücken. Was man „Sprachgefühl" nennen kann, ist eben diese Fähigkeit, die Regeln der Sprache anzuwenden, ohne sie explizit zu kennen. Es bedarf einer speziellen Ausbildung, diese Regeln wirklich formulieren zu können, und die meisten Menschen verwenden zeit ihres Lebens die Sprache im grossen und ganzen korrekt, ohne die Fähigkeit zu besitzen, die Regeln zu nennen. Ein Beispiel für den zweiten Fall, dass Regeln möglicherweise überhaupt nicht artikuliert werden *können,* ist in der Erforschung von Kommunikationsprozessen gegeben, durch die wir heute wissen, dass die Bedeutung jeglicher Kommunikation abhängig ist vom Kontext und dass dieser durch Regeln bestimmt ist, die der Metaebene der Kommunikation zuzurechnen und zu einem erheblichen Teil nicht-verbaler Natur sind[24]. Auch die Funktion des menschlichen Verstandes versucht man mit Hilfe von Regeln zu erklären, die aber, weil sie die Funktionsweise des Verstandes bestimmen, durch diesen selbst nicht erkannt werden können[25].

Die zweite Art von Regeln sind jene, die zwar artikuliert und sprachlich formuliert wurden, dies aber erst nach oft sehr langen Zeiträumen der faktischen Befolgung der Regeln, also lange nachdem durch ihre faktische Befolgung eine Realität geschaffen wurde, die es erst ermöglichte, die Regeln zu formulieren. Ein Beispiel hierfür ist etwa die Kodifizierung von Regeln des Rechts, die längst schon befolgt wurden, ehe es zu einer Kodifizierung kam.

Die dritte Art von Regeln sind diejenigen, die zuerst formuliert und dann erst, häufig nach einem formalen und rituellen Akt der Inkraftsetzung, befolgt werden.

Während der systemisch-evolutionäre Ansatz von allen drei Kategorien von Regeln zur Erklärung sozialer Phänomene Gebrauch macht, akzeptiert der konstruktivistische Ansatz nur die Existenz der dritten Kategorie als relevant. Für den konstruktivistischen Ansatz entsteht alles Zweckmässige aufgrund absichtsvollen, auf das Ziel gerichteten Handelns. Es müssen aufgrund dieser Theorie somit nicht nur die Ziele im voraus bekannt sein, sondern selbstverständlich auch die das Verhalten steuernden Regeln, meist in Form von Anweisungen, Anordnungen und Befehlen. Diese Anordnungen müssen nun, und hier liegt ein entscheidender Unterschied zum evolutionären Ansatz, so gestaltet sein, dass sie das Detail regeln können; die reibungslose Funktion einer Maschine setzt ja

---

23 Hayek (New Studies) 8 ff.
24 Bateson (Ökologie) 530 ff.
25 Hayek (Primacy) und (Order).

voraus, wie bereits dargestellt wurde, dass alle Bestandteile bis ins Detail durchkonstruiert sind. Im Gegensatz dazu bestimmen die Regeln, die im Zentrum des systemisch-evolutionären Ansatzes stehen, nur den allgemeinen Charakter, bestimmte Züge und Merkmale von Verhaltensweisen. Sie schreiben nur bestimmte *Arten* des Verhaltens vor, nicht aber das Verhalten im Detail, denn dieses ergibt sich dann aus der Anwendung der Regeln auf die besonderen, im Einzelfall vorherrschenden, konkreten Umstände, die meistens nur dem Einzelnen bekannt sein können, jedenfalls aber nicht in einem vollständigen System von Verhaltensregeln ihren Niederschlag finden könnten.

Der Grund für den unterschiedlichen Charakter von konkreten Anordnungen einerseits und allgemeinen Regeln andererseits liegt also im Problem der Komplexität. Mit Anweisungen, die das konkrete Detail betreffen und dieses determinieren, kann so lange als Steuerungsinstrument gearbeitet werden, als die zu regelnden Sachverhalte einfach genug sind, um in ihrem Detail ex ante erfasst werden zu können.

Im Bereich sozialer Systeme ist diese Bedingung nicht erfüllt, denn die das konkrete Verhalten der Menschen bestimmenden Umstände sind so zahlreich, dass sie aus informationstheoretischen Gründen nicht Gegenstand einer Regelung im Detail sein können, es sei denn, man würde den Charakter der sozialen Interaktion vollständig verändern − konkret: verarmen lassen.

Auf Management übertragen ist also bei genauer Analyse die Entscheidung zwischen Steuerung des Details durch entsprechende Anordnungen und Weisungen, und Steuerung bestimmter genereller Züge des Verhaltens durch allgemeine Regeln weniger eine Frage der sozialen Akzeptanz, der Motivation und des Führungsstils, als vielmehr der faktischen Möglichkeit im Lichte der zugrundeliegenden Komplexität der Situationen und Sachverhalte.

Dieser Umstand wird aber gegenwärtig so gut wie gar nicht gesehen. Die Diskussion im Zusammenhang mit dieser Problematik ist fast zur Gänze beherrscht durch die Aspekte der Humanität, der Motivation und bestimmter Wertvorstellungen. Es herrscht die Vorstellung vor, dass man bei genügend grossen Anstrengungen, möglicherweise unterstützt durch moderne Technologie, alles im Detail regeln könnte, wenn man dies wollte, dass dies aber aufgrund der erwähnten Aspekte der sozialen Akzeptanz nicht opportun sei. Wir haben es hier also mit einem ausgeprägt konstruktivistischen Denkmuster zu tun.

Demgegenüber geht der systemisch-evolutionäre Ansatz davon aus, dass eine Regelung im Detail gar nicht möglich wäre, völlig unabhängig davon, ob wir sie für sozial akzeptabel halten oder nicht. Dies bedeutet aber, dass die Erwartungen mit Bezug auf die Möglichkeiten der Beherrschung und Kontrolle sozialer Systeme im Rahmen der beiden Paradigmata gänzlich verschieden sind. Der konstruktivistische Ansatz geht von der Vorstellung einer im Prinzip vollständigen Kontrollierbarkeit im Detail aus; davon also, dass auch soziale Systeme im Prinzip wie Maschinen durchgängig konstruktiv gestaltet und vollständig gesteuert werden können. Diese Vorstellungen werden nicht immer explizit zum

Ausdruck gebracht, sondern sind häufig implizit in den vorgeschlagenen Instrumenten und Methoden enthalten. So könnte zum Beispiel für einen Grossteil der in der Literatur zu findenden Planungssysteme für Unternehmungen gezeigt werden, dass diese Vorstellungen, bewusst oder nicht, das Denken ihrer Erfinder beherrscht haben müssen.

Der evolutionäre Ansatz geht davon aus, dass eine vollständige Kontrolle und Beherrschung nicht möglich ist. Durch die Verwendung genereller Regeln des Verhaltens kann zwar in einem grösseren Bereich eine gewisse Orientierung ermöglicht werden, als ohne solche Regeln, dies jedoch nur unter Verzicht auf Regelung des Details. Die ordnungserzeugende Wirkung allgemeiner Regeln im Sinne des evolutionären Ansatzes ermöglicht es, dass eine gewisse regulierende Wirkung im Bereiche sehr grosser Komplexität ausgeweitet wird; diese Wirkung hat aber ihren Preis in Form von Unbestimmtheit des Details. Der evolutionäre Ansatz impliziert daher nicht, wie das manchmal unterstellt zu werden scheint, einen generellen Verzicht auf Regelung, Intervention — also Management — überhaupt, vielmehr empfiehlt er, ausgehend von den letztlich empirischen Tatbeständen der überaus grossen Komplexität realer Situationen und der damit verbundenen unvermeidlichen Begrenztheit unseres Wissens, andere Methoden und Instrumente, führt aber auch zu anderen Denkweisen und Erwartungen, als der konstruktivistische Ansatz.

Der überwiegend konstruktivistische Charakter der gegenwärtigen Managementtheorie, und das fast vollständige Negieren des systemisch-evolutionären Ansatzes resultiert daraus, dass dem konstruktivistischen Ansatz bestimmte Prämissen über den Gegenstand von Management immanent sind, die im Sinne von Abschnitt 1 zu einem sich selbst be- und verstärkenden Paradigma führen, innerhalb dessen es zunehmend schwieriger bis unmöglich wird, jene Züge der Managementrealität überhaupt zu sehen, die Zweifel an der Gültigkeit des Paradigmas aufkommen lassen könnten. Man versucht, eine systemische Realität mit Hilfe konstruktivistischer Methoden unter Kontrolle zu bringen, und wo immer Symptome mangelnder Kontrolle auftreten, wird dies nicht als Möglichkeit eines prinzipiellen Versagens der konstruktivistischen Denkschemata und Methoden interpretiert, sondern als ein momentan noch vorherrschender Mangel an konstruktivistischer Kontrolle, was fast durchwegs zu der Reaktion führt, diese Form der Kontrolle einfach noch zu verstärken. Konkret wird einem Versagen von Reglementen mit noch mehr Reglementen begegnet; einem Davonlaufen der Kosten mit noch mehr Budgetierung und Kostenkontrolle; auf Planungsfehler wird mit noch mehr Planung reagiert usw.

Charakteristisch ist, dass sich die konstruktivistische Managementtheorie vorwiegend mit *kleinen,* im Sinne von *einfachen* Systemen beschäftigt, bzw. den relevanten Kontext so wählt, dass er einem kleinen, einfachen System entspricht. Ein typisches Beispiel, das im folgenden noch öfter zur Sprache kommen wird, ist die Dominanz der kleinen Face-to-Face-Gruppe als Gegenstand der Managementtheorie. Ein sehr grosser Teil der Führungstheorie geht, wie man leicht feststellen kann, davon aus, dass Management im Kontext einer relativ kleinen Gruppe stattfindet. Dies ist interessanterweise auch dort der Fall, wo die Theorie nicht explizit in ihrem Geltungsbereich eingeschränkt wird, also wo sie dem Anspruch nach auch für Gross-Systeme, z. B. ganze Unternehmungen beliebiger Grössenordnungen, Gültigkeit haben soll. Dies sieht man besonders deutlich im Zusammenhang mit Fragen der Mitarbeitermotivation, des Führungsstils und der Arbeitszufriedenheit.

Aber auch die in der Literatur sehr häufig behandelten Probleme der Planung, Entscheidungsfindung, der Führung durch Zielsetzung, der Kontrolle usw. werden in einen Kontext gestellt, der die Charakteristika eines kleinen, überschaubaren, nicht-komplexen Systems hat. In einem derartigen Kontext können die Voraussetzungen für die erfolgreiche Anwendung einer konstruktivistischen Denkweise durchaus gegeben sein, denn im Zusammenhang mit kleinen, nicht-komplexen Systemen, ist es im Prinzip möglich, die für eine im konstruktivistischen Sinne verstandene Beherrschbarkeit erforderlichen Informationen zu besitzen oder zu gewinnen. Durch diesen selbstgewählten Kontext wird aber der Blick dafür verstellt, dass in der Realität die Verhältnisse oft gänzlich anders sind und die Situationsmerkmale von Gross-Systemen bzw. komplexen Systemen vorherrschen.

Ich vermute, dass ein Hauptgrund für die immer häufiger beklagte praktische Irrelevanz grosser Teile der Betriebswirtschafts- und Managementlehre letztlich auf eben diesen Umstand zurückzuführen ist, dass für die Theoriebildung ein Kontext gewählt wird, in dem sich sowohl die Probleme, wie auch die möglichen Lösungen als konstruktivistisch-technomorph darstellen lassen; eine derartige Theorie muss aber scheitern, wenn im realen Anwendungszusammenhang die unterstellten Kontextvoraussetzungen nicht gegeben sind. Die Wahl eines bestimmten Kontextes ist in der Regel keine bewusst getroffene Entscheidung, sondern wird wesentlich durch die implizierten Prämissen bestimmt, die oft so banal sind, dass sie nicht in Frage gestellt werden.

Aber nicht nur die scheinbare Banalität oder Selbstverständlichkeit der Prämissen ist ein Hindernis für das Aufkommen von Zweifeln, sondern vor allem die Tatsache, dass der konstruktivistische Theorietyp unserem Alltagsverständnis als ausgesprochen vernünftig erscheint. Die Erfolge im technologischen Bereich sind ja, wie bereits erwähnt, derart überzeugend, dass kaum die Idee aufkommen wird, dass mit der *Art* der vorgelegten Theorie etwas nicht in Ordnung sein könnte. Ein Scheitern der Theorie wird daher viel eher darauf zurückgeführt, dass sie noch nicht weit genug entwickelt ist, oder dass sie in diesem oder jenem Punkt materiell modifiziert werden muss, oder dass sie möglicherweise auf den speziellen Fall nicht zugeschnitten ist. Der Verdacht, dass das Problem viel tiefer liegen und es eine Frage des grundsätzlichen *Theorietyps* sein könnte, wird nur schwer aufkommen können. Dies nicht nur aus den soeben genannten Gründen, sondern nicht zuletzt auch deshalb, weil sich die wirklich relevante Kritik nicht auf die Inhalte der Theorie, also auf ihre Objektaussagen bezieht, sondern metatheoretischen Charakter hat.

Diese beiden Ebenen möglicher Kritik müssen klar unterschieden werden: man kann die inhaltlichen Aussagen einer Theorie kritisieren, ohne den grundlegenden Charakter der Theorie in Zweifel zu ziehen; man kann andererseits aber in der grundlegenden Natur der Theorie, also an der Art und Weise, wie an das Problem herangegangen wird, Kritik üben. Es ist denkbar, dass gewisse materielle Aussagen der Theorie dennoch akzeptiert werden können; meistens wird man aber durch eine derartige Metakritik zu gänzlich anderen Aussagen, jedenfalls aber zu anderen Interpretationen gegebener Aussagen gelangen.

Die diversen erwähnten Immunisierungsstrategien waren wirksam, solange man auf breiter Basis die Annahme vertreten konnte, dass der Ansatz im grossen und ganzen richtig sei. Seit nun die Umbrüche und Turbulenzen deutlich ins Bewusstsein getreten sind, seit sie länger andauern, als man die Augen verschliessen kann, und seit ihre Konsequenzen zu gravierend geworden sind, als dass man sie noch in der Hoffnung auf eine baldige Besserung durch kurzfristig zur Verfügung stehende Massnahmen verschleiern oder beschönigen könnte, hat sich die Situation doch insofern verändert, als man an der grundsätzlichen Richtigkeit der bisherigen Methoden und Denkweisen Zweifel zu hegen und ernsthaft nach Alternativen zu suchen beginnt.

Da sich aber die vorherrschende konstruktivistische Managementkultur doch während eines sehr langen Zeitraumes weitgehend ungestört entwickeln konnte, sind ihre Prämissen ungewöhnlich tief verwurzelt. So lange nicht diese Wurzeln freigelegt und die Basisannahmen Stück für Stück transparent gemacht werden, darf nur ein Kurieren der Symptome erwartet werden. Ich möchte daher im nächsten Abschnitt versuchen, einige dieser Prämissen, ohne Anspruch auf Vollständigkeit erheben zu wollen, herauszuarbeiten, um an ihrem Beispiel zu zeigen, wie die beiden Typen der Managementtheorie zueinander stehen und zu welchen Konsequenzen sie führen.

0.4 Sieben dominierende Denkmuster

Um die nachfolgend zu diskutierenden Prämissen der beiden Theorietypen so klar wie möglich herauszuarbeiten, werde ich sie als Paare dichotomischer Behauptungen formulieren. Ich bin mir dessen bewusst, dass dabei Differenzierungen verloren gehen und ein recht grobes Bild entstehen muss. Ich meine aber, dass die dadurch gewonnene Eindeutigkeit für den Zweck dieser Einführung wichtiger ist, als die Beschäftigung mit den feinen Differenzierungen, die bei andersartiger Zwecksetzung sicherlich vorzunehmen wären.

Es sind die folgenden sieben Prämissen, die ich vor dem Hintergrund der in Abschnitt 3 dargestellten Paradigmata für besonders wichtig ansehe:

Konstruktivistisch-technomorph (K)	Systemisch-evolutionär (S)
Management ...	Management ...
1. ... ist Menschenführung	... ist Gestaltung und Lenkung ganzer Institutionen in ihrer Umwelt
2. ... ist Führung Weniger	... ist Führung Vieler
3. ... ist Aufgabe Weniger	... ist Aufgabe Vieler
4. ... ist direktes Einwirken	... ist indirektes Einwirken
5. ... ist auf Optimierung ausgerichtet	... ist auf Steuerbarkeit ausgerichtet
6. ... hat im grossen und ganzen ausreichende Information	.. hat nie ausreichende Information
7. ... hat das Ziel der Gewinnmaximierung	... hat das Ziel der Maximierung der Lebensfähigkeit

0.41 Management als Gestaltung und Lenkung ganzer Institutionen in ihrer Umwelt (S) statt Menschenführung (K)

Ein erheblicher Teil von Managementtheorie und Führungslehre, sowohl des englischen wie des deutschen Sprachraumes, geht mehr oder weniger ausdrücklich von der Vorstellung aus, dass Führung im wesentlichen Menschenführung ist. Führung wird verstanden als zielorientiertes Einwirken auf Menschen im Sinne von Individuen oder Gruppen.

Die dabei zum Ausdruck kommenden Annahmen verdienen insofern „technomorph" genannt zu werden, als sehr häufig die Meinung vorherrscht, eine ausreichend intensive Beschäftigung mit der Frage, worauf Menschen reagieren, würde schliesslich zu einer weitgehenden Beherrschbarkeit von Menschen führen. Es muss ausdrücklich betont werden, dass es hier zunächst überhaupt nicht um eine Wertung von Beherrschbarkeitsvorstellungen geht. Es ist *eine* Sache, die Bemühungen, Führung im Sinne von besserer Beeinflussbarkeit, besserer Steuerung und Beherrschung von Menschen aus einer ideologischen Perspektive zu diskutieren; und es ist trotz aller Plädoyers für den Einbezug von Wertungen in die Führungslehre eine gänzlich *andere* Sache, das Problem der Beherrschbarkeit und Steuerbarkeit von Menschen aus einer faktisch-empirischen Sicht zu untersuchen.

Ich möchte aber zu dieser Frage hier gar nicht Stellung beziehen, sondern den für eine Managementtheorie entscheidenden Aspekt herausarbeiten. Für eine systemische Managementtheorie stellt sich die Frage nämlich gänzlich anders. Sie lautet: Können wir die Funktion von Management verstehen, wenn wir uns auf den sinnlich wahrnehmbaren Menschen oder die Gruppe beschränken? Die systemische Managementtheorie beantwortet diese Frage mit einem klaren Nein. Die menschenbezogene Perspektive greift zu kurz, weil das Verhalten des Menschen, ob wir dieses nun als letztlich beherrschbar oder nicht ansehen, eben nicht allein aus der Interaktion von Führer und Geführtem heraus verstanden werden kann, sondern auch wesentlich durch den Kontext mitbestimmt wird, in dem sich die personale Führung abspielt. Dies wird zwar in wachsendem Masse auch von den menschen- bzw. mitarbeiterbezogenen Führungstheorien anerkannt; was aber zu wenig gesehen wird, ist die Tatsache, dass der Kontext in der Regel durch die Charakteristika des Gesamtsystems bestimmt wird.

Das Gesamtsystem wird für den Einzelnen als Ordnung des Handelns Vieler zwar nicht als Ganzes manifest und ist auch mit den Sinnen nicht als Ganzes direkt wahrnehmbar. Sie zeigt sich aber derart, dass einzelne Verhaltensweisen keinen Sinn ergäben, wären sie nicht Elemente eines umfassenderen Musters. Der Mitarbeiter verhält sich nicht einzelfallbezogen, so als gäbe es keine Vergangenheit und Zukunft. Der Einzelfall ist Bestandteil eines Gesamtsystems von Ereignissen, die zueinander in Beziehung stehen.

Mit anderen Worten: der Mitarbeiter verhält sich heute in einer bestimmten Weise nicht nur, weil es heute vernünftig oder zweckmässig erscheint, sondern auch und vor allem, weil er sich gestern in einer bestimmten Weise verhalten hat und sich auch morgen noch in einer bestimmten Weise verhalten können möchte. Aufgrund dessen wird er in vielen Fällen heute sogar bereit sein, in einer vom Einzelfall aus betrachtet unzweckmässigen Art zu reagieren, weil dies im grösseren Kontext zweckmässig sein kann.

Eine systemische Managementtheorie negiert selbstverständlich nicht, dass Erkenntnisse über die unmittelbare personale Interaktion von Führer und Geführtem(n) wichtig sind und würde demzufolge auch nie darauf verzichten wollen, diese personalen Interaktionsformen zu erforschen. Es ist aber zu erwarten, dass ein und dieselbe Verhaltensweise und ein und dasselbe Interaktionsmuster zumindest anders interpretiert werden *können* und oft anders interpretiert werden *müssen,* je nachdem, ob wir sie im Kontext eines personenbezogenen Bezugsrahmens oder im Kontext des Bezugsrahmens einer gesamtsystemischen Betrachtungsweise sehen.

Hinzu kommt selbstverständlich, dass eine auf Gestaltung und Lenkung von Gesamtsystemen ausgerichtete Managementtheorie einen gänzlich anderen Charakter aufweisen muss, weil sich völlig andere Aufgaben stellen. Man kann als Konsequenz dieser Prämisse *keinen* Aspekt vernachlässigen oder hinwegdefinieren, der für die Bewältigung dieses Problems erforderlich ist.

Damit verlieren die bisherigen Einteilungen der Wissenschaftsdisziplinen völlig ihre Relevanz. Gestalten und Lenken eines Gesamtsystems ist weder ein wirtschaftliches noch ein technisches noch ein psychologisches usw. Problem. Es ist all das zusammen, aber nicht in aggregierender Interdisziplinarität, sondern als *neue Disziplin*. Dies und nur dies macht die Kybernetik für die Lösung des Problems so wichtig, denn die Kybernetik ist, wenn auch auf sehr abstraktem Niveau, diese Disziplin. Kybernetik ist die Wissenschaft von der Kontrolle von Systemen. „Kontrolle" wird hier im Sinne von „Beherrschung", „unter Kontrolle haben" usw. verwendet. Wir gebrauchen diesen Begriff so, wie beispielsweise in der Formulierung „Ich beherrsche zwei Fremdsprachen . . ." oder „Ich habe meine Skier unter Kontrolle . . .". Damit ist allerdings, wie vielleicht die Beispiele zeigen, nicht die konstruktivistische Form der Beherrschung gemeint; sie *kann* bei komplexen Systemen gar nicht gemeint sein.

Der immer wieder attackierte und mystifizierte Ganzheitlichkeitsanspruch der Kybernetik erhält seinen Sinn nicht daraus, alles und jedes erforschen und einbeziehen zu wollen, sondern aus der soeben formulierten Problemstellung, zu erforschen, wie man Systeme unter Kontrolle bringt. Nicht einfach *alles* ist relevant, wohl aber alles, was erforderlich ist, um ein System unter Kontrolle zu haben.

Wenn wir eine Unternehmung unter Kontrolle halten wollen, so genügt es eben nicht, diesen oder jenen Aspekt zu beherrschen, diese oder jene Dimension im Griff zu haben, sondern *jeder* Aspekt und *jede* Dimension, die relevant sind, müssen unter Kontrolle sein. Machen wir *heute* Gewinne, ohne für die Gewinne von *morgen* zu sorgen, haben wir das Problem nicht gelöst. Haben wir die Kosten im Griff, nicht aber den Markt, das Personal, nicht aber die Finanzen, die Finanzen, nicht aber das Personal, usw. usw., so haben wir die *Unternehmung* nicht unter Kontrolle.

In einer Welt voller Spezialisten ist dies keine leichte Aufgabe, wie jeder weiss, der lange genug Gesamtverantwortung für eine Unternehmung oder eine beliebige andere Institution getragen hat, um die Auswirkungen auch seiner eigenen Fehler noch erlebt zu haben. Es besteht aber immerhin die Möglichkeit und die Hoffnung, neben all den schon vorhandenen Spezialisten auch noch Spezialisten für die Kontrolle von Institutionen auszubilden. Eben dies ist die Aufgabe der Managementlehre. Es geht allerdings wohlgemerkt nicht um Finanzmanagement, Personalmanagement, Marketingmanagement usw., sondern schlicht um *Management*.

0.42 Management als Führung vieler Menschen (S) statt Führung weniger (K)

Dieses Prämissenpaar steht in direktem Zusammenhang mit dem unter Punkt 4.1 behandelten, ja in gewisser Weise folgt es daraus. Wenn wir das Gesamtsystem ins Zentrum unserer Bemühungen stellen, so stellt sich sofort das Problem, wie man das Verhalten vieler Menschen koordiniert. In der direkten Interaktion mit einzelnen Personen oder mit kleinen Gruppen hat der Führer die Möglichkeit der direkten Einwirkung. Seine Person, und die Möglichkeit der unmittelbar sinnlichen Erlebbarkeit und Erfahrbarkeit seiner Person und umgekehrt, die sinnlich direkte Erfahrbarkeit der Person des (der) Geführten bestimmt den Kontext der Interaktion wesentlich. Führung und Koordination *Vieler* bedeutet, dass man sich bestimmter Hilfsmittel bedienen muss, um überhaupt wirksam werden zu können. Führung wird dann unpersönlich, weil sinnlich nicht mehr oder nur noch teilweise erfahrbar. Die durch die Führung überhaupt noch ansprechbaren Sinnesmodalitäten werden geringer an Zahl, die Erfahrung verarmt, schlussendlich wird Führung nur noch durch anonyme Weisungen und abstrakte Reglemente ausgeübt.

In einem gewissen Sinne ist diese Situation vergleichbar mit der Situation moderner Kriegsführung mit Hilfe technischen Geräts und ferngelenkter Waffensysteme, die es nicht mehr zu einem persönlichen Kontakt der Kombattanten kommen lassen, im Gegensatz zu einem Kampf Mann gegen Mann. Es ist bekannt, dass das Tötungserlebnis ein gänzlich anderes in diesen beiden Situationen ist und dass sich daher auch die Führungssituation in beiden Fällen wesentlich unterscheidet.

Ein Problem besteht naturgemäss in der Definition der Begriffe „wenige" und „viele". Bei welcher Zahl erfolgt der entscheidende Sprung von wenigen zu vielen? Es wäre zweifellos wünschenswert, diese Zahl genau bestimmen zu können. Eine Reihe von Gründen führt aber zu der Vermutung, dass dies nicht mit der wünschbaren Genauigkeit möglich sein wird, weil die Zahl selbst keine Konstante, sondern eine Variable ist. Manche Situationen erlauben es, mehr Personen in den unmittelbaren Interaktionskontext einzubeziehen als andere. Manche Aufgaben erfordern eine Interaktionsintensität, die mit mehr als drei bis vier Personen gar nicht möglich ist; andere erfordern für die notwendigen Koordinationen eine geringere Interaktionsintensität, so dass je Zeiteinheit mit einer grösseren Zahl von Menschen ein persönlicher Kontakt gepflegt werden kann.

Es ist hier nicht der Raum, auf diese Dinge näher einzugehen, so dass einige Hinweise genügen müssen. Es geht um die sogenannte *kritische Gruppe*, unter der die „grösstmögliche Gesamtheit von Elementen (Menschen, Dingen und Bindungen), mit denen die gute Funktion einer Organisation von bestimmter Struktur sichergestellt werden kann", zu verstehen ist [26].

Friedman zeigt auf sehr anschauliche Weise, dass die kritische Gruppe eine zwar für jede Spezies variierende, aber für sie absolut charakteristische Grösse hat, die teilweise von bestimmten biologischen Merkmalen der Individuen und teils von der topologischen Struktur der Gesellschaft abhängt. Die biologischen Faktoren bestimmen *Valenz* (Anzahl der in bewusster Aufmerksamkeit zugänglichen oder ansprechbaren Interessenzentren) und *Leitfähigkeit* (Aufnahme-

---

26 Friedman (Utopien) 38 ff.

und Weitergabefähigkeit von Einflüssen) des Individuums und damit, etwas einfach ausgedrückt, die Zahl verschiedener Dinge, mit denen sich jemand beschäftigen kann und die Einflüsse, denen er ausgesetzt ist und die von ihm ausgehen. Damit ist sein Interaktionsspielraum abgesteckt. Über diese Grenzen hinaus beginnt die Welt für das Individuum im buchstäblichen Sinne *unbegreifbar*, das heisst, nicht mehr direkt sinnlich wahrnehmbar zu werden; es ist ab dann auf gedankliche und das heisst abstrakte Rekonstruktion eines Weltbildes aus immer ärmer werdenden indirekten Signalen angewiesen und muss zur Ausübung eines Einflusses auf verstärkende Hilfsmittel zurückgreifen. Damit werden aber auch die Kontrollmöglichkeiten, Abweichungs- und Fehlersignale, Feedbacks usw. von völlig unterschiedlicher Qualität. Wir erreichen damit jene Grenze der Verstehbarkeit und Beherrschbarkeit, die bildhaft „Komplexitätsbarriere" genannt werden kann [27].

Führung Vieler ist somit etwas grundsätzlich anderes als Führung innerhalb der Grenzen der kritischen Gruppe. Es wäre wünschenswert, wenn jedem Manager, bevor er in die Situation kommt, die nicht selten traumatische Erfahrung vermittelt werden könnte, die man hat, wenn man zum ersten Mal die fühlbare Ohnmacht erlebt, die sich einstellt, sobald man in eine Position kommt, die es erforderlich macht, über die kritische Gruppe hinaus zu führen, Einfluss auszuüben, zu kontrollieren usw.

Mit Ausnahme sehr traditionsreicher, etablierter Organisationen, die während langer Perioden Führungsformen entwickeln konnten, die mit diesem Problem fertig zu werden vermögen, sind die meisten Organisationen auf diese Situation nicht eingestellt. Auch die meisten Führungskräfte verbringen die weitaus grösste Zeit ihres Lebens *innerhalb* der Grenzen der kritischen Gruppe. Insbesondere unsere frühen Lebenserfahrungen machen wir fast ausschliesslich im Kontext der erlebbaren und beeinflussbaren Kleinsysteme, sei es die Familie, die Kameradengruppen in der Schule, die verschiedenen Formen persönlicher Freund- und Feindschaft, die kleine Arbeitsgruppe im Unternehmen usw. Andererseits sind die unser Leben immer stärker erfassenden Systeme über jede Begreifbarkeit hinaus gewachsen, ohne dass das Wissen über die Gestaltung und Lenkung derartiger Systeme in ausreichendem Masse mitgewachsen wäre.

0.43 Management als Aufgabe Vieler (S) statt als Aufgabe Weniger (K)

Der konstruktivistische Typ der Managementtheorie weist als dominierende Denkweise die Vorstellung auf, dass Management in jeder Unternehmung von relativ *wenigen* Personen ausgeübt werde. Mit der Bezeichnung „Management" ist sehr häufig jene kleine Gruppe von Personen gemeint, die die ranghöchsten

---

27 Beer (Decision) 256 und 258.

Positionen einer Organisation inne haben. Mit Management wird also in der Regel im Rahmen dieses Theorietyps das sogenannte Top-Management gemeint. Auch im Alltagsgebrauch werden mit diesem Begriff meistens die obersten Führungskräfte und Repräsentanten einer Organisation bezeichnet.

Obwohl de jure in der Regel klar ist, wer zum Top-Management zu zählen ist, ist doch de facto diese Gruppe nicht ganz so eindeutig bestimmt bzw. bestimmbar. Über die rein juristischen, statutarischen und organisatorischen Vorschriften hinaus wirken in jeder Organisation zusätzliche Regeln und Rituale mitgliedschaftsdefinierend. Es gibt daher keine *allgemeine* Antwort auf die Frage, wer zum Management im Sinne von Top-Management gehört; es gibt aber wohl in jedem Fall eine *spezielle* Lösung in dem Sinne, als in einer bestimmten Organisation meistens kein Zweifel darüber besteht, wer „dazu" gehört und wer nicht.

Trotz dieser soeben beschriebenen Art von Unbestimmtheit dürfen wir davon ausgehen, dass das Management im Sinne des konstruktivistischen Theorietyps im operativen Kontext eine kleine Gruppe ist [28].

Wir begegnen also auch hier wieder dem Phänomen, dass für die Theoriebildung ein Kontext oder eine Situationsbeschreibung unterstellt wird, die den konstruktivistisch-technomorphen Theorietyp vernünftig erscheinen lässt. Geht man davon aus, wie dies der systemisch-evolutionäre Ansatz tut, dass Management nicht Aufgabe Weniger, sondern verteilt auf zahlreiche Personen ist, so stellen sich gänzlich andere Probleme. Man kann mit guten Gründen davon ausgehen, dass jeder Mitarbeiter einer Unternehmung oder Institution, der es anderen Menschen ermöglichen soll, einen produktiven Beitrag zu leisten, im Grunde eine Führungskraft, ein Manager, ist. Welche Bezeichnung und welchen Titel er trägt, welche juristischen Kompetenzen und welchen organisatorischen Rang er hat, spielt dabei eine vergleichsweise untergeordnete Rolle. Entscheidend ist allein seine Funktion im gesamten Netzwerk. Stark vereinfacht kann man sagen, dass jeder, der führt, eine Führungskraft ist. Jeder, der für die Leistungen anderer Verantwortung zu tragen hat, der die Leistungserbringung anderer beeinflussen kann, ist in diesem Sinne ein Manager. Seine Tätigkeit wird wesentliche Merkmale dessen, was heute in der Managementtheorie behandelt wird, aufweisen: Er wird eine bestimmte Art von Planung betreiben; nicht notwendigerweise mit viel Papieraufwand, aber er wird doch versuchen, seine Arbeit im voraus so vernünftig und ökonomisch wie möglich zu gestalten; er wird Entscheidungen treffen, vielleicht von der Spitze der Unternehmung aus

---

28 Durch den Hinweis auf den operativen Kontext soll dem Umstand Rechnung getragen werden, dass es in grossen, konzernmässig strukturierten Unternehmungen mehrere, oft zahlreiche Managementgruppen gibt, die sich zu gewissen Anlässen auch versammeln können; sie werden jedoch in dieser Zusammensetzung nicht operativ tätig.

betrachtet keine besonders wichtigen, aber immerhin solche, die getroffen werden müssen, damit irgendein Ablauf funktioniert.

Diese Analyse könnte leicht fortgesetzt werden. Sie würde zeigen, dass Management auf vielen, ja sogar den meisten Ebenen der Unternehmung stattfindet und dass in Wahrheit Management nicht von wenigen hohen oder obersten Führungskräften allein ausgeübt wird, sondern von sehr vielen Menschen durch ihr Zusammenspiel. Mit Ausnahme sehr kleiner Unternehmungen kann Management daher nicht als auf eine kleine Gruppe beschränkt verstanden werden, und daher ist auch die Wirksamkeit des technomorphen Theorietyps sehr fraglich.

Es ist nicht ein klar identifizierbares Zentrum, das im Besitze sämtlicher relevanten Informationen die für die Steuerung erforderlichen Entscheidungen trifft. Selbst dort, wo aufgrund bestimmter Organisationsstrukturen, bestimmter Kompetenzverteilungen, eines bestimmten Selbstverständnisses und bestimmter Rituale der äussere Anschein sehr stark sein mag, dass die Steuerung von einem Zentrum aus erfolgt, und selbst wenn faktisch von einem Zentrum aus eine objektiv sehr starke, vielleicht sogar dominierende Determinationswirkung auf das Unternehmensgeschehen entfaltet wird, so wird man doch feststellen können, dass für die wirkliche und vollständige Steuerung wesentlich mehr an Information erforderlich ist, als dem Zentrum zugänglich ist und dass eine wesentlich grössere Zahl von Beziehungen ständig neu adjustiert werden muss, als dies durch Weisungen von einem Zentrum aus möglich wäre.

Die Argumente sind im Kern dieselben, die den Streit zwischen der Theorie der zentralgeleiteten Wirtschaft und der Marktwirtschaft bestimmen. Genau wie in der Diskussion um die verschiedenen Ordnungstypen der Wirtschaft und letztlich der Gesellschaft, geht es auch hier im Grunde um die Frage, ob zentrale Steuerung *faktisch möglich ist*. Das Problem ist, wie diese Diskussion sehr schön zeigt, gar kein Problem der Wertvorstellungen, sondern ein Problem der empirischen Eigenschaften der Welt, in der wir leben, letztlich ein Problem der Gesetzmässigkeiten menschlicher und systemischer Kommunikation.

Man kann durchaus zugeben, dass eine zentrale Steuerung irgendeines Systems besser wäre als jede andere Form der Steuerung, ja sogar optimal wäre, wenn eine Reihe von Bedingungen erfüllt werden könnte: *wenn* es möglich wäre, dem Zentrum alle erforderlichen Informationen sowohl über Umstände dauerhafter wie auch nur vorübergehender Natur zuzuleiten; *wenn* dies zeitgerecht, also schneller, als die Dinge sich wieder ändern, getan werden könnte; *wenn* dies in irrtumsfreier, unverzerrter Weise geschehen könnte oder jedenfalls in einer Weise, in der die Wirkung der unvermeidlich auftretenden Übermittlungsfehler eliminiert werden könnte; *wenn* sich das Zentrum aus den unvermeidlich als Informationsbruchstücke eintreffenden Informationen ein zutreffendes Bild über die Gesamtsituation machen könnte; und *wenn* das Zentrum dann durch Ausgabe entsprechender Weisungen, die alle wiederum den gerade angedeuteten Informationsübermittlungsproblemen unterworfen sind, bei den zahlreichen arbeits- und wissensteilig arbeitenden Empfängern die richtigen Verhaltensweisen auslösen könnte.

Das sich bei dieser Art der Steuerung eines Systems stellende Informationsproblem ist *faktisch* nicht lösbar, und es wird auch durch eine Vervielfachung der Leistungsfähigkeit selbst der modernsten Computer nicht lösbar werden, denn nicht einmal eine technologische Beherrschung der Elementarteilchenphysik, bei immer weiter fortschreitender Mikrominiaturisierung der Computerkomponenten, wird uns in Stand setzen, die zur Lösung dieses Problems erforderlichen Informationsmengen bereit zu stellen [29].

Wir sind, ob wir wollen oder nicht, darauf angewiesen, dass die weitaus grösste Zahl von Beziehungen gewissermassen an Ort und Stelle sich selbst adjustiert und zwar unter Berücksichtigung der jeweils gerade örtlich vorherrschenden, sich häufig sehr schnell ändernden relevanten Umstände. Die einzige Möglichkeit, dass sich trotzdem etwas Sinnvolles ergeben kann, eine zweckmässige Ordnung des Geschehens aus der Vielzahl sich ständig selbstkoordinierender Elemente resultieren kann, besteht in der Anwendung von abstrakten, allgemeinen Regeln des Verhaltens, wie sie in Abschnitt 2 bei der Besprechung des evolutionären Ansatzes diskutiert wurden.

Es wäre ein Irrtum, zu glauben, dass dies nur für die in der politisch-ökonomischen Ordnungstheorie zur Diskussion stehenden Systemtypen Gültigkeit habe. Unternehmungen sind zwar zumeist nicht so komplex wie eine Volkswirtschaft (obschon es Unternehmungen gibt, die nach gängigen Grössenmassstäben so gross sind wie, oder grösser sind, als kleinere und mittlere Volkswirtschaften), sie sind aber mit Ausnahme sehr kleiner Unternehmungen komplex genug, um den Rahmen und die Möglichkeiten konstruktivistischer Steuerungssysteme bei weitem zu sprengen.

Vielleicht liegt hier überhaupt der Kern des Irrtums der heutigen Managementtheorie. Man akzeptiert die grosse Komplexität einer Ökonomie und ist bereit, die sich in diesem Zusammenhang stellenden Steuerungs- und Koordinationsprobleme sorgfältig zu diskutieren. Man geht aber wie selbstverständlich davon aus, dass die Verhältnisse auf der Ebene der Unternehmung vergleichsweise so einfach seien, dass die Erkenntnisse über die Regulierungsprobleme der ökonomischen oder sozialen Ordnungstypen hier nicht relevant sein könnten. Diese Unterschätzung der Komplexität von Unternehmungen ist möglicherweise darauf zurückzuführen, dass das Problem der Komplexität ganz allgemein zu wenig verstanden wird, insbesondere jene Tatsache, dass selbst bei Vorliegen einer relativ kleinen Zahl von Elementen die Komplexität der möglichen Zustände explosionsartig ansteigt, sobald die Elemente interagieren können. Darauf wurde in Abschnitt 2 bereits kurz hingewiesen.

---

29 Ashby (Bremerman).

Akzeptiert man die dem evolutionären Ansatz zugrundeliegende Prämisse, dass Management nicht von wenigen, sondern von vielen Menschen de facto ausgeübt wird, so hat dies zur Konsequenz, dass man den in der Unternehmung geltenden Regeln des Verhaltens eine viel grössere Aufmerksamkeit zuwenden muss. Insbesondere muss dann die Forderung erhoben werden, alle drei Kategorien von Regeln, die nicht artikulierten, die im nachhinein artikulierten und die im voraus erlassenen und ihre je verschiedenen Wirkungsmöglichkeiten sorgfältig zu erforschen und zwar sowohl theoretisch-allgemein, wie auch in der einzelnen Unternehmung mit Bezug auf die dort bestehende spezielle Situation.

Ein weiterer Aspekt besteht darin, dass damit die Mechanismen, durch die *generelle Regelungen* in der Unternehmung produziert werden, in den Vordergrund rücken. Managementinstrumente wie Leitbilder, allgemeine Politiken usw. erhalten damit einen neuen Stellenwert und müssen wahrscheinlich viel besser theoretisch durchdrungen werden, als dies bis heute der Fall ist. Zumindest in dieser Hinsicht kann man sehr viel von den Rechts- und Staatswissenschaften lernen, die die einzigen sozialwissenschaftlichen Disziplinen sind, die sich ernsthaft mit Natur, Logik und Wirkung von Regeln beschäftigen. Damit soll nicht impliziert werden, dass jedes diesbezügliche Ergebnis der Rechts- und Staatswissenschaften für die Managementtheorie von Bedeutung ist oder übernommen werden dürfte. Die Art und Weise der Beschäftigung mit diesen Phänomenen darf aber durchaus als Vorbild gelten.

Unter dem Einfluss einer gründlichen Erforschung derartiger Steuerungs-, Koordinations-, Regulierungs- und letztlich Regierungsformen würde sich zeigen, dass die Managementtheorie von heute im wesentlichen an archaischen Vorbildern einer geschlossenen Stammesgesellschaft orientiert ist, oder bestenfalls ein Analogon zur griechischen Polis darstellt, die ich zwar nicht als archaisch bezeichnen möchte, die wohl aber als eine ausreichend geschlossene Systemform gelten darf, um die Informationsprobleme der Steuerung und Koordination noch als lösbar ansehen zu dürfen. Die Managementtheorie wird sich aber eindeutig mehr an der Vorstellung einer offenen, abstrakten oder grossen Gesellschaft orientieren müssen[30], um die erforderliche Wirksamkeit erzielen zu können.

0.44 Management ist indirektes Einwirken auf der Metaebene (S) statt direktes Einwirken auf der Objektebene (K)

Dem konstruktivistisch-technomorphen Paradigma ist, wie nun bereits in verschiedenen Zusammenhängen herausgearbeitet wurde, die Vorstellung eigen, dass es im Prinzip möglich sei, das Unternehmungsgeschehen durch Detailbe-

---

30 Popper (Gesellschaft); Hayek (Law).

stimmung der Funktion der Elemente und ihrer Beziehungen zueinander zu regeln. Damit ist die Konsequenz verbunden, in die Abläufe selbst, auf der Ebene des realen Geschehens, einzugreifen. Insbesondere wird davon ausgegangen, dass ein fehlerhaftes Resultat eines Prozesses durch direkte Korrektur des Resultates selbst, sowie durch ein Eingreifen in das Prozessgeschehen zu berichtigen sei. Zwar werden andere Möglichkeiten nicht explizit ausgeschlossen, aber sie werden auch nicht speziell betont.

Im Gegensatz dazu geht der systemische Ansatz von der Vorstellung aus, dass der Output eines Systems immer von der Struktur des Systems, von den sein Verhalten bestimmenden Regeln und insbesondere von den Interaktionsmustern der Systemelemente und Subsysteme abhängig ist. Wenn also der Output nicht akzeptabel ist, so hat es im Rahmen dieses Ansatzes wenig Sinn, den Output direkt zu korrigieren oder in den den Output unmittelbar produzierenden Prozess einzugreifen; vielmehr muss die Struktur des Systems und das Interaktionsmuster seiner Teile verändert werden.

Bezeichnen wir die Ebene des direkt den Output produzierenden Geschehens als *Objektebene*, analog zum Begriff der Objektsprache und die Ebene der das Geschehen bestimmenden Strukturen und Regeln als *Metaebene,* analog dem Begriff Metasprache in Linguistik und Logik, bzw. analog dem Begriff Metakommunikation, wie er von Gregory Bateson [31] geprägt und in der Folge von ihm, Watzlawick und der Palo-Alto-Gruppe verwendet wurde, so können wir feststellen, dass der konstruktivistische Ansatz sich vorwiegend auf der Objektebene bewegt, der systemisch-evolutionäre Ansatz hingegen auf der Metaebene.

In einfachen Fällen ist diese Unterscheidung nicht problematisch. Produziert im Rahmen eines Fertigungsprozesses eine Maschine ständig Teile, die nachgearbeitet werden müssen, so wird man in der Regel sehr schnell die Einstellung der Maschine adjustieren, um die Kosten für die Nachbearbeitung zu eliminieren. Werden in der Speditionsabteilung des öfteren Sendungen fehl geleitet, so wird man ebenfalls nach einer gewissen Zeit nach einer grundsätzlichen Lösung suchen und sich nicht damit begnügen, die einzelnen Irrläufer zu korrigieren.

Schwierig und gleichzeitig relevant wird die Unterscheidung von Objekt- und Metaebene aber in komplizierteren Fällen. Als praktisches Beispiel kann hier ein Fall kurz beschrieben werden, bei dem es in einer mittelgrossen Firma der elektromechanischen Industrie (550 Mitarbeiter) ständig zu Terminschwierigkeiten kam. Obwohl das Unternehmen über eine nach allen Kriterien der Betriebswirtschaftslehre gut ausgebaute Betriebsorganisation verfügte und insbesondere die Arbeitsvorbereitung gemeinsam mit einer eigens eingerichteten Stelle für Arbeitssteuerung und Terminüberwachung ständig bemüht waren, den Durchlauf der Aufträge sorgfältig zu überwachen und zu steuern, konnte dieses Problem nicht unter Kontrolle gebracht werden. In Abhängigkeit von der Be-

---

31 Bateson (Ökologie) 24 ff.

deutung eines Auftrages und des entsprechenden Kunden wurde natürlich immer wieder mit adhoc-Massnahmen versucht, Terminüberschreitungen zu vermeiden oder wenigstens zu verkürzen. Diese Massnahmen hatten aber oft Brachial-Charakter und führten wiederum dazu, dass andere Faktoren, wie etwa die Überstunden, ausser Kontrolle gerieten. Die Situation führte mehr und mehr dazu, dass die Fehler bei einzelnen Personen und deren vermuteter oder behaupteter Unfähigkeit oder Unzuverlässigkeit gesucht wurden; es kam zu wachsendem gegenseitigem Misstrauen, und die Schuld wurde von einer Stelle zur anderen geschoben.

Man war, obwohl das Unternehmen über gute Fachleute und nach üblichen Massstäben auch gute Führungskräfte verfügte und grosse Anstrengungen unternommen wurden, das Problem zu lösen, doch nicht in der Lage, Abhilfe zu schaffen. Durch die Einführung eines computergestützten Produktionssteuerungssystems, von dem man sich viel versprach, wurde die Situation nur noch schlimmer, da dadurch gewisse Improvisationsmöglichkeiten, die früher noch vorhanden waren, eliminiert wurden. Die Lösung des Problems konnte in diesem Fall gar nicht dort liegen, wo sie vermutet wurde, nämlich im Produktions- und Lagerbewirtschaftungsbereich. Die Problematik entstand vielmehr aus den *Interaktionsmustern* von Verkaufs- und Produktionsbereich. Die Produktion war durchaus im Rahmen des grundsätzlich angestrebten Lieferbereitschaftsgrades in der Lage, einmal bestätigte Termine auch einzuhalten. Die zunehmend schwieriger werdenden wirtschaftlichen Gegebenheiten der Branche führten aber bei den Kunden dieser Firma zu einem relativ zu früher wesentlich geänderten Bestell- und Dispositionsverhalten. Dies war zwar den Verkaufsverantwortlichen des Unternehmens bestens bekannt und bewusst, diese Änderungen wurden aber an die Produktion *nicht als Ganzes,* als neues Gesamtbild der Lage gewissermassen, weitergegeben, sondern nur *bruchstückweise* in Form einzelner Dispositionen. In Wahrheit liess auch die spezielle Art der Planung in diesem Unternehmen zwar eine Kommunikation über Veränderungen innerhalb ein und desselben Musters zu, nicht aber die Kommunikation über eine Veränderung des Musters selbst. Der Verkaufsbereich nahm also den Wandel von einem Verhaltenstypus der Kunden zu einem anderen durchaus als solchen wahr, die durch das Planungs- und EDV-System vermittelte und gefilterte Interaktionsweise zwischen Verkauf und Produktion verunmöglichte es aber, diese Meta-Veränderungen zu kommunizieren, so dass nur die Möglichkeit blieb, auf der Objektebene ständig neu zu disponieren, was zu wachsender Instabilität und Orientierungslosigkeit führte, denn die einzelnen Dispositionen und ihre Änderungen ergaben für die Produktion einfach keinen Sinn mehr.

Der erste Schritt in Richtung auf eine echte Lösung des Problems bestand darin, dass zunächst für eine befristete Zeit das Planungssystem für diese Bereiche ausser Kraft gesetzt und gewisse EDV-Prozeduren umgangen wurden. Es wurde ein Steuerungsausschuss eingesetzt, der aus Mitgliedern des Verkaufs- und des Produktionsbereiches, sowie der Arbeitsvorbereitung, Arbeitsplanung und der Lagerbewirtschaftung bestand, der täglich zweimal zu kurzen, in der Regel nicht mehr als halbstündigen Besprechungen zusammenkam, um durch die persönliche Interaktion jene Informationsreichhaltigkeit wieder in den Prozess einzubringen, die aufgrund der formalen Prozeduren reduziert und verarmt war und die darin bestand, dass alle Beteiligten ein Gefühl für die neu herrschenden Patterns gewinnen mussten, um in der Lage zu sein, Einzeldispositionen und Informationsbruchstücke in ein Ganzes einordnen zu können, um ihnen dadurch den richtigen Sinn und die richtige Interpretation zuordnen zu können.

Die aus konstruktivistischer Perspektive durchaus vernünftig erscheinenden Mechanismen der gängigen Produktionsplanung und -steuerung, die laufend verstärkt und ausgebaut wurden, führten zu einer progressiven Unfähigkeit, die relativ zu den vielen Einzeldispositionen viel fundamentaleren *Formen* der Interaktion wesentlicher Subsysteme und Elemente überhaupt zu problematisieren.

In diesem doch einigermassen komplexen Fall war also die Unterscheidung zwischen Objekt- und Metaebene keineswegs trivial und auch nicht sofort einsichtig. Nach nunmehr langjähriger praktischer Tätigkeit in der Unternehmungsberatung und Managementschulung tendiere ich zu der Vermutung, dass ein sehr grosser Teil jener Probleme, die man fast täglich in Unternehmungen antrifft, letztlich nur gelöst werden kann, wenn die Unterscheidung zwischen Objekt- und Metaebene ständig im Auge behalten wird. Viel öfter als man meint, liegt die grundsätzliche Möglichkeit, ein Problem überhaupt lösen zu können, auf der Metaebene. Dies trifft meines Erachtens für die meisten Motivationsprobleme, Betriebsklima- und Arbeitszufriedenheitsprobleme zu. Nur selten liegt die Lösung bei einzelnen Personen oder sogar beim Verhalten aller beteiligten Personen; meist ist es eine Frage der *Interaktionsweisen* der beteiligten Personen, also der metakommunikativen Ebene. Wir finden hier alle jene Phänomene vor, die von Gregory Bateson in so meisterhafter Art erforscht und beschrieben wurden, wie etwa das Phänomen des „Double Bind", des „Deutero-Lernens", der „Kulturberührung" und „Schismogenese" usw.[32]

Ohne einfach alles pauschal zu akzeptieren, sehe ich doch keine Möglichkeit zu einer wirklich wirksamen und relevanten Managementtheorie zu kommen, ohne Forschungen dieser Art zu berücksichtigen. Es muss zugegeben werden, dass viele der relevanten Arbeiten in einer nicht direkt für Management anwendbaren Terminologie geschrieben sind und die diesbezüglichen Forschungen auch oft in einem Kontext stattgefunden haben, der sehr weit von Management entfernt ist, etwa im Zusammenhang mit anthropologischen Untersuchungen von Naturvölkern. Diese Schwierigkeiten lassen sich aber überwinden und damit wird der Zugang zu wichtigen Erkenntnissen geöffnet.

---

32 Bateson (Ökologie).

Ich möchte das Fazit aus diesem Abschnitt wie folgt ziehen: Das Verhalten, der Output eines Systems ist eine Funktion der Systemstrukturen, die im wesentlichen aus den Interaktionsweisen der wichtigen Subsysteme entstehen und durch diese ständig produziert oder perpetuiert werden und auch nur auf dieser Ebene modifiziert werden können.

0.45 Management unter dem Kriterium der Steuerbarkeit (S) statt der Optimalität (K)

Ein beherrschendes Denkmotiv des konstruktivistischen Ansatzes ist das Streben nach Optimalität bzw. die Beurteilung von Problemlösungen mittels Optimalitätskriterien. Gerade dieses Streben zwingt den konstruktivistischen Theorietyp dazu, möglichst vollständige Informationen zu fordern und hat somit fast notwendig zur Folge, dass Situationskonstellationen unterstellt werden, in denen die Erfüllung dieser Forderungen möglich ist.

Die Idee der Optimalität etwa von Entscheidungen, betrieblichen Abläufen, Organisationsstrukturen usw. ist verständlicherweise faszinierend und scheint in einem ökonomischen Kontext auch rational zu sein, denn ökonomisches Verhalten ist ja fast untrennbar mit der Vorstellung von Optimalität verbunden.

Was aber soll wirklich optimiert werden? Unter welchen Bedingungen lässt sich überhaupt vernünftig bestimmen, worüber wir reden, wenn wir den Begriff des Optimums verwenden? Und ist es im Managementkontext wirklich rational, Optima anzustreben und wenn ja, Optima welcher Grössen?

In einem hinreichend stabilen Kontext, in dem die erforderlichen Informationen über die relevanten Variablen gegeben oder erhältlich sind, ist gegen die Verwendung dieser Vorstellung nichts einzuwenden. Es stellt sich aber doch die Frage, ob nicht der konstruktivistische Theorietyp in seinem Streben nach Optimalität eine Entwicklung verursacht hat, die sich heute, nach Wegfall der Bedingungen der Stabilität des Kontextes und der Verfügbarkeit der Informationen als gefährlich erweist.

In Verbindung mit der in Punkt 4.4 diskutierten Fixierung auf die Objektebene ist in den Unternehmungen nämlich ein erheblicher Aufwand getrieben worden, Produktionsanlagen, Produktionsverfahren, betriebliche Abläufe, logistische Systeme usw. zu optimieren, und zwar primär im Lichte des übergeordneten Kriteriums der Optimierung der Wirtschaftlichkeit einer Unternehmung.

Aus einer technomorphen Perspektive bedeutet Optimierung aber weitgehend die Elimination von Flexibilität. Eine Maschine kann um so optimaler ausgelegt werden, je stabiler der Input ist, je weniger Schwankungen bezüglich Qualität und Quantität des Verarbeitungsmaterials, der Zeitpunkte der Zulieferung, des Rhythmus der Verarbeitung zu verkraften sind. Dies zeigt sich etwa im Bemühen, optimale Losgrössen in der Produktion, möglichst wenig Umrüstvorgänge usw. zu haben. Sämtliche Variablen, die eine Maschine, welche optimal im üblichen Sinne funktionieren soll, umgeben, werden zunehmend fixiert oder in sehr engeren Toleranzbereichen einreguliert. Damit hat das Gesamtsystem aber nur scheinbar an Stabilität gewonnen; es ist in Wahrheit progressiv potentiell instabil geworden. Treten nun wirklich ernst zu nehmende strukturelle Änderungen in den nicht mehr unter Kontrolle des Managements stehenden Rahmenbedingungen auf, so ist man nicht mehr in der Lage, darauf angemessen zu reagieren, weil die erforderliche Reaktionsflexibilität nicht mehr vorhanden ist.

Vor diesem Problem scheinen wir gegenwärtig zu stehen. Die lang anhaltende Zeit der relativ stabilen Wirtschaftslage hat dazu geführt, dass im Streben nach Optimalität eine Anpassung, oder besser Überanpassung, an die damals vorherrschenden Umstände erfolgt ist. Immer mehr relevante Variablen der relevanten Systeme, Produktionskapazitäten, Produktionsverfahren, Vertriebssysteme, Preis- und Mengenverhältnisse, Organisationsstrukturen, Salärstrukturen usw., wurden zunehmend in einem wechselseitigen Gefüge fixiert, jede noch Schwankungen und damit Dispositionen verursachende Variable wurde weiter durch entsprechende Abmachungen, Verträge usw. zu stabilisieren versucht, Besitzstände immer härter verteidigt, jede bis anhin noch nicht organisierte Gruppe versuchte mit allen Mitteln, zu einer lobbyfähigen Interessengruppe zu werden, bis schlussendlich die Systeme jeglicher Flexibilität beraubt waren.

Wie sich in einem derartigen System eine dann doch plötzlich auftauchende massive Veränderung einer Variable in Form von völlig unkontrollierbaren Reverberationswellen auswirkt, hat die Veränderung des Ölpreises in der Weltwirtschaft deutlich gezeigt. Auch die Veränderungen, die mit der Mikroelektronik einhergehen, sind deshalb so gravierender Natur, weil unsere Systeme keine ausreichende Flexibilität aufweisen, diese neuen Formen von Komplexität zu absorbieren.

Sie tun dies deshalb nicht, weil Flexibilität ein ökonomisches Gut ist und daher Kosten verursacht. Diese Kosten erscheinen im Rahmen des konstruktivistischen Theorietyps als Rationalisierungspotentiale, nicht aber als Ressourcen. Und mit zunehmender Annäherung an das Ziel der konstruktivistisch interpretierten Optimalität ist somit zunehmend Flexibilität verloren gegangen. Die Konsequenzen sind an der Insolvenzstatistik ablesbar.

Eine systemisch-evolutionäre Managementtheorie geht nicht von der Prämisse einer mehr oder weniger unveränderlichen, stabilen Konstellation von Rahmenbedingungen aus. Vielmehr basiert sie auf der Annahme, dass historisch gesehen bis heute noch jede Konstellation lediglich vorübergehender Natur war. Dies hängt unter anderem mit der Komplexitätsproblematik und der komplexen Systemen inhärenten Eigendynamik zusammen. Die Bedingungen, unter denen eine Optimierung auf der Objektebene möglich ist, werden im systemischen Theorietyp als Spezialfall behandelt, während sie im konstruktivistischen Typ eher als allgemeiner Fall unterstellt werden.

Wenn wir aber davon ausgehen, dass wir uns ständig an neue Umstände anpassen müssen, dann kann Optimierung nur noch auf der *Metaebene* einen Sinn haben; wir dürfen dann nicht einen speziellen Anpassungs*zustand* optimieren. sondern wir müssen dann, wenn überhaupt, etwas ganz anderes, nämlich die Anpassungs*fähigkeit* optimieren.

Dieser Gedanke hat ein weites Feld der Anwendbarkeit; er eröffnet völlig neue Perspektiven, wenn er erst einmal richtig durchdacht wird: hat unser Bildungssystem auf allen Ebenen nicht die inhärente Tendenz, die Beherrschung konkreter Lern*inhalte* zu optimieren, während es doch zumindest ebenso wichtig wäre, die Lern*fähigkeit* zu optimieren, denn kein Lehrer und kein Lehrplan-Planer kann heute wissen, was die Kinder von heute morgen wissen und können müssen, um ihre dann existierenden Probleme zu bewältigen? Versuchen wir nicht, Organisationsstrukturen der Unternehmungen zu optimieren, statt ihre *Organisierbarkeit*; und erleben wir nicht immer wieder aufs neue, dass die optimalen Organisationsstrukturen von gestern gerade wegen ihrer Optimalität das entscheidende Hindernis für die heute erforderlichen Anpassungen sind?

Aus der Perspektive der systemischen Managementtheorie, die durch die Strukturänderungen des letzten Jahrzehnts stark an Relevanz gewonnen hat, ist der entscheidende Punkt nicht die Optimierung von konkreten Zuständen der Objektebene, sondern die *Optimierung der Steuerungsfähigkeit* der Unternehmung, ihrer *Manageability*. Wendet man dieses Kriterium zur Beurteilung von Entscheidungen, Abläufen, Verfahren, Kapazitäten usw. an, so sehen viele Dinge plötzlich völlig anders aus. Die entscheidende Frage muss dann etwa lauten: Wie wirkt sich diese oder jene Entscheidung auf unsere Flexibilität, unsere Anpassungsfähigkeit, auf die Lenkbarkeit unserer Unternehmung aus?

Diese Frage wird sich naturgemäss auch in der Wirtschaftlichkeit einer Entscheidung auswirken, denn all die erwähnten Potentialitäten oder Fähigkeiten verursachen, wie bereits erwähnt, Kosten. Der konstruktivistische Kritiker wird an dieser Stelle einwenden, dass alles beim alten geblieben sei, dass nun lediglich eine zusätzliche Randbedingung, nämlich die Flexibilitätskosten zu berücksichtigen seien ...

0.46 Management verfügt nie über ausreichendes Wissen (S) statt Annahme einer ausreichenden Informationsbasis (K)

Da das Problem der Informationsbasis nun schon in verschiedenen Zusammenhängen besprochen wurde, genügen hier einige knappe Hinweise. Im Rahmen des konstruktivistischen Theorietyps wird in der Regel von einer im grossen und ganzen zur Lösung der diskutierten Probleme ausreichenden Informationsbasis ausgegangen. Planungssysteme, Rechnungswesen, Kontrollsysteme, Zielsetzungsverfahren usw. sind derart konstruiert, dass aus ihrer Architektur geschlossen werden muss, dass die für ihren Einsatz erforderlichen Informationen vorhanden sind oder gewonnen werden können.

Selbst der im Rahmen der Entscheidungstheorie berücksichtigte Fall der Entscheidung unter Unsicherheit wird derart behandelt, dass die Informationsleerstellen mit subjektiven Wahrscheinlichkeitsschätzungen gefüllt werden. Die scheinbare Sicherheit wird aber auch hier dadurch gewonnen, dass zumindest implizit ein Kontext unterstellt wird, dessen Beschaffenheit nur sehr begrenzt realen Situationen entspricht.

Der systemische Typ der Managementtheorie geht hingegen explizit von der Annahme aus, dass wir nie, oder höchstens in Spezialfällen, genügend Informationen besitzen, um Entscheidungen wirklich *rechtfertigen* zu können. Daraus folgt, dass es eine falsche Vorstellung ist, sie überhaupt rechtfertigen zu wollen.

Dies könnte nun so verstanden werden, als wolle man einem willkürlichen Dezisionismus das Wort reden. Die vom systemisch-evolutionären Ansatz vertretene Auffassung läuft jedoch auf eine *revisionistische* Haltung hinaus, das heisst, auf die Forderung, Entscheidungen, wo immer möglich so zu treffen, dass sie, oder zumindest grösstmögliche Teile ihrer Folgen, revidierbar sind. Mit Ausnahme von sehr untypischen Fällen können wir nie davon ausgehen, dass selbst eine Entscheidung, die heute richtig sein mag, dies auch morgen noch sein wird. Die beste Entscheidung wird von den Umständen überholt und obsolet gemacht.

Insbesondere haben wir nie ausreichend Informationen zur Verfügung, um Prognosen machen zu können. Es ist bemerkenswert, wie stark in der Literatur diskutierte Managementsysteme, -instrumente und -methoden nach wie vor auf Prognostizierbarkeit der relevanten Variablen abstellen. Auch in der Praxis der Unternehmungsführung sind die meisten Planungssysteme immer noch so aufgebaut, dass für wichtige Grössen, wie etwa Absatzmengen und Absatzpreise, Prognosen gemacht werden müssen, um überhaupt „planen" zu können.

Obwohl die Umbrüche der vergangenen Jahre in diesem Bereich die stärksten Zweifel geweckt haben und in manchen Unternehmungen zu gewissen Änderungen gegenüber früheren Versionen der Planungssysteme führten, in vereinzelten Fällen auch den vollständigen Verzicht auf Planung bewirkt haben mögen, wird in der Theorie konstruktivistischen Typs nach wie vor versucht, Prognosemethoden zu entwickeln und zu verfeinern.

Der systemische Theorietyp geht konsequent von der Annahme aus, dass Prognosen der üblichen Art nicht möglich sind. Wir können weder das Bruttosozialprodukt, noch die Branchenproduktion, noch die Inflationsrate, noch die Wechselkurse usw. mit einer für die Unternehmungsführung ausreichenden Präzision prognostizieren; auch das Verhalten des Konsumenten, ob wir rationales oder irrationales Verhalten unterstellen, ist eher ein Spiel mit Überraschungen.[33]

---

33 Drucker (Changing World) 81 ff.

Der systemische Ansatz geht daher davon aus, dass Planung im Grunde nicht eine gedankliche Antizipation zukünftiger Zustände ist, sondern entweder darauf ausgerichtet ist, in der Gegenwart Entscheidungen zu treffen mit grösstmöglicher Berücksichtigung ihrer zukunftsdeterminierenden, gewissermassen präjudizierenden Wirkungen, oder zukunftsdeterminierende Wirkungen von Vergangenheitsentscheidungen herauszufinden oder, und hier wird das Hauptgewicht liegen müssen, die laufende Anpassung der Unternehmung an die sich ständig ändernden Umstände vorzunehmen.

In jedem Fall impliziert der systemische Ansatz aber grösstes Misstrauen gegenüber der Richtigkeit von Planungen und Entscheidungen und richtet die Aufmerksamkeit dementsprechend auf Vorsorgemassnahmen, unter anderem mit Bezug auf die im vorherigen Punkt besprochene Steuerungsfähigkeit der Unternehmung.

Es gibt eine Reihe von Beispielen, die recht gut illustrieren, welches die zu kultivierende Haltung sein sollte. Besonders anschaulich sind vielleicht hochalpine Bergtouren, die trotz aller Fortschritte in der Technik nach wie vor ihre Risiken haben. Man ist von der Wetterlage in hohem Masse abhängig. Zuverlässige Wetterprognosen wären daher sehr wünschbar. Es gibt Grosswetterlagen, die solche Prognosen erlauben, etwa grossräumige und stabile Hochdrucklagen. Dennoch ist jedem erfahrenen Alpinisten bekannt, wie schnell das Wetter in den Bergen umschlagen kann und wie oft die speziellen, lokalen Kleinklima- und Wetterbedingungen von der Grosswetterlage abweichen können. Ausserdem sind hochalpine Bergtouren mit zahlreichen weiteren Risiken behaftet. Stein- und Eisschlag, Verletzungsgefahr, bis hin zu den subjektiven Gefahren, die in den körperlichen und psychischen Fähigkeiten des Einzelnen begründet liegen, können selbst den Verlauf einer hervorragend geplanten und sorgfältig vorbereiteten Bergfahrt zu einer Katastrophe werden lassen. Der erfahrene Bergsteiger weiss, ähnlich wie der erfahrene Unternehmer oder Manager, dass es in der Natur des Vorhabens liegt, dass man es nie vollständig unter Kontrolle haben kann. Selbst auf die Gefahr hin, dass er (wie er aber erst im nachhinein wissen kann) wesentlich zu viel Ausrüstung mitschleppt, wird daher der Alpinist auf Ausrüstungsgegenstände, die sich im Ernstfall als lebenswichtig herausstellen können, nicht verzichten.

Und er wird bei der Routenwahl sorgfältig auf jene Stellen achten, an denen ein ihm allenfalls aufgezwungener Rückzug noch möglich ist, und er wird während des Aufstiegs an gerade diesen Stellen jeweils nochmals sorgfältig alle Voraussetzungen überprüfen, die dem Erfolg seines Vorhabens als Prämissen zugrunde liegen, um bei deren Veränderung möglicherweise lieber den Rückzug anzutreten, als in falsch verstandenem Heldenmut weiterzumachen. Die Devise lautet: „überleben" und nicht: „um jeden Preis gewinnen".

Dem deutschen General Rommel wird eine treffende Charakterisierung des Unterschiedes zwischen einem „grossen Feldherrn" und einem „Hasardeur" zugeschrieben, die in diesem Zusammenhang relevant ist. Er soll gemeint haben, dass beide alles daran setzen, zu siegen, dass aber der „grosse Feldherr" bereits während er die Offensive vorbereitet, schon einen allenfalls notwendig werdenden Rückzug in seine Planung einbezieht. Falls die Offensive, aus welchen Gründen auch immer, nicht so läuft wie geplant, hinterlässt der Hasardeur ein Desaster, während der grosse Feldherr einen geordneten Rückzug antreten und damit eine nächste Chance nützen kann.

Beobachtungen in der Praxis legen die Vermutung nahe, dass nur ein sehr kleiner Teil der Manager diesen Unterschied zwischen Feldherr und Hasardeur wirklich begriffen hat.

Das Alpinismus-Beispiel kann aber noch weiter geführt werden. Bei vielen schwierigen Touren gibt es Punkte, bei deren Passieren ein Rückzug im Falle einer Verletzung oder eines Wetterumschlages nicht mehr möglich wäre. Dies entspricht zweifellos der Situation der Unternehmungsführung, die trotz aller Vorsicht und Umsicht immer wieder vor dem Problem stehen wird, letztlich doch gewisse irreversible Entscheidungen treffen zu müssen, die mit hohen Risiken verbunden sind, möglicherweise das Risiko des Unterganges der Unternehmung in sich bergen.

Die Kunst besteht in beiden Fällen darin, derartige Situationen nach Möglichkeit zu vermeiden; falls sie einem jedoch nicht erspart bleiben, nur mit bestmöglicher Vorbereitung und bei vollem Bewusstsein aller Risiken ein solches Vorhaben zu wagen. Es gibt für diese Situationen keine „Methoden" im üblichen Sinne; man muss sie als Schicksal akzeptieren. Parallelen zur Politik und zur Kriegsführung liegen auf der Hand, und die Geschichte ist voll von Anschauungsmaterialien, aus denen sehr viel gelernt werden kann.

In der Managementliteratur wird man allerdings fast vergebens nach einer gründlichen Auseinandersetzung mit diesen Fragen suchen. Der grösste Teil der Energie wird in die Verfeinerung von Methoden investiert, die eigentlich am Kern des Problems vorbei gehen.

0.47 Management mit dem Ziel der Maximierung der Lebensfähigkeit (S) statt der Maximierung des Gewinnes (K)

Dem konstruktivistischen Typ der Managementtheorie ist nach wie vor das Gewinnmaximierungsdenken immanent. Zwar hat dieses Prinzip vielfältige Modifikationen im Detail erlebt, am Grundsätzlichen hat sich aber nichts geändert. Es geht hier nicht um eine Diskussion der Details, sondern der Frage, welche Orientierungsgrössen es erlauben, die Gefahr von *systematischen* Fehlentscheidungen zu minimieren.

Auch hier waren es die langen Jahre wirtschaftlicher Prosperität nach dem Zweiten Weltkrieg, mit völlig ungesättigter Nachfrage auf allen Gebieten, mit kommerzialisierbarem technologischem Fortschritt im Gefolge der Rüstungsforschung und Kriegswirtschaft, mit stabilen wirtschaftspolitischen Rahmenbedingungen und mit sozialem Basiskonsens über die grundlegenden Wertvorstellungen, die wegen ihrer langen Dauer von einer Generation zu der Illusion führten, dass Dinge, die sich wegen der zufällig günstigen Konstellation bewährten, generell richtig sein müssten.

Schon die wenigen Jahre der wirtschaftlichen Turbulenzen, die es bisher zu überstehen galt, haben aber sehr deutlich gezeigt, wie irreführend die Orientierung am Gewinn sein kann, und wie wenig selbst ein gewinnmaximierendes Verhalten die Existenz einer Unternehmung gewährleisten kann. Selbst grosse Reserven reichen in der Regel nicht mehr aus, eine Unternehmung, die den Anschluss an die technologische Entwicklung verloren hat, noch zu retten.

Drucker hat während nunmehr bald Jahrzehnten unermüdlich die Auffassung vertreten, dass es so etwas wie Gewinn überhaupt nicht gibt, sondern nur Kosten: Kosten des *laufenden Geschäfts* und Kosten, um *im Geschäft zu bleiben*. Er hat daher logisch konsequent auch betont, dass „the proper question for any management is not ‚What is the *maximum* profit this business can yield?' It's ‚What is the *minimum* profitability needed to cover the future risks of this business? ' . . ."[34]

In den relativ wenigen Jahren, seit man sich nun ernsthaft in Theorie und Praxis mit dem Problem der strategischen (nicht nur der langfristigen) Planung beschäftigt, sind die Argumente wesentlich geklärt worden, und sie zeigen deutlich die gefährliche Blindheit, zu der die Orientierung am Gewinnmaximierungsprinzip führt.

Gewinn entsteht ohne Zweifel nicht voraussetzungslos. Es muss eine ganze Reihe von Bedingungen erfüllt sein, damit überhaupt ein Gewinn entstehen kann: Es müssen vermarktungsfähige Produkte vorliegen, ein nutzbares Vertriebssystem, kaufwillige und kauffähige Käufer usw. Kurz, es müssen gegenwärtige, das heisst hier und heute nutzbare *Erfolgspotentiale*[35] gegeben sein.

Gewinn im betriebswirtschaftlichen Sinne ist eine Folge der Nutzung von gegenwärtigen Erfolgspotentialen. Zweifellos kann diese Nutzung besser oder weniger gut sein, und in diesem Sinne ist es möglich, von einer Maximierung von Gewinnen zu sprechen. Aber je eher dieses Ziel im Zentrum manageriellen Handelns steht, um so grösser ist die Gefahr, dass die Voraussetzungen, auf denen die Erzielung des Gewinnes beruht, aus den Augen verloren und vernachlässigt werden.

Dies ist weniger ein betriebswirtschaftliches Problem, als vielmehr ein psychologisches, genauer, ein wahrnehmungspsychologisches. Dieses Problem

---

34 Drucker (Changing World) 52.
35 Die Terminologie ist auf dem Gebiet der strategischen Planung nicht einheitlich. Ich verwende hier diejenige von Gälweiler (Unternehmenssicherung), (Marketingplanung), dessen Konzept mir sowohl für theoretische wie für praktische Zwecke ausserordentlich klar und nützlich erscheint.

wird noch gravierender durch die Tatsache, dass wir erst langsam gewissermassen eine „Buchhaltung" für die Erfassung von Erfolgspotentialen zu entwickeln beginnen, während das klassische Rechnungswesen kaum Spuren von Erfolgspotentialen auszuweisen vermag. Erfolgspotentiale entziehen sich also im buchstäblichen Sinne der Wahrnehmung. Dies ist nicht nur bei den gegenwärtigen Erfolgspotentialen der Fall, die ja schon harte wirtschaftliche Realität sein müssen und dennoch nicht erfasst werden; es ist um so mehr der Fall bei den für jedes Unternehmen erforderlichen *zukünftigen* Erfolgspotentialen, also all jenen Voraussetzungen, die zu schaffen sind, um nicht nur heute, sondern auch „morgen" Gewinne machen zu können.

Je besser die Gewinne der Gegenwart sind, um so eher kommt ein weiterer psychologischer Effekt hinzu, jener des unmittelbaren Erfolgserlebnisses, des Gefühls, alles richtig gemacht und alles unter Kontrolle zu haben. Es ist die trügerische Scheinsicherheit des konstruktivistischen Paradigmas, das seine stärkste Wirkung dort entfaltet, wo man mit Zahlen und Fakten arbeiten kann.

Es wäre angebracht, an dieser Stelle einen Exkurs zum Problem der Quantifizierung als Pseudo-Kriterium von Wissenschaftlichkeit und des Operationalismus zu unternehmen. Dies muss hier unterbleiben. Ein weiterer Exkurs wäre notwendig zum Thema der sozialen Belohnung oder Bestrafung, die unter Verwendung des Gewinnkriteriums, sei es als „Earnings per Share" oder als „Cashflow pro Mitarbeiter", primär durch die diesbezügliche Berichterstattung der Wirtschaftspresse, das ihre dazu beitragen, die Führungskräfte durch die Verwendung falscher Orientierungsgrössen in die Irre zu führen.

Der systemisch-evolutionäre Ansatz geht von der Idee der Lebensfähigkeit der Unternehmung aus. Dabei muss zugegeben werden, dass mit Bezug auf diese Vorstellung gerade erst ein Anfang gemacht wurde und noch sehr viel Arbeit zu leisten sein wird. Ein erster Anfang ist aber jedenfalls auf der Basis gewisser, längst nicht aller, Ansätze der strategischen Planung bzw. des strategischen Managements möglich. Liquidität, Gewinn, gegenwärtige und zukünftige Erfolgspotentiale müssen simultan ins Gleichgewicht gebracht werden. Ihre Beeinflussbarkeit und Steuerbarkeit bewegen sich in je unterschiedlichen Zeithorizonten und folgen verschiedenen Zeitrhythmen. Liquidität kann vorgesteuert werden mit Hilfe von Informationen über den Gewinn, diese mit Hilfe von Informationen über gegenwärtige Erfolgspotentiale und diese wiederum mit Hilfe von Informationen über zukünftige Erfolgspotentiale. Die Beurteilung dieser Grössen und ihre Steuerung erfolgt anhand unterschiedlicher Orientierungsgrössen, von Einnahmen und Ausgaben im Falle der Liquidität angefangen, bis zu den möglichen Verläufen technologischer Substitution in der Zeit im Falle der zukünftigen Erfolgspotentiale [36].

---

36 Vgl. im einzelnen Gälweiler (Marketingplanung).

Dies ist jedoch zunächst nur ein erster Schritt, um das Problem der Lebensfähigkeit einer Unternehmung in den Griff zu bekommen. Die Realisation von Strategien setzt bestimmte Strukturen voraus, und bestimmte Strukturen implizieren bestimmte Strategien, oder vielleicht besser, verunmöglichen bestimmte Strategien.

Wie unter Punkt 4.4 bereits diskutiert wurde, sind die Strukturen abhängig von den Interaktionsweisen der relevanten Subsysteme und Elemente. Dort, und in Punkt 4.5 schliesslich, habe ich darauf hingewiesen, dass es weniger um konkrete Zustände auf der Objektebene gehen kann, als vielmehr darum, gewisse Potentiale, Fähigkeiten und Eigenschaften, die eher der Metaebene zuzurechnen sind, in den Mittelpunkt von Managementtheorie und Managementpraxis zu stellen. War es dort die Optimierung der Steuerungsfähigkeit und Flexibilität, so kommen wir hier noch einmal zu einer weiteren Metavariablen, eben der Lebensfähigkeit. Sie scheint den bisher genannten Variablen in dem Sinne logisch übergeordnet zu sein, als sie noch eine Metaebene höher liegt, eine Metavariable zweiter Ordnung ist.

Es muss betont werden, dass mit der Idee der Lebensfähigkeit eines Systems irgendwelche Formen von Biologismus weder beabsichtigt noch verbunden sind. Lebensfähigkeit ist eine Struktureigenschaft von Systemen und hängt zusammen mit der Fähigkeit, die eigene Existenz zeitlich indefiniert aufrecht zu erhalten. Damit hängt das Problem der Lebensfähigkeit sehr eng zusammen mit dem Problem der Identität und ihrer Bewahrung. Auf Unternehmungen bezogen können wir in stark vereinfachter Form in diesem Zusammenhang von der Fähigkeit sprechen, auf unbestimmte Zeit im Geschäft zu bleiben. Damit ist notwendigerweise die Fähigkeit verknüpft, die operative Geschäftstätigkeit zu verändern, wenn dies aufgrund sich verändernder Umstände erforderlich ist. So haben beispielsweise jene Unternehmungen der Uhrenbranche ihre Lebensfähigkeit vorläufig unter Beweis gestellt, denen es gelungen ist, sich von Uhrenherstellern zur Elektronik-Unternehmung zu wandeln.

Das Kriterium der Lebensfähigkeit ist nicht auf Unternehmungen beschränkt, sondern ist auf jedes System anwendbar, nicht etwa im Sinne eines Formalkriteriums, sondern im Sinne eines empirischen Problems. Manche Systeme können dieses Problem lösen, andere nicht. Und so ähnlich, wie in Abschnitt 4.5 empfohlen wurde, Entscheidungen, Massnahmen usw., im Lichte der Steuerungsfähigkeit einer Unternehmung zu beurteilen, kann man jetzt einen Schritt weitergehen und nach den Auswirkungen auf die Lebensfähigkeit fragen. Die Erhaltung der Lebensfähigkeit ist der jeweils vorläufige Beweis dafür, dass die für das System relevante Komplexität unter Kontrolle gebracht werden konnte.

Dies impliziert allerdings nichts für die Zukunft, bietet jedenfalls keine Gewähr dafür, dass die Lösung des Existenzproblems auch in Zukunft gesichert ist. Das ist auch der Grund dafür, dass strategisches Management in seiner heutigen Form noch nicht genügt. Analog zu den Ausführungen in Punkt 4.5, wo es nicht um den jeweils optimalen Anpassungs*zustand,* sondern um die allgemeinere Vorstellung der Anpassungs*fähigkeit* ging, also um die Fähigkeit, immer neue Anpassungszustände herbeizuführen, kann es im Lichte der Idee der Lebensfähigkeit nicht nur darum gehen, heute eine gute Strategie für morgen zu entwickeln, sondern um die Fähigkeit, *jede* Strategie zu ändern, sobald sie sich als überholt erweist, um die Fähigkeit also, ständig neue Strategien zu entwickeln, mit eben dem Zweck der Erhaltung der Lebensfähigkeit.

0.5 Chance des Umdenkens

Die Prämissen des konstruktivistischen Typs der Managementtheorie führen fast unvermeidlich zu der Vorstellung einer im Prinzip möglichen, weitgehenden Beherrschbarkeit von Systemen. Die Prämissen des systemisch-evolutionären Ansatzes zerstören diese Hoffnungen. Auf ihrer Grundlage ist nur eine Form der Beherrschung zu erwarten, die man als „Soft" oder „Fuzzy" Control bezeichnen könnte.

Damit ist der Anspruch dieses Theorietyps zunächst wesentlich bescheidener. Es wird akzeptiert, dass wir vieles, vielleicht sogar das meiste nicht unter Kontrolle haben und es auch nicht unter Kontrolle bringen können. Diese Theorie scheint dem gegenwärtigen Zustand der Welt besser zu entsprechen als der konstruktivistische Theorietyp, denn wir können ständig Symptome dafür beobachten, dass die Beherrschung des Geschehens wesentlich geringer ist, als man aufgrund der diesbezüglich stattfindenden Rituale annehmen möchte. Die Unregierbarkeit der Welt, die Ohnmacht von Politikern und Managern, die Unbeherrschbarkeit der Wirtschaft, die Ratlosigkeit der Ökonomen und das Wuchern ständig neuer Formen der Komplexität sprechen eine deutliche Sprache.

Es macht allerdings überhaupt keine Mühe, all diese Dinge nicht als Symptome einer ausser Kontrolle geratenen Welt, bestehend aus nicht beherrschbaren Systemen und ihren von niemandem antizipierbaren Interaktionsformen zu begreifen, sondern als vorläufig noch zu akzeptierende Schwächen und Mängel auf dem Weg zur immer besseren Kontrolle der Systeme.

Dies ist eben eine Funktion der Paradigmata und ihrer Sprache. Je nach Paradigma bietet sich die Welt anders dar bzw. haben wir eine andere Interpretation für die beobachteten Ereignisse.

Der systemisch-evolutionäre Ansatz führt aber in einem gewissen Sinne zu einem Paradoxon. Einerseits ist nur eine bescheidene Form von Soft-Control im Zusammenhang mit wirklich komplexen Systemen zu erwarten. Gibt uns aber nicht gerade das entscheidende Macht über das Geschehen? Können wir nicht gerade auf dieser Basis andere Erwartungen bilden, die eine wesentlich höhere Realisierungswahrscheinlichkeit besitzen, weil sie sich an den realen Gegebenheiten der Welt orientieren, in der wir leben? Und eliminieren wir nicht gerade damit die Gefahr, Theorien, die für einen gänzlich anderen Kontext geschaffen wurden, ausserhalb dieses Kontextes anzuwenden?

Eine systemische Managementtheorie birgt, wie mir scheint, genau diese Chancen als wesentliches Element. Der Ausgangspunkt für sinnvolles Handeln ist das Verstehen der Systemzusammenhänge und die darauf aufbauende Bildung von realistischen Erwartungen, die das Fundament jeglicher Orientierung darstellen. Aus dem tieferen Verständnis der Natur komplexer Systeme dürfen auch neue Lösungs*arten* für manche der sich stellenden Probleme erwartet werden.

Ob allerdings die vorherrschenden Weltbilder und Paradigmata eine Realisierung neuer Lösungen überhaupt erlauben, ist fraglich. Gerade eine systemische Analyse des Anwendungskontextes stimmt nicht unbedingt optimistisch. Wir alle sind Output unserer Systeme; wir sind Produkte dieser Systeme; und nach allem, was wir über komplexe Systeme wissen, muss unsere eigene Natur in hohem Masse der Natur dieser Systeme angepasst sein.

Vielleicht sind technomorphes Denken und technomorphe Systeme schon so sehr aneinander angepasst, dass alles als normal und in bester Ordnung empfunden wird. Dies wäre ja historisch nicht der erste Fall. Die von der menschlichen Vernunft in ihrer Begrenztheit und gleichzeitigen Anmassung konstruierten Scheinwelten können zu kollektiven, sich selbst perpetuierenden Realitäten führen, die nur noch durch einen allgemeinen Kollaps verändert werden können.

> The Natur of the Trap
> is a Function of
> the Nature of the Trapped ...
> (Geoffrey Vickers)

Wesentliche Teile des vorliegenden Buches wurden vor sechs Jahren in der Absicht geschrieben, dass es ein kleiner Schritt auf dem Weg zu einem besseren Systemverständnis sein möge und dass damit ein bescheidener Beitrag zu einer zugleich leistungsfähigeren, aber auch verantwortungsvolleren Managementlehre geleistet werde. Im Grunde ging es mir darum, eine, gewissermassen hinter den offiziellen Lehrmeinungen und einer konstruierten Wahrnehmung liegende, *andere* Wirklichkeit aufzudecken, die durch den Schutt einer, durch bestimmte Kommunikationsmechanismen konstruierten kollektiv für wahr gehaltenen Realitätsvorstellung verlegt waren: die Wirklichkeit der hochkomplexen Systeme, der Entstehung von Ordnungsmustern, der Gewinnung von Orientierung und Verständnis durch ins Unbekannte greifende Erkenntnis- und Problemlösungsprozesse, die Realitäten lebensfähiger Systeme und schliesslich die Realität metasystemischer Steuerung und das scheinbare Paradoxon, dass durch Verzicht auf das Bestimmen der Details um so grössere Gestaltungskräfte gewonnen werden können.

Im ersten Kapitel wird, wie schon erwähnt, das *Modell lebensfähiger Systeme* von Stafford Beer dargestellt. Aus dem Blickwinkel der Systematik des Buches hätte diese Darstellung wohl besser Kapitel 2 gebildet; die Gründe, warum es am Anfang steht, wurden bereits geschildert. Einige Bemerkungen zu diesem Kapitel sind jedoch notwendig: Redlichkeit und Fairness den damaligen Kollegen gegenüber, sowie drucktechnische Gründe verlangen, dass dieses Kapitel unverändert bleibt, obwohl ich es heute nicht mehr als besonders gelungen betrachten kann. Es entspricht dem Verständnis des Modells von Beer, das die Forschungsgruppe im Jahre 1974 hatte. Aus meiner heutigen Sicht ist es zu mechanistisch bzw. zu konstruktivistisch. Ich hatte inzwischen reichlich Gelegenheit, mit diesem Modell praktisch zu arbeiten, was mich von seiner Leistungsfähigkeit überzeugte und es mir daher bedauerlich erscheinen lässt, dass aus den genannten Gründen keine Änderungen möglich sind, sondern eine neuerem Verständnis entsprechende Darstellung einer anderen Publikation vorbehalten bleiben muss. Aufgrund meiner eigenen Erfahrungen, die ich mit dem Modell bei der Lösung von Unternehmungsproblemen sammeln konnte, vor allem aufgrund des erst 1979 erschienenen Buches von Beer „The Heart of Enterprise", das die bisher umfassendste, und wie ich meine, auch verständlichste, Darstellung des Modells enthält, bin ich der Auffassung, dass es sich hierbei um einen der bedeutendsten Beiträge für das Verständnis komplexer Systeme schlechthin und sowohl aus kybernetischer wie aus einer managementbezogenen Perspektive einen wichtigen Durchbruch darstellt. Dieses Modell ist ein Mittel zur Strukturierung komplexer Systeme und gleichzeitig ein Sprachsystem, das es erlaubt, fast alle Management-Probleme in einer, in sich logisch geschlossenen, aber völlig neuen Weise zu sehen.

Obwohl in dieser Einführung und in der weiteren Folge dieser Arbeit, wie auch von Beer selbst, immer wieder von „Modell" des lebensfähigen Systems gesprochen wird, so bin ich doch der Auffassung, dass es sich hier, insbesondere in der Fassung von „The Heart of Enterprise", um eine eigentliche *Theorie* im strengen Sinne dieses Wortes handelt. Ich meine sogar, dass hier überhaupt die erste Theorie des Managements vorliegt, die diese Bezeichnung verdient, denn was bisher an Literatur existiert, sind, so interessant und hilfreich dies im einzelnen auch sein mag, Ansätze, Versuche, Meinungen und Auffassungen, die zumeist ein hohes Mass an Beliebigkeit aufweisen. Ich muss allerdings gleich dazu bemerken, dass sich meine heutige Auffassung über Beers Arbeit erst nach Abschluss des Manuskriptes zu dieser Arbeit entwickelte, vor allem durch die Versuche, sein Denken praktisch anzuwenden. Dies ist mit ein Grund, weshalb ich glaube, dass die hier enthaltene Darstellung seines Modells der wirklichen Bedeutung seiner Arbeit nicht gänzlich gerecht zu werden vermag. Es erfordert allerdings einiges an Mühe, das Modell zu begreifen, denn Beer macht einem den Zugang zu seinem Denken nicht gerade leicht. Obwohl dieses Kapitel also für sich genommen aus heutiger Sicht nicht mehr voll zu befriedigen vermag, wird, wie mir scheint, dieser Mangel durch die beiden nachfolgenden Kapitel geheilt.

Im zweiten Kapitel geht es um das Problem der Komplexität und um zwei grundlegende Möglichkeiten, Komplexität unter Kontrolle zu bringen – *Ordnung* und *Problemlösung*. In diesem Kapitel werden zwei Arten von Ordnungstypen und zwei Arten von Problemlösungsprozessen diskutiert, die für das Verständnis des Modells lebensfähiger Systeme sowie eine, den wirklichen Absichten Beers angemessene Interpretation wichtig sind. Das Problem des Umgangs und der Beherrschung von Komplexität wird als das Kernproblem von Management überhaupt gesehen, und Ordnungs- bzw. Systemstrukturen einerseits, die daraus resultierende Problemlösungsfähigkeit des Systems andererseits, sind die beiden wichtigsten Hilfsmittel für seine Lösung.

Im dritten Kapitel schliesslich versuche ich darzulegen und zu begründen, dass ein erfolgversprechender Umgang mit Komplexität primär auf einer *metasystemischen* Ebene zu erfolgen hat. Dieser Begriff ist analog zu der Unterscheidung von Objekt- und Metasprache, die zunächst nur für die formale Logik und Grundlagenmathematik Relevanz zu haben schien. Wir wissen heute aber, dass es ohne die Unterscheidung von Objekt- und Metasystem nicht möglich ist, komplexe Systeme wirklich zu begreifen. Effektives Management ist im grossen und ganzen aus systemtheoretischer Sicht eine metasystemische Aktivität. Die Diskussion wird zeigen, dass es eine Reihe metasystemischer Prinzipien gibt, die von eminenter strategischer Bedeutung sind. Im Rahmen des dritten Kapitels wird schliesslich versucht, die einzelnen Teile dieser Arbeit zu einer Systemmethodik metasystemischen Charakters zu integrieren, die als Strategie des Umgangs mit komplexen Systemen verstanden werden kann.

1. Die kybernetischen Organisationsstrukturen von Managementsystemen*

1.1 Einleitung

Die zunehmende Komplexität seines Aufgabenbereiches stellt das Management von Unternehmungen und anderen soziotechnischen Systemen auf allen Ebenen vor Probleme, die es mit herkömmlichen Denkstrukturen und Methoden nicht mehr zu lösen in der Lage ist. Diese Komplexität erfordert den Entwurf neuer Vorgehensweisen der Gestaltung und Führung soziotechnischer Systeme, welche die *Organisation* der zu lenkenden Aktivitäten in den Mittelpunkt der Betrachtung stellen. Dies bedingt aber die Entwicklung eines Organisationsmodells, das als Raster für die Lokalisierung und Behandlung von Problemen sowohl des operativen wie auch des strategischen Managements dienen kann. Ein solches Organisationsmodell soll im folgenden in Form des *Modells des lebensfähigen Systems,* wie es von Stafford Beer in zwei Jahrzehnten kybernetischer Forschung entwickelt wurde, vorgestellt werden. Dabei ist zuerst die allgemeine Struktur lebensfähiger Systeme und ihre Invarianz aufzuzeigen und die Verteilung der erforderlichen Funktionen dieser Struktur zu behandeln. Anschliessend ist auf die Prinzipien des Modellaufbaus und der Modellverwendung einzugehen, wobei die Prinzipien der Rekursivität, der divisionalen Autonomie sowie der Lebensfähigkeit ausführlich beschrieben werden. Das Modell des lebensfähigen Systems wird sodann in seinen Details behandelt, wobei nicht nur die Systemfunktionen eins bis fünf analysiert, sondern auch deren Bausteine charakterisiert werden. Schliesslich ist das Gesamtmodell auf verschiedenen Rekursionsebenen praktisch darzustellen, um das Verständnis für die grundlegenden Zusammenhänge zu fördern. An den Anfang der folgenden Aus-

---

* Dieses Kapitel wurde in Zusammenarbeit mit Dr. Peter Gomez und Dr. Karl-Heinz Oeller verfasst, um eine gemeinsame Grundlage für die kybernetische Behandlung des Operations Managements (P. Gomez), des strategischen Managements (F. Malik) und betrieblicher Kennzahlensysteme (K. H. Oeller) zu schaffen. Dieses Kapitel findet sich deshalb in identischer Form auch in den Arbeiten von P. Gomez und K. H. Oeller; vergleiche Gomez (Operations Management) und Oeller (Kennzahlen). Die Abschnitte 11−14 wurden von mir, der Abschnitt 15 von P. Gomez und der Abschnitt 16 von K. H. Oeller verfasst.

führungen sollen jedoch einige kurze Bemerkungen zur Management-Kybernetik gestellt werden, um den Hintergrund der Verwendung dieses kybernetischen Organisationsmodells etwas zu beleuchten.

1.2 Management-Kybernetik

Für das Verständnis des im folgenden zu beschreibenden kybernetischen Organisationsmodelles ist es zweckmässig, sich ein allgemeines Bild über die Rolle zu machen, die die Kybernetik auf dem Gebiete des Managements spielt. Die grundlegende Bedeutung – das Potential gewissermassen – das kybernetische und systemtheoretische Ideen haben könnten, wurde relativ früh erkannt. Die Erwartungen, die mit diesen neuen Ideen verbunden waren, waren sehr hochgespannt und entbehrten häufig nicht einer gewissen phantastischen Komponente.

Gewisse Erfolge zeichnen sich indessen ab. Die Vieldimensionalität des Unternehmungsgeschehens ist allgemein anerkannt und hat die früheren, sehr einseitig ausgerichteten Perspektiven weitgehend ersetzt. Eine integrierende, synthetische Betrachtungsweise ist gleichberechtigt neben die früher vorherrschende analytische getreten; Rückkoppelungsvorstellungen finden vermehrt Verwendung; die Bedeutung von Kommunikationsprozessen ist unbestritten; die Unternehmung wird nicht mehr isoliert untersucht, sondern im Rahmen ihrer Beziehungen mit der Umwelt; es werden vermehrt methodische Fragen insbesondere im Zusammenhang mit der Lösung hochkomplexer Probleme diskutiert, und ganz allgemein haben Systemvorstellungen, wenn auch zögernd, zu einer gewissen Auflösung starrer Gliederungsprinzipien geführt. Ausser diesen allgemeinen Charakteristika einer sich langsam aber stetig durchsetzenden kybernetisch und systemtheoretisch orientierten Denkweise im Management, kann eine Reihe von kybernetisch fundierten Ansätzen für die Lösung von speziellen Problemen festgestellt werden. Abgesehen von den eigentlichen Automatisierungsbestrebungen reichen die Versuche von integrierten Produktionsplanungs- und -steuerungssystemen, Lagerbewirtschaftungssystemen und dergleichen, bis zu integrierten Gesamtplanungs- und Managementinformationssystemen. Alle derartigen Konzeptionen sind mehr oder weniger stark von kybernetischen Vorstellungen geprägt. Manche werden praktisch angewendet, manche sind noch in Entwicklung begriffen. Selbstverständlich gibt es auch eine grosse Zahl von Konzeptionen, die lediglich verbal oder dem Anschein nach mit Kybernetik und Systemtheorie etwas zu tun haben und kaum unter die Oberfläche der blossen Umterminologisierung in die Materie eindringen.

Dem eigentlichen *Kern* der Managementproblematik sind, mit Ausnahme der zu Beginn erwähnten kybernetisch orientierten *Denkweise*, die Ansätze zur Lösung spezieller Teilprobleme kaum näher gekommen. Dies liegt zum Teil daran, dass hier eben *Teil*probleme untersucht werden, während Management immer auch die Unternehmung als Ganzes zum Gegenstand hat. Dies liegt aber auch daran, dass Teilprobleme häufig unter vereinfachenden Bedingungen untersucht werden können. Es wird somit nicht selten gerade jene Eigenschaft von Problemen, die den Einsatz kybernetischer Vorstellungen überhaupt sinnvoll erscheinen lassen, nämlich ihre Komplexität, eliminiert. Gerade von der Kybernetik, die sich einerseits als Wissenschaft von der Systemlenkung versteht und andererseits explizit von der Berücksichtigung der tatsächlichen Komplexität realer Systeme ausgeht, muss erwartet werden können, dass sie neue Impulse für die Entwicklung von Managementtheorie und -praxis geben kann.

Die vielversprechendste Richtung zeichnet sich dabei zweifellos in den Arbeiten von *Stafford Beer* ab, der als der überragende Pionier der Managementkybernetik angesehen werden muss. Er beschäftigt sich vor allem damit, die eigentlichen Kernmechanismen des Managements zu untersuchen und in einer einheitlichen Theorie zusammenzufassen. Seine Ergebnisse kulminieren in einem Gesamtmodell der Struktur eines jeden Systems, das in der Lage ist, in einer dynamischen, d. h. sich ständig in unvorhersehbarer Weise ändernden Umwelt, zu bestehen. Probleme wie Anpassungsfähigkeit, Flexibilität, Lernfähigkeit, Evolution, Selbstregulierung und Selbstorganisation stehen im Zentrum des Interesses. Allgemein gesprochen ist das zentrale Problem der Kybernetik die Frage, wie Systeme jeglicher Art die Komplexität ihrer Umwelt bewältigen können, die vor allem aus den permanenten Änderungen sowie der Änderungsgeschwindigkeit resultiert. Die Antwort liegt in der *Struktur* oder *Organisation* der betrachteten Systeme. Organisation ist das entscheidende Mittel, um mit explosiv zunehmender Komplexität fertig zu werden.

Nicht jede Organisationsform hat indessen das notwendige Potential zur Komplexitätsbewältigung; es bedarf vielmehr höchst komplizierter Strukturen, um dieses Problem zu lösen. Bereits eine sehr oberflächliche kybernetische Analyse zeigt eindrücklich, dass die meisten sozialen Systeme über Organisationen verfügen, deren grundlegende Prinzipien in einer Zeit entwickelt wurden, die nur einen Bruchteil der heutigen Komplexität aufwies und die deshalb weitgehend anachronistisch erscheinen, wenn man sie aus der Perspektive der Komplexitätsbewältigung untersucht.

Die Notwendigkeit fundamentaler Änderungen der Organisationsformen sozialer Systeme wird vielerorts gesehen. Die Richtung, in die diese Änderungen gehen sollen, ist hingegen ziemlich unklar. Die Lösung, die Stafford Beer in zwei Jahrzehnten kybernetischer Forschung für dieses Problem entwickelt hat, ist das *Modell des lebensfähigen Systems,* das in den folgenden Abschnitten beschrieben wird. Das Modell umfasst vor allem Resultate bio- und neurokybernetischer Forschungen, die unter Verwendung des später noch zu besprechenden Invarianztheorems auf das Gebiet der Humanwissenschaften im allgemeinen und auf die Managementlehre im besonderen übertragen werden. Das hier erwähnte Invarianztheorem besagt im wesentlichen, dass alle komplexen

Systeme, ungeachtet ihrer substantiellen Manifestation, isomorphe Lenkungsstrukturen aufweisen. Die evolutionsgeschichtlich am höchsten entwickelte Lenkungsstruktur ist zweifellos das menschliche Zentralnervensystem einschliesslich des menschlichen Gehirnes. Obwohl die Funktionsweise und die Organisationsprinzipien des Zentralnervensystems noch keineswegs in allen Einzelheiten geklärt sind, weiss man doch aufgrund neurophysiologischer und neurokybernetischer Arbeiten genügend, um zu einem allgemeinen Struktur- und Funktionsmodell zu gelangen. Aufgrund der Invarianz der Lenkungsstruktur aller komplexen Systeme könnte man zur Illustration ein beliebiges komplexes System heranziehen, wie beispielsweise ein aus interagierenden Populationen bestehendes Ökosystem. Da aber über gewisse funktionale Zusammenhänge im menschlichen Zentralnervensystem ein gewisses Mass an Wissen allgemein bekannt und zugänglich, sowie auch allgemein verständlich ist, eignet sich das menschliche Zentralnervensystem am besten als Ausgangspunkt und zur Illustration der nachfolgenden Beschreibung des lebensfähigen Systems.

An dieser Stelle ist ein Wort zur Terminologie angebracht. Die Kybernetik weist eine Fülle von Ausdrücken auf, die aus der Erforschung organischer Problemstellungen auf andere Gebiete übertragen oder von diesen übernommen wurden, weil dadurch plötzlich die Möglichkeit geboten war, Phänomene zu diskutieren, die vorher allein schon aus sprachlichen Gründen unbeachtet geblieben waren. Es ist nicht möglich und auch nicht wünschenswert, auf die kybernetische Terminologie zu verzichten. In manchen Fällen kann zwar ein kybernetischer Ausdruck ohne weiteres durch einen Ausdruck aus der Managementlehre ersetzt werden; häufig ist das aber nicht möglich. Wenn also im folgenden das Vokabular zum Teil etwas biologistisch erscheint und etwa der Ausdruck „lebensfähiges System" auch dann verwendet wird, wenn es sich um ein soziotechnisches System handelt, so sollte dies kein Anlass zu der Vermutung sein, es handle sich hier um leichtfertig herangezogene Analogien oder um eine metaphorische Ausdrucksweise. Die Verwendung der kybernetischen Terminologie hat durchaus ihren Sinn, und es wird sich im Verlaufe der Beschreibung des Modelles zeigen, dass die Begriffe eine sehr präzise Bedeutung haben.

Das Modell des lebensfähigen Systems hat zusammen mit der dahinterstehenden Theorie sehr weitreichende Konsequenzen für die Gestaltung und Führung von Systemen jeder Art. Erhebliche Teile der konventionellen Organisations- und Führungslehre verlieren im Lichte dieser Theorie stark an Bedeutung; vieles erweist sich als falsch. Kaum eine der wesentlichen Auffassungen der herkömmlichen Theorie wird unbeeinflusst bleiben. Freilich darf das Modell des lebensfähigen Systems nicht als einfaches Rezept für die Lösung sämtlicher Probleme der Organisations- und Managementlehre aufgefasst werden; das Modell bedarf vielmehr sorgfältiger Überlegungen, sowohl in seiner Erarbeitung wie in seiner Anwendung. Es wird sich unter diesen Bedingungen aber als ein ausserordentlich machtvolles Instrument erweisen.

Vor allem ist davon auszugehen, dass in der Praxis gewisse Problemlösungen für organisatorische Probleme entwickelt wurden, die, wenn sie im Rahmen des Gesamtmodelles gesehen werden, durchaus sinnvoll und im besten Sinne des Wortes kybernetisch sind. Allein schon die Tatsache, dass eine Unternehmung oder irgendein anderes soziales System über längere Zeiträume hinweg existieren und funktionieren kann, ist ein Indiz dafür, dass innerhalb dieses Systemes Mechanismen entwickelt worden sind, die eben für die Lebensfähigkeit des Gesamtsystems einen wertvollen Beitrag leisten. Dies bedeutet allerdings nicht notwendigerweise, dass die Mitglieder eines sozialen Systems sich im Einzelfall darüber klar sind, welche kybernetische Bedeutung die jeweiligen Mechanismen in Form von Verhaltensgrundsätzen, Organisationsregeln usw. haben. Dies bedeutet weiter, dass sowohl die Beschreibung des Modelles des lebensfähigen Systems wie auch seine Anwendung für konkrete Analyse- und Gestaltungsprobleme *nicht* davon ausgehen, dass ein soziales System ein strukturelles Vakuum, gewissermassen eine Tabula rasa, darstellt. Eine konkrete, zu untersuchende Unternehmung existiert, sie arbeitet in einer für sie relevanten Umwelt mit mehr oder weniger grossem Erfolg, und allein dadurch ist, wie schon erwähnt, ein Hinweis darauf gegeben, dass gewisse Mechanismen die Lebensfähigkeit des Systems sichern. Es wäre sinnlos, alles bisher Entwickelte, gewissermassen die gesamte Geschichte und Tradition, die Erfahrungen und das Wissen und Können der Mitarbeiter zu negieren und von einer völligen Neukonstruktion des Systems auszugehen. Der Wert des zu beschreibenden Modelles liegt vielmehr darin, dass anhand einer konkreten Analyse festgestellt werden kann, welche der praktizierten Verhaltensweisen und Regelungen im Hinblick auf das Modell des lebensfähigen Systems sinnvoll sind und daher beibehalten werden können, und welche zusätzlichen Mechanismen entwickelt werden müssen, um gewisse, vielleicht nur in Ansätzen vorhandenen Funktionen voll auszubauen und möglicherweise gänzlich fehlende Mechanismen neu einzuführen. Dies bedeutet, dass, obwohl sich ein grosser Teil der herkömmlichen Organisationstheorie im Lichte des Modelles des lebensfähigen Systems als obsolet erweist, dennoch ein anderer Teil sowohl theoretischen, vor allem aber praktischen Organisations- und Führungswissens weiter verwendet werden kann, dass es in einen, in sich geschlossenen und konsistenten Bezugsrahmen eingeordnet werden kann und dass gleichzeitig die jeweiligen relativen Stärken und Schwächen konkreter praktischer Erkenntnisse evaluiert werden können.

1.3 Die Struktur lebensfähiger Systeme

Eines der wichtigsten Ergebnisse der Kybernetik, vielleicht das wichtigste überhaupt, besteht in der Erkenntnis, dass alle lebensfähigen Systeme eine invariante Struktur aufweisen, oder mit anderen Worten, dass jene und nur jene Systeme lebensfähig sind, die diese Struktur besitzen. Der Ausdruck „Lebensfähigkeit" wird hier selbstverständlich in einem erweiterten Sinne verwendet. Es ist nicht nur eine biologisch-organische Lebensfähigkeit im Alltagssinne gemeint. Unter „Lebensfähigkeit" ist vielmehr zu verstehen, dass Systeme, die die entsprechende Struktur aufweisen, sich an wandelnde Umstände in ihrer Umgebung anpassen, dass sie Erfahrungen aufnehmen und verwerten — also lernen, dass sie ihre Identität bewahren und sich entwickeln können.

Häufig wird die Meinung vertreten, dass es unzulässig sei, im Zusammenhang mit sozialen, kulturellen und soziotechnischen Systemen von „Lebensfähigkeit" zu sprechen. Diese Meinung beruht auf der Annahme, dass die Lebensfähigkeit eines Systems ein Resultat bestimmter Eigenschaften seiner Komponenten sei. Kybernetische Forschungen haben aber gezeigt, dass dies nicht zutrifft, sondern dass die Struktur, also der spezifische Zusammenhang der Komponenten und nicht diese selbst, der entscheidende Faktor ist.

„The fundamental discovery of cybernetics is that the structures of large complicated systems are what cause them to behave as they do. To take an important example, if we can find a structure which of its nature learns, as we can, then any system informed by this structure will proceed to learn ... Structure within the system is exactly what makes it the system that it is."[1]

Die kybernetisch relevanten Eigenschaften und Funktionen von Systemen sind nie irgendwo im System lokalisiert, sondern sie sind das Ergebnis einer bestimmten Organisation des Systems. Daher können sie auch nur dem System als Ganzes zugeschrieben werden, allerdings nicht als *konstitutive* Eigenschaften einer Systemganzheit, sondern als Eigenschaften der spezifischen Verknüpfung von Komponenten. Daraus folgt, dass dieselbe Organisationsstruktur in verschiedenartigen Systemen mit verschiedenartigen Komponenten realisiert sein kann,[2] und dass mit Bezug auf die Gleichartigkeit der Organisationsstruktur diese, unter anderen Gesichtspunkten als verschieden erscheinenden Systeme, in ein und dieselbe Klasse zusammengefasst werden können.

---

1 Beer (System Approach) 30.
2 Vgl. Varela, Maturana, Uribe (Autopoiesis) 188.

1.31 Das Modell des lebensfähigen Systems

Im folgenden wird die Grundstruktur des (d. h. eines jeden) lebensfähigen Systems beschrieben. Diese Darstellung konzentriert sich allerdings auf die wesentlichsten Aspekte. Im Detail werden die einzelnen Elemente in späteren Abschnitten behandelt. Es geht in diesem Abschnitt lediglich darum, eine allgemeine Vorstellung über die Natur des Modelles und seine Verwendung zu schaffen und einige Begriffe einzuführen, die im Verlaufe der weiteren Behandlung benötigt werden.

Das Paradigma eines kybernetischen Systems ist der lebende Organismus, der sich in ständiger Interaktion mit seiner Umwelt entwickelt, lernt und zu einem Fliessgleichgewicht mit seiner Umwelt kommt. Das kybernetische Paradigma der *Lenkung* eines lebenden Organismus ist, populär ausgedrückt, alles was diesen innerviert, im Prinzip also das Zentralnervensystem einschliesslich des Gehirns, in seinen jeweiligen Ausprägungen auf den unterschiedlichen Evolutionsstufen. Die formale Struktur ist die des Homöostaten und der grundlegende Mechanismus jener der Homöostase. Der Mechanismus der Homöostase ist in der Lage, eine oder mehrere einfache oder komplexe Variablen innerhalb bestimmter Verhaltensgrenzen zu halten.[3] Die Homöostase ist die wichtigste Form eines Lenkungsmechanismus oder Controllers.[4]

Das Management-Äquivalent zum kybernetischen Paradigma des lebenden Systems oder Organismus ist am ehesten die kleine Unternehmung, die vom Einzelunternehmer integral geführt wird. Dieser Prototyp, der Pionier-Unternehmer, hat über jeden beliebigen Aspekt seiner Firma die notwendigen Informationen; er weiss, was im Betrieb vor sich geht; er kennt seine Kunden; die Stärken und Schwächen seiner Produkte; er übt alle Funktionen mehr oder weniger selbst aus und ist im wahrsten Sinne des Wortes der Spiritus Rector der Unternehmung. Probleme der Zentralisation oder Dezentralisation, der Delegation von Aufgaben, Verantwortung und Kompetenzen, komplizierte Formular- und Dokumentationssysteme, zeitraubende Konferenzen usw. stellen sich in diesem Zusammenhang überhaupt nicht. Es gibt keine Suboptimierung von Teilfunktionen, und es gibt kaum die Problematik von konkurrierenden institutionalisierten Prioritäten. Die Lenkung der Unternehmung, die Gesamtführung, ist integral, unteilbar, und diese Aufgabe kann mit grosser Effizienz gelöst werden, weil die Verhältnisse noch so dimensioniert sind, dass ein einzel-

---

3 Zur Wirkungsweise des kybernetischen Mechanismus der Homöostase vgl. Ashby (Brain) 80 ff.; Beer (Decision) 277 ff., Beer (Brain) 184 ff., Beer (Platform) 426 ff., Gomez, Malik, Oeller (Systemmethodik) 558 ff.
4 Zum kybernetischen Begriff der Lenkung (Control) und des Lenkungsmechanismus (Controller) vgl. Gomez, Malik, Oeller (Systemmethodik) 113 ff. und die dort zitierten Quellen.

ner oder vielleicht ein kleines Team praktisch alle Probleme gleichzeitig im Auge behalten kann. Mit zunehmender Grösse einer Unternehmung und mit wachsender Komplexität ihrer inneren und äusseren Situation ist jedoch die ungeteilte Führung durch eine einzelne Person oder ein eng zusammenwirkendes Team nicht mehr möglich. Es entsteht das Problem der Delegation, damit das Problem der Aufteilung von Funktionen auf mehrere Personen, das Problem der Arbeits- und damit auch der Wissensteilung und unmittelbar damit verbunden das Problem der Re-Integration der aufgeteilten Arbeiten und Funktionen.

Der Übergang von einer integral geführten Unternehmung zu einer arbeitsteilig geführten Unternehmung[5] ist gleichbedeutend mit dem Überschreiten einer Komplexitätsbarriere.[6] Das Überschreiten eines Schwellenwertes auf der Komplexitätsskala bringt eine völlige Änderung der meisten Aufgaben mit sich, soweit diese mit der Führung der Unternehmung zusammenhängen. Jenseits der Komplexitätsbarriere gelten zwar, kybernetisch betrachtet, genau dieselben Gesetzmässigkeiten der Führung, Lenkung und Gestaltung von Systemen, wie unterhalb des kritischen Schwellenwertes, jedoch bezieht sich dies auf die Gesamtstruktur der Unternehmung, auf die Führung als solche und nicht auf die Art und Weise der Ausführung konkreter Aufgaben durch die einzelnen Mitglieder einer Organisation. Unterhalb des kritischen Komplexitätswertes ist das Modell des lebensfähigen Systems zwar nicht wertlos, jedoch besteht keine unmittelbare Notwendigkeit für die explizite Anwendung kybernetischer Vorstellungen. Die Gesetzmässigkeiten werden wegen der überschaubaren Dimensionen der Sachverhalte durch die Beteiligten meistens implizit oder intuitiv beachtet und befolgt. Erst jenseits des kritischen Komplexitätswertes wird Führung und Organisation zu einem entscheidenden Problem; erst dann erfordert Management mehr als Intuition, Erfahrung und Fingerspitzengefühl. Jenseits der Komplexitätsbarriere wird Management zu einer expliziten Anwen-

---

5 Selbstverständlich kann es auch in einer integral geführten Unternehmung bereits Arbeitsteilung auf der Ausführungsebene geben; hier ist gemeint, dass die *Führung selbst* nach Erreichen gewisser Komplexitätsstufen nur noch arbeitsteilig erfolgen kann.

6 Das Erreichen oder Überschreiten einer kritischen Komplexität kann meistens nicht *exakt* festgestellt werden. Ein blosses Ansteigen bestimmter Indikatoren, z. B. Beschäftigtenzahl, Umsatz und dergleichen allein ist noch nicht gleichbedeutend mit der Zunahme der Komplexität einer Unternehmung. Peter Drucker hat diese Problematik oft diskutiert (vgl. etwa (Praxis) 278 ff. und (Management) 664 ff.); eine nach den üblichen Indikatoren „kleine" Unternehmung kann strukturell und führungsmässig sehr komplex sein, während „grosse" Unternehmungen oft überraschend einfach zu führen sind. Generell gesprochen hängt die Komplexität von der *Interaktion* der verschiedenen Unternehmungsaspekte und -variablen und von der *Geschwindigkeit* und *Vorhersehbarkeit* von Änderungen ab.

dung kybernetischer Gesetzmässigkeiten und dann gilt, dass Management derjenige Beruf ist, dessen Wissenschaft die Kybernetik ist.[7]

Das hervorstechendste Merkmal von sozialen Systemen, die sich jenseits des kritischen Komplexitätswertes befinden, ist nichts anderes als eben ihre, jede Kapazität des menschlichen Gehirnes übersteigende Komplexität, die sich quantitativ nur durch explosiv wachsende Funktionen der das System charakterisierenden Variablen beschreiben lässt. Komplexität bedeutet im Management-Kontext nichts anderes, als dass die formalen Führungsorgane einer Unternehmung niemals über ausreichende Informationen, niemals über genügend Wissen und niemals über genügend Kenntnisse und Fertigkeiten verfügen können, um eine Unternehmung, die sich jenseits der Komplexitätsbarriere befindet, *im Detail* zu steuern und zu gestalten. Der grösste Teil der sich zum Gesamtverhalten der Unternehmung kumulierenden Entscheidungen kann nicht von den eigentlichen formalen Führungsorganen als solchen getroffen werden, weil die für eine sinnvolle Entscheidung notwendigen Informationen nicht verfügbar sein können. Dies ist nicht zuletzt darauf zurückzuführen, dass die Sachverhalte, über die den Führungsorganen Informationen zugeleitet werden müssen, sich längst verändert haben, wenn die Informationen an den richtigen Stellen angelangt sind.

Die formalen Führungsorgane können zwar durch gewisse Arten von Entscheidungen und durch das Setzen von Regeln, die die Unternehmung als Ganzes betreffen und die einen Bezugsrahmen für die vielfältigen und zahlreichen Detailentscheidungen bilden, der Unternehmung eine *generelle Verhaltensrichtung* geben. Aus der Sicht der formalen Führungsorgane ist trotzdem die Unternehmung zu einem sehr grossen Teil selbstregulierend und sogar selbstorganisierend.

Nun bedeutet aber Organisation und Steuerung eines Systems, das sich zu einem sehr grossen Teil selbst regelt und selbst organisiert, d. h. also intrinsisch gelenkt ist, etwas völlig anderes, als Gestaltung und Lenkung eines Systems, das zum grössten Teil auf explizite oder extrinsische Steuerung und Gestaltung angewiesen ist[8], also sich unterhalb der erwähnten Komplexitätsbarriere befindet.

Die folgenden Ausführungen zum Modell des lebensfähigen Systems sollen nun einerseits die grundlegende Lenkungsstruktur eines jeden derartigen Systems herausarbeiten, die in den meisten sozialen Systemen durch die unkontrolliert wuchernde Komplexität verschleiert wird, und es soll ferner aufgezeigt werden, wie die Organisation und Lenkung eines sich grundsätzlich selbst organisierenden und selbst regulierenden Systems vor sich gehen muss. Da es sich

---

7 Vgl. Beer (Decision) 239.
8 Zu den Begriffen „intrinsische" und „extrinsische" Lenkung vgl. Gomez, Malik, Oeller (Systemmethodik) 123 ff.

dabei um die selbstorganisierenden und selbstregulierenden Eigenschaften des Systems übersteigende Gestaltung und Lenkung handelt, kann man auch von „Metaorganisation" oder „Metalenkung" im logischen Sinne dieser Worte sprechen.

Die Gesamtstruktur des lebensfähigen Systems [9]

Wie bereits erwähnt, wird als Ausgangspunkt und Bezugsobjekt das menschliche Zentralnervensystem verwendet. Eine lenkungsrelevante Darstellung der wichtigen Teile des Zentralnervensystems findet sich in Abbildung 1.31(1). Abbildung 1.31(2) zeigt sodann die von diesen konkreten Strukturen des Zentralnervensystems abstrahierten, allgemeinen Lenkungszusammenhänge, die im Verlaufe dieser Abhandlung als Darstellungsmittel verwendet werden.

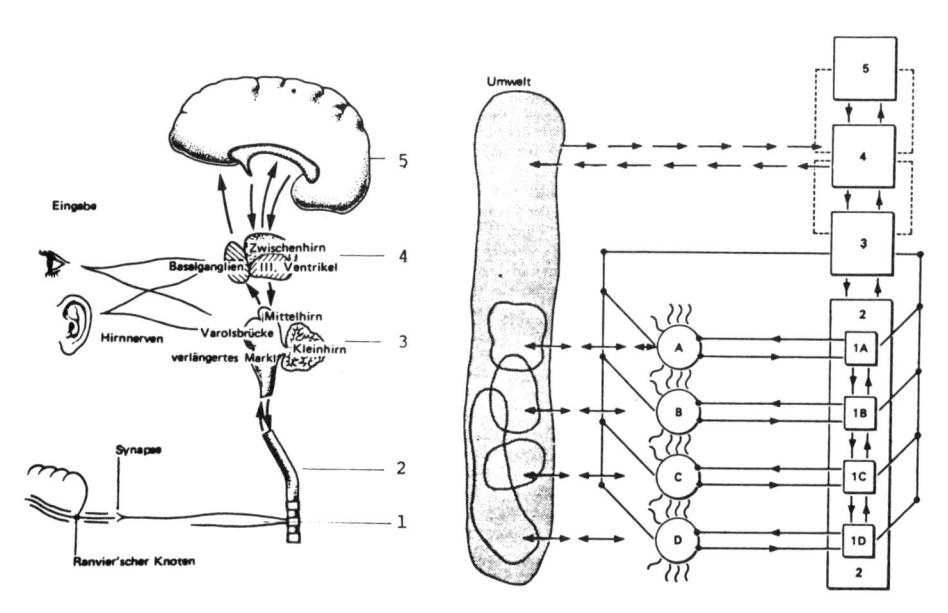

Abbildung 1.31(1): Zentralnervensystem[10]

Abbildung 1.31(2): Allgemeine Lenkungszusammenhänge des lebensfähigen Systems[11]

---

9 Vgl. zum Folgenden Beer (Brain) 135 ff.; auf Detailverweise wird verzichtet.
10 Vgl. Beer (Brain) 129.
11 Beer (Brain) 168.

Es können genau fünf verschiedene Strukturelemente oder Subsysteme unterschieden werden, die als Systeme Eins, Zwei, Drei, Vier und Fünf bezeichnet werden. Diese Systeme sind jeweils durch rechteckige Symbole dargestellt. Jedes lebensfähige System hat gewisse operative Aktivitäten auszuüben, die in Abbildung 1.31(2) durch die mit A, B, C, D bezeichneten Kreise dargestellt sind. Jede einzelne dieser Aktivitäten, die im menschlichen Körper beispielsweise den einzelnen Organen und Gliedern entsprechen und die in Unternehmungen analog zu den einzelnen Bereichen oder Divisionen sind, wird in einer für diese Aktivität relevanten Umwelt vollzogen, die mit anderen Umwelten verknüpft sein kann und darüberhinaus Teil der für das System als Ganzes relevanten Umwelt ist, mit der es durch System Vier verbunden ist.

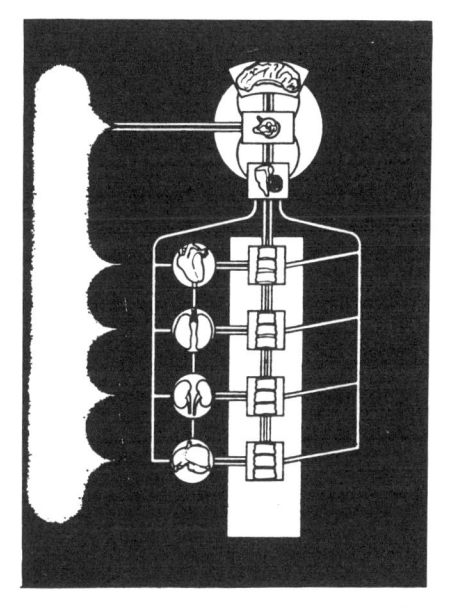

Abbildung 1.31(3): Lenkungsrelevante Struktur des menschlichen Zentralnervensystems

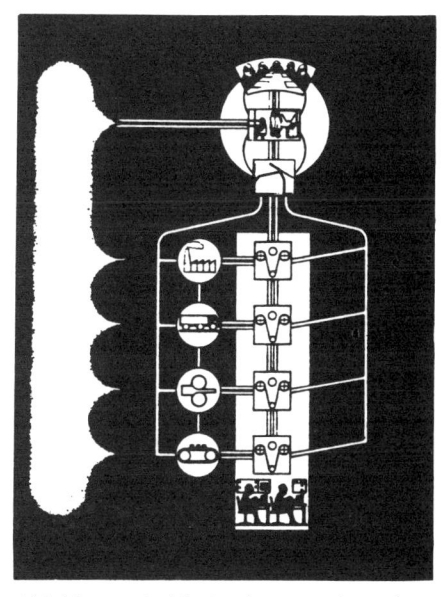

Abbildung 1.31(4): Lenkungsstruktur einer Unternehmung

Um ein gewisses Gefühl für eine grobe Interpretation dieser abstrakten, formalen Struktur zu vermitteln, sind in den Abbildungen 1.31(3)–1.31(6) [12] einige Möglichkeiten dargestellt, deren Studium für das Verständnis der nachfolgenden Beschreibung der einzelnen Komponenten nützlich ist.

12 Vgl. Beer (Prerogatives) 6 f.

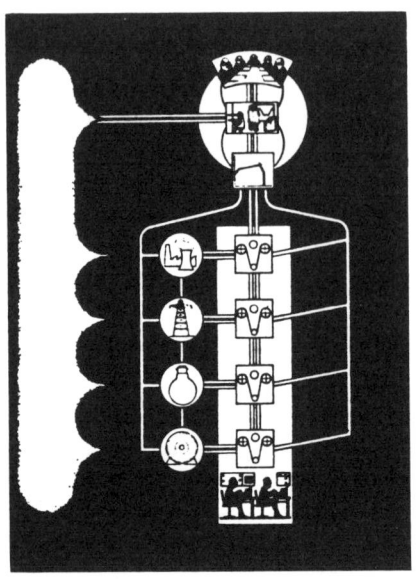

Abbildung 1.31(5): Lenkungsstruktur eines Industriekomplexes

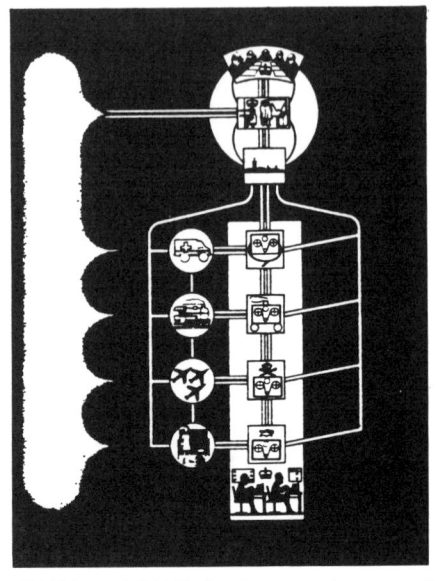

Abbildung 1.31(6): Lenkungsstruktur staatlicher Aktivitäten

System Eins

Die Systeme Eins sind die Lenkungsinstanzen für die durch die Kreise A–D repräsentierten Hauptaktivitäten, Untereinheiten oder Bereiche des lebensfähigen Systems. Im menschlichen Körper ist das Äquivalent zu den Systemen Eins in den 31 Wirbeln der Wirbelsäule zu sehen, die je spezifische Kontrollfunktionen für bestimmte Organe und Glieder ausüben. Im Unternehmungskontext repräsentieren die Kreise A–D quasiautonome Bereiche oder Divisionen, wobei die Systeme 1A–1D jeweils die Divisions*führung* darstellen; in Krankenhäusern sind es beispielsweise die verschiedenen Fachabteilungen und Versorgungsbereiche.

Zwei Prinzipien sind entscheidend für die Gliederung eines lebensfähigen Systems in System-Eins-Bereiche:

– das Prinzip der Lebensfähigkeit

– das Prinzip der Rekursion.

Beide Prinzipien werden später noch näher behandelt, so dass es für den Moment genügt, eine Vorstellung über die Grundideen zu haben, die diese beiden Prinzipien beinhalten.

Dem Prinzip der Lebensfähigkeit (Viabilitätsprinzip) zufolge muss das System in solche Bereiche gegliedert werden, die selbst wiederum lebensfähig sind, die also zumindest im Prinzip völlig eigenständige Systeme bilden können und in ihrer Umwelt selbständig existieren können. Es ist somit keine beliebige, willkürliche Gliederung eines Systems in Subsysteme möglich, sondern die Bereichs- oder Subsystembildung muss dem Prinzip der Lebensfähigkeit genügen. In der Organisationslehre entspricht am ehesten die divisionale Gliederung diesem Prinzip. In jedem Fall bedarf aber die Subsystembildung einer sorgfältigen Analyse.

Zu Beginn dieses Abschnittes wurde gesagt, dass jedes lebensfähige System die gleiche Struktur oder Organisation besitzt. Wenn nun die grundlegende Gliederung eines lebensfähigen Systems das Prinzip der Lebensfähigkeit zu erfüllen hat, d. h. also jeder Bereich wiederum ein lebensfähiges System innerhalb eines lebensfähigen Systems ist, so folgt, dass jedes nach diesem Prinzip abgegrenzte Subsystem wiederum die gleiche Organisation aufweisen muss, wie das System selbst. Dies ist der Hauptinhalt des *Prinzips der Rekursion.* Jedes lebensfähige Subsystem ist eine strukturelle Kopie jenes lebensfähigen Systems, dessen Teil es ist. Dies bedeutet weiter, dass alle Bereiche A−D (vgl. Abb. 1.31(2)) mit ihren Systemen 1A−1D *gleich organisiert* sind, wie das Gesamtsystem.

System Zwei

Jedes einzelne System Eins hat *im Prinzip* völlige Verhaltensfreiheit. Da es aber Teil eines umfassenderen Systems ist, muss der Verhaltensspielraum zugunsten des grösseren Ganzen und zugunsten der anderen Systeme Eins, die ebenfalls Teil dieses Ganzen sind, eingeschränkt werden. Die Abstimmung und Harmonisierung der Verhaltensweisen aller Systeme Eins im Rahmen der grundlegenden Verhaltensrestriktionen, die vom Gesamtsystem ausgehen, ist eine Koordinationsfunktion, die von System Zwei ausgeübt wird und die im wesentlichen darin besteht, Dysfunktionalitäten und Oszillationen zwischen den Systemen Eins auszugleichen.

Die Problematik ist im Unternehmungskontext wohl bekannt. Eine dezentralisierte Unternehmung hat ihre quasiautonomen Divisionen. Jede einzelne Division, bzw. deren Management, hat aufgrund von Unternehmungsplanung, Zielvorgaben, durch persönliche Konsultationen, Konferenzen usw. mehr oder weniger klare Vorstellungen darüber, was vom Top-Management von ihr erwartet wird. In diesen Vorstellungen ist die Existenz anderer Divisionen und die Tatsache, dass jede dieser Divisionen einen Beitrag zu einem grösseren Ganzen zu leisten hat, zumindest implizit berücksichtigt. Diese expliziten Vorgaben gelangen durch die vertikale Befehlsachse in die Divisionen. Im Rahmen dieser Vorgaben hat indessen jede einzelne Division ihre eigenen Leistungen zu optimieren. Jede Division operiert innerhalb der für sie relevanten Umwelt und hat ihre eigenen spezifischen Probleme, die sie möglichst gut und ohne grosse Rücksichtnahme auf die anderen Divisionen zu lösen versucht. Würde in der praktischen Erfüllung der divisionalen Aufgaben alles planmässig verlaufen, gäbe es kaum grössere Koordinationsprobleme. Da hierfür aber keine Garantie besteht, sondern viel eher mit dem Auftreten aller nur denkbaren Störungen sowohl externer wie interner Art gerechnet werden muss, kommt es fast zwangsläufig zu grösseren oder kleineren Schwierigkeiten zwischen den einzelnen Divisionen.

Diese Schwierigkeiten hängen *zumindest von drei Faktoren* ab:

1. Von der Komplexität der für die Division relevanten Umwelt, d. h. von der Art und Häufigkeit unvorhersehbarer Entwicklungen;

2. Von der Intensität der gegenseitigen Abhängigkeiten der Divisionen untereinander. Die Divisionen können sehr eng miteinander verbunden sein, wie das beispielsweise der Fall ist, wenn gegenseitige Lieferbeziehungen etwa der Art bestehen, dass die eine Division Fertigprodukte der anderen Division weiterverarbeitet. In einem solchen Fall wirken sich Störungen in einer Division unmittelbar und in vollem Ausmass auf die anderen Divisionen aus. Handelt es sich hingegen bei dem Gesamtsystem um ein Konglomerat, dessen einzelne Divisionen untereinander kaum Beziehungen aufweisen, können Störungen in Divisionen praktisch nicht auf die anderen Divisionen übergreifen.

3. Von der Qualität des divisionalen Managements, d. h. von der Güte des als System Eins bezeichneten Lenkungsmechanismus.

Diese Störungen, egal welche Ursachen und Quellen sie haben mögen, durch *interdivisionale* Koordination so gut wie möglich auszugleichen, ist Aufgabe von System Zwei, das durch seine Funktion beitragen soll, Synergieeffekte zu erreichen, die durch die Gesamtplanung und durch die Vorgaben und Verhaltensanweisungen an die Divisionen von der Unternehmung als Ganzes angestrebt werden. Die Leistungen der einzelnen Divisionen und ihrer Managements (Systeme Eins) sind divisionale Aufgaben, während die Koordination der Divisionen und die dadurch zu erreichenden Synergieeffekte eine Aufgabe der Gesamtunternehmung sind.[13] Wie diese Koordinationsaufgaben praktisch gelöst

---

13 Die Unterscheidung von Divisionsperspektive und Unternehmungsperspektive ist von grösster Bedeutung für das Verständnis des Modelles. Dass dies keine kybernetische Spitzfindigkeit ist, kommt beispielsweise in einer Bemerkung A. P. Sloans im Zusammen-

werden oder werden sollen, kann nur durch eine Detailanalyse der konkreten Unternehmung beantwortet werden. Praktisch können alle Formen von Koordinationsinstrumenten und -mechanismen hier zum Einsatz gelangen, wie beispielsweise Ausschüsse, Konferenzen, Planungs- und Budgetkontrollsysteme, aber auch die informalen Kommunikationsbeziehungen sowohl zwischen den divisionalen Führungskräften, wie zwischen den Mitarbeitern der einzelnen Divisionen.

System Drei

Durch System Zwei wird zwar das Zusammenwirken der Systeme Eins koordiniert. Es besteht aber deshalb allein noch keine Garantie, dass die koordinierten Systeme Eins zusammen einen grösseren oder besseren Effekt erzielen, als die Summe der Einzelaktivitäten. Dies sicherzustellen ist Aufgabe von System Drei. Es wurde bereits bei der Beschreibung von System Eins und Zwei ausgeführt, dass die prinzipielle Verhaltensfreiheit der Divisionen durch Vorgaben und Richtlinien, die das Gesamtsystem betreffen, eingeschränkt wird. Die Erarbeitung dieses operativen Gesamtplanes wird von System Drei unter Einbezug von Informationen die aus den Systemen Vier und Fünf, die später beschrieben werden und von Informationen die aus den Systemen Eins und Zwei kommen, vorgenommen. System Drei wird somit am besten als *Allokationsoptimierung von* Ressourcen und deren *Zuteilung* an die Divisionen, sowie die *Überwachung der planmässigen Verwendung* dieser Ressourcen verstanden. Zur Erfüllung dieser Aufgabe, die *unter ständig wechselnden Umständen,* die sowohl von den unteren wie von den oberen Systemen gemeldet werden, vollzogen werden muss, stehen drei grosse Kommunikationsverbindungen zur Verfügung:

1. die zentrale vertikale Befehlsachse, die zu jedem einzelnen System Eins läuft, also zu den divisionalen Führungssystemen;

2. ein Kanal, der mit System Zwei verbunden ist und in Analogie zu dem entsprechenden Teil des Humannervensystems, das sympathische System repräsentiert; über diesen Kanal erhält System Drei Informationen über die Koordinationsbemühungen und den Koordinationserfolg von System Zwei.

3. ein Kanal, der direkt mit den Divisionen verbunden ist und wiederum in Analogie zum Humannervensystem, das para-sympathische Nervensystem repräsentiert. Dieser Kanal vermittelt System Drei direkt Informationen

---

hang mit dem Problem der Leistungszuordnung und -bewertung einzelner Divisionen zum Ausdruck: „It was not ... a matter of interest to me only with respect to my divisions, since as a member of the Exekutive Committee, I was a kind of general executive and so had begun to think from the corporate view-point." Sloan (General Motors) 48.

spezieller Art über die Geschehnisse in den Divisionen, speziell solche Informationen, die kein Gegenstück in den offiziellen Plänen besitzen, vor allem Informationen über die Belastung oder den Stress, dem die Divisionen bei der Erfüllung ihrer Planvorgaben ausgesetzt sind, sowie über neuartige Entwicklungen, die in den Plänen gar nicht enthalten sein können und von denen „offiziell" (d. h. im Rahmen der formalen Planüberwachungssysteme) gewissermassen gar nicht Kenntnis genommen werden kann.

Die Systeme Eins und Zwei sind, vom Unternehmungsstandpunkt aus betrachtet, ausschliesslich *nach innen* gerichtet. Die Divisionen A, B, C, D operieren zwar in einer für sie als Divisionen relevanten Umwelt und müssen daher, *divisional betrachtet,* auch Umweltsinformationen verarbeiten. Gesamtunternehmungsbezogen handelt es sich aber um die *interne Stabilität* der Unternehmung. Auch System Drei ist vorwiegend, d. h. mit Ausnahme seiner Verbindung zu System Vier auf die permanente Erhaltung des internen Gleichgewichtes, auf interne Harmonisierung und Optimierung gerichtet.

System Vier

Das Gesamtsystem kann ohne Information über die Systemumwelt, innerhalb welcher es sich gesamthaft befindet, nicht existieren. Auch das interne Gleichgewicht kann nur insoweit sinnvoll sein, als externe Faktoren mit berücksichtigt werden. Aufnahme, Verarbeitung und Weiterleitung von Umweltinformationen ist Aufgabe von System Vier. Wenn man sich eine Konzernunternehmung vorstellt, die in vielen verschiedenen Sparten, möglicherweise sogar in unterschiedlichen Branchen operiert, ist klar, dass die Umweltinformation, die von den jeweiligen Divisionen aufgenommen wird, zu unterscheiden ist von den Umweltbeziehungen des Gesamtkonzerns. Es gibt eine Reihe von Transaktionen mit der Umwelt, die nur die Unternehmung als Ganzes sinnvoll ausführen kann und die deshalb die divisionalen Umweltbeziehungen transzendieren [14]. In späteren Abschnitten wird näher auf die von System Vier gepflegten Umweltbeziehungen eingegangen. Hier genügt es, sich darüber Klarheit zu verschaffen, dass alle Umweltinformationen, die für die Gesamtunternehmung relevant sind, ausschliesslich via System Vier in die Unternehmung gelangen. Das physiologische Analogon hierzu sind die Hauptsinnesorgane, deren Signale erst nach höchst komplizierten Verarbeitungsprozessen an andere Gehirnteile weitergeleitet werden.

Die Weiterleitung von Informationen erfolgt, wie aus der grafischen Darstellung ersichtlich ist, sowohl an das übergeordnete System Fünf, wie auch an System Drei. Die Ausbalancierung von internem und externem Gleichgewicht

---

14 Vgl. dazu beispielsweise auch Drucker (Management) 611 ff.

wird durch das Zusammenwirken der Systeme Drei und Vier unter dem Einfluss und der Überwachung von System Fünf zu erzielen versucht. System Vier weist gewisse Merkmale der klassischen Stabsfunktionen auf; seine Funktionen gehen aber weit über eine quasi-objektive, rein beratende Informationsverarbeitung, wie sie Stäben gerne unterstellt wird, hinaus. Dies ist auch der Grund, weshalb System Vier auf der zentralen vertikalen Befehlsachse angeordnet ist (vgl. Abb. 1.31(2)).

System Fünf
Dieses System repräsentiert die oberste Entscheidungsinstanz des Gesamtsystems im Hinblick auf die grundlegenden Normen und Regeln, in deren Rahmen sich alle anderen Systeme bewegen und mit Bezug auf die Erarbeitung und Auswahl der generellen Verhaltensalternativen im Sinne einer aktiven Gestaltung der Zukunft des Gesamtsystems. Hier wird die Unternehmungspolitik gemacht – jedoch nicht im Sinne einer autoritären und einsamen Entschliessung des Top-Managements, sondern in engster Interaktion mit den Systemen Drei und Vier (man beachte die Verknüpfungen all dieser Systeme in Abb. 1.31(2)), die ihre jeweiligen Informationen über die internen und externen Gegebenheiten und Entwicklungsaussichten, sowie ihre Auffassungen und Vermutungen in den Prozess der Erarbeitung der Unternehmungspolitik einbringen. Wenn man versucht, jeder Stufe auf der vertikalen Befehlsachse eine kurze, prägnante Charakterisierung ihrer Funktion aus der Sicht von System Fünf zuzuordnen, so kommt man etwa zu folgendem Schema:

System Eins: Was geschieht jetzt und hier?

System Drei: Was wird – demnächst und im Rahmen der kurzfristig nicht änderbaren Gegebenheiten – passieren?

System Vier: Was könnte – bei Einbezug gewisser vage erkennbarer Entwicklungstendenzen und bei Beseitigung von internen Engpässen – geschehen?

System Fünf: Was sollte – unter Einbezug all dieser Überlegungen – geschehen?

(System Zwei kann nicht in dieses Schema gepasst werden, da seine Aufgabe bekanntlich die Koordination der Systeme Eins ist.)

Die hier in aller Kürze beschriebenen fünf Systeme bilden zusammen mit den in Abbildung 1.31(2) sichtbaren Verknüpfungen die Struktur des lebensfähigen Systems. Wie erwähnt, sind hier nur die abstrakten Grundfunktionen und Zusammenhänge behandelt worden, und selbstverständlich kann ein tieferes Verständnis für das Modell, seine praktische Verwendung und für das tatsächliche

Funktionieren des Gesamtsystems erst durch Betrachtung der Details erworben werden. Eine weitere Stufe der Detailierung wird in den Abschnitten 15 und 16 erreicht.

1.32 Invarianz der Struktur

Im vorangehenden Abschnitt wurden zwei Prinzipien der Systemstrukturierung erwähnt: das Prinzip der Lebensfähigkeit und das Prinzip der Rekursion. Beide Prinzipien sind Ausdruck eines grundlegenden kybernetischen Theorems, das besagt, dass alle komplexen Organisationen zueinander isomorph sind, wenn man sie als unter Kontrolle befindliche Systeme betrachtet und dass die Lenkungsstruktur, die sie aufweisen, eine invariante Eigenschaft aller lebensfähigen Systeme ist [15].

In der Literatur wird der Systembegriff häufig wegen seiner Allgemeinheit und Inhaltslosigkeit kritisiert. Es wird bemängelt, dass bei Verwendung der üblichen Definition des Systembegriffes praktisch alles darunterfällt. Der Versuch, mit Hilfe von Systemdiagrammen irgendwelche Sachverhalte abzubilden, führe häufig zu Netzwerkdiagrammen, in denen alle Elemente mit allen anderen verbunden seien und die daher nicht sehr viel Aussagekraft besässen.

Diese und andere ähnliche Einwände treffen das Modell des lebensfähigen Systems nicht. Es ist zwar klar, dass es sich auch hier um eine Gesamtheit von Elementen, zwischen denen Beziehungen bestehen, und somit um ein System im allgemeinen Sinne des Begriffes handelt. *Aber es ist ebenso klar, dass keineswegs jedes System, das unter den derart definierten Begriff fällt, auch ein lebensfähiges System ist.* Die Struktur des lebensfähigen Systems ist vielmehr sehr spezifisch; jede Analyse von realen Systemen wird, wenn sie mit entsprechendem Sachverstand und der nötigen Sorgfalt gemacht wird, sehr schnell aufdecken, ob das System genau diese Struktur aufweist, welche Komponenten ganz oder teilweise fehlen, welche Kanäle nicht genügend ausgebildet sind usw. Auch die *Gestaltung* eines lebensfähigen Systems ist entsprechend dem Modell keineswegs eine Angelegenheit beliebiger oder willkürlicher Relationen zwischen den Elementen, sondern bedarf sehr genauer Überlegungen bezüglich der konkreten Art und Weise der Realisierung der durch das Modell vorgeschriebenen Struktur.

Das Invarianztheorem ist bewusst und absichtlich nicht *normativ* formuliert worden. Es sagt nicht, dass alle lebensfähigen Systeme entsprechend dem Modell strukturiert sein *sollten,* sondern dass sie tatsächlich so strukturiert *sind* [16]. Hier besteht ein scheinbarer Widerspruch zwischen den Organisations-

---

15 Vgl. Beer (System Approach) 30.
16 Vgl. Beer (Brain) 198 und (Plan) 413.

formen, die in der Praxis zu finden sind und der Behauptung des Invarianztheorems. Soziale Systeme weisen offenkundig eine Vielfalt sehr unterschiedlicher Strukturformen auf, und wenn überhaupt eine Invarianz zu finden ist, dann eher die hierarchische Struktur, die in den Organigrammen der Organisationslehre zum Ausdruck kommt. Die Theorie des lebensfähigen Systems impliziert nun aber ganz klar eine Widerlegung des grössten Teiles der herkömmlichen Organisationstheorie. Das Organigramm, als grafische Manifestation dieser Organisationstheorie bringt zum Ausdruck, wie Organisationen *angeblich* funktionieren. In Wahrheit beinhalten sie aber kaum einen einzigen der für die Existenz und das Funktionieren einer Organisation *tatsächlich* wichtigen Mechanismen. Im kybernetischen Modell des lebensfähigen Systems sind hingegen genau jene Strukturen und Mechanismen enthalten, die tatsächlich für die Lebens- und Funktionsfähigkeit einer Organisation relevant sind.

Die Analyse von konkreten sozialen Systemen mit Hilfe des Modelles zeigt denn auch auf, dass in der Tat dem Invarianztheorem entsprechend genau die zu erwartenden Strukturen gefunden werden können, wenn auch zum Teil nur in einer sehr rudimentären, verkümmerten oder embryonalen Form. Meistens sind sich die Mitglieder einer Organisation nicht darüber im klaren, welchen kybernetischen Sinn ihre Tätigkeiten haben; in manchen Fällen werden lebensnotwendige Funktionen mehr en passant als gezielt und bewusst ausgeübt, manche tragen den Charakter von Notmassnahmen, Ad-hoc-Regelungen und Improvisationen. So kann man beispielsweise schon bei sehr oberflächlichen Analysen von sozialen Systemen häufig eine völlig unzureichende Gliederung in Bereiche (Divisionen), eine fast völlige Verkümmerung der Systeme Zwei und Vier und die Degeneration von System Fünf zu einem stark operativ orientierten System feststellen, das am ehesten dem System Drei entspricht.

Die Aufdeckung von Systemstrukturen, die innerhalb des Bezugsrahmens, der durch das Modell des lebensfähigen Systems gebildet wird, pathologischen Charakter haben, lässt selbstverständlich unmittelbare Rückschlüsse auf das *mögliche Verhalten* des Systems und vor allem wieder auf pathologische Verhaltensweisen des betreffenden Gesamtsystems zu. So ist beispielsweise von einer Unternehmung, deren System Vier verkümmert ist, kaum eine schnelle, antizipative und sinnvolle Anpassung an Umweltänderungen zu erwarten. Solche Änderungen werden innerhalb einer derartigen pathologischen Struktur vielmehr erst dann bemerkt, wenn sie sich auf die einzelnen Bereiche (Divisionen, Systeme Eins) auszuwirken beginnen. In einer Unternehmung mit mangelhaft entwickeltem System Zwei ist zu erwarten, dass alle Arten von Fluktuationen auftreten, wie etwa starke Schwankungen der Lagerbestände, der Kapazitätsauslastung, der Lieferzeiten usw.

Die Tatsache, dass in grösseren sozialen Systemen kaum irgendein Mitglied ein adäquates Modell über das tatsächliche Funktionieren des Systems besitzt, führt dazu, dass viele, in bester Absicht und mit grossem Können durchgeführten Aktivitäten dysfunktionale Effekte erzeugen. Meistens werden die negativen

Wirkungen wegen der mangelhafte Integration von arbeitsteilig vollzogenen Tätigkeiten und wegen des Fehlens von schnell und direkt reagierenden Rückkoppelungsmechanismen erst spät und häufig an völlig anderen Stellen bemerkt. Eine kausale Zuordnung von Verhalten und Effekten ist somit meistens nicht möglich, was zu lediglich dem Anschein nach begründeten Eingriffen in die Systemzusammenhänge führt, die ihrerseits wieder unerwartete und unbeabsichtigte Folgen haben. Aber selbst wenn die Quelle bestimmter Dysfunktionalitäten halbwegs georet werden kann, wird in der Regel der Fehler dadurch zu beheben versucht, dass man das entsprechende Verhalten des Mitarbeiters zu „verbessern" trachtet. Da aber das Verhalten der Mitarbeiter durch die spezifischen Strukturen, in deren Rahmen sie agieren, bestimmt wird, führen Appelle an bessere Leistung lediglich zu noch grösseren Dysfunktionalitäten, solange nicht die Strukturen derart geändert werden, dass die Lebensfähigkeit der Unternehmung verbessert wird.[17] Es müssen also Änderungen in Richtung auf die Realisierung des Modelles des lebensfähigen Systems gemacht werden.

Die Tatsache, dass es pathologische Systemstrukturen und pathologisches Systemverhalten gibt, die man durch eine Analyse mit Hilfe des kybernetischen Modells feststellen kann, steht zum Invarianztheorem nicht im Widerspruch. Sie beweist lediglich, dass die Strukturen, die ein System lebensfähig, d. h. adaptiv, responsiv, lernfähig und selbstregulierend machen, in vielen sozialen Systemen *unterentwickelt* sind. Die Gründe hierfür sind vielfältig. Der wichtigste Grund ist indessen sicher das allgemein mangelnde Verständnis für die Mechanismen, Strukturen, Regeln und Prozessen, die ein System lebensfähig machen. Wie bereits einleitend bemerkt wurde, haben kybernetische, insbesondere biokybernetische und neuro-kybernetische Forschungen nachdrücklich gezeigt, dass es nicht, wie allgemein angenommen, die Besonderheiten organischer Komponenten sind, die Systeme lebensfähig machen, sondern dass es im Gegenteil besondere organisationale und informationale Beziehungen oder Verknüpfungen zwischen den Komponenten sind, die die Lebensfähigkeit eines Systems konstituieren. Gerade diese Beziehungen enthält das Modell des lebensfähigen Systems.

1.33 Die Verteilung der Funktionen

Jede bildhafte Darstellung muss von bestimmten grafischen Konventionen Gebrauch machen. Die in den bisher verwendeten Darstellungen des lebensfähigen Systems implizierte Klarheit und Eindeutigkeit der einzelnen Systemkomponenten und ihrer gegenseitigen Verknüpfungen darf in realen Situationen nicht

---

17 Vgl. zu den hier diskutierten Dysfunktionalitäten die Arbeiten Forresters über kontraintuitives Systemverhalten; u. a. (Social Systems).

erwartet werden. Jede grafische oder verbale Darstellung muss zwangsläufig abstrahieren und idealisieren. Hierfür bietet das menschliche Zentralnervensystem bzw. das menschliche Gehirn, das immer wieder als Bezugsobjekt verwendet wurde, ein sehr gutes Beispiel. Obwohl man anatomisch, physiologisch, sowie neurokybernetisch die einzelnen Strukturelemente des Gehirnes gruppieren und sie so verbal und grafisch einigermassen in den Griff bekommen kann, wird dies niemanden über die ungeheure strukturelle Komplexität des Gehirnes hinwegzutäuschen vermögen. Die Verknüpfungen zwischen den einzelnen Gehirnkomponenten sind derart reichhaltig, dass jede klare Abgrenzung sowohl von strukturellen Komponenten wie von Gehirnfunktionen ein Problem für sich darstellt.[18]

Die Strukturen gehen zum Teil fliessend ineinander über, Funktionen überlappen sich teilweise und erfordern für ihre Vollständigkeit teils paralleles, teils sequentielles Zusammenwirken oft vieler Strukturkomponenten. Völlig analog verhält es sich in sozialen Systemen. Ungeachtet der scheinbaren Klarheit und Eindeutigkeit der Strukturen, die von den Organigrammen sozialer Systeme impliziert werden, weiss jedes Mitglied einer solchen Organisation aus eigener Erfahrung, dass die wirklichen Sachverhalte, die tatsächlich verwendeten Informationskanäle, die Wege, die zurückgelegt werden müssen, bis über wichtige Dinge Entscheidungen getroffen werden, die sozialen Gruppierungen innerhalb von organisationalen Abteilungen und über die Grenzen von Abteilungen hinweg, das komplizierte Rollengefüge usw. mit Bezug auf ihre Komplexität weit eher den im neurophysiologischen Bereich festzustellenden Komplexitäten entsprechen und nicht den scheinbar klaren Verhältnissen der Organigramme. Dies ist nicht nur den in sozialen Systemen praktisch tätigen Personen bekannt, sondern, was die sozialen Gruppen betrifft, seit Entdeckung der informalen Organisation ein in der Organisationstheorie vieldiskutiertes Phänomen. Die Auffassungen sowohl der Organisationstheoretiker wie der Organisationspraktiker sind jedoch mit Bezug auf diese Problematik immer noch sehr ambivalent. Zwar wird in vielen Abhandlungen zugegeben, dass die informalen Organisationsstrukturen eine notwendige Ergänzung jeder formalen Organisationsstruktur darstellt und dass jeder Versuch, die informalen Strukturen zu beseitigen oder ihre Wirkungsweise zu behindern, sofort zur Funktionsunfähigkeit jeder Organisation führen müsste. Das scheinbare „Chaos", das sich dem Organisations-Insider jedoch bietet, gibt immer wieder Anlass zu Bemühungen, die organisationalen Verhältnisse zu verbessern, mehr Klarheit in die Beziehungen zu bringen, die Mechanismen zu vereinfachen, die Organisation gewissermassen „stromlinienförmig" zu machen. Dabei wird in aller Regel übersehen, dass der

---

18 Das menschliche Gehirn hat etwa 10^{10} Nervenzellen (Neuronen), die durch etwa 10^{12} Synapsen verknüpft sind, so dass jedes Neuron mit etwa 100 anderen Neuronen schaltungsmässig verbunden ist.

in jeder realen Organisation zu entdeckende Strukturreichtum, eben das scheinbare Chaos, absolut notwendig ist für die Funktionsfähigkeit des Systems. Dies soll nicht heissen, dass die Strukturen einer Unternehmung oder eines beliebigen anderen sozialen Systems nicht verbessert werden könnten. Jedoch muss dieses Problem mit grösster Sorgfalt und vor allem unter Zuhilfenahme von Kenntnissen darüber erfolgen, wie Unternehmungen *wirklich* funktionieren, d. h. auf welchen Mechanismen und Strukturen ihre Lebensfähigkeit *tatsächlich* beruht.

Der *tatsächliche Strukturreichtum* eines jeden realen Systems kann somit weder durch die Organigramme noch durch die grafische Darstellung des lebensfähigen Systems ausgedrückt werden. Der Unterschied zwischen diesen beiden Darstellungen ist jedoch darin zu sehen, dass das Organigramm bestenfalls die formalen Autoritätsbeziehungen eines sozialen Systems enthält, während das Modell des lebensfähigen Systems eben jene Mechanismen herausarbeitet, die für die Lebensfähigkeit von Systemen relevant sind. In beiden Fällen muss somit eine Anwendung eine Fülle von konkreten Strukturen und Beziehungen in die abstrakten formalen Darstellungen einbringen. Die Analyse und Gestaltung mit Hilfe des Modells des lebensfähigen Systems bietet jedoch Gewähr dafür, dass bei der Analyse und Gestaltung einer realen Organisation die fundamentalen Lenkungseigenschaften eines Systems nicht ausser Acht gelassen werden, während hingegen bei der Durchführung von organigrammorientierten Analysen dies sehr leicht vorkommen kann.

Die Funktionen, über die jedes System, wenn es lebensfähig sein soll, verfügen muss, sind in der grafischen Darstellung des Modelles (vgl. Abb. 1.31(2)) in den einzelnen Systemen Eins bis Fünf lokalisiert. In einem realen sozialen System können diese Funktionen sowohl lokalisiert wie über das ganze System verteilt sein, wobei die zweite Variante weitaus wichtiger ist. So kann beispielsweise die Funktion von System Vier, also die Aufnahme, Analyse, Beurteilung und Weiterleitung von Informationen über die Unternehmungsumwelt und die Einbringung dieser Informationen in den Prozess der Gesamtstabilisierung der Unternehmung ebensosehr von einem Marktforschungsteam, einzelnen Vertreterberichten und den periodischen Besuchen der Produktionsmitarbeiter auf Fachmessen unterstützt werden. Gleichzeitig werden aber auch die formalen und informalen Beziehungen des Top-Managements zu Regierungsstellen, wichtigen Konkurrenten usw. zur Erfüllung der System-Vier-Funktion beitragen; schliesslich erfahren auch Einkäufer der Unternehmung, Betriebsräte durch ihre Gewerkschaftsbeziehungen und eine grosse Zahl anderer, auf den unterschiedlichsten Ebenen und Bereichen der Unternehmung tätigen Mitarbeiter eine Fülle von Informationen, die alle kybernetisch betrachteten System-Vier-Informationen darstellen.

Das Modell des lebensfähigen Systems darf somit keineswegs so verstanden werden, dass die entsprechenden Systemfunktionen durch jeweils eine gigantische Abteilung in der Unternehmung ausgeübt würden, und dass die zwischen

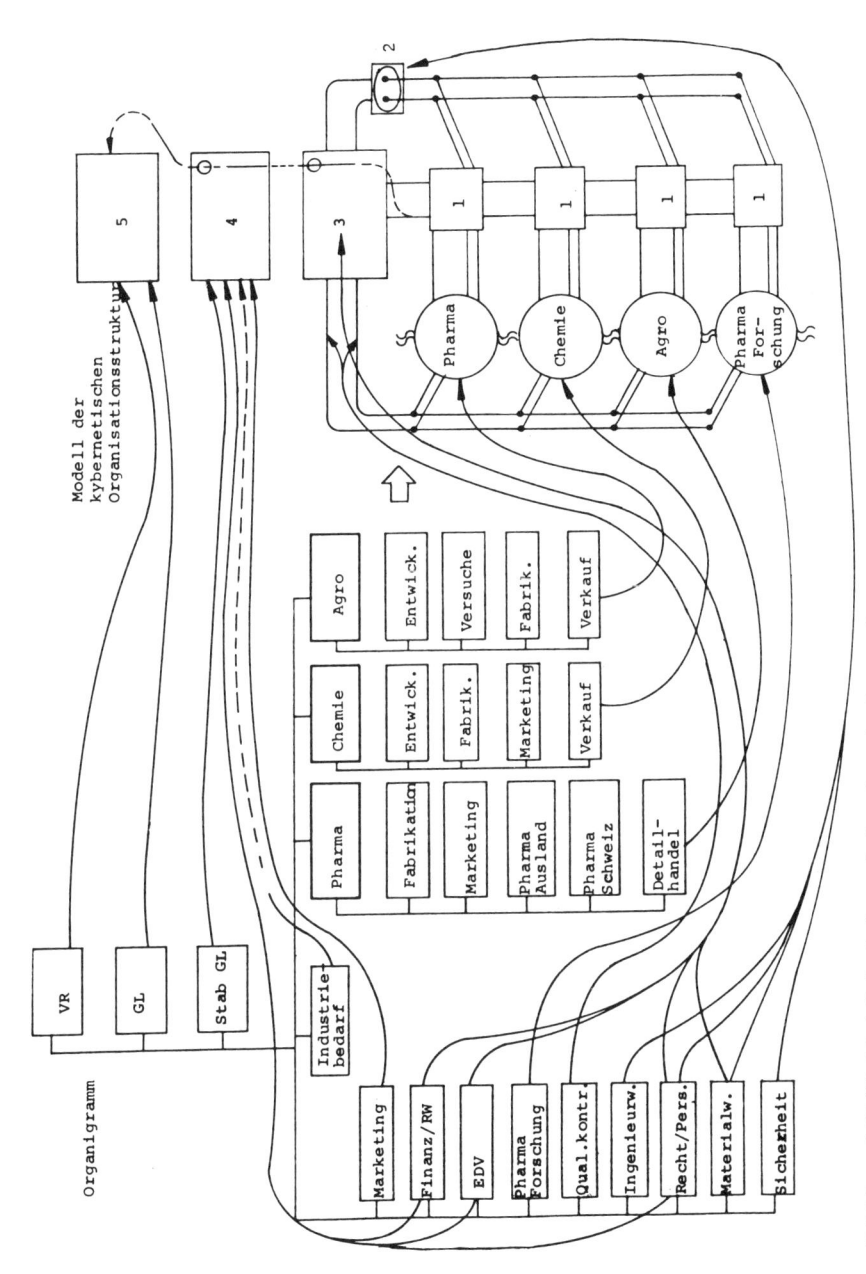

Abbildung 1.33(1): Modell der kybernetischen Organisationsstruktur

ihnen bestehenden Verbindungen durch formalisierte Kommunikationskanäle zu gestalten wären. Es ist vielmehr die Aufgabe des Managementkybernetikers, zu untersuchen, welche der in der Unternehmung bereits als tägliche Praxis vollzogenen Tätigkeiten implizit oder explizit Funktionen des lebensfähigen Systems miterfüllen. Er muss den wahren kybernetischen Gehalt aller Tätigkeiten auf allen hierarchischen Ebenen und in allen Funktionsbereichen, Abteilungen usw. herausfiltern und diese Tätigkeiten entsprechend den Funktionen des lebensfähigen Systems zusammenfassen. Dies bedeutet jedoch lediglich eine *funktionale* Verknüpfung der entsprechenden Aktivitäten und bedingt selbstverständlich *nicht* notwendigerweise eine räumliche Zentralisation der beteiligten Mitarbeiter. Die räumliche Zusammenfassung von Mitarbeitern *kann* allerdings eines von vielen Koordinationsmitteln sein, etwa dann, wenn einer Gruppe von Mitarbeitern durch die räumliche Nähe die Möglichkeit gegeben wird, sich zu einer selbstgesteuerten autonomen Arbeitsgruppe zu entwickeln. Abbildung 1.33(1) (S. 97) versucht, einige Aspekte dieses Analyse- und Gestaltungsprozesses wiederzugeben.

1.4 Prinzipien des Modellaufbaues und der Modellverwendung

In Abschnitt 1.3 wurde ein erster Überblick über die Struktur des Modells des lebensfähigen Systems gegeben, und es wurden einige Ausführungen zum allgemeinen Verständnis der Modellstruktur gemacht. Im folgenden Abschnitt werden die Grundprinzipien des Modellaufbaues und der Verwendung des Modelles behandelt. Diese Prinzipien sind für das Verständnis des Modelles und seiner praktischen Anwendung derart wichtig, dass eine spezielle Untersuchung ihres Inhaltes gerechtfertigt erscheint. Es handelt sich dabei um die Prinzipien der Rekursion, der divisionalen Autonomie und der systemischen Lebensfähigkeit (Viabilität).

1.41 Das Prinzip der Rekursion [19]

Bei der Beschreibung von System Eins in Abschnitt 1.3 wurde bereits ein erstes Mal auf das Prinzip der Rekursion hingewiesen. Das Prinzip der Rekursion ist

---

[19] Der Ausdruck „Rekursion" wird hier im strengen Sinne der mathematischen Zahlentheorie verwendet: „A function f(n) is said to be definded by recursion if, instead of being defined explicitly (that is, as an abbreviation for some other expression) only the value

eines der wichtigsten *Systemstrukturierungsprinzipien*. Wie dort ausgeführt wurde, besagt es im wesentlichen, dass in einer Konstellation von Systemen, die gemäss der allgemeinen Systemterminologie als Systeme, Subsysteme und Supersysteme bezeichnet werden können, *jedes System, gleichgültig auf welcher Ebene es sich befindet,* die gleiche Struktur aufweist. Das Rekursionsprinzip ist allerdings nur im Zusammenhang mit dem Prinzip der Lebensfähigkeit verständlich, d. h. es gilt dann und nur dann, wenn die in Betrachtung stehenden Systeme, Subsysteme und Supersysteme entsprechend dem Modell des lebensfähigen Systems strukturiert sind. Der Grundaufbau einer Systemhierarchie, die gemäss dem Rekursionsprinzip strukturiert ist, entspricht demzufolge nicht einer pyramidenartigen Struktur, wie sie etwa aus den Darstellungen der Organisationstheorie bekannt ist, sondern sie hat die Form von ineinandergeschachtelten Systemen, die bildhaft gesprochen, vergleichbar ist den bekannten chinesischen Kästchen oder polnischen Puppen.

In Abbildung 1.41(1) ist das Prinzip der Rekursion unter Verwendung der Struktur des lebensfähigen Systems dargestellt. Es wurde bereits erwähnt, dass jede Untereinheit eines lebensfähigen Systems, die im Unternehmungskontext als Division bezeichnet wurde, ihrerseits ein lebensfähiges System darstellen muss. Dies bedeutet nichts anderes, als dass jede Division wiederum die Gesamtstruktur des lebensfähigen Systems besitzt, also auf der divisionalen Ebene wiederum Systeme Eins, Zwei, Drei, Vier und Fünf unterschieden werden können. Da nun die Division ihrerseits als lebensfähiges System im Rahmen der Gesamtunternehmung Systeme Eins besitzt, die quasi autonome Einheiten innerhalb der Divisionen sind, sind auch auf dieser Ebene (d. h. also innerhalb der Division) die Systeme Eins oder die Divisionen der Division wiederum als lebensfähige Systeme zu strukturieren.

Eine rudimentäre Form des Rekursionsprinzips ist der Organisationstheorie nicht ganz fremd. Werden beispielsweise Organigramme für die Leitungsstrukturen grosser Unternehmungen, insbesondere von Konzernorganisationen gemacht, dann ist klar, dass einige der in diesem Organigramm aufscheinenden Einheiten wiederum in Form von Organigrammen dargestellt werden müssten, wollte man die Details ebenfalls festhalten. Aus Gründen der Klarheit und Übersichtlichkeit wird hingegen auf einen so weit gehenden Detaillierungsgrad verzichtet, und man begnügt sich mit den allgemeinen Strukturdarstellungen.

---

of f(o) is given, and f(n+1) is expressed as a function of f(n). In other words a recursive definition does not define f(n) itself but provides a process whereby the values of f(o), f(1), f(2), f(3) and so on, are determined one after the other." Goodstein (Recursive Number Theory) VIII; zur Verwendung von rekursiven Funktionen in der Kybernetik vgl. u. a. von Foerster (Memory) 39 ff.

Zur Übertragung des Rekursionsprinzips auf die Gestaltung lebensfähiger Systeme vgl. Beer (Science) 11 und Beer (Brain) 287.

Abbildung 1.41(1)

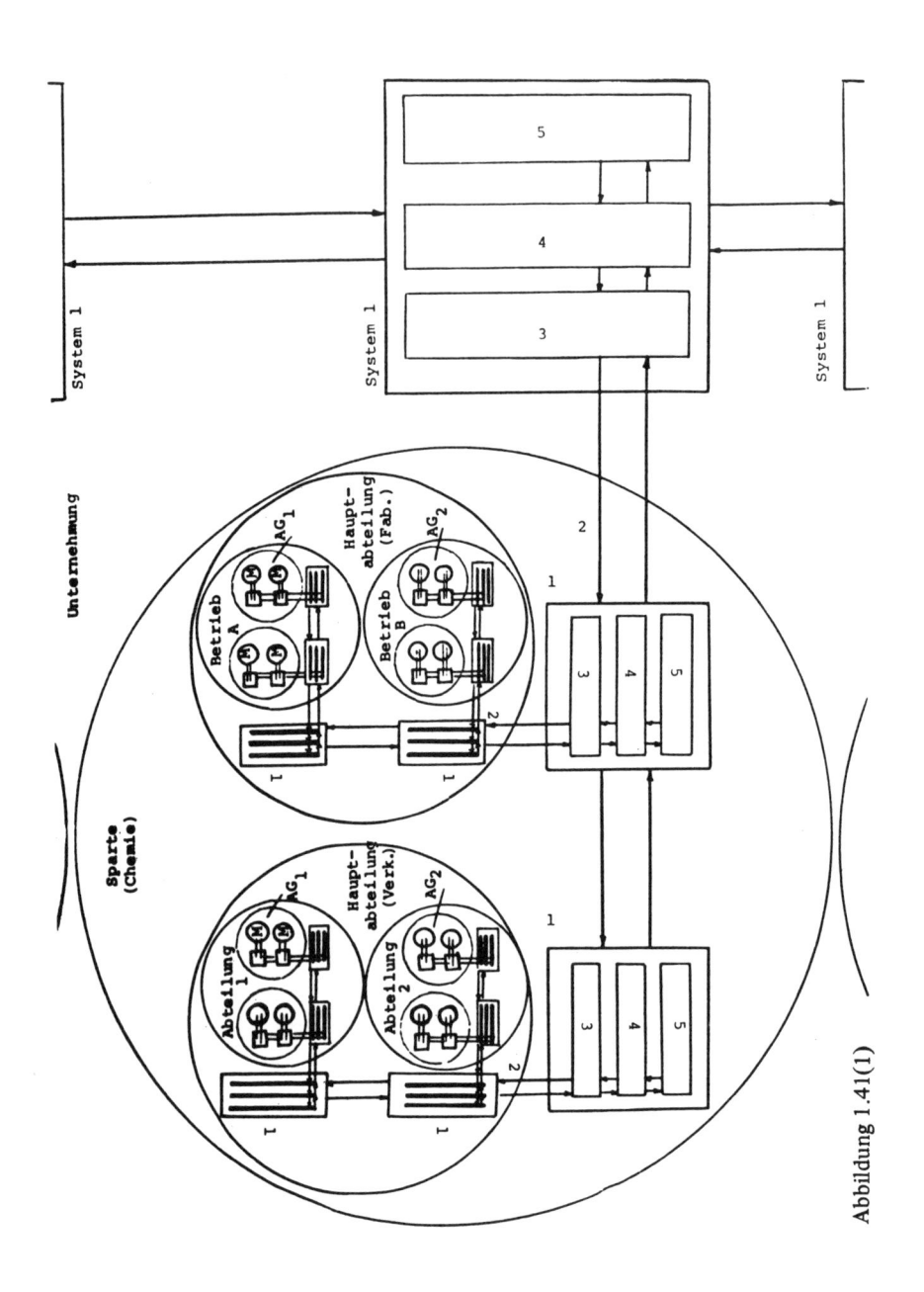

100

Dies ist aber, wie gesagt, lediglich eine sehr rudimentäre Ausprägung des Rekursionsprinzips, insbesondere weil in einem Organigramm gewisse Kästchen zwar wiederum in Form von Organigrammen detailliert werden können, andere Kästchen hingegen nicht weiter aufgegliedert werden müssen oder können. Es kommt daher zu einer Konfusion mehrerer logischer Ebenen und damit zu einer Verschleierung der tatsächlichen Wirkungszusammenhänge des Organisationsgefüges. Ein weiterer wesentlicher Unterschied besteht selbstverständlich darin, dass das *kybernetische* Rekursionsprinzip verlangt, dass die Strukturierung auf allen Ebenen gemäss dem Modell des lebensfähigen Systems erfolgt, dass also ausschliesslich die spezifische, in Abschnitt 1.3 dargestellte, fünfstufige Struktur als Strukturierungsschema verwendet wird.[20]

Dieses Prinzip der Rekursion hat sehr weitreichende Konsequenzen, sowohl für die Systemtheorie wie für die Managementlehre. Es führt zu einer völligen Neuorientierung bezüglich der Strukturierung sozialer Systeme. Das lebensfähige System ist, wenn es auf einer *einzigen* Rekursionsebene betrachtet wird, *hierarchisch* aufgebaut. Das ist aus logischen Gründen notwendig; die fünf Systemkomponenten des lebensfähigen Systems stehen zueinander jeweils in derselben Beziehung wie Objektsprache und Metasprache, das heisst, jede „höher" stehende Systemkomponente ist ein Metasystem mit Bezug auf die nächst „niedrigere". Hier spielen Autoritätsbeziehungen eine erheblich unwichtigere Rolle als in der klassischen pyramidenartigen Strukturierung, weil „höher" eben „meta-" bedeutet, das heisst, eine Metakomponente ist für andere Arten von Informationen, andere Variablen, andere Systemaspekte zuständig.[21]

Wird eine Systemkonstellation nun auf *mehreren* Rekursionsebenen untersucht, so zeigt sich deutlich, dass das Rekursionsprinzip, obwohl jede einzelne Rekursionsebene in sich hierarchische Strukturen aufweist, nicht zu einer Hierarchie im herkömmlichen Sinne führt, sondern viel eher zu einer Umfassung oder Umschliessung des „niedrigeren" Systems durch das „höhere", oder anders formuliert, zu einer *Einbettung* eines „niedrigeren" Systems in den Gesamtzusammenhang eines nächst „höheren" Systems. Die gegenseitigen Beziehungen von Systemen auf jeweils anschliessenden Rekursionsebenen sind wiederum nicht vorwiegend solche der Super- oder Subordination im Sinne der Möglichkeit, Macht auszuüben, sondern wiederum *metasystemischer Natur*.

Bereits eine oberflächliche Betrachtung der Konfiguration, die sich aufgrund des Rekursionsprinzips ergeben (vgl. Abb. 1.41 (1)) zeigt, dass auf diese Weise ausserordentlich komplexe Systemkonstruktionen möglich sind, die die Kom-

---

20 Vgl. auch Abb. 1.33(1) und 1.33(2).
21 Vgl. zum logischen Problem von Objekt- und Metasprache bzw. Objekt- und Metasystem u. a. Gomez, Malik, Oeller (Systemmethodik) 308 ff.; Beer (Platform) 7 ff. und 145 ff., 236 ff. und 255 ff.

plexität der realen Sachverhalte wesentlich besser repräsentieren als die üblichen Organigramme.

Die rekursive Strukturierung mit Hilfe des Modells des lebensfähigen Systems ist somit eines von vielen Mitteln, das es ermöglicht, das Varietätsgesetz von Ashby zu erfüllen. Dieses Gesetz,[22] das zu den absolut fundamentalen Erkenntnissen der Kybernetik gehört, besagt bekanntlich, dass das Lenkungsproblem nur insoweit gelöst werden kann, als die Varietätsbilanzen der fraglichen Systeme ausgeglichen sind. Varietät, die die Masseinheit für Komplexität ist, kann nur durch Varietät bewältigt oder absorbiert werden. Einfach ausgedrückt bedeutet das, dass wir ein komplexes System nur unter Kontrolle bringen können, wenn wir ebensoviel Komplexität, wie das System selbst, besitzen und dies wiederum bedeutet, dass das Modell, das wir uns von einem System machen, annähernd gleich viel Komplexität aufweisen muss, wie das System selbst, wenn das Modell ein sinnvoller Bezugspunkt für Lenkungsmassnahmen sein soll.

Darüberhinaus bietet aber eine rekursive Systemgestaltung eine Reihe weiterer Vorteile:

— Die Subsysteme auf jedem Rekursionsniveau sind in sich systemische Ganzheiten, weil sie alle Strukturelemente des lebensfähigen Systems aufweisen.

— Weil jedes lebensfähige System zumindest ein gewisses Mass an Autonomie und Eigenständigkeit besitzt, wirkt jedes derartig strukturierte Subsystem als hohes Potential der Komplexitätsbewältigung.

— Aufgrund der Rekursivität der Systemstrukturen ist es möglich, auf allen Systemebenen dieselbe Denkweise, Detailstrukturierungsprinzipien, Methoden, Techniken, Programme usw. anzuwenden. Dies bedeutet eine bemerkenswerte Verbesserung der gestalterischen Varietät und führt zu erheblichen Rationalisierungseffekten.

— Wie bereits erwähnt wurde, ist aufgrund des Rekursionsprinzips zusammen mit dem Prinzip der Lebensfähigkeit keine beliebige oder willkürliche Systemgliederung möglich; es kann somit zum ersten Mal das Problem der Gliederungskriterien zumindest sinnvoll diskutiert, wenn nicht sogar gelöst werden. Dies bedeutet, dass das Modell des lebensfähigen Systems zusammen mit den jeweilige Anwendungsprinzipien ein höchst wertvolles Diagnose- und Gestaltungshilfsmittel darstellt.

---

22 Vgl. hierzu Ashby (Introduction) 206 ff., Beer (Platform) 109 ff., Beer (Freedom) 18 ff.

Beer hat zwei Varianten des Rekursionsprinzips formuliert, in denen die grundlegende Gestaltungsidee sehr gut zum Ausdruck kommt:

1. „If a viable system contains a viable system, then the organisational structure must be recursive."[23]

2. „If we decide to define a social system by recursion we shall find that every viable system contains a viable system."[24]

Zur Illustration des Rekursionsprinzips aus dem genetisch-biologischen Bereich sei darauf hingewiesen, dass bekanntlich jede Körperzelle den gesamten genetischen Bauplan besitzt. In völlig analoger Weise würde eine nach dem Rekursionsprinzip organisierte Unternehmung, die vielleicht zehn verschiedene hierarchische Ebenen aufweist, auf allen diesen Ebenen die Struktur des lebensfähigen Systems aufweisen, von der Konzernspitze bis hinunter zu den einzelnen Werkstätten. Selbst die einzelnen Menschen, die Mitarbeiter der Unternehmung sind, weisen ihrerseits wiederum die ganze Struktur des lebensfähigen Systems auf, denn von der Organisation des menschlichen Zentralnervensystems wurde, wie bereits erwähnt, das Modell ursprünglich abgeleitet. Jede lebensfähige Einheit einer Unternehmung verfügt somit über den Konstruktionsplan der Unternehmung als Ganzes, oder mit anderen Worten, die Unternehmung als Ganzes ist in jeder lebensfähigen Untereinheit reproduziert.

1.42   Das Autonomieprinzip: Zentralisation versus Dezentralisation[25]

Bereits bei der allgemeinen Beschreibung der Struktur des lebensfähigen Systems wurde gesagt, dass die einzelnen Divisionen (Systeme Eins) *im Prinzip* völlige Verhaltensfreiheit besitzen. Gleichzeitig sind diese Divisionen aber Teil eines grösseren Ganzen; sie sind gemäss dem Rekursionsprinzip in ein umfassenderes System eingebettet, weshalb ihre Verhaltensfreiheit *nicht total und absolut* sein kann. Wir begegnen hier dem klassischen Problem von Zentralisation und Dezentralisation.

Mit ganz wenigen Ausnahmen wird dieses Problem in der Literatur unter sehr vereinfachten Bedingungen behandelt. Das Grundmodell, das hinter den Diskussionen dieser Problematik erkennbar ist, kann durch eine Gerade dargestellt werden, deren extreme Enden jeweils totale Zentralisation bzw. totale Dezentralisation repräsentieren. Dass keines der beiden *Extreme* eine sinnvolle Lösung darstellen kann, ist jedermann klar. Das Problem wird somit, ausgehend

---

23 Beer (Brain) 287.
24 Beer (Science) 11.
25 Vgl. Beer (Development) 6 f. und Beer (Crisis) 326 ff.

von der Überlegung, dass die Lösung irgendwo in der Mitte liegen müsse, als die Fixierung eines Punktes auf der Geraden zwischen totaler Zentralisation und totaler Dezentralisation verstanden (vgl. Abb. 1.42(2)).

Die Theorie des lebensfähigen Systems widerlegt indessen dieses Paradigma vollständig. Neurokybernetische Forschungen zeigen, dass für eine sinnvolle Diskussion des Problems relativer Autonomie, also der Bestimmung einer Mischform zwischen den beiden Extremen, ein Modell *mit mindestens zwei Dimensionen* erforderlich ist (vgl. Abb. 1.42(2)). In der horizontalen Dimen-

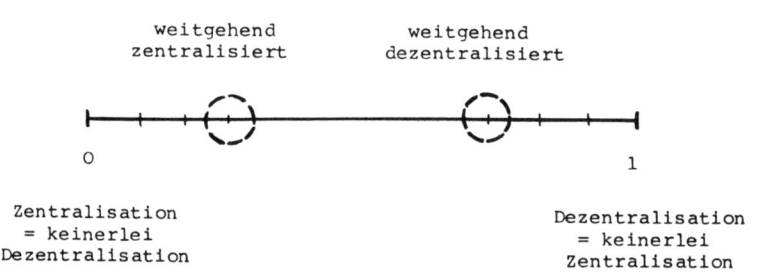

Abbildung 1.42(1): Klassisches Paradigma des Problems von Zentralisation und Dezentralisation

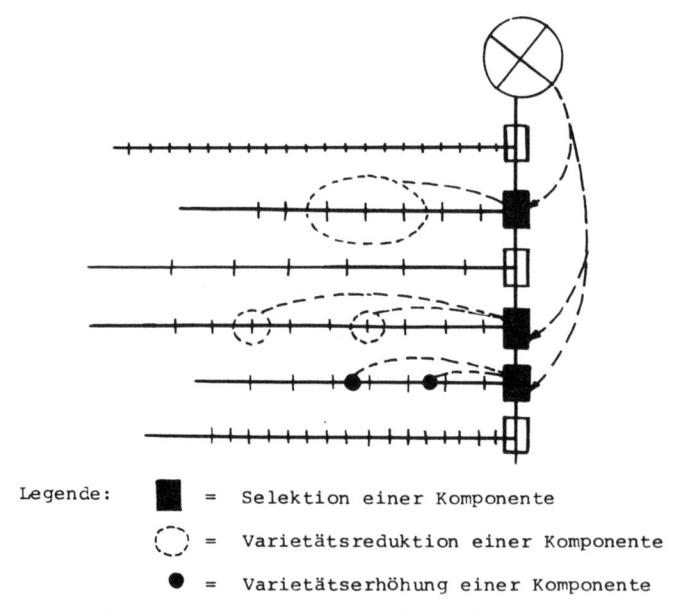

Abbildung 1.42(2): Kybernetische Interpretation des Problems von Zentralisation und Dezentralisation

sion werden, gewissermassen wie untereinander geschriebene Zeilen eines Textes, die einzelnen Subsysteme oder Divisionen repräsentiert, die im Prinzip völlige Verhaltensfreiheit besitzen. Die vertikale Dimension repräsentiert hingegen die Autorität der Systemganzheit, die, wiederum im Prinzip in der Lage ist, gewisse potentielle Verhaltensweisen der Divisionen zu unterbinden.

Die Interventionen in der vertikalen Dimension weisen zwei wichtige Merkmale auf:

1. Es wird zwischen den horizontal repräsentierten Komponenten ausgewählt.
2. Es werden bestimmte Verhaltensweisen der jeweils selektierten, horizontal repräsentierten Komponenten unterbunden bzw. ermöglicht.

Sowohl die Auswahl bestimmter horizontaler Komponenten als auch die Unterbindung jeweils spezifischer Verhaltensweisen der selektierten Komponenten ändern sich kontinuierlich in Abhängigkeit von der jeweiligen Situation der horizontalen Komponenten (Divisionen) und in Abhängigkeit von der Gesamtsituation, in der sich das ganze System befindet.

Beide Dimensionen weisen eine bestimmte Varietät auf, die selbstverständlich nicht allgemein, sondern nur durch Analyse des jeweiligen konkreten Falles festgestellt werden kann. Die Varietät der horizontalen Komponenten ist proportional ihrem Verhaltensreichtum, der wiederum von einer Vielzahl von Faktoren abhängig ist. Die Varietät der vertikalen Dimension ist proportional der Macht und Fähigkeit des Gesamtsystems, die Verhaltensweisen der horizontalen Komponenten zu reduzieren. Es spielt dabei für die Konzeption dieses zweidimensionalen Modells der Autonomie keine Rolle, ob es generell möglich ist, die involvierten Varietäten auf irgendeine Art und Weise empirisch zu messen.[26] Obwohl in konkreten Fällen zweifellos die Varietäten zumindest in ihren Grössenordnungen abgeschätzt werden können, geht es zunächst lediglich darum, ein für eine adäquate Diskussion des Problems der Autonomie sinnvolles Modell zu entwickeln. Innerhalb dieses Modells kann nun eine Definition der Autonomie gegeben werden:

---

[26] Es ist mit Nachdruck darauf hinzuweisen, dass die Frage der tatsächlichen Quantifizierung der hier besprochenen Aspekte zwar in praktischen Anwendungen von Bedeutung sein mag. Für die theoretische Gültigkeit ist dieses Problem jedoch von untergeordneter Bedeutung. Im Bereich der *organisierten Komplexität* im Gegensatz zum Bereich der unorganisierten Komplexität, der mit statistischen Methoden behandelt werden kann, muss sorgfältig darauf geachtet werden, den szientifischen Fehler, nur quantifizierbare Aspekte als wissenschaftlich signifikant zuzulassen, zu vermeiden. Vgl. zu dieser ausserordentlich wichtigen Problematik vor allem Hayek (Studies) 3 ff. und 22 ff.; Hayek (Vernunft) 11–142; ferner Weinberg (General Systems) 17 f.

„If a system regulates itself by subtracting at all times as little horizontal variety as is necessary to maintain the cohesion of the total system, then the condition of autonomy prevails."[27]

Der Zusammenhang oder die Kohäsion des Gesamtsystems, die in dieser Definition erwähnt wird, kann wiederum nur im Rahmen des Modells des lebensfähigen Systems sinnvoll diskutiert werden. Dabei geht es um die Frage der jeweiligen Ausprägungen und der Detailgestaltungen der Systeme Eins bis Fünf, sowie um die konkrete Ausgestaltung der Verbindungskanäle zwischen den Systemen. Das Problem der *Systemkohäsion* hängt unmittelbar mit dem Problem der *Systemidentität* zusammen und mit der Fähigkeit des Systems, seine Identität auch unter der Einwirkung von Störungen und äusseren Einflüssen aufrechtzuerhalten. Die Fähigkeit, auf Umweltstörungen durch identitätsbewahrende Verhaltensweisen zu reagieren, ist eine unmittelbare Konsequenz der Strukturprägung des Systems. Jedes lebensfähige System kann zwar auf eine gewisse Klasse bzw. auf ein gewisses Spektrum von Störungen in systemerhaltender Weise reagieren, jedoch gibt es selbstverständlich für jedes System ein Mass an Störungskomplexität, das es nicht mehr bewältigen kann. Das Kriterium der Kohäsion des Gesamtsystems, von dem die jeweilige Autonomie der Subsysteme abhängt, ist somit einerseits eine *Variable,* die sich in Abhängigkeit vom Umweltdruck, unter dem das Gesamtsystem steht, verändert.

Die Nützlichkeit dieses zweidimensionalen Autonomiemodells, in dem die relative Autonomie jeder einzelnen Division sich ständig in Abhängigkeit von der Kohäsion des Gesamtsystems verändert, die ihrerseits wieder in Abhängigkeit vom Umweltdruck oder Stress reagiert, kann auf sehr einfache Weise illustriert werden: Die Bereitschaft, zentrale Anordnungen und Eingriffe in die Verhaltensfreiheit zu akzeptieren ist in Krisensituationen erheblich grösser, als in Situationen, die nach aller Erfahrung als normal zu bezeichnen sind. In normalen Situationen ist die Forderung nach Autonomie seitens der divisionalen Subsysteme ein permanentes Problem, während in Krisen und Ausnahmesituationen die divisionale Freiheit mit grösserer Bereitschaft zugunsten des Überlebens des grösseren Ganzen geopfert wird.

Die Autonomie einer bestimmten Rekursionsebene wird durch die jeweils höhere Rekursionsebene garantiert. Dies ist im Rahmen des kybernetischen Modells nicht nur eine Frage der freiwilligen Zurückhaltung oder des gegenseitigen Konsenses, sondern vor allem eine Frage der installierten Informationsfilter, d. h. also der konkreten Informationen, über die die jeweils höhere Rekursionsebene verfügen kann, oder anders ausgedrückt, durch die Informationsrechte und -pflichten, die zwischen den beiden Rekursionsebenen bestehen. Die Möglichkeit einer bestimmten Rekursionsebene, in die divisionale Verhaltensfreiheit der logisch und systemisch nächstniedrigeren Rekursionsebene einzu-

---

27 Beer (Development) 7.

greifen, darf nicht nur im negativen Sinne verstanden werden. Die Reduzierung von Verhaltensvarietät ist ebensosehr Einschränkung wie Unterstützung. Unterstützung wird den divisionalen Einheiten eines lebensfähigen Systems im Rahmen der Varietätsreduzierung u. a. dadurch geboten, dass die Varietätsreduzierung in Form von allgemeinen Regeln als Orientierungshilfe zu interpretieren ist — eine Leistung, die für jedes System überlebensnotwendig ist.

Interventionen der vertikalen Dimension weisen im wesentlichen drei Formen auf:

1. Allgemeine Verhaltensregelungen, die jeweils für eine horizontale Komponente als Ganzes gelten, die aber für verschiedene horizontale Komponenten verschieden sein können;

2. Zuteilung von Ressourcen;

3. Eingriffe in die Detailoperationen der horizontalen Komponenten.

Hier können keine inhaltlichen Ausgestaltungen dieser drei grundlegenden Interventionsarten diskutiert werden, sondern lediglich ihre allgemeinen Aspekte. Die *erste* Art der Intervention an den Kreuzungspunkten der Dimensionen ist in erster Linie darauf gerichtet, die jeweiligen Komponenten als Teile eines grösseren Ganzen zu integrieren. Allgemeine Verhaltensregeln, die auf die Integrität des Ganzen gerichtet sind, ohne die Identität des Teiles zu eliminieren, definieren also gewissermassen die „Teilheit" der jeweiligen Komponenten, ohne aber in deren innerer Operation einzugreifen und ohne sie ihrer eigenen inneren Kohäsion und Ganzheit, die aufgrund des Rekursionsprinzips und des Viabilitätsprinzips gegeben sein müssen, zu berauben. Aufschlussreiche Beispiele sind bundesstaatliche Gebilde, in denen sich selbständige Einheiten (Länder, Kantone usw.) zu einem Bund zusammenschliessen, wobei in der Regel die Föderalismusdiskussion kaum je zu einem Ende gebracht werden kann, weil die Gesprächspartner meistens von einseitigen und übervereinfachten Modellen ausgehen.

Die *zweite* Art der Intervention der vertikalen Dimension betrifft das Problem der Zuteilung von Ressourcen aller Art, über die das Gesamtsystem verfügen kann. Hier wird deutlich, dass Interventionen sowohl ein Element der Beschränkung, wie ein Element der Unterstützung enthalten: die Beschneidung von Ressourcen wirkt als Beschränkung, als Constraint, während die Zuteilung von Ressourcen unterstützend wirkt. Ein sehr wichtiges Problem ist in diesem Zusammenhang die Art und Weise, *wie* die Ressourcenverteilung erfolgt, das heisst, wie der diesbezügliche Entscheidungsprozess organisiert ist, wie die Konkurrenz der horizontalen Komponenten untereinander um Anteile an den Ressourcen vonstatten geht und welcher Art die Verantwortlichkeiten für zugeteilte Ressourcen sind. In der Praxis werden derartige Probleme häufig als

„Widerwärtigkeiten der Tagespolitik" und als „Feilschen um den Anteil am Kuchen" interpretiert. Im Rahmen des Modells des lebensfähigen Systems zeigt sich aber, dass es sich hier um äusserst wichtige Fragen der Gesamtregelung eines Systems unter dem Aspekt seiner Lebensfähigkeit handelt, konkret um das Problem grösstmöglicher Autonomie der Teile bei gleichzeitiger Bewahrung der Integrität des Gesamtsystems und Erzielung eines Synergieeffektes. In Wahrheit sind die in diesem Zusammenhang zu organisierenden Aushandlungs- und Entscheidungsprozesse wichtige Informationsfilter und Varietätsbewältigungsmechanismen, die einer sorgfältigen Gestaltung in Hinblick auf die Viabilität des Gesamtsystems bedürfen.

Die *dritte* Interventionsart, die in der Praxis sehr häufig vorkommt, ist mit Bezug auf die Lebensfähigkeit des Systems bedenklich. Im Rahmen der generellen Verhaltensregeln und der zugeteilten Ressourcen müssen die Subsysteme befähigt werden, ihre eigenen Mechanismen der Komplexitätsbewältigung einzusetzen. Zu diesem Zweck verfügen sie über die Gesamtstruktur des lebensfähigen Systems auf ihrem jeweiligen Rekursionsniveau. Wie bereits früher ausgeführt wurde, ist in komplexen Systemen nicht zu erwarten, dass alle relevanten Informationen für das Treffen von Detailentscheidungen zeitgerecht und unverfälscht den formalen Führungsorganen zugeteilt werden können. Da nun in einem lebensfähigen System aufgrund der Prinzipien der Rekursion und Viabilität jede Rekursionsebene mit den entsprechenden notwendigen Mechanismen und Strukturen der Varietätsbewältigung ausgestattet ist, besteht kein Anlass für ein Rekursionsniveau, über die bereits besprochenen Interventionen hinaus in die Detailoperationen der nächstniedrigeren Rekursionsebene einzugreifen. Sind dennoch scheinbare oder echte Gründe für eine derartige Intervention gegeben, so ist dies mit grosser Wahrscheinlichkeit auf strukturelle Mängel der involvierten Systeme zurückzuführen.

„The confusion about autonomy is founded in a structural defect of the system, in that the filters are not correctly designed to prohibit horizontal diffusion. The crisis usually arrives when the bosses of the total system perceive the organisation as a veritable chaos that they can barely influence, while at the same time the individuals running the parts perceive an autocratic regime that ties their hands. The bosses see themselves as uttering genuine policies — mere prescriptions; those at the lower level receive inhibiting rules — genuine proscriptions. This situation is explosive. The bosses may go so far as to say that their people are anarchists, that no one takes any notice of them any longer, or that they are reduced to an advisory role in the interest of ‚permissive' notions put about by social scientists. The managers of the parts may go so far as to say that their jobs could be done by a well-trained poodle, whereupon they start to look through the job advertisement. And both of these sets of people are describing *the same* situation. ... in less dramatic forms it seems to me endemic to contemporary management. The only people who are going to get any joy out of it are the consultants who will advocate more centralization, and then return later to advise decentralization."[28]

Die bisherige Beschreibung des zweidimensionalen Modells der relativen Autonomie von lebensfähigen Subsystemen innerhalb eines lebensfähigen Gesamtsystems mag bei einer ersten Betrachtung sehr kompliziert erscheinen. Da die zur Diskussion stehenden realen Sachverhalte aber selbst von höchster Komplexität sind, ist nicht zu erwarten, dass mit einem einfachen Modell die Natur des Problems erfasst werden kann. Auch die praktischen Lösungen, die für dieses Problem entwickelt wurden, sind keineswegs einfach, sondern vielmehr in höchstem Grade kompliziert.

Dies kann beispielsweise durch eine sorgfältige Analyse der von Alfred P. Sloan bei General Motors in den zwanziger Jahren durchgeführten Reorganisation illustriert werden. Harald Wolff schreibt hierzu:

„Beim genauen Nachlesen des Buches von Sloan zeigt sich z. B. mit aller Deutlichkeit, dass die von Sloan und seinen Mitarbeitern bei GM durchgeführte Reorganisierung keineswegs einer Dezentralisation im landläufigen Sinn gleichgesetzt ist. Im Gegenteil: Es war eine viel kompliziertere und vielschichtigere Mischung von sorgfältig zugeteilten Verantwortlichkeiten. So waren selbst innerhalb der GM-Organisation einige der bedeutendsten und erfolgreichsten Bereiche tatsächlich straff zentralisiert. Es liegt ausserdem eine wachsende Anzahl von Beweisen dafür vor, dass jene Art der Dezentralisierung, die man gewöhnlich (jedoch irrtümlich) als für GM charakteristisch bezeichnet, in anderen Unternehmen mindestens so oft zum Misserfolg wie zum Erfolg geführt hat. Deshalb sind Dezentralisierung und die damit in Verbindung stehenden „Gewinnzentren" zum mindesten in ihrer einfachen Form noch weit davon entfernt, dass sie etwa als universale Führungsgrundsätze anzusehen wären. Sie bewähren sich nur unter ganz bestimmten Voraussetzungen – und auch dann nur, wenn man hierbei ganz besondere Sorgfalt im Hinblick auf ihre Durchführung walten lässt – wie das ja auch bei GM der Fall war."[29]

Die Tatsache, dass Sloan sich bereits damals der ausserordentlichen Komplexität der hier zur Diskussion stehenden Problematik voll bewusst war, kommt in einer Bemerkung, die Sloan zum Problem der Grösse einer Unternehmung macht, voll zum Ausdruck:

„It should be clear that I do not regard size as a barrier. To me it is only a problem of management. My thoughts on that have always revolved around

---

28 Beer (Crisis) 328; Hervorhebung im Original.
29 Wolff (General Motors) 98.

one concept which contains considerable complexity in theory and in reality — the concept that goes by the oversimplified name of decentralization."[30]

An einer anderen Stelle — im Kapitel, das die Überschrift „Concept of the Organisation" trägt, bringt Sloan den eigentlichen Kern des Problems mit aller Deutlichkeit zur Sprache. Er berichtet, dass die grundlegende Organisationsstudie, die von ihm angefertigt wurde, auf zwei Prinzipien beruht, die wie folgt formuliert waren:

1. „The responsibility attached to the chief executive of each operation shall in no way be limited. Each such organization headed by its chief executive shall be complete in every necessary function and enabled to exercise its full initiative and logical development.

2. Certain central organization functions are absolutely essential to the logical development and proper control of the Corporation's activities.

   ... looking back on the text of the two basic principles, after all these years, I am amused to see that the language is contradictionary, and that its very contradiction is the crux of the matter. In point 1, I maximize decentralization of divisional operations in the words „shall in no way be limited". In point 2, I proceed to limit the responsibility of divisional chief executives in the expression „proper control". The language of organization has always suffered some want of words to express the true facts and circumstances of human interaction. One usually asserts one aspect or another of it at different times, such as the absolute independence of the part, and again the need of coordination, and again the concept of the whole with a guiding center. Interaction, however, is the thing, and with some reservation about the language and details I still stand on the fundamentals of what I wrote in the study. Its basic principles are in touch with the central problem of management as I have known it to this day."[31]

Sloan löste die fundamentalen Widersprüche, die sich aus der Idee der zentralen Koordination dezentralisierter Einheiten ergeben, bei General Motors mit geradezu brillanter Logik und Intuition. Trotzdem gelang es ihm nicht, allgemeingültige organisatorische Strukturierungsprinzipien zu erarbeiten. Peter Drucker schreibt zu dieser Problematik:

„Trotz der Pionierarbeit Sloans wissen wir immer noch nicht, welche Struktur die meisten Grossfirmen haben sollten. Sloans Methode der dezentrali-

---

30 Sloan (General Motors) xxii f.
31 Sloan (General Motors) 53.

sierten Geschäftstätigkeit bei gleichzeitig zentralisierten Richtlinien und Kontrolleinrichtungen trifft auf nicht mehr als jeweils zwei von fünf Grossfirmen zu ‚– nämlich auf jene, in denen identifizierbare Wirtschaftseinheiten getrennt produziert und verkauft werden. Nicht anwendbar sind sie auf eine Bank oder Versicherungsgesellschaft. Ebensowenig auf die Materialindustrien – z. B. Stahl, Aluminium –, in denen die gesamte Produktion durch den gleichen Prozess erzeugt wird. Hätte das Schicksal Sloan an die Spitze von US Stahl gestellt, so würde sein erstklassiger Verstand vielleicht die passende Organisationsstruktur für einen Stahlkonzern ausgearbeitet haben. Er beschäftigt sich aber nicht damit, eine allgemeine Theorie der Organisation der Grossfirmen zu entwickeln. Daraus folgt, dass diese Aufgabe erst gelöst werden muss. Das kann aber nur dann geschehen, wenn allgemeine Ideen und Prinzipien entwickelt werden, die uns die Beschäftigung mit strukturellen Problemen ermöglichen."[32]

Genau dieses Problem wird durch das Modell des lebensfähigen kybernetischen Systems gelöst. Freilich kann es sich dabei nicht um eine Lösung handeln, die ohne Nachdenken von jeder beliebigen Unternehmung rezeptartig übernommen werden kann. Die Lösung liegt, wie die meisten kybernetischen Lösungen, auf der strukturellen Ebene. Die Kybernetik kann, wie gezeigt wurde, das Problem innerhalb der allgemeinen Struktur des lebensfähigen Systems identifizieren und herausarbeiten, wo es lokalisiert ist. Sie stellt in Form des zweidimensionalen Autonomiemodells eine hinreichend reichhaltige Sprache zur Verfügung, die eine objektive Diskussion dieses Problems erlaubt, und es ist möglich, wenn gleichzeitig neurokybernetische Forschungsergebnisse herangezogen werden, die Richtung zu erkennen, in die die Natur selbst eine Lösung für dieses Problem der relativen Autonomie entwickelt hat.

1.43 Das Prinzip der Lebensfähigkeit (Viabilitätsprinzip)[33]

Im Verlaufe der bisherigen Ausführungen zur Struktur des lebensfähigen Systems wurde die grundlegende Idee der Lebensfähigkeit im allgemeinen Sinne bereits dargestellt. Dennoch erscheint es notwendig, einige spezielle Bemerkungen zu diesem Problemkreis zu machen, zumal gerade die Idee des Überlebens, das in kybernetischen Abhandlungen oft als oberstes oder letztes Ziel eines jeden Systems postuliert wird, immer wieder auf Verständnisschwierigkeiten stösst.

---

32 Drucker (Grossunternehmen) 324.
33 Vgl. Beer (Brain) 283 ff.; Beer (Platform) 423 ff.

Es ist ausserordentlich wichtig, sich klarzumachen, dass es sich bei der Idee der Lebensfähigkeit, so wie sie im kybernetischen Kontext verwendet wird, um eine typisch metasprachliche bzw. metasystemische Vorstellung zur Beurteilung der strukturellen Effektivität eines Systems handelt. Dies bedeutet, dass die Aussage, ein System sei lebensfähig, überhaupt nichts über die konkreten Zustände bzw. Zustandskonfigurationen enthält, in denen sich das System befindet. Was mit „Lebensfähigkeit" tatsächlich gemeint ist, ist vielmehr, dass die spezifische Zustandskonfiguration, in welcher sich ein System faktisch befindet, auf unbestimmte Zeit aufrechterhalten werden kann.

Wie bereits erwähnt, wird in vielen kybernetischen Untersuchungen das Überleben des Systems als dessen oberstes Ziel postuliert. Dieses Postulat wird aber, obwohl es für manche — insbesondere weniger hoch entwickelte biologische Systeme als adäquat akzeptiert wird, für viele andere Systeme, vor allem für den Menschen und die meisten sozialen Systeme als wenig befriedigend empfunden. Der Grund dafür scheint darin zu liegen, dass unter „Überleben" immer ein Überleben am Rande der Existenzmöglichkeiten verstanden wird. „Überleben" wird als „nacktes Überleben" interpretiert, und dies wird — zurecht — eher als eine einschränkende, notwendige Bedingung, oder eine Voraussetzung für die Entfaltung und Prosperität eines Systems angesehen und weniger als sein oberstes und letztes Ziel. Jedes System, insbesondere ein soziales System, kann sich in vielen, inhaltlich sehr verschiedenen Zustandskonfigurationen befinden, von denen diejenige Konfiguration, die man als „nacktes Überleben" bezeichnet, lediglich eine Möglichkeit ist. Ein System kann sich ebensogut in einer Konfiguration anhaltenden Wohlstandes, auf einem niedrigen oder hohen kulturellen Niveau, usw. befinden. Die entscheidende Frage ist aber eben, ob es sich dabei um dauerhafte Konfigurationen handelt, das heisst, ob bestimmte Konfigurationen auf bestimmte Zeit beibehalten werden können. Das ist nichts anderes als die Frage nach der Lebensfähigkeit eines Systems im verallgemeinerten Sinne.

Dies ist keineswegs eine kybernetische Spitzfindigkeit, sondern entspricht vielmehr einem Standpunkt und einer Beurteilungsweise, wie sie etwa auch in einer realistischen, pragmatischen Alltagsbeurteilungsweise zum Ausdruck kommt. Dies manifestiert sich beispielsweise in Redensarten etwa folgenden Charakters: „Diesen aufwendigen Lebensstil wird er nicht lange durchhalten können!"; „Mit diesem Projekt wird sich die Firma übernehmen!"; „Man hat bisher keinen tragfähigen Kompromiss finden können!" usw. Wenn man etwa in einer Wirtschaftskrise davon spricht, dass eine Branche auf diese oder jene Weise nicht überleben kann, dass dieser oder jener Berufszweig nicht lebensfähig ist, usw. dann meint man damit in der Regel keineswegs, dass die gesamte Branche einfach spurlos verschwinden wird; was vielmehr mit solchen Beurteilungsweisen, die durchaus mit sehr grosser Ernsthaftigkeit verwendet werden, zum Ausdruck gebracht werden soll, ist die Auffassung, dass in einem bestimmten Bereich sehr tiefgreifende und einschneidende Strukturänderungen notwendig sind, die sehr wohl zum Untergang bestimmter Betriebe und Unternehmungen führen können, dass aber nach einer Strukturbereinigung die Branche oder der Berufszweig in einer neuen Zustandskonfiguration weiterhin gesund existieren kann. In genau diesem Sinne ist die kybernetische Idee der Lebensfähigkeit zu verstehen. Einige Überlegungen werden sehr schnell zeigen, dass es sich dabei in der Tat um eine universell anwendbare Vorstellung handelt und dass in diesem Sinne die Eigenschaft der Lebensfähigkeit – nicht des konkreten Überlebens – als oberstes Ziel eines jeden Systems angesehen werden kann. Selbstverständlich ist das nackte Überleben eines Systems als Grenzfall eingeschlossen.

Was immer die spezifischen Effizienz- oder Effektivitätskriterien der Prozesse sein mögen, die in einem System ablaufen (technische Effizienz, ökonomische Effizienz, usw.) – die *strukturelle* oder *systemische* Effektivität kann nur anhand des Kriteriums der Lebensfähigkeit beurteilt werden. Dies wird durch die Beobachtung des tatsächlichen praktischen Verhaltens von Managern sehr schnell bestätigt. Einseitige Optimierungen von Prozessen oder Funktionen von Unternehmungen sind keine auf Dauer lebensfähigen Problemlösungen. Ein Teiloptimum ist nur dann auf unbestimmte Zeit haltbar, wenn es sich in das Gesamtgleichgewicht der Unternehmung einfügen lässt. Bei derartigen Überlegungen geht es selbstverständlich nur selten um das „nackte Überleben" einer Firma. Im Zentrum der Überlegungen steht vielmehr das Problem, eine auf Dauer mögliche Ausbalancierung aller Unternehmungsaktivitäten zu erzielen. Jedes einseitige Übergewicht bestimmter Unternehmungsaktivitäten zulasten anderer Bereiche oder Funktionen kann höchstens ein Übergangszustand sein.

Selbstverständlich kann das Management einer Unternehmung nicht davon ausgehen, *im voraus* zu wissen, welche konkrete Zustandskonfiguration lebensfähig im metasystemischen Sinne sein wird. Es handelt sich vielmehr um einen permanent in Gang befindlichen Such- und Beurteilungsprozess, der jedoch nur dann sinnvoll ablaufen kann, wenn das Management bzw. die gesamte Unternehmung die richtige Struktur besitzt. „Lebensfähigkeit" ist somit – wie bereits des öfteren erwähnt – eine Angelegenheit der systemischen Strukturen; nicht jedes System ist lebensfähig. „Lebensfähigkeit" in dem hier verwendeten, verallgemeinerten, kybernetischen Sinne, das heisst im Sinne eines metasystemischen Kriteriums, weist nur die in Abschnitt 1.3 beschriebene fünfstufige Systemstruktur auf.

Je nachdem, auf welchen realen konkreten Bereich diese Systemstruktur angewendet wird, sind auch die jeweils auf Dauer anzutreffenden Zustandskonfigurationen sehr verschieden. Die Lebensfähigkeit einer Kleinunternehmung ist mit Bezug auf die konkrete Zustandskonfiguration, die beispielsweise partiell in ihrer Bilanz und Erfolgsrechnung zum Ausdruck kommt, genauso gegeben, wie die Lebensfähigkeit eines Grosskonzerns, der bezogen auf die Bilanz und Erfolgsrechnung eine völlig andere Zustandskonfiguration aufweist. Welche konkreten Indikatoren auch immer zur Beurteilung von Unternehmungen herangezogen werden, man wird immer eine Vielfalt verschiedener Zustandskonfigurationen feststellen. Die allgemeine strukturelle *kybernetische* Lebensfähigkeit ist eben nicht eine Sache der verschiedenartigen Zustände, die Systeme annehmen können, sondern ausschliesslich eine Angelegenheit der invarianten Systemstruktur oder Organisationsstruktur der betreffenden Unternehmungen. Dies wiederum ist nicht eine Frage der jeweiligen Organigramme, Stellenbeschreibungen usw., die in den jeweils untersuchten Unternehmungen offiziell Gültigkeit haben mögen, sondern hängt davon ab, ob man bei sorgfältiger und gründlicher Analyse der jeweiligen Unternehmungen mit Hilfe des Modells des lebensfähigen Systems die entsprechende fünfstufige Struktur identifizieren kann oder nicht.

Wie bereits aus den Ausführungen zum Prinzip der Rekursion und zum Prinzip der relativen Autonomie implizit hervorgeht, ist das Kriterium der Lebensfähigkeit oder das Prinzip der Gestaltung nach dem Kriterium der Lebensfähigkeit auf alle Rekursionsebenen anzuwenden. Jedes einzelne Rekursionsniveau muss für sich lebensfähig sein, was nichts anderes bedeutet, als dass die jeweiligen Einheiten (Körperorgane, Unternehmungsbereiche, soziale Institutionen, autonome Arbeitsgruppen, militärische Waffeneinheiten, Abteilungen oder Fakultäten von Hochschulen usw.) in sich die Struktur des lebensfähigen Systems aufweisen müssen. Die lebensfähigen Subsysteme auf einer Rekursionsebene sind aber Teile eines lebensfähigen Systems auf der nächsthöheren Rekursionsebene und somit kann die Autonomie der Einheiten einer Rekursionsebene nur in dem Ausmass ausgeprägt sein, als nicht die Lebensfähigkeit des Systems auf der nächsthöheren Rekursionsebene gefährdet ist und umgekehrt.

1.44 Zusammenfassung

Wie einleitend zu diesem Abschnitt ausgeführt wurde, sind die hier besprochenen Prinzipien der Rekursion, der relativen Autonomie und der Viabilität von zentraler Bedeutung für die Struktur des lebensfähigen Systems, vor allem für die Anwendung dieser Struktur als Modell für die Gestaltung soziotechnischer Systeme.

Die Kenntnis des detaillierten Aufbaues des lebensfähigen kybernetischen Systems ist andererseits aber wichtig, um die Bedeutung und Tragweite der allgemeinen Prinzipien beurteilen zu können.

Dementsprechend werden im folgenden Abschnitt die Einzelheiten des Systems dargestellt, wobei die Gesamtzusammenhänge in Abschnitt 1.6 grafisch zusammengefasst sind.

1.5 Das detaillierte Modell der kybernetischen Organisationsstruktur von Managementsystemen

1.51 System 1

In jeder Unternehmung lassen sich Bereiche von Aktivitäten unterscheiden, die im Rahmen des Gesamtorganismus relativ autonom bestimmte Aufgaben erfüllen. Diese Bereiche sind je nach Art der Unternehmung verschieden. Handelt es sich aber bei einem solchen Bereich um ein *lebensfähiges System,* so kann er als *Division* in die Lenkungshierarchie der Unternehmung integriert werden. In dieser Hierarchie übernimmt das *System 1* die Lenkung der Division im Rahmen der übergeordneten Unternehmenspolitik und daraus abgeleiteter Instruktionen. Das System 1 reagiert auf Entwicklungen der für die Division relevanten Umwelt und koordiniert sich mit anderen Divisionen mit dem Ziel der eigenen Stabilisierung im Einklang mit der Gesamtstabilität der Unternehmung.

Das neurophysiologische Gegenstück des Systems 1 ist der *Reflexbogen* mit seinem peripheren Ganglion; dieser ist wiederum im Rahmen der vertikalen Befehlsachse (Rückenmark) in den Gesamtorganismus eingeordnet [34]. Der Reflexbogen verwirklicht das Prinzip eines Lenkungsmechanismus, der mittels Feedback unerwünschte Entwicklungen der zu lenkenden Division korrigiert und deren Stabilität garantiert. Diese Zusammenhänge lassen sich auf die Unternehmung bezogen schematisch wie folgt abbilden: [35]

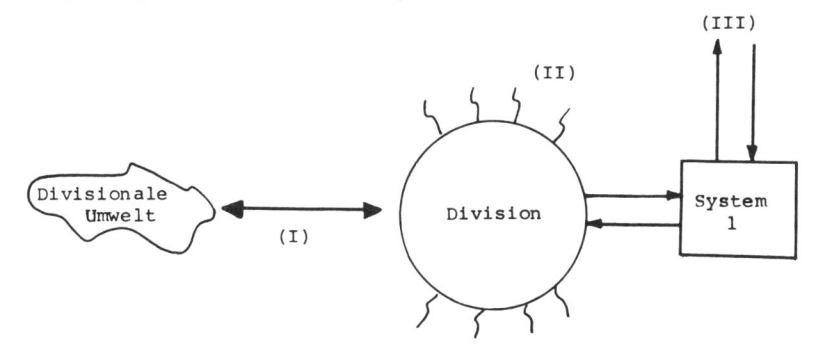

Abbildung 1.51(1): Die Stellung der Division in ihrer Umwelt

---

[34] Vgl. Beer (Brain) 139.
[35] Vgl. Beer (Brain) 161.

Die zu lenkende *Division* ist einmal den Stimuli ihrer Umwelt ausgesetzt, die eine stete Anpassung erfordern (I). Zudem hat sie den Zu- und Abfluss von Material, Energie und Information zu bewältigen, der von anderen Divisionen stammt (II). Alle diese Koordinationsaufgaben müssen unter Berücksichtigung vorgegebener Politiken der Unternehmung erfolgen (III), was vom System 1 eine hohe Lenkungsvarietät erfordert. Wie wird nun diese Varietät generiert, um auch mit unvorhergesehenen Störungen fertig zu werden, d. h. um die *Ultrastabilität* der Division zu garantieren? Beer[36] hat gezeigt, dass das System 1 als ein „anastomotisches Retikulum" verstanden werden muss, also als ein vielfältig verknüpftes Netzwerk, das von ganzen Bündeln von Inputkanälen gespeist bzw. Outputkanälen verlassen wird. Dies wird verständlich, wenn wir die Führung einer Unternehmensdivision in der Praxis betrachten. Die Vielfalt von Informationsaufnahmen und -abgaben, Entscheidungen, Anordnungen und Kontrollen lassen sich nicht detailliert abbilden, und die Bildung von Modellen dieser Tätigkeiten muss zwangsläufig die vorhandene Varietät drastisch reduzieren. Trotzdem müssen solche Modelle gebildet werden, um wenigstens die grundsätzlichen Mechanismen der Informationsverarbeitung und Entscheidungsfindung zu eruieren, die für eine gezielte Gestaltung des Systems 1 Anhaltspunkte geben können.

Eine Möglichkeit der Generalisierung der Funktionsweise des Systems 1 ist seine Beschreibung als Servomechanismus[37]. Beer charakterisiert die Anforderungen an diesen Lenkungsmechanismus wie folgt:

„What the system needs, and all it needs, is a way of measuring its own internal tendency to depart from stability, and a set of rules for experimenting with responses which will tend back to an internal equilibrium ... To be aware of something happening and label it disturbance, and to be able to alter internal states until the effects of the disturbance are offset, is enough."

Somit lassen sich folgende notwendige Bestandteile des Servomechanismus ableiten, der nach dem Prinzip der negativen Rückkoppelung arbeitet[38]:

— Ein *Initialplan,* der die Division im Gesamtorganismus lokalisiert, dient als *Standard* zur Beurteilung der aktuellen Entwicklung der Division in ihrer Umwelt.

— *Sensoren* erfassen die Entwicklung real-time und garantieren damit eine sofortige Reaktion auf auftretende Störungen.

---

36 Vgl. Beer (Brain) 42.
37 Vgl. Beer (Brain) 38.
38 Vgl. Beer (Brain) 165.

— Ein Repertoire von *Plänen* steht für verschiedenste Umweltkonstellationen zur Verfügung.

— *Motorische Kanäle* ermöglichen die Durchführung ausgewählter Pläne.

Die Funktionsweise des Servomechanismus besteht darin, dass korrigierende Aktionen (Pläne) durch unerwünschte Entwicklungen selber ausgelöst werden, indem die resultierende Abweichung des Systems vom internen Gleichgewichtszustand die notwendige Rückkoppelung bewirkt.

Wie ist nun bei der Ausgestaltung eines Servomechanismus vorzugehen, damit dieser die Aufgabe eines System-1-Controllers wahrnehmen kann? Zuerst muss einmal ein *Modell* der zu lenkenden Divisionen erstellt werden, um 1. die zu überwachenden Grössen zu bestimmen und 2. deren optimal erreichbaren Werte festzulegen. Dies ist die Voraussetzung der Bildung von Sensoren und des Mechanismus zur Entdeckung von Störungen.

Beer[39] fordert in diesem Zusammenhang die Bildung eines strukturellen und eines parametrischen Modells. Das *strukturelle Modell*[40] charakterisiert die zu lenkende Division durch eine Menge von Variablen und deren Beziehungen; es zeigt also deren Struktur auf, ohne auf die Ausprägungen der einzelnen Variablen und Beziehungen einzugehen. Ein solches Modell kann sehr detailliert sein, wenn es beispielsweise einen Bearbeitungsvorgang der Produktion als mathematische Formel abbildet. Oft sind jedoch die Variablen des Modells qualitativer Natur und die Beziehungen der Variablen ganze Bündel von Informationskanälen, so dass nur eine grobe Struktur ermittelt werden kann. Das Modell erfüllt jedoch seine Funktion, wenn sich Variablen herauskristallisieren lassen, deren Überwachung die lenkungsrelevanten Informationen liefern kann. An diesen Punkten müssen die Sensoren des Servomechanismus plaziert werden.

Das *parametrische Modell* spezifiziert numerische Werte der Variablen des strukturellen Modells, wobei diese als Optimalwerte bestimmt werden. Es handelt sich hierbei um *Kapabilitäten*, welche die bestmöglichen Leistungen im Rahmen gegebener Ressourcen und Bedingungen — daher sind es keine Kapazitäten! — angeben. Diese Besonderheit des Modells hat zwei Gründe. Einmal bewirkt sie eine bedeutende Reduktion der Varietät der Abbildung; die Erfassung aller möglichen tatsächlichen Werte der Variablen würde zu grosse Speicherkapazitäten erfordern. Zum andern ermöglicht sie die Bildung von Indices als Quotienten von tatsächlichen und optimalen Werten der Variablen, die immer im Bereich zwischen 0 und 1 liegen, da optimale Werte von den tatsäch-

---

39 Vgl. Beer (Decision) 313 ff.
40 Zum strukturellen und parametrischen Modell vgl. ausführlich Gomez, Malik, Oeller (Systemmethodik) 1003 ff. sowie Gomez (Operations Management) Abschn. 2.332.

lichen Variablenwerten nicht überstiegen werden können. Diese Indices bilden die Grundlage der Ausgestaltung eines Mechanismus zur Entdeckung von Störungen des Systems.

Die Entwicklung von *Indices* zur Entdeckung von Störungen spielt bei der Gestaltung des Systems 1 eine zentrale Rolle. Daher sollen die grundsätzlichen Zusammenhänge hier kurz aufgezeigt werden[41]. Indices sind „neutrale" Messeinheiten, die frei von irgendwelchen spezifischen Bedeutungen, wie sie beispielsweise der Profit im Zusammenhang mit der Messeinheit Geld darstellt, unternehmerische Gegebenheiten abbilden können. Indices sind dimensionslose Zahlen, die sich stets zwischen 0 und 1 bewegen, indem sie beispielsweise das Verhältnis einer möglichen (100 Std.) zur tatsächlichen Leistung (50 Std.) abbilden (0,5). Beer unterscheidet drei verschiedene Erreichungsgrade, die — zueinander in Beziehung gesetzt — Indices zur Überwachung des betrieblichen Geschehens bilden können:

— Realität:
Was bei gegebenen Mitteln und Rahmenbedingungen momentan tatsächlich erreicht wird.

— Kapabilität:
Was bei gegebenen Mitteln und Rahmenbedingungen momentan erreicht werden könnte, wenn jede Möglichkeit ausgeschöpft würde.

— Potentialität:
Was bei bestmöglicher Ausnutzung und Weiterentwicklung der eigenen Mittel und Beseitigung hindernder Bedingungen im Rahmen des praktisch Realisierbaren erreicht werden könnte.

Setzt man nun diese Erreichungsgrade zueinander in Beziehung, so ergeben sich drei *Indices,* deren Entwicklung Aufschluss über mögliche Störungen des Systems geben könnten: Produktivität, Latenz, Gesamtleistung[42].

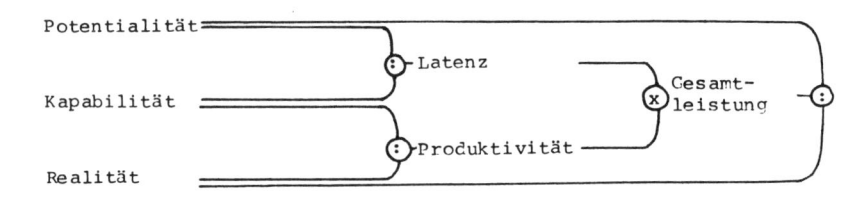

---

41 Vgl. Beer (Brain) 206 ff. Für eine ausführliche Behandlung der Indices vgl. auch Oeller (Kennzahlen).
42 Vgl. Beer (Brain) 209.

Setzt man also die Optimalwerte (Kapabilitäten) des parametrischen Modells zu den tatsächlich realisierten Werten in Beziehung, so erhält man die Produktivität der zu überwachenden Grössen der Division. Deren Entwicklung ist ein wichtiger Anhaltspunkt dafür, ob das System irgendwie gestört ist. Bei näherer Betrachtung der obigen Indices zeigt sich, dass ein ausgebautes System 1 neben dem strukturellen und dem parametrischen Modell noch über ein solches von Potentialitäten verfügen sollte, um die Latenz und schliesslich die Gesamtleistung der Division zu überwachen. Darauf soll jedoch bei der detaillierten Beschreibung der Funktionsweise des Systems 1 eingegangen werden.

Nach der Behandlung der ersten zwei Voraussetzungen zum Aufbau eines Systems 1 — der Bestimmung der zu *überwachenden Grössen* und der Bildung von *Indices* zur Erkennung von Störungen — müssen nun jene *Standards* bestimmt werden, welche eine Beurteilung der eingetretenen Störungen erlauben und welche die korrigierenden Aktionen auslösen. Standards sind *Stabilitätskriterien,* welche eine Feststellung der Abweichungen des Systems vom internen Gleichgewicht ermöglichen. Diese Stabilitätskriterien werden durch den *Initialplan* bestimmt, der die zu lenkende Division in der Gesamtorganisation lokalisiert. Die Kriterien können genau vorgegebene Ziele, aber auch vage formulierte „reference conditions"[43] sein. Ihre Ausprägung hängt u. a. sehr stark vom gewählten Rekursionsniveau ab. Hier finden wir auch jene übergeordneten unternehmerischen *Politiken* wieder, welche jede Division bei ihren Koordinationsaufgaben zu berücksichtigen hat. Die Stabilitätskriterien bestimmen weitgehend den Informationsfluss innerhalb des Netzwerkes, das den erkannten Störungen (z. B. einer Veränderung der Produktivität) korrigierende Aktionen (Pläne) zuordnet.

Wie ist nun aber dieses Netzwerk zu interpretieren? Es kann vereinfacht als eine *Transferfunktion* verstanden werden, welche bestimmten Inputs Outputs zuordnet[44]. Die Outputs sind in diesem Fall *Pläne,* die aufgetretene Störungen (Inputs) beseitigen sollen. Um nun aber verschiedenste — auch unvorhergesehene — Störungen bewältigen zu können, muss ein *Repertoire* solcher Pläne bereitgestellt werden. Die Pläne müssen „auf Abruf" bereitstehen, um im Einzelfall nur noch den spezifischen Gegebenheiten angepasst zu werden (Programmierung). Was die Zuordnung von Plänen zu Störungen anbetrifft, so kann diese in einigen Fällen zum vornherein vorgenommen werden. Dieser Idealfall setzt allerdings voraus, dass alle möglichen Störungen bekannt sind und nur ihr zeitliches Auftreten ungewiss ist. In den meisten Fällen jedoch trifft dies nicht zu, und bei auftretenden Störungen müssen versuchsweise Pläne aus dem Repertoire ausgewählt und eingeführt werden. Es handelt sich hierbei um eine „Politik der kleinen Schritte": Jeder neu implementierte Plan wird auf seine Wir-

---

43 Vgl. Powers (Behavior) 44 ff.
44 Vgl. Beer (Brain) 41.

kung auf die interne Tendenz der Stabilisierung geprüft und solange ersetzt, bis sich der Erfolg in Form eines Gleichgewichts einstellt. Dieses evolutionäre Vorgehen [45] wird vor allem bei jenen Umwelten der Division unumgänglich sein, die Diskontinuitäten aufweisen.

Schliesslich müssen als letzte Voraussetzung die ausgewählten Pläne in Lenkungsaktivitäten umgesetzt werden können. Dies geschieht über die motorischen Kanäle und *Effektoren*. Wo die Effektoren anzusetzen sind, kann wiederum aus dem strukturellen Modell abgeleitet werden, indem die lenkbaren Grössen der Division herauskristallisiert werden. Auch die motorischen Kanäle sind – wie die sensorischen – als Bündel zu interpretieren, in denen die Informationen auf vielfältigen Wegen zu den Aktivitätszentren gelangen.

Nach dieser kurzen Beschreibung der Voraussetzungen der Gestaltung des Systems 1 soll nun dessen Funktionsweise detailliert erläutert werden, indem seine Bausteine und der *Informationsfluss* zwischen diesen Teilen dargestellt wird. [46]

In diesem Zusammenhang muss noch erwähnt werden, dass bei der späteren Behandlung der Systeme 2, 3, 4 und 5 wiederum von Controllern gesprochen wird. Diese Controller müssen ebenfalls die eben aufgestellten Voraussetzungen erfüllen, um funktionsfähig zu sein. Wenn also im weiteren Vorgehen von Controllern gesprochen wird, so werden diese Voraussetzungen als gegeben angenommen und nur noch das für das jeweilige System Spezifische des Controllers behandelt.

Eine detaillierte Darstellung der Organisation des Systems 1 aus der *Sicht der Unternehmung* führt zur Unterscheidung von zwei wesentlichen Komponenten dieses Controllers: der Divisionsleitung und des divisionalen Regelzentrums. Diese sind miteinander und zur Umwelt so durch Informationskanäle verbunden, dass sie die Funktion eines Servomechanismus – die Aufrechterhaltung der Stabilität der Division – erfüllen können.

Die *Divisionsleitung* ist für das Management der Division zuständig. Als Teil der vertikalen Befehlsachse leitet sie aus der übergeordneten Unternehmungspolitik normative Divisionspläne ab und überwacht die Einhaltung dieser Pläne. Zur Erfüllung dieser Aufgabe steht ihr das *divisionale Regelzentrum* als Managementinstrumentarium zur Verfügung. Dieses überwacht die Entwicklung bestimmter Divisionsgrössen und reagiert auf unerwünschte Entwicklungen mit kurzfristigen Planänderungen, jedoch stets im Rahmen des übergeordneten normativen Divisionsplans.

---

45 Vgl. dazu auch Malik, Gomez (Entscheide) 308 f.
46 Vgl. dazu Abb. 16(1)–16(10).

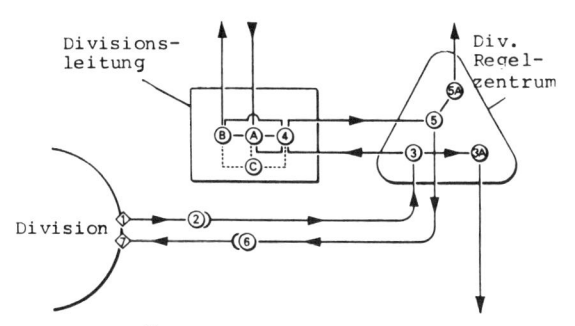

Abbildung 1.51(2): System 1 [47]

Der Mechanismus des Systems 1 lässt sich durch folgende Bausteine der Divisionsleitung (A, B, C, 4), des divisionalen Regelzentrums (3, 3A, 5, 5A) und der sie verbindenden Informationskanäle (1, 2, 6, 7) charakterisieren:

⟨1⟩ Erfassungsmechanismus

Um den Grad der Stabilität einer Division beurteilen zu können, muss deren Entwicklung anhand des Verhaltens bestimmter ausgewählter Grössen überprüft werden. Dies setzt aber die Erfassung von *Daten* voraus, welche dieses Verhalten charakterisieren. Diese Daten müssen sodann *kodiert,* d. h. in eine für das Lenkungssystem verständliche Sprache übersetzt werden. Diese doppelte Aufgabe übernehmen im Rahmen des System-1-Controllers *„Transducer"* genannte Erfassungsmechanismen. Nach Beer [48] ist ein Transducer „a machine, device, protocol or rule by which informative is changed to an appropriate form and introduced into a system". Diese Mechanismen verarbeiten also Rohdaten nach einem ganz bestimmten Schema in die „Systemsprache", indem beispielsweise Quotienten wie Stk/h gebildet werden.

② Inputsynapse

Über die Transducer gelangt eine Vielzahl kodifizierter Daten in die Informationskanäle des Lenkungssystems, vor allem wenn die Erfassung auf kontinuierlicher Basis erfolgt. Um nun eine Überlastung der Überwachungsmechanismen zu vermeiden, muss der Informationsfluss durch eine Vorrichtung gesteuert werden, welche das Prinzip einer *Synapse* des menschlichen Nervensystems verwirklicht. Diese sammelt und speichert bestimmte Daten solange, bis sich ein für den Überwachungsmechanismus sinnvoller Datensatz ergibt; dieser wird als

---

47 Vgl. Beer (Brain) 216.
48 Vgl. Beer (Brain) 307.

Ganzes weitergeleitet. Für die Ausgestaltung des Systems 1 bedeutet dies, dass die anfallenden Daten gemäss einem *Stichprobenplan* verringert und die übriggebliebenen zu *Samples* zusammengefasst werden, die als Ganzes weitergeleitet werden. Die gewählte Stichprobengrösse bestimmt also den Schwellenwert, dessen Erreichung die Übermittlung der Daten bewirkt.

③ Überwachungsmechanismus

Die Funktion dieses Mechanismus besteht in der Berechnung und Überwachung von *Indices,* die signifikante Änderungen im Verhalten der Division möglichst rasch erkennen lassen und somit Gegenmassnahmen auslösen. Die Bildung solcher Indices setzt die Existenz von *Modellwerten* voraus, zu denen die Datenstichproben in Beziehung gesetzt werden können. Die obigen Ausführungen zu den Indices haben gezeigt, dass Kapabilitätsmodelle die Berechnung der Entwicklung der Produktivität von Divisionsgrössen erlauben, und dass Potentialitätsmodelle die Berechnung der Latenz – und damit zusammen mit der Produktivität auch der Gesamtleistung – ermöglichen.

Auf die Berechnung von Indices folgt deren statistische *Überwachung*, wobei zuerst jene Populationen aufgebaut werden müssen, die als Massstab ($\bar{x}$, σ) für jede neue Entwicklung dienen können. Jeder neu errechnete Index wird mit dem Massstab verglichen, und statistisch signifikante Ereignisse werden an die Divisionsleitung gemeldet. Das detaillierte Vorgehen bei der Gestaltung und dem Operating dieses Überwachungsmechanismus wurde schon verschiedentlich abgehandelt[49] und soll in Abschnitt 3.23 beispielhaft erläutert werden. Hier sei lediglich noch auf die Möglichkeit des Überwachungsmechanismus hingewiesen, *Trendänderungen* im Verhalten der Indices kurzfristig zu prognostizieren. Basierend auf einer mathematischen Theorie der kurzfristigen Prognose[50] hat Beer ein Programm („Cyberstride") entwickelt, das sehr sensitiv auf Trendänderungen der Indices reagiert und das dem System 1 frühzeitige Reaktionen auf unerwünschte Entwicklungen ermöglicht[51].

④ Direktiver Auslösemechanismus

Informationen über signifikante Abweichungen der Indices vom Normalverhalten – charakterisiert durch $\bar{x}$ und σ der statistischen Verteilungen – sowie über Trendänderungen gelangen an den direktiven Auslösemechanismus. Dieser verfügt als Bestandteil der Divisionsleitung über Verhaltensstandards, welche eine

---

49 Vgl. Beer (Decision) 299 ff., Gomez, Malik, Oeller (Systemmethodik) 993 ff., Oeller (Cybernetic Process Control) passim.
50 Vgl. Harrison, Stevens (Forecasting).
51 Vgl. dazu Beer (Platform) 439 ff. und Beer (Development) passim, sowie die detaillierten Ausführungen bei Oeller (Kennzahlen).

Evaluierung der Abweichungen und die Auslösung korrigierender Massnahmen ermöglichen. Seine Funktion besteht also in einer metasprachlichen Beurteilung des Einflusses von Abweichungen auf die *Stabilität* der Division. Als Resultat dieses Prozesses wird entweder die Anpassung der kurzfristigen Pläne der Division an die veränderte Konstellation angeordnet, oder es erfolgt eine Bestätigung der momentan eingesetzten Pläne.

(5) Planungsmechanismus

Das divisionale Regelzentrum verfügt über ein Repertoire von Plänen, die für verschiedenste Konstellationen der Division adäquate Verhaltensweisen spezifizieren. Ein Set solcher *Pläne* ist stets in Aktion; die daraus abgeleiteten *Programme* bestimmen das Verhalten bei den gegebenen Umweltbedingungen. Wenn also vom Auslösemechanismus eine Planänderung gefordert wird, so muss das Regelzentrum keine neuen Pläne entwerfen, sondern solche aus dem Repertoire *auswählen* und den momentanen Gegebenheiten *anpassen,* d. h. in Programme umsetzen. Die vorgegebenen Pläne sind – wie die Modelle des Überwachungsmechanismus – als Kapabilitäten formuliert, so dass sie vor ihrer Implementierung mit dem *reziproken* Wert der laufenden (in (3) ermittelten) Produktivitäten gewichtet werden müssen, um realistische Werte für die Durchführung zu erhalten. *Planen* bedeutet also für das divisionale Regelzentrum, gemäss der Anordnung des direktiven Auslösemechanismus, kurzfristige Pläne aus dem gegebenen Repertoire auszuwählen und diese Bausteine zu einem Programm zusammenzufügen.

(6) Outputsynapse

Wie die Inputsynapse die eintreffenden Daten zuerst sammelt und ordnet, bildet die Outputsynapse zusammengehörende Gruppen von Programmen, die dann zur Durchführung weitergeleitet werden. Dadurch wird eine gewisse Kontinuität des Anpassungsprozesses gewährleistet, indem die schubweisen Eingriffe in die laufenden Operationen dem System die Möglichkeit geben, sich jeweils auf die Neuerung einzustellen, was bei einer permanenten „Bombardierung" mit einzelnen Programmen nicht der Fall sein würde.

(7) Durchführungsmechanismus

Die durch die Outputsynapse übermittelten Programmpakete müssen schliesslich in Aktionen, d. h. in Eingriffe in die laufenden Operationen der Division, umgesetzt werden. Hierzu sind wiederum *Transducers* notwendig, die den Code der Programme entschlüsseln und die entsprechenden Aktionen auslösen bzw. anordnen.

Die bisher behandelten Bausteine 1 bis 7 konstituieren den Lenkungsprozess der divisionalen Operationen. Dieser Prozess muss aber selber wieder gelenkt werden, wobei die folgenden Bausteine eine zentrale Rolle spielen:

(A) Informationsaufnahme der Divisionsleitung

Die Konstruktion eines Überwachungsmechanismus und die Entwicklung von kurzfristigen Plänen im divisionalen Regelzentrum muss im Rahmen eines übergeordneten Bezugsrahmens erfolgen, welcher die Funktion der Division und ihre langfristigen Ziele charakterisiert. Die Divisionsleitung formuliert diesen Bezugsrahmen, indem sie aus der Politik der Gesamtunternehmung einen *normativen* oder *Initialplan* für die Division ableitet und diesen auf ihre Umweltkonstellation sowie die Anforderungen von seiten der anderen Divisionen abstimmt. Um aber einen solchen Initialplan entwerfen zu können, der eine Evaluierung der divisionseigenen Lenkungstätigkeiten in bezug auf ihre Konsistenz mit Zielsetzungen der Gesamtunternehmung erlaubt, muss die Divisionsleitung über ein *Sensorium* verfügen, das folgende Informationen erfasst:

— Informationen über die Unternehmenspolitik

— Informationen über relevante Umweltentwicklungen

— Information über die normativen Pläne anderer Divisionen

— Information über die Abweichung von Indices der eigenen Division.

Diese Informationen müssen integriert und koordiniert werden; damit wird die notwendige Vorbereitung für die *Entscheidung* in C über den normativen Divisionsplan getroffen.

(C) Normative Divisionsplanung

Hier erfolgt die eigentliche Beschlussfassung über den normativen Divisionsplan, sowie die Ableitung von *Verhaltensstandards,* die zur Evaluierung des Einflusses von Verhaltensabweichungen der Division auf deren Stabilität in 4 benötigt werden. Es ist allerdings falsch, C als alleinige Entscheidungsinstanz zu interpretieren. Die Entscheidung wird von der gesamten Divisionsleitung (A, B, C, 4) erarbeitet, mit C als primus inter pares.

(B) Informationsabgabe der Divisionsleitung

Neben der Mitwirkung im Prozess der Entscheidungsfindung besteht die Funktion dieses Bausteins der Divisionsleitung in der *Weiterleitung* des normativen Divisionsplans und der festgelegten Verhaltensstandards an übergeordnete Instanzen der Befehlsachse, andere Divisionen und das divisionale Regelzentrum.

Ist es der Divisionsleitung nicht möglich, die Grundsätze der Unternehmenspolitik zu verwirklichen, so wird dies ebenfalls über B der Befehlsachse mitgeteilt.

Neben der zentralen Befehlsachse bestehen weitere Verbindungspunkte zu anderen Divisionen und den übergeordneten Lenkungssystemen. Diese befinden sich im divisionalen Regelzentrum und haben die folgenden Funktionen:

(3A) Verbindung zu anderen Divisionen

Unerwünschte Entwicklungen der Division, die sich in Abweichungen der Indices äussern, werden hier an andere Divisionen übermittelt. Die dadurch angestrebte Koordination wird über das System 2 bewerkstelligt, das anschliessend behandelt wird. Die Übermittlung von Abweichungen der *Indices* hat den Vorteil, dass nur die Tatsache der Abweichung ohne irgendeine Wertung kommuniziert wird, was das Anordnen von Reaktionen erleichtert.

(5A) Verbindung zum Divisionskoordinationszentrum

Hier werden die ausgewählten Pläne und Programme an eine Instanz übermittelt, die sie mit den allgemeinen Synergievorstellungen der Unternehmung vergleicht, um Oszillationen zu vermeiden. Auch hier handelt es sich wieder um eine System-2-Funktion, die später behandelt wird.

Fasst man nun alle System-1-Bausteine mit ihren Inputs und Outputs zusammen, so ergibt sich folgende Liste ihrer Funktionen und des Informationsflusses:

Baustein		Funktion	Input	Output
	Erfassungs-mechanismus	Systemische Erfassung und Kodierung der zu überwachenden Grössen	Rohdaten der relevanten Grössen	Kodierte Daten
1				
2	Inputsynapse	Auswahl und Sammlung von zusammengehörenden Daten und Übermittlung als Samples	Kodierte Daten	Datenstichproben
3	Überwachungs-mechanismus	Aggregation von Daten Berechnung und Überwachung von Indices	Datenstichproben	Abweichungsinformationen (4), (3A)
4	Direktiver Auslöse-mechanismus	Verhaltensbezogene Analyse von Abweichungen im Lichte der divisionalen Standards; Anordnung von Plananpassung oder Planbestätigung	Standards (B) Abweichungsinformationen (3)	Anordnungen zur Beibehaltung oder Anpassung von Plänen (5) Informationen über Planänderungen (A)
5	Planungs-mechanismus	Auswahl von Routineplänen und Programmen; Adjustierung für spezifische Situation	Anordnungen zur Planänderung/-beibehaltung	Programme an (6) und andere Divisionen (5A)
6	Outputsynapse	Sammlung und Übermittlung von Programmen	Programme (in kodifizierter Form)	Aggregierte Programme
7	Durchführungs-mechanismus	Auslösung der Programm-aktionen	Aggregierte Programme	Aktionen (Manipulationen)

A	Informations-aufnahme der Divisions-leitung	Informationsintegration und -koordination als Entscheidungs-vorbereitung von C und Über-wachung von 4	Informationen über Unterneh-menspolitik, Umwelt, andere Divisionen und Abweichungen (4)	Informationen an B und C
B	Informations-abgabe der Divisions-leitung	Mitwirkung an der Informations-integration/-koordination und Weiterleitung des normativen Divisionsplans und der Standards	Entscheidungen über Divisions-politik (C) A-Informationen	Informationen über: Standards (4) Einhaltung der Unternehmens-politik (über geordnete Instanzen) Divisionspolitik (andere Divisionen)
C	Normative Divisions-planung	Beschlussfassung über divisio-nale Initialpläne und Standards	A, B, 4-Informationen	Verhaltensstandards und Divi-sionsplan
3A	Verbindung zu den anderen Divisionen	Übermittlung von Abweichungen	Abweichungsinformationen	Aggregierte und adressierte Abweichungsinformationen
5A	Verbindung zum Divisionskoordi-nationszentrum	Übermittlung der ausgewählten Programme an Zentrum und andere Divisionen	Pläne bzw. Programme der Division	Pläne und Programme

1.52 System 2

Aus der Sicht der Gesamtunternehmung verwirklicht das System 2 jenes Metasystem, das alle Systeme 1 koordiniert. Aus neurophysiologischer Perspektive handelt es sich dabei um die sympathische Interaktion der peripheren Ganglien der Reflexbogen, die im Rückenmark angeordnet sind [52].

Der *Zweck* des Systems 2 besteht darin, Oszillationen zwischen den Divisionen zu verhindern. Dieses Phänomen — in der Ingenieursprache „unkontrollierte Schwingungen" genannt und in der Neurophysiologie mit „Ataxie" bezeichnet — kann entstehen, wenn das Verhalten der einzelnen Divisionen nicht aufeinander abgestimmt ist. Da jede Division möglichst effektiv bleiben muss, d. h. so, als wenn sie zu den anderen Divisionen in Konkurrenz stehen würde, sind Kooperationsschwierigkeiten zwangsläufig vorhanden. Doch erst die Zusammenarbeit der einzelnen Divisionen konstituieren den Gesamtorganismus, so dass ein Mechanismus zur Vermeidung von Oszillationen geschaffen werden muss.

Ein solcher Mechanismus muss wiederum die Form eines *Controllers* aufweisen, der das Verhalten der einzelnen Divisionen an gewissen Standards misst und bei Abweichungen entsprechende Massnahmen ergreift. Das bedeutet aber, dass folgende Informationen für den Entwurf und das Operating des Controllers unerlässlich sind:

— Informationen über signifikante *Abweichungen* im Verhalten der einzelnen Divisionen

— Informationen über kurzfristige *Planänderungen* der Divisionen

— Informationen über allgemeine *Synergievorstellungen* der Unternehmung, welche die Ableitung von *Standards* zur Beurteilung der Zusammenarbeit der Division ermöglichen.

Eine weitere Anforderung an den Controller besteht darin, dass er nicht über die zentrale Befehlsachse operieren darf, da diese sonst überlastet wäre. Identifiziert man die zentrale Befehlsachse mit jenen Linienstellen der Unternehmung, zwischen denen hierarchische Information (z. B. über die Unternehmungspolitik und deren Einhaltung) fliesst, so stellt das System 2 die Verbindung zwischen dem peripheren Management der einzelnen Divisionen her, das durch die divisionalen Regelzentren verkörpert wird. Diese Verbindung besteht in vielen Firmen in informalen Kontakten zwischen Stabsleuten verschiedener Divisionen und bildet eine eigentliche „Management-Subkultur". Was jedoch oft fehlt, sind die oben erwähnte Synergievorstellungen in Form von Standards für die Zusammenarbeit der Divisionen.

---

52 Vgl. Beer (Brain) 142.

Das System 2 lässt sich wie folgt schematisch darstellen [53]:

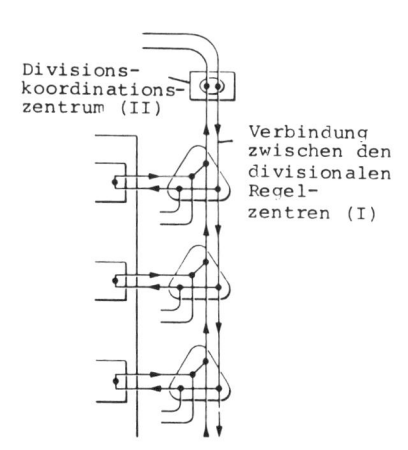

Abbildung 1.52(1): System 2

Charakteristisch für das System sind zwei *Komponenten:* Die Verbindung zwischen den divisionalen Regelzentren und das Divisionskoordinationszentrum.

(I) Verbindung zwischen den divisionalen Regelzentren

Hierbei handelt es sich um ein Netz von Informationskanälen, in denen zwei Arten von Informationen fliessen:

— Informationen über signifikante *Abweichungen* der *Indices* der einzelnen Divisionen. Diese Informationen gelangen über den Verbindungsknoten 3A der divisionalen Regelzentren *automatisch* in den Informationskreislauf.

— Informationen über kurzfristige *Divisionspläne* und ihre Änderung sowie Verhaltensprogramme, die an der Verbindungsstelle 5A der divisionalen Regelzentren angezapft und an das Divisionskoordinationszentrum weitergeleitet werden.

Die Verbindung zwischen den divisionalen Regelzentren muss als Informationskreislauf verstanden werden, der alle relevanten Index- und Planabweichungen enthält und der sie anderen Divisionen zur Überprüfung der Wirkung auf ihre eigene Planung zuführt. Sie dient also der *Koordination* der kurzfristigen, taktischen Divisionspläne, wobei das Hauptgewicht auf *Schnelligkeit und Vollständigkeit* gelegt wird.

---

53 Beer (Brain) 221; vgl. dazu auch die Abb. 1.6(3) und 1.6(4) in Abschnitt 1.6, welche diese Zusammenhänge zusätzlich auf verschiedenen Rekursionsebenen abbilden.

(II) Divisionskoordinationszentrum

Die Schaffung eines Informationskreislaufes zur Koordination der einzelnen Divisionen ist ein erster Schritt zur Vermeidung von Oszillationen, welche die Stabilität der Unternehmung gefährden. Damit können aber zwei potentielle Gefahrenherde nicht erfasst werden, die von grösster Wichtigkeit sind. Einmal bedeutet das Vorhandensein von Informationen über Abweichungen noch lange nicht, dass auch die entsprechenden Anpassungen vorgenommen werden. Wenn eine Division Index- oder Planabweichungen meidet, so kann eine andere Division darauf reagieren oder nicht — wenigstens so lange, bis eine Koordinationsstelle hier Vorschriften macht. Weiter kann wohl eine Koordination zwischen den Divisionen erfolgen. Diese entspricht aber in vielen Fällen nicht der Zielsetzung der Gesamtunternehmung. Auch hier muss ein Koordinationszentrum die Synergievorstellungen der Unternehmung einführen.

Das Divisionskoordinationszentrum hat somit die *Funktion*, das Zusammenwirken der einzelnen Divisionen aus „höherer Sicht" zu beurteilen. Diese impliziert folgende Aufgaben:

— Vergleich der kurzfristigen Divisionspläne mit *Standards,* die aus den allgemeinen Synergievorstellungen der Unternehmung abgeleitet wurden.

— Anordnung von lokalen *Korrekturen* der Divisionspläne, wenn die Koordination gestört ist.

— *Weiterleitung* von signifikanten Abweichungen von den Synergievorstellungen an System 3, damit dieses über die vertikale Befehlsachse eingreifen kann.

Damit verwirklicht das Divisionskoordinationszentrum einen *Servomechanismus,* der die Synergie zwischen den Divisionen anhand eines Planes oder Paradigmas überwacht; dieser Plan wiederspiegelt Vorstellungen des Systems 3 über die Möglichkeiten zur Verwirklichung der *internen* Stabilität der Unternehmung.

In der praktischen Realisierung kann das Divisionskoordinationszentrum eine *Überwachungsinstanz* mit genau spezifizierten Standards sein. Es ist aber auch möglich, dass es sich lediglich um einen bestimmten „Stil des Hauses", wie beispielsweise einheitliche Lagerpolitik, Werbepolitik, uniforme Bekleidung, Image usw. handelt, welche die Koordinationsleistung erbringen.

Zusammenfassend lässt sich das System 2 als eine gelenkte Verbindung zwischen den einzelnen Divisionen charakterisieren, die zusätzlich zur zentralen Befehlsachse die Zusammenarbeit der Divisionen koordiniert. Die zwischen den einzelnen divisionalen Regelzentren und dem Divisionskoordinationszentrum fliessenden Informationen haben nicht hierarchischen oder Befehlscharakter; sie sollen im wahrsten Sinne des Wortes „informieren" und sind der Beitrag des peripheren Managements der Divisionen zur Stabilität der Gesamtunternehmung. Es wäre sicher falsch, diese Informationsbeziehungen vollständig zu institutionalisieren; ihr Vorteil liegt gerade in ihrer sozialen Komponente, denn Computer verfügen nicht wie die Menschen über die Möglichkeit, mit nur einer Geste den momentanen Zustand der Operationen zusammenzufassen. Das System 2 ist somit als Bindeglied zwischen den Systemen 1 und 3 zu interpretieren, mit dem Divisionskoordinationszentrum als Inputsynapse. Die ganze Verbindung wird in der Neurophysiologie als *Sympathikus* bezeichnet; darauf soll jedoch bei der Behandlung des Systems 3 näher eingegangen werden. Fasst man nun die Funktion des Systems 2 und seiner Bausteine zusammen, so ergibt sich folgendes Bild:

Baustein	Funktion	Input	Output
I Verbindung zwischen den divisionalen Regelzentren	Koordination der kurzfristigen, taktischen Divisionspläne und Aktionen	Informationen über signifikante Indexänderungen, kurzfristige Divisionspläne und ihre Änderung, Verhaltensprogramme	do., da Informationskreislauf
II Divisionskoordinationszentrum	Vergleich der kurzfristigen Divisionspläne mit den allgemeinen Synergievorstellungen der Unternehmung, Ableitung von lokalen Korrekturen oder Weiterleitung an System 3	Aggregierte Divisionspläne System-3-Input	Adressierte Korrekturen von Divisionsplänen und Aktionen oder Informationen an System 3

1.53 System 3

Die Funktion des Systems 3 besteht in der Aufrechterhaltung der *internen Stabilität* der Unternehmung. Diese interne Stabilität beinhaltet mehr als die Erreichung lokaler Homöostasen der einzelnen Divisionen in bezug auf einzelne Umweltsegmente und die Vermeidung von Oszillationen zwischen diesen Divisionen. Da die Systeme 1 und 2 nur in der Lage sind, *lokale* Ungleichgewichte auszubalancieren, die Unternehmung jedoch als *Ganzes* auf Umweltentwicklungen reagieren können muss, ist das System 3 als Koordinationsstelle aller unternehmensinternen operationalen Handlungen mit den übergeordneten Zielsetzungen des Gesamtorganismus einzuführen. Damit wird es aber zur Verbindungsstelle zwischen dem autonomen Management — dessen höchste Führungsebene es verkörpert — und dem Unternehmensmanagement, dem es gleichzeitig als tiefste Führungsebene angehört. Seine *Funktion* besteht also in der Optimierung der internen Gesamtleistung der Unternehmung innerhalb eines akzeptierten Bezugsrahmens.

Aus neurophysiologischer Sicht lässt sich das System 3 mit Pons und Medulla sowie den sympathischen und den parasympathischen Nervensträngen identifizieren[54]. Die beiden letzteren werden in ihrer managementbezogenen Interpretation besonders ausführlich zu behandeln sein, da sie zur Erfüllung der Lenkungsaufgabe des Systems 3 von zentraler Bedeutung sind. Vorher soll aber die generelle *Funktionsweise* des Systems 3 aufgezeigt werden.

Die Aufgabe des Systems 3 besteht darin, relevante Informationen über Operationen der Unternehmung in eine Art Input-Output-Matrix einzubringen, und diese im Lichte der obersten Zielsetzungen der Unternehmung zu optimieren[55]. Wie ist nun der Entwurf und die Optimierung einer solchen Matrix zu verstehen, und welche Informationen sind dazu notwendig? Untersuchen wir zuerst die erforderlichen *Informationen,* so können drei verschiedene Arten unterschieden werden[56]:

1. Informationen über die *Unternehmungspolitik* und deren *Einhaltung.* Diese Informationen fliessen in der zentralen Befehlsachse, und zwar als unternehmenspolitische Vorgaben der Systeme 4 und 5 und als Reports über die Einhaltung der Unternehmenspolitik der Systeme 1.

2. Informationen über die Einhaltung der *Synergievorstellungen* der Unternehmung. Diese resultieren aus der Aktivität des Divisionskoordinationszentrums und des Systems 2, und der sie übermittelnde Informationskanal heisst Sympathikus.

3. Informationen über *Überlastungserscheinungen* und neuartige Entwicklungen der einzelnen Divisionen. Diese Informationen gelangen über den direkten Zugriff des Parasympathikus zu den Operationen der Divisionen an das System 3.

Die Integration und Koordination der eingehenden Informationen in der Input-Output-Matrix, die Optimierung dieser Matrix und die Ableitung von Massnahmen ist ein äusserst komplexer Prozess, der — wie wir später sehen werden — als die Interaktion von vier Homöostaten abgebildet werden kann. Dieser Prozess

---

54 Vgl. Beer (Brain) 170.
55 Vgl. Beer (Plan) 401.
56 Vgl. dazu auch Abb. 16(5) in Abschnitt 16. Die folgende Numerierung bezieht sich auf diese Graphik.

hat, je nach Komplexität der Unternehmung und dem gewählten Rekursionsniveau verschiedenste Ausprägungen. Er kann sowohl im Rahmen der Diskussion einer Abteilungsleiterkonferenz ablaufen, als auch anhand ausgebauter OR-Modelle beispielsweise der Lagerhaltungstheorie, der mathematischen Programmierung usw. durchgeführt werden. Wichtig ist aber in jedem Fall, dass ein dynamisches Modell der *internen* Funktionsweise der Unternehmung vorliegt, das eine gezielte Lenkung der Unternehmung im Hinblick auf ihre interne Stabilisierung erlaubt. Ob dieses Modell im Gehirn des zuständigen Managers lokalisiert ist oder in ausgebauter Form schriftlich vorliegt, ist von sekundärem Interesse, solange es die eintreffenden Informationen richtig zu verknüpfen erlaubt.

Nach diesen allgemeinen Bemerkungen zur Funktionsweise des Systems 3 soll nun versucht werden, dieses in verschiedene *Bausteine* aufzuteilen, um seinen Mechanismus näher kennenzulernen. Dieses analytische Vorgehen soll aber nicht dazu verleiten, die Funktionsweise allzu einfach zu sehen. Jeder einzelne der vier im folgenden zu behandelnden Homöostaten muss als vielfach verknüpftes Netzwerk verstanden werden, und die Interaktion der vier Homöostaten wiederum bildet ein Netzwerk höherer Ordnung. Das analytische Vorgehen hat deshalb lediglich illustrativen Charakter.

Die folgende Darstellung bildet das System 3 in seinen Grundzügen ab [57]:

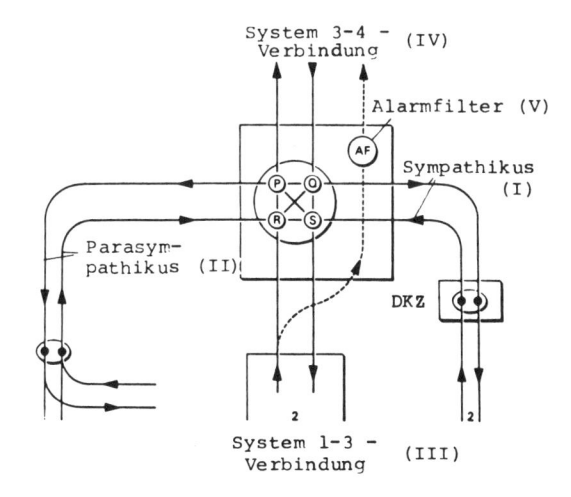

Abbildung 1.53(1): System 3

---

57 Vgl. Beer (Brain) 226.

5 grundlegende Bausteine charakterisieren das System 3 [58]:

- I Sympathikus: Homöostat Q–S
- II Parasympathikus: Homöostat P–R
- III System 1–3-Verbindung: Homöostat R–S
- IV System 3–4-Verbindung: Homöostat P–Q
- V Alarmfilter 1

Die Interaktion der ersten vier Bausteine ergibt den das System 3 konstituierenden Homöostaten $\begin{smallmatrix} P-O \\ | \times | \\ R-S \end{smallmatrix}$. Auf seine Funktionsweise soll später eingegangen werden. Vorerst sind die einzelnen Homöostaten zu behandeln, wobei die allgemeinen Ausführungen zum System 1 in Erinnerung gerufen werden müssen. Bei den Homöostaten handelt es sich um *Controller,* die gewisse Voraussetzungen erfüllen müssen, um funktionstüchtig zu sein; diese wurden oben beschrieben. Hier sind nun die spezifischen Charakteristiken dieser Controller zu untersuchen.

(I) Sympathikus: Homöostat Q–S

Der Sympathikus kann allgemein als der Überwachungsmechanismus des Divisionskoordinationszentrums und somit des Systems 2 charakterisiert werden. Die Informationen über die *Synergie* der Divisionen, welche das Divisionskoordinationszentrum an das System 3 weiterleitet, werden in Q–S verarbeitet, wobei S die gefilterten Informationen aufnimmt und Q bei Bedarf weitere Informationen nachfragt. Diese Informationen betreffen signifikante *Abweichungen* der Zusammenarbeit der Divisionen von den Synergievorstellungen der Gesamtunternehmung. Die Informationen sind allerdings *stereotyp,* da sie nur über Abweichungen Aussagen machen, die sich in der Sprache des Modells, d. h. dem Synergieplan des Divisionskoordinationszentrums ausdrücken lassen. In jeder Unternehmung gibt es jedoch auch unvorhergesehene Abweichungen oder „Notfälle", die der Sympathikus nicht bewältigen kann. Hier kommt dann der Parasympathikus (II) zum Zug. Der Homöostat Q–S bringt nun die Abweichungsinformationen in die Input-Output-Matrix ein. Ein Resultat der hier vorgenommenen Optimierung sind Massnahmen gegen die signifikanten Abweichungen von den Synergievorstellungen der Unternehmung. Diese bestehen in *Anweisungen* über die zentrale Befehlsachse an die einzelnen Divisionen, entweder ihre normativen oder ihre kurzfristigen Pläne zu ändern. Hier zeigt sich auch die doppelte Rolle von S. Es nimmt nicht nur Informationen über Abwei-

---

[58] Vgl. dazu auch Abb. 1.6(6) in Abschnitt 1.6.

chungen vom Synergieplan auf, sondern leitet auch die Anweisungen über Planänderungen an die Divisionen weiter.

Eine andere Reaktionsmöglichkeit des Systems 3 besteht in der *Anpassung* der Synergievorstellungen und somit des Synergieplanes des Divisionskoordinationszentrums. Dadurch ergibt sich eine Veränderung des Modells der gewünschten Zusammenarbeit der Divisionen, indem Abweichungen anders gewichtet oder andere Abweichungen als relevant bezeichnet werden. Die Übermittlung dieser neuen *Standards* für das System 2 wird von Q übernommen.

Genauso wie das Management einer Unternehmung deren Stabilität durch Checks und Gegenchecks aufrechterhält, verfügt das System 3 über eine Möglichkeit, die stereotypen Informationen des Sympathikus im Direktzugriff zu den Divisionen zu ergänzen. Diese Aufgabe erfüllt der nun zu beschreibende Parasympathikus.

(II) Parasympathikus: Homöostat P–R

Wie wir gesehen haben, liegen die Grenzen des Systems 2 sowie des Sympathikus in ihrem Unvermögen, andere als *Routine*-Aufgaben zu erfüllen. Wie die Systeme 1 ist System 2 als Servomechanismus ausgestaltet, der die Entwicklungen der relevanten Umwelt — im Falle von System 2 der Indices der Divisionen — an einem Modell des *Standardverhaltens* misst. Daher fliessen über den Sympathikus nur genau spezifizierte, d. h. zum vornherein festgelegte Abweichungsinformationen zum System 3. Wie gelangen nun aber Informationen über unvorhergesehene Entwicklungen der Divisionen oder „Notfälle" an das System 3? Und wie kann die *Überlastung* einzelner Divisionen — hervorgerufen durch die vielfältigen Lenkungsanforderungen der Befehlsachse und des Sympathikus — rechtzeitig erkannt und dafür Abhilfe geschaffen werden?

Die im menschlichen Nervensystem hierfür gefundene Lösung ist der *Parasympathikus*. Dieser hat zwei grundlegende Funktionen, die sich unternehmensbezogen wie folgt charakterisieren lassen:

— Schaffung eines *Gegengewichtes* („antithetical modes of control"[59]) zu den Lenkungsaktivitäten, die über den Sympathikus ablaufen. Zur Erreichung der Synergievorstellungen kann von den Divisionen über den Sympathikus zuviel verlangt werden, so dass sich Überlastungserscheinungen, beispielsweise in Form exzessiver Überstunden, zeigen. Hier muss korrigierend eingegriffen werden und zwar *direkt* an der Gefahrenquelle, den Operationen der Division.

— Direkte *Erfassung* von Entwicklungen, die neuartig und evolutionär sind, und daher nicht von den Modellen der Systeme 1 und 2 erfasst werden können.

---

59 Vgl. Beer (Brain) 225.

Dazu ist allerdings zu bemerken, dass diese Entwicklungen für die Gesamtunternehmung von Interesse sein müssen, denn der Parasympathikus agiert nur im Hinblick auf die Unternehmenssynergie [60].

Um nun die zur Erfüllung der obigen Funktionen benötigten Informationen gewinnen und Aktionen auslösen zu können, muss jede einzelne Division über eine Kontaktstelle („audit ganglion"[61]) zum Parasympathikus verfügen, die sowohl neuartige Entwicklungen wie auch Überlastungen der Division sofort weitergibt und die entsprechenden Korrekturen bzw. Verstärkungen des Systems 3 in die Sprache der Division übersetzt.

Der Homöostat P–R des Parasympathikus ist somit so zu interpretieren, dass er Informationen über *neuartige Entwicklungen* und *Überlastungserscheinungen* der Divisionen, die für die Synergie der Unternehmung von Interesse sind, und die vom System 2 nicht erfasst werden können, in die Input-Output-Matrix des Systems 3 einbringt. Als Output erzeugt er korrigierende oder verstärkende *Massnahmen,* die direkt auf spezifische Operationen der einzelnen Divisionen einwirken. Diese Massnahmen müssen sodann von den Kontaktstellen der Divisionen in deren Sprache übersetzt werden.

(III) System 1–3-Verbindung: Homöostat R–S

Die oben beschriebenen Homöostaten des Sympathikus und des Parasympathikus verwirklichen ein komplexes Netzwerk von Checks und Gegenchecks der Lenkungsaktionen, die zur Erhaltung der internen *Synergie* der Unternehmung notwendig sind. Im Management von Unternehmungen wird dieses Prinzip sich gegenseitig ausbalancierender Lenkungsmechanismen oft angewendet. Im Ingenieurbereich hingegen ist eine solche Anordnung eher selten; meist erfolgt eine Vereinigung im gleichen Mechanismus [62]. Wichtig ist jedoch in diesem Zusammenhang, dass beide Homöostaten *nicht* über die zentrale Befehlsachse funktionieren, sondern diese in ihrer Lenkungsaufgabe ergänzen. Es stellt sich nun die Frage, welche Informationen über die zentrale Befehlsachse in die Input-Output-Matrix eingebracht werden.

Der Homöostat R–S stellt die direkte Verbindung zwischen den Systemen 1 und System 3 her. Seine *Funktion* besteht in der Überprüfung der Übereinstimmung der normativen Divisionspläne untereinander und mit der Unternehmungspolitik. Über S werden den einzelnen Divisionsleitungen die Vorgaben der *Unternehmenspolitik,* deren Änderung und zusätzliche spezielle Instruktionen mitgeteilt. Die Divisionsleitungen leiten daraus die normativen Divisionspläne ab und erhalten damit die *Standards* zur Beurteilung der Entwicklung der

---

60 Vgl. Beer (Brain) 227.
61 Vgl. Beer (Brain) 227.
62 Vgl. Beer (Brain) 148.

Division und ihrer Stabilität. Können nun diese Standards nicht eingehalten werden, so wird dies über R dem System 3 mitgeteilt; die Inkompatabilität von normativen Divisionsplänen und den Anforderungen der Unternehmenspolitik findet also Berücksichtigung in der Input-Output-Matrix. Als Resultat der Optimierung dieser Matrix gelangen – zusammen mit den durch den Sympathikus ausgelösten Korrekturen – Änderungsanweisungen der normativen Divisionspläne über S an die einzelnen Divisionen. Gleichzeitig können auch Änderungsvorschläge zur Unternehmenspolitik an das System 4 geleitet werden, wenn es sich zeigt, dass das autonome Management nicht in der Lage ist, die geforderten Zielsetzungen zu erreichen; dies ist jedoch dem Homöostaten P–Q vorbehalten.

(IV) System 3–4-Verbindung: Homöostat P–Q

Hat der R–S-Homöostat die Aufgabe, die Kompatibilität zwischen Unternehmenspolitik und normativen Divisionsplänen aufrechtzuerhalten, so integriert der P–Q-Homöostat Informationen über die interne und externe Stabilität der Unternehmung. Über Q bringt der Homöostat Vorgaben der Unternehmenspolitik und Informationen über die externe Stabilität (vgl. dazu die Darstellung von System 4) in die Input-Output-Matrix ein. P anderseits meldet dem System 4 den Grad der *internen* Stabilität und unterbreitet zudem eventuelle Änderungsvorschläge zur Unternehmenspolitik. Der an System 4 gemeldete Grad der internen Stabilität ist das eigentliche *Resultat* des komplexen Interaktionsprozesses, der im Verlauf dieser Ausführungen als Optimierung der Input-Output-Matrix bezeichnet wurde. Da jedoch von Stabilität nur in einem ganz bestimmten *Kontext* gesprochen werden kann, wird die Aufgabe der Systeme 3–4-Verbindung klar: Sie übernimmt die Integration von Informationen über die Unternehmenspolitik und die externe Stabilität und leitet daraus die *Vorgabe*, d. h. den Bezugsrahmen für die interne Stabilität ab.

Damit sind die vier Homöostaten des Systems 3 in ihrer Funktionsweise ausreichend beschrieben, um den Funktionskomplex $\frac{P}{R} \times \frac{Q}{S}$ generell charakterisieren zu können. Wie bereits oben erwähnt, besteht seine *Aufgabe* in der Optimierung der internen Gesamtleistung der Unternehmung innerhalb eines akzeptierten Bezugsrahmens, nämlich der Unternehmenspolitik und der externen Stabilität. Etwas detaillierter ausgedrückt lautet seine Funktion:

— Abstimmung von Massnahmen auf Abweichungen von den Synergievorstellungen und den geplanten Stabilisierungsmassnahmen auf Überlastungserscheinungen und neuartige Entwicklungen der Divisionen.

— Abstimmung von Unternehmenspolitik, Divisionsplänen, unternehmensinternen Gegebenheiten und aktuellen Umweltinformationen der Unternehmung.

Hierbei handelt es sich um einen komplexen *Aushandlungsprozess,* der oft von Optimierungstechniken und zusätzlichen anderen Verfahren unterstützt werden kann. Das einzige, was über diesen Prozess generell ausgesagt werden kann, ist seine Zielsetzung: Die Erreichung der internen Stabilität der Unternehmung.

(V) Alarmfilter 1

Das System 3 als oberste Ebene des autonomen Managements hat allgemein die Tendenz, gegen „unten", d. h. gegenüber den Informationen über Lenkungsvorgänge der Systeme 1 und 2, sehr sensitiv zu sein, währenddem es gegen „oben", d. h. in seiner Interaktion mit den Systemen 4 und 5, Informationen meistens unterdrückt. Diese Funktionsweise ist aus der Sicht der Gesamtunternehmung sinnvoll, denn die Systeme 4 und 5 sollen nicht dauernd mit unwesentlichen Informationen, beispielsweise über lokale Vorkommnisse der Divisionen, bombardiert werden. Nun kann das System 3 allerdings auch *zuviel* Informationen absorbieren, d. h. viele für die Systeme 4 und 5 relevante Einzelinformationen erscheinen nur komprimiert in der Aussage: „Interne Stabilität gewährleistet". Damit nun aber für die Gesamtunternehmung wichtige Einzelinformationen über divisionale Ereignisse nicht einfach absorbiert werden, verfügt das System 3 über einen *Alarmfilter.* Dieser filtert aus dem Informationsfluss der zentralen Befehlsachse nach statistischen Kriterien jene Informationen heraus, die als *Einzel*informationen für die Systeme 4 und 5 wichtig sind. Es sind dies *algedonische* Informationen, d. h. spezifische Entwicklungen werden – in Analogie zum Belohnungs-Bestrafungs-Prinzip – als „gut" oder „schlecht" bewertet und in dieser Kategorisierung direkt weitergeleitet[63]. Genauso wie im menschlichen Organismus bestimmte lokale Ereignisse als „Bauch*schmerzen*" oder „*Lust*gefühle beim Essen" bewertet werden und dann direkt an den Cortex gelangen, d. h. also nicht im autonomen Nervensystem allein verarbeitet werden, müssen in der Unternehmung wichtige Einzelereignisse, versehen mit dem Etikett „schlecht" (Pain) oder „gut" (Pleasure), direkt an das System 5 gelangen, damit dieses Massnahmen zur sofortigen Korrektur oder Verstärkung des Ereignisses einleiten kann[64].

Welche Ereignisse nun durch diesen Alarmfilter erfasst werden, ist eine Frage der praktischen Ausgestaltung des *Management by exception*-Prinzips, das dem Mechanismus zugrunde liegt. Wichtig ist jedoch, dass in diesen Informationen die Einzelereignisse bereits als „gut" oder „schlecht" bewertet sind; die Aufgabe des Systems 5 wird dadurch erleichtert.

---

63 Vgl. Beer (Brain) 181 ff., 228.
64 Der algedonische Informationskanal wird deshalb in Abb. 1.6(6) in Abschnitt 1.6 als +/–-Kette dargestellt.

Nach diesen detaillierten Ausführungen zum System 3 sollen die Funktionen der einzelnen Bausteine des Systems sowie deren Inputs und Outputs nochmals kurz zusammengefasst werden:

Baustein	Funktion	Input	Output
I Sympathikus Q–S	Überwachung und Bewertung von Abweichungen von den Synergievorstellungen und deren Wirkung auf die interne Stabilität der Unternehmung Auslösung von Korrekturen	Abweichungen von Synergievorstellungen P–R-Input und Informationen der Befehlsachse	Änderungsanweisungen der normativen und kurzfristigen Divisionspläne Anpassungsanweisung des Synergieplans Output an P–R
II Parasympathikus P–R	Direkter Zugriff des Systems 3 zu den Operationen einzelner Divisionen zur Gewinnung paradigmafreier unternehmerischer Synergieinformationen und zur Vornahme stabilisierender Eingriffe	Unternehmensbezogene Informationen über Überlastungserscheinungen, neuartige und sonstige unvorhergesehene Entwicklungen der Divisionen Q–S-Input Informationen der Befehlsachse	Stabilisierungsmassnahmen, die nicht über das System 2 oder die Befehlsachse vorgenommen werden
III System 1–3-Verbindung R–S	Überprüfung der Übereinstimmung der normativen Pläne der Divisionen untereinander und mit der Unternehmenspolitik Aufrechterhaltung der Kompatabilität	Normative Pläne der Divisionen Unternehmenspolitik P–Q-Input	Korrekturanweisungen der normativen Pläne Änderungsvorschläge der Unternehmenspolitik (an P–Q)
IV System 3–4-Verbindung	Integration von Informationen über Unternehmenspolitik und externe Stabilität und Ableitung des Bezugsrahmens für die interne Stabilität	Informationen über Unternehmenspolitik und externe Stabilität R–S-Input	Informationen über interne Stabilität Änderungsvorschläge der Unternehmenspolitik Bezugsrahmen für interne Stabilität

Baustein	Funktion	Input	Output
X System 3-Homöostase	Optimierung der internen Gesamtleistung (Performance) innerhalb eines akzeptierten Bezugsrahmens Abstimmung von Massnahmen auf Abweichungen von Synergievorstellungen und geplanten Stabilisierungsmassnahmen auf Überlastungserscheinungen und neuartige Entwicklungen der Divisionen Abstimmung von Unternehmenspolitik, normativen Divisionsplänen, unternehmensinternen Gegebenheiten und aktuellen Umweltinformationen	vgl. oben	vgl. oben
V Alarmfilter 1	Direkte Übermittlung algedonischer signifikanter divisionaler Informationen an Systeme 4 und 5	Bewertete Einzelinformationen der Divisionen	Menge von bewerteten Einzelinformationen der Divisionen

1.54 System 4

Im System 3 verfügt die Unternehmung über einen Mechanismus, der ihre *interne Stabilität* bei gegebener Umwelt und Technologie zum jetzigen Zeitpunkt mit den eigenen Lenkungsmöglichkeiten aufrechterhalten kann. Wie steht es aber mit der Bewältigung der Zukunft durch die Unternehmung? Die meisten Unternehmungen sind mit einer dynamischen Entwicklung ihrer Umwelt und dem Aufkommen neuer Technologien konfrontiert. Sie dürfen nicht erwarten, mit den jetzigen Lenkungsmöglichkeiten auch in Zukunft die „Situation unter Kontrolle halten" zu können. Zudem bedeutet die Stabilisierung einzelner Divisionen in bezug auf *lokale* Umweltsegmente noch nicht, dass auch die Gesamtunternehmung in ihrer Umwelt lebensfähig ist, denn diese Umwelten sind nicht unbedingt identisch. Um diese Probleme bewältigen zu können, muss die Unternehmung über einen Mechanismus verfügen, der sich mit möglichen Zukünften der Unternehmung und mit der Anpassung an die Dynamik der Umwelt und der Technologie befasst. Diese Aufgabe übernimmt das System 4.

Aus neurophysiologischer Sicht zeichnet sich das System 4 durch seine strukturelle Reichhaltigkeit aus. Seine Funktion ist auf verschiedenste Nervenstränge und Gehirnpartien verteilt, so dass eine Lokalisierung schwer fällt. Grob gesprochen kann jedoch eine Zuordnung zum Diecephalon, den basalen Ganglien und dem dritten Ventrikel erfolgen. [65]

Die *Funktion* des Systems 4 lässt sich wie folgt umschreiben [66]

— *Verbindung* des obersten Entscheidungszentrums der Unternehmung (System 5) mit dem autonomen Management — verkörpert durch System 3 — über die zentrale Befehlsachse.

— Aufnahme und Verarbeitung von Informationen über die *Unternehmungsumwelt* und Weiterleitung an das oberste Entscheidungszentrum und an das autonome Management.

— Integration von internen und externen *algedonischen* Informationen der Alarmfilter und Weiterleitung an System 5 über besondere Kanäle.

Die Aufgabe des Systems 4 ist also diejenige eines *Stabes* der obersten Unternehmungsführung, wobei der Begriff des Stabes nicht so eng interpretiert werden darf, dass er mit den traditionellen Stabstellen ohne Entscheidungsbefugnis gleichgestellt wird. Der Stab des Systems 4 spielt eine eminente Rolle im Entscheidungsprozess der Unternehmung. Wie das Grosshirn des Menschen keine direkte Verbindung zur Aussenwelt hat, ist das Top-Management der Unternehmung relativ isoliert von der aktuellen Entwicklung der Umwelt — wenigstens bezüglich der Details. Das System 4 hingegen überwacht mit seinen Sensoren die Entwicklung dieser Umwelt. Es hat daher die Möglichkeit, Informationen in ihrer Bedeutung zu beurteilen, sie zu selektieren und zusammenzufassen, oder sie gar zurückzuhalten. Weiter verfügt es über Informationen über die interne Stabilität der Unternehmung, die es mit den Informationen über die Aussenwelt koordiniert, bevor das System 5 davon Kenntnis erhält. Mit seiner „Informationspolitik" kann also das System 4 den unternehmerischen Entscheidungsprozess stark beeinflussen; das Bild einer rein beratenden Stabsstelle der Unternehmensleitung ist also vollständig fehl am Platze.

---

[65] Vgl. Beer (Brain) 170.
[66] Vgl. Beer (Brain) 183.

Generell kann die Aufgabe des Systems 4 als die Durchführung der *Unternehmensplanung* im weitesten Sinne bezeichnet werden. Um die hierzu notwendige Integration verschiedenster Informationen über unternehmensinterne Gegebenheiten und Umweltentwicklungen bewerkstelligen zu können, muss das System 4 über ein *Modell* verfügen, das nicht nur die interne Struktur der Unternehmung, sondern auch ihre Beziehungen zur Aussenwelt wiedergibt. Dieses Modell findet sich in den meisten Unternehmungen, allerdings oft nur in rudimentärer Form und verteilt über verschiedene Stellen und Personen innerhalb der Unternehmung. Wie ein gutes Unternehmensmodell in zusammengefasster Form aussehen kann, wurde von Beer[67] eindrücklich gezeigt. Hier sind vor allem die Voraussetzungen der Informationsgewinnung und -verarbeitung zu diskutieren, welche die Bildung jenes Unternehmensmodells erst ermöglichen, das wiederum die Grundlage der Unternehmensplanung bildet.

Die *Funktionsweise* des Systems 4 kann dadurch charakterisiert werden, dass es die folgenden vier Bereiche aufeinander abstimmen muss:

— Interne sensorische Ereignisse

— Externe sensorische Ereignisse

— Interne motorische Ereignisse

— Externe motorische Ereignisse

Die Abgrenzung dieser Bereiche beruht einerseits auf der Unterscheidung von sensorischen und motorischen Aspekten der Entscheidungsvorbereitung, und anderseits auf der Aufteilung in unternehmensinterne und -externe Ereignisse und Entwicklungen. Die *sensorische* Komponente des Systems 4 nimmt bestimmte Zustände sowohl der Unternehmensumwelt wie auch der Unternehmung selber wahr, verarbeitet diese Zustände gemäss bestimmten Regeln und bringt sie in den Prozess der Entscheidungsvorbereitung ein, der durch die gegenseitige Interaktion aller 4 Bereiche charakterisiert wird. Die *motorische* Komponente leitet Verhaltensweisen, die als Vorgaben für die Gewinnung von Umweltinformationen oder zur Herstellung der internen Stabilität der Unternehmung im homöostatischen Zusammenwirken der Bereiche entwickelt wurden, an die entsprechenden Zentren weiter. Die Funktionsweise des Systems 4 lässt sich somit durch die folgende Illustration veranschaulichen:[68]

---

67 Vgl. Beer (Brain) 233 ff.
68 Vgl. Beer (Brain) 184.

```
Interne sensorische  ←————————  Interne motorische
Ereignisse          ————————→  Ereignisse
    ↕               ✕               ↕
Externe sensorische ————————→  Externe motorische
Ereignisse          ←————————  Ereignisse
```

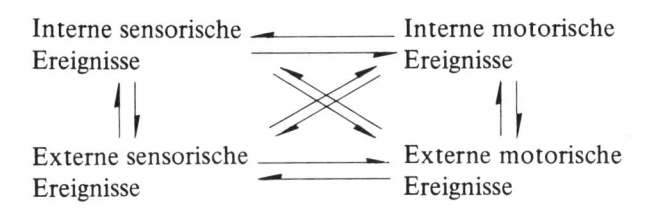

Damit wird klar, dass es sich hierbei wieder um ein stark verknüpftes Netzwerk handelt, das in einem komplexen Aushandlungsprozess die Entscheidungen des Systems 5 vorbereitet.

Um nun die *Informationen* spezifizieren zu können, welche die einzelnen Komponenten zur Erfüllung ihrer Aufgabe benötigen, sollen diese wiederum als *Bausteine* beschrieben werden. Dies lässt sich dadurch rechtfertigen, dass sowohl der menschliche Organismus wie auch Unternehmungen eine klare Unterscheidung zwischen den vier Bereichen treffen, obwohl eigentlich nur das Resultat ihres Zusammenwirkens — nämlich ein bestimmter Zustand des Systems — für den Organismus schliesslich von Bedeutung ist.

Das System 4 lässt sich — unter Berücksichtigung der obigen Ausführungen und daher in Abänderung der Darstellung Beers [69] wie folgt abbilden [70]:

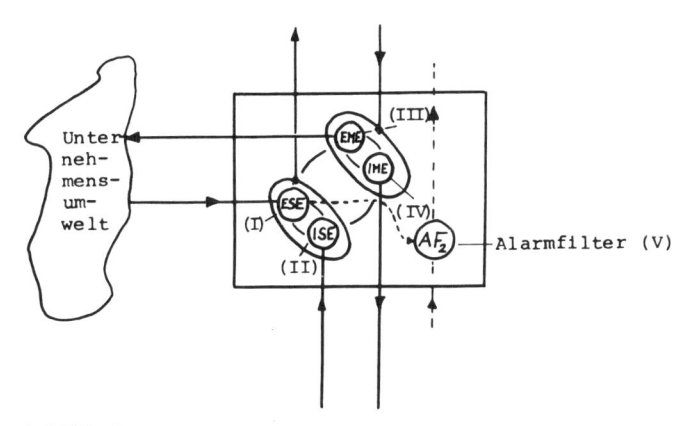

Abbildung 1.54(1): System 4

---

69 Vgl. Beer (Brain) 231.
70 Vgl. dazu auch Abb. 1.6(7) in Abschnitt 1.6.

(I) Externe sensorische Ereignisse (ESE)

Eine der Hauptaufgaben des Systems 4 besteht darin, *Umweltinformationen* zu sammeln, aufzubereiten und in die Entscheidungsvorbereitung einzubringen. Wie dieser Prozess zu erfolgen hat, wurde von Beer[71] in seiner theoretischen und beispielhaften Darstellung der *T-Maschine* aufgezeigt. Es stellen sich in diesem Zusammenhang vor allem drei Fragen:

– Welche *Grössen* der Umwelt sollen überwacht werden?
– Welche *Sensoren* eignen sich am besten zur Erfassung der Entwicklung dieser Grössen?
– Wie müssen die sensorischen Informationen *transformiert* werden, um im Prozess der Entscheidungsvorbereitung Verwendung finden zu können?

Was die Bestimmung der relevanten *Umweltgrössen* anbetrifft, so muss jede Unternehmung sich ein Modell der entsprechenden Zusammenhänge bilden und durch Simulation herausfinden, welche Grössen sich in ihrer zukünftigen Entwicklung als kritisch herausstellen könnten. Ob dieser Prozess im Gehirn eines Managers abläuft oder durch ein sophistiziertes Simulationsmodell (beispielsweise basierend auf dem System-Dynamics-Ansatz von Forrester[72]) unterstützt wird, hängt weitgehend von den Möglichkeiten der Unternehmung ab. Die Entwicklung der so ermittelten kritischen Grössen wird mittels *Sensoren* überwacht, in diesem Fall von Exterozeptoren. In Analogie zum menschlichen Organismus kommen hier *Telerezeptoren* vergleichbar dem Auge oder den Ohren zum Zuge, die wirtschaftliche, politische, technische oder gesellschaftliche Entwicklungen abzubilden vermögen[73]. Die erforderliche *Transformation* schliesslich in Entscheidungsgrundlagen erfolgt im sophisztierten Fall nach statistischen Prozeduren, wie sie von Beer ausführlich beschrieben wurden[74]. Es kann sich hierbei aber auch nur um einfache „Übersetzungsregeln" handeln, die beispielsweise technische Vorgänge in die Sprache des Managers übersetzen.

Es kann sich nun in diesem Zusammenhang das bereits beim System 3 beobachtete Phänomen ergeben, dass wichtige *Einzel*informationen für die Unternehmung im sensorischen Apparat unterdrückt werden. Deshalb werden auch hier *algedonische* Informationen ausgesondert und über den Alarmfilter 2 – zusammen mit den Alarmfilter-1-Informationen – direkt das System 5 geleitet. Auf diesen Alarmfilter 2 wird noch gesondert einzugehen sein.

---

71 Vgl. Beer (Factory) 51 ff.
72 Vgl. Forrester (Industrial Dynamics) passim.
73 Vgl. Beer (Brain) 131.
74 Vgl. Beer (Decision) 383 ff.

(II) Interne sensorische Ereignisse (ISE)

Neben den Umweltinformationen müssen die Sensoren des Systems 4 Informationen über das *interne* Funktionieren der Unternehmung in den Prozessen der Entscheidungsvorbereitung einbringen. Hierbei handelt es sich um Informationen der zentralen Befehlsachse, die in kompromierter Form mitteilen, ob die *interne Stabilität* der Unternehmung gesichert ist oder nicht. Wie wir oben gesehen haben, ist das System 3 für diese interne Stabilität verantwortlich, und es teilt seinen Erfolg oder Misserfolg über P dem System 4 mit. Ist die interne Stabilität im vorgegebenen Bezugsrahmen gewährleistet, so genügt eine blosse Bestätigung dieser Tatsache durch das System 3. Wird jedoch die interne Stabilität nicht erreicht, so muss über die zentrale Befehlsachse eine *Begründung* erfolgen, eventuell verbunden mit Vorschlägen des autonomen Managements bezüglich der Anpassung der Unternehmungspolitik.

Das praktische Vorgehen bei der Verarbeitung interner sensorischer Ereignisse – vor allem bei Nichterreichen der internen Stabilität der Unternehmung – ist wiederum je nach Unternehmung verschieden. Beer[75] hat einen möglichen Weg aufgezeigt; sein „Operations Room" umfasst zwei Instrumentarien („Cyberstride" und „Datafeed"), die unerwünschte interne Entwicklungen in ihren Details beleuchten.

(III) Externe motorische Ereignisse (EME)

Während die sensorische Komponente Umweltinformationen und Informationen über die interne Stabilität der Unternehmung für die Entscheidungsvorbereitung in das System 4 einbringt, spezifiziert die *motorische* Komponente Verhaltensanweisungen, welche die Entscheidungen und Anordnungen des Systems 5 verwirklichen und leitet sie weiter. Dieser Prozess wurde von Beer[76] durch die theoretische Ableitung der *V-Maschine* illustriert.

Für die externen motorischen Ereignisse bedeutet dies nun, dass das System 4 *Verhaltensanweisungen* zur Gewinnung von Umweltinformationen und zur Vornahme von Operationen an der unternehmensrelevanten Umwelt spezifizieren muss. Diese Anweisungen stellen *Korrekturen* der momentanen Vorgehensweisen dar, wie sie sich aus den Entscheidungen und Anordnungen des Systems 5 ableiten lassen. Diese Korrekturen haben aber auch eine Auswirkung auf die sensorische Komponente, da sich beispielsweise die kritischen Umweltgrössen ändern können.

---

75 Vgl. Beer (Development) 14 ff.
76 Vgl. Beer (Factory) 52 ff.

(IV) Interne motorische Ereignisse (IME)

Das System 4 als Mittler zwischen den Systemen 5 und 3 auf der zentralen Befehlsachse muss schliesslich die Entscheidungen des Systems 5 in Verhaltensanweisungen für das System 3 umsetzen, d. h. die *Unternehmenspolitik* als Vorgabe und Bezugsrahmen für die interne Stabilität der Unternehmung formulieren und weiterleiten. Neben dieser Aufgabe übermittelt der interne motorische Mechanismus auch Informationen über die *externe* Stabilität der Unternehmung an das autonome Management. Diese Informationen resultieren aus der komplexen Interaktion aller Bereiche des Systems 4 und vervollständigen den Bezugsrahmen für die interne Stabilität.

Nachdem die einzelnen Bereiche des Systems 4 detailliert beschrieben wurden, soll ihre *Interaktion* näher untersucht werden. Diese hat folgende Funktion:

— *Vorbereitung* der Entscheidungen des Systems 5. Hierbei werden nicht nur die sensorischen Informationen koordiniert und integriert, sondern bereits auch die motorischen Grenzen und Möglichkeiten miteinbezogen.

— Umsetzung der von System 5 getroffenen Entscheidungen und Anordnungen in *Verhaltensanweisungen*. Auch hier werden die Konsequenzen für die sensorische Konfiguration berücksichtigt und evaluiert.

— Herstellung und Aufrechterhaltung der *externen* Stabilität der Unternehmung. Sensorische und motorische Aktivitäten müssen so abgestimmt werden, dass die Grundlagen dafür geschaffen werden, dass die Unternehmung in ihrer Umwelt lebensfähig bleiben kann.

— *Unternehmensplanung* im weitesten Sinne. Hierbei geht es um die Abstimmung der internen und externen Stabilität der Unternehmung.

Untersucht man die möglichen Interaktionen der Bereiche des Systems 4, so ergeben sich *sechs* verschiedene Koppelungen. Das heisst also, dass sechs Homöostaten aufeinander abgestimmt werden müssen, um die Aufgabe des Systems 4 zufriedenstellend lösen zu können. Dass dieser Prozess *analytisch* nicht erfasst werden kann, steht ausser Diskussion. Es handelt sich hier um einen komplexen, *selbstorganisierenden* Prozess, der nur durch die Schaffung bestimmter *Randbedingungen* gelenkt werden kann. Beer[77] hat diesen Prozess ausführlich beschrieben. Die genannten Randbedingungen werden einmal durch die Spezifikation der Informationsverarbeitungsaufgaben der einzelnen Bereiche gesetzt. Eine weitere Vorgabe ist die Verwendung eines *Modells,* das die internen Gegebenheiten der Unternehmung mit deren externen Beziehungen

---

77 Vgl. Beer (Brain) 185 ff.

zur Deckung bringt. Wie ein solches Modell aussehen kann, wurde von Beer[78] im Detail beschrieben.

Das Unternehmensmodell ist der Ausgangspunkt für die *Unternehmensplanung*. Diese schlägt mit Hilfe des Modells eine Brücke zwischen den zukünftigen Entwicklungsmöglichkeiten der Unternehmung und den jetzigen Gegebenheiten. Das System 4 ist ideal „plaziert" für diese Aufgabe. Einerseits erhält es Inspirationen („Foresights") und Instruktionen vom System 5, anderseits sendet ihm das System 3 Informationen über die momentane interne Situation sowie Exception-Signale. Dazu kommt noch der sensorische Input der Unternehmensumwelt. Das wichtigste Merkmal der Unternehmensplanung muss ihre *Anpassungsfähigkeit* sein; relevante interne und externe Entwicklungen müssen sofort integriert werden. Nur so kann sie ihre doppelte Lenkungsfunktion erfüllen, nämlich den Gewinn zu optimieren und Produktattribute mit der Marktnachfrage zur Deckung zu bringen[79].

Zusammenfassend kann somit ausgesagt werden, dass es sich bei der *System-4-Homöostase* um einen permanenten Prozess gegenseitiger Anpassung — unter Zuhilfenahme von Simulationen — an die kontinuierlich ändernden Zustandsbeschreibungen der Umwelt und der unternehmensinternen Konstellationen unter dem Einfluss allgemeiner Regeln zwecks Erreichung und Abstimmung der internen *und* externen Stabilität der Unternehmung handelt.

(V) Alarmfilter 2

Bei der Behandlung des Systems 3 wurde dem Alarmfilter 1 besondere Beachtung geschenkt. Dieser sammelt algodonische Informationen über besondere divisionale Ereignisse, die für die Unternehmung von Interesse sind und leitet sie an das System 4 weiter. Hier nun werden — und zwar im Alarmfilter 2 — die internen algodonischen Informationen mit Informationen über Umweltereignisse abgestimmt. Dies ist so zu verstehen, dass geprüft wird, ob zwischen den betreffenden internen Ereignissen und den Umweltentwicklungen ein Zusammenhang besteht, d. h. ob die auslösenden Faktoren innerhalb oder ausserhalb der Unternehmung zu finden sind. So kann beispielsweise ein scheinbar erratisches internes Verhalten als adäquat deklariert werden, wenn entsprechende Umweltentwicklungen dies rechtfertigen. Es geht in diesem Alarmfilter also darum, die bereits *bewertete* Information über Einzelereignisse nochmals zu evaluieren und so für das System 5 eine ausgewogenere Entscheidungsgrundlage zu schaffen.

---

78 Vgl. Beer (Brain) 233 ff.
79 Vgl. Beer (Plan) 411.

Fasst man alle Bausteine des Systems 4 nochmals kurz zusammen, so ergibt sich folgende Liste von Funktionen, Inputs und Outputs:

Baustein	Funktion	Input	Output
Externe sensorische Ereignisse	Aufnahme, Verarbeitung und Einbringung von Umweltinformationen in den Gesamtorganismus der Entscheidungsvorbereitung Weiterleitung an Alarmfilter 2	Umweltinformationen Informationen vom Segment der motorischen Ereignisse	Zustandsbeschreibungen der Umweltsituation
Interne sensorische Ereignisse	Aufnahme, Verarbeitung und Einbringung von Informationen über die interne Stabilität in den Gesamtorganismus der Entscheidungsvorbereitung	Interne Informationen Informationen vom Segment der motorischen Ereignisse	Zustandsbeschreibung der unternehmensinternen Situation
Externe motorische Ereignisse	Verhaltensanweisung zur Gewinnung von Umweltinformationen und zur Vornahme von Operationen an der Umwelt	Entscheidungen und Anordnungen von System 5 Informationen vom Segment der sensorischen Ereignisse	Verhaltensanweisungen
Interne motorische Ereignisse	Verhaltensanweisung zur Herstellung der internen Stabilität und Übermittlung eines Bezugsrahmens (Unternehmenspolitik, externe Stabilität)	Entscheidungen und Anordnungen von System 5 Informationen vom Segment der sensorischen Ereignisse	Verhaltensanweisungen, Unternehmenspolitik Informationen über externe Stabilität

Baustein	Funktion	Input	Output
System-4-Homöostase ESE——EME ✕ ISE——IME	Permanenter Prozess (unter Zuhilfenahme von Simulationen) gegenseitiger Anpassung an die kontinuierlich ändernden Zustandsbeschreibungen unter dem Einfluss allgemeiner Regeln zwecks Erreichung und Abstimmung interner *und* externer Stabilität	vgl. oben	vgl. oben
Alarmfilter 2	Zustimmung von signifikanten divisionalen algedonischen Informationen mit Umweltinformationen und Übermittlung an System 5	Umweltinformationen Alarmfilter-1-Informationen	Bewertete und abgestimmte Informationen über interne Einzelereignisse

1.55 System 5

Mit dem System 5 erreicht die Lenkungshierarchie des menschlichen Organismus wie auch der Unternehmung ihre höchste Ebene. Hier finden die grundlegenden Denkprozesse statt und fallen die Entscheidungen, welche die zukünftige Entwicklung des Organismus lenken sollen. Bestand die Funktion des Systems 4 darin, Informationen über interne und externe Ereignisse im Sinne einer Entscheidungsvorbereitung aufzubereiten, so muss das System 5 die *Entscheidungen* treffen, welche die *Politik* der Unternehmung und somit ihr zukünftiges Verhalten bestimmen. Mit der nur ihm möglichen Voraussicht entwickelt das oberste Management der Unternehmung ein *Leitbild* und eine Unternehmungsphilosophie, die von den unteren Lenkungsebenen in Vorgehensweisen übersetzt werden können, welche die *Lebensfähigkeit* der Unternehmung in ihrer Umwelt aufrechterhalten.

Aus neurophysiologischer Sicht werden die Funktionen des Systems 5 vom *Cortex* wahrgenommen.[80] Diese Zuordnung erweist sich auch für das Management von Unternehmungen als äusserst sinnvoll, denn wie im Grosshirn finden auch im Top-Management die entscheidenden Denkvorgänge statt, und dies in einem komplexen Netzwerk von Interaktionen, das auch bei fehlerhaften Elementen optimale Resultate liefert. Auf dieses gemeinsame Merkmal des Gehirns und des Top-Managements wird noch zurückzukommen sein.

Die *Funktion* des Systems 5 lässt sich allgemein als die Beschäftigung mit möglichen zukünftigen Entwicklungen der Unternehmung, der Evaluation alternativer Unternehmensstrategien und der Formulierung der Unternehmenspolitik umschreiben[81]. Vergleicht man diese Aufgabe mit den Funktionen der Systeme 3 und 4, so zeigen die jeweils zugrunde gelegten *Modelle* die relevanten Unterschiede auf. Während man dem System 3 etwa ein Kosten-Nutzen-Modell zuordnen kann, das die unternehmensinterne Konstellation zu optimieren erlaubt, modelliert das System 4 Aspekte wie beispielsweise das Marketing der Unternehmung selber, deren Stellung im Geldmarkt sowie eine Reihe weiterer Umweltaspekte. Das Modell im System 5 hingegen muss jeden wichtigen Aspekt der Unternehmung in ihrer Umwelt abbilden können, der ihre *zukünftige* Entwicklung beeinflussen könnte. Das Modell muss also die Untersuchung vollständig neuer unternehmungspolitischer Richtungen ermöglichen.

Bevor nun auf die Funktionsweise des Systems 5 näher eingegangen wird, muss zuerst der *Bezugsrahmen* spezifiziert werden, innerhalb dessen Grenzen das System agieren muss. Es handelt sich hierbei um Vorgaben der Systeme 3 und 4 sowie um Restriktionen der Informationsverbindungen.

— Durch ihre Massnahmen zur Erhaltung der internen und der externen Stabilität versetzen die Systeme 3 und 4 die Unternehmung in ganz bestimmte Generalzustände, die als umfassende *Verhaltensweisen* („Behavioural modes") interpretiert werden können. Solche Verhaltensweisen sind beispielsweise der Zustand des permanenten Wachstums oder der Krise. Zu jedem Zeitpunkt befindet sich die Unternehmung in *einem* dieser sich gegenseitig ausschliessenden Zustände (Beer unterscheidet 6 grundlegende Zustände[82]), die sich aus der Interaktion der Systeme 3 und 4 ergeben. Auf die Details dieser Interaktion wird später noch eingegangen. Die jeweils vorherrschende *Verhaltensweise* stellt nun für das System 5 einen Bezugsrahmen dar, der seine Aktionen einschränkt. Eine Unternehmung, die von Streiks heimgesucht wird und zudem kurz vor der Übernahme durch eine andere Unternehmung steht, hat auch auf oberster Ebene keine volle Entscheidungs-

---

80 Vgl. Beer (Brain) 170.
81 Vgl. Beer (Brain) 410.
82 Vgl. Beer (Brain) 294 ff.

freiheit mehr; die Ausgestaltung ihrer Unternehmungspolitik hängt also stark vom bestehenden Stadium der Krise ab. Damit wird also die grundlegende Verhaltensweise der Unternehmung einer ersten Restriktion der System-5-Aktionen.

— Eine weitere Restriktion besteht in der relativen *Isoliertheit* des Systems 5. Wie der Cortex hat auch das Top-Management keinen *direkten* Zugriff zu Informationen über die Aussenwelt und internen Entwicklungen der Unternehmung; für das Top-Management gilt dies zumindest für die Details der entsprechenden Entwicklungen. Zwar erhält das System 5 komprimierte Informationen über die zentrale Befehlsachse sowie algedonische Einzelinformationen vom Alarmfilter 2. Da jedoch der Direktzugriff fehlt, könnten Informationsverfälschungen auftreten, vor allem wenn die Systeme 3 und 4 nicht richtig funktionieren. Das System 5 muss dies bei seinen Entscheidungen berücksichtigen; es hat zudem noch die Möglichkeit, das *Funktionieren* der Systeme 3 und 4 zu überwachen, wie später zu zeigen sein wird.

Die *Funktionsweise* des Systems 5 lässt sich anhand der folgenden Darstellung illustrieren [83]:

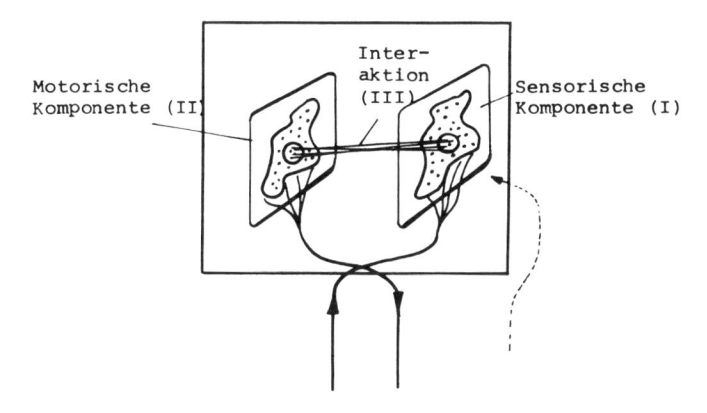

Abbildung 1.55(1): System 5

Über die zentrale Befehlsachse und den Alarmfilter 2 gelangen Informationen über sensorische Ereignisse — aufbereitet durch System 4 — in das System 5, wo sie (in der sensorischen Komponente) registriert und kategorisiert werden. Die Kategorisierung erfolgt nach bestimmten Kriterien, welche die sensorischen

---

[83] Beer (Brain) 231, vgl. auch Abb. 1.6(8) in Abschnitt 1.6.

Ereignisse auf ihre Übereinstimmung mit dem Vorzugszustand des Systems 5 prüfen. Dieser *Vorzugszustand* — in der Zeichnung durch einen Kreis markiert — ist das Resultat eines komplexen Aushandlungsprozesses, der langjährige Erfahrungen des Top-Managements, momentane externe und interne Entwicklungstendenzen der Unternehmung sowie ethische und moralische Vorstellungen über die Rolle der Unternehmung und des Unternehmers miteinander verbindet und daraus ein *Leitbild* für die Unternehmungshandlungen ableitet. Stimmen nun sensorische Ereignisse nicht mit diesem Vorzugszustand überein, so hat das System 5 die Möglichkeit, über die motorische Komponente auf die unteren Systeme einzuwirken. Dadurch soll erreicht werden, dass durch vielfältige Lenkungsinteraktionen schliesslich jene sensorischen Ereignisse resultieren, die mit dem Vorzugszustand zur Deckung gebracht werden können. Die motorischen Aktivitäten des Systems 5 haben allerdings wiederum Vorzugszustände, die bestimmte Aktionen vornherein ausschliessen. Der ganze Mechanismus muss als hochentwickelter Homöostat verstanden werden, der sowohl auf der sensorischen wie der motorischen Seite die Erreichung der Vorzugszustände bewirken soll.

Um den Mechanismus besser verstehen zu können, sollen drei seiner *Bausteine* näher beschrieben werden: Die sensorische Komponente, die motorische Komponente und die Interaktion zwischen diesen Polen.

(I) Die sensorische Komponente

Um sich über interne und externe Entwicklungen der Unternehmung ein Bild machen zu können, nimmt das System 5 sensorische Informationen über die zentrale Befehlsachse sowie den Alarmfilter 2 auf. Jedes sensorische Ereignis bestimmt einen *Punkt* in der sensorischen Komponente, die als Amöboid — wegen der Offenheit der Menge möglicher Ereignisse — dargestellt ist. Die sensorischen Ereignisse lassen sich nun in zwei Kategorien einteilen, nämlich in solche, die mit dem Vorzugszustand übereinstimmen und solche, die nicht übereinstimmen. Dadurch wird die Varietät der eintreffenden Informationen drastisch reduziert, jede hat noch einen Gehalt von einem *bit*.

Die Formulierung eines *Vorzugszustandes* ist somit der „Trick" des Top-Managements, um der Vielfalt eintreffender Informationen Herr zu werden. Wie ist nun aber ein solcher Vorzugszustand zu interpretieren. Wie wir oben gesehen haben, kommt er durch einen komplexen Aushandlungsprozess zustande, der verschiedenste Aspekte ethischer, moralischer, wirtschaftlicher, sozialer und technischer Natur verbindet. Er ist also ein *Leitbild* dessen, wie der (interne und externe) Output der Unternehmung aussehen sollte. Etwas operationaler ausgedrückt handelt es sich um die *Unternehmenspolitik*, die den zukünftigen Handlungsspielraum der Unternehmung festlegt und an der das zukünftige Verhalten gemessen werden muss. Diese Unternehmenspolitik ist natürlich nicht für alle Zeiten fixiert, sondern ändert sich in Abhängigkeit von ausserordentlichen internen und externen Entwicklungen, die dem System 5 reportiert werden, sowie vom *Veto* der motorischen Komponente. Diese hat vielleicht nicht die Möglichkeit einer motorischen Verwirklichung der geforderten Politik, so dass diese angepasst werden muss. Diese Möglichkeit der Anpassung manifestiert sich in der obigen Darstellung in der Existenz mehrerer Kreise.

(II) Die motorische Komponente

Die Darstellung der motorischen Komponente deckt sich mit der sensorischen, wobei die einzelnen Punkte *Instruktionen* oder Anordnungen repräsentieren, die bestimmte Verhaltensweisen von den Systemen 3 und 4 verlangen. Aus der Menge möglicher Instruktionen werden bestimmte ausgewählt und als *Vorzugszustand* definiert. Dies ist identisch mit der Bezeichnung einzelner Instruktionen als unerwünscht aufgrund ethischer, moralischer, wirtschaftlicher, sozialer oder technischer Gründe. Auch dieser Vorzugszustand kann sich ändern, wenn zusätzliche Informationen dies erfordern; dies bedeutet aber die Anpassung der Unternehmungspolitik. Damit wird klar, dass das Leitbild der Unternehmung oder die Unternehmungspolitik nur im Rahmen der sensorischen *und* der motorischen Komponente diskutiert werden kann.

(III) Die Interaktion zwischen der sensorischen und der motorischen Komponente

Wie bereits oben angedeutet, handelt es sich bei der Interaktion der beiden Komponenten um ein homöostatisches Einpendeln, das eine Unternehmenspolitik hervorbringen soll, die den Grenzen und Möglichkeiten der Unternehmung angepasst ist. Dieser Prozess, der sich in jenem komplexen Netzwerk abspielt, das die motorische und die sensorische Komponente verbindet, lässt sich nicht analytisch erfassen. Beer[84] hat jedoch jene *Randbedingungen* formuliert, die den selbst-organisierenden Prozess in eine gewünschte Richtung lenken können. Es sind dies die Ausgestaltung des Top-Managements als *„Multinode"* und die Anwendung des *Suchparadigmas* zur Entscheidungsfindung, die später näher behandelt werden.

Zusammenfassend lässt sich also festhalten, dass das System 5 Vorzugszustände in Form einer Unternehmenspolitik formulieren und der veränderten internen und externen Entwicklung der Unternehmung anpassen muss, damit die *Lebensfähigkeit* der Unternehmung in ihrer Umwelt gesichert ist. Die Formulierung der Unternehmenspolitik ist ein komplexer Aushandlungsprozess, der sowohl die sensorische wie die motorische Komponente betrifft. Die Unternehmenspolitik muss in Form von Instruktionen an die unteren Systeme mitgeteilt

---

84 In Anlehnung an Beer (Platform) 290.

werden, so dass diese ihre Lenkungsaktivitäten darauf ausrichten können. Der Erfolg bei der Einhaltung der Politik wird schliesslich wieder dem System 5 mitgeteilt.

Neben seiner eigentlichen Funktion muss das System 5 noch die Aufgabe der Überwachung des *Funktionierens* der Systeme 3 und 4 übernehmen. Die hiermit zusammenhängenden Verbindungen sind in der folgenden Zeichnung dargestellt[85]:

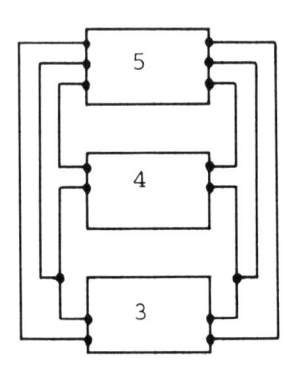

Während die Überwachung des *Systems 3* zum Ziele hat, das Funktionieren des für die interne Stabilität der Unternehmung zuständigen Homöostaten $\begin{smallmatrix} P-Q \\ R-S \end{smallmatrix}$ zu garantieren, bezweckt die Überwachung des System-4-Homöostaten $\begin{smallmatrix} ESE-EME \\ ISE-IME \end{smallmatrix}$ die permanente Kontrolle der Aufrechterhaltung der externen Stabilität. Die Überwachung der System-3- und -4-Homöostaten ist deshalb notwendig, weil diese über ihr eigenes Funktionieren nicht urteilen können, da dies eine *Metasprache* erfordert. Sie können wohl alle Aspekte *innerhalb* des Homöostaten, wie beispielsweise zeitliche Verschiebungen des Eintreffens von Informationen oder mangelnde Interaktionen zwischen den Teilen des Homöostaten, erfassen. Ob jedoch der Homöostat als *Ganzes* seine Aufgabe im Rahmen der Unternehmung erfüllt, kann nur das System 5 beurteilen, weil es über metasprachliche Kriterien verfügt. Ist also die Funktionsweise der Systeme 3 und 4 nicht gewährleistet, so muss das System 5 dies erkennen können, damit es Anweisungen zur Anpassung der Lenkungsaktivitäten geben kann. Diese Anweisungen erfolgen über die zentrale Befehlsachse und bestehen in Instruktionen zur Reprogrammierung der Lenkungsmechanismen. Damit wird aber auch klar, dass die Verbindungen zur Funktionsüberwachung reinen *Monitoring*-Charakter haben; das Reprogramming erfolgt über die zentrale Befehlsachse.

---

85 Vgl. Beer (Brain) 253 ff.

Die wichtigste Monitoring-Funktion besteht jedoch für das System 5 in der Überwachung der *Interaktion* der Systeme 3 und 4. Diese Interaktion ist für die Abstimmung der internen und externen Stabilität der Unternehmung und damit für die jeweilige grundlegende *Verhaltensweise* verantwortlich. Wie bereits oben erwähnt, unterscheidet Beer[86] sechs grundlegende Verhaltensweisen, die sich gegenseitig ausschliessen und die den Bezugsrahmen für die Aktionen des Systems 5 bilden. Durch die Überwachung der Interaktionen der Systeme 3 und 4 ist das System 5 stets über die momentane Verhaltensweise orientiert und kann – über die zentrale Befehlsachse – die notwendigen Vorkehrungen treffen, um diesen Zustand zu erhalten oder Massnahmen zur Erreichung einer anderen Verhaltensweise einleiten. Diese Massnahmen bestehen in einem Reprogramming der Lenkungsmechanismen der Systeme 3 und 4.

Zusammenfassend lassen sich somit folgende Bausteine des Systems 5 mit ihren Funktionen, Inputs und Outputs auflisten:

Baustein	Funktion	Input	Output
Sensorische Komponente	Evaluieren und Bestimmen von Vorzugszuständen als Unternehmenspolitik zur Erhaltung der Lebensfähigkeit	Informationen über sensorische Ereignisse, Alarmfilter 2-Informationen, Veto der motorischen Komponente	Vorzugszustand als Unternehmenspolitik
Motorische Komponente	Bestimmen von motorischen Vorzugszuständen und Ableitung von Instruktionen als Vorgaben für untere Systeme	Informationen und Veto der sensorischen Komponente	Instruktionen über Verhaltensgrundsätze
Interaktion SK – MK	Entwurf der Unternehmenspolitik im Multinode und unter Anwendung des Suchparadigmas: Abstimmung der sensorischen und motorischen Vorzugszustände	Informationen der sensorischen und motorischen Komponente	Unternehmenspolitik

[86] Vgl. Beer (Brain) 294 ff.

Baustein	Funktion	Input	Output
Funktions-überwachung der Systeme 3 und 4	Aufrechterhaltung der Funktion der Systeme 3 und 4, Ausbalancierung der internen und externen Stabilität	Informationen über Funktionsweise Informationen über Interaktionen von 3 und 4	Anweisungen zur Anpassung der Lenkungsaktivitäten

1.6 Das Gesamtmodell: Eine graphische Darstellung auf verschiedenen Rekursionsebenen

Die ausführliche Darstellung der Struktur und Funktionsweise des lebensfähigen Systems und seiner Subsysteme sowie des grundlegenden Prinzips der Rekursion soll in diesem Abschnitt graphisch zusammengefasst werden, um einerseits eine Gesamtsicht der Organisationsstruktur zu vermitteln und andererseits das Verständnis für den Aufbau der Systeme 1—5 zu fördern. Die Abbildungen 1.6(1) bis 1.6(8) sind als Ergänzung zur Beschreibung der einzelnen Systeme gedacht, und ihre Anordnung als Klappbild soll den permanenten Vergleich von Text und Bild erleichtern; die Abbildungen 1.6(9) und 1.6(10) veranschaulichen die Gesamtorganisation und ihre Rekursivität. Die Beschriftung der einzelnen Abbildungen wurde auf die Ausführungen in Abschnitt 1.5 abgestimmt.

Die folgenden Abbildungen sind nun kurz zu kommentieren:

Abbildung 1.6(1): Funktionsweise des Systems 1 aus der Sicht der Gesamtunternehmung

Diese Darstellung bildet zwei Rekursionsebenen ab, wobei die internen Funktionszusammenhänge des Systems 1 nur in *grober* Form, d. h. nur soweit sie aus der Sicht der Gesamtunternehmung wichtig sind, festgehalten sind.

Abbildung 1.6(2): System 1 als lebensfähiges System

Hier sind wiederum zwei Rekursionsebenen zu unterscheiden, wobei allerdings die tiefere Rekursionsebene die *vollständige* Struktur des Systems 1 wiedergibt, die dieses zu einem lebensfähigen System macht. Dies ist daraus ersichtlich, dass innerhalb des Systems 1 *alle* 5 Systemfunktionen wiederum vorhanden sind.

Abbildung 1.6(3): Funktionsweise des Systems 2 aus der Sicht der Gesamtunternehmung
Das System 2 wird in dieser Darstellung als die Verbindung der divisionalen Regelzentren untereinander und mit dem Divisionskoordinationszentrum interpretiert.

Abbildung 1.6(4): System 2 als Koordinator der lebensfähigen Systeme 1
Diese Darstellung stellt die Rekursivität der Unternehmensstruktur aus der Sicht des Systems 2 in den Mittelpunkt.

Abbildung 1.6(5): Funktionsweise des Systems 3 aus der Sicht der Gesamtunternehmung
Das System 3 wird hier in seinen informationellen Beziehungen zu den Systemen 1 und 2 abgebildet; das Hauptgewicht liegt also nicht auf der internen Struktur des Systems 3, sondern auf den Informationskanälen zu den anderen Systemen.

Abbildung 1.6(6): Interne Struktur des Systems 3
Diese Darstellung zeigt den Mechanismus der Informationsintegration und -koordination, der für die interne Stabilität der Unternehmung zuständig ist. Nicht mehr der Informationsfluss zwischen den Systemen, sondern die Integration dieser Information steht im Mittelpunkt.

Abbildung 1.6(7): Funktionsweise des Systems 4
Diese Graphik zeigt den Mechanismus der Informationskoordination und -integration zur Erreichung der externen Stabilität der Unternehmung.

Abbildung 1.6(8): Funktionsweise des Systems 5
Hier wird der Mechanismus der Bildung und Durchsetzung der Unternehmungspolitik dargestellt.

Abbildung 1.6(9): Die grundlegende Organisationsstruktur der lebensfähigen Unternehmung
Diese Darstellung vereinigt die Systeme 1–5 zur Organisationsstruktur des lebensfähigen Systems. Die Rekursivität dieser Struktur wird zwar angedeutet, doch interessieren hier vorzüglich die Mechanismen auf einer einzigen Rekursionsebene, nämlich der Ebene der Gesamtunternehmung.

Abbildung 1.6(10): Die Rekursivität der Organisationsstruktur der lebensfähigen Unternehmung
Diese Graphik bricht die Unternehmensdivisionen und ihre Lenkungssysteme weiter auf, und sie zeigt, dass nicht nur diese wiederum die ganze Organisationsstruktur des lebensfähigen Systems enthalten, sondern auch dass deren Divisionen und Systeme 1 in derselben Art und Weise strukturiert sind.

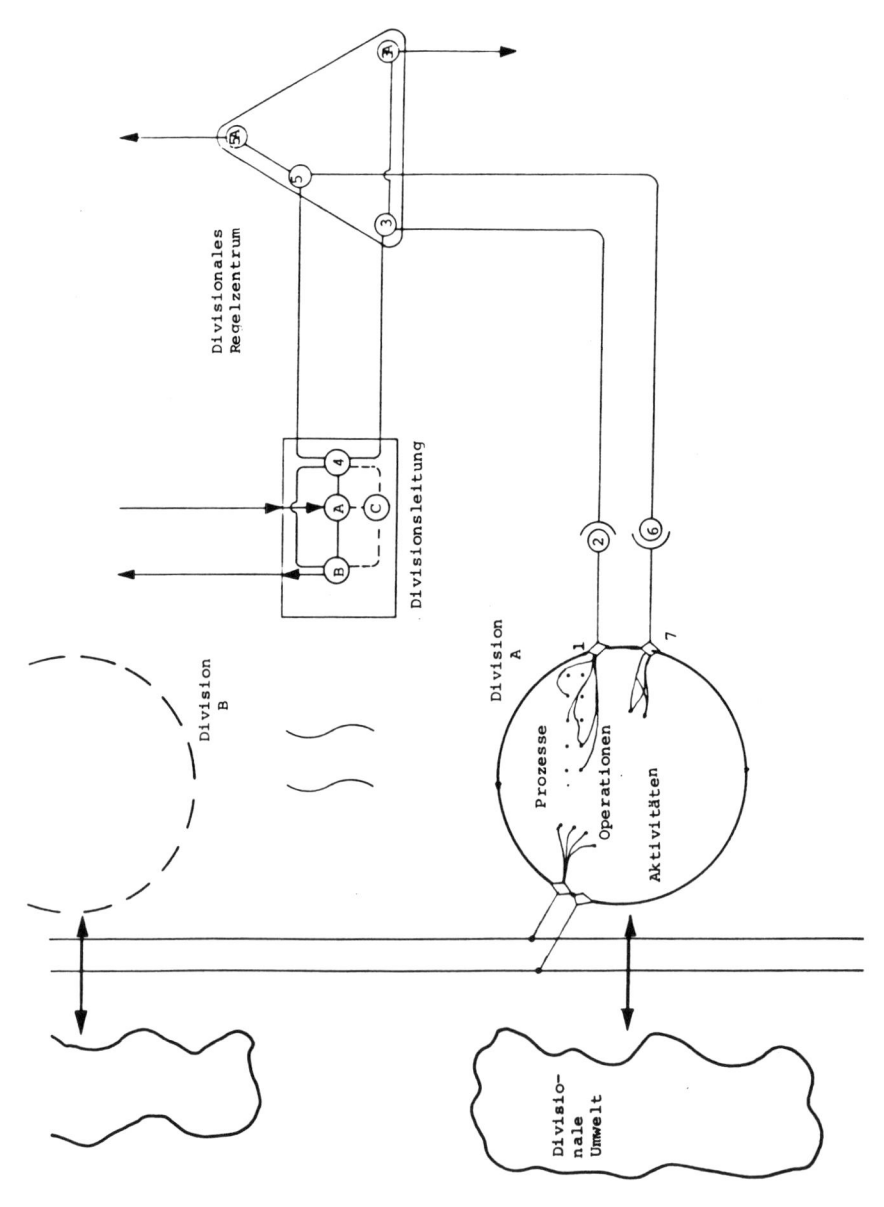

Abbildung 1.6(1): Funktionsweise des Systems 1 aus der Sicht der Gesamtunternehmung

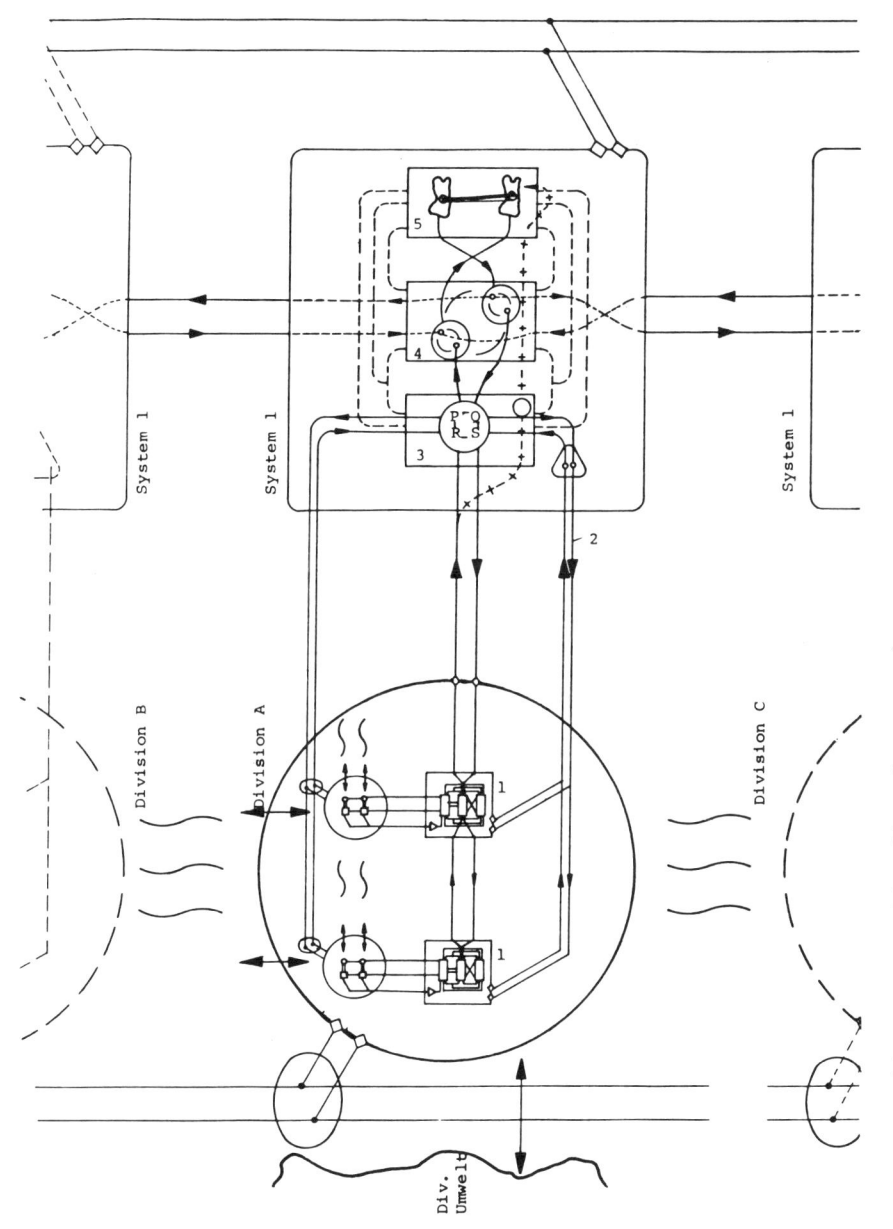

Abbildung 1.6(2): System 1 als lebensfähiges System

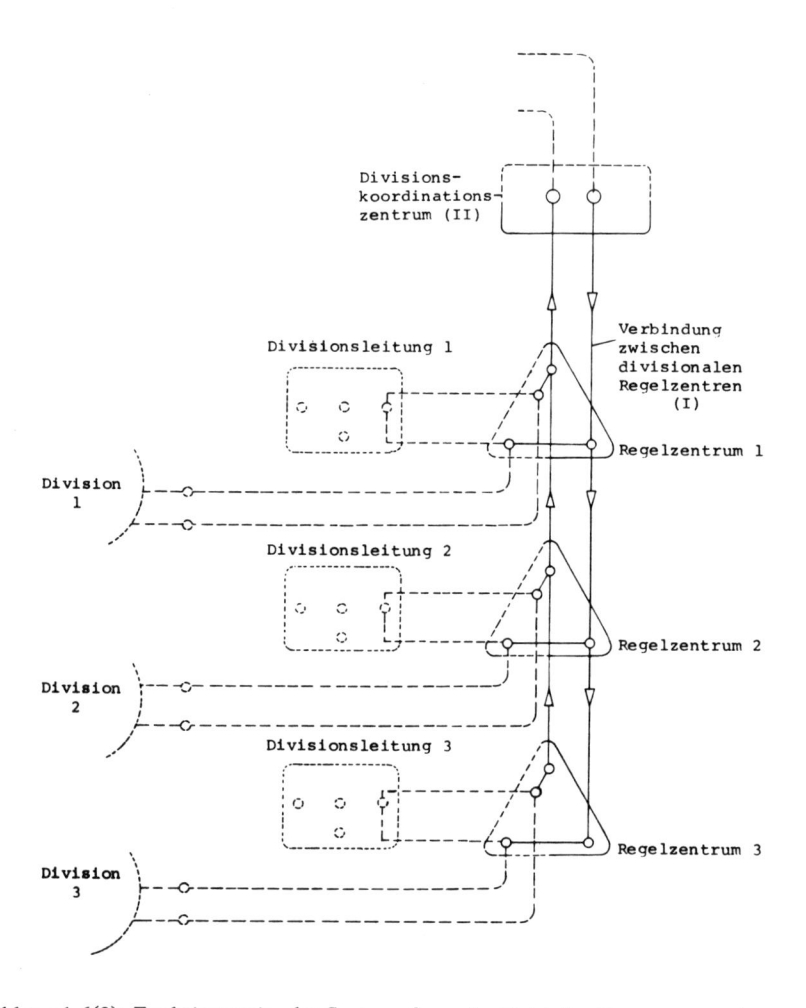

Abbildung 1.6(3): Funktionsweise des Systems 2 aus der Sicht der Gesamtunternehmung

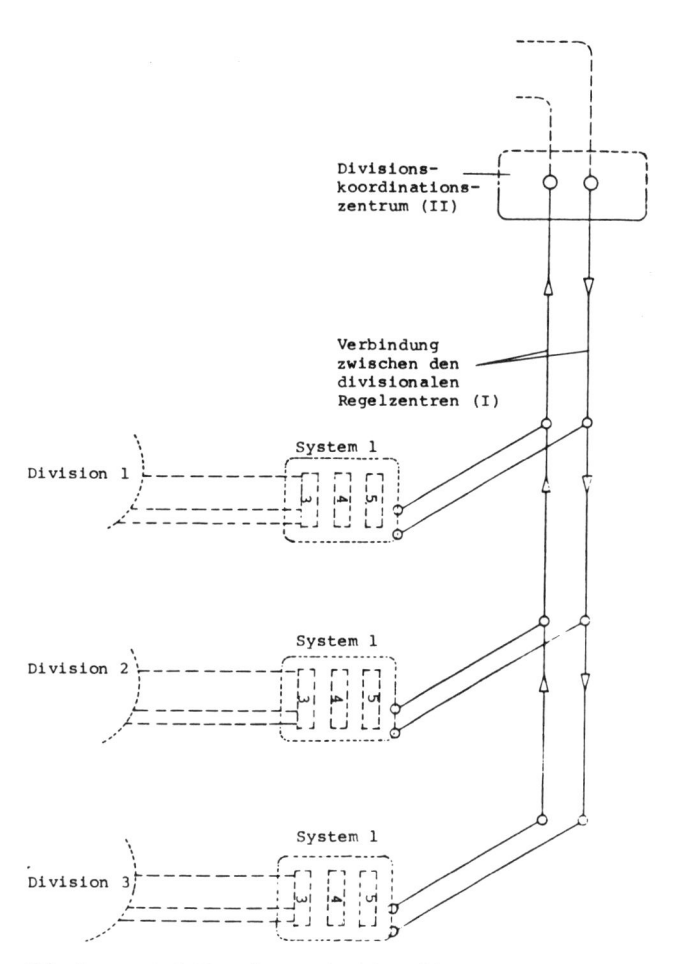

Abbildung 1.6(4): System 2 als Koordinator der lebensfähigen Systeme 1

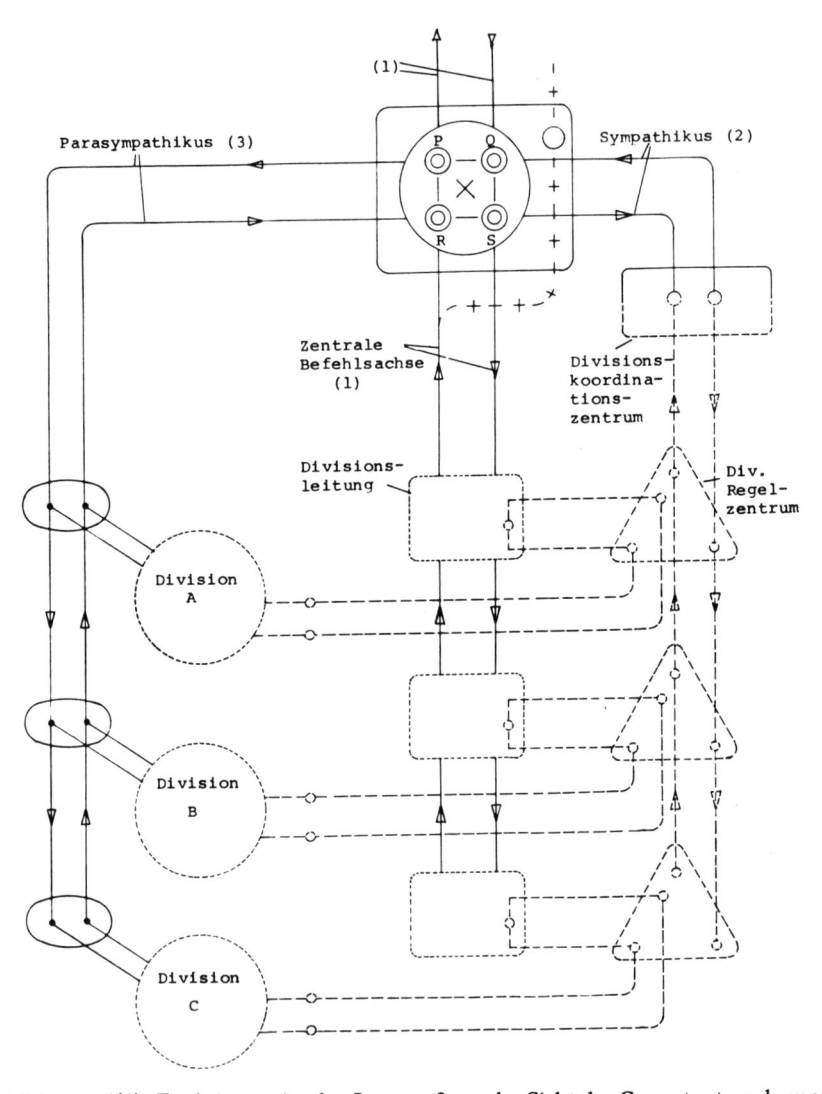

Abbildung 1.6(5): Funktionsweise des Systems 3 aus der Sicht der Gesamtunternehmung

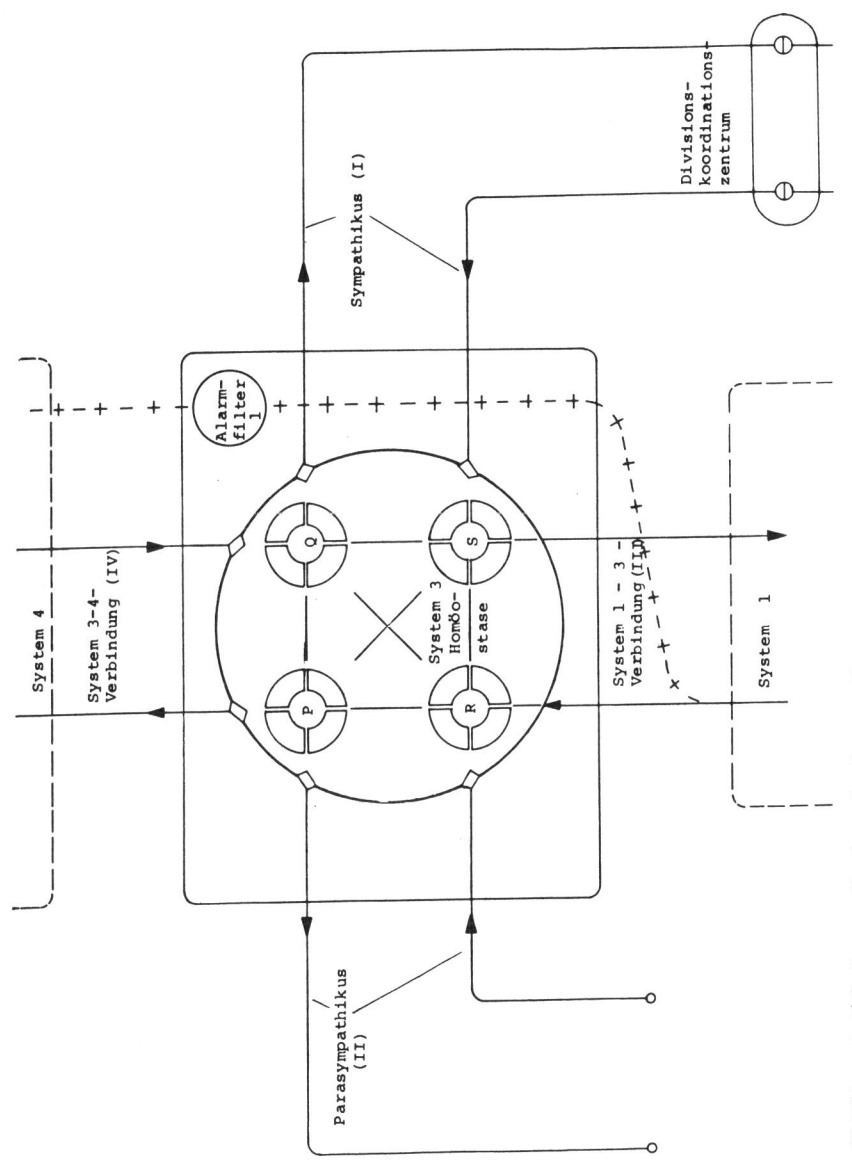

Abbildung 1.6(6): Interne Struktur des Systems 3

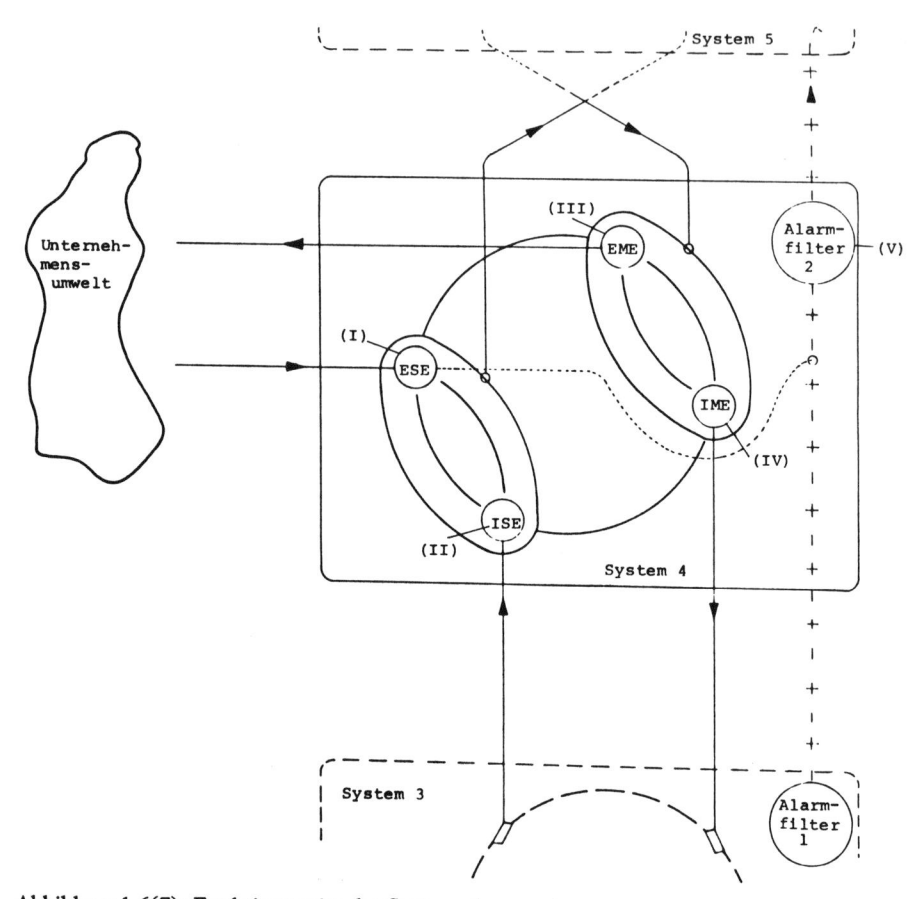

Abbildung 1.6(7): Funktionsweise des Systems 4

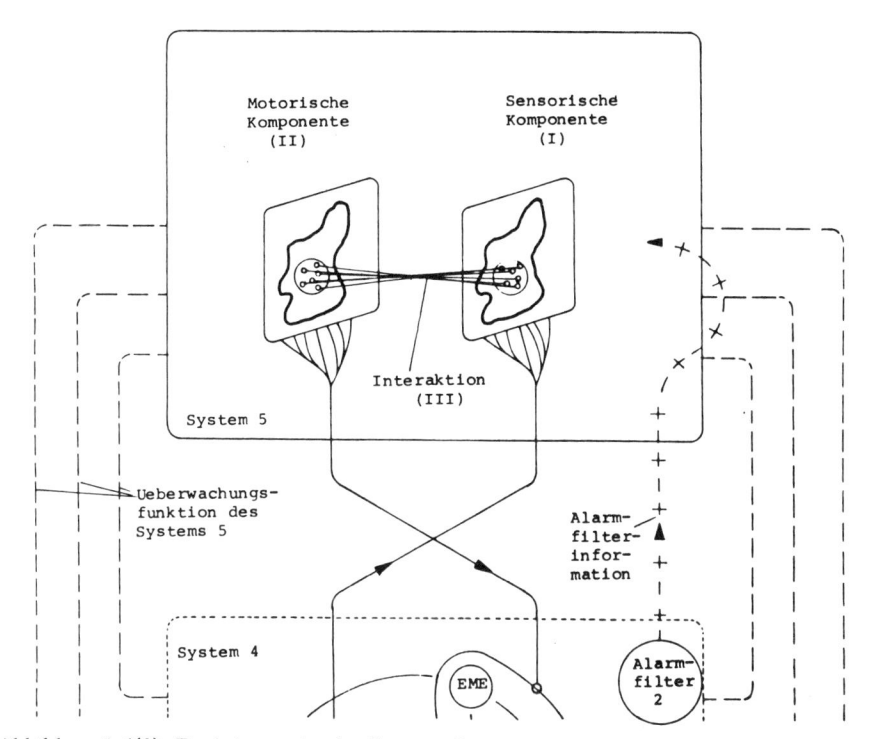

Abbildung 1.6(8): Funktionsweise des Systems 5

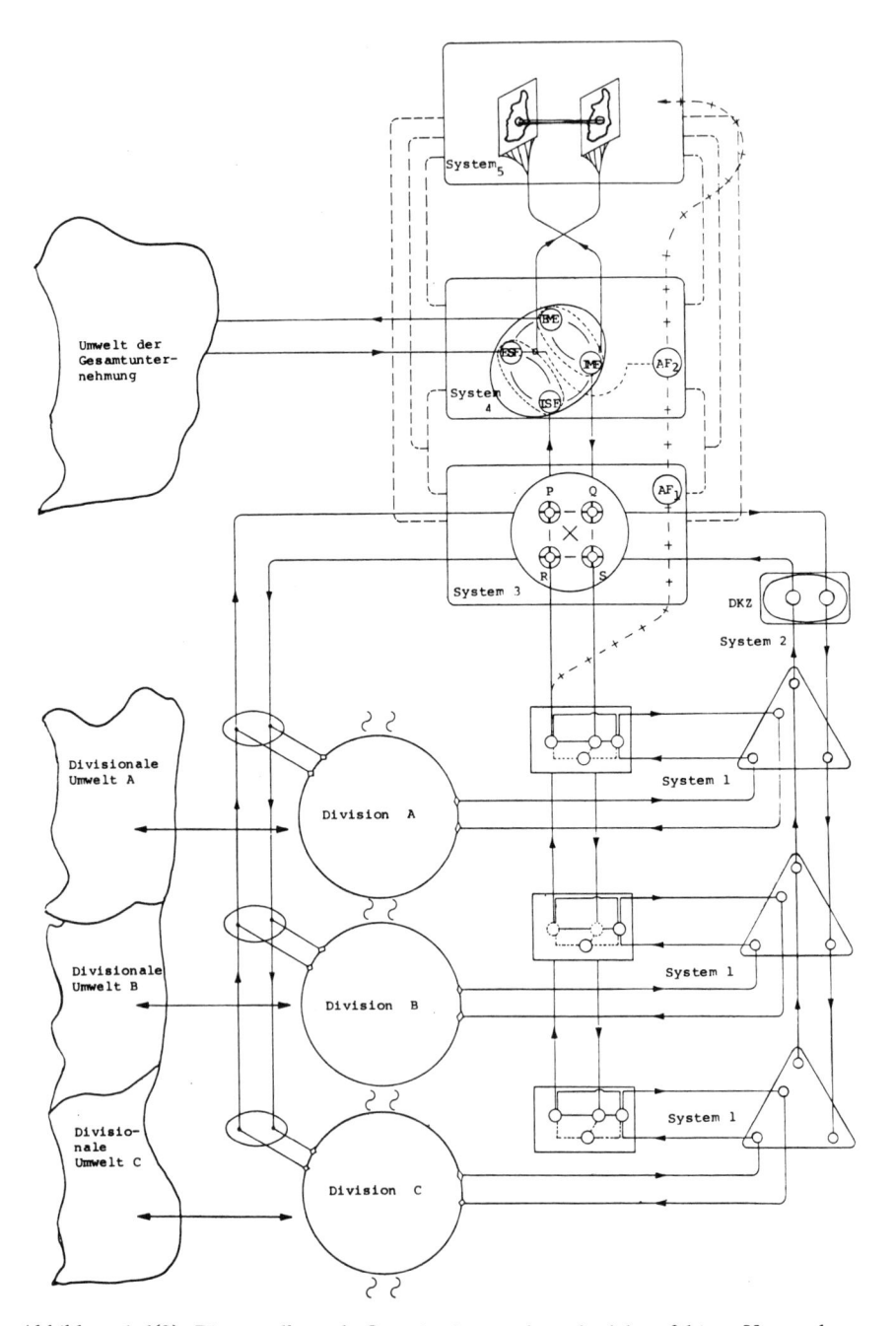

Abbildung 1.6(9): Die grundlegende Organisationsstruktur der lebensfähigen Unternehmung

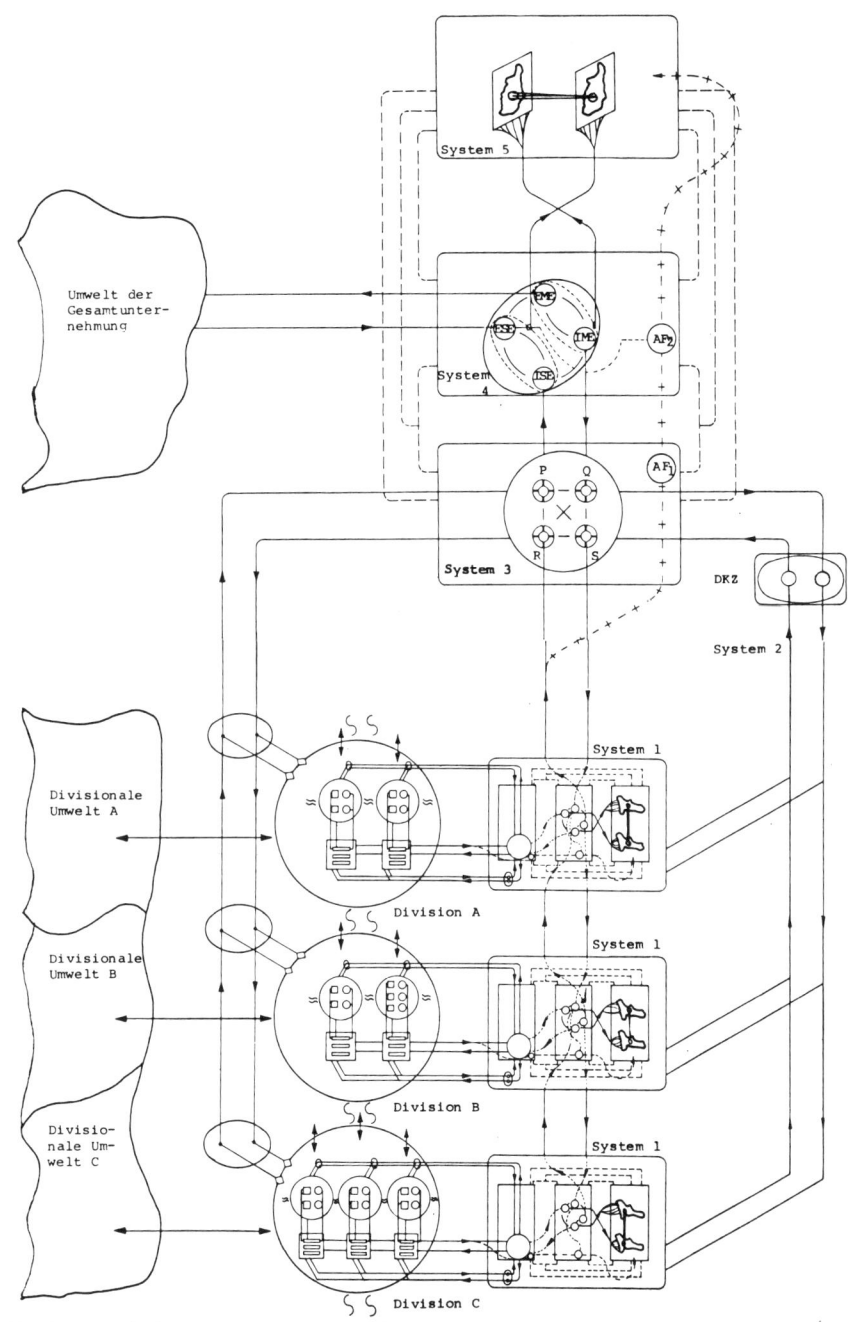

Abbildung 1.6(10): Die Rekursivität der Organisationsstruktur der lebensfähigen Unternehmung

2. Strategisches Management und das Problem der Komplexität

2.1 Strategisches Management als Mittel der Komplexitätsbeherrschung

> ... cybernetics is the science of control, management is the profession of control.
>
> Stafford Beer

2.11 Das Problem

Unternehmungen können, wie alle anderen soziotechnischen Systeme, aus einer Vielzahl verschiedener Perspektiven betrachtet werden. Je nachdem, welche Aspekte, Funktionen, Eigenschaften usw. als relevant angesehen werden, gelangt man zu unterschiedlichen, sich teils ergänzenden, teils widersprechenden Theorien über Struktur und Verhalten der betrachteten Systeme. Neben den aus jeweils *verschiedenen* Perspektiven konstruierten Ansätzen zur Erklärung soziotechnischer Systeme gibt es aber auch immer wieder Versuche, zu einer *einheitlichen,* die verschiedenen Ansätze umfassenden und *integrierenden* Betrachtungsweise zu gelangen. Kybernetik und Systemtheorie im allgemeinen, und die in Teil 1 dargestellte kybernetische Theorie des lebensfähigen Systems im speziellen, stellen Versuche einer Vereinheitlichung und Integration unterschiedlicher Perspektiven dar. Das zentrale Problem ist dabei die Frage nach den *Gemeinsamkeiten* in Strukturen, Funktionen, Aufgaben, zu lösenden Problemen, Zielen usw. unterschiedlicher Systeme. Verschiedene Ergebnisse der erwähnten Forschungsgebiete lassen die begründete Vermutung zu, dass dem äusseren Anschein nach verschiedenartige Systeme tatsächlich erhebliche Gemeinsamkeiten aufweisen, die es erlauben, für eine Anzahl von Problemen, die von diesen Systemen zu lösen sind, *einheitliche Lösungsansätze* zu entwickeln.

Wie insbesondere den Arbeiten von Ashby und Beer[1] zu entnehmen ist, besteht das *Kernproblem* eines jeden Organismus darin, die für sein Überleben relevante Komplexität unter Kontrolle zu bringen. Dies bedeutet, dass er Mittel und Wege finden muss, seine eigene, als Varietät ausgedrückte Komplexität in Einklang zu bringen mit der ebenfalls als Varietät ausgedrückten Komplexität seiner Umwelt. Faktisches Überleben, gleichgültig in welcher Zustandskonfiguration, ist nur möglich, wenn und insoweit das Problem des Komplexitätsausgleichs gelöst werden kann.[2]

Bildhaft und sehr allgemein lässt sich die Situation wie in Abbildung 2.1(1) darstellen.

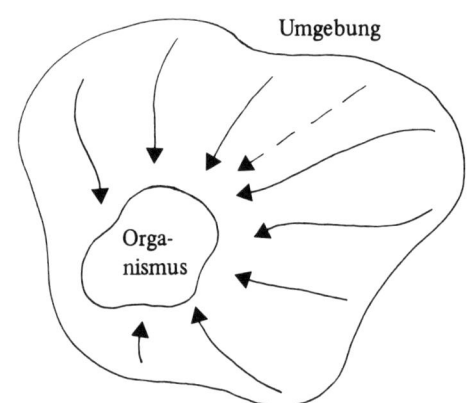

Abbildung 2.1(1)

Der zur Diskussion stehende Organismus O ist in seiner Umwelt permanent einer grossen, meistens nicht im einzelnen erfassbaren Zahl von Einflüssen ausgesetzt. Bildhaft gesprochen könnte man sagen, dass der Organismus von seiner Umwelt ständig mit Komplexität „bombardiert" wird. Er ist daher laufend gezwungen, sich mit seiner Umwelt und den von ihr ausgehenden Einflüssen, die sich in Art, Zahl und Intensität immer wieder verändern können, auseinanderzusetzen, um seine Struktur, seine Funktionsweise und seine Identität aufrecht erhalten zu können. Diese Auseinandersetzung vollzieht sich auf die unterschiedlichste Weise, teils in passiven Anpassungsreaktionen, teils in aktiven Gestaltungseingriffen in die Umwelt. Art und Zahl der dabei im Zusammenhang mit den verschiedenen biologischen, sozialen und soziotechnischen Systemen zum Einsatz gelangenden Instrumente sind dabei so gross und verschiedenartig, dass sehr häufig durch die Verschiedenartigkeit in den Details der Blick für die generellen Zusammenhänge und das grundlegende Problem getrübt wird.

---

1 Vgl. Ashby (Introduction) 195 ff. und Beer (Decision) 270 ff.; (Heart) passim.
2 Die Ausdrücke „Komplexität" und „Varietät" werden in Abschnitt 2.2 näher erläutert.

Dies zeigt eine Sichtung der relevanten Literatur zu strategischen Problemen der Unternehmensführung sehr deutlich. Grösstenteils liegt der Schwerpunkt der Betrachtungen auf speziellen Teilproblemen, die mit ganz bestimmten Funktionsbereichen der Unternehmung, wie zum Beispiel den Marketing-Fragen oder längerfristigen Finanzierungsproblemen zusammenhängen, und meistens werden ganz spezifische Instrumente zur Lösung dieser besonderen Probleme untersucht. Der Grossteil der diesbezüglichen Untersuchungen ist dem Produkt-Markt-Problem gewidmet. Diese Fragen werden in aller Regel unter den besonderen Aspekten der technoökonomischen Dimension untersucht und vor allem unter der mehr oder weniger stillschweigend getroffenen Annahme, dass dieses zweifellos sehr zentrale Problem isoliert von anderen, wie zum Beispiel politischen und sozialen Aspekten behandelt werden könne und ausserdem auf der Basis der Vermutung, dass die internen Voraussetzungen für die Realisierung von Produkt-Markt-Strategien im wesentlichen gegeben seien. Der ganze Bereich derart orientierter Aktivitäten wird von Ansoff und Hayes in die Kategorie der strategischen *Planung* (im Gegensatz zu strategischem Management) eingeordnet.[3] Und sie führen aus, dass dieser Approach bestenfalls einen Teil des Gesamtproblems abdecken kann.

Ansoff und Hayes zufolge war aber das strategische Problem in den letzten 20 Jahren einem starken Wandel unterworfen; es wird von ihnen heute definiert als die *Gesamtpositionierung* eines Systems in seiner Umwelt mit Bezug auf sämtliche Verknüpfungen und unter Einschluss der Gestaltung und Entwicklung der internen Fähigkeiten der Unternehmung, diese Positionierung permanent veränderten Gegebenheiten anzupassen.

„... the strategic planning problem ... has undergone significant changes in emphasis. From an instrument for correcting a partial strategic imbalance with the environment, it is coming to concern itself with the changeability of *all* economic and social linkages with the environment, with encreasing incidence of major surprises and with ecological and resource constraints ... internal configuration of resources is evolving from the problem of essential preservation of the firm's strength into a problem of fundamental redesign of the internal capability of the firm in order to preserve harmony with its internal linkages ...... from a technology designed to correct partial deficiencies in an organisation to a technology of 'design to order' — an ability to define, structure and put into action a new organisation which is responsive to a specific social need."[4]

Aus kybernetischer Sicht und vor allem auf der Basis der Theorie des lebensfähigen Systems ist klar, dass das strategische Management im Bereich der

---

3 Vgl. Ansoff/Hayes (Strategic Management) 1 ff.
4 Ansoff/Hayes (Strategic Management), 3 und 4.

Top-Struktur, d. h. im Bereich der Systeme 3, 4 und 5 sowie deren Interaktionen lokalisiert werden muss, und dass es dabei genau um jene Subsysteme geht, die für die Gesamtpositionierung des Systems in seiner Umwelt, für die grundlegenden Verknüpfungen zwischen System und Umwelt, sowie für die Mechanismen, die für die Positionierung und Repositionierung notwendig sind, verantwortlich sind. Wie in Teil 1 herausgearbeitet wurde, ist System 3 die Gesamtheit aller Funktionen und Aktivitäten, die zu einer internen Systemstabilisierung führen, während System 4 das externe Gleichgewicht sicherzustellen hat. Das Gesamtgleichgewicht der Unternehmung kann aber nur dann zustande kommen, wenn internes und externes Gleichgewicht permanent einander angepasst sind und die jeweiligen Massnahmen zur Erhaltung eines Teilgleichgewichtes jeweils in Abhängigkeit von Veränderungen des anderen Teilgleichgewichtes adjustiert werden können. System 5 operiert einerseits als oberste normative Instanz und hat andererseits die ausserordentlich wichtige Aufgabe, das ständige Ausbalancieren der beiden Teilgleichgewichte in Gang zu halten.

Wie bereits ausgeführt wurde, handelt es sich dabei im Kern um das Problem der Komplexitätsbewältigung bzw. des Komplexitätsausgleiches zwischen Unternehmung und Umwelt. Die Unternehmung muss also Mittel und Wege finden, sich in ihrer Umwelt derart zu verankern, dass sie einerseits genügend Informationen über die relevanten Aspekte ihrer Umwelt und deren jeweiligen Veränderungen aufnehmen und andererseits ausreichende Verhaltensmassnahmen entwickeln kann, um auf Umweltänderungen adäquat reagieren zu können. Diese Zusammenhänge können bildhaft wie in Abbildung 2.1(2) bzw. einer verbreiteten kybernetischen Konvention folgend in Abbildung 2.1(3) dargestellt werden.

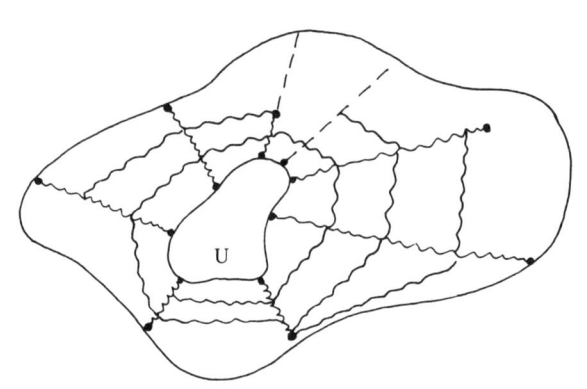

Abbildung 2.1(2)

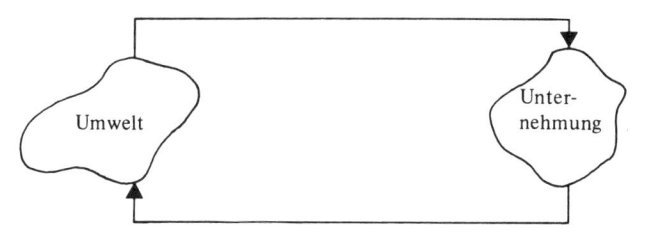

Abbildung 2.1(3)

Im ersten Fall kann man sich vorstellen, dass die Unternehmung analog einer Spinne in einem riesigen Netz sämtliche Umweltveränderungen registriert und aufgrund der gesammelten Informationen der eigenen Komplexität entsprechend reagiert, wobei fehlerhafte oder abgerissene Verkoppelungen sofort wieder aufgebaut bzw. verbessert und wenn nötig neue Verankerungen eingeführt werden. Im anderen Fall (vgl. Abb. 2.1(3)) werden Umwelt und Unternehmung als Homöostat mit entsprechenden Kommunikationskanälen dargestellt. Die Vielzahl der dauernd vorhandenen netzartigen Verknüpfungen wird in diesem Diagramm durch die beiden einfachen Kanäle abgebildet. Welche Darstellung man auch immer bevorzugen mag, die Lösung des Problems des gegenseitigen Komplexitätsausgleiches basiert auf zwei Komponenten:

1. den organisationalen Systemstrukturen einerseits und

2. den durch sie ermöglichten Lenkungsprozessen andererseits.

Die Lenkungskapazität eines Systems und damit seine Fähigkeit, Komplexität unter Kontrolle zu bringen, ist abhängig von seinen grundlegenden Strukturen. Es gibt Systemstrukturen, die die Komplexitätsbeherrschung erleichtern und solche, die sie erschweren oder unmöglich machen. Mit Bezug auf das Problem der Komplexitätsbeherrschung verhält sich ein System also so, wie seine Struktur ihm erlaubt, sich zu verhalten. Diese Erkenntnis, dass das Lenkungsverhalten eines Systems eine notwendige Folge der Systemstruktur ist, ist ein grundlegendes Resultat systemtheoretischer Forschungen, auf dessen Bedeutung Beer immer wieder hingewiesen hat. Wie es scheint, wird aber diesem Ergebnis immer noch nicht jene Aufmerksamkeit zuteil, die es verdient. Das Unvermögen, dieses Ergebnis bei der Analyse und Gestaltung soziotechnischer Systeme zu verwerten, führt sehr häufig dazu, dass die Reformen sozialer Institutionen an den falschen Stellen ansetzen.

Insbesondere für die Behandlung des strategischen Problems von Unternehmungen erscheint die Kenntnis grundlegender lenkungsoptimaler Systemstrukturen zentrale Bedeutung zu haben. Strategien, die ohne Berücksichtigung der konkreten Verhaltensmöglichkeiten bzw. der dahinterstehenden Systemstrukturen entworfen werden, müssen zwangsläufig unrealisiert bleiben oder führen beim Versuch sie zu implementieren, zu gefährlichen Stresserscheinungen im System. Ein guter Teil der immer wieder in der Literatur beklagten sozialen Widerstände gegen die strategische Planung ist möglicherweise gerade darauf zurückzuführen, dass unabhängig von den Verhaltensmöglichkeiten entworfene Strategien keine reale Implementierungsbasis besitzen, und die sich meistens im sozialen Bereich manifestierenden Widerstände lediglich Oberflächenphänomene für tiefer liegende und strukturbedingte Abwehrmechanismen des Systems darstellen. Analoge Mechanismen im biologischen Bereich wären etwa Immunreaktionen.

Aus der erwähnten Abhängigkeit zwischen Systemstrukturen und Lenkungsverhalten eines Systems folgt aber auch, dass jedes System sein, auf seine jeweilige Struktur bezogenes Normalverhalten realisiert, das in aller Regel, eben weil es strukturbedingt ist, äusserst stabil und damit nur sehr schwer zu ändern ist. Dies ist wohl jedermann bekannt, der aus eigener Erfahrung weiss, wie schwierig es ist, eine soziale Institution zu reformieren. Ein typisches Beispiel wäre etwa die Aufgabe, eine verlustbringende Unternehmung wieder rentabel zu machen, wobei hier die Aufgabe allerdings dadurch erleichtert wird, dass aufgrund des für alle sichtbaren Verlustausweises allen Beteiligten klar ist, dass mit einer derartigen Unternehmung etwas nicht in Ordnung sein kann. Ein anderes Beispiel wäre etwa die Aufgabe, eine konservativ geführte, lethargische Unternehmung wieder dynamisch und aggressiv zu machen. Gerade dann, wenn nicht für jedermann offenkundig ist, dass etwas nicht ganz stimmt, wenn die Unternehmung nach aussen hin und bei oberflächlicher Betrachtung vielleicht einen durchaus gesunden Eindruck macht und das tatsächlich realisierte Verhalten von vielen Beteiligten auch als akzeptables Normalverhalten interpretiert wird, zeigen sich die ausserordentlich grossen Schwierigkeiten, eine grundlegende Verhaltensänderung herbeizuführen. In den meisten Fällen ist dies nicht ohne schwerwiegende Eingriffe sachlicher und personeller Art möglich und nicht selten werden zwar wohl *Änderungen* vorgenommen, die aber in Wahrheit keinen echten *Wandel* bedeuten.

Die folgenden Ausführungen Beers verdienen einige Beachtung:

„The message is just this. Institutions are systems for being what they are and for doing what they do. No one believes this: it is incredible, yet true. People think that institutions are systems for being and doing what they were *set up* to be and do, or what they *say* they are and do or what they *wish* they were and did. The first task of the systems scientist is to look at the fact: What is the system? What does it do? If the answer turns out to be something no one wants, do not go around repeating the popular but fictitious believe in a very loud voice. Do not hire a PR-campaign to project the required image. *Change the system.*"⁵

Die Eingriffe in ein System müssen also immer struktureller Art sein, wenn sie effektiv wirken sollen, und wer Erfahrung mit solchen Aufgaben hat, weiss, dass unter „Struktur" in solchen Fällen nicht einfach das Organigramm zu verstehen ist, sondern dass das Gefüge der Denkvorstellungen, der tragenden Verhaltensprinzipien (glcichgültig ob sie artikuliert sind oder nicht), das Machtgefüge, das Beziehungsnetz von Sympathie und Antipathie sowie das meistens hochkomplexe Gefüge der materiellen und immateriellen Vor- und Nachteile wesentliche Komponenten struktureller Natur sind.

Der Begriff „Struktur" ist aus kybernetischer Sicht nicht statisch, sondern dynamisch zu verstehen. Es ist zu betonen, dass insbesondere nicht nur jene Beziehungen zwischen Komponenten, die sinnesmässig mehr oder weniger unmittelbar wahrgenommen oder gar visualisiert werden können, strukturelle Beziehungen sind, sondern alle Arten von Beziehungen, die zur Entstehung gewisser Ordnungszusammenhänge, Muster oder Pattern beitragen, gleichgültig ob sie direkt wahrgenommen, bzw. visualisiert werden können oder nicht. Insbesondere gehören alle Arten von abstrakten Regeln, ohne Rücksicht darauf, ob sie in sprachliche Formulierungen gefasst werden können oder nicht, zur Struktur eines Systems.

Wie in Teil 1 gezeigt wurde, ist es im Rahmen kybernetischer Forschungen gelungen, jene Strukturen konzeptionell herauszupräparieren, die für die Lebensfähigkeit eines jeden Systems notwendig und hinreichend sind. Richtig angewendet schaffen die Strukturen des lebensfähigen kybernetischen Systems die optimalen Voraussetzungen für die Lösung des Problems der Komplexitätsbewältigung. Das strukturelle Modell des lebensfähigen Systems bildet somit das grundlegende Paradigma jeglicher organisatorischer Gestaltung und damit für die Lokalisierung aller vom Management zu lösenden Probleme.

Neben diesen strukturellen Voraussetzungen sind es aber, wie bereits erwähnt, die durch diese Strukturen ermöglichten Lenkungsprozesse, die das zweite grundlegende Element für die Lösung des Komplexitätsproblems und damit für die Gestaltung des strategischen Managements darstellen. Die wichtigsten Lenkungsprozesse im Zusammenhang mit dem generellen Problem der Komplexitätsbewältigung sind die *Problemlösungsprozesse.* Insbesondere im Bereich des strategischen Managements kommt jenen Lenkungsprozessen, die nicht auf bestimmte feststehende Zwecke gerichtet sind, sondern gewissermassen als Multizweckprozesse ganz allgemein der Lösung bzw. Bearbeitung beliebiger Probleme dienen, besondere Bedeutung zu. Diese Prozesse sind daher auch nicht aus der Perspektive bestimmter, konkreter Zwecke zu beurteilen,

---

5 Beer (Crisis) 319 ff., Hervorhebung im Original.

sondern aus der Sicht einer *Metazwecksetzung* − eben der allgemeinen Problemlösungs*fähigkeit*. Die Entwicklung der generellen systembezogenen Problemlösungsfähigkeit, die in engem Zusammenhang mit der institutionellen Lernfähigkeit steht, führt im besonderen Masse zu einer Verstärkung der systemischen Varietät. Nicht direkt zweckgebundene Lenkungsprozesse, die explizit darauf gerichtet sind, neuartige Probleme zu lösen bzw. Umweltvarietät unter Kontrolle zu bringen, die möglicherweise auch ihrer Form, ihrem Pattern nach völlig unbekannt ist, scheint das institutionelle Analogon zu dem zu sein, was in der Verhaltensforschung ein „offenes Programm" genannt wird.[6] Offene, im Gegensatz zu geschlossenen Programmen sind immer dann notwendig, wenn das Überleben eines Organismus nicht mit genetisch vorprogrammierten Lösungen gesichert wäre, sondern die passenden Problemlösungen von Umweltgegebenheiten abhängen, die nicht im voraus bekannt sein *können*. Die Offenheit von genetischen Programmen ist Voraussetzung für die *adaptive Modifikabilität* von Systemen, eine Eigenschaft, die in komplexen Umgebungen genetisch bzw. strukturell vorgesehen sein muss und das Ergebnis vorangegangener Selektionen ist.[7]

Je grösser die zu erwartende Umgebungskomplexität eines Systems ist, um so grössere Bedeutung kommt dieser Art von Lenkungsprozessen zu. Nachdem die grundlegenden *strukturellen* Komponenten des lebensfähigen Systems in Teil 1 bereits behandelt wurden, ist es notwendig, im folgenden diese besonderen Lenkungsprozesse − im weiteren „evolutionäre Problemlösungsprozesse" genannt − näher zu untersuchen. Diese *evolutionären Problemlösungsprozesse* werden dabei den sogenannten konstruktivistischen *Problemlösungsprozessen* gegenübergestellt, und es wird schliesslich gezeigt, wie diese beiden grundlegend verschiedenen Arten von Lenkungsprozessen zu einer *Systemmethodik* vereinigt werden können, die zur Lösung von Problemen des strategischen Managements eingesetzt werden kann.

Da das strategische Management hier konsequent als ein Problem der Komplexitätsbewältigung betrachtet wird, ist es notwendig, auch die Grundlagen des lebensfähigen Systems noch etwas näher zu untersuchen. Das Modell des lebensfähigen Systems ist ein zumindest vorläufiges Endprodukt kybernetischer Forschungen auf diesem Gebiet. Im Rahmen der Strukturen eines lebensfähigen Systems sind aber besonders zwei wichtige System- oder Ordnungsarten unterscheidbar, nämlich sogenannte *spontane* oder *polyzentrische* Systeme und sogenannte *taxische* Systeme. Erst die Integration dieser beiden Systemformen führt letztlich zum Resultat, das hier in Teil 2 als Modell des lebensfähigen Systems vorgestellt wird. Aus dem Zusammenwirken der Strukturen des lebensfähigen Systems einerseits und den systemmethodischen Prozessen andererseits

---

6 Vgl. Lorenz (Rückseite) 94.
7 Vgl. Lorenz (Rückseite) 93 ff.

resultiert dann die *kybernetische Konzeption des strategischen Managements*. Diese Zusammenhänge sind in Abbildung 2.1(4) dargestellt.

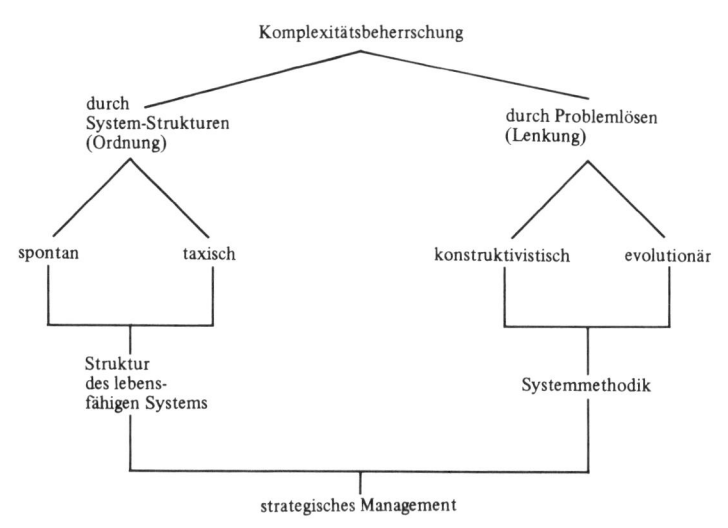

```
                    Komplexitätsbeherrschung
                   /                        \
        durch                          durch Problemlösen
        System-Strukturen              (Lenkung)
        (Ordnung)
        /        \                     /              \
   spontan    taxisch         konstruktivistisch   evolutionär
      |                                  |
   Struktur                         Systemmethodik
   des lebens-
   fähigen Systems
              |_____|
                              |
                   strategisches Management
```

Abbildung 2.1(4)

2.12 Strategien und Strategisches Management

Die Kybernetik betrachtet die von ihr untersuchten Systeme auf einem relativ hohen Abstraktionsgrad, so dass die Zusammenhänge zwischen den abstrakten Strukturen und ihrer Anwendung im konkreten Einzelfall nicht ohne weiteres offenkundig sind. Dies ist ein erhebliches Verständnis- und Anwendungshindernis, denn obwohl jeder Manager, gleichgültig ob er eine kleine oder grosse Unternehmung zu führen hat, ob er für eine Abteilung einer Unternehmung oder für die ganze Unternehmung zuständig ist, ob er eine Schule, ein Krankenhaus oder eine Partei leitet, letztlich das gleiche Problem, nämlich dasjenige der Komplexitätsbewältigung, zu lösen hat, so tritt dieses Problem doch in unzähligen verschiedenen Varianten auf, und die konkreten Mittel und Verfahren der Komplexitätsbeherrschung sind dementsprechend vielfältig.

Die Situation ist vielleicht vergleichbar mit einem Problem, das jedermann wohlvertraut ist: Jeder Mensch muss seinen Lebensunterhalt verdienen; es gibt aber unzählige Varianten, die eine Lösung dieses Problems darstellen. Obwohl das Problem auf diese Weise sehr abstrakt formuliert ist, hat es dennoch für jeden einzelnen, bestimmten Menschen eine sehr konkrete Bedeutung; er kann für die meisten seiner faktisch vorgenommenen oder möglichen Verhaltensweisen unmittelbar angeben, ob sie der Lösung des abstrakten Problems dienlich sind oder nicht. Dabei ist es durchaus möglich, dass je nach der Situation des einzelnen und nach der Höhe seines Lebensstandards mit Bezug auf die Lösung des Problems *gleiche Verhaltensweisen verschieden* und *unterschiedliche Verhaltensweisen gleich* beurteilt werden müssen. Wenn zwei Männer am Spieltisch die gleiche Summe verlieren, so wird das auf den Lebensunterhalt eines Reichen praktisch keinen Einfluss haben, während es für einen Armen katastrophale Folgen haben kann.

Während der Lebensbereich jedes Einzelnen und das Problem der Sicherstellung seines Lebensunterhaltes für den einzelnen Menschen in der Regel fassbar, d. h. mit Bezug auf die involvierten Komplexitäten überschaubar und kontrollierbar ist, kann das für die Ebene der sozialen Systeme nicht ohne weiteres behauptet werden. Allein schon wegen der Tatsache, dass soziale Systeme multipersonale Gebilde sind und Zwecke zu erfüllen haben, die über die Leistungsmöglichkeiten eines einzelnen weit hinausgehen, muss davon ausgegangen werden, dass die in Betracht zu ziehende Komplexität das Fassungsvermögen des einzelnen Gehirns bei weitem übersteigt. Das Problem des Varietätsausgleichs kann somit, mit Ausnahme trivialer Fälle, nicht die Aufgabe eines einzelnen sein. Vielmehr muss die *Organisation* eines Systems, gleichgültig aus welchen Komponenten es besteht, das System als Ganzes befähigen, dieses Problem zu lösen.

Da auch die Organisation eines komplexen sozialen Systems das Fassungsvermögen des einzelnen Menschen in der Regel selbst dann übersteigt, wenn er zu Abstraktionen Zuflucht nimmt, geht der oben erwähnte Zusammenhang zwischen der abstrakten Problemformulierung der Varietätsbewältigung und den konkreten Instrumenten der Varietätskontrolle häufig verloren. Dies führt zu einer gewissen Tendenz, sich an Eigenschaften der verwendeten Instrumente zu orientieren, die für die eigentliche Lösung des Problems irrelevant sind, während den tatsächlich wichtigen Merkmalen keine Aufmerksamkeit geschenkt wird. So wird beispielsweise die Budgetierung in einer Unternehmung häufig ausschliesslich unter finanziellen Aspekten gesehen, während die Frage, ob und inwiefern ein Budget und der Prozess der Budgetierung zur Beherrschung von Komplexität beiträgt oder dabei hinderlich ist, nur selten diskutiert wird. Ähnlich werden Fragen des „richtigen" Führungsstils kaum unter dem Gesichtspunkt überlegt, ob und inwiefern durch ein bestimmtes Führungsverhalten Varietät produziert oder reduziert wird, welche Systemkomponenten davon betroffen sind und ob dies der Lebensfähigkeit des Gesamtsystems hinderlich oder förderlich ist. Dies führt dazu, dass Führungsstildiskussionen zwar in der Regel unter einheitlichen Gesichtspunkten, wie Effizienzüberlegungen, Humanität des Führungsverhaltens, Gerechtigkeit der Mitarbeiterbehandlung, Macht, Autorität, usw. geführt werden; diese Überlegungen stehen aber nicht notwendigerweise in einem Zusammenhang mit dem Problem der Varietätsbewältigung und damit der Lebensfähigkeit des Systems, sondern beziehen sich auf Epiphänomene dieses Problems.

Aus Gründen der mangelnden Überschaubarkeit der Verhältnisse für den einzelnen, aber auch deshalb, weil das Problem in seiner allgemeinen Struktur kaum systematisch diskutiert wird, konzentriert sich das Interesse des Praktikers primär und teilweise zu Recht auf die Lösung seiner konkreten, unmittelbar anstehenden Probleme. Er ist daher nicht direkt, vielleicht aber auch überhaupt nicht, an einem allgemeinen Problemlösungsansatz interessiert. Der Praktiker stellt sich nicht die Frage: Wie löse ich Probleme?, sondern: Wie löse ich Problem X oder Problem Y? Ähnlich verhält es sich mit seiner Einstellung zum strategischen Management. Die Fragestellungen bewegen sich demzufolge in der Regel auf einer sehr konkreten Ebene: Was soll Textilunternehmung A, Maschinenfabrik B, Handelskette C, Hotel D, Bank E usw. in dieser oder jener Situation machen?

Probleme dieser *konkreten* Art können logischerweise nicht *allgemein* gelöst werden. Jeder einzelne Fall bedarf spezieller Überlegungen und wird in aller Regel auch eine spezielle Lösung finden. Die Fragestellung im Zusammenhang mit dem strategischen Management ist eher von allgemeiner Natur. Die Frage lautet nicht: Was muss die Unternehmung X in der Situation Y zur Erreichung des Zieles Z zum Zeitpunkt T machen? Sondern sie lautet: Wie muss der Mechanismus aussehen, der als Output konkrete Strategien, egal für welche Branche und für welche Unternehmung produziert? Eine Abhandlung über strategisches Management wird sich somit zwangsläufig mit Fragen dieser allgemeineren Art zu beschäftigen haben, deren Lösungen allerdings in der konkreten Anwendung auch zur Lösung der konkreten Probleme führen sollen.

Die Situation kann mit der Anfertigung einer Landkarte eines bestimmten Gebietes verglichen werden. Unter anderem soll eine Landkarte als Orientierungsinstrument die Auswahl von Zielen erlauben und die Bestimmung von Wegen zu diesen Zielen ermöglichen. Welche konkreten Ziele und Wege jedoch von den verschiedenen Benützern einer Landkarte ausgewählt werden, ist bei der Anfertigung der Landkarte nicht bekannt. Die Landkarte stellt gewissermassen ein Potential zur Lösung vieler verschiedener Probleme derselben *Art* dar; aber die Fragestellung des Geografen, der die Landkarte anfertigt, ist notwendigerweise verschieden von der Fragestellung eines Familienvaters, der mit Hilfe der Landkarte einen Familienausflug plant, oder eines Militärkommandanten, der mit ihrer Hilfe einen Einsatzplan ausarbeitet. Eine Landkarte kann also, zusammen mit den Regeln ihrer Benützung, als eine Maschine oder ein Mechanismus zur Lösung von Problemen einer bestimmten Kategorie verstanden werden. Ähnlich verhält es sich mit der Fähigkeit, ein Musikinstrument zu spielen. Ein Musikinstrument ist zusammen mit der Fähigkeit, es zu spielen, ein Mechanismus zur Erzeugung von Resultaten einer bestimmten Kategorie, der aber nicht auf bestimmte konkrete Musikstücke ausgerichtet ist. Es ist geradezu ein wesentliches Merkmal der meisterhaften Beherrschung eines Musikinstrumentes, nicht nur ein Musikstück oder eine bestimmte Liste von Stücken spielen zu können, sondern alle Stücke, die für das Instrument geschrieben wurden oder noch geschrieben werden.

Analog dazu ist es ein Charakteristikum von Management, nicht nur für *eine* bestimmte Unternehmung in *einer* bestimmten Situation zu gelten, sondern für die Führung von Unternehmungen generell in mehr oder weniger beliebigen Situationen.

Ganz ähnlich verhält es sich mit dem strategischen Management. Was normalerweise unter diesem Begriff behandelt wird, gehört entweder zum Bereich der Produktionsstrategie, der Marketingstrategie, der Personalstrategie, der Forschungs- und Entwicklungsstrategie usw. Strategisches Management bedeutet aber aus kybernetischer Sicht etwas völlig anderes. Hier geht es nicht etwa um die Frage, nach welchen Prinzipien produziert oder vermarktet werden soll, sondern es geht vielmehr um die Frage, wie Marketingprinzipien zustande kommen sollen, d. h. es geht um die Frage, nach welchen Prinzipien man zu den Marketing- oder Produktionsprinzipien kommen soll. Das Schwergewicht der Betrachtung liegt somit eindeutig auf der *Metaebene,* deren Gestaltung und Mechanismen erst die Prozesse auf der Objektebene bestimmen, dies aber in einem umfassenden und vollständigen Masse tun.

Im Vordergrund stehen also nicht Fragen der Art: Welche Strategien sollen wir in den folgenden Jahren verfolgen? — sondern Fragen, wie etwa: Welche Merkmale weisen erfolgreiche Strategien auf? Welche Prozesse müssen in Gang gesetzt werden, um eine Strategie zu entwickeln? Welche strukturellen Voraussetzungen müssen gegeben sein, damit die notwendigen Prozesse ungehindert ablaufen können? usw. Die Fragestellung ist also weniger auf eine konkrete Strategie als Output eines bestimmten Systems gerichtet, sondern vielmehr auf das *strategieproduzierende System* selbst, und das Problem besteht nicht primär in der Entwicklung einer speziellen Strategie, sondern in der Gestaltung eines Systems, das Strategien produzieren kann.

Strategisches Management ist demzufolge jener Nukleus an Mechanismen, die zur Produktion von konkreten Strategien führen, deren *Output* also Strategien sind. Obwohl auch Strategien im Prinzip längerfristig orientiert sein sollen, so muss doch immer wieder damit gerechnet werden, dass sie verändert werden müssen. Der strategieproduzierende Kern an Managementmechanismen wird hingegen über viel längere Zeit stabil bleiben. Die häufig erhobene Forderung, dass die Managementlehre über konkrete Strategien Aussagen machen soll, kann somit auch nur zu einem sehr geringen Teil erfüllt werden. Es liegt geradezu in der Natur von Strategien, jedenfalls von erfolgreichen Strategien, dass sie, von einer generellen Perspektive aus betrachtet, eher den Ausnahmefall darstellen und nicht ohne weiteres nachvollziehbar sind, denn eine Strategie, die von jedermann verfolgt werden kann bzw. verfolgt wird, hat wenig Erfolgswahrscheinlichkeit. Hingegen ist es ohne weiteres vorstellbar, dass der *strategieproduzierende Mechanismus* für jede Unternehmung gleich gestaltet sein kann.

Generelle Aussagen im Sinne einer Theorie sind somit häufig nur für diesen strategieerzeugenden Mechanismus, nicht hingegen für die von ihm erzeugten Strategien denkbar.

Die Tatsache, dass strategisches Management, wie es hier verstanden wird, vorwiegend metasystemischen Charakter im oben beschriebenen Sinne hat, bedeutet nicht, dass man nicht über gewisse Klassen von Strategien Aussagen konkreter inhaltlicher Art machen kann. So weisen beispielsweise Diversifizierungs-, Wachstums-, Schrumpfungsstrategien usw. gewisse inhaltliche Merkmale auf, die man für eine Vielzahl von Unternehmungen, möglicherweise sogar für mehrere Branchen konkret beschreiben kann. Bestimmte Arten von konkreten Strategien können zu bestimmten Zeiten derart dominierend sein, dass das Schwergewicht sowohl wissenschaftlicher als auch praktischer Überlegungen auf der inhaltlichen Ausarbeitung derartiger Strategien liegt. Das kann zu einer temporären Verdrängung des grundlegenden Problems führen. Allerdings wird spätestens dann, wenn die Situation sich so verändert, dass die dominierende Strategie fraglich wird, dieses Problem wieder in den Vordergrund treten. Dann wird klar, dass die gedankliche Beschränkung auf die Beschäftigung mit einer Strategie oder einer bestimmten Art von Strategien vergleichbar ist mit einem Sänger, der nur eine Art von Liedern singen kann, dessen Publikum aber seinen Geschmack geändert hat. Mit zunehmender Komplexität der wirtschaftlichen, sozialen und politischen Situation, mit den damit verbundenen ständigen Veränderungen sowie der Geschwindigkeit, mit der sich diese vollziehen, sind Unternehmungen und andere soziale Systeme immer öfter mit dem Problem konfrontiert, dass ihre Strategien fragwürdig oder obsolet geworden sind, und dass sie grundlegend neue Verhaltensweisen entwickeln müssen. Damit wird aber auch die Frage nach den Merkmalen, Eigenschaften, Komponenten und Funktionsweisen des der Unternehmung zur Verfügung stehenden strategieproduzierenden Mechanismus immer wichtiger.

Gegenstand einer Theorie über strategisches Management ist somit also derjenige Mechanismus beziehungsweise jene Kombination von Mechanismen, die es einer Unternehmung zu jedem beliebigen Zeitpunkt ermöglicht, für die jeweilige, im voraus meistens nicht bekannte Umweltsituation und deren mögliche oder wahrscheinliche Entwicklung grundlegende Regeln im Sinne eines Regelsystems zu bestimmen, die das Verhalten ihrer Teile einschliesslich ihrer Mitarbeiter auf zunächst nicht näher definierte Zeit bestimmen.

Meistens wird nun in der Literatur sowie im üblichen Sprachgebrauch das aufgrund solcher Bestimmungen *tatsächlich resultierende* Verhalten als Strategie bezeichnet bzw. dasjenige Verhalten, das aufgrund der Kenntnis der Regeln erwartet werden kann oder beabsichtigt ist. Sinnvoller ist es allerdings, nicht das durch Regeln gesteuerte und sich aufgrund dessen *faktisch* ergebende Verhalten als Strategie zu bezeichnen, sondern diesen Begriff für die Regeln bzw. das Regelsystem selbst zu verwenden. Eine Strategie ist somit ein, durch die jeweils vorhandenen Managementmechanismen produzierter *Satz von Regeln,* der das zukünftige Verhalten einer nicht notwendigerweise im voraus bestimmten Anzahl von Personen in einer nicht vorhersehbaren Art und Zahl von Situationen steuert.[8] Nur eine bestimmte Art von Regeln kann diese Funktion der Regulierung zukünftigen Verhaltens in Situationen, die zum Zeitpunkt der Gestaltung der Regeln noch unbekannt sind, erfüllen. Die mit derartigen Regelsystemen zusammenhängenden Probleme werden im Detail in späteren Abschnitten behandelt. Diese Regeln bzw. Regelsysteme bilden den weitaus wichtigsten Mechanismus der Komplexitätsbewältigung, über den eine Unternehmung bzw. (allgemein) ein soziotechnisches System verfügt.

Eine Abhandlung über strategisches Management hat also, wie in den voranstehenden Abschnitten herausgearbeitet wurde, einerseits den regelproduzierenden Mechanismus und andererseits das Produkt dieses Mechanismus, nämlich das Regelsystem selbst, zum Gegenstand. Es sind diese beiden Komponenten, über die generelle Aussagen gemacht werden können, während über das konkrete Verhalten, das sich aufgrund der Wirkung von derartigen Regelsystemen ergibt, schon deshalb keine allgemeinen Aussagen gemacht werden können, weil für die vollständige Verhaltensbestimmung von Individuen und Systemen die Regeln *allein* nicht ausreichen, sondern auch die jeweiligen Umweltsituationen, d. h. die den Individuen bzw. Systemen zu jedem beliebigen Zeitpunkt bekannten Tatsachen und Umstände von Bedeutung sind. Bildhaft gesprochen, stellt das jeweilige Regelsystem gewissermassen das Sieb dar, das aus potentiellem Verhalten aktuelles Verhalten herausfiltert. Da aber zu jedem Zeitpunkt sowohl potentielles wie aktuelles Verhalten massgeblich durch die ständig ändernden Umweltgegebenheiten mitbestimmt wird, ist klar, dass das Ergebnis dieses Filterungsprozesses nur teilweise, d. h. nur in seinen generellen, eben durch das „Sieb" bestimmten Aspekten vorausgesagt werden kann. In dem Masse, in dem das Regelsystem, nach dem sich ein soziales System richtet, bekannt ist, kann das Verhalten zumindest teilweise prognostiziert werden und in dem Masse können auch jene, zumindest retrospektiv als längerfristig wirksam erkennbaren, generellen Merkmale des Verhaltens festgestellt werden, die im Rahmen des allgemeinen Sprachgebrauches auch für das konkrete, faktische Verhalten den Ausdruck „Strategie" nahelegen. Die Situation ist vergleichbar mit einem Computer, dessen Programm man kennt, dessen jeweilige Verarbeitungsinputs aber nicht im voraus spezifizierbar sind. Kennt man ein System derart gut, dass bereits im voraus auch schon die Art des jeweils möglichen Inputs, nicht aber die spezifischen Details bekannt sind, so ist eine Verhaltens- bzw. Ergebnisprognose möglich. Man kann dann voraussagen, dass aufgrund einer bestimmten Input*art* und aufgrund der vorhandenen Programm*art* nur bestimmte Arten von Ergebnissen erwartet werden können oder umgekehrt, dass bestimmte Arten von Ergebnissen bei diesem System nicht zu erwarten sind. Es handelt sich

---

8 Vgl. Beer (Decision) 90 und Ansoff (Strategy) 118 ff.

hierbei um einen typischen Fall einer sogenannten Prinzip-Prognose, d. h. man kann im Prinzip voraussagen, wie sich das System verhalten wird, nicht jedoch in den jeweiligen Details. Diese Art Prognose wird in späteren Abschnitten im einzelnen noch dargelegt.

Abschliessend sind einige Bemerkungen zum Gebrauch von Ausdrücken wie „erfolgreiche" Strategie oder „gute" Strategie zu machen. Einige Überlegungen zu den Grundproblemen des strategischen Managements zeigen, dass es auf strategischer Ebene keine Erfolgsgarantie für soziotechnische Systeme geben kann. Auch noch so ausgeklügelte Methoden können keine Gewähr dafür bieten, dass eine Unternehmung immer die richtige Strategie findet und verwendet. Die Ausarbeitung einer Konzeption des strategischen Managements zielt daher nicht auf die Lösung dieses unlösbaren Problems ab, sondern ist darauf gerichtet, die Wahrscheinlichkeit zu erhöhen, dass Strategien, die mit Hilfe dieser Konzeption entwickelt wurden, besser sind als andere. Damit bleibt aber durchaus die Möglichkeit offen, dass zumindest temporär eine Unternehmung ohne ausgebautes strategisches Management erfolgreich operieren kann, und dass eine Unternehmung, die über ein hochentwickeltes strategisches Management verfügt, Misserfolge verzeichnen muss.

Jede Verwirklichung einer Strategie ist ein riskantes Unterfangen und stellt einen Versuch in einem Versuchs-Irrtums-Prozess dar, dem zwar zahlreiche gedankliche und andere Versuche (z. B. Testmärkte) vorausgegangen sein mögen, der also demzufolge nicht zufällig ist, letztlich aber doch einen Versuch ohne Erfolgsgarantie darstellt. Dies braucht indessen nicht zu Resignation zu führen. Die Anerkennung dieser Tatsache und die damit verbundene Korrektur von möglicherweise bestehenden Illusionen führt vielmehr dazu, dass eine Reihe struktureller Massnahmen verschiedenster Art mit dem Zweck vorgenommen werden, eventuelle Fehlentwicklungen so früh wie möglich diagnostizieren zu können und möglichst grosse Reaktionsspielräume zu schaffen.

2.2 Komplexität

> Höhere Fähigkeiten erwachsen
> nur aus mehr Komplexität.
>
> Carsten Bresch

2.21 Komplexität und Varietät

Wie bereits erwähnt wurde, wird die Idee des strategischen Managements hier unter dem Gesichtspunkt der Komplexitätsbeherrschung oder der Komplexitätskontrolle betrachtet. Welche Aspekte des Managements, wie Ziele setzen, organisieren, entscheiden, Menschen führen, planen, kontrollieren usw. auch immer vordergründig untersucht werden mögen, bei näherer Betrachtung zeigt sich, dass die eigentliche Funktion des Managements in der Bewältigung von Komplexität besteht. Die einzelnen, in der Literatur vielfältig untersuchten Aspekte von Management sind Instrumente zur Bewältigung von Komplexität; es sind gewissermassen die Epiphänomene oder die konkreten Manifestationen der eigentlichen, elementaren Aufgabe des Managements, die aber nur allzu häufig die eigentliche Managementaufgabe durch an sich unwesentliche Details verschleiern.

Management ist somit – und dies gilt selbstverständlich für strategisches Management im besonderen – nur dort erforderlich, wo die Verhältnisse durch hohe Komplexität gekennzeichnet sind. Insbesondere die speziellen Denkweisen und Methoden des strategischen Managements haben in einfachen Situationen keine Berechtigung und wirken in solchen Fällen gleichzeitig lächerlich trivial und sinnlos kompliziert, weil eben in einfachen Situationen die auftretenden Probleme relativ offenkundige Lösungen haben. Da nun offenbar Komplexität oder Simplizität der Verhältnisse das entscheidende Kriterium für den Einsatz der Prinzipien, Methoden und Instrumente des strategischen Managements darstellen, ist ein erheblich tieferes Verständnis der Idee der Komplexität erforderlich, als dies allgemein vorausgesetzt werden kann.

Komplexität als Schlagwort:

Es ist in einem gewissen Sinn zur Mode geworden, den Begriff Komplexität bzw. die Behauptung, ein Sachverhalt sei komplex, an den Beginn von Aufsätzen, Seminararbeiten, usw. zu stellen. In den meisten Fällen handelt es sich aber um ein blosses Lippenbekenntnis oder um eine Konzession an das, was man für den Zeitgeist hält. Selten werden die zu untersuchenden Sachverhalte dann wirklich unter Einbezug ihrer vollen Komplexität behandelt. Nicht selten kann sogar festgestellt werden, dass mit dem Hinweis auf die besondere Komplexität eines Phänomens eine Rechtfertigung für reduktionistische Forschungsstrategien gegeben wird. „... wir haben es hier mit einem komplexen Phänomen zu tun, daher nehmen wir der Einfachheit halber an, dass ..."

Komplexität als Alltagserfahrung:

Der Begriff der Komplexität wird oft auch in einem umgangssprachlichen Sinne verwendet, so etwa im Sinne von „kompliziert", „undurchschaubar", „unverständlich" usw. Dieser Gebrauch ist zwar durchaus im Grunde richtig und bringt häufig eine gewisse Ohnmacht des Menschen gegenüber den Vorgängen um ihn herum zum Ausdruck – das Unvermögen, die Dinge zu verstehen, zu erfassen und zu beeinflussen. Über dies hinaus vermag man aber auf der Basis der Alltagserfahrung nicht zu gelangen. Es bleibt beim Ausdruck des Unbehagens, ist allerdings oft Anlass zu ideologisch-politischen Einstellungen und eventuell sogar Aktionen, die aber mangels Fundierung meistens ins Leere gehen oder höchstens qua faktischer Machtdemonstration Wirkung zeigen. Das Problem bleibt aber bestehen und die grundsätzlichen Lösungsansätze auch (Beispiel: Kernkraftkontroverse, Terrorismus, alternative Lebensformen, diverse Widerstände gegen konkrete Staatshandlungen).

Komplexität als wissenschaftliches Problem:

Ohne Übertreibung kann gesagt werden, dass die Art der Behandlung des Problems der Komplexität das Unterscheidungsmerkmal zwischen zwei wissenschaftlichen Welten darstellt. Je nachdem, ob man einen analytisch-reduktionistischen Ansatz vertritt oder einen systemisch-interaktionistischen, stehen völlig andere

– Fragen

– Vorgehensweisen und Methoden

– Antworten

im Vordergrund. Man kann sogar sagen, dass zwei völlig verschiedene Weltbilder und daher auch zwei Arten des Wissenschaftsverständnisses mit dieser Unterscheidung verbunden sind. Dies bedeutet aber auch zwei verschiedene Menschenbilder, Gesellschaftsbilder und damit verschiedene Konzeptionen über die Rolle des Menschen in der Welt.

Komplexität als Managementproblem:

Konsequenterweise ändert sich damit die Einstellung zu allen Fragen, die im weitesten Sinne mit der Einflussnahme des Menschen auf seine Umgebung verknüpft sind. Worauf können wir Einfluss nehmen? Wie können wir Einfluss nehmen? Welche Resultate können wir dabei erwarten? Mit welchen Nebenwirkungen ist zu rechnen? Was lässt sich prinzipiell erreichen und was nicht?

Dies sind Beispiele für Fragen, die im Lichte der wissenschaftlichen Behandlung des Problems der Komplexität andere Antworten haben als im Rahmen eines analytisch-reduktionistischen Ansatzes.

Um die Idee der Komplexität in ihrem vollen Umfang zu verstehen, muss man auf das zurückgreifen, was man eine *Theorie der komplexen Phänomene* nennen könnte.[9] Eine Theorie, die sich ausdrücklich mit komplexen Phänomenen beschäftigt, unterscheidet sich in sehr fundamentaler Weise von den sehr viel weiter verbreiteten Theorien, die sich mit relativ einfachen Phänomenen beschäftigen, wie etwa die meisten Naturwissenschaften. Es sind genau diese fundamentalen Unterschiede, die zwischen der Handhabung einfacher und komplexer Phänomene bestehen, die für den Bereich der komplexen Phänomene besondere Denkweisen und besondere Methoden verlangen. Ohne ein umfassendes Verständnis der Besonderheiten komplexer Phänomene ist auch ein Verständnis für die spezifischen Merkmale der in diesem Bereich angewendeten Denkweisen und Methoden unmöglich.

Unter *„Komplexität"* versteht man die Tatsache, dass reale Systeme ungeheuer viele Zustände aufweisen können. Selbst in noch relativ einfachen Fällen ist die Komplexität meistens grösser, als man zu erfassen vermag.

Komplexität kann man quantifizieren und mit Hilfe des Begriffs der *Varietät* messen:

Definition: Varietät ist die Anzahl der unterscheidbaren Zustände eines Systems, bzw. die Anzahl der unterscheidbaren Elemente einer Menge.

Komplexität hat ihre Ursache im wesentlichen in den *Interaktionen* von Elementen. Die Bestimmung der Komplexität stützt sich hauptsächlich auf die mathematische Kombinatorik.

Um ein gewisses Gefühl für die Komplexität von Sachverhalten zu bekommen, genügt es, einige Beispiele zu durchdenken. Das Schachspiel gilt als komplex, weil eine ungeheure Zahl von verschiedenen Zügen und eine noch grössere Zahl von möglichen Konfigurationen auf dem Schachbrett möglich sind. Quantitative Untersuchungen über die in diesem Zusammenhang auftretenden Grössenordnungen zeigen, dass es nicht nur für das menschliche Gehirn, sondern auch für Computer unmöglich ist, alle möglichen Züge und Kombinationen enumerativ zu erfassen. Dies ist auch genau der Grund, weshalb im Schachspiel Vorgehensweisen mit strategischem Charakter von besonderer Bedeutung sind.

Im Bereich der Wirtschaft ist die Komplexität ebenfalls intuitiv offenkundig wenn man bedenkt, dass die ökonomischen Verhältnisse durch Millionen von

---

9 Vgl. zu diesem Ausdruck sowie zu den folgenden Ausführungen Hayek (Studies) 22 ff.

Warenaustauschbeziehungen zwischen Millionen von Wirtschaftssubjekten, seien dies Haushalte oder Unternehmungen oder andere Organisationen bestimmt werden. Änderungen in bestimmten Bereichen eines derartigen Systems pflanzen sich auf höchst komplizierte Weise auf andere Bereiche fort, so dass potentiell jede einzelne Relation auf Änderungen in anderen Relationen reagiert, wobei eben diese Reaktion wiederum Änderungen in anderen Relationen auslösen kann. Obwohl man gewisse allgemeine Theoreme über derartige Sachverhalte aufstellen kann, ist es unmöglich, sie alle im einzelnen zu beobachten oder zu beschreiben.

Aus Gründen, die etwas später dargelegt werden, ist es zweckmässig, über das intuitive Verständnis hinaus etwas tiefer in die Eigenschaften von Systemen einzudringen, um zu sehen, wie Komplexität entsteht und welche Grössenordnungen sie annehmen kann. Die folgenden Beispiele sollen dies verdeutlichen:

Beispiel 1

Das System bestehe aus 5 Glühbirnen, von denen jede entweder an oder aus sein kann. Wieviele Zustände kann das System annehmen?

Lösung

$V = 2^5 = 32$

Man kann das gesamte mögliche Systemverhalten relativ leicht durchspielen

($\bigotimes$ = Lampe an)

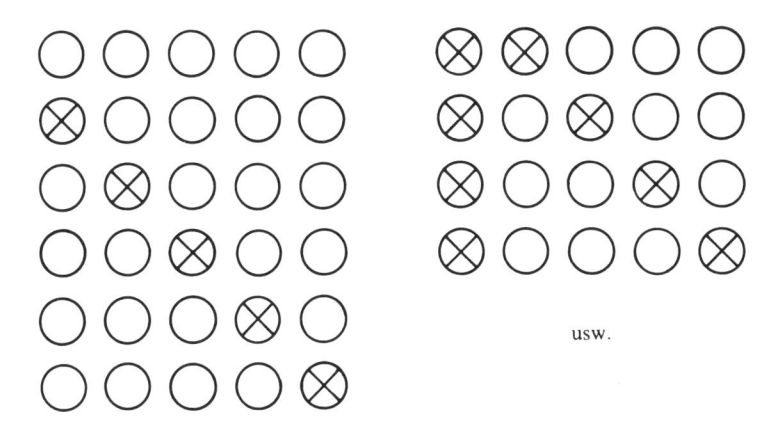

usw.

Beispiel 2

Wieviele Zustände hat das System, wenn jede Birne statt an/aus in fünf verschiedenen Farben leuchten kann, z. B. rot, blau, grün, gelb und weiss?

Lösung

$V = 5^5 = 3125$

Das Verhalten des Systems aus dem 1. Beispiel kann man noch relativ leicht durchspielen: dies ist bei diesem nur leicht modifizierten System praktisch schon kaum mehr möglich.

Beispiel 3

Ein anderes System hat statt 5 Glühbirnen 25 Lampen, von denen jede an oder aus sein kann.
Wie gross ist die Varietät dieses Systems?

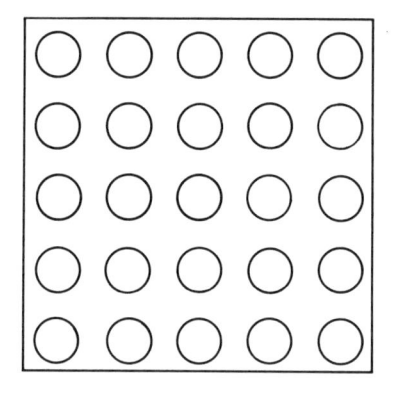

Lösung

$V = 2^{25} = 33.554.432$

Hier haben wir es bereits mit einem recht komplexen System zu tun. Die Gesamtvarietät würde genügen, jeden Einwohner von Österreich eindeutig zu identifizieren und darüberhinaus für jeden 4 weitere Merkmale zuzuordnen.

Dieses an sich simple System verfügt somit bereits über ein enormes Verhaltenspotential.

Ganz allgemein gilt, dass ein System mit n Elementen, die k Zustände annehmen können, eine Varietät von k^n besitzt. Derartige Exponentialfunktionen haben explosiven Charakter und erreichen selbst bei kleinen Werten von n und k schon sehr rasch astronomische Grössenordnungen.

Beispiel 4

Wie gross ist die Varietät des Systems aus Beispiel 3, wenn eine Birne kaputt ist?

Lösung

$V = 2^n - 1 = 2^{24} - 1 = 16.777.216 - 1$

Beispiel 5

Wie verändern sich die Varietäten des Systems aus Beispiel 3, wenn man mit Hilfe von 10 Schaltern 10 Lampen nach Belieben ein- oder ausschalten, also vom System los- oder dazukoppeln kann?

Lösung

V kann damit bis auf 32.768 Zustände reduziert werden. Man sieht hier, dass schon geringfügige Änderungen eines Systems seine Komplexität gravierend verändern können.

Beispiel 6

Wie verändert sich die Varietät des Systems, wenn man nach und nach weitere 5 Lampen zu den bestehenden 25 dazuschaltet?

Lösung

Derselbe Effekt zeigt sich hier. Jede neue Lampe verdoppelt die Varietät des Systems.

$n = 26 \rightarrow 67.108.000$
$n = 27 \rightarrow 134.217.000$
$n = 28 \rightarrow 268.435.000$
$n = 29 \rightarrow 536.870.000$
$n = 30 \rightarrow 1073.471.000$

Beispiel 7

Das menschliche Gehirn hat etwa 10 Milliarden Gehirnzellen ($= 10^{10}$). Jede Gehirnzelle kann, wie die neurophysiologische Forschung zeigt, nur 2 Zustände aufweisen: sie ist entweder erregt oder nicht erregt. Die Gesamtvarietät dieses Systems ist damit ungeheuer gross. Sie beträgt $2^{(10^{10})}$.

2.22 Der kybernetische und systemtheoretische Standpunkt

Die Beschäftigung mit dem Phänomen der Komplexität zeigt sehr deutlich, wo über die bisher besprochenen Unterschiede zwischen dem analytischen und dem systemischen Ansatz hinaus der Kern des kybernetisch-systemtheoretischen Standpunktes besteht:

Während sich die meisten Wissenschaften mit der Frage beschäftigen, wie die *tatsächlich* vorzufindenden Sachverhalte beschaffen sind, so ist der Ausgangspunkt der Kybernetik die Frage, wie die Sachverhalte *wären, wenn sie ihre volle Varietät entfalten würden*. Ausgangspunkt ist also immer eine gedanklich vorgestellte (in späteren Phasen eventuell experimentell hergestellte) *Menge von Möglichkeiten*.[10]

Die entscheidenden Fragestellungen der Kybernetik und ihrer Methoden, vor allem der Methoden der Kommunikationstheorie erscheinen sinnlos, solange dieser fundamentale Unterschied nicht erkannt und voll in die Forschung einbezogen wird. Erst wenn wir gedanklich gegenüberstellen, was sein könnte und was ist, zeigt sich die Fruchtbarkeit der kybernetischen Problemstellungen.

Kommunikation erfordert notwendig einen Satz *möglicher* Nachrichten, die ausgetauscht werden *könnten*. Der Informationsgehalt ist niemals eine intrinsische Eigenschaft einer individuellen Botschaft (Aussage, Signal, usw.), sondern bestimmt sich immer danach, was ebenfalls hätte gesagt werden können, de facto aber nicht gesagt wurde. Dies erklärt natürlich auch, warum „Nichts" eine Information sein kann.

Regulierung, Steuerung, Lenkung setzen für ihr wirkliches Verständnis immer voraus, dass wir uns vorstellen, wie die Dinge wären, wenn es keine Lenkung gäbe. Welchen Regulierungsgehalt bzw. welche Steuerungswirkung eine bestimmte Massnahme hat, zeigt sich erst, wenn wir wissen, wie sich etwas ohne diese Massnahme verhält. Die typische kybernetische Frage lautet somit nicht etwa: „Wie wird aus diesem Samenkorn ein Ahorn?", sondern: „Warum wird aus diesem Samenkorn ein Ahorn und nicht etwa eine Linde oder ein Hase oder ein Mensch...?"

Koordination und Integration: Auch hier ist der Ausgangspunkt nie das, was existiert (ausgenommen im Sinne eines ersten Impulses, einer Unzufriedenheit mit den Fakten), sondern immer die Frage, wie es sein könnte und warum es im Lichte dessen gerade so ist und nicht anders.

Wir haben daher immer zwischen einer *potentiellen* Varietät eines Systems und seiner *aktuellen* Varietät zu unterscheiden. Und wir müssen jede Mass-

---

10 Vgl. Ashby (Introduction) 121 ff.

nahme sorgfältig daraufhin untersuchen, ob sie die aktuelle Varietät weiter reduziert oder möglicherweise erhöht und damit mehr Raum für die Entfaltung potentieller Varietät schafft.

Kybernetische Erklärungen sind daher auch häufig *negativ* [11]. Eine *typische kausale* Erklärung ist *positiv*. Wir sagen zum Beispiel, eine Billiard-Kugel bewege sich in diese und diese Richtung, weil eine andere Kugel sie in diesem und diesem Winkel und mit diesem und diesem Impuls angestossen hat. Hingegen fragen wir in der Kybernetik, welche verschiedenartigen Alternativen hätten eintreten können und erklären dann, warum de facto sie nicht eingetreten sind. Dies führt zu einem immer tieferen Verständnis der tatsächlichen Gegebenheiten, weil man sich immer umfassender mit der Frage beschäftigen muss, welche Einflussfaktoren (Constraints) die Situation gerade so beeinflusst haben, dass aus der Menge der Möglichkeiten gerade die beobachtete oder vorliegende eingetreten ist (selektiert wurde). Eine Ursache im kybernetischen Sinne ist daher auch nie eine eindimensional gerichtete Wirkung von A und B, sondern immer ein Netzwerk von Constraints, das den Kontext des Beobachtbaren bestimmt.

Wird diese Unterscheidung zwischen dem Möglichen und dem Tatsächlichen nicht berücksichtigt, entsteht endlose Konfusion.

2.23 Das Gesetz der erforderlichen Varietät

Worin liegt nun aber die eigentliche Bedeutung der näheren Beschäftigung mit dem Phänomen der Komplexität? Was sollen all die Zahlenspielereien der hier aufgeführten Beispiele? Die Bedeutung liegt in der Erkenntnis, dass wir ein System immer nur insoweit unter Kontrolle haben, als es uns gelingt, es daran zu hindern, sich in Zustände zu bewegen, zu denen es grundsätzlich in der Lage ist, die uns aber nicht wünschbar erscheinen. Systeme, *„die machen, was sie wollen"*, haben wir offensichtlich nicht unter Kontrolle.

Diese Feststellung mag möglicherweise trivial erscheinen. Dieser Eindruck wird aber sofort verschwinden, wenn man sich überlegt, wie man denn das Problem lösen kann, Systeme daran zu hindern, zu machen, was sie wollen bzw. können.

Die allgemeine Lösung dieses Problems ist eine der wichtigsten Erkenntnisse der Kybernetik.

Sie lautet: Wir können ein System mit einer gegebenen Komplexität nur mit Hilfe eines mindestens ebenso komplexen Systems unter Kontrolle bringen

---

11 Vgl. Bateson (Ecology) 399 ff.

oder mit den Worten des Entdeckers dieser Gesetzmässigkeit, dem britischen Kybernetiker, Ross Ashby, formuliert: [12]

Nur Varietät kann Varietät absorbieren.

Diese Behauptung, die mit dem Anspruch erhoben wird, naturgesetzlichen Charakter zu haben, kann, jedenfalls was ihre formale Seite betrifft, streng bewiesen werden. Sie ist aber auch intuitiv leicht einsichtig. Gegen eine gute Fussballmannschaft, die — wenn sie wirklich gut ist — einen hohen Verhaltensreichtum, also sehr viel Varietät aufweist, kann nur eine ebenso gute Fussballmannschaft mit ebenso hoher Varietät unentschieden spielen oder gar gewinnen. Gegen einen guten Schachspieler kann nur ein ebenso guter Spieler gewinnen. Um einen alten, erfahrenen Fuchs zu jagen, braucht man einen sehr guten Jagdhund. Gegen eine gut ausgerüstete, kampfstarke Armee hat man nur mit einer ebenso schlagkräftigen Armee eine Chance. Hinter all den hier verwendeten Begriffen, wie „Schlagkraft", „gut ausgebildeter Jagdhund", „erfahrener Fuchs" usw. steckt nichts anderes als hohe Varietät in Form eines grossen Reichtums von Verhaltensmöglichkeiten.

Im folgenden wird nun die Grundstruktur der Situation mit allen aus kybernetischer Sicht entscheidenden Elementen für die Verdeutlichung dieser Erkenntnis und ihrer „technologischen" Anwendung dargestellt.

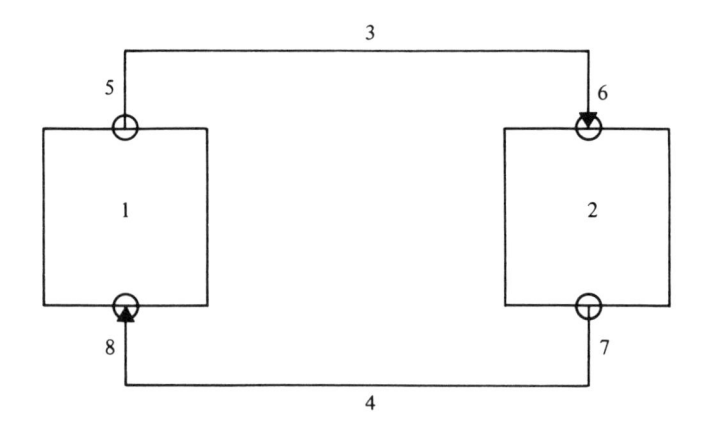

Abbildung 2.2(1)

12 Ashby (Introduction) 202 ff.

In dieser Abbildung sind die entscheidenden Komponenten von 1–8 numeriert. Folgende Bedingungen sind für die Ausgeglichenheit der Varietätsbilanzen der beiden Systeme und damit ihr Gleichgewicht erforderlich:

1. Die beiden Systeme selbst (1 und 2) müssen bezogen auf ihre Varietäten ebenbürtig sein.
2. Über die Transmissionskanäle oder Kommunikationskanäle (3 und 4) muss die jeweils im System verfügbare Varietät übermittelt werden können, die Kanäle müssen also über eine ausreichende Kapazität verfügen.
3. Die Transduktionselemente (5, 6, 7 und 8), die gewissermassen die Kontaktstellen zwischen Kommunikationskanälen und Systemen bilden, müssen ebenfalls ausreichende Durchlasskapazitäten haben.

Diese Systemstruktur (Homöostat) mit den hier dargestellten varietätsbezogenen Zusammenhängen bildet den fundamentalen Baustein kybernetischer Analyse und Gestaltung.

Hier drängt sich nun möglicherweise die Frage auf, weshalb die Bedeutung der Komplexität von *Systemen so lange verkannt wurde*. Zum ersten ist dazu zu sagen, dass Komplexität oder Varietät in sehr *vielen verschiedenen Formen* auftreten kann. In jeweils speziellen konkreten Situationen, wie etwa der Einschätzung der militärischen Schlagkraft eines potentiellen Gegners, war man sich der inhärenten Varietät durchaus bewusst und man wusste auch, dass das eigentliche Problem darin besteht, der Komplexität des Gegners ein adäquates Mass an eigener Komplexität entgegenzustellen. Selbstverständlich wurde die Analyse in militärischen Ausdrücken und Begriffen durchgeführt, das heisst, der allgemeine Hintergrund, jene Erkenntnis, die für alle komplexen Systeme gleichermassen gilt, wurde durch die Details des speziellen Problems überdeckt. Die Situation ist hier durchaus vergleichbar mit anderen wissenschaftlichen Erkenntnissen. So wurde selbstverständlich lange vor Newton von der Schwerkraft konkreter Gebrauch gemacht, und in konkreten Situationen waren schon längst Lösungen gefunden worden, die es erlaubten, die Schwerkraftwirkung zu überwinden. Für die Erkenntnis allerdings, dass es sich hier um ein allgemeines Naturgesetz handelt, brauchte es einen Newton.

Zum zweiten ist zu der gestellten Frage zu sagen, dass alle natürlichen Systeme unter *irgendeiner Art von Kontrolle* stehen und somit grosse Mengen von Zuständen, die grundsätzlich möglich wären, faktisch niemals oder nur äusserst selten auftreten. So nehmen wir es beispielsweise alle als völlig selbstverständlich und nicht besonders bemerkenswert hin, dass unser Nervensystem normal funktioniert, so lange es eben normal funktioniert. Erst wenn durch einen Unfall oder durch eine Krankheit gewisse Funktionen des Nervensystems ausfallen oder Mängel aufweisen, wird uns bewusst, wieviele nicht wünschbare Zustände unser Organismus annehmen kann.

Zum dritten fehlt vielen Menschen sowohl die nötige Ausbildung wie auch die nötige *Phantasie,* um sich die über das Gewohnte hinausgehenden *Verhaltensmöglichkeiten* eines Systems vorzustellen.

Das Gesetz der erforderlichen Varietät von Ashby besagt also, dass Komplexität nur durch Komplexität kontrolliert werden kann, oder mit anderen Worten, dass die verfügbare Lenkungsvarietät relativ zu den beabsichtigten Zielen mindestens so gross sein muss, wie die Varietät des zu lenkenden Systems. Nochmals anders formuliert kann man sagen, dass die tatsächlich auftretenden Systemzustände abhängig sind von der Systemvarietät einerseits und der Lenkungsvarietät andererseits.

Im Zusammenhang mit einfachen Systemen stellt das Gesetz der erforderlichen Varietät keine besonderen Probleme. Hat man es aber mit wirklich komplexen Sachverhalten zu tun, ergeben sich ausserordentlich grosse Schwierigkeiten, das Gesetz in dem Sinne zu erfüllen, dass die für die Erreichung *bestimmter Ziele* erforderliche Lenkungsvarietät aufgebracht wird. In einem bestimmten Sinne ist natürlich das Gesetz von Ashby immer erfüllt, da es sich um ein Naturgesetz handelt. Allerdings sind die sich aufgrund der jeweils vorhandenen Varietäten gerade ergebenden Systemzustände nicht immer akzeptabel. Wenn in einem Land aufgrund der vorherrschenden Verhältnisse, deren Wirkungen teils bekannt, teils unbekannt sind, die Jugendkriminalität stark ansteigt, so ist dies formal gesehen eine Folge der involvierten Varietäten. Man könnte diesen Zustand einfach als notwendiges Übel akzeptieren. Die meisten Regierungen werden aber versuchen, etwas dagegen zu unternehmen. Hier zeigt sich nun das Problem der erforderlichen Varietät in seinem vollen Ausmass. Es wird schwierig sein, die notwendige Lenkungsvarietät aufzubringen, denn mit dem Erlass von Gesetzen ist es in der Regel nicht getan, weil ja das Problem gerade darin besteht, dass die Gesetze missachtet werden. Es geht somit darum, einen Lenkungsmechanismus zu finden, der die Jugendlichen dazu zwingt, besser aber dazu motiviert, sich an die Rechtsordnung zu halten.

Ein völlig analoges Problem besteht bei der Durchsetzung von Geschwindigkeitsbegrenzungen im Strassenverkehr. Das Gesetz, dass auf Autobahnen nur noch eine bestimmte Höchstgeschwindigkeit gefahren werden darf, genügt allein nicht, um den gewünschten Zustand auch faktisch herbeizuführen. Es ist in den meisten Ländern sehr fraglich, ob die verfügbaren Ressourcen an Polizeipersonal, Radargeräten usw. ausreichen, um die erforderliche Lenkungsvarietät in das System zu bringen, dessen Varietät durch die Anzahl der Autobahnkilometer, die Anzahl der Autofahrer usw. bestimmt ist. Selbstverständlich und glücklicherweise besteht der zur Tempodrosselung verfügbare Lenkungsmechanismus nicht nur aus den vorhandenen Polizeikräften, die allein niemals in der Lage wären, diese Aufgabe zu erfüllen, sondern zusätzlich noch aus einer Anzahl weiterer Komponenten, wie etwa der sozialen Kontrolle, die unter den Verkehrsteilnehmern gegenseitig ausgeübt wird, aus der grundsätzlichen Einstellung der Systemelemente, d. h. der Autofahrer, zur Einhaltung der Verkehrsvorschriften usw. Soziale Kontrolle und die Verkehrsmoral wirken im System selbst varietätsreduzierend und erleichtern so die Aufgabe des offiziellen Lenkungsmechanismus. Durch ein ausgeklügeltes Stichprobenverfahren für den Einsatz von Radarkontrollen, durch entsprechend gravierende Sanktionen usw. kann die Lenkungsvarietät verstärkt werden. Trotzdem bleibt es fraglich, ob die sich faktisch ergebende Varietätsbilanz dazu führen wird, dass der gewünschte Zustand tatsächlich erreicht wird und ob er stabil bleibt.

Gehen wir nochmals zurück zu Abbildung 2.2(1) und zu den quantitativen Varietätsbeispielen Die Tatsache, dass wir Varietät exakt definieren können und dass unter bestimmten Umständen eine genaue Bestimmung der relevanten Quantitäten möglich ist, darf keinesfalls zu der Auffassung führen, darin liege der Sinn des Varietätsbegriffes und der sein Fundament bildenden Vorstellungen. Diese Auffassung wäre völlig verfehlt. Dass wir etwas exakt definieren und *im Prinzip* (durch Zählen) messen können, bedeutet natürlich nicht, dass eine Messung in jedem praktischen Fall möglich sein muss; und dass wir etwas nicht messen können, bedeutet nicht, dass der entsprechende Begriff nutzlos wäre.

Vermutlich lässt sich aus den nicht-quantitativen Beispielen bereits erkennen, dass es darum geht, Varietäten zu *balancieren;* darin liegt die regulative Wirkung, oder vielmehr, dies ist Regulation. Zwei Fussballmannschaften müssen annähernd dieselbe Varietät haben — natürlich weiss niemand wieviel — damit es ein interessantes Spiel gibt. Hat eine der beiden Mannschaften deutlich weniger Varietät als die andere, so können wir mit erheblichen Erfolgsaussichten eine Prognose über den Ausgang des Spieles machen. Wir können diesen Sachverhalt (in Anlehnung an Beer [13]) grafisch wie in Abbildung 2.2(2) veranschaulichen.

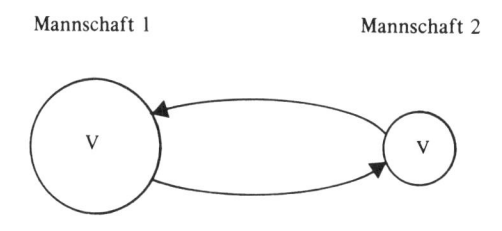

Mannschaft 1   Mannschaft 2

V   V

Abbildung 2.2(2)

[13] Beer (Freedom) 31.

Relativ zu den Kriterien guten Fussballs ist dieses, aus beiden Mannschaften bestehende System, nicht im Gleichgewicht. Mannschaft 1 wird praktisch immer gewinnen, höher oder weniger hoch ist dabei weniger wichtig. Das Spiel wird eher langweilig, ohne spannende Züge und Situationen sein.

Es gibt *nur,* und dies ist allgemein gültig, die folgenden Möglichkeiten, durch die das System ins (Fussball-)Gleichgewicht gelangen kann:

1. Mannschaft 1 reduziert ihre Varietät;
2. Mannschaft 2 verstärkt ihre Varietät;
3. Eine Mischung dieser beiden Möglichkeiten.

Graphisch wird dies, wieder in Verwendung der von Beer eingeführten Konventionen, gemäss Abbildung 2.2(3) dargestellt.

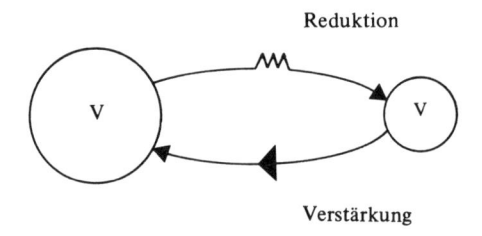

Abbildung 2.2(3)

Durch die beiden, in Abbildung 2.2(3) neu hinzugekommenen Symbole für Varietätsreduktion und Varietätsverstärkung ist selbstverständlich noch gar nichts darüber gesagt, *wie* das genau vor sich geht. Es ist zunächst nur ein Problem konstatiert und lokalisiert worden. Wir wissen nun – und das ist ja der Sinn kybernetischer Modellierung – dass in der durch das in Abbildung 2.2(3) dargestellte Modell repräsentierten Situation die Elemente Systeme, Interaktion, Varietät, Varietätsreduktion und Varietätsverstärkung, Kanal und Transduktion zu beachten sind.

Möglichkeit 1 würde zwar zu einem ausgeglichenen, aber wahrscheinlich eher schlechten Spiel führen. Was würde zu einer Reduktion der Varietät von Mannschaft 1 führen? Austausch von guten Spielern gegen schlechtere, Zwistigkeiten in der Mannschaft, bewusstes Nichtausspielen der Stärken usw.

Möglichkeit 2 würde zu einem spannenden, niveauvollen Fussball führen. Mannschaft 2 müsste hart trainieren, schlechte gegen gute Spieler austauschen usw.

Anhand dieses Beispiels, das mit etwas Phantasie und Kenntnis über Fussball unschwer ausgeschmückt werden kann, lässt sich eigentlich das meiste darstellen, was kybernetisch relevant ist:

1. Ashby's Gesetz ist in gewisser Weise immer erfüllt; allerdings korrespondiert der sich de facto einstellende Gleichgewichtszustand nicht notwendigerweise mit den Kriterien eines Beobachters.
2. Varietäten können absolut in praktischen Fällen selten wirklich gemessen werden. Dennoch sind Idee und Begriff unverzichtbar. In Wahrheit geht es um das Gegenüberstellen oder Balancieren von Varietäten, also um komparative Grössen.
3. Es gibt im Grunde nur zwei Möglichkeiten der Varietätsveränderung: Reduktion und Verstärkung. Dies sind die relevanten und einzigen Regulationsweisen. Durch Mischung können wir noch eine dritte Möglichkeit konstatieren, die aber natürlich auf den zwei anderen beruht.
4. Komplexitätsbeherrschung heisst nichts anderes, als diese Regulationsleistung zu vollbringen.
5. Die wirklich relevanten Fakten über Regulation werden in der Regel verschleiert durch die konkreten, inhaltlichen Massnahmen der Varietätsreduktion und/oder -verstärkung. Entscheidend ist aber, hinter den konkreten Inhalten, die von System zu System völlig verschieden sein können, die regulationsrelevanten Aspekte zu erkennen. Diese nennt man die Kybernetik der jeweiligen Situation, also etwa die Kybernetik des Fussballs, der atomaren Rüstung, der Nahrungsmittelversorgung oder der ehelichen Treue, so wie man von einer Physik der Elementarteilchen, des Überschallfliegens oder der alpinen Seilsicherung spricht.

Den letzten Punkt möchte ich besonders hervorheben, weil er nach meiner Erfahrung die grösste Schwierigkeit für den Zugang zum systemischen bzw. kybernetischen Denken darstellt: die Fähigkeit, hinter den Details des konkreten Falles die kybernetische Invarianz zu sehen. Wenn es darum geht, eine Fussballmannschaft zu verbessern, so wird einem erfahrenen Trainer ein Repertoire an in Frage kommenden Massnahmen einfallen. Genauso wird es einem Tennistrainer, dem Klavierlehrer und dem Pfarrer für ihre respektiven Situationen gehen. Natürlich haben die Massnahmen des Fussballtrainers und jene des Klavierlehrers vordergründig überhaupt nichts miteinander zu tun. Kybernetisch gesehen erhöhen sie aber in beiden Fällen die Varietät der betreffenden Systeme, der Fussballmannschaft und des Pianisten.

Dies ist hier einfach zu erkennen und insofern vielleicht trivial. In etwas schwierigeren Situationen ist dies aber durchaus nicht trivial. Was bewirkt denn jede der unzähligen Management-Techniken im Unternehmen wirklich? Wo wird Varietät reduziert, wo erhöht? Geschieht das an den richtigen Stellen? Wessen Varietät erhöht/reduziert etwa der kooperative Führungsstil? Fragen dieser Art sind gar nicht so leicht zu beantworten.

Das Problem der Komplexitätsbeherrschung wird noch verschärft durch einen zweiten Problemkreis, nämlich die *unüberwindbare Limitierung menschlichen Wissens,* d. h. durch die Tatsache, dass Komplexität *dem menschlichen Wissen Grenzen setzt.* Es ist unmöglich, über komplexe Sachverhalte ebensoviel zu wissen, wie über einfache. Dies ist nicht etwa ein vorübergehender Umstand, der mit einem noch unterentwickelten Stadium bestimmter wissenschaftlicher Disziplinen zusammenhängt, sondern die menschliche Unwissenheit im Zusammenhang mit komplexen Sachverhalten ist eine absolute, die auch durch noch so grosse Fortschritte in den Computerwissenschaften nicht beseitigt werden kann.

2.24 Das Bremerman'sche Limit [14]

Es ist nicht ohne weiteres klar, weshalb die aus der Interaktion von Elementen resultierenden astronomischen Zustandszahlen von Systemen und weshalb die Erfüllung des Varietätsgesetzes überhaupt Probleme darstellen. Um die Zusammenhänge zu verstehen, ist die Kenntnis eines Beweises des Bremerman'schen Limits notwendig. Bremerman hat schon 1960 bewiesen, dass aufgrund der atomaren Beschaffenheit der Materie eine obere Grenze der Informationsverarbeitung existiert, die von keinem Computer und von keinem Gehirn, die aus Materie bestehen, überschritten werden kann. Diese Grenze ist in ihrem Charakter vergleichbar der Lichtgeschwindigkeit, die ebenfalls nach dem heutigen Stand der Wissenschaft eine nicht zu überschreitende obere Grenze darstellt.

Das Bremerman'sche Limit lautet wie folgt:

„Kein aus Materie bestehendes System kann mehr als mc^2/h bits pro Sekunde verarbeiten."

m = Masse des Systems
c = Lichtgeschwindigkeit
h = Plank'sche Konstante

Die sich daraus errechnende obere Grenze beträgt etwa 2×10^{47} bits pro Gramm pro Sekunde.

---

14 Vgl. dazu Bremerman (Optimization), ferner Ashby (Informational Measures) 84, Ashby (Bremerman) passim und Ashby (Models) 102 ff., sowie Beer (Brain) 62 ff.

Interessant sind nun Überlegungen über die Grösse von Computern und die daraus resultierenden Informationsverarbeitungskapazitäten. Nehmen wir an, die gesamte Erde bzw. ihre Masse könnte in einen gigantischen Computer verwandelt werden und nehmen wir weiter an, dass während der gesamten heute bekannten Erdgeschichte dieser Computer Informationen verarbeitet hätte – welche Menge an Information ergäbe das?

1 Jahr $\cong \pi \times 10^7$ Sek.

Erdgeschichte $\cong 1000$ Mio. Jahre $\cong 10^9$ Jahre

Erdmasse $\cong 6 \times 10^{27}$ Gramm

Daraus ergibt sich eine Informationsquantität

IQ = $(2 \times 10^{47}) (\pi \times 10^7) (10^9) (6 \times 10^{27})$ bits $\cong 10^{92}$ bits

Man kann nun leicht sehen, dass schon verhältnismässig kleine und einfache Systeme eine potentielle Varietät haben, die weit über dem Bremerman'schen Limit liegt. Und es ist aufgrund dieser Tatsachen auch klar, dass selbst eine immer weiter fortschreitende Mikrominiaturisierung in der Computertechnologie nicht dazu führen wird, an dieser absoluten Grenze etwas zu ändern.

Aus diesem Grund stellt sich die für das Management komplexer Systeme zentrale Frage wie folgt: Wie kann man die potentielle Varietät von Systemen innerhalb der physikalischen Grenzen unter Kontrolle bringen? Dies ist das Problem, vor das alle Gehirne, alle Computer, alle Managements, alle Regierungen, aber auch die Natur selbst gestellt sind.

Dies geschieht, wie man sehen wird, durch *Organisation* oder *Ordnung*. Man wird sich bisher schon darüber gewundert haben, dass in manchen Beispielen einfach die schiere Zahl von Zuständen als das relevante Phänomen angesehen wurde. Mit Recht wird eingewendet, dass die Zahl als solche nicht viel besage, sondern es auf die Bedeutung der Zustände ankomme. Die Zustände eines Systems kommen, mit wenigen Ausnahmen, nicht völlig beliebig, zufällig, chaotisch vor, sondern als Muster, also mit bestimmten Regelmässigkeiten, in einer Ordnung. Dies schafft die Voraussetzungen für sinnvolles und ökonomisches Interagieren von Systemen und ist Bedingung für Anpassung, Lernen, Regulation und Evolution.

„Ein Muster ist das Resultat eines *Ketten*-Prozesses, bei dem zu jedem Zeitpunkt das schon bestehende Muster die Wahrscheinlichkeit für die alternativen Möglichkeiten des jeweils folgenden Zufalls bestimmt. Muster wachsen und verändern sich also durch verkettete Zufallsereignisse. Muster sind Bausteinanordnungen, die sich in „selbstbeschränkender Freiheit" entwickeln."[15]

---

15 Bresch (Zwischenstufe Leben) 60, Hervorhebung im Original.

Was wir als Zustand eines Systems bezeichnen, ist natürlich selbst ein Muster, eine bestimmte Anordnung aller für die Charakterisierung des Systems relevanten Aspekte zu einem bestimmten Zeitpunkt. Varietät ist also die Anzahl aller Muster, die dieserart gebildet werden können. Da diese Muster, die Zustände, wie gesagt, selbst wieder nicht regellos auftreten, haben wir es mit Mustern von Mustern zu tun. Wir können daher auch die Frage nach der Varietät höherer Ordnung stellen und überlegen, wieviele Muster aus den Mustern (Zustände) gebildet werden können.

Ein Beispiel mag dies veranschaulichen: Der Zustand eines Fussballspiels ist gegeben durch die jeweiligen Positionen der Spieler und des Balles zu jedem Zeitpunkt. Der Zustand ändert sich während des Spiels ständig, was ja nicht zuletzt Spannung, Attraktion und Beliebtheit des Fussballs ausmacht. Ein Spiel ist eine ganz konkrete Abfolge von Zuständen. Diese Abfolge ist einmalig. Das nächste und jedes weitere Spiel laufen anders ab, selbst wenn es sich um genau dieselben Mannschaften handelt. Diese Vermutung sprechen wir mit grosser Gewissheit auf allgemeine Zustimmung aus. Warum? Gerade wegen der Varietät. Die Anzahl der möglichen Kombinationen von Zuständen zu Spielabläufen ist dermassen gigantisch, dass es höchst unwahrscheinlich ist, dass zwei Spiele exakt denselben Ablauf haben. Selbst wenn wir grosszügig sind und Fussballspiele nur recht grob beschreiben, wie das etwa in der Zusammenfassung einer Sportberichterstattung geschieht, in der man die Einzelheiten weglässt, die viel zur Spannung des Spieles beigetragen haben mögen, so bleiben immer noch nach praktischen Massstäben enorm viele verschiedene Abläufe, also Spiele.

Hier geht es also nicht um die Frage, wieviele Zustände im Laufe *eines* Spieles auftreten können, sondern auch um das Problem, wieviele verschiedene Spiele möglich sind. Dies ist durchaus von praktischer Bedeutung für das Training von Mannschaften, die Ausbildung von Schiedsrichtern, aber auch für die Geschäftsmöglichkeiten, die im Fussball stecken.

Wären zum Beispiel nur 100 verschiedene Spiele möglich, so wäre es durchaus möglich, das Training so aufzubauen, dass die Mannschaft diese 100 verschiedenen Kombinationen einüben würde, so wie etwa ein Ballett oder ein Theater-Ensemble ein Repertoire einstudiert. Die Ungewissheit und Spannung bestünde dann darin, dass man nicht im voraus wüsste, welche der 100 Kombinationen im Einzelfall zur Austragung gelangt. Wahrscheinlich würde man irgendein Losverfahren dafür erfinden müssen.

Es gibt aber eben nicht diese 100 Kombinationen, sondern astronomisch viele und deshalb muss auch das Training als wichtiges Regulationsproblem der Varietätsbalancierung anders aufgebaut sein, nämlich so, dass die Spieler instand gesetzt werden, auf die Vielfalt von im Laufe des Spieles aus diesem selbst heraus entstehenden Konfigurationen zweckmässig zu reagieren. Wir sehen bereits hier alle Züge des Managements eines evolutionären Prozesses. Dies schliesst natürlich nicht aus, dass bestimmte Spielzüge (Abseitsfalle, schneller Vorstoss aus dem Strafraum heraus, bestimmte Eckballkombinationen,

Strafstösse usw.) besonders intensiv trainiert werden, um sie als Bauteile, als Subroutinen im Sinne der Computerprogrammierung oder als vorauskoordinierte, quasi-automatische Verhaltensprogramme im Sinne der Ethnologie zur Verfügung zu haben.

Anhand dieser Beispiele erkennt man auch gut den Unterschied zwischen der potentiellen und der aktuellen Varietät, dem was sein kann und dem was ist oder war. Die tatsächliche Varietät eines konkreten, historisch singulären Spiels, etwa des Finals der Weltmeisterschaft 1978 ist eine Sache; die potentielle Varietät dieses selben Spieles eine andere. Die Mannschaften mussten auf letzteres vorbereitet sein, und dies ist ein wesentlich schwierigeres Regulationsproblem.

2.25 Die Grenzen menschlichen Wissens und ihre Konsequenzen

Die grundlegende Beschränkung unseres Wissens im Zusammenhang mit komplexen Phänomenen hat eine Reihe von höchst bedeutsamen Folgen, die einerseits die Möglichkeit der *Voraussage* von Ereignissen betreffen, andererseits aber auch die Möglichkeiten der *Verhaltensbeeinflussung* von Menschen und Situationen.

Wie oben ausgeführt wurde, kann die Komplexität theoretisch durch die Zahl der Zustände, die ein System aufweisen kann, das heisst, durch die Varietät eines Systems gemessen werden. Die eigentliche Ursache der Komplexität liegt in der Interaktion einer grossen Zahl von unterschiedlichen und weitgehend unabhängigen Variablen. Werden solche Sachverhalte bei dem Versuch, sie „wissenschaftlich" zu analysieren, auf einige wenige, behaupteterweise typische Variablen reduziert, verlieren sie das Charakteristikum der Komplexität. Wird andererseits die in der Regel ausserordentlich grosse Zahl von miteinander interagierenden Variablen eines komplexen Phänomens mit Hilfe statistischer Techniken zu statistischen Kollektiven zusammengefasst, geht jene Komplexität verloren, die aus der Verschiedenartigkeit der Variablen resultiert. Beide Arten des Vorgehens eliminieren also gerade jene Eigenschaft der fraglichen Phänomene, die erklärt werden soll, nämlich ihre Komplexität.

Aus der Art und Weise, wie oben anhand von Beispielen die Komplexität, beziehungsweise Varietät von Sachverhalten analysiert wurde, geht hervor, dass das entscheidende Merkmal die Anzahl der *möglichen Konfigurationen* ist, die aus dem Zusammenspiel vieler Variablen resultieren. Wenn man einerseits die grosse Zahl der beteiligten Variablen nicht auf einige wenige reduzieren kann, und andererseits auch statistische Techniken nicht zum Einsatz gebracht werden können, so bleibt lediglich der Ausweg, die *Arten von Konfigurationen,* die sich bilden können, zu betrachten und zu versuchen, sie mit einem sinnvollen Klassifikationsschema zu ordnen. Es geht somit um die Frage, welche Arten von Mustern (Pattern) oder Regelmässigkeiten durch das Zusammenspiel der Variablen auftreten können.

Manche wissenschaftlichen Disziplinen, insbesondere jene, die man mit dem Ausdruck „Naturwissenschaften" zu bezeichnen pflegt, sind in der Lage, den einzelnen Variablen, die sich zu Konfigurationen verbinden, numerische Werte beizulegen und auf diese Weise zu einer sehr präzisen Beschreibung ganz konkreter, individueller Manifestationen der einzelnen auftretenden Konfigurationen zu gelangen. Diese Möglichkeit ist allerdings nur dort gegeben, wo die Sachverhalte unterhalb einer gewissen Komplexitätsschwelle liegen. Disziplinen, die sich mit sehr komplexen Phänomenen beschäftigen, können diesen Grad der Präzision (insbesondere der numerischen Präzision) nicht erreichen. Dies bedeutet jedoch nicht, wie fälschlicherweise häufig behauptet wird, dass sich diese Disziplinen in einem unterentwickelten Stadium befänden.

Es ist typisch für Wissenschaften dieser Art, dass sie zwar nicht die spezifischen Ausprägungen, vor allem die numerischen Ausprägungen der einzelnen Konfigurationen oder Pattern angeben können, dass sie aber sehr wohl in der Lage sind, die *Typen* oder *Arten* von Konfigurationen zu beschreiben, die durch die Interaktion der Variablen produziert werden. Die Beschreibung oder Prognose einer unter gewissen allgemeinen Bedingungen auftretenden *Art* von Konfigurationen ist weder weniger wissenschaftlich, noch weniger nützlich, als die präzisen Beschreibungen und Voraussagen spezifischer Manifestationen von Konfigurationen. Es ist denn auch in erster Linie diese Unterscheidung zwischen der Beschreibung, Erklärung und Voraussage von *Klassen* oder *Typen* von Pattern einerseits und der Beschreibung, Erklärung und Voraussage *spezifischer Manifestationen einer bestimmten Art von Pattern* andererseits, die für das Verständnis von Wissenschaften, von Phänomenen unterschiedlichen Komplexitätsgrades von grösster Bedeutung sind.

Wie man sieht, werden die Ausdrücke „Beschreibung", „Erklärung" und „Prognose" hier nicht, wie allgemein üblich, ausschliesslich auf Einzelereignisse oder singuläre Ereignisse angewendet, sondern auch auf Konfigurationen von Ereignissen, selbst wenn diese im Einzelfall nicht präzise und numerisch spezifiziert werden können. Im Bereich der komplexen Phänomene beziehen sich die genannten Ausdrücke

1. meistens auf gewisse Klassen oder Typen von Ereignissen, sie beziehen sich

2. in aller Regel nicht auf alle, sondern nur auf einige Eigenschaften der betrachteten Phänomene, und

3. sie ordnen den involvierten Variablen nicht spezifische Einzelwerte, sondern ganze Bereiche von möglichen Werten zu. [16]

---

16 Vgl. Hayek (Studies) 9 f.

Es ist ausserdem typisch für die Analyse von komplexen Phänomenen, dass es häufig nicht möglich ist, zu *positiven* Aussagen zu kommen, sondern lediglich zu Aussagen darüber, welche Arten von Konfigurationen *nicht* erwartet werden können.

Es wäre falsch, anzunehmen, dass eine Erklärung eines Sachverhaltes nur dann wissenschaftlich sauber oder nützlich ist, wenn wir positive Aussagen darüber machen können. Es kann ebenso interessant und nützlich sein, von einem Mechanismus, der aus interagierenden Variablen besteht, zu wissen, was er *nicht* leisten kann, als positiv angeben zu können, welche Arten von Phänomenen er produzieren kann. Es geht hier also nicht um fundamentale Unterschiede zwischen diesen Arten von Erklärungen und Prognosen, sondern lediglich um graduelle Unterschiede, d. h. es gibt Grade der Erklärung bzw. Grade der Voraussage. Hayek bringt dies deutlich zum Ausdruck, wenn er darauf verweist, dass man zwar im allgemeinen geneigt ist, einen Unterschied zu machen zwischen positiven Aussagen wie „Der Mond wird morgen um 5 Uhr 22 und 16 Sekunden voll sein" und negativen Aussagen wie „Morgen wird kein Vollmond sein", dass es sich hierbei aber, wie bereits erwähnt, lediglich um graduelle Unterschiede handelt und sowohl die eine wie die andere Aussage eine Prognose ist, die auch im Einzelfall falsifiziert werden kann. Er führt weiter aus, dass es darüber hinaus noch viel allgemeinere Arten von Prognosen gibt, dass beispielsweise jede Aussage, die eine einzige Konfiguration aus einer Anzahl möglicher Konfigurationen ausschliesst, bereits eine Prognose und zwar eine falsifizierbare Prognose darstellt. Derartige Prognosen sind keineswegs nutzlos, denn sie stellen trotz ihrer hohen Allgemeinheit und geringen Präzision einen unter Umständen äusserst wertvollen Beitrag zu unserem Informationsstand dar. So ist etwa die Information, dass wir auf einer bestimmten Reise kein Wasser vorfinden werden, von höchter Nützlichkeit, selbst wenn sie sehr allgemein und darüber hinaus auch noch negativ ist.[17]

Beispiele aus dem Unternehmungsbereich sind jedem Manager geläufig. Die Kenntnis des allgemeinen Konjunkturverlaufes oder der allgemeinen Branchenentwicklung ist auch dann von erheblichem Nutzen, wenn die Details noch nicht bekannt sind und möglicherweise auch nie bekannt werden. Informationen darüber, ob man sich in einem wachsenden oder schrumpfenden Markt befindet, bestimmen auf fundamentale Weise die Verhaltensorientierung von Unternehmungen und ihren Führungskräften, auch wenn man wenig oder gar nichts über die konkreten Raten der Expansion oder Schrumpfung weiss, oder darüber, welche konkreten Produkte betroffen sind, welche konkreten Verbrauchergewohnheiten sich ändern werden usw. Ähnlich bestimmt auch im Alltagsleben die Kenntnis von Pattern unmittelbar und tiefgreifend das Verhalten der Menschen, indem die gesamte Orientierung des Denkens, Handelns, Entschei-

---

17 Vgl. Hayek (Studies) 10.

dens usw. auf dieses Pattern ausgerichtet ist. Wenn man damit rechnet, dass bald der Winter kommt, wird man eine Reihe von Massnahmen treffen, um darauf vorbereitet zu sein und zwar auch ohne Kenntnis über die detaillierten Temperaturen, Schneehöhen usw., die sich im Verlaufe des Winters einstellen werden. Man kennt die allgemeinen Charakterzüge jener Periode, die man Winter nennt, nicht aber die Details. Dies jedoch genügt bereits für eine weitgehende Verhaltensorientierung und somit dient diese Kenntnis bereits in erheblichem Masse der Komplexitätsbewältigung.

Eine Prognose ist, wie allgemein bekannt ist, die Inverse einer Erklärung. Man benötigt also, um überhaupt eine Prognose selbst so allgemeiner Art, wie der hier beschriebenen, machen zu können, eine theoretische Erklärung der betrachteten Phänomene. Wenn es Prognosen unterschiedlicher Präzisionsgrade gibt, so ist klar, dass auch deren Inverse, d. h. also, die Erklärungen, ebenso unterschiedliche Präzisionsgrade aufweisen müssen. Es handelt sich dabei um sogenannte *Prinziperklärungen,* die nicht, wie in der Regel fälschlicherweise von sogenannten exakten Wissenschaften erwartet wird, individuelle Ereignisse numerisch präzise erklären, sondern lediglich einen Mechanismus konstatieren, der im *Prinzip* in der Lage ist, Phänomene dieser oder jener Art hervorzubringen.

Als typisches Beispiel für eine Prinziperklärung präsentiert Hayek die allgemeine Evolutionstheorie. Um den wissenschaftlichen Charakter der Evolutionstheorie zu erkennen, muss man allerdings ein weitverbreitetes Missverständnis über den Inhalt dieser Theorie zunächst beseitigen. Die Evolutionstheorie enthält entgegen anderslautenden Darstellungen keineswegs die Behauptung, dass bestimmte Arten von Organismen von bestimmten anderen Arten von Organismen abstammt. Der Inhalt der Evolutionstheorie besteht vielmehr in der Behauptung, dass ein bestimmter Prozess oder Mechanismus, nämlich ein Mechanismus, dessen wesentliche Komponenten wie Reproduktion mit transmittierbaren Variationen sowie die Selektion der überlebensfähigen Variationen im Zeitablauf eine grosse Varietät von Strukturen hervorbringt, die an ihre Umwelt angepasst sind.[18/19] Die Gültigkeit dieser Prinziperklärung hängt somit keineswegs von der Frage ab, ob beispielsweise der Mensch tatsächlich vom Affen abstammt oder nicht. Sie ist auch völlig unabhängig davon, ob dieser Prozess in einer terrestrischen oder in einer anderen Umwelt stattfindet, denn sie gilt für jede Art von Umwelt. Selbstverständlich kann die Theorie, und das ist eben der Charakter einer Prinziperklärung, nicht das Auftreten von spezifischen Organismen erklären, sondern nur das Auftreten zahlreicher, an die Umweltsverhältnisse angepasster Varianten. Eine Erklärung, warum gerade die speziellen Arten

---

18 Vgl. Hayek (Studies) 32.
19 Gewisse Ergänzungen und Präzisierungen bezüglich des Inhaltes der Evolutionstheorie werden später noch behandelt.

von Organismen, die wir auf der Erde vorfinden, entstanden sind und keine anderen, würde es notwendig machen, all die spezifischen Einflussfaktoren, die im Verlaufe von mehreren Millionen Jahren wirksam waren, in die Erklärung mit einzubeziehen. Die faktische Unmöglichkeit, all diese Faktoren und ihre spezifischen Wirkungen in eine solche Erklärung mit einzubeziehen, führt dazu, dass wir uns mit einer Erklärung des Wirkungs*prinzipes* begnügen müssen.

Eine weitere Präzisierung und Elaboration des Wirkungsmechanismus der Evolution unter Einbezug zusätzlicher Faktoren wäre sicherlich sehr wünschenswert; dennoch kann kaum behauptet werden, dass die Evolutionstheorie wegen ihrer Allgemeinheit, bzw. weil es sich um eine Prinziperklärung handelt, wissenschaftlich nutzlos sei. Wie allgemein eine solche Erklärung auch sein mag, und wieviel Möglichkeiten der Entstehung konkreter Organismen die auch offen lassen mag, so schliesst sie dennoch eine erhebliche Anzahl von Möglichkeiten aus. So würde beispielsweise die Beobachtung, dass plötzlich Hunde mit Flügeln geboren werden, oder dass das ständige Abschneiden der Hinterpfoten bei einem Vierbeiner über mehrere Generationen plötzlich zur Geburt von Jungen mit fehlenden Hinterpfoten führt, die Evolutionstheorie, wie wir sie heute kennen, d. h. das behauptete Wirkungsprinzip der Entwicklung einer grossen Zahl gut angepasster Arten, erheblich erschüttern. Es ist denn auch häufig nur ein Mangel an Vorstellungskraft, der uns daran hindert, zu erkennen, wieviele denkbare Möglichkeiten durch eine Prinziperklärung ausgeschlossen werden.

Die Tatsache, dass die Wirkungsweise des Evolutionsmechanismus zu einer grossen Anzahl höchst verschiedener Varianten führt, darf uns nicht darüber hinwegtäuschen, dass eine viel grössere Anzahl von Varianten eben durch die Evolutionstheorie und ihre behauptete Wirkungsweise ausgeschlossen werden. Der empirische Gehalt, also alle Ereignisse, die durch die Theorie „verboten" sind, ist bei einer Prinziperklärung, wie sie die Evolutionstheorie darstellt, sicher sehr viel geringer, als der empirische Gehalt der Gesetze der Mechanik. Während aber die Theorie der Mechanik sehr viel über relativ einfache Phänomene aussagt, sagt eine Prinziperklärung etwas über sehr komplexe Phänomene aus, wenn auch dasjenige, was sie aussagt, empirisch weniger gehaltvoll sein mag und in der konkreten Anwendung der Theorie ausserordentlich grosse Schwierigkeiten auftreten mögen, weil jede Anwendung die Einbeziehung einer ungeheuer grossen Zahl spezifischer Faktoren erfordert.

Prinziperklärungen und ihre Inverse, das heisst, die Prognose von bestimmten *Arten* von Konfigurationen von Ereignissen, ist somit sowohl als eine *Einschränkung* wie auch als eine *Erweiterung* der wissenschaftlichen Möglichkeiten zu verstehen. Die Einschränkung liegt darin, dass die Aussagen weniger spezifisch sind, während die Erweiterung in der Tatsache begründet ist, dass wir dadurch in den Bereich der komplexen Phänomene vordringen können.

Was hier für die Theorie der Evolution ausgesagt wird, gilt auch für alle anderen Disziplinen, die sich ihrerseits mit komplexen Phänomenen beschäftigen. Insbesondere alle biologischen Disziplinen, sowie sämtliche Sozialwissenschaften stehen vor genau denselben Problemen. Sie alle haben es mit Phänomenen zu tun, die durch eine ungeheure Zahl von miteinander auf komplizierte Weise verknüpften Variablen und deren Interaktionen erzeugt werden. Obwohl es in diesen Disziplinen möglich sein kann, die grundlegenden Wirkungsmechanismen, d. h. die Struktur der Variablenkonfigurationen zu ermitteln, ist es dennoch in den allermeisten Fällen völlig ausgeschlossen, jede einzelne der zur Erklärung notwendigen Variablen mit numerischen Werten zu belegen, um zu numerischen Lösungen für die auftretenden Konfigurationen zu gelangen. Aber selbst wenn es möglich wäre, in Einzelfällen die numerischen Werte von Tausenden oder Millionen von Variablen in die Strukturgleichungen einzusetzen, könnte man diese Gleichungen nicht genügend manipulieren, um aus ihnen Informationen abzuleiten, die über die strukturellen Kenntnisse, die wir ohnehin schon besitzen, hinausgingen. Typische Beispiele für derartige Prinziperklärungen, oder wie man sie auch nennen könnte, Pattern-Erklärungen, bilden etwa die ökonomischen Gleichungssysteme von Pareto und Walras, die zwar die strukturellen Verknüpfungen der die Austauschverhältnisse bestimmenden Variablen aufzeigen, deren wichtigeres Ergebnis aber zweifellos die Erkenntnis ist, dass es *praktisch* niemals möglich sein wird, den in den Gleichungssystemen aufscheinenden Variablen numerische Werte beizumessen.

Die Tatsache, dass bei der Erforschung komplexer Phänomene unserem Wissen bestimmte Grenzen gesetzt sind, gibt weder Berechtigung zu der Annahme, dass es sich bei Disziplinen, die sich mit komplexen Sachverhalten beschäftigen, um unterentwickelte oder um unpräzise Wissenschaften handelt, noch sollte der Umstand der Limitierung menschlichen Wissens Anlass zu Hoffnungslosigkeit geben. Die Präzision der sogenannten exakten Naturwissenschaften ist, wie bereits erwähnt wurde, zu einem sehr grossen Teil eben darauf zurückzuführen, dass die untersuchten Phänomene im Lichte der oben gegebenen Definition der Komplexität relativ simpel sind. Aber selbst hier darf nicht vergessen werden, dass trotz der zweifellos grösseren Präzision und Spezifität, die aufgrund der grösseren Einfachheit der betrachteten Phänomene möglich ist, auch in diesen Disziplinen bei genauer Betrachtung für die numerischen Werte, die die Variablen annehmen können, lediglich gewisse, wenn auch wesentlich engere Bereiche angegeben werden können. Der zweite Aspekt, der mit der fundamentalen Beschränktheit menschlichen Wissens verbunden ist, die weit verbreitete Annahme, dass die fraglichen Disziplinen niemals zu wissenschaftlichen Erkenntnissen kommen könnten, ist völlig unbegründet. Alles was daraus abzuleiten ist, ist die Erkenntnis, dass wir uns eben in diesen komplexen Bereichen mit *Prinziperklärungen* und *Bereichsvoraussagen* begnügen müssen. Es wäre jedoch ein fundamentaler Irrtum anzunehmen, dass deshalb diese Disziplinen weniger wissenschaftlich wären, oder dass die von ihr ermittelten Erkenntnisse weniger nützlich seien.

Damit soll nun keineswegs behauptet werden, dass die unterschiedliche Art der Beschreibung, Erklärung und Voraussage von einerseits einfachen und andererseits komplexen Phänomenen, nicht zu sehr unterschiedlichen Konsequenzen auf verschiedenen Gebieten führen würden. So liegt beispielsweise auf der Hand, dass unterschiedliche Arten von Erklärungen und Prognosen unterschiedliche Verhaltensweisen ermöglichen bzw. fordern. So müsste etwa eine Rakete, die zum Mond gelenkt wird, gänzlich andere Steuerungssysteme aufweisen, wenn man an Stelle von präzisen Positionsangaben des Mondes lediglich einen gewissen Bereich angeben könnte, in dem sich der Mond zu einer bestimmten Zeit aufhalten wird. Es ist ebenso offenkundig, dass die Finanzierungspolitik einer Unternehmung völlig unterschiedlich sein wird, je nachdem, ob eine genaue Bedarfsprognose für die liquiden Mittel möglich ist oder nicht. Wäre es möglich, aufgrund der Kenntnis all der zahlreichen Einflussfaktoren, die den Liquiditätsbedarf einer Unternehmung beeinflussen, für einen bestimmten Zeitraum, beispielsweise ein Jahr, genau vorauszusagen, wie gross der Bedarf an liquiden Mitteln täglich sein wird, könnte man eine ebenso genau spezifizierte Finanzierungspolitik betreiben. Die Komplexität der Situation, in der sich die meisten Unternehmungen befinden, d. h. die immens grosse Zahl der häufig nur vage und zum Teil gar nicht bekannten Faktoren, die den Finanzbedarf bestimmen, bewirkt eben, dass eine präzise Voraussage des Liquiditätsbedarfes nicht möglich ist und dies wiederum führt dazu, dass die Finanzierungspolitik eigenen Gesetzmässigkeiten zu folgen hat, die ihre Gründe in eben dieser Komplexität haben. Dies führt dazu, dass beispielsweise Sicherheitsmargen zu kalkulieren sind, dass die Kreditlimiten nicht völlig ausgeschöpft werden, dass die Bankverbindungen entsprechend gut gepflegt werden, so dass kurzfristigen Überschreitungen der Kreditgrenzen pardoniert werden, usw. Aufgrund der in der Regel sehr grossen Komplexität sind aber auch in anderen Unternehmungsbereichen nur ganz bestimmte Arten der Problemlösung, d. h. der Prozeduren und Vorgehensweisen möglich, die im Verlaufe dieser Arbeit noch näher behandelt werden.

Die entscheidendste Konsequenz, die wir im Bereich komplexer Phänomene zu berücksichtigen haben, ist die unvermeidbare und unaufhebbare Limitierung unseres Wissens. Je weiter man in den Bereich komplexer Sachverhalte eindringt, je mehr wir also darüber in Erfahrung bringen, desto grösser wird gleichzeitig unsere Unwissenheit. Eines der wichtigsten Ergebnisse aller Theorien über komplexe Sachverhalte ist somit die Erkenntnis, dass unser Wissen über diese Sachverhalte immer notwendigerweise beschränkt sein wird. „Wir haben in der Tat in vielen Gebieten genug gelernt, um zu wissen, dass wir nicht alles wissen können, was wir wissen müssten, um eine vollständige Erklärung der Phänomene geben zu können."[20]

Die Begrenzungen unseres Wissens beziehen sich allerdings auf die spezifischen Details einer Erklärung komplexer Sachverhalte. Wie bereits erwähnt

---

20 Vgl. Hayek (Studies) 40, Übers. v. Verfasser.

wurde, erweitern wir gleichzeitig unsere Erkenntnismöglichkeiten, wenn wir bereit sind, das begrenzte Ziel von Prinziperklärungen und Bereichsprognosen zu akzeptieren. Es wäre völlig unverständlich, wollte man in Bereichen in denen keine Detailerklärungen möglich sind, auch auf Prinziperklärungen verzichten, nur weil behauptet wird, dass lediglich die numerisch präzisen Aussagen der Physik und ähnlicher Wissenschaften im strengen Sinne wissenschaftlich seien. Prinziperklärungen und Bereichsprognosen können ausserordentlich wertvolle Leitlinien für organismisches und vor allem für menschliches Verhalten darstellen. Sie können uns Schlussfolgerungen darüber erlauben, welche Arten von Verhaltenskategorien in bestimmten Situationen, die eben mit Hilfe der Prinziperklärungen klassifiziert werden, sinnvoll sind und welche nicht, und sie können uns des weiteren Informationen darüber vermitteln, welche Situationen wir überhaupt vermeiden sollten.

Wie Hayek auf hervorragende Weise ausführt,[21] sollte man vielleicht die Leistung einer Bereichsprognose nicht als Voraussage oder Prognose bezeichnen, sondern man sollte vielleicht besser den Ausdruck „*Orientierung*" verwenden. Er schreibt dazu:

„Obwohl eine solche Theorie uns nicht präzise sagt, was wir zu erwarten haben, wird sie dennoch die Welt um uns zu einer bekannteren Welt machen, in der wir uns mit grösserem Vertrauen darauf bewegen können, dass wir keine Enttäuschungen erleiden werden, weil wir zumindest gewisse Eventualitäten ausschliessen können. Sie macht sie zu einer geordneteren Welt, in der die Ereignisse einen Sinn ergeben, weil wir zumindest auf allgemeine Weise sagen können, wie sie zusammenhängen und weil es uns möglich ist, uns ein kohärentes Bild von ihnen zu machen. Obwohl wir nicht in der Lage sind, genau zu spezifizieren, was wir zu erwarten haben, oder etwa alle Möglichkeiten auflisten zu können, so hat doch jedes beobachtete Pattern eine Bedeutung in dem Sinne, dass es die Möglichkeiten dessen, was sonst noch auftreten kann, beschränkt."[22]

Es liegt auf der Hand, dass gerade im Bereich der Unternehmungsführung oder im Bereich des strategischen Managements eine derartige Orientierung unserer Erwartungen und insbesondere eine Methodik zur systematischen Schaffung und Adjustierung solcher Orientierungen von allergrösster Bedeutung sind. Wie bereits mehrmals erwähnt, wäre es selbstverständlich auch im strategischen Management wünschenswert und von Nutzen, wenn man möglichst präzise, unter Umständen sogar quantitativ exakt, gewisse Erwartungen über Ereignisse und Ereigniskomplexe bilden könnten. Die Komplexität der Sachverhalte lässt

---

21 Hayek (Studies) 18.
22 Vgl. Hayek (Studies) 18.

aber in vielen Fällen, um nicht zu sagen, meistens, nicht mehr als eine mehr oder weniger begründete Orientierung zu.

Wie Hayek[23] ausserdem ausführt – und wie im übrigen aus zahlreichen kybernetischen Untersuchungen hinlänglich bekannt ist – hängt die Möglichkeit, Ereignisse zu beherrschen, zu bestimmen oder zu kontrollieren, in unmittelbarer Weise von den Möglichkeiten ihrer Voraussage ab. Dies kommt beispielsweise darin zum Ausdruck, dass ein Control-Mechanismus lediglich so gut sein kann, wie das Modell, das er von seiner Umwelt besitzt. Wenn somit aufgrund von Prinziperklärungen nur Bereichsprognosen im Sinne von Orientierungen möglich sind, die auf die Arten oder Typen von Ereignisklassen beschränkt sind, die ferner häufig nur in einem negativen Sinne Auskunft darüber geben können, welche Ereignisse nicht zu erwarten sind, dann sind selbstverständlich auch die Möglichkeiten der Beherrschung oder Kontrolle der entsprechenden Ereignisse ebenso allgemein und in ihrem Umfange limitiert.

Wie Hayek[24] schreibt, können wir aber, selbst wenn wir die äusseren Umstände in keiner Weise kontrollieren können, dennoch unsere Verhaltensweisen an sie anpassen. Dass es sich dabei um jene passive Art der Anpassung handelt, die irrtümlicherweise häufig als einzig mögliche Art der Anpassung angesehen wird, ändert nichts an der Tatsache, dass in Situationen, in denen eben die äusseren Ereignisse nicht beeinflusst werden können, weil keine entsprechend spezifizierten Prognosen möglich sind, die passive Anpassung für jeden Organismus bzw. jede Organisation von grösstem Nutzen ist. Darüberhinaus gibt es aber, wie Hayek bemerkt, eine besondere Art der Beeinflussung äusserer Ereignisse, die weniger als Beherrschung oder Kontrolle bezeichnet werden kann, sondern treffender mit dem Ausdruck *„Kultivierung"* umschrieben wird.[25] Dies bedeutet, dass man, selbst wenn man nicht in der Lage ist, spezifische Ereignisse oder Umstände direkt zu schaffen, dennoch die Möglichkeit haben kann, für das *Auftreten bestimmter Arten von Ereignissen günstige Bedingungen zu gestalten.*

Hayek verwendet hier ein Beispiel, das auf sehr gute Weise den Sachverhalt illustriert. Der Ausdruck „Kultivierung" entspricht im wesentlichen der Tätigkeit eines Gärtners oder eines Pflanzers, der kaum einen Einfluss auf die exakte Ausprägung der verschiedenen Attribute von Pflanzen, wie ihre Grösse, ihre Farbe, ihre Fruchtbarkeit usw. hat, dennoch aber in der Lage ist, für das Gedeihen der Pflanzen mehr oder weniger günstige Voraussetzungen zu schaffen. Desgleichen wird man kaum in der Lage sein, alle Merkmale und Eigenschaften eines heranwachsenden Kindes im einzelnen zu bestimmen, sondern man muss sich darauf beschränken, das familiäre Klima so zu gestalten, dass es sich für die

---

23 Hayek (Studies) 18 f.
24 Hayek (Studies) 19.
25 Vgl. Hayek (Studies) 18.

Entwicklung und die Erziehung eines Kindes günstig auswirkt. Es handelt sich also um eine Art indirekter Lenkung, die zu einem erheblichen Teil darauf abstellen muss, dass die zur Diskussion stehenden Sachverhalte weitgehend intrinsisch gelenkt sind, sich selbst regulieren und selbst organisieren, dass man aber dennoch gewisse Möglichkeiten der extrinsischen Einflussnahme hat. Es wird später, wegen der überaus grossen Bedeutung der beiden hier diskutierten Ideen der Schaffung von allgemeinen Orientierungen einerseits, sowie der Lenkung im Sinne einer Kultivierung andererseits, noch näher auf dieses Problem eingegangen.

2.3 Komplexitätsbeherrschung durch Ordnung

> Many of the patterns of nature we can discover only *after* they have been constructed by our mind.
>
> Friedrich von Hayek

2.31 Spontane Ordnungen

Im letzten Abschnitt wurde herausgearbeitet, was unter „Komplexität" zu verstehen ist und welche Besonderheiten jede Untersuchung komplexer Sachverhalte zu berücksichtigen hat. Es wurden ferner einige wichtige Konsequenzen für die Möglichkeit des Verhaltens im Bereich sehr hoher Komplexität untersucht. Da die in Betracht kommenden Sachverhalte jedoch nicht statischer Natur sind, sondern aus verschiedenen Gründen ständigen Veränderungen unterworfen sind, vollzieht sich auch ein ständiger Prozess der Komplexitätserzeugung und der Komplexitätsreduktion, oder – um die präzisen Begriffe zu verwenden – der Varietätserzeugung und der Varietätsreduktion. Es ist insbesondere das Problem der permanent vor sich gehenden Produktion von Varietät, d. h. ein permanenter Prozess der Komplexifizierung, der jede Art von Management vor die grössten Schwierigkeiten stellt. Stafford Beer spricht in diesem Zusammenhang von „**proliferierende** Varietät",[26] womit in der Tat nichts anderes gemeint ist, als dass wir es mit einem permanenten Wuchern und Spriessen von neuen Systemzuständen zu tun haben.

26 Vgl. Beer (Decision) 246 f.

Es gibt im wesentlichen zwei Gründe für diesen Prozess der Komplexifizierung. Erstens sind praktisch alle Systeme entweder einem natürlichen, oder einem von Menschen geschaffenen Energieaustausch unterworfen. Der Energieaustauschprozess bewirkt den internen Metabolismus der Systeme. Zweitens, und dies ist für den Mechanismus der proliferierenden Varietät von erheblich grösserer Bedeutung, interagieren sowohl die Elemente ein und desselben Systems, wie auch die verschiedenen Systeme miteinander. Es ist zur Hauptsache die *Möglichkeit der Interaktion,* die für den Prozess der Komplexifizierung ursächlich ist. Im letzten Abschnitt wurden bereits einige Beispiele dafür gegeben, dass sowohl mit wachsender Zahl der involvierten Elemente, in noch viel stärkerem Mass aber durch die zunehmenden Möglichkeiten der Interaktion, die Zahl der möglichen Zustände explosionsartig wächst. Es ist denn auch nicht verwunderlich, dass Systeme wie etwa das menschliche Gehirn, aber auch soziale Systeme, Paradebeispiele für den Prozess der proliferierenden Varietät darstellen. In beiden Fällen haben wir es mit einer sehr grossen Zahl von Elementen zu tun, die zumindest potentiell miteinander interagieren können.

Stafford Beer schreibt in diesem Zusammenhang:

„The brain of the firm, just as man's brain, has more potential states than can ever be analysed or examined by an enormous factor – an unthinkably large factor. Information, then, has to be thrown away by the billion bits all the time, and without making nonsense of control. It must be noted at once, most especially, that there can be no question of finding absolute optima of behaviour – either for men or companies – because all the alternatives cannot be examined. It is, by the laws of nature, fundamentally impossible."[27] Und an anderer Stelle: „The fullscale handling of proliferating variety is completely impossible for the brain of the man or for the brain of the firm. Yet both men and firms actually work. They do so, they *must* do so, by chopping down variety on a mammoth scale. It takes more than an act of faith in electronic computers to achieve this. The question is: how does a system conveniently and effectively undertake this fearful task? The answer is: by *organization.*"[28]

Organisation scheint somit der Angelpunkt des Problems der Komplexitätsbeherrschung zu sein. Dabei darf man allerdings nicht primär an die Lehren der konventionellen Organisationstheorie denken, denn Organisation im Zusammenhang mit wirklich komplexen Phänomenen bedeutet etwas anderes. Hier ist nun die Frage zu klären, wie unter expliziter Anerkennung der Proliferation von Varietät, *Ordnung entstehen und geschaffen werden kann.* Das Verständnis

---

27 Vgl. Beer (Brain) 65.
28 Vgl. Beer (Brain) 65 f., Hervorh. im Original.

für diese Problematik ist von ebenso zentraler Bedeutung, wie das Verständnis für die Problematik komplexer Phänomene. Die unterschiedlichen Auffassungen darüber, wie Ordnung entstehen bzw. geschaffen werden kann, d. h. also die unterschiedlichen Auffassungen über das Problem der Organisation, bilden denn auch den Ausgangspunkt für eine Vielzahl von gesellschaftlichen und philosophischen Lehren und darüber hinaus für eine grosse Reihe von sehr gravierenden und folgenschweren Missverständnissen.

Es ist notwendig, an dieser Stelle auf einige Arbeiten von *Friedrich von Hayek* einzugehen, der sich sehr ausführlich mit dem Problem verschiedener Arten von Ordnung, sowie mit dem Problem ihrer Entstehung und Schaffung beschäftigt hat. Die Arbeiten von Hayek sind sowohl in ihrer Denkweise wie in ihren Ergebnissen ausgesprochen kybernetisch orientiert. Sie sind jedoch, da Hayek diese Probleme in erster Linie im Zusammenhang mit den Sozialwissenschaften untersucht hat, vielfach leichter verständlich, als die meist ausserordentlich abstrakten und formalen kybernetischen Arbeiten, die aus Bereichen, wie etwa der abstrakten Automatentheorie, der Neurokybernetik, und ähnlichen Gebieten stammen und für den Managementwissenschaftler bzw. den Sozialwissenschaftler nicht ohne weiteres verständlich und einsichtig sind.

Wie Hayek ausführt, ist „*die Entdeckung, dass es in der Gesellschaft Ordnungen . . . gibt, . . . die nicht von Menschen entworfen worden sind, sondern aus der Tätigkeit der Individuen ohne ihre Absicht resultieren, . . . die Errungenschaft der Sozialtheorie* — oder besser gesagt (war) es diese Entdeckung, die gezeigt hat, dass es einen Gegenstand für die Sozialtheorie gibt. Sie erschütterte den tief eingewurzelten Glauben, dass, wo es eine Ordnung gibt, es auch einen persönlichen Ordnenden gegeben haben muss".[29] Hayek bemerkt weiter, dass diese Entdeckung weit über das Gebiet der Sozialwissenschaften hinausreichende Konsequenzen hatte und vor allem eine „theoretische Erklärung der Strukturen biologischer Erscheinungen möglich machte".[30]

Das Verhältnis zwischen jenen Institutionen, die man gewöhnlich als „Organisationen" bezeichnet und die, wie noch zu beweisen sein wird, fälschlicherweise als ausschliesslich von Menschen in bewusster Absicht geschaffen angesehen werden und jenen Erscheinungen, die man gewöhnlich mit dem Ausdruck „Organismus" zu bezeichnen pflegt und vor allem die Ähnlichkeiten und Unterschiede zwischen diesen beiden Phänomenen, bilden das Zentrum der folgenden Überlegungen. Selbstverständlich kann hier nur auf jene Aspekte der Arbeiten Hayeks über diese Problematik eingegangen werden, die für ein Verständnis der Systemmethodik des strategischen Managements, wie sie hier dargestellt wird, unerlässlich sind. Die vielen Implikationen, die Hayeks Theorie der Entstehung und Schaffung von Ordnung für fast alle Gebiete der Sozialwis-

---

29 Hayek (Studien) 34. Vgl. hierzu auch Gomez, Malik, Oeller (Systemmethodik) 117 f.
30 Vgl. Hayek (Studien) 34.

senschaften hat, müssen beiseite gelassen werden, obwohl sie von höchstem Interesse und grösster Bedeutung für eine Vielzahl von bis anhin als unlösbar angesehenen Problemen sind. Die wenigen zusammenfassenden Bemerkungen, die hier gemacht werden, sind aber für die Entwicklung einer Systemmethodik des strategischen Managements von zentraler Bedeutung.

1. Die Idee der Ordnung bildet, wie bereits erwähnt, den Drehpunkt der folgenden Diskussion. Der Begriff der Ordnung hat für die Untersuchung komplexer Phänomene denselben Stellenwert, wie der Begriff des Gesetzes, bzw. des Naturgesetzes für die Untersuchung relativ einfacher Sachverhalte.[31]

2. Mit dem Ausdruck „Ordnung" ist ein Zustand oder Sachverhalt gemeint, der dadurch gekennzeichnet ist, dass eine Vielzahl von Elementen unterschiedlicher Art derart miteinander in Beziehung stehen, dass man aufgrund der Kenntnis eines räumlichen oder zeitlichen Teiles eines Ganzen in der Lage ist, korrekte Erwartungen bezüglich des Restes zu bilden oder zumindest Erwartungen, welche eine gute Chance haben, sich als korrekt zu erweisen.[32]

3. Für Ordnung in diesem Sinne werden häufig auch Ausdrücke wie „Struktur", „Pattern", „Konfiguration" oder „System" verwendet.[33] Wie Hayek ausführt, war es „die entscheidende Entdeckung der grossen sozialwissenschaftlichen Denker des 18. Jahrhunderts, dass sie die Existenz solcher spontan sich bildender Ordnungen erkannten und als ‚das Ergebnis menschlichen Handelns, aber nicht menschlicher Absicht' beschrieben. Es war diese Entdeckung spontaner Ordnungen und die damit eng verbundene Einsicht in Entwicklungsprozesse, in denen sich Einrichtungen bilden, welche die Erhaltung oder ständige Neubildung solcher Ordnungen sichern, die nicht nur zeigte, dass es einen besonderen Erklärungsgegenstand für theoretische Sozialwissenschaften überhaupt gibt, sondern weit darüber hinaus, insbesondere für die Biologie, grösste Bedeutung geworden ist. Erst in jüngster Zeit hat im Bereich der physikalischen Wissenschaften die Kybernetik unter dem Namen selbst regulierender oder sich selbst organisierender Systeme etwas Ähnliches geschaffen."[34]

Der Ordnungsbegriff ist gemäss der oben gegebenen Definition ein *Gradbegriff,* d. h. Ordnungen können in mehr oder weniger grossem Ausmass realisiert sein, und dementsprechend sind auch die Erfüllungschancen der auf ihrer Grundlage gebildeten Erwartungen mehr oder weniger gross. Aus der Definition ergibt sich weiter, dass „Ordnung" hier nicht in Zusammenhang mit bestimm-

---

31 Vgl. Hayek (Rules) 35.
32 Vgl. Hayek (Rules) 36, Hayek (Studien) 164.
33 Vgl. Hayek (Rules) 35 und 155.
34 Vgl. Hayek (Studien) 163 f.

ten, konkreten Zwecken definiert wird; bestenfalls kann man die grundsätzlichen Möglichkeiten, überhaupt rational zu handeln, als den Zweck einer derartigen Ordnung betrachten.[35]

4. Ein gewisser Grad an Ordnung oder Regelmässigkeit ist für das Überleben jeder Art von Organismen notwendig. Wie an anderer Stelle ausführlich dargelegt wurde, könnten sich in einer ungeordneten Umgebung überhaupt keine Organismen entwickeln.[36] Um so mehr ist es in einer Gesellschaft, in der die meisten Bedürfnisse der Individuen nur durch Kooperation mit anderen Individuen erfüllt werden können, notwendig, dass Erwartungen bezüglich des Verhaltens anderer Individuen gebildet werden können, die sich in einer grossen Zahl von Fällen als korrekt erweisen und auf die deshalb die eigenen Verhaltensweisen oder Verhaltensabsichten abgestellt werden können. Man nennt ja eine Mehrzahl von Menschen gerade dann „eine Gesellschaft, wenn ihre Handlungen wechselseitig aufeinander abgestimmt sind".[37] Erfolgreiches, oder sinnvolles, oder vernünftiges Handeln in einer Gesellschaft ist deshalb möglich, weil wir im grossen und ganzen wissen, was wir von unseren Mitmenschen zu erwarten haben.

Dass sich *im allgemeinen* überhaupt Erwartungen bilden können, die im grossen und ganzen korrekt sind, ist darauf zurückzuführen, dass *manche* Erwartungen systematisch enttäuscht werden. Mit anderen Worten beruht die weitgehende Erfüllung des grössten Teiles der Erwartungen in einer Ordnung gerade darauf, dass ein kleinerer Teil von Erwartungen systematisch falsifiziert wird und daher laufend korrigiert werden muss. Obwohl es scheinbar paradox ist, dass die grösstmögliche Erfüllung von Erwartungen enttäuscht und korrigiert werden muss, ist dies doch nichts anderes, als die Operation von negativen Rückkoppelungsprozessen.

5. Es sind zwei verschiedene Arten von Ordnung zu unterscheiden, die jedoch beide unter den oben definierten Oberbegriff fallen. Sie unterscheiden sich jedoch in anderer Hinsicht grundlegend.

Die erste Art von Ordnung kann man als *gemachte* Ordnung oder als *bewusst geplante* Ordnung bezeichnen; die zweite Art von Ordnung ist als *gewachsene* oder als spontan *entstandene,* auch *polyzentrische* Ordnung[38] zu bezeichnen. Beide Arten von Ordnung werden in der Literatur mit den unterschiedlichsten Ausdrücken bezeichnet. Aufgrund der exzellenten Analysen von Hayek wird

---

35 Vgl. Hayek (Studien) 164 f.
36 Vgl. Gomez, Malik, Oeller (Systemmethodik) 126 f. und 375 ff.
37 Vgl. Hayek (Studien) 32.
38 Zum Ausdruck „polyzentrische Ordnung" vgl. insbesondere Polanyi (Liberty) 170 ff. sowie Watkins (Unity) 389.

hier aber die von ihm vorgeschlagene Terminologie verwendet. Demnach wird hier eine gemachte, konstruierte, oder bewusst geplante Ordnung mit dem griechischen Ausdruck „*Taxis*", die gewachsene, spontan entstandene Ordnung hingegen als „*Kosmos*" bezeichnet. Ordnung im Sinne von Taxis wird in der Literatur in der Regel auch „Organisation" genannt; es ist aber hier schon darauf aufmerksam zu machen, dass in der Kybernetik, insbesondere in den Arbeiten von Stafford Beer, der Ausdruck „Organisation" nicht mit „Taxis" zu identifizieren ist, sondern im Sinne von „Kosmos" verwendet wird.

6. Ordnung im Sinne von Taxis entsteht aufgrund von exogenen Ursachen; Ordnung im Sinne von Kosmos hat endogene Ursachen. Die hier von Hayek übernommenen Ausdrücke „exogen" und „endogen" stehen in sehr engem Zusammenhang mit den andernorts diskutierten zwei Arten der Lenkung, nämlich der extrinsischen und der intrinsischen Lenkung.[39]

Die folgenden Ausführungen von Hayek sind für das Verständnis spontaner oder polyzentrischer Ordnungen von grundlegender Bedeutung:

„Während ein Kosmos oder eine spontane Ordnung ... keinen Zweck hat, setzt jede Taxis (Anordnung, Organisation) ein bestimmtes Ziel voraus, und die Menschen, die eine solche Organisation bilden, müssen denselben Zwecken dienen. Ein Kosmos entsteht durch die Regelmässigkeiten im Verhalten der Elemente, aus denen er sich zusammensetzt. In diesem Sinne ist er ein endogenes, von innen her wachsendes oder, wie die Kybernetiker sagen, sich „selbstregulierendes" oder sich „selbstorganisierendes" System. Eine Taxis andererseits wird durch eine ausserhalb der Ordnung stehende Wirkungskraft bestimmt und ist in demselben Sinne exogen oder auferlegt. Eine solche aussenstehende Kraft kann auch die Bildung einer spontanen Ordnung anregen, indem sie ihren Elementen vorschreibt, mit solcher Regelmässigkeit auf die Tatsachen ihrer Umgebung zu reagieren, dass sich von selbst eine spontane Ordnung bildet. Solch eine indirekte Methode, die Bildung einer Ordnung sicherzustellen, hat der direkten Methode gegenüber bedeutende Vorteile: Sie lässt sich auch dann anwenden, wenn kein einzelner alles kennt, was auf die Ordnung einwirkt. Es ist auch nicht notwendig, dass die Verhaltensregeln, die innerhalb des Kosmos gelten, bewusst geschaffen werden: auch sie *könnten* als Ergebnis des spontanen Wachstums oder der Evolution zutage treten. Es ist also wichtig, klar zu unterscheiden zwischen der Spontaneität der Ordnung und dem spontanen Ursprung der Regelmässigkeiten im Verhalten der sie bestimmenden Elemente. Eine spontane Ordnung kann sich zum Teil auf Regelmässigkeiten stützen, die nicht spontan, sondern befohlen sind. Für solche Zwecke ergibt sich also die Alternative, die Bildung einer

---

39 Vgl. Gomez, Malik, Oeller (Systemmethodik) 113 ff.

Ordnung entweder mit Hilfe einer Strategie der indirekten Mittel sicherzustellen oder jedem Element seinen Platz zuzuweisen und seine Aufgabe im Detail vorzuschreiben."[40]

Das Verstehen der Kräfte, die spontane Ordnungen bestimmen, bedeutet auch, dass es Möglichkeiten ihrer Nutzung gibt. Wie später noch näher auszuführen sein wird, bedeutet die Anwendung der indirekten Strategie der Ordnungsschaffung und -gestaltung eine erhebliche Erweiterung menschlicher Gestaltungsmacht, da sie es ermöglicht, ausserordentlich komplexe Ordnungen hervorzubringen, die durch bewusste Anordnungen der Einzelheiten nicht geschaffen werden könnten.

Vereinfacht dargestellt entspricht die indirekte Strategie der Ordnungsgestaltung einem Vorgehen, bei dem gewissermassen die Spielregeln für die Elemente festgelegt werden, diese sich aber im Rahmen dieser Spielregeln frei verhalten können. Kybernetisch betrachtet bildet die Gesamtheit der Spielregeln ein *Metasystem*.[41] Wie ebenfalls später noch im Detail auszuführen sein wird, besteht das grosse Problem in diesem Zusammenhang darin, dass nicht alle Spielregeln automatisch zu einer Ordnung führen, sondern dass es Spielregeln gibt, die die Entstehung einer Ordnung be- oder verhindern. Es kann daher äusserst wichtig sein, dass Ordnungen, ohne Rücksicht auf ihre konkreten Manifestationen bestimmte, abstrakte Züge besitzen, wobei es in unserer Macht liegen kann, wohl diese abstrakten Züge herbeizuführen, nicht aber die konkreten Ausprägungen der betreffenden Ordnung.

7. Bewusst geplante Ordnungen im Sinne von Taxis sind, verglichen mit spontanen Ordnungen im Sinne von Kosmos, relativ simpel. Da die konkreten Positionen der Elemente derartiger Strukturen ausschliesslich von den spezifischen Anweisungen einer bewusst planenden Instanz abhängig und ausserdem auch die möglichen Verhaltensweisen der Elemente von ebensolchen spezifischen Anweisungen bestimmt sind, kann die Komplexität von gemachten Ordnungen niemals die Komplexität der planenden oder lenkenden Instanz übersteigen. Spontane Ordnungen sind zwar nicht notwendigerweise komplexer als gemachte Ordnungen, sie haben aber die Möglichkeit jeden beliebigen Komplexitätsgrad zu erreichen. Der Grund hierfür ist, dass sowohl die Positionen der Elemente, wie ihre Verhaltensweisen von einer erheblich grösseren Zahl von konkreten Umständen bestimmt sind, als sie jemals einer lenkenden oder planenden Instanz zugänglich gemacht werden können. Je komplexer eine Ordnung ist oder werden soll, um so eher ist man auf spontane Ordnungskräfte angewiesen. Je komplexer eine Ordnung ist, um so mehr ist man aber auch

---

40 Vgl. Hayek (Studien) 209, Hervorh. im Original.
41 Vgl. Beer (Platform) passim.

darauf beschränkt, lediglich ihre abstrakten Merkmale zu lenken und zu bestimmen.[42]

8. Die Eigenschaften von Ordnungen im Sinne von Taxis hängen – grob gesprochen – davon ab, welche Tatsachen und Umstände der lenkenden oder planenden Instanz zugänglich sind; die Eigenschaften einer spontanen Ordnung hingegen hängen von einer viel grösseren Zahl von Tatsachen ab, da jedes einzelne Element in seinem Verhalten alle *ihm* zugänglichen Informationen über konkrete Tatbestände verarbeitet. Spontane Ordnungen sind somit so angelegt, dass ein erheblich höheres Mass an Wissen in ihre konkrete Gestaltung Eingang findet, als dies bei geplanten Ordnungen möglich ist. Sie sind für ihre andauernde Existenz aber auch gleichzeitig darauf angewiesen, mehr Informationen verarbeiten zu können. Anders ausgedrückt, spontane Ordnungen wären nicht das, was sie sind, wenn nicht ein sehr hohes Mass an Wissen und Information für ihre konkrete Gestaltung verfügbar wäre.

9. Beispiele für spontane Ordnungen sind etwa die Bildung von Kristallen und von organischen chemischen Verbindungen. Es wäre unmöglich, durch bewusste Anordnung die konkrete Position und Ausprägung, sowie die Gesamtheit aller Beziehungen zwischen den Elementen zu bestimmen. Die Elemente von Kristallen und chemischen Verbindungen arrangieren sich vielmehr selbst unter dem Einfluss von Gesetzmässigkeiten und Kräften, die eben zur Bildung einer spontanen Ordnung führen. (Diese Beispiele sollten allerdings nicht zu der Auffassung verleiten, alle spontanen Ordnungen seien vergleichsweise statisch oder mit den Sinnen direkt wahrnehmbar.)

Ein anderes, von Hayek verwendetes Beispiel[43] ist ebenfalls sehr aufschlussreich: Eisenspäne, die sich auf einem Blatt Papier befinden, unter welchem ein Magnet plaziert ist, ordnen sich unter dem Einfluss der Magnetkraft zu komplizierten Konfigurationen. Obwohl es möglich ist, das allgemeine, abstrakte Muster der Anordnung der Feilspäne zu prognostizieren, ist es dennoch völlig unmöglich, vorauszusagen, welche konkreten Positionen jeder einzelne Span auf der unendlichen Zahl von Kurven, welche das Magnetfeld definieren, in einem bestimmten Fall einnehmen wird. Die konkrete Position eines Elementes hängt in diesem Falle nämlich nicht nur von der allgemeinen Form, dem Pattern des Magnetfeldes ab, sondern auch von der Ausgangsposition, der Richtung, dem Gewicht, der Grösse und Oberflächenbeschaffenheit eines jeden einzelnen Spanes, sowie darüber hinaus auch von den konkreten Beschaffenheiten der Oberfläche des Papieres an jedem einzelnen Punkt. Ausserdem wäre eine Vielzahl von anderen Umwelteinflüssen zu berücksichtigen, um die konkrete

---

42 Vgl. Hayek (Studien) 33.
43 Vgl. Hayek (Studien) 37.

Manifestation eines bestimmten Pattern voraussagen zu können. Während man zwar das allgemeine, abstrakte Muster aufgrund der Kenntnis gewisser Kräfte und Gesetzmässigkeiten voraussagen kann, bildet sich die konkrete Ordnung darüberhinaus aufgrund von Interaktionen zwischen diesen Gesetzmässigkeiten und einer Vielzahl von konkreten, spezifischen und in vielen Fällen nur vorübergehend vorherrschenden Umgebungszuständen.

Es ist eben diese, in der Regel ungeheuer grosse Zahl von konkreten und sich selbst ebenfalls immer wieder verändernden Tatsachen, die ausser den allgemeinen Gesetzmässigkeiten und Kräften auch noch auf das Verhalten der Elemente einwirken und an welche sich diese anpassen, die bewirken, dass spontane Ordnungen in der Regel wesentlich komplexer sind, als bewusst angeordnete oder bewusst gemachte Ordnungen. Die Gesamtheit aller Umstände, an die eine Anpassung notwendig ist, könnte einer zentralen, lenkenden Instanz nicht zur Kenntnis gebracht werden.

Es gibt eine Reihe weiterer Beispiele für spontane Ordnungen insbesondere im sozialen Bereich, wie Sprache, Schrift, Moral, Recht, Geld und Kredit. Hayek schreibt hierzu:

„Im Falle mancher sozialer Erscheinungen, wie z. B. der Sprache, ist die Tatsache, dass sie eine Ordnung zeigen, die niemand absichtlich entworfen hat und die wir entdecken müssen, jetzt allgemein anerkannt. In diesen Gebieten sind wir endlich dem naiven Glauben entwachsen, dass jede Ordnung von Elementen, die den Menschen in der Verfolgung seiner Ziele unterstützt, auf einen persönlichen Schöpfer zurückgehen muss. Es gab eine Zeit, da man glaubte, dass all die nützlichen Institutionen, die dem Verkehr zwischen den Menschen dienen, wie Sprache, Moral, Gesetz, Schrift und Geld, einem bestimmten Erfinder, einem Gesetzgeber oder einem ausdrücklichen Übereinkommen unter weisen Männern, die sich auf gewisse nützliche Praktiken einigten, zugeschrieben werden müssten. Wir verstehen heute den Vorgang, durch den solche Institutionen allmählich Gestalt angenommen haben, nämlich indem die Menschen lernten, gewissen Regeln gemäss zu handeln, die sie zu befolgen wussten, lange bevor ein Bedürfnis bestand, sie in Worte zu fassen."[44]

10. Das wohl grösste Hindernis für die Verbreitung des Verständnisses für spontane polyzentrische Ordnungen, oder wie man gleichermassen sagen kann, für selbstorganisierende Systeme besteht darin, dass solche Ordnungen zumindest im sozialen Bereich in aller Regel *nicht mit den Sinnen wahrgenommen werden können,* sondern nur durch einen Akt verstandesmässiger Rekonstruktion einsichtig werden. So kann man etwa einen Markt im ökonomischen Sinne nicht

---

44 Vgl. Hayek (Studien) 35 f.

direkt beobachten oder wahrnehmen, sondern nur aus konkret beobachtbaren Vorgängen, wie Tauschhandlungen, Handänderungen, usw. darauf schliessen, dass eine bestimmte Gesamtheit von Beziehungen bestehen muss, die man Markt nennt, die selbst aber nicht sinnesmässig fassbar ist. Auch das System, das man „Geld- und Kreditwesen" nennt, ist nicht unmittelbaren Sinneswahrnehmungen zugänglich. Das gleiche gilt für die Sprache. Was sinnesmässig beobachtet oder wahrgenommen werden kann, sind bestenfalls konkrete Manifestationen derartiger Systeme, einzelne Vorgänge, oder Outputs dieser Systeme, nicht aber die Ordnungen als Ganzes, die selbst nur mehr oder weniger vollständig verstandesmässig rekonstruiert werden können.[45]

11. Spontane Ordnungen sind zwar nicht das Ergebnis der Tätigkeit einer bewusst planenden, mit Absicht handelnden Instanz, sie sind aber auch nicht unabhängig von menschlichem Handeln. Spontane Ordnungen im Sozialbereich sind, wie Hayek dies vorzüglich formuliert, das *Ergebnis menschlichen Handelns, aber nicht menschlichen Entwurfs.*[46] In diesem Zusammenhang ist die Unterscheidung zwischen *Natur* und *Konvention,* d. h. zwischen *natürlichen* oder *künstlichen* Ordnungen oder Systemen von Bedeutung. Die hier zum Ausdruck kommende unzulässige Dichotomie hat gemeinsam mit der bereits besprochenen Schwierigkeit, spontane Ordnungen mit den Sinnen wahrzunehmen, dazu geführt, dass die im Sozialbereich wohl wichtigsten Ordnungen oder Systeme lange Zeit überhaupt nicht beachtet und auch später nur sehr mangelhaft verstanden wurden.[47] Die folgende Matrix verdeutlicht klar, dass zumindest *drei* Arten von Ordnungen zu berücksichtigen sind. Dabei ist allerdings zu beachten, dass die hochkomplexen Systeme moderner, zivilisierter Gesellschaften die Felder 2, 3 und 4 gleichzeitig überdecken. Hierbei wurde aber jenen Phänomenen, die schwerpunktmässig in Feld 4 einzuordnen sind, bislang recht wenig Bedeutung geschenkt, so dass die Kenntnisse auf diesem Gebiet, sowie über das Zusammenwirken der Phänomene aller drei Felder äusserst unzulänglich sind.

---

45 Vgl. Hayek (Studien) 33; Popper (Historizismus) 106.
46 Vgl. Hayek (Studien) 97 ff.
47 Vgl. Hayek (Rules) 20 f. und (Studien) 97 ff.

Entstehung von Systemen oder Ordnungen	als Ergebnis menschlicher Absicht	ohne menschliche Absicht
ohne menschliches Handeln	1 existieren nicht	2 rein natürliche Systeme, wie beispielsweise Planetensysteme, vormenschliche Erdentwicklung usw.
als Ergebnis menschlichen Handelns	3 vor allem technische Systeme sowie sehr einfache soziale Systeme	4 die meisten komplexen sozialen Systeme und Institutionen, wie Geld, Sprache, Recht, Moral, Familie, Gesellschaft, Unternehmung, Kirche usw.

Abbildung 2.31(1)

Abgesehen davon, dass, wie oben erwähnt, spontane soziale Ordnungen völlig ohne entsprechende Absicht oder Planung entstehen können und in der Tat davon auszugehen ist, dass die meisten sozialen Institutionen auf diese Weise entstanden sind, kann zur Veranschaulichung dieses Phänomens auch auf die alltägliche Erfahrung verwiesen werden, dass, selbst wenn ein Gestaltungswille vorliegt, die konkreten, aus dem menschlichen Verhalten resultierenden Ergebnisse in den meisten Fällen mehr oder weniger von den ursprünglichen Absichten oder Plänen abweichen, weil aufgrund der unzähligen Einflussfaktoren im sozialen Bereich menschliche Handlungen immer wieder ungewollte und häufig auch unerwünschte Nebenwirkungen induzieren.[48]

12. Wenn hier immer wieder von „allgemeinen Regelmässigkeiten", „Gesetzmässigkeiten" oder „Ordnungskräften" die Rede ist, so ist damit gemeint, dass das Verhalten der Elemente einer Ordnung oder Struktur gewissen *Regeln* gehorcht. Das Problem der Regelwahrnehmung und des Regelverhaltens wurde an anderer Stelle ausführlich diskutiert,[49] so dass hier eine Beschränkung auf die wesentlichsten Aspekte möglich ist.

Wie Hayek bemerkt,[50] sind die Verhaltensweisen von Organismen einschliesslich des Menschen nicht allein deshalb erfolgreich, d. h. an die Umge-

---

48 Vgl. dazu auch Popper (Historizismus) 52 f.
49 Vgl. Gomez, Malik, Oeller (Systemmethodik) 232 ff. sowie die dort angegebenen Quellen.
50 Vgl. Hayek (Rules) 17 ff. und (Studien).

bung gut angepasst, weil wir eine gewisse Einsicht in die Zusammenhänge von Ursachen und Wirkungen haben, sondern vor allem weil organismisches Verhalten von Regeln gesteuert wird, die nicht nur von der individuellen Erfahrung des einzelnen Individuums geprägt sind, sondern als Ergebnis eines Evolutionsprozesses auch die Erfahrungen von Tausenden von früheren Generationen beinhalten. Es kann kaum einen Zweifel daran geben, dass sich Organismen unter Einbezug des Menschen erfolgreich zu verhalten wissen, lange bevor sie in der Lage sind, bewusst über Sachverhalte ihrer Umgebung zu reflektieren. Das genetische und – zumindest im Falle des Menschen – auch das kulturelle Erbe, das der Organismus übernimmt, stellen eine kumulierte Anpassungsleistung dar, die auch dann wirksam ist, wenn sie uns nicht in einem artikulierten oder verbalisierten Sinne bewusst wird.[51]

Im Zusammenhang mit spontanen Ordnungen erfolgt die Definition ihrer Elemente durch die unterschiedlichen Verhaltensregeln, denen sie folgen. Transmittierbare Mutationen dieser Regeln ergeben neue Elemente, bzw. führen zu einem fortschreitenden Wandel im Charakter aller Elemente einer Gruppe. Je nach der Komplexität der Elemente kann man einfachere und komplexere spontane Ordnungen unterscheiden. Die Elemente von Gesellschaften sind selbst höchst komplexe Strukturen, deren Erhaltenschance zumindest teilweise davon abhängt, Elemente jener Ordnung zu sein, zu der sie gehören. Dabei ist zwischen den Verhaltensregelmässigkeiten der Elemente, d. h. zwischen den Individualregelmässigkeiten einerseits und der daraus entstehenden Gesamtordnung andererseits zu unterscheiden. Diese beiden Ebenen stehen in einem derartigen Interaktionsverhältnis, dass einerseits bestimmte Individualregelmässigkeiten zur Bildung einer Gesamtordnung beitragen, andererseits aber die Gesamtordnung bestimmte Individualregelmässigkeiten erfordert bzw. ermöglicht, andere hingegen verhindert. „Dies bedeutet, dass das Individuum mit spezieller Struktur und Verhaltensweise seine Existenz in dieser Form einer Gesellschaft besonderer Struktur verdankt, weil es nur innerhalb einer solchen Gesellschaft für jenes vorteilhaft war, einige seiner eigentümlichen Eigenschaften zu entwickeln, während die Gesellschaftsordnung wiederum ein Ergebnis dieser Regelmässigkeiten des Verhaltens ist, die die Individuen in der Gesellschaft entwickelt haben."[52]

13. Verhaltensregeln der hier diskutierten Art weisen einige spezielle Merkmale auf:

a) Ihre Wirkungsweise im Zusammenhang mit den individuellen Elementen einerseits, sowie ihr Beitrag zur Bildung einer spontanen Gesamtordnung

---

51 Vgl. dazu auch Lorenz (Rückseite) passim.
52 Vgl. Hayek (Studien) 155.

andererseits, hängen in keiner Weise davon ab, dass sie artikuliert sind oder dass sie artikulierbar sind. Sie müssen den agierenden Individuen nicht *bewusst* sein. Es genügt vielmehr, dass sie faktisch das Verhalten der Elemente bestimmen. So braucht etwa ein Tier, das sein Territorium gegen Mitglieder der eigenen Gattung verteidigt und durch dieses Verhalten zur Regulierung der Gesamtzahl der in einem bestimmten Gebiet lebenden Tiere beiträgt, weder Kenntnis der sein Verhalten lenkenden Regeln, noch der dadurch entstehenden Gesamtordnung zu haben.[53] Selbstverständlich gibt es in jeder hochzivilisierten Gesellschaft eine Vielzahl von Verhaltensregeln, die den agierenden Individuen in dem Sinne bewusst sind, dass sie sprachlich artikulierbar, tatsächlich artikuliert und häufig niedergeschrieben und in vielen Fällen auch bewusst geplant bzw. geschaffen sind. Diese Tatsachen sind aber für die Wirkungsweise von Verhaltensregeln nicht konstitutiv, d. h. die Regelmässigkeit des Verhaltens eines Individuums und die daraus entstehende Gesamtordnung hängen nicht davon ab, dass das Individuum diese Regelmässigkeiten verbalisieren kann.

b) Der Grund, weshalb derartige Regeln faktisch befolgt werden, ist darin zu sehen, dass sie jener Gruppe von Individuen, die sie befolgen, gewisse Vorteile – im Endeffekt Überlebensvorteile – verschaffen, wobei diese Vorteile auch dann bestehen, wenn sie den einzelnen Individuen nicht bekannt sind. Die Entstehung von Systemen von Verhaltensregeln folgt den Gesetzmässigkeiten evolutionärer Prozesse, wobei zu beachten ist, dass der evolutionäre Selektionsprozess nicht auf einzelne, isolierte Verhaltensregeln einwirkt, sondern immer auf die Ordnung als Ganzes, da die Wirkungsweise und auch die Vorteilhaftigkeit einer einzelnen Regel immer auch von ihrem Verhältnis zu allen anderen Regeln, die zu einer bestimmten Ordnung führen, abhängen.

c) Verhaltensregeln bewirken im allgemeinen nicht die Ausrichtung von Individuen auf ganz bestimmte Ziele, d. h. sie sind nicht auf die Produktion konkreter, bestimmter Zustände gerichtet. Verhaltensregeln bestimmen weniger was zu tun ist, sondern *wie,* d. h. auf welche Art und Weise dasjenige was getan wird, ausgeführt werden soll. Häufig wird als hervorstechendes Merkmal organismischen Verhaltens dessen Zielorientierung betont. Dies ist zweifellos ein sehr wichtiger Aspekt. Es darf aber nicht vergessen werden, dass organismisches Verhalten ebensosehr von Regeln beherrscht ist, wie es von Zielen beeinflusst ist. R. S. Peters schreibt hierzu:

„Der Mensch ist ein regelnbefolgendes Tier. Seine Handlungen sind nicht einfach auf gewisse Ziele gerichtet, sie entsprechen auch sozialen Standards und Konventionen, und im Unterschied zu Maschinen handelt er

---

53 Vgl. Hayek (Studien) 156; ferner Wynne-Edwards (Dispersion) passim.

wegen seiner Kenntnis von Regeln und Zielen. So ordnen wir beispielsweise bestimmten Maschinen gewisse Charakterzüge wie Ehrlichkeit, Pünktlichkeit, Rücksichtnahme und Gemeinheit zu. Solche Ausdrücke geben im Gegensatz zu Ehrgeiz, oder Hunger, oder sozialen Wünschen nicht die Art der Ziele an, die ein Mensch zu verfolgen neigt; sie weisen eher auf den Typ der Regulationen hin, die er seinem Verhalten auferlegt, was immer seine Ziele sein mögen."[54]

Verhaltensregeln bestimmen daher eine gewisse Bandbreite oder einen gewissen Bereich, innerhalb dessen das Individuum agiert. Es ist bemerkenswert, dass das Abstecken eines Verhaltensbereiches häufig nicht positiv erfolgt, sondern dadurch, dass gewisse Verhaltensweisen *ausgeschlossen* werden; Verhaltensregeln haben also häufig *negativen* Charakter. Der entwicklungsgeschichtliche Grund dafür ist darin zu sehen, dass jene Verhaltensregeln, die bestimmen, was nicht gemacht werden sollte, jenen Umgebungsbereich definieren, innerhalb dessen die *Konsequenzen des Handelns weitgehend bekannt sind.* Innerhalb dieses Bereiches ist denn auch das sogenannte Tatsachenwissen, das hin und wieder fälschlicherweise als die einziglegitime Art wissenschaftlicher Erkenntnis angesehen wird, von Nutzen, weil es uns hilft, die Folgen unseres Verhaltens zu prognostizieren. Da aber das Tatsachenwissen in einer komplexen Umgebung immer notwendigerweise beschränkt sein wird, sind jene Verhaltensregeln, die bestimmte Verhaltensweisen verbieten, weil ihre Konsequenzen nicht bekannt sind, von ebenso grosser Bedeutung. Es ist denn auch bemerkenswert, dass die Auswahl von Verhaltensweisen zunächst derart erfolgt, dass Handlungen, deren Konsequenzen bekannt und vorhersehbar sind gegenüber jenen vorgezogen werden, deren Folgen nicht bekannt sind und dass erst danach zwischen Verhaltensalternativen mit bekannten Folgen jene ausgewählt werden, die in einem bestimmten Sinne besser als alle anderen sind.[55]

14. Obwohl für die Entstehung von Ordnungen, insbesondere für die Entstehung von spontanen Ordnungen die faktische Befolgung von Verhaltensregeln notwendig ist, führen doch *nicht alle* Regeln zur Entstehung einer derartigen Ordnung. Es sind vielmehr nur ganz bestimmte Arten von Regeln, die zur Entwicklung und Ausbildung einer spontanen Ordnung – eines Kosmos – führen. Es gibt andererseits aber auch Regeln, die die Bildung einer spontanen Ordnung verunmöglichen. Eines der zentralen Probleme der Sozialtheorie, bzw. einer Theorie selbstorganisierender Systeme, besteht somit in der Beantwortung der Frage, welche Regeln die Elemente befolgen müssen, wenn sich eine Ord-

---

54 Peters (Motivation) 5, Übers. v. Verfasser.
55 Vgl. Hayek (Studien) 159.

nung ergeben soll. Die Beantwortung dieser Frage hängt zum Teil vom konkreten Einzelfall, d. h. von einem konkret zu betrachtenden System ab; teilweise kann sie aber auch generell beantwortet werden. Dies ist der Gegenstand der kybernetischen Theorie der selbstorganisierenden Systeme, welche versucht, durch die Untersuchung des Informationsverhaltens, der verschiedenen Koppelungsmöglichkeiten von Elementen und Systemen, der Lernfähigkeit von Elementen usw. zu einer generellen Lösung dieses Problems zu gelangen.

15. Die Regelgebundenheit des individuellen Verhaltens der Elemente eines Systems wurde als die entscheidende Kraft für die Entstehung einer spontanen Ordnung erkannt. Eine spontane Ordnung kann aber in der Regel nicht ausschliesslich als die Gesamtheit der individuellen Verhaltensregelmässigkeiten verstanden werden. Die Struktur der Gesamtordnung ist darüberhinaus zu einem erheblichen Teil durch die Interaktion sowohl der einzelnen Teile wie des Ganzen mit einer *äusseren Umgebung* bestimmt. Änderungen in der Umgebung von spontanen Ordnungen können somit auch Änderungen in den Verhaltensregeln der Individuen notwendig machen, wenn die Ordnung als Ganzes aufrechterhalten werden soll. Daraus wird sich aber meistens wiederum eine gewisse Änderung der spontanen Ordnung selbst sowie der Umwelt dieser Ordnung ergeben, was wiederum auf die individuellen Verhaltensregeln zurückwirkt. Man hat es hier somit mit einem klassischen Fall der homöostatischen Koppelung zu tun.

16. Verhaltensregeln, die durch ein ihnen entsprechendes, darüberhinaus aber eine Vielzahl von besonderen, zum Teil nur vorübergehend vorherrschenden Umständen berücksichtigendes Verhalten von Individuen zur Entstehung einer spontanen Ordnung führen, *können ihrerseits spontan entstehen*. Es muss sogar davon ausgegangen werden, dass eine sehr grosse, wenn auch unbekannte Zahl von Verhaltensregeln dieser Art bereits ausgebildet war, bevor überhaupt Gesellschaften in unserem hochzivilisierten Sinne existierten, dass derartige Verhaltensregeln die Voraussetzung zur Bildung von Gruppen, Stämmen und dergleichen waren, und dass also folglich nicht, wie fälschlicherweise häufig angenommen wird, Verhaltensregeln notwendig wurden, weil es Gesellschaften gab, sondern dass Gesellschaften entstanden sind, weil es Verhaltensregeln der besprochenen Art gab.

Es muss somit angenommen werden — und man kann dies auch begründen — dass jene Verhaltensregeln, die zur Bildung von Sozietäten führten, durch einen natürlichen Evolutionsprozess selektiert wurden. Es ist allerdings wichtig, daran zu erinnern, dass die Selektionsmechanismen eines derartigen Evolutionsprozesses nicht auf das einzelne Individuum einwirken, sondern auf die durch das Verhalten der Individuen entstehende Verhaltensordnung. Da jede spontane Ordnung eine Anpassung an zahlreiche besondere Umstände darstellt, und da das Wissen über diese Umstände niemals einem einzelnen Individuum als Ganzes gegeben sein kann, sondern über die Gesamtheit der Individuen verteilt ist, dennoch aber nicht das einzelne Individuum und dessen Verhaltensweisen, sondern die Ordnung als Ganzes eine Anpassung darstellt, wirkt die Selektion auf die Ordnung als solche. Es sind daher nicht Individuen, bzw. individuelle Verhaltensweisen, die durch einen Prozess der Evolution ausgewählt wurden, wie das irrtümlicherweise vom sogenannten Sozialdarwinismus angenommen wird, sondern es sind *Systeme von Verhaltensregeln,* bzw. die ihnen entsprechenden spontanen Ordnungen, die durch den Prozess einer natürlichen Auslese selektiert werden. Daran ändert auch die Tatsache nichts, dass die genetische und zum Teil auch die kulturelle Übertragung von Verhaltensregeln von Individuum zu Individuum erfolgt.[56]

17. Trotz der Tatsache, dass nicht nur Ordnungen spontan entstehen können, sondern auch die zu ihrer Entstehung führenden Verhaltensregeln spontanen Ursprungs sein können, ist es möglich, Verhaltensregeln *bewusst zu verändern,* insbesondere sie durch bewusste Gestaltung *zu verbessern.* Es ist sogar denkbar, dass spontane Ordnungen ausschliesslich auf bewusst gesetzten Verhaltensregeln beruhen. Ob sich auf der Basis von bewusst gestalteten Verhaltensregeln spontane Ordnungen entwickeln, hängt davon ab, ob und in welchem Ausmass die Elemente oder Individuen instand gesetzt werden, Gebrauch von *ihrem* Wissen über konkret vorherrschende besondere Umstände zu machen. Die aus Verhaltensregeln resultierende Ordnung hängt ja, wie bereits ausgeführt wurde, nicht allein von den befolgten Verhaltensregeln ab, sondern auch von einer Vielzahl von besonderen Tatsachen, die zusammen mit den Verhaltensregeln die Aktionen der Individuen bestimmen. Obwohl spontane Ordnungen durch die Veränderung von Verhaltensregeln verbessert werden können, können doch nie sämtliche, diese Ordnung bestimmenden Regeln gleichzeitig in Frage gestellt werden. Der grösste Teil von Verhaltensregeln wird zu einem gegebenen Zeitpunkt immer mehr oder weniger unkritisch akzeptiert werden müssen, weil wegen der Komplexität spontaner Ordnungen niemals deren völlige Neukonstruktion zur Diskussion stehen kann. Die Verbesserung von spontanen komplexen Ordnungen entspricht völlig jener früher diskutierten, als *Kultivierung* bezeichneten Einflussnahme.

18. Es ist bemerkenswert, dass die Verhaltenslenkung mit Hilfe von abstrakten Verhaltensregeln nicht nur ein Mittel zur Koordination der Handlungsweisen einer *grossen Zahl* von Menschen ist und auf diese Weise spontane und komplexe Ordnungen im Sozialbereich entstehen lässt. Auch in das Verhalten und die zeitlich aufeinanderfolgenden Entscheidungen von *Einzelpersonen* und *Einzelorganisationen* kann nur dadurch eine gewisse Kohärenz, oder mit anderen

---

56 Vgl. Hayek (Studien) 145 und 149 f.

Worten, ein gewisser Zusammenhang und damit Sinn gebracht werden, dass bestimmte abstrakte Regeln befolgt werden. Wenn in die Zukunft reichende Pläne mehr als eine zufällige Realisierungschance haben sollen, so ist es erforderlich, dass in der konkreten Abfolge der Einzelentscheidungen, die zur Verwirklichung eines Planes notwendig sind und in die eine Vielzahl von konkreten Einzelheiten eingehen muss, die beim Entwurf eines Planes noch nicht bekannt sein können, ein gewisser Ordnungszusammenhang besteht. ,,Die Methode, mit der es uns ... gelingt, unseren Handlungen einen gewissen Zusammenhang zu geben, ist, dass wir einen Rahmen von Regeln zu unserer Führung festlegen, die den allgemeinen Charakter, aber nicht die Einzelheiten unseres Lebens voraussagbar machen. Solche Regeln, deren wir uns oft gar nicht bewusst sind und die in vielen Fällen sehr abstrakten Charakter haben, sind es, die den Lauf unseres Lebens geordnet machen. Viele dieser Regeln sind einfach ,,Gebräuche" der Gesellschaft, in der wir aufgewachsen sind und nur einige werden individuelle ,,Gewohnheiten" sein, die wir durch Zufall oder absichtlich angenommen haben."[57]

Die Regeln, die durch wechselseitige Anpassung zeitlich aufeinanderfolgender Entscheidungen und Handlungen von Einzelpersonen oder -organisationen zu einem Ordnungszusammenhang im Leben des Einzelnen oder zu einer Art Sinn führen, sind abstrakt zu nennen und können nur abstrakt sein, weil sie sich nur auf bestimmte Aspekte der Entscheidungen oder Handlungen beziehen. Durch diese Regeln werden lediglich gewisse Klassen von Tatsachen als berücksichtigungswürdig herausgegriffen, und nur diese Tatsachen bestimmen die allgemeine Entscheidung oder Handlungsweise. ,,Das schliesst in sich, dass wir systematisch gewisse Umstände unbeachtet lassen, die wir kennen und die für unsere Entscheidungen relevant wären, wenn wir alle Umstände dieser Art kennten, die zu vernachlässigen aber rational ist, weil sie zufällige und teilweise Informationen darstellen, die die Wahrscheinlichkeit nicht ändern, dass, wenn wir mehr solche Umstände kennen und verarbeiten könnten, der Nettovorteil auf seiten der Befolgung der Regel läge."[58]

Kybernetisch betrachtet wird somit durch systematische Varietätsreduktion Kohärenz in die Menge der Einzelentscheidungen gebracht, wobei die Varietätsreduktion durch die Befolgung von abstrakten Regeln zustandekommt, die aber wie früher bereits erwähnt wurde, kumulierte Anpassungsleistungen darstellen, d. h. Wissen und Erfahrung beinhalten, die weit über die Möglichkeiten des einzelnen Individuums hinausgehen und daher auf das Individuum bezogen eine ausserordentlich grosse Varietätsverstärkung bedeuten.

---

57 Vgl. Hayek (Studien) 45.
58 Vgl. Hayek (Studien) 45.

19. Dieses eigenartige Verhältnis zwischen Varietätsreduktion mit Bezug auf die zu berücksichtigenden Einzeltatsachen und Varietätsverstärkung durch Verwendung abstrakter Regeln steht in einem engen Bezug zur sogenannten *Rationalität des Handelns,* die ein permanentes praktisches und philosophisches Problem darstellt. Das folgende Zitat ist wie kaum ein anderes geeignet, hierauf einiges Licht zu werfen:

„Es ist ... der begrenzte Horizont unserer Kenntnis der konkreten Tatsachen, der es notwendig macht, unsere Handlungen dadurch zu koordinieren, dass wir uns abstrakten Regeln unterwerfen und nicht versuchen, jeden Einzelfall allein aufgrund der beschränkten Zahl relevanter Einzelfakten zu entscheiden, die wir zufällig kennen. Es mag paradox klingen, dass rationales Handeln es erfordern soll, Kenntnisse, die wir haben, bewusst ausser acht zu lassen; aber das gehört zu der Notwendigkeit, uns mit unserer unvermeidlichen Unkenntnis vieler Tatsachen abzufinden, die relevant wären, wenn wir sie kennen würden. Wenn wir wissen, dass es wahrscheinlich ist, dass die ungünstigen Wirkungen einer Handlungsweise die günstigen überwiegen werden, dann sollte die Entscheidung nicht von dem Umstand beeinflusst werden, dass in dem bestimmten Fall einige Folgen, die wir zufällig voraussehen können, günstig sind. Tatsache ist, dass wir in einem scheinbaren Streben nach Rationalität im Sinne einer volleren Abwägung aller voraussehbaren Folgen nur irrationaler werden, da wir die entfernteren Folgen weniger in Rechnung ziehen und ein weniger zusammenhängendes Ergebnis erreichen werden. Es ist die grosse Lehre der Wissenschaft, dass wir zum Abstrakten Zuflucht nehmen müssen, wo wir das Konkrete nicht meistern können. Das Konkrete vorziehen bedeutet auf die Macht zu verzichten, die uns das Denken gibt."[59]

Abstrakte Regeln oder Normen sind somit das wichtigste Instrument, das der Mensch bisher gefunden hat, um die Komplexität seiner Welt unter Kontrolle zu bringen. Verstehen und Beherrschen, Orientierung und Kultivierung über die Bereiche des konkreten Wissens, das heisst, der konkreten Tatsachenkenntnis hinaus, ist nur durch Verwendung abstrakter Verhaltensregeln möglich, die die Voraussetzung für das spontane Entstehen komplexer Ordnungen sind, die ihrerseits wiederum eine Bedingung für die Beherrschung jener Komplexität sind, die im Zusammenhang mit den über das einzelne Individuum hinausgehenden Systemen auftreten.

20. Ausgenommen extrem einfache und primitive Organisationen, deren Komplexität die durch bewusste Anordnungen im Sinne von Befehlen ausgeübten Lenkungsmöglichkeiten eines Individuums oder einer kleinen Anzahl von Indi-

---

[59] Vgl. Hayek (Studien) 45 f.

viduen nicht übersteigt, können beide Arten von Ordnung, also sowohl gemachte Ordnungen im Sinne von Taxis, wie auch spontane Ordnungen im Sinne von Kosmos nur durch Regeln im besprochenen Sinne gelenkt bzw. gestaltet werden. Der Grund hierfür besteht darin, dass eben auch Organisationen (mit Ausnahme der allereinfachsten), für die Ausübung ihrer Funktionen darauf angewiesen sind, von einer grösseren Menge von Wissen Gebrauch zu machen, als einer einzelnen Person oder einer Gruppe von Personen zugänglich gemacht werden kann. Soweit die Mitglieder einer Organisation lediglich Befehle ausführen, ist die Komplexität der Organisation und damit ihre Funktionsmöglichkeit in einem absoluten Sinne durch die Komplexität des Befehlenden limitiert. Diese Limitierung kann ausschliesslich dadurch überwunden werden, dass den Mitgliedern der Organisation gewisse Spielräume eingeräumt werden, innerhalb welcher sie ihre eigenen Vorstellungen, ihr eigenes Wissen, ihre eigenen Verhaltensarten usw. in den Dienst der eigenen Organisation stellen können. Der Komplexitätsgrad einer Organisation kann daher nur dadurch zunehmen, dass die Verhaltensregeln allgemeiner oder abstrakter werden, d. h. dass durch die Verhaltensregeln nur mehr gewisse allgemeine Züge des Verhaltens, die generellen Zielsetzungen und dergleichen bestimmt werden, die notwendigen Details jedoch von den einzelnen Individuen auf der Grundlage ihrer eigenen Informationen und Fertigkeiten bestimmt werden. Dem Varietätsgesetz von Ashby zufolge muss eine Organisation um so komplexer sein, je komplexer ihre Umwelt ist. Aus den bisherigen Ausführungen folgt, dass zunehmende Komplexifizierung einer Organisation nur durch die Anwendung neuer, den Gesetzmässigkeiten spontaner Ordnungen entsprechenden Ordnungsprinzipien möglich ist.[60]

21. Jede komplexe Gesellschaft wird immer aus einer Kombination von Ordnungen im Sinne von Taxis oder Organisationen und Ordnungen im Sinne von Kosmos bestehen. Obwohl die Ausführungen über abstrakte Verhaltensregeln für beide Arten von Ordnungen bis zu einem gewissen Grade Gültigkeit haben, gibt es doch auch einige wichtige *Unterschiede* zwischen den Regeln einer Organisation und den Regeln einer spontanen Ordnung:

a) Ordnungen im Sinne von Taxis oder eben Organisationen sind in der Regel auf *bestimmte* Ziele oder Zwecke gerichtet, und es ist daher notwendig, dass ihre Mitglieder ganz *bestimmte, konkrete* Aufgaben erfüllen, oder ganz *bestimmte, konkrete* Leistungen erbringen. Diese Aufgaben müssen zumindest in einer allgemeinen Weise auf die einzelnen Organisationsmitglieder zugeteilt werden. Diese Zuordnung ist auf bestimmte konkrete Ziele gerichtet und hat

---

[60] Zu der Auffassung, dass Unternehmungen spontane Ordnungen im Sinne von „Kosmos" sind, vgl. auch Tullock (Corporations).

den Charakter von Befehlen. Damit wird in einem bestimmten Masse die Position eines Individuums im Rahmen der Ordnung fixiert, und die zu befolgenden Verhaltensregeln hängen unter anderem von eben dieser Position ab.

b) Die Verhaltensregeln einer spontanen Ordnung sind hingegen *nicht* auf derartige bestimmte Ziele oder Zwecke gerichtet. Sie sind daher in einem weit höheren Masse abstrakt, und sie gelten für ganze Klassen von nicht im voraus bekannten Individuen und für eine unvorhersehbare Art und Zahl von Umständen. Die Individuen setzen bei der Befolgung der Verhaltensregeln in einer spontanen Ordnung nicht nur ihre eigenen Informationen ein, sondern sie verfolgen darüberhinaus auch ihre *eigenen* Ziele und Zwecke.

c) Je komplexer jedoch eine Organisation ist, um so allgemeiner werden auch die Verhaltensregeln sein müssen, oder umgekehrt formuliert, je allgemeiner die Verhaltensregeln einer Organisation sind, um so komplexer kann diese werden. Organisationen, die für ihre Funktionsweise auf die Nutzung von Wissen angewiesen sind, das auf viele verschiedene Individuen verteilt ist, und Organisationen, die sich an Umstände anpassen müssen, die niemandem zur Gänze bekannt sind, *müssen* in einem erheblichen Umfang die Merkmale einer spontanen Ordnung aufweisen. In sehr grossen und komplexen Organisationen wird daher wenig mehr als die allgemeine Zuordnung einer generell bestimmten Funktion, sowie einer allgemeinen Zielbestimmung durch konkrete Anordnungen einer übergeordneten Instanz geregelt, während das gesamte Verhalten, die Art und Weise der Ausführung der Funktion und der Zielerreichung lediglich durch allgemeine, abstrakte Verhaltensregeln, wie sie auch bei spontanen Ordnungen auftreten, geregelt werden.

Die Aufgabe der zu konkreten Anordnungen befugten Instanzen besteht in derartigen Strukturen somit in erster Linie darin, neben den allgemeinen Funktions- und Zielbestimmungen die *Spielregeln* für das Verhalten der Individuen zu entwickeln; die taxischen Ordnungsformen im Rahmen solcher Strukturen dienen in erster Linie der Durchsetzung dieser Verhaltensregeln, nicht aber der Erwirkung ganz bestimmter, konkreter Einzeltatsachen oder Einzelergebnisse. Das Hauptproblem besteht in diesem Zusammenhang darin, solche Verhaltensregeln zu entwickeln und durchzusetzen, deren Anwendung die Nutzung von möglichst vielen Fertigkeiten und von möglichst viel Wissen erlaubt und gleichzeitig das Verhalten der Individuen in Richtung auf die allgemeinen Zielbestimmungen lenkt. Dieses Problem ist identisch mit der Schaffung und Aufrechterhaltung eines lebensfähigen Systems.

22. Es ist zu betonen, dass die Verhaltensregeln, die zur Entwicklung von spontanen Ordnungen geführt haben, wie sie beispielsweise die zivilisierten Gesellschaften darstellen, keineswegs mit der Absicht „erfunden" wurden, dieses Ergebnis zu produzieren. Es wäre mit ziemlicher Gewissheit nicht einmal mög-

lich gewesen, aufgrund der Kenntnis der entsprechenden Verhaltensregeln die Erwartung abzuleiten, dass sich durch ihre Anwendung derart komplexe Systeme bilden würden. Es ist daher, wie Hayek ausführt,[61] äusserst paradox, zu behaupten, dass die modernen Gesellschaften deshalb einer ausgebauten und bewussten Planung und Lenkung bedürfen, weil sie so komplex geworden seien. Ihre Komplexität ist im Gegenteil ein Ergebnis des Fehlens einer bewussten Planung und Lenkung. Wie bereits ausgeführt wurde, kann man allerdings die spontan entstandenen Verhaltensregeln, die dazu beigetragen haben, dass die Gesellschaft diesen Komplexitätsgrad erreichen konnte, durch bewusste Gestaltung verbessern. Eine Verbesserung kann aber ohne Ausnahme nicht dadurch erfolgen, dass direkt auf die sich ergebenden Zustände eingewirkt wird, sondern ausschliesslich auf indirekte Weise, nämlich dadurch, dass aufgrund der Einsicht in die Zusammenhänge der Ordnungsentstehung und Ordnungsschaffung diejenigen Verhaltensregeln ausgebaut und verbessert werden, die der Entwicklung einer spontanen Ordnung förderlich sind. Es sind mit anderen Worten solche Systemstrukturen zu entwickeln, die in der Lage sind, angesichts der proliferierenden Varietät das Gesetz der erforderlichen Varietät zu erfüllen.

Diese Art der Einflussnahme auf eine spontane Ordnung oder ein selbstorganisierendes System zielt darauf ab, das System auf einen *Entwicklungspfad* zu bringen oder es auf einem solchen zu halten, wobei aber der Endzustand, wie auch die Zwischenstufen der Entwicklung nicht bekannt sein können, da sie nebst der Wirkung der Verhaltensregeln auch noch von in der Zukunft liegenden Faktoren abhängen. Das Gestaltungsziel sind also nicht irgendwelche konkreten Systemzustände, sondern bestimmte *Eigenschaften* der Ordnung oder des Systems, vor allem die Eigenschaften der Anpassungs*fähigkeit,* der Lern*fähigkeit* und der Entwicklungs*fähigkeit.* Woran sich ein System konkret in der Zukunft wird anpassen müssen oder was es zu lernen hat, kann zum Zeitpunkt der Gestaltung nicht bekannt sein. Hat das System aber die allgemeine Fähigkeit zu lernen, oder hat es gar die noch allgemeinere Fähigkeit, das Lernen zu lernen, ist das Gestaltungsziel erreicht.

23. Jeder Versuch, die konkreten Zustände, die sich im Rahmen einer spontanen Ordnung ergeben, zu verbessern oder zu korrigieren, der von direkten Befehlen oder Interventionen Gebrauch macht, muss zwangsläufig eine unübersehbare Zahl von unbeabsichtigten und möglicherweise unerwünschten Folgeerscheinungen haben. Der Grund hierfür ist, dass die Zustände, die in einer komplexen, spontanen Ordnung auftreten, das Ergebnis einer Berücksichtigung zahlloser Einflussfaktoren sind und weiter das Ergebnis eines komplexen Ausbalancierungsprozesses aller dieser Einflussfaktoren. Da es in komplexen Ordnungen niemals möglich sein wird, alle unbeabsichtigten Folgeerscheinungen

---

61 Vgl. Hayek (Rules) 50 f.

einer Handlung oder Entscheidung zu berücksichtigen, und da man also immer der unabänderlichen Tatsache weitgehender Unwissenheit bezüglich der konkreten Tatsachen Rechnung tragen muss, dürfte es im Bereich sehr grosser Komplexität „ein grösserer Fortschritt sein, eine Methode zu finden, sich erfolgreich der Tatsachen unabänderlichen Unwissens anzupassen, als mehr positives Wissen zu erwerben."[62]

Wie einleitend bereits angeführt wurde, konnte es in diesem Abschnitt nicht darum gehen, die Theorie der spontanen Ordnungen oder — kybernetisch formuliert — der selbstorganisierenden Systeme vollständig darzustellen. Es ging hier vielmehr darum, einige wichtige Aspekte herauszuarbeiten, die für das Verständnis der Ordnungsentstehung und Ordnungsschaffung von Bedeutung sind. Das Problem der Komplexität, und die Frage, wie man Komplexität unter Kontrolle bringt, können nicht sinnvoll behandelt werden ohne gewisse elementare Kenntnisse über spontane Ordnungen und abstrakte Verhaltensregeln.

2.32 Die Lenkbarkeit von Ordnungen

Im ersten Teil dieser Arbeit sind die Strukturen des lebensfähigen Systems im einzelnen beschrieben worden. Es wurde dort ausgeführt, dass diese Strukturen notwendig und hinreichend für die Lebensfähigkeit von Systemen seien. In Teil 2 wurde mit den bisherigen Ausführungen versucht, die Problemsituation, für die die Strukturen des lebensfähigen Systems entwickelt wurden, zu charakterisieren. Die entscheidenden Merkmale solcher Situationen sind ihre *immense Komplexität* und der damit verbundene, nicht zu behebende *Mangel an Wissen*. In diesem Zusammenhang musste immer wieder von Unmöglichkeitsbehauptungen Gebrauch gemacht werden, wie beispielsweise, dass es unmöglich sei, Detailerklärungen und Detailprognosen zu machen, oder dass es unmöglich sei, komplexe Ordnungen unter Verzicht auf abstrakte Regeln zu lenken.

In den weiteren Ausführungen werden Unmöglichkeitsbehauptungen noch eine wichtige Rolle spielen, denn in einem gewissen Sinne basiert diese ganze Arbeit auf der Auffassung, dass eine sehr grosse Zahl von Konzepten und Methoden, die in der Literatur üblicherweise zur Lösung von Managementproblemen empfohlen werden, zwar definiert, diskutiert und beschrieben, nicht aber *angewendet* werden können. Nun werden solche Unmöglichkeitsbehauptungen zu Recht mit einer gewissen Skepsis betrachtet, denn die wissenschaftliche Entwicklung hat schon in vielen Fällen derartige Behauptungen ad absurdum geführt.

---

62 Vgl. Hayek (Studien) 171.

Andererseits hat Popper gezeigt,[63] dass alle Naturgesetze den Charakter von Unmöglichkeitsbehauptungen aufweisen. Hayek schreibt in diesem Zusammenhang:

„It is fashion today to sneer at any assertion that something is impossible and to point at the numerous instances in which what even scientists represented as impossible has later proved to be possible. Nevertheless, it is true that all advances of scientific knowledge consists in the last resort in the insight into the impossibility of certain events. Sir Edmund Whittaker, a mathematical physicist, has described this as the ‚impotence principle' and Sir Karl Popper has systematically developed the idea that all scientific laws consist essentially of prohibitions, that is, of assertions that something cannot happen..."[64]

Auch *Ashby* hat des öfteren betont, dass häufig erst die bewusste Anerkennung einer faktischen Unmöglichkeit durch die Wissenschaftler, oder anders formuliert, die bewusste Zerstörung des illusionären Glaubens an bestimmte Möglichkeiten der Forschung die richtungbestimmenden Impulse gegeben hat, indem auf diese Weise aufgezeigt wurde, worin das Problem tatsächlich bestand. So führt Ashby etwa aus, dass erst die bewusste Anerkennung der Unmöglichkeit, ein Perpetuum Mobile zu bauen, den richtigen Weg zur Entwicklung von Kraftmaschinen gewiesen habe und dass seiner Auffassung nach erst die bewusste Anerkennung und Berücksichtigung der Tatsache, dass das Gehirn gewisse Informationsverarbeitungsprobleme nicht lösen kann, und dass dies auch für noch so grosse Computer nicht möglich ist, eine sinnvolle Erforschung des Gehirns und damit die Lösung der eigentlichen, hiermit zusammenhängenden Probleme erlaube.[65]

Aufgrund dieser Situation, dass einerseits Unmöglichkeitsbehauptungen zurecht mit einer gewissen Skepsis betrachtet werden, dass aber andererseits die illusionäre Hoffnung auf die Durchführbarkeit gewisser Dinge ein hartnäckiges Fortschrittshindernis sein können, soll hier das Problem der Komplexität noch einmal aus einer anderen Perspektive aufgegriffen werden. Es geht um den Nachweis, dass gewisse Systeme mit bestimmten Methoden nicht lenkbar und dass bestimmte Arten von Problemen mit bestimmten Methoden nicht handhabbar sind. Der Nachweis, dass es nicht lenkbare Systeme und nicht handhabbare Probleme gibt, wäre weiter nicht von Bedeutung, wenn es sich dabei um von der täglichen Praxis weit entfernt liegende Probleme handeln würde, oder um Systeme, mit denen man in der Regel nicht konfrontiert ist. Leider ist es aber so, dass es gerade diejenigen Systeme und Probleme sind, mit denen man

---

63 Vgl. Popper (Logik) 39 f. und (Historizismus) 49.
64 Hayek (Rules) 146.
65 Vgl. etwa Ashby (Intelligent Machine) 280, (Modelling) und (Bremerman).

es tagtäglich zu tun hat, die mit den üblicherweise empfohlenen Methoden nicht angegangen werden können. Es geht mit anderen Worten um die *Frage der Manageability sozialer Institutionen,* die in der Managementliteratur viel zu selten behandelt wird.⁶⁶ Man geht vielmehr von der offenen oder stillschweigenden Annahme aus, dass Management als zweifellos sehr verdienstvolle soziale Funktion in der Lage sei, sämtliche auftauchenden Probleme zu lösen und die sozialen Institutionen wirkungsvoll zu lenken. Der Manager wird allzuhäufig als „Macher" dargestellt, der möglicherweise in der Anwendung der einen oder anderen modernen Technik noch nicht ganz geübt sein mag, potentiell aber doch in der Lage ist, die Schwierigkeiten zu bewältigen.

Die folgenden Überlegungen sollen zeigen, dass dem Problem der Manageability sozialer Institutionen und Probleme eine Schlüsselstellung zukommt. Es wird zu zeigen versucht, dass mit den üblicherweise in der Literatur diskutierten Methoden, die mehrheitlich analytischer Natur sind, komplexe Systeme nicht gelenkt und die damit zusammenhängenden Probleme nicht gelöst werden können. Eine mögliche Alternative wird im nächsten Abschnitt im evolutionären Problemlösungsparadigma aufgezeigt. Damit aber evolutionäre Problemlösungsprozesse im Rahmen der Strukturen des lebensfähigen Systems ablaufen können, müssen gewisse Funktionsprinzipien beschrieben werden, die über die Darstellungen in Teil 1 hinausgehen. Diese Funktionsprinzipien betreffen die Wirkungsweise der in den Systemen Drei, Vier und Fünf operierenden Homöostaten, die den einzigen bekannten Mechanismus darstellen, der die Lenkbarkeit sozialer Systeme gewährleisten kann.⁶⁷

Die Wirkungsweise eines homöostatischen Lenkungssystems entspricht im wesentlichen jener der hier besprochenen spontanen Ordnungen, die bekanntlich darauf beruhen, dass ihre Elemente sich unter dem Einfluss allgemeiner Verhaltensregeln den jeweiligen Verhaltensänderungen aller anderen Elemente anpassen, und dass diese Anpassung wiederum zurückwirkt auf die übrigen Elemente. Die Eingriffe einer höheren Lenkungsinstanz, im Managementbereich z. B. eines Vorgesetzten, können in solchen Fällen das Verhalten der einzelnen

---

66 Es gibt natürlich Ausnahmen: z. B. Drucker (Management) 664 ff.; Taylor (Future) 129 ff. sowie Beer, dessen zentrale These darin besteht, dass alle sozialen Institutionen Gefahr laufen, unregierbar zu werden.

67 Dies ist eine sehr weitgehende Behauptung, die jedoch ihre Begründung in der Theorie des lebensfähigen Systems findet. Insbesondere Beers „Heart of Enterprise", erst 1979, also gut zwei Jahre nach der Fertigstellung des Manuskripts zum vorliegenden Buch publiziert, enthält die meines Erachtens entscheidenden Argumente dafür, dass die Strukturen des Beer'schen Modells notwendig und hinreichend für die Lebensfähigkeit und damit auch für die Lenkbarkeit von Systemen sind. Andere, scheinbar ebenfalls taugliche Mechanismen dürften sich bei näherer Analyse als Varianten der von Beer postulierten kybernetischen Strukturen erweisen. Für eine nähere Begründung dieser Auffassung sei auf Beer (Heart) xi und passim verwiesen.

Elemente nicht im Detail bestimmen, sondern lediglich die Verhaltensrichtungen konditionieren. Durch den Verzicht auf die Detailbestimmungen des Verhaltens der Elemente wird der Gesamteinfluss einer höheren Lenkungsinstanz nicht geringer, sondern im Gegenteil grösser. Die Kontrollspanne im Sinne der Anzahl koordinierbarer und adjustierbarer Beziehungen zwischen den Elementen ist in einer spontanen Ordnung bzw. einem homöostatischen Lenkungssystem wesentlich grösser, als in jenen Systemen, die in dem Sinne bewusst gelenkt werden, dass die Lenkungseingriffe einer übergeordneten Instanz das Einzelverhalten der Elemente bestimmen. Daraus folgt, dass homöostatische Lenkungssysteme oder spontane Ordnungen in der Lage sind, erheblich komplexere Probleme zu lösen, d. h. sich an wesentlich komplexere Veränderungen in ihrer Umgebung anzupassen, als Ordnungen im Sinne von Taxis, d. h. bewusst gelenkte Systeme.

Dies kann anhand der folgenden Beispiele belegt werden:[68] Man stelle sich zwei kleine Teams von je fünf Personen vor, die je eine Art der Ordnung repräsentieren. Das eine Team seien fünf Stürmer in einem Fussballspiel, die ihr Verhalten in dem Bemühen, Tore zu schiessen, entsprechend den Spielregeln und den ihnen antrainierten Verhaltensregeln gegenseitig selbst koordinieren. Das andere Team sei die Mannschaft eines kleinen Schiffes in schwerer See, wobei die Aktionen jedes einzelnen Mannes durch die Kommandos des Kapitäns bestimmt und im Verhältnis zu den Aktionen aller anderen Männer koordiniert werden. Die Anzahl der effektiven Anpassungen oder Reaktionen, die jeder Fussballspieler pro Minute in Antwort auf die Aktionen der anderen vier Spieler ausführen kann sei gleich f, und die Anzahl der effektiven Anweisungen oder Befehle, die der Schiffskapitän pro Minute seiner Mannschaft geben kann sei gleich c. Die Anzahl der pro Minute pro Fussballspieler adjustierten Relationen ist somit gleich f, während die entsprechende Anzahl für die Schiffsmannschaft gleich $c/5$ ist.

Da nun die Anpassung, die aus der Selbstkoordination resultiert, wegen des Fehlens gewisser Kommunikationshindernisse schneller und reibungsloser funktioniert, als die Anpassung, die selbst bei einer gut eingespielten Mannschaft aufgrund von Befehlen erfolgen kann, ist f grösser als c und daher auch fünfmal grösser als $c/5$. Offenbar ist der Umstand, dass eine Fussballmannschaft zur Lösung ihres Problems weitgehend selbstkoordinierend sein muss, allgemein anerkannt, denn kein Fussballtrainer würde versuchen, das Spiel seiner Mannschaft durch direkte Befehle und Anweisungen zu steuern. Das Problem, das die Schiffsmannschaft zu lösen hat, ist in keiner Weise weniger komplex, und dennoch versucht man, Probleme dieser Art meistens durch bewusste und direkte Lenkungseingriffe zu lösen.

---

68 Vgl. Polanyi (Logic) 114 ff.

Der Anpassungs- und Lenkungsvorteil der auf Selbstkoordination beruhenden spontanen Ordnung mag bei derart kleinen, nur aus fünf Elementen bestehenden Systemen noch verhältnismässig gering sein. Dieser Vorteil wächst aber enorm an, sobald man es mit grösseren Systemen zu tun hat. Wird ein taxisches System im Sinne der Schiffsmannschaft, d. h. ein bewusst gelenktes System vergrössert, so geschieht das dadurch, dass mehrere hierarchische Ebenen aufgebaut werden. Im obigen Beispiel hatte man einen Kapitän mit fünf Untergebenen, und unter Aufrechterhaltung einer Kontrollspanne von fünf kann jeder der fünf Untergebenen wiederum fünf weitere Untergebene haben, so dass man zu der bekannten pyramidenförmigen Organisationsstruktur kommt. Die Anzahl der hierarchischen Ebenen kann mit e bezeichnet werden, und jede hierarchische Ebene weist bei einer Kontrollspanne von fünf fünfmal mehr Personen auf als die darüberliegende Ebene, so dass die Gesamtzahl von Personen oder Elementen einer derartigen Organisation gemäss der Formel

$$p = 1 + 5 + 5^2 + 5^3 + \ldots + 5^{e-1}$$

ausgedrückt werden kann. Die Anzahl der Vorgesetzten in einer solchen Organisation beträgt $v = p - 5^{e-1}$, und an der Basis der Organisationspyramide führen 5^{e-1} Elemente oder Personen die eigentliche Aufgabe aus. Die Anzahl der durch direkte Anweisungen adjustierbaren Beziehungen zwischen den einzelnen Personen bleibt für jeden einzelnen Vorgesetzten wie im obigen Beispiel mit der Schiffsmannschaft gleich c und pro Kopf seiner Mannschaft gleich c/5. Wenn man davon ausgeht, dass jeder Vorgesetzte in diesem neuen, um eine Anzahl e hierarchischer Ebenen vergrösserten System seine Befehlskapazität c voll ausnützt, so ergibt sich für das Gesamtsystem eine Befehlskapazität oder Lenkungsvarietät pro Person und Minute von $k = c \dfrac{p - 5^{e-1}}{5^{e-1}}$, und diese Zahl ist nur unwesentlich grösser als c/5. Dies bedeutet aber nichts anderes, als dass die Lenkungs- und Anpassungsfähigkeit eines solchen Systems durch seine Ausdehnung oder Vergrösserung *nicht wächst.*

Betrachtet man nun die Vergrösserung eines durch Selbstkoordination oder spontan geordneten Systems, so tritt der Vorteil deutlich zutage. Auch hier ist wieder davon auszugehen, dass die Anpassungsfähigkeit der einzelnen Elemente gleich bleibt. Im oben verwendeten Beispiel der Fussballstürmer betrug die Rate der Selbstanpassung gleich f. Der Wert f bezog sich nun aber auf eine Gruppe von fünf Mann, d. h. darauf, dass jeder Spieler seine Aktionen auf das Verhalten von vier anderen Spielern abstimmen muss. Es gibt nun aber keinen Grund zur Annahme, dass das Mitglied eines Teams seine Verhaltensweisen nicht auf mehr als vier andere Teammitglieder abstimmen kann, und in der Tat passt ein Fussballspieler sein Verhalten ja auch an eine wesentlich grössere Anzahl anderer Spieler an. Es zeigt sich also, dass trotz gleichbleibender Anpassungskapazität f die Anzahl der adjustierbaren *Beziehungen* mit der Anzahl der Systemelemente rapide ansteigt und ohne weiteres ein Vieltausendfaches von f ausmachen kann. Voraussetzung ist allerdings, dass die Systemelemente in einem informationellen Kontakt bleiben, der die Grundlage für ihre Anpassungsreaktionen darstellt. So ist beispielsweise klar, dass ein Verteidiger im Fussballspiel sein Verhalten nicht auf die Aktionen eines Stürmers abstimmen kann, den er nicht sehen kann. Durch Kappen der Informationskanäle zwischen Elementen können sich somit Subsysteme bilden, die in sich einen höheren Grad an Anpassungsfähigkeiten aufweisen, als *zwischen* den Subsystemen möglich ist. Das Anpassungsverhalten von Elementen, die mit mehr als fünf anderen Elementen verbunden sind und sich daher auch an mehr Beziehungen anpassen können, wird durch Abbildung 2.32(1) dargestellt.[69]

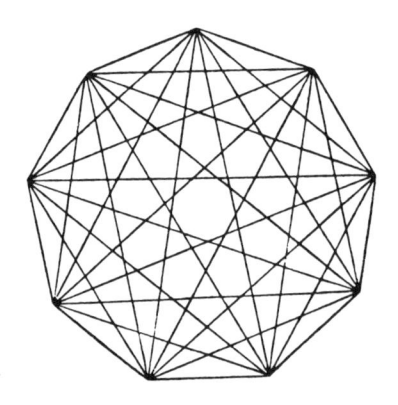

Abbildung 2.32(1)

Man kann sich hier vorstellen, dass die einzelnen Elemente, durch die kreisförmig angeordneten neun Punkte dargestellt, durch elastische Bänder verbunden sind. Verändert sich nun die Position eines einzigen Elementes, so verändert sich auch die durch die elastischen Bänder dargestellten Beziehungen zu allen anderen Elementen entsprechend. Voraussetzung ist allerdings, dass durch die Beziehungen eine effektive oder faktische Koppelung erfolgt, und in einem kybernetischen System bedeutet ja eine effektive Koppelung wiederum nichts anderes, als dass das Verhalten eines Elementes durch den Informationsaustausch mit anderen Elementen effektiv verändert wird. Ist dies nicht möglich, dann liegt auch keine Verknüpfung im kybernetischen Sinne vor. Die Anpassungsfähigkeit eines spontan geordneten Systems ist somit um ein Vielfaches grösser, als diejenige eines taxischen Systems. Die Lenkung oder Organisation eines spontan durch Selbstkoordination geregelten Systems besteht daher, wie das Fussballbeispiel anschaulich zeigt, nicht darin, dass jedem einzelnen Element seine Position und sein Verhalten vorgeschrieben und durch Befehl zuge-

---

[69] Vgl. Polanyi (Logic) 120.

wiesen wird, sondern darin, dass Elemente, die bereits über eine hohe Verhaltensvarietät verfügen, in eine Rahmenorganisation gebettet werden, die ihnen grundsätzlich die Realisierung ihrer Varietät erlaubt, wobei anschliessend durch die Einführung von Regeln die Realisierung der Gesamtvarietät solange eingeschränkt wird, bis das Gesamtsystem das erforderliche, bestimmten Kriterien genügende, Verhalten aufweist.

Die Vorteile einer Problemlösungsmethodik, die von spontanen Ordnungen und von Selbstkoordination Gebrauch macht, beruhen darauf, dass in einer solchen Ordnung eine Vielzahl von Entscheidungs- oder Problemlösungszentren existieren, die alle in gegenseitiger Abhängigkeit einen Beitrag zur Lösung des Problems leisten können. Man nennt daher, wie früher bereits ausgeführt wurde, spontane Ordnungen auch *polyzentrische Ordnungen* oder *polyzentrische Systeme*. Jedes Entscheidungszentrum eines polyzentrischen Systems, d. h. jedes Systemelement, verändert sein Verhalten im Lichte der Verhaltensweisen aller anderen Systemelemente, so dass sich ein Gesamtanpassungszustand entwickelt. Im Gegensatz dazu ist in taxischen Systemen nur ein einziges Entscheidungszentrum vorhanden, bzw. entspricht, wie man gesehen hat, die Gesamtanpassungsrate eines taxischen Systems derjenigen einer einzelnen Entscheidungsinstanz. Die Lenkungsaufgabe ist in einem solchen Falle analog zu einer Situation, in der ein einzelner Mann, dem lediglich seine beiden Hände zur Verfügung stehen, eine Maschine bedienen muss, die für ihr reibungsloses Funktionieren die Bedienung von vielen Tausenden von Knöpfen und Hebeln benötigt. Durch die spärlichen Lenkungseingriffe, die er machen kann, trägt er eher zur Störung des Gesamtablaufes bei, als zur sinnvollen Lenkung.

Das Phänomen der Polyzentrizität kann anhand der folgenden Abbildung 2.32(2) illustriert werden.[70]

Die sechseckig angeordneten Elemente seien ebenfalls wieder durch elastische Verbindungen miteinander verknüpft. Dieses Polygon sei mit einem Nagel an seinem oberen Ende fixiert und am unteren Ende mit einem Gewicht belastet. Das Gewicht stört den vorherigen Anpassungszustand auf eine ganz bestimmte Weise und erfordert an jedem einzelnen Verbindungselement entsprechende Anpassungsvorgänge. Die Anpassung ist derart, dass sich die Kräfte an jedem Eckelement genau ausgleichen, mit Ausnahme des oberen fixierten und des unteren belasteten Elementes, an denen die Kräfte gleich, aber gegenläufig sind. Die Anpassungsvorgänge aufgrund der Belastung des Polygons sind polyzentrisch, d. h. jedes Element passt sich an die Veränderungen aller anderen Elemente an und umgekehrt.

---

70 Vgl. Polanyi (Logic) 170.

– – – Nagel

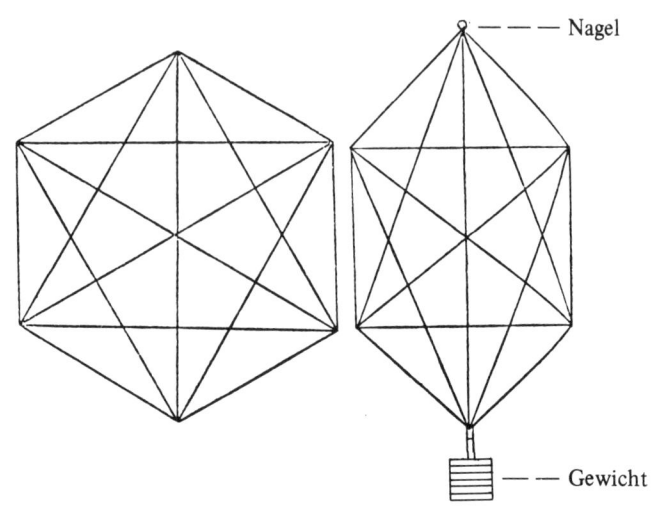

– – Gewicht

Abbildung 2.32(2)

Nun ist aber hier ein ganz spezielles polyzentrisches Problem gegeben, nämlich ein sogenanntes *formalisierbares* polyzentrisches Problem. Aufgrund der relativ geringen Anzahl von Elementen wäre es nämlich möglich, einen Satz von mathematischen Gleichungen aufzustellen, die das Polygon repräsentieren und deren Parameter empirisch quantifiziert werden können. Diese Gleichungen liessen sich simultan lösen, und unter Berücksichtigung gewisser Ungenauigkeiten in der Datenerhebung und gewisser Auf- bzw. Abrundungsfehler könnte dieses Anpassungsproblem somit genau berechnet werden, d. h. man könnte den Elementen Verhaltensanweisungen geben, die zu einem Gesamtgleichgewicht führen. Nun kann aber gezeigt werden,[71] dass die Möglichkeit einer exakten und vollständigen Berechnung mit zunehmender Anzahl der zu lösenden Gleichungen immer schwieriger wird und mit etwa 150 linearen simultanen Gleichungen eine obere Grenze erreicht. Es kann weiter gezeigt werden, dass bereits für ein Polygon mit nur 20 Ecken oder Elementen etwa 150 Gleichungen notwendig sind, um es abzubilden.

Neben den genau berechenbaren Systemen gibt es nun solche, die durch *sukzessive Approximation* und solche, die *überhaupt nicht* berechenbar sind. Wie man aus den wenigen hier angestellten Überlegungen sieht, ist die Grenze der exakten Berechnungsmöglichkeiten bereits bei relativ einfachen Systemen sehr schnell erreicht. Jenseits dieser Grenze müssen anstelle bewusster Len-

---

[71] Vgl. Polanyi (Logic) 172 f.

kungseingriffe die Methoden der polyzentrischen Anpassung, der spontanen Ordnung oder der Kultivierung eines selbstorganisierenden Systems eingesetzt werden. Die Lenkbarkeit eines Systems hängt somit unmittelbar von seiner Komplexität ab und bedarf, wenn diese einmal gewisse Grössenordnungen annimmt, des Einsatzes ganz bestimmter Arten von Lenkungstypen. Aufgrund der fehlenden Formalisierbarkeit und Berechenbarkeit von komplexen Systemen kann selbstverständlich für die Lenkung auch kein analytisches Modell zugrunde gelegt werden, sondern das explizit oder implizit vorhandene Modell kann in solchen Fällen ebenfalls nur gewisse charakteristische Züge des zu lenkenden Systems abbilden.

Die Methode der polyzentrischen Anpassung oder sukzessiven Approximation besteht im wesentlichen darin, dass jedes Entscheidungszentrum sein unmittelbares Problem löst, ohne die anderen Entscheidungszentren mit in die Überlegungen einzubeziehen. Diese Lösung ist allerdings nur vorläufig und versuchsweise. In einer nächsten Runde werden die Problemlösungen der anderen Zentren mit berücksichtigt, und im Licht der neuen Situation wird wieder eine neue Lösung erarbeitet, allerdings wiederum nur für das jeweilige Entscheidungszentrum. Nach mehreren Runden kann auf diese Weise eine gesamthafte Problemlösung oder Anpassung erzielt werden, die durch andere Methoden, insbesondere eine Methode der zentralen Entscheidung und Anpassung nicht möglich wäre. Polanyi führt ein einfaches Beispiel für diese Art des Vorgehens an:[72] das Problem bestehe in der Zusammenstellung eines sehr grossen Puzzles, an dem eine Person allein mehrere Wochen arbeiten müsste; die polyzentrische Methode besteht darin, eine grössere Anzahl von Personen gleichzeitig an dem Puzzle arbeiten zu lassen, wobei jeder die einzelnen Teilchen im Lichte der jeweiligen Situation und des jeweiligen Fortschrittes einsetzt. Es ist klar, dass diese Methode ein Höchstmass an Information und Rückkoppelung erfordert und ausserdem ein hohes Mass an Anpassungsfähigkeit der einzelnen Personen oder Elemente. Jeder Schritt der von den anderen Personen vollzogen wird, muss die weiteren Schritte jeder Person beeinflussen und anpassen können. Es wäre praktisch unmöglich, ein Informations- und Befehlssystem zu schaffen, das es ermöglichte, durch zentrale Administration ein derartiges Problem gleich schnell zu lösen.

Polanyi führt eine Reihe weiterer Beispiele für polyzentrische Probleme auf, wie beispielsweise das Problem, eine grosse Zahl von Wirtschaftssubjekten miteinander zu koordinieren, künstlerische Probleme, technische Probleme (die entgegen der alltäglichen Auffassung zwar in vielen Fällen mathematisch formalisierbar sind, trotzdem aber nur durch sukzessive Approximation gelöst werden können), sowie generell alle Probleme, in denen eine grosse Anzahl von Elementen in gegenseitiger Balance gehalten werden muss.

---

72 Vgl. Polanyi (Logic) 35.

„However far the improvement of computational methods may extend that range, there will always lie beyond it a vastly greater range of more complex polycentric problems, which can be solved only by approximation from centre to centre. This method can be effectively organized and speeded up by suing a team of independent calculators, one for each centre. The proper method of managing a polycentric task is therefore not by collecting all the data at one centre and evaluating them jointly. The much more powerful and more accurate method is to solve the problem in respect to one centre at a time while pretending blindness in respect to all other conditions set by the problem as a whole, that is to the overwhelming majority of relations to be fulfilled."[73]

Allerdings kann diese Methode nur dann zu befriedigenden Ergebnissen führen, wenn die an einem Zentrum erarbeiteten Problemlösungen durch die anderen Zentren wieder berücksichtigt werden, wenn also der Zustand jedes Zentrums den anderen Zentren mitgeteilt, das heisst im kybernetischen Sinne kommuniziert werden kann.[74] Ein weiterer wichtiger Aspekt ist darin zu sehen, dass jede einzelne Anpassung an einem einzelnen Zentrum in ein Gesamtkonzept integriert sein sollte, das entweder implizit durch die einzelnen Anpassungen selbst zustande kommt, oder aber durch allgemeine Regeln bewusst eingeführt werden muss. Diese Aufgabe kann z. B. dadurch gelöst werden, dass die Anpassungen, Entscheidungen, Problemlösungen usw. im Rahmen der Strukturen des lebensfähigen Systems erfolgen und hier wiederum auf der Grundlage einer einheitlichen Strategie oder eines Leitbildes, das durch die gesamte Struktur kommuniziert oder dispersiert wird. *Es ist also die Methode der dezentralen Problemlösung auf der Objektebene bei zentraler Lenkung durch ein Metasystem, die eine einheitliche Richtung bei grösstmöglicher Ausschöpfung der Anpassungsfähigkeit und Flexibilität ermöglicht.*

Aufgrund der obigen Ausführungen können nun drei wichtige Anpassungsformen[75] grafisch dargestellt werden (vgl. Abb. 2.32(3)).

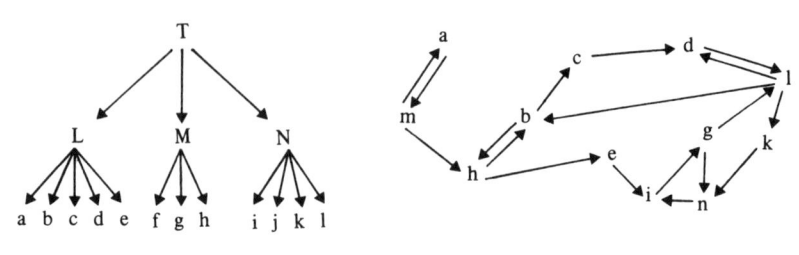

Abbildung 2.32(3a)   Abbildung 2.32(3b)

73 Vgl. Polanyi (Logic) 180 f.
74 Vgl. dazu auch Jay (Management) 106 ff. und Jay (Man) 199 ff.
75 Vgl. Lindblom (Intelligence) 26.

In dieser Abbildung ist links die taxische Systemform und ihre Anpassungsweise dargestellt, die auf zentraler Lenkung beruht, und rechts ist die spontane polyzentrische Ordnung abgebildet, die auf gegenseitiger Anpassung der Elemente aufgebaut ist. Jeder einzelne Buchstabe repräsentiert einen Problemlöser oder Entscheidungsträger oder einfach ein Element des Systems. $x \to y$ bedeutet, dass die Entscheidungen oder das Verhalten des Elementes y an das Verhalten von Element x angepasst oder auf dieses abgestimmt sind.

Zum Fall der zentralen Lenkung braucht hier nichts weiter ausgeführt zu werden. Eine genaue Betrachtung von Abbildung 2.32(3b) macht hingegen deutlich, dass hier zahlreiche, komplex miteinander verknüpfte Prozesse ablaufen können. In dieser Abbildung kommt weiter zum Ausdruck, dass nicht wie in den früher verwendeten Beispielen der regelmässigen Polygone jedes Element mit jedem anderen verknüpft ist. Für die Eigenschaft der Polyzentrizität, bzw. der Spontaneität einer Ordnungsform ist es nicht unbedingt notwendig, dass eine voll verknüpfte Struktur gegeben ist. Voraussetzung ist vielmehr eine sehr reichhaltige Verknüpfung, oder die Möglichkeit zu intensiven Interaktionen. Die totale Verknüpfung aller Elemente mit allen anderen wird in der Praxis nicht sehr häufig vorkommen, zumindest müssen mehr oder weniger starke Ausprägungen der Verknüpfungen berücksichtigt werden, d. h. man muss den Umstand mit einbeziehen, dass das Verhalten mancher Elemente autonomer ist als dasjenige anderer Elemente. Von Bedeutung ist in diesem Zusammenhang die Tatsache, dass immer, wenn das Verhalten eines Elementes effektiv durch das Verhalten eines anderen Elementes beeinflusst wird, zwischen diesen beiden Elementen im kybernetischen Sinne ein Informationskanal existiert. Es ist dabei völlig gleichgültig, ob zwischen diesen beiden Elementen auch Nachrichten im alltäglichen Sinne dieses Wortes ausgetauscht werden. Für die Eigenschaften des Gesamtsystems und die kybernetischen Merkmale ist allein die Tatsache entscheidend, dass Verhaltensänderungen eines Elementes das Verhalten eines anderen Elementes modifizieren.

Eine entsprechende Gegenüberstellung von Lenkungsformen aus dem Unternehmungskontext ist in den nächsten beiden Abbildungen ersichtlich. Abbildung 2.32(4) ist ein typisches Organigramm, das eine mehr oder weniger taxische Lenkungsform impliziert, während Abbildung 2.32(5) einen Ausschnitt aus den polyzentrischen Lenkungsrelationen zwischen den Komponenten des Organigramms zeigt, wie sie bestehen sollten, um Anpassung an veränderte Umstände zu ermöglichen.[76] Eine Veränderung irgendeiner Komponente muss zu Veränderungen in den anderen Komponenten führen können, wenn auch mit unterschiedlichen Verzögerungen und in unterschiedlichem Ausmass. Eine, den Umständen entsprechend signifikante Abweichung in der tatsächlichen Produktionszeit eines Stückes muss den Produktionsplan verändern können, sie

---

76 Vgl. Beer (Governors).

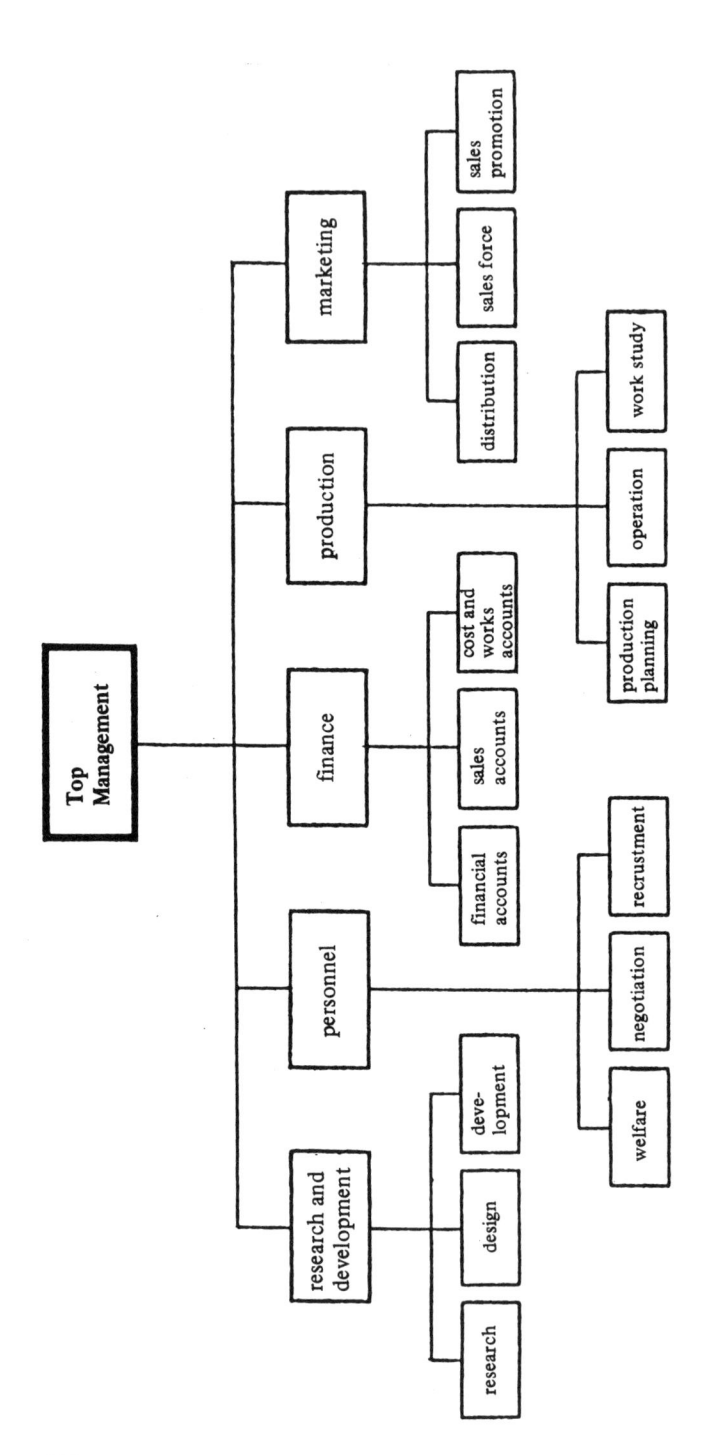

```
                          Top
                       Management
                           │
   ┌───────────┬───────────┼───────────┬───────────┐
research and  personnel  finance    production   marketing
development
   │            │          │            │            │
┌──┼──┐      ┌──┼──┐   ┌───┼───┐   ┌────┼────┐   ┌───┼───┐
research design deve-  welfare negotiation recrustment  financial sales cost and  production operation work study  distribution sales sales
              lopment                                   accounts accounts works                                                  force promotion
                                                                       accounts
```

Abbildung 2.32(4)

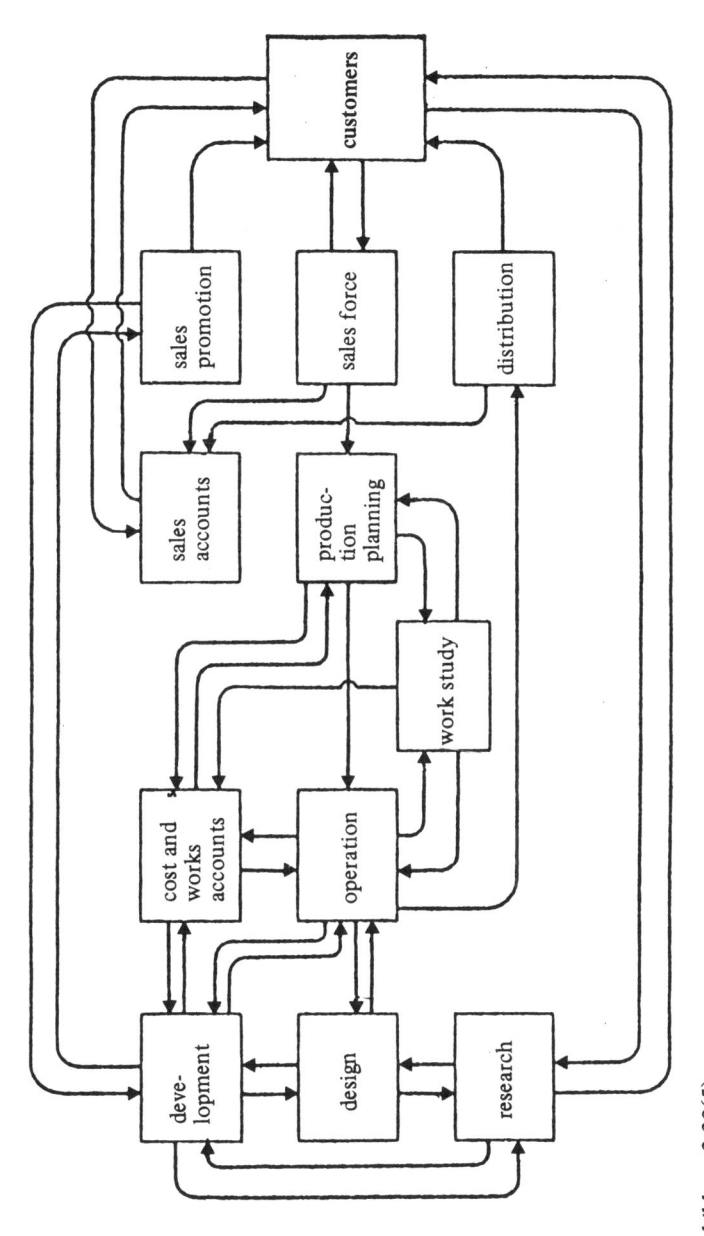

Abbildung 2.32(5)

muss auf die Kostenschätzung, Lieferzeitschätzung und die Gewinnschätzung wirken können. Ferner müssen je nach den Systemzusammenhängen Wirkungen auf die Lagerhaltung, die Arbeitsvorbereitung und das Verkaufssystem möglich sein.

Dabei spielt es im Prinzip überhaupt keine Rolle, ob diese Änderungen mit Hilfe von Computern, durch gewöhnliche Formulare, durch mündliche Kommunikation oder auch nur im Kopf des Leiters einer kleinen Firma transmittiert und festgehalten werden. Entscheidend ist allein, dass die Änderungen einer Komponente sich auf die anderen Komponenten fortpflanzen können, um die Gesamtanpassung an die jeweiligen Umstände zu sichern. Diese tatsächlichen Verknüpfungen effektiv zu realisieren ist in den meisten Unternehmungen aufgrund des Isolations- und Abteilungsdenkens ein schwieriges Problem.

Aus den beiden Abbildungen 2.32 (3a und 3b) kann nun eine dritte Form abgeleitet werden, in der die beiden „reinen" Anpassungsformen gemischt sind (vgl. Abb. 2.32(6)).

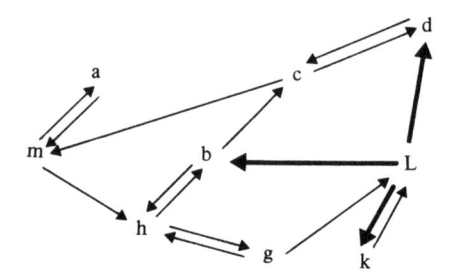

Abbildung 2.32(6)

Die Abbildung 2.32(3b) und 2.32(6) sind zwar nicht gleich aber doch ziemlich ähnlich. Sie sind jedoch so zu verstehen, dass im ersten Fall das Element l zwar Verhaltensanpassungen in anderen Elementen (z. B. b und k) faktisch auslöst, seine Rolle aber nicht der eines Vorgesetzten analog ist. Im zweiten Fall ist durch die Grossschreibung des Buchstabens L angedeutet, dass dieses Element ein höheres Mass an Eingriffsmöglichkeiten und Verhaltensbestimmungen hat, als die anderen Elemente. Dies kommt auch durch die unterschiedliche Stärke der von L ausgehenden Pfeile zum Ausdruck, die andeuten sollen, dass die von L ausgehenden Verhaltensbestimmungen gewissermassen eine verstärkte Wirkung haben, d. h. eine grössere Erfolgswahrscheinlichkeit zugunsten von L im Sinne einer Propensität besteht. Im übertragenen Sinne könnte man sagen, dass L mit gewichteten Würfeln oder gezinkten Karten spielt und daher öfter gewinnt als jene Elemente, die ihrerseits L beeinflussen.

In der nächsten Abbildung 2.32(7) ist grafisch dargestellt, wie solche, lenkungsmässig gemischte Systeme zusammengekoppelt höchst komplexe Ordnungstypen und Lenkungsformen ergeben, in denen das Verhalten der Elemente gegenseitig auf sehr komplizierte Weise angepasst wird, wobei allerdings gewisse, in der grafischen Darstellung mit Grossbuchstaben gekennzeichneten Elemente ein höheres Gewicht als andere aufweisen. Es bedarf wenig Phantasie, um sich vorzustellen, wie ein derartiges System aufgrund der ausserordentlich komplexen Interaktionen in permanenter Bewegung gehalten wird, wie sich Verhaltensänderungen in Subsystemen oder von aussen kommende Störungen auf komplexe Weise innerhalb des Systems fortpflanzen, auseben oder auch zu dauernden Fluktuationen führen können. Man kann sich ferner vorstellen, auf welche Weise verschiedene Arten von strukturellen Eingriffen in das System wirken. Strukturelle Eingriffe sind in diesem Zusammenhang solche, die entweder auf die Elemente selbst zugreifen (beispielsweise Elemente eliminieren) oder auf die Pfeile einwirken und auf diese Weise die Informations- oder Anpassungsflüsse zwischen den Elementen verändern. Es zeigt sich anhand dieser Darstellungen klar, dass Eingriffe, die ihrer Absicht nach nur auf einen einzelnen Pfeil gerichtet sind, ausserordentlich komplizierte und in keiner Weise überschaubare Verhaltensänderungen des Gesamtsystems auslösen können.

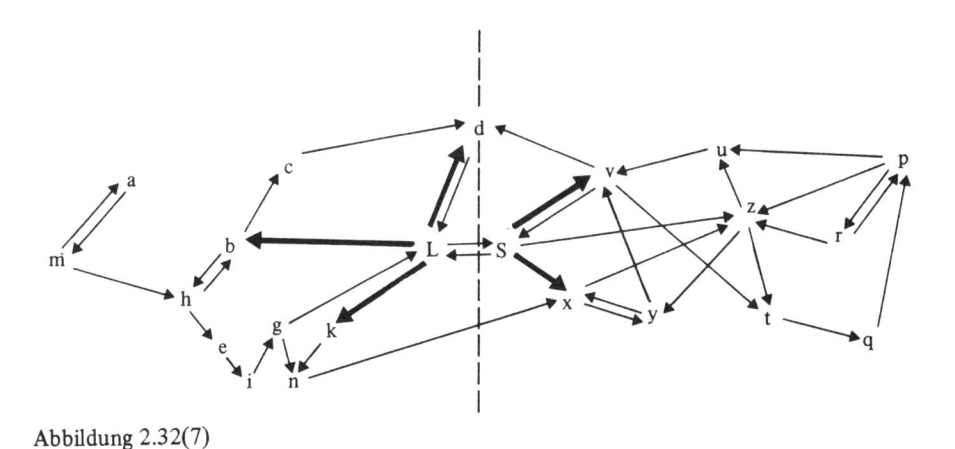

Abbildung 2.32(7)

In der grafischen Darstellung der Anpassungsformen wurde mit Ausnahme der Berücksichtigung des relativen Übergewichts gewisser Elemente keine besondere Rücksicht auf unterschiedliche Beeinflussungs- oder Anpassungstypen genommen. Eine weitere Annäherung an reale Sachverhalte muss aber darauf gerichtet sein, diese speziellen Möglichkeiten miteinzubeziehen. So kann man beispielsweise[77] einen ersten Typ gegenseitiger Anpassungsformen feststellen, in der der Entscheidungsträger oder das Element x sein Verhalten an y zwar anpasst, ohne aber eine Verhaltensantwort von y zu erwarten. Hier gibt es etwa den Fall, dass x seine Entscheidungen oder sein Verhalten an y anpasst, ohne jedoch die möglichen Folgen dieser Anpassung für y in Betracht zu ziehen. Ein anderer Typ besteht darin, dass x sein Verhalten derart anpasst, dass zumindest negative Konsequenzen für y vermieden werden. Eine abgeschwächte Form würde etwa darin bestehen, dass x zwar negative Folgen seiner Anpassung für y nicht um jeden Preis und zur Gänze vermeiden will, aber immerhin seine eigenen Anpassungen auf Überlegungen mit Bezug auf negative Effekte für y aufbaut. Ein grundsätzlich anderer Typ liegt dann vor, wenn x als Bedingung seines eigenen Entscheidungs- und Anpassungsverhaltens ein bestimmtes Verhalten in y auszulösen versucht. Dieser Anpassungstyp weist eine Reihe von Varianten auf, deren einfachste der Verhandlungstyp ist, in der sowohl x wie auch y im jeweils anderen Element Verhaltensantworten auf eigenes Verhalten auf verschiedene Weise auszulösen versuchen.

Selbstverständlich gibt es eine grosse Anzahl weiterer Anpassungsformen, die hier aber nicht im einzelnen behandelt werden können. Es geht hier auch nicht um diese verschiedenen Spielarten, sondern darum, zu zeigen, dass Eingriffe in komplexe Systeme, die aus einer grossen Anzahl von Elementen bestehen, in ihrer Wirkungsweise nicht im einzelnen abgeschätzt werden können. Ein möglicher Ausweg besteht selbstverständlich immer darin, die Struktur des Systems so umzugestalten, dass sich der zentralistische Lenkungstyp ergibt. Dies erreicht man, wie die Analyse gezeigt hat, dadurch, dass Informations- und Anpassungsverbindungen abgebunden werden. Man muss in diesem Falle aber gleichzeitig in Kauf nehmen, dass das Anpassungspotential des Gesamtsystems ausserordentlich stark zusammenschrumpft, damit die Flexibilität des Systems verlorengeht und das System insgesamt keinen sehr grossen Verhaltensreichtum mehr aufweisen kann.

Eine zusätzliche Komplikation ergibt sich noch daraus, dass in der Realität die Subsysteme keineswegs so sauber getrennt sind, wie in Abbildung 2.32(7). Vielmehr ist damit zu rechnen, dass sich zwei oder mehrere Subsysteme gegenseitig durchdringen, wie das in Abbildung 2.32(8) angedeutet ist. Typische Beispiele für derartige Lenkungsformen sind alle natürlichen Öko-Systeme, etwa Feind-Beute-Systeme, in denen ja normalerweise die Jäger nicht isoliert von den Opfern leben, sondern sich mehr oder weniger gut getarnt inmitten der Beute-Population befinden. Die beiden Populationen der Jäger und der Opfer kontrollieren sich gegenseitig und regulieren damit ihre jeweilige Dichte, Verbreitung über einem geographischen Territorium usw... Man kann dabei die beiden Subsysteme der Jäger und der Opfer zwar gedanklich abstrahierend voneinan-

---

77 Vgl. Lindblom (Intelligence) 33 f.

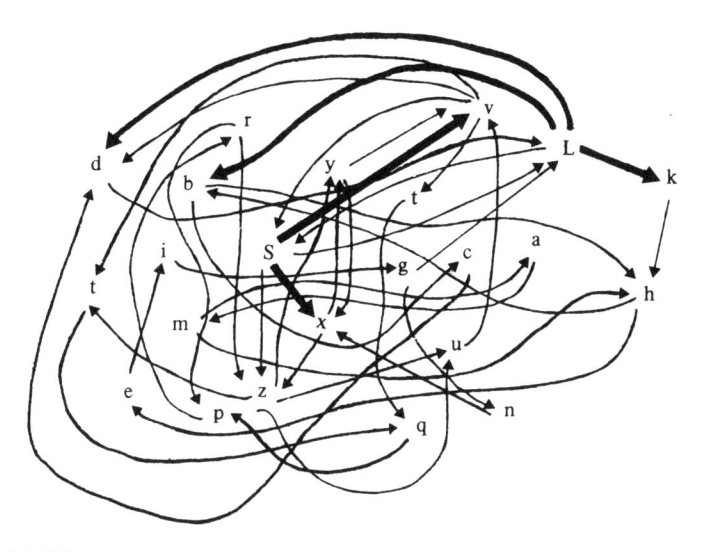

Abbildung 2.32(8)

der trennen und den kybernetischen Konventionen folgend durch zwei klar auseinandergehaltene Boxen repräsentieren, doch entspricht dies nicht den tatsächlichen Sachverhalten. Die gegenseitige Durchdringung der beiden Populationen, d. h. die Infiltration der Jäger in die Opferpopulation ist im Gegenteil eine wesentliche Voraussetzung für das Funktionieren des gesamten Lenkungssystems. Will man beispielsweise eine Tierpopulation durch eine andere kontrollieren lassen, so ist es daher in aller Regel notwendig, diesen Infiltrationsprozess auszulösen und dafür zu sorgen, dass die Jäger die Möglichkeit haben, sich intensiv mit der Opferpopulation zu vermischen.

Analog dazu ist es, wie die modernen Marketingtheorie zeigt, notwendig, bei der Erschliessung eines neuen Marktes eine möglichst intensive Interaktion zwischen den verkaufsfördernden Massnahmen der Unternehmung und den potentiellen Konsumenten oder Abnehmern zu erreichen. Die Werbemassnahmen zielen daher in der Regel auch darauf ab, eine möglichst hohe Durchdringsintensität des potentiellen Absatzfeldes durch die Werbebotschaften zu erreichen, so dass der mögliche Abnehmer gewissermassen auf Schritt und Tritt der Werbeaussage oder dem Produkt der Unternehmung begegnet. Angesichts der Komplexität, die in Abbildung 2.32(8) schon im Zusammenhang mit einem relativ einfachen System mit nur 22 Elementen gegeben ist, ist offenkundig, dass man für die erfolgreiche Beeinflussung und Lenkung solcher Systeme neue Denkweisen und neue Methoden braucht.

Im nächsten Abschnitt sind einige Fragen des sinnvollen Problemlösens in komplexen Systemen zu diskutieren, insbesondere der *evolutionäre* Ansatz des Problemlösens. Auch diese Fragen werden ausschliesslich unter dem Aspekt der Komplexitätsbeherrschung behandelt, und im Anschluss daran wird gezeigt, wie diese Komponenten im Rahmen der Struktur des lebensfähigen Systems zu einem *einheitlichen Konzept des strategischen Managements integriert* werden können.

2.4 Komplexitätsbeherrschung durch Problemlösen

> Wir sind das Produkt einer
> Strategie entstehender Gesetzmässigkeit.
>
> Rupert Riedl

Die letzten beiden Abschnitte waren einerseits dem Problem der Komplexität und der theoretischen Erfassung komplexer Phänomene, sowie andererseits dem Problem der Entstehung und Schaffung von Ordnung gewidmet. Bei der Behandlung dieser beiden Problembereiche sind gewisse methodische Aspekte angesprochen worden, die nunmehr zu einer Darstellung eines methodischen Ansatzes zusammengefasst werden sollen, der komplexen Situationen adäquat ist. Es wird dabei ganz allgemein von einer „Problemlösungsmethodik" gesprochen, obwohl man ebensogut Ausdrücke wie „Entscheidungsmethodik", „Decision-Making", „Policy-Making" und dergleichen verwenden könnte. Für die gegenwärtige Behandlung der grundlegenden Merkmale des Ansatzes werden alle diese Ausdrücke synonym gebraucht.

2.41 Einführung in die evolutionäre Methode des Problemlösens

In diesem Abschnitt geht es vor allem um die Darstellung der allgemeinen Merkmale der Methodik, ungeachtet der konkreten Ausprägungen, die sie in bestimmten Situationen, d. h. zur Lösung spezifischer, bestimmter Probleme aufweisen wird. In dieser allgemeinen Besprechung wird vor allem der *evolutionäre Charakter der Methodik* herausgearbeitet. Es wird gezeigt, dass zwischen dem biologischen und sozialen Evolutionsprozess einerseits und zwischen dem allgemeinen Problemlösungsprozess in komplexen Situationen andererseits derart enge Beziehungen bestehen, dass beide Prozesse ohne Schwierigkeiten als Evolutionsprozesse bezeichnet werden können. Es wird einerseits die *grundlegende Leistungsfähigkeit* einer solchen Vorgehensweise diskutiert, andererseits ist aber auch auf die *fundamentalen Beschränkungen* einzugehen, die die Methodik aufweist. Kenntnisse darüber, was mittels einer bestimmten Vorgehensweise *nicht erreicht* werden kann, was also eine Methodik *nicht leisten* kann, sind häufig von grösserem Interesse, als positive Aussagen über ihre Leistungsfähigkeit, da Informationen über die Leistungsgrenzen einer Vorgehensweise erheblich besser geeignet sind, ihre Einsatzmöglichkeiten zu identifizieren.

2.412 Evolutionstheoretische Missverständnisse

Es ist zweckmässig, vor der Besprechung der evolutionären Methodik des Problemlösens einige Bemerkungen zur allgemeinen Evolutionstheorie zu machen, die über die bereits in früheren Abschnitten gemachten Aussagen hinausgehen, und vor allem den Zweck haben, zwei weitverbreitete Missverständnisse über diese Theorie zu beseitigen. Das erste Missverständnis betrifft den Charakter der sogenannten Evolutionsgesetze; das zweite, die als „Sozialdarwinismus" bezeichnete Richtung der Sozialphilosophie.

Der *erste grundlegende Fehler* in der Interpretation der Evolutionstheorie besteht in der Annahme, dass sie zu Aussagen geführt habe, die man als *Evolutionsgesetze* bezeichnen könne, bzw. in der Annahme, dass die Suche nach derartigen Evolutionsgesetzen der Gegenstand der Evolutionstheorie sei. Solche Evolutionsgesetze würden, der irrtümlichen Auffassung zufolge, eine Aussage über Entwicklungsabläufe enthalten, die sich mit Notwendigkeit (eben mit naturgesetzlicher Notwendigkeit) vollziehen und zu einer prädeterminierten bzw. geschichtlich notwendigen Aufeinanderfolge von Stadien oder Phasen der Entwicklung führen. Es wird ferner fälschlich vermutet, dass die Kenntnis dieser Evolutionsgesetze uns in die Lage versetzen würde, zukünftige Entwicklungen zu prognostizieren, d. h. den zukünftigen Kurs der Evolution vorauszusagen. Würden diese Annahmen zutreffen, dann läge es auf der Hand, dass die Erforschung der Evolutionsgesetze zum wichtigsten Gegenstand der Wissenschaft überhaupt gehören müsste.

Obwohl man zugeben muss, dass hin und wieder auch in Arbeiten zu einer richtig verstandenen Evolutionstheorie die Idee eines vorprogrammierten Entwicklungsablaufes aufscheint, der zumindest potentiell vorausbestimmte Entwicklungsstadien oder Entwicklungsphasen durchläuft, hat doch die Evolutionstheorie tatsächlich damit überhaupt nichts zu tun. Die eigentliche Evolutionstheorie kann uns nicht mehr verschaffen, als Kenntnis über eine gewisse Art von Prozess, der zu Ergebnissen führt, die wir zwar in ihren allgemeinen Grundzügen, niemals aber in den spezifischen Ausprägungen voraussagen können. Der Prozess blinder, transmittierbarer Variationen und selektiver Bewahrung führt zu Ergebnissen, die letztendlich von einer weit grösseren Zahl konkreter, wenn auch teilweise nur vorübergehend vorherrschender Umstände abhängen, als wir jemals zu erfassen oder gar vorauszusehen imstande wären. So wenig befriedigend eine derartige Erklärung manchen auch erscheinen mag, so handelt es sich doch um eine Erklärung der fraglichen Entwicklungsprozesse, die von ausserordentlicher Fruchtbarkeit und Reichweite ist. Es handelt sich hierbei eben um eine „Erklärung im Prinzip", und dies ist unter Umständen, wie den bereits besprochenen, die einzige Möglichkeit, komplexe Sachverhalte zu erklären. Die Grundaussage der Evolutionstheorie ist, wie Hayek ausführt, die Behauptung, dass ein Mechanismus der Reduplikation mit transmittierbaren Variationen und kompetitiver Selektion derjenigen, welche eine bessere Überlebenschance aufweisen, im Verlauf der Zeit eine grosse Mannigfaltigkeit von Strukturen produzieren wird, welche an kontinuierliche Adjustierungen gegenüber der Umgebung sowie gegenseitig angepasst sind.[78] Dies bedeutet, dass Darwin mit Hilfe seiner Evolutionstheorie gezeigt hat, dass der Mechanismus der natürlichen Selektion im Prinzip jene Leistungen simulieren kann, die üblicherweise einem Schöpfer zugeschrieben werden.[79]

Damit zeigt Darwin, wie Popper ausführt, dass es *im Prinzip* möglich ist, teleologische Erklärungen auf Kausalerklärungen zu „reduzieren", indem die scheinbare Existenz von zweckorientierter Planung in der Welt durch rein physische Prinzipien erklärt wird. Obwohl die Einschränkung „im Prinzip" so gravierend ist, dass manchen diese Erklärung der Entstehung komplexer und gut angepasster Gebilde nicht akzeptabel erscheinen mag, und obwohl es bis anhin noch niemandem gelungen ist, über diese Prinziperklärung hinaus eine tatsächliche Kausalerklärung für die Entstehung von Organismen zu geben, darf dennoch nicht übersehen werden, dass die Leistung Darwins in nichts Geringerem bestand, als zu zeigen, dass derartige tatsächliche Kausalerklärungen von Entwicklungsprozessen gegeben werden können, das heisst, dass es sich dabei nicht um eine *logische* Unmöglichkeit handelt.[80]

Der Nachweis der *logischen* Möglichkeit, tatsächlich stattgefundene Entwicklungsprozesse erklären zu können, ist ein sehr weitreichender wissenschaftlicher Fortschritt. Dies darf jedoch nicht darüber hinwegtäuschen, dass hier eine *faktische* Unmöglichkeit vorliegt, denn jede Erklärung, warum es diesen oder jenen Organismus, diese oder jene Art von Organismus usw. tatsächlich gibt, müsste die gesamten Umstände, welche in vielen Milliarden Jahren ständig oder zeitweise vorgeherrscht und somit auf den Evolutionsprozess eingewirkt haben, mitberücksichtigen.[81]

78 Vgl. Hayek (Studies) 32.
79 Vgl. Popper (Knowledge) 267.
80 Vgl. Popper (Knowledge) 267.
81 Vgl. Hayek (Studies) 33.

Wie Hayek ausführt, und wie oben bereits erwähnt wurde, muss man sich mit dieser Situation in allen Disziplinen über komplexe Sachverhalte abfinden. „Theoretisches Verständnis des Wachstums und der Funktionen von Organismen kann nur in den seltensten Fällen in eine spezifische Prognose des Geschehens in einem bestimmten Fall verwandelt werden, weil wir kaum jemals alle Fakten feststellen können, welche zur Bestimmung des Ergebnisses beitragen. Prognose und Kontrolle, die normalerweise als wesentliche Kriterien der Wissenschaftlichkeit angesehen werden, sind somit in der Biologie weniger zuverlässig. Sie (die Biologie) beschäftigt sich mit den patternerzeugenden Kräften, deren Kenntnis zur Herstellung jener Bedingungen nützlich ist, die für die Produktion bestimmter Arten von Ergebnissen günstig sind, während es nur in vergleichsweise wenigen Fällen möglich sein wird, alle relevanten Umstände zu kontrollieren."[82]

Obwohl also, wie zu zeigen versucht wird, die Interpretation der Evolutionstheorie im Sinne eines den Evolutionsgesetzen folgenden historischen Ablaufes falsch ist, weist die Evolutionstheorie dennoch ein wichtiges historisches Element auf. Dies mag auch der Grund sein, warum so viele Wissenschaftler zu der oben genannten falschen Interpretation der Evolutionstheorie verleitet wurden. Jede tatsächliche Erklärung eines Evolutionsvorganges müsste, wie bereits erklärt wurde, auf alle jene Fakten eingehen, die in der Vergangenheit existierten, und dadurch mitgeholfen haben, das zu erklärende Resultat zu produzieren. Obwohl wir Grund zu der Annahme haben, dass unter wiederholbaren Bedingungen der Mechanismus der Evolution zu wiederholbaren Resultaten führt, sind doch sehr viele, wenn nicht sogar die meisten faktisch vorzufindenden Resultate von Evolutionsprozessen das Ergebnis von *singulären* Ereignissen bzw. Prozessen. „Die theoretischen Disziplinen, die sich mit den Strukturen solcher Komplexe beschäftigen, besitzen daher ein Erfahrungsobjekt, dessen eigentliche Existenz Umständen (und einem Evolutionsvorgang, der durch sie bestimmt wurde) zuzuschreiben ist, die, obwohl grundsätzlich wiederholbar, in Wirklichkeit einmalig gewesen sein und sich niemals wiederholen mögen. Die Gesetze, die das Verhalten dieser Komplexe bestimmen, sind daher, obwohl „im Prinzip universal gültig" (was immer das bedeuten mag), in der Tat nur auf Strukturen anwendbar, die in einem begrenzten Raum-Zeit-Gebiet dieses Universums auftreten werden."[83]

Ähnlich beurteilt auch Popper den wissenschaftlichen Charakter der Evolutionstheorie, wenn er sagt, dass die Theorie der natürlichen Auswahl eine *historische* ist, und dass sie eine Situation konstruiert, um zu zeigen, dass, wenn man diese Situation voraussetzt, genau jene Dinge geschehen, deren Existenz wir zu erklären versuchen. Er führt aber weiter aus, dass ein ebenso wichtiges Merkmal

---

82 Vgl. Hayek (Studies) 33 ff. Übers. v. Verfasser.
83 Vgl. Hayek (Studien) 153.

der Evolutionstheorie als solcher, das diese von anderen historischen Disziplinen unterscheidet, darin besteht, dass man versucht, nicht eine einzigartige, sondern eine *typische* Situation zu rekonstruieren. Dies ist der Grund, warum es möglich ist, Modelle von Evolutionsprozessen zu bilden. [84]

Die eigentliche und richtig verstandene Evolutionstheorie gibt somit keinerlei Anlass zur Vermutung, dass es Entwicklungsgesetze bzw. historische Entwicklungsgesetze gebe, die es erlauben würden, die Gegenwart in die Zukunft zu extrapolieren. Selbst wenn, was sicher wünschenswert ist, und woran auch intensiv gearbeitet wird, der hier nur allgemein beschriebene Mechanismus der Evolution näher erforscht wird, indem man versucht, die detaillierte Wirkungsweise von Variationsmechanismen unterschiedlichster Art herauszufinden, oder beispielsweise die spezifischen Selektionskriterien zu entdecken, die permanent oder vorübergehend wirksam gewesen sein mögen, so wird dies dennoch nicht zu Entwicklungsgesetzen im vorgenannten Sinne führen. [85]

Der *zweite Irrtum* im Zusammenhang mit der Evolutionstheorie, der sie in Misskredit gebracht hat und hier aufgeklärt werden muss, um ein weiteres Verständnishindernis zu beseitigen, betrifft die Idee, die üblicherweise mit der Bezeichnung „Sozialdarwinismus" versehen wird. Der Irrtum dürfte vor allem dadurch entstanden sein, dass, obwohl die Wirkungsweise des Evolutionsmechanismus sowohl im biologischen wie im sozialen Bereich dieselbe ist, dennoch gewisse wichtige Unterschiede bestehen. Mit der Behauptung, dass aus einem Prozess, der auf der Grundlage transmittierbarer Variationen und selektiver Bewahrung operiert, reichhaltige und komplexe Strukturen entstehen, ist noch nichts darüber ausgesagt, was der *Gegenstand* der Variationen bzw. der Selektion ist. Es muss klar gesehen werden, dass der Mechanismus der Evolution im sozialen Bereich in der Regel nicht auf der Ebene des Individuums arbeitet, sondern auf der Ebene der sozialen *Institutionen,* und dass die Selektion weniger auf angeborene, sondern auf kulturell übertragene Verhaltensweisen wirkt.

„Der Fehler des ‚Sozialdarwinismus' bestand darin, dass er sich eher auf die Auswahl von Individuen, als jene von Institutionen und Praktiken konzentrierte, und auf die Selektion von angeborenen und weniger auf jene kulturell

---

84 Vgl. Popper (Knowledge) 270.
85 Erst lange nach Fertigstellung des Manuskriptes gelangten die Schriften Rupert Riedls zu meiner Kenntnis, vor allem sein Buch „Die Ordnung des Lebendigen", in dem er meines Erachtens überzeugend darlegt, dass die Evolution sich selbst gewissermassen die Bedingungen ihres zukünftigen Verlaufes selbst schafft, dass wir es mit einer Strategie entstehender Gesetzmässigkeit zu tun haben. Dies erscheint mir als wesentlicher Fortschritt evolutionstheoretischen Denkens, dessen Konsequenzen erst noch voll verstanden werden müssen. Dennoch meine ich, dass es sich hier nicht um die in diesem Abschnitt behandelten Evolutionsgesetze historizistischer Prägung handelt, die dem diskutierten Missverständnis zugrundeliegen.

übertragener Fähigkeiten von Individuen."[86] Es ist von grösster Bedeutung, festzustellen, dass es im sozialen Bereich nicht die Individuen selbst sind, die gewissermassen als Experimentiergegenstand der Evolution mutiert werden, sondern Verhaltensweisen, Gewohnheiten, Bräuche, Fertigkeiten usw. von Individuen, mit anderen Worten, jene früher besprochenen Regeln des Verhaltens. Es muss ausserdem festgestellt werden, dass es nicht primär Individuen sind, die dem Selektionsprozess zum Opfer fallen, sondern eben jene sozialen Institutionen, die sich aus dem Regelverhalten der Individuen ergeben. Der Selektionsdruck der Evolution führt somit nicht nur, wie hin und wieder behauptet wird, zur Ausbildung bestimmter Organe, Gliedmassen, oder besonderer werkzeugartiger Merkmale, wie Zähne, Klauen usw., sondern auch und vor allem zur Ausbildung bestimmter *Verhaltensweisen,* und bestimmter *Institutionen* im Sinne von Ordnungen.

2.413 Zwei Arten von Methoden

1. The information you have is not what you want.
2. The information you want is not what you need.
3. The information you need is not what you can obtain.
4. The information you can obtain costs more than you want to pay!

Finagle's Laws of Information

Der Zweck dieses Abschnittes besteht, wie man sich erinnern wird, darin, die allgemeinen Züge einer Problemlösungsmethodik zu beschreiben, die an die Besonderheiten des Untersuchungsgegenstandes angepasst ist. Diese Besonderheiten sind einerseits die immense Komplexität der betrachteten Bereiche und andererseits die Existenz bestimmter Arten von Ordnung sowie die speziellen Prozesse, welche diese Arten von Ordnung hervorbringen. Es wurde oben behauptet, dass diese Methode ihren allgemeinen Merkmalen nach sehr enge Beziehungen zur allgemeinen Evolutionstheorie aufweist. Zum Verständnis der im folgenden darzustellenden Methode war es daher notwendig, zwei sehr weitreichende Missverständnisse der Evolutionstheorie zu diskutieren.

Die Natur der evolutionären Problemlösungsmethode, die gleichermassen eine Entscheidungsmethode oder eine Methode der Strategiegestaltung, wie auch eine allgemeine Managementmethode darstellt, kann am besten verdeutlicht werden, wenn sie einer gegenteiligen Methode gegenübergestellt und an dieser gemessen wird. Der Gegenpol der *evolutionären Methode* wird hier in Anlehnung an Hayek als *konstruktivistische Methode* bezeichnet.[87]

---

86 Vgl. Hayek (Rules) 23, Übers. v. Verfasser.
87 Vgl. Hayek (Rules) 8 ff. sowie (Konstruktivismus) passim.

Wie immer in derartigen Fällen gibt es eine Vielzahl unterschiedlicher Bezeichnungen für beide hier zu diskutierenden Ansätze. So spricht etwa Lindblom von einer „Methode der sukzessiven beschränkten Vergleiche" oder – bildhaft – von „Branch-Method", wenn er eine Methode beschreibt, die im wesentlichen mit der hier besprochenen evolutionären Methode vergleichbar ist. Andererseits nennt er die hier als „konstruktivistische Methode" bezeichnete Vorgehensweise „rational-umfassende Methode", als „synoptische Methode" oder – wiederum bildhaft – als „Root-Method".[88] Steinbruner verwendet den Ausdruck „Analytic Paradigm" für die konstruktivistische Methode und „Cybernetic Paradigm" für die evolutionäre Methode.[89] Hier wird im folgenden auch Gebrauch von diesen beiden Ausdrücken gemacht. Die Wahl der Ausdrücke „evolutionär" und „konstruktivistisch" soll jedoch in erster Linie darauf hinweisen, dass es sich dabei nicht um willkürliche Bezeichnungen handelt, sondern dass dahinter zwei theoretisch sehr verschiedene Ansätze stehen, die ihre Wurzeln in zwei völlig verschiedenen philosophischen und erkenntnistheoretischen Konzeptionen haben. Es soll damit ferner verdeutlicht werden, dass damit zwei verschiedene Ansätze zur Erklärung biologischer, vor allem aber sozialer Phänomene verbunden sind – eine Tatsache, die vor allem für eine Erklärung des Managements als soziale Institutionen gestaltende und lenkende Funktion von Bedeutung ist.

Die *konstruktivistische* Auffassung besteht, grob gesprochen in der Annahme, dass alle sozialen Institutionen das Ergebnis bewusster, zweckrationaler Planung und Gestaltung sind, dass sie von Menschen für ganz bestimmte, konkrete Zwecke konstruiert wurden und dass alles soziale Handeln zur Gänze zweckrational geleitet ist oder zumindest so geleitet sein sollte. Effektivität von Verhalten und Organisation werden als Ergebnis der möglichst vollständigen und umfassenden Durchdringung aller Probleme durch die menschliche Vernunft und als Ergebnis rationaler Gestaltung betrachtet. Im Gegensatz dazu beruht die *evolutionäre* Konzeption im wesentlichen auf der Annahme, dass soziale Institutionen nicht das Ergebnis einer planenden und gestaltenden Vernunft sind, sondern das Resultat von Wachstums- und Entwicklungsprozessen, dass zwar der menschliche Konstruktionswille immer eine gewisse Rolle spielt, dass aber soziale Institutionen daraus nicht erklärt werden können. Die Effektivität und Rationalität von sozialen Institutionen und Verhaltensweisen resultiert aus evolutionärer Sicht nicht primär aus vernunftgeleiteter Einsicht in die Zusammenhänge von Ursache und Wirkung und aus der bewussten Setzung von Zwecken, sondern beruht auf der weitgehend unbewussten faktischen Befolgung von Regeln, die ihrerseits durch einen Entwicklungsprozess entstanden sind.

---

88 Vgl. Lindblom (Muddling Through) 158.
89 Vgl. Steinbruner (Cybernetik Theory) passim.

Das vom Konstruktivismus oder konstruktivistischen Rationalismus als Grundlage rationalen Verhaltens geforderte Mass an Einsicht in Ursache- und Wirkungs-, sowie Ziel-Mittel-Zusammenhänge ist nach evolutionärer Auffassung faktisch unmöglich, weshalb der evolutionäre Ansatz darauf gerichtet ist, die *Methoden* zu erforschen, die erfolgreiches Verhalten gerade unter der sehr gravierenden Bedingung des Mangels an Einsicht, Wissen, Information und Verständnis der Zusammenhänge – kurz unter der Bedingung hoher Komplexität ermöglicht.

Konstruktivistischer Rationalismus ist Pseudo-Rationalismus oder eigentlich Irrationalismus, weil durch die vollständige Ausrichtung sozialer Institutionen und sozialen Verhaltens auf die Vernunft und die Leugnung von Grenzen der menschlichen Vernunft die Forderung erhoben wird, das Unmögliche zu versuchen.

a) Grundzüge der konstruktivistischen Methode

Im Zentrum aller Bemühungen, Problemlösungs- und Entscheidungsmethoden zu entwickeln, die hier in die Klasse der konstruktivistischen Methoden eingereiht werden, steht die *Idee der rationalen Wahl* oder der *rationalen Entscheidung*. Obwohl die Klasse der hier zusammengefassten Methoden eine grosse Anzahl von Spielarten aufweist, ist allen diesen Methoden gemeinsam, dass sie versuchen, Prinzipien, Vorgehensweisen, Techniken usw. zu entwickeln, deren Anwendung zu einer rationalen Entscheidung oder zu einer rationalen Problemlösung führen sollen.

Dieses Bemühen ist nun allerdings auch für die evolutionäre Methode charakteristisch. Der entscheidende Unterschied zwischen den beiden Methoden liegt in den unterschiedlichen Auffassungen darüber, was als „rational" verstanden werden kann. Grob gesprochen, und die Ergebnisse der nachfolgenden Diskussion vorwegnehmend, kann man sagen, dass die Anforderungen, die seitens der konstruktivistischen Methode an eine rationale Entscheidung oder Problemlösung gestellt werden, in der Tat zu einer besseren Entscheidung führen würden, als dies mit Hilfe einer evolutionären Methode möglich ist, dass aber die Anforderungen und Bedingungen, die von der konstruktivistischen Methode gestellt werden, *in der Realität nicht erfüllt werden können*. Die konstruktivistische Methode verlangt somit Dinge, die zwar besser wären, faktisch jedoch unmöglich sind. Die evolutionäre Methode hingegen konzentriert sich darauf, rationale Problemlösungsprinzipien zu entwickeln, deren Anwendung im Bereich des Möglichen liegen. Diese Prinzipien sind somit in einem absoluten Sinne vielleicht weniger rational als diejenigen der konstruktivistischen Methode, sie sind aber im Gegensatz zu den letzteren praktikabel. Es ist unmöglich, hier auf die Details sämtlicher Spielarten der konstruktivistischen Methode einzugehen. Es soll lediglich versucht werden, die generelle, allen Spielarten gemeinsame Grundidee darzustellen. Der Analyse Lindbloms [91] folgend, kann man die folgenden vier Merkmale als konstitutiv für die konstruktivistische oder synoptische Methode betrachten:

1. Um ein Problem rational zu lösen, identifiziert und analysiert ein Problemlöser alle jene Ziele und Wertvorstellungen, die seiner Auffassung nach die Auswahl einer Problemlösung bestimmen sollten und bringt diese Ziele in eine widerspruchsfreie und stabile Rangordnung.
2. Er überprüft in einer umfassenden Weise alle denkbaren Mittel und Wege, um die Ziele unter Berücksichtigung der Wertvorstellungen zu erreichen.
3. Er überprüft auf eine möglichst erschöpfende Weise alle möglichen Folgen jeder einzelnen Mittel- und/oder Weg-Alternative.
4. Er wählt jene Alternative, welche im Lichte der vorgängigen Analyse entweder ein Maximum an Zielerreichung oder zumindest einen befriedigenden Grad der Zielerreichung verspricht.

Kernelemente des konstruktivistischen oder analytischen Entscheidungs- und Problemlösungsansatzes sind somit:

1. im voraus postulierte Zielsysteme und Prioritätsskalen, von denen angenommen wird, dass sie widerspruchsfrei sind und stabil bleiben;
2. die Auffassung, dass der Problemlösungsprozess ein Ziel-Mittel-Zuordnungsprozess ist;
3. eine möglichst umfassende Analyse aller verfügbaren Alternativen und deren Konsequenzen und
4. genügend genaue, operationalisierbare und stabile Beurteilungskriterien.

Als gute Entscheidung oder rationale Entscheidung gilt eine Wahl dann, wenn gezeigt werden kann, dass im Rahmen dieser Bedingungen die beste Alternative gewählt wurde. Eine konstruktivistische Problemlösungsmethode ist somit ein Verfahren, das zu einer derartigen Wahl führt.

Da die konstruktivistische Entscheidungs- und Problemlösungsmethodik häufig stark mathematisch-quantitativ orientiert ist, erscheint es zweckmässig, die zur Diskussion stehende Methode auch in dieser Hinsicht noch näher zu beschreiben. Folgende fünf Elemente sind konstitutiv: [92]

---

91 Vgl. Lindblom (Intelligence) 137 f.
92 Vgl. Steinbruner (Cybernetic Theory) 32.

1. Für jede Option oder Alternative wird ein variables Wertmass (v) für jeden möglichen Zustand geschätzt, so dass sich eine Serie von Werten ($v_1, v_2, v_3, \ldots, v_n$) ergibt.
2. Es wird ferner die Wahrscheinlichkeit des Auftretens eines jeden Zustandes geschätzt, so dass sich eine entsprechende Serie von Werten ($p_1, p_2, p_3, \ldots, p_n$) ergibt.
3. Die Wahrscheinlichkeiten werden zur Diskontierung der Werte der Alternativen verwendet, so dass sich eine Reihe von Werten ($p_1 v_1, p_2 v_2, p_3 v_3, \ldots, p_n v_n$) ergibt.
4. Die Summe dieser Reihe ($p_1 v_1 + p_2 v_2 + \ldots + p_n v_n$) wird als Erwartungswert (EW) bezeichnet.
5. Es wird jene Alternative gewählt, die den höchsten Erwartungswert aufweist.

Es ist hier weder möglich noch notwendig, auf die zahllosen Schwierigkeiten im Detail einzugehen, die sich bei dem Versuch der Anwendung einer derartigen Konzeption ergeben. Die zentrale Schwierigkeit, die hier herausgegriffen und speziell behandelt wird, ist darin zu sehen, dass diese Problemlösungskonzeption ein Mass an Information verlangt, das praktisch nicht erreicht werden kann. Die konstruktivistische oder analytische Methode basiert wesentlich auf einem Kausalmodell der Entscheidungssituation, das den Entscheidungsträger in einer umfassenden, um nicht zu sagen vollständigen Art und Weise über sämtliche Sachverhalte die in der Situation relevant sind, in Kenntnis setzt.[93] (Dies gilt nicht nur für jene Modelle, die vollkommene Information im Sinne der Entscheidung unter Sicherheit voraussetzen.)

Nun kann es aber, wie in den Abschnitten über Komplexität und Ordnung ausgeführt wurde, keinen Zweifel daran geben, dass in komplexen Situationen nicht damit gerechnet werden kann, das von der konstruktivistischen Methode geforderte Mass an Information gewinnen zu können. Es ist somit eben diese faktische Beschränkung unseres Wissens, die die Anwendung der konstruktivistischen Entscheidungs- und Problemlösungsmethodik unmöglich macht. Die Begrenztheit der Information über komplexe Sachverhalte ist unvermeidlich und unaufhebbar; man kann ja geradezu sagen, dass viele Phänomene deshalb so komplex sind, *weil* wir nicht genügend Information über sie besitzen und weil wir niemals genügend Kenntnisse über sie sammeln können. Dies wiederum bedeutet, dass Komplexität unaufhebbar mit Ungewissheit verbunden ist. Eine rationale Wahl oder rationale Entscheidung im Sinne des konstruktivistischen Ansatzes fordert jedoch, dass Entscheidungen immer nur im Lichte möglichst vollständiger Informationen getroffen werden. Es kann gezeigt werden, dass

---

[93] Vgl. Steinbruner (Cybernetic Theory) 35.

diese Auffassung von Rationalität auf die Philosophie von Descartes zurückgeht, und dass, „da für Descartes Vernunft als logische Ableitung aus expliziten Prämissen definiert war, rationales Handeln nur solches Handeln war, das zur Gänze durch gewusste und beweisbare Wahrheit bestimmt war. Von dieser Auffassung ist es beinahe ein unvermeidbarer Schritt zu der Schlussfolgerung, dass nur das, was in diesem Sinne wahr ist, zu erfolgreichem Verhalten führen kann, und dass daher alles, dem der Mensch seine Errungenschaften verdankt, ein Produkt der so begriffenen Vernunft ist."[94]

Aufgrund der ausführlichen Besprechung des Problems der Komplexität, sowie der Entstehung und Schaffung von Ordnung ist es hier nicht notwendig, weiter auf das Problem der unvermeidbaren Begrenztheit menschlichen Wissens einzugehen, die das Hauptargument gegen die konstruktivistische Entscheidungs- und Problemlösungsmethodik ist. Die Bemühungen, eine derartige Methode zu entwickeln, ist in einem gewissen Sinne durchaus verständlich, und es ist ebenso begreifbar, dass derartige Versuche zur Überwindung der Grenzen des menschlichen Wissens in der Regel mit einer ausserordentlichen Faszination verbunden sind. Dennoch handelt es sich dabei um einen Versuch, das Unmögliche möglich zu machen. Wie Lindblom bemerkt, kann eine solche Methode *zwar beschrieben, nicht aber praktiziert werden*, ausgenommen im Bereich relativ einfacher Probleme, weil die Methode intellektuelle Kapazitäten voraussetzt, die der Mensch einfach nicht besitzt und Informationsquellen, die es einfach nicht gibt.[95]

Wie man gesehen hat, bestimmt das konstruktivistische Unvermögen, die fundamentalen Begrenzungen menschlichen Wissens zu sehen, nicht nur die hier zur Diskussion stehende Entscheidungsmethodik, sondern — vielleicht noch in viel stärkerem Masse — die Einstellung vieler Menschen zum Problem der Gestaltung von sozialen Institutionen und damit zur Gestaltung einer Gesellschaft. Die prinzipiellen Grenzen der Information über komplexe Sachverhalte werden nicht zum Anlass genommen, nach neuen, anderen Methoden Ausschau zu halten, die zu einer gewissen Beherrschung der Komplexität führen könnten, sondern vielmehr dazu, immer weitere Bereiche des menschlichen Lebens zu planen und die Wirkung spontaner Ordnungskräfte immer weiter einzuschränken. Dies ist nicht zuletzt die Folge des Versuches, mit Hilfe sogenannter naturwissenschaftlicher und damit scheinbar präziser Methoden die Erforschung der gesellschaftlichen Verhältnisse zu betreiben.

Die damit verbundene Einstellung und Denkweise hat Hayek unter der Bezeichnung „Szientismus" einer profunden Analyse unterzogen und in diesem Zusammenhang eine Vielzahl von Querverbindungen dieser szientistischen Denkweise zu Bereichen der Sozialwissenschaften, der politischen Theorie und

---

94 Vgl. Hayek (Rules) 19, Übers. v. Verfasser.
95 Lindblom (Muddling Through) 156.

einer Reihe anderer Gebiete aufgezeigt. In sehr vereinfachter Weise kann man die Ergebnisse Hayeks zusammenfassen, indem man den *Szientismus* als den Versuch bezeichnet, sehr komplexe Sachverhalte mit Hilfe einfacher Methoden zu erforschen. Da dies aber nicht möglich ist, wird die Komplexität einfach ignoriert, d. h. man tut gewissermassen so, als wären sie einfach. Es ist kaum verwunderlich, dass auf diese Weise gewonnene „Erkenntnis" bezüglich der komplexen Sachverhalte praktisch kaum relevant ist. Der *Konstruktivismus* ist dann der Versuch, die gesellschaftlichen Verhältnisse so zu gestalten, dass sie mit Hilfe einfacher Methoden beherrschbar werden, oder anders formuliert, dass sie vom Einzelnen voll überblickt und beherrscht werden können. Dies wiederum führt dazu, dass soziale Systeme jegliche Eigenschaft der Selbstregulierung und Selbstorganisation verlieren.

b) Die Fehler der konstruktivistischen Methode

Besser als eine abstrakte Analyse des konstruktivistischen Problemlösungsansatzes ist es vielleicht, einige konkrete Punkte anzugeben, die von der konstruktivistischen Methode missachtet werden.[96]

1. Der analytische Ansatz berücksichtigt die begrenzten geistigen Fähigkeiten des Menschen, vor allem die beschränkten Fähigkeiten der Informationsverarbeitung, sowie andere besondere Eigenarten der Funktionsweise des menschlichen Gehirnes nicht.

2. Die grundsätzliche Offenheit praktisch aller komplexen Probleme und Entscheidungssituationen, d. h. der Umstand, dass eine Aufzählung aller relevanten Variablen und ihrer Beziehungen untereinander in der Regel nicht möglich ist, wird nicht berücksichtigt.

3. Die untrennbare Verbundenheit von Fakten, Meinungen und Wertungen, die alle komplexen Probleme kennzeichnet, wird nicht einbezogen.

4. Die Mangelhaftigkeit, Unvollständigkeit und Veränderlichkeit von Informationen über Fakten, Meinungen und Wertungen wird nicht genügend berücksichtigt. Ebenso werden Unbestimmtheit und Veränderlichkeit von Fakten, Meinungen und Wertungen selbst zu wenig beachtet.

5. Die Möglichkeit, stabile Zielsysteme und Beurteilungskriterien, sowie Präferenzordnungen und Prioritätenskalen aufzustellen, wird ausserordentlich stark überschätzt.

6. Die Anzahl der grundsätzlich verfügbaren Alternativen wird meistens unterschätzt. In Verbindung mit der Forderung nach möglichst vollständiger

---

96 Vgl. zum folgenden Lindblom (Intelligence) 138 ff.; ferner Malik, Gomez (Entscheide).

Analyse der Alternativen und ihrer Konsequenzen führt dies zu rein quantitativ nicht zu bewältigenden Informationsverarbeitungsproblemen.

7. Es wird kaum berücksichtigt, dass ein komplexes Problem anfänglich fast nie spezifiziert werden kann, sondern dass man bestenfalls gewisse weitläufige Absichtserklärungen mit Bezug auf die angestrebte Lösung hat; häufig weiss man lediglich, dass es „so wie bisher" nicht weitergehen kann.

8. Der analytische Ansatz konzentriert sich vorwiegend auf quantifizierbare Aspekte eines Problems. Selbst in den eher verbal orientierten Varianten wird durch Verwendung von Punkteschematas und dergleichen eine Genauigkeit angestrebt, die sich bei näherer Analyse eindeutig als Scheinpräzision erweist. Die Einstellung ist grundsätzlich szientistisch.

9. Zeit- und Kostenbeschränkungen, die bei praktischen Entscheidungsprozessen häufig eine bestimmte Rolle spielen, werden kaum einbezogen.

10. Die Unbestimmtheiten und „Irrationalitäten" menschlichen Verhaltens können nicht berücksichtigt werden oder werden bewusst ignoriert.

11. Diskontinuitäten und überraschende Entwicklungen sind im analytischen Ansatz kaum fassbar.

12. Im analytischen Ansatz kann nicht oder nur schwer berücksichtigt werden, dass jede Problemlösung höchst vorübergehender Natur ist, und dass vor allem immer mit unbeabsichtigten Nebenwirkungen gerechnet werden muss, die ihrerseits neue Probleme stellen.

13. Der analytische Ansatz berücksichtigt nicht, dass wirklich komplexe Probleme kaum jemals eine „richtige" Lösung aufweisen, ja dass häufig der Begriff Lösung überhaupt nicht anwendbar ist.

c) Charakterisierung der Ausgangssituation für die Entwicklung der evolutionären Methode

Im wesentlichen kann bereits aus den eben besprochenen Schwächen des konstruktivistischen Problemlösungsansatzes gewissermassen e contrario abgeleitet werden, welches die entscheidenden Aspekte sind, die zur Notwendigkeit der Entwicklung des evolutionären Ansatzes führen. Einige Situationsmerkmale sollen hier aber speziell noch hervorgehoben werden.[97]

1. Es besteht eine grosse und zunächst nicht oder zumindest nicht genau überschaubare Anzahl von Optionen, die im Verlaufe des Problemlösungsprozesses durch Elimination ganzer Klassen von Alternativen nach und nach verkleinert wird.

---

97 Vgl. Malik, Gomez (Entscheide).

2. Die Merkmale, die die Entscheidung letztlich aufweisen soll, sind anfänglich unklar oder fehlen völlig. Sie müssen im Verlaufe des Prozesses geklärt oder gefunden werden.
3. Ziele und Mittel sind eng miteinander verknüpft. In der Regel sind mehrere Ziele gleichzeitig zu berücksichtigen. Unterschiedliche Alternativen sind mit unterschiedlichen Zielkombinationen verbunden, so dass die empirische Analyse von Alternativen auf die Schwierigkeit stösst, dass mit jeder Alternative auch die Beurteilungsgrundlage ändert, die zu ihrer Evaluierung erforderlich ist.
4. Die Effekte einer Entscheidung sind nicht vollständig überschaubar. Es muss immer mit unbeabsichtigten Nebenwirkungen gerechnet werden, die nicht voraussehbar sind, die aber das angestrebte Ergebnis erheblich beeinflussen können.
5. Die anstehende Entscheidung ist kein isolierbarer, einmaliger Akt, sondern ist eingebettet in einen kontinuierlichen Ablauf von Ereignissen. Daher kann auch die beste Entscheidung nur temporär „gut" oder „richtig" sein, und sie kann genau zum Zeitpunkt ihrer Realisierung durch die Ereignisse bereits überholt sein.
6. Art und Zahl der für die Entscheidung relevanten Faktoren sind nicht vollständig bekannt. Sie verändern sich laufend und soweit sie bekannt sind, kann ihre Entwicklung nur selten in die Zukunft projiziert werden.

Die beiden erstgenannten Punkte, nämlich die Tatsache, dass die Zahl der grundsätzlich zu überprüfenden Optionen meist weit grösser als angenommen ist, und dass die Merkmale, die die Entscheidung aufweisen sollte, zu Beginn praktisch nicht oder nur allgemein spezifizierbar sind, kann anhand einer grafischen Darstellung illustriert werden (vgl. Abb. 2.4(1)). Anhand dieser Darstellung kann das Grundproblem einer jeden Problemlösungsmethode gut veranschaulicht werden: Der Prozess des Problemlösens oder Entscheidens muss derart gestaltet sein, dass sein Verlauf den ausgezogenen Kurven am nächsten kommt. Es geht hier im Augenblick weniger um die Frage, wie eine derartige Darstellung zu quantifizieren ist und wie der tatsächliche Verlauf der Kurven bestimmt werden kann. Es geht vielmehr um eine Einsicht konzeptioneller Natur mit Bezug auf die Frage, welches Problem durch die Gestaltung einer Problemlösungsmethodik gelöst werden soll. Es mag etwas eigenartig erscheinen, diese Frage überhaupt zu stellen, denn sie scheint eine offenkundige Antwort zu haben. Sie wird normalerweise auf der Ebene konkreter, inhaltlich bestimmter, spezifischer Probleme beantwortet. Solche Probleme wären beispielsweise die Erstellung eines Raumordnungskonzeptes für eine Gemeinde, die Bestimmung des Finanzbedarfes einer Unternehmung für eine bestimmte Periode, die Ausarbeitung einer Werbekonzeption für ein bestimmtes Produkt, die

Beschaffung einer Einfuhrlizenz für ein bestimmtes Land, die Anmeldung eines Patentes, die Behebung eines technischen Mangels an einer Maschine usw.

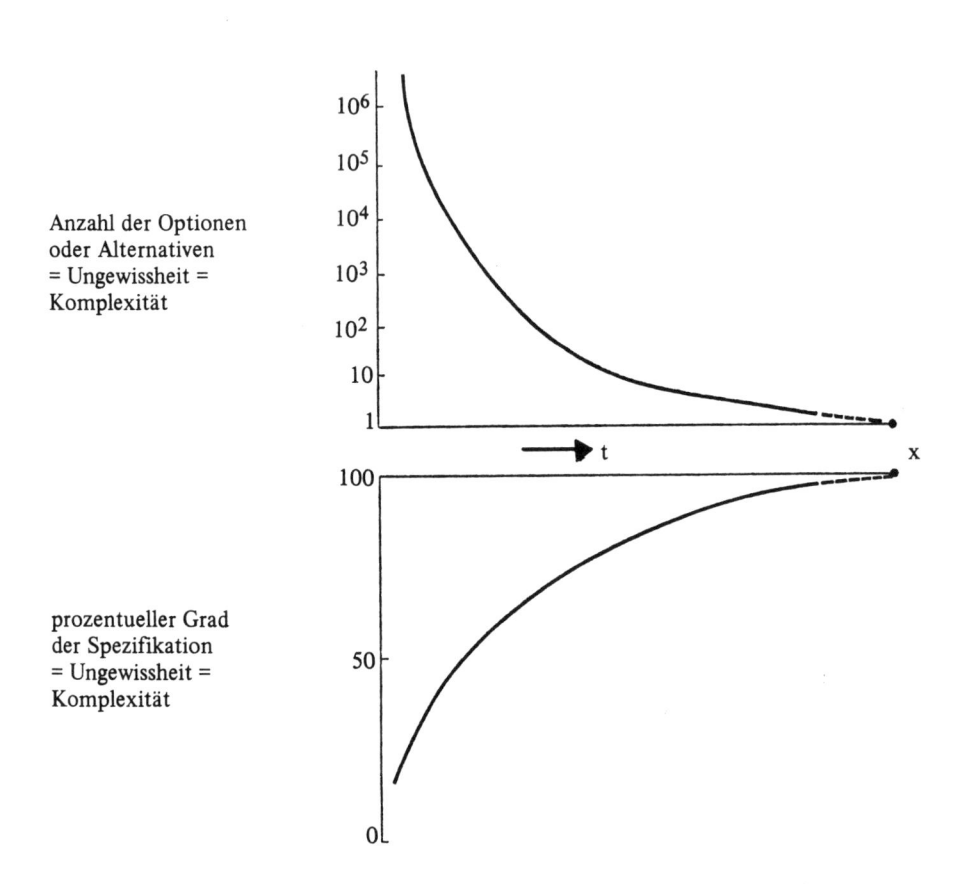

Anzahl der Optionen oder Alternativen = Ungewissheit = Komplexität

prozentueller Grad der Spezifikation = Ungewissheit = Komplexität

Abbildung 2.4(1) Grundproblem: Alle Alternativen – bis auf eine – müssen eliminiert werden und gleichzeitig muss eine hundertprozentige Spezifikation aller Bedingungen erreicht werden.[98]

Wird weiter die Frage gestellt, mit welchen Methoden derartige Probleme gelöst werden, dann erhält man beinahe unvermeidliche Antworten, die auf die spezifische Natur eines ganz bestimmten Problems gerichtet sind. Diese Fixierung der Aufmerksamkeit und Kreativität auf den konkreten Inhalt bestimmter Probleme verhindert in der Regel das Erkennen der allgemeinen Grundstruktur

---

98 Vgl. Tarr (Problem Solving) 4 und Beer (Brain) 281.

des Problemlösungsprozesses. Es ist natürlich klar, dass zur Bestimmung des Finanzbedarfes einer Unternehmung für eine bestimmte Periode andere konkrete Methoden, Techniken und Denkinhalte notwendig sind, als für die Behebung eines technischen Mangels einer Maschine. Wenn man aber versucht, über die Ebene der konkreten Inhalte von spezifischen Problemen hinaus zu den allgemeinen Merkmalen des Problemlösungsprozesses zu gelangen, stellt man fest, dass in der Tat das Vorgehen beim Problemlösen gewisse grundlegende Gemeinsamkeiten aufweist, die einer Beschreibung und Erforschung und im Anschluss daran auch einer Gestaltung zugänglich gemacht werden können.

Die Konzentration auf diese allgemeinen Strukturmerkmale von Problemlösungsprozessen ist insbesondere im Bereich der sehr komplexen Probleme notwendig. Der Mangel an konkretem Wissen im Zusammenhang mit komplexen Sachverhalten bedeutet unweigerlich auch einen Mangel an konkreten Inhalten, so dass der Problemlösungsprozess gerade darauf gerichtet sein muss, jene Konkretheit zu produzieren, die man im Bereich der einfachen, simplen Probleme bereits als gegeben voraussetzen kann und die dort gewissermassen als Ausgangspunkt für alle weiteren Problemlösungsaktivitäten dienen kann. Da die gemeinsamen Merkmale aller komplexen Probleme in eben ihrer Komplexität, in der damit verbundenen Ungewissheit, oder allgemein gesprochen, in einem fundamentalen Mangel an Wissen liegen, ist es auch möglich, diesbezüglich generelle Aussagen über das Problemlösen im Bereich sehr grosser Komplexität zu machen. Dies bedeutet, dass man für diesen Bereich auch von einer allgemeinen Theorie des Problemlösens sprechen kann, was auf dem Gebiet der einfachen Probleme nicht im selben Sinne möglich ist.

Die Aufgabe, den Problemlösungsprozess derart zu gestalten, dass die in Abbildung 2.4(1) dargestellten Kurven approximiert werden, wurden als Kernproblem einer Theorie des Problemlösens bezeichnet. Es handelt sich dabei um ein Problem der *Lenkung des Problemlösungsprozesses,* was sofort einsichtig wird, wenn man überlegt, welche alternativen Kurvenverläufe denkbar sind. In Abbildung 2.4(2) sind derartige Kurvenverläufe dargestellt. Der Umstand, dass sowohl die Zahl der offenen Optionen, wie auch der Grad der Problemspezifikation Schwankungen unterworfen sein kann und in der Praxis auch unterworfen ist, ist im wesentlichen darauf zurückzuführen, dass die Situation, in der der Problemlöser operiert, ständig Veränderungen aufweist.

Es wurde in früheren Abschnitten bereits ausgeführt, dass komplexe Sachverhalte durch eine ausgeprägte Dynamik gekennzeichnet sind, bzw. dass die Dynamik der Situation einer der Gründe der Komplexität ist. Dies bedeutet eben, dass aufgrund der ständig vor sich gehenden Veränderungen der Situation und aufgrund des damit zusammenhängenden wechselnden Informationsstandes, die Frage der Problemlösung oder Entscheidung immer wieder in neuem Licht erscheint. Es ist durchaus vorstellbar, und in der Praxis kommt dies auch nicht selten vor, dass man unter derartigen Verhältnissen überhaupt nie zu einer Entscheidung oder Problemlösung gelangt. Die Aufgabe eines Problemlösungs-

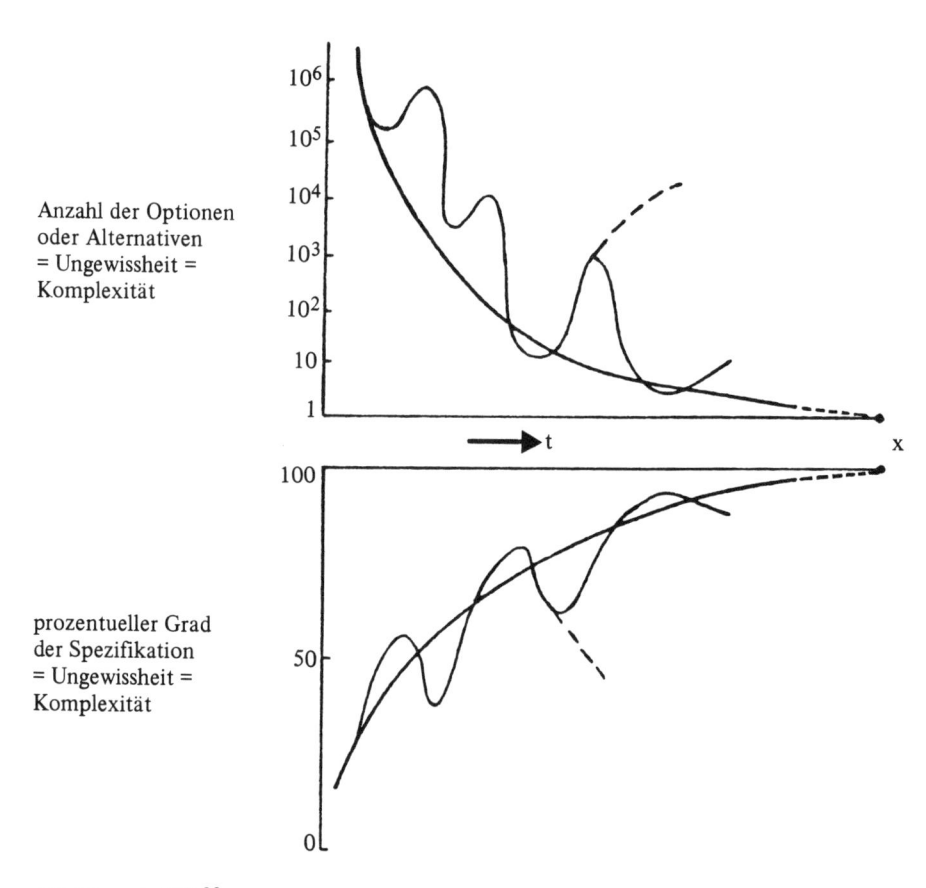

Anzahl der Optionen
oder Alternativen
= Ungewissheit =
Komplexität

prozentueller Grad
der Spezifikation
= Ungewissheit =
Komplexität

Abbildung 2.4(2) [99]

prozesses, d. h. einer systematischen Prozedur zum Treffen von Entscheidungen in komplexen Situationen besteht nun eben gerade darin, die Aktivitäten aller am Problemlösungsprozess Beteiligten so zu lenken, dass trotz der zu erwartenden Veränderungen in der Situation eine Problemlösung zustande kommt und die tatsächlich auftretenden Kurven zumindest tendentiell den idealen Kurvenverläufen entsprechen.

Im Bereich sehr grosser Komplexität kann dies, wie früher bereits ausgeführt wurde, in der Regel nicht durch direkte Eingriffe in den Problemlösungsprozess erfolgen. Es ist vielmehr notwendig, zu indirekten Methoden der Lenkung oder Komplexitätsbewältigung Zuflucht zu nehmen, wie sie im Abschnitt über die

---

[99] Vgl. Beer (Platform) 295.

Entstehung und Schaffung von Ordnungen beschrieben wurden. Dies bedeutet, dass für die Lösung komplexer Probleme in der Regel nur die bewusste, geplante und gezielte Schaffung von *Bedingungen* möglich ist, die die Chancen für eine erfolgreiche Problemlösung schaffen oder erhöhen. Die konkreten Ergebnisse, die im Rahmen der derart gestalteten Bedingungen entstehen können, sind massgeblich das Resultat von spontanen Ordnungskräften.

Mit diesen allgemeinen Bemerkungen zur Ausgangssituation, die die Entwicklung einer evolutionären Problemlösungsmethode erforderlich macht, sind die Voraussetzungen geschaffen, um im nächsten Abschnitt den evolutionären Problemlösungsprozess selbst näher untersuchen zu können.

2.42 Die Grundstruktur des evolutionären Problemlösungsprozesses

2.421 Darstellung des Prozesses

Problemlösen in komplexen Situationen hat den Charakter eines blinden Variations- und selektiven Bewahrungsprozesses. Dieser Prozess sowie seine erkenntnistheoretischen Hintergründe wurden an anderer Stelle ausführlich besprochen, so dass der Stand der Diskussion diesbezüglich im wesentlichen vorausgesetzt werden kann.[100] Kurz zusammengefasst handelt es sich dabei um einen Versuchs-Irrtums-Prozess, der, wie an vielen Stellen detailliert gezeigt wird, die einzige Möglichkeit darstellt, Unwissenheit zu beseitigen, d. h. also Informationen zu gewinnen. Da komplexe Situationen entscheidend dadurch gekennzeichnet sind, dass wir zu wenig Informationen über die vorliegenden Sachverhalte haben, bildet der Versuch-Irrtums-Prozess eines der wichtigsten Instrumente der Komplexitätsbewältigung.

Bekanntlich weist der Versuch-Irrtums-Prozess, oder (synonym) der blinde Variations- und selektive Bewahrungsprozess folgende Strukturkomponenten auf:

a) Probleme als Ausgangspunkt, die mit Hilfe einer Situationsanalyse untersucht werden;

b) Versuchsweise, tentative Problemlösungen, die erkenntnistheoretisch betrachtet immer hypothetischen Charakter besitzen;

c) Elimination von Fehlern;

d) neue Problemstellungen, die Ergebnis des vorangegangenen Prozesses und Ausgangspunkt weiterer Problemlösungsaktivitäten darstellen.

---

100 Vgl. Gomez/Malik/Oeller (Systemmethodik) Bd. 1.

Karl Popper folgend, kann der Prozess in seiner einfachsten Form symbolisch wie folgt dargestellt werden: [101]

$$P \longrightarrow VL \longrightarrow EF \longrightarrow NP\,(L)$$

PROBLEM — Versuchsweise Lösung — Elimination von Fehlern — Neues Problem (Lösung)

In einer etwas erweiterten Fassung, die zum Ausdruck bringt, dass für jedes Problem mehrere Lösungen vorstellbar sind und demnach auch die Beseitigung von Fehlern entsprechend aufgefächert wird und sich in der Regel auch mehrere neue Probleme daraus ergeben, kommt man zu folgender Darstellung:

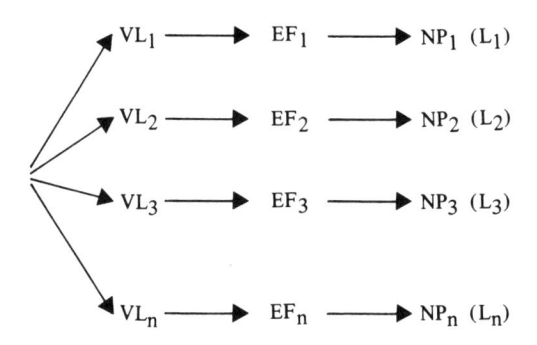

$$\begin{aligned}
&VL_1 \longrightarrow EF_1 \longrightarrow NP_1\,(L_1)\\
&VL_2 \longrightarrow EF_2 \longrightarrow NP_2\,(L_2)\\
&VL_3 \longrightarrow EF_3 \longrightarrow NP_3\,(L_3)\\
&VL_n \longrightarrow EF_n \longrightarrow NP_n\,(L_n)
\end{aligned}$$

Die hier zum Ausdruck kommende Vorgehensweise zur Lösung von Problemen ist erkenntnistheoretisch von fundamentaler Bedeutung. Die Wirkungsweise und damit die Effektivität dieses Prozesses kommt indessen erst dann zum Ausdruck, wenn man den Prozess auf sich selbst anwendet und auf diese Weise die vielfältigen Interaktionen der einzelnen Schritte untereinander und die zahlreichen Wechselwirkungen herausarbeitet. Obwohl zwar die Grundstruktur dadurch nicht tangiert wird, läuft ein Problemlösungsprozess in der Wirklichkeit doch selten in der durch die symbolische Darstellung angedeuteten Klarheit und Einfachheit ab. Praktisches Problemlösen entspricht vielmehr einer dichten Netzstruktur von Schritten und Sub-Schritten, die zum Teil fliessend ineinander übergehen, sich zum Teil sprunghaft ablösen und insgesamt ein komplexes dynamisches System darstellen, das am ehesten mit einem Labyrinth vergleichbar ist, dessen Struktur sich ständig verändert; das heisst, wo eben noch ein Weg

---

101 Vgl. Popper (Knowledge) passim und Gomez/Malik/Oeller (Systemmethodik) 54 ff.

offen war, ist plötzlich eine Mauer, und wo bisher kein Durchlass war, ergeben sich plötzlich Öffnungen und Wege. Noch komplizierter wird die Struktur des Problemlösungslabyrinths dadurch, dass der Problemlöser zum Teil das Setzen von ,,Mauern" und das Öffnen von ,,Wegen" selbst bestimmen kann, jedoch nicht weiss, wie dies seinen weiteren Weg durch das Labyrinth beeinflussen wird.

Eine gewisse Vorstellung von der Komplexität eines realen Problemlösungsprozesses erhält man, wenn man die obige einfache Darstellung matrixartig um eine Dimension erweitert und so ein einmaliges Anwenden des Prozesses auf sich selbst sichtbar macht. Eine allgemeine formale Beschreibung dieser Vorgangsweise wurde andernorts gegeben.[102] Entscheidend an dieser Struktur ist die Tatsache, dass sie sich auf zwei Ebenen, einer objektsprachlichen und einer metapsrachlichen Ebene bewegt, wobei die Hierarchie der Ebenen keine logische, sondern nur eine pragmatische Grenze hat. Aufgrund der früheren detaillierten Beschreibung der Verflechtungen dieser beiden Prozessebenen ist es vertretbar, sich hier auf das Notwendigste zu beschränken.

Der erste Schritt des Schemas besteht darin, ein Problem zu erkennen und zu formulieren. Das Problem könnte beispielsweise lauten: Wie erhöhe ich die Rendite meines Eigenkapitals? Wenn das Problem einmal auf diese Weise formuliert ist und damit auch tatsächlich das echte Problem erfasst wird, ist man bereits einen guten Schritt vorangekommen. In aller Regel ist aber der Prozess der Problemerkennung selbst ein schwieriges Problem, für dessen Lösung es

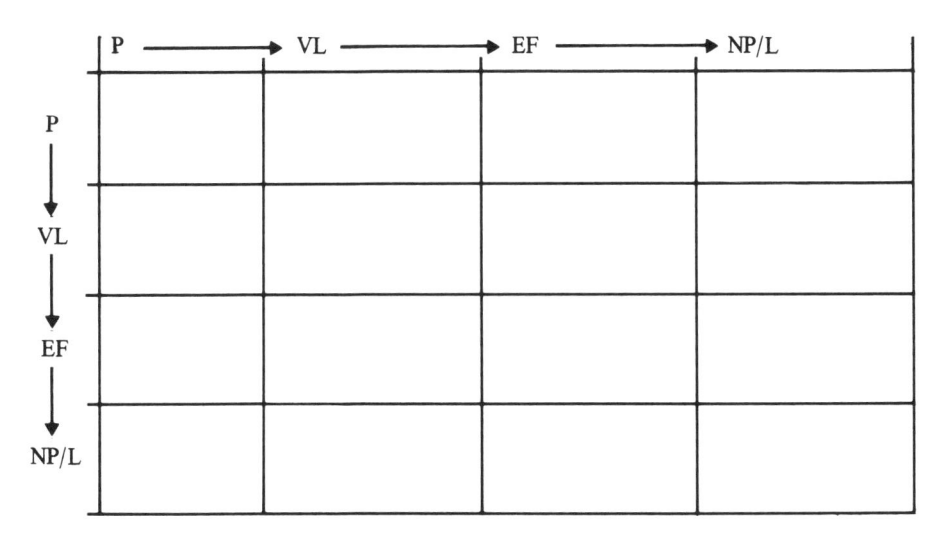

	P ⟶	VL ⟶	EF ⟶	NP/L
P ↓				
VL ↓				
EF ↓				
NP/L				

102 Vgl. Gomez/Malik/Oeller (Systemmethodik) 94 ff.

mehrere, möglicherweise viele methodische Vorgangsweisen geben kann. Man muss daher auf das Problem der Problemerkennungs- und Formulierungsmethoden wiederum den ganzen Problemlösungsprozess anwenden. Dies ist die inhaltliche Bedeutung der ersten Spalte der Matrix. Für das Problem der Problemerkennung müssen versuchsweise Lösungen erarbeitet werden, aus denen die Fehler nach und nach ausgemerzt werden und schliesslich sollte daraus eine zumindest vorläufige Lösung resultieren, die dann als Ausgangspunkt für den nächsten Schritt in der horizontalen Dimension dient. Wahrscheinlich ergeben sich neben dieser vorläufigen Lösung aber auch eine Reihe neuer Probleme im Zusammenhang mit dem Problem der Problemerkennung und -formulierung.

Auf ähnliche Weise sind die übrigen Spalten der Matrix zu interpretieren. Allerdings, und dies ist ein sehr wichtiger Aspekt des Problemlösens, wird weder gefordert, noch ist es in der Regel notwendig, dass die angegebenen Schritte sequentiell oder linear durchlaufen werden. Es ist im Gegenteil möglich, den Prozess mit jedem beliebigen Schritt zu beginnen und von jedem Schritt zu jedem beliebigen anderen Schritt zu wechseln. Jeder Schritt des Schemas stellt gewissermassen ein dem Problemlöser zur Verfügung stehendes Instrument, sozusagen eine Sonde dar, mit deren Hilfe der gesamte Problemraum abgetastet wird, wobei nicht notwendigerweise in regelmässiger Aufeinanderfolge einmal diese und dann wieder jene Sonde eingesetzt wird. Entscheidend ist allerdings, dass *alle* Schritte durchlaufen werden, das heisst, dass man nicht *systematisch* einzelne Schritte vernachlässigt. Dies ist insbesondere in den später noch zu besprechenden ausgebauten Varianten des Problemlösungsprozesses von Bedeutung.

Die Theorie des evolutionären Problemlösens beruht im wesentlichen auf folgenden Behauptungen: [103]

1. Es wird behauptet, dass ein „blinder Variations- und selektiver Bewahrungsprozess" (blind variation and selective retention-process) notwendig und hinreichend für jede Erweiterung von Wissen, d. h. für jeden Informationsgewinn ist und daher für jede Art von Anpassungs- und Problemlösungsprozess.

2. Es wird ferner behauptet, dass ein derartiger Prozess drei wesentliche Komponenten aufweist:
   a) Mechanismen, die Variationen oder Mutationen produzieren;
   b) Konsistente und persistierende Selektionsprozesse;
   c) Mechanismen, die die selektierten Varianten bewahren und/oder weiter verbreiten.

---

[103] Vgl. zum folgenden Campbell (Creative Thought), (Blind Variation), (Epistemology); ferner Popper (Autobiography); Lorenz (Rückseite).

3. Es wird behauptet, dass alle Informationsgewinnungsprozesse oder -methoden, die nicht vom Versuchs-Irrtums-Prinzip Gebrauch machen, ihrerseits ein Ergebnis früherer Versuchs-Irrtums-Prozesse sind, die möglicherweise auf einer anderen logischen Ebene abgelaufen sind und Informationen verwenden, die ebenfalls durch frühere Versuchs-Irrtums-Prozesse gewonnen wurden.

4. Informationsgewinnungs- oder Problemlösungsprozesse, die aus einer bestimmten Perspektive aus oder oberflächlich betrachtet keine Trial-and-Error-Prozesse sind, beruhen auf einer vor- oder tiefergelagerten Versuchs-Irrtums-Komponente, die allerdings auf einer anderen Ebene stattfindet und Gebrauch von Substituten macht.

5. Die Variationen von Trial-and-Error-Prozessen sind meistens kleine inkrementale Veränderungen. Durch Überlagerung mehrerer Trial-and-Error-Ebenen, die derart aufgebaut sind, dass Mutationen vor ihrer faktischen Realisierung mit Bezug auf ihre Konsequenzen auf einer anderen Ebene anhand von Substituten (Modellen) simuliert werden, können sich viele kleine Veränderungen zu grösseren Veränderungen „kumulieren", indem die jeweils selektierte Variation Ausgangspunkt für die weiteren Variationsprozesse wird. Dadurch kann der Gesamtprozess auch eine bestimmte Richtung erhalten.

6. Die Spannweite möglicher Variationen (Variabilität) ist in diesen Prozessen selbst eine Variable, deren jeweilige konkrete Ausprägung wiederum ein Ergebnis vorangegangener Trial-and-Error-Prozesse ist.

7. Die in solchen Prozessen wirkenden Selektionskriterien sind ebenfalls Resultate früherer Versuchs-Irrtums-Prozesse.

8. Die der Variation und Selektion ausgesetzten Aspekte, d. h. die modifizierbaren Elemente, Variablen usw. und damit die Modifikabilität eines Systems sind Ergebnis von Trial-and-Error-Prozessen.

Mit diesen Behauptungen sind wahrscheinlich mehr Fragen aufgeworfen, als beantwortet, denn wenn hier von Variationsmechanismen, Selektionskriterien, Bewahrungs- und Propagierungsprozessen usw. gesprochen wird, ist damit noch keineswegs geklärt, worin diese im einzelnen bestehen, wie sie konkret wirken usw. Dennoch ist das entscheidende Ergebnis der Untersuchungen evolutionärer Problemlösungsprozesse darin zu sehen, dass zielgerichtetes, einsichtiges und intelligentes Problemlösungsverhalten durch das Versuch-Irrtums-Paradigma erklärt werden kann.

So zeigt etwa Campbell [104] anhand der folgenden zehnstufigen Hierarchie von Problemlösungsprozessen, wie immer komplexer werdende Formen auf den früheren Ergebnissen aufbauen und sich deren Wirkungsweise zunutze machen:

1. Nicht-mnemonisches Problemlösen: im wesentlichen durch tatsächliches Ausführen blinder lokomotirischer Aktivitäten zur Exploration der Umwelt.

2. Problemlösen durch Ausformung von Bewegungssubstituten, die der Simulierung von Aktivitäten vor ihrer faktischen Ausführung dienen.

3. Problemlösen durch Formung von Gewohnheiten.

4. Problemlösen durch Formung von Instinkten.

5. Problemlösen durch visuell unterstütztes Denken.

6. Problemlösen durch mnemonisch unterstütztes Denken.

7. Problemlösen durch Beobachtungslernen und Imitation.

8. Problemlösen durch Verwendung der Sprache.

9. Problemlösen durch Kumulation kultureller Erfahrung.

10. Problemlösen im Sinne wissenschaftlicher Forschung.

Die einzelnen Ebenen dieser Hierarchie von Problemlösungsprozessen, die alle auf dem Paradigma der blinden Variation und selektiven Bewahrung beruhen, wurden andernorts detailliert beschrieben, und die entsprechenden Einzelheiten müssen hier vorausgesetzt werden. [105]

Diese Untersuchungen ergeben, zusammen mit dem aus der modernen Erkenntnistheorie stammenden Ergebnis, dass der einzige logisch mögliche Weg, zu Erkenntnissen zu gelangen, derjenige von Versuch und Irrtum ist, die *Ausgangsbasis* für die Entwicklung von Problemlösungsmethoden. Daraus folgt, dass die bewusste Gestaltung solcher Methoden im Kontext komplexer soziotechnischer Systeme nicht darauf konzentriert sein sollte, Methoden zu finden, die gewissermassen dem „Stein der Weisen" entsprechen würden, sondern dass die Bemühungen darauf gerichtet sein sollten, die Versuchs-Irrtums-Prozesse und deren Strukturelemente so effizient wie möglich zu gestalten.

---

104 Vgl. Campbell (Epistemology) 422 ff.
105 Vgl. Campbell (Epistemology) 422 ff. und Gomez/Malik/Oeller (Systemmethodik) 54 ff.

Als Ansatzpunkte sind eine ganze Reihe von Faktoren denkbar, wie eine Aufzählung Campbells zeigt:

„... some 6 to 14 or more separately variable parameters are implied. These include:
a) A mnemonic representation of environment, varying perhaps in scope, accuracy, and fineness of detail;
b) A nmemonic search or thought-trial process, varying in the accuracy with which it represents potential overt exploration;
c) A thought-trial generating and changing process, varying in rate, heterogeneity, indiosyncrasy, and lack of repetitiousness among successive thought trials;
d) Selective criteria, varying in their number, accuracy of representation of environmental contingencies, and precision, sharpness, or selection ratio;
e) A preservation of propagation process, providing a retention for selected thought trials of a quite different order from the memory traces of the nonselected ones, varying perhaps in accuracy and accessibility;
f) A reality testing process in which the selected thought trials are checked out by overt locomotion in the external environment, varying perhaps in sensitivity to disconfirming feedback.
... Manipulation of any one of the 14 variables just listed should increase the number of creative products, provoding the other variables can be held constant." [106]

Die hier vertretene Auffassung bezüglich der fundamentalen Bedeutung des Trial-and-Error-Paradigmas ist selbstverständlich nicht mit der Behauptung verbunden, dass es nicht Methoden und Techniken der direkten Wissensverwertung gibt, sondern lediglich damit, dass im Bereich *hoher Komplexität* derartige Methoden nicht angewendet werden können. Sie bleiben anwendbar für relativ einfache Situationen. Hohe Komplexität und damit verbunden ein hohes Mass an Ungewissheit, d. h. an Informationsmangel, kennzeichnet auf entscheidende Weise das Problem der Strategiegestaltung im Management. Daher ist eine durchdachte Gestaltung von Versuchs-Irrtums-Prozessen zur Bestimmung von Unternehmungsstrategien von zentraler Bedeutung.

2.422   Diskussion von Gegenargumenten

Eine gewisse Schwierigkeit für das Verständnis des evolutionären Problemlösungsparadigmas auf der Basis blinder Variations- und selektiver Bewahrungsprozesse entsteht meistens dadurch, dass die Versuche im Versuchs-Irrtums-

---

106 Campbell (Creative Thought) 68.

Prozess als *zufällige* Versuche interpretiert werden. Diese Interpretation ist falsch, weshalb Campbell auch den Ausdruck „blind" anstelle von „zufällig" verwendet. Abgesehen davon, dass der Begriff der Zufälligkeit bereits eine ganz bestimmte Ordnung voraussetzt, relativ zu welcher überhaupt nur von Zufälligkeit gesprochen werden kann, besteht kein Widerspruch zwischen der Aussage, dass die Versuche, die im Rahmen eines Versuchs-Irrtums-Prozesses gemacht werden, innerhalb eines bestimmten Bereiches blind sind, und der Aussage, dass durch den Umstand, dass die Versuche eben in einem *bestimmten Bereich* stattfinden, eine gewisse Gerichtetheit des Gesamtprozesses gegeben ist. Es muss allerdings betont werden, dass auch die Auswahl eines Bereiches wiederum das Ergebnis eines blinden Variations- und selektiven Bewahrungsprozesses ist.[107]

Die Verwendung des Ausdruckes „blind" bedarf einiger Erläuterungen. Wie Campbell ausführt,[108] ist ein wesentlicher Bedeutungsaspekt von „blind" der Umstand, dass die produzierten Variationen unabhängig von den Umgebungskonditionen sind, die zu ihrer Produktion führen. Ein weiterer Aspekt ist darin zu erblicken, dass kein individueller Versuch, bzw. keine individuelle Variation mit der Problemlösung korreliert ist, dass also die korrekten Versuche oder erfolgreichen Varianten keine systematisch grösseren Auftretenswahrscheinlichkeiten besitzen als die unkorrekten Versuche oder erfolglosen Varianten. (Insoweit dies der Fall zu sein scheint, ist dieser Umstand ein Ergebnis früherer blinder Versuchs-Irrtums-Prozesse.) Dies bedeutet keineswegs, dass man von einer Gleichverteilung der Wahrscheinlichkeiten ausgehen muss, sondern lediglich, dass man nicht von einer systematischen Begünstigung von Versuchen ausgehen darf, die sich *retrospektiv* als erfolgreich oder korrekt erweisen. Der dritte wesentliche Aspekt von „blind" besteht darin, dass die Auffassung unhaltbar ist, dass eine Variation, die auf eine unkorrekte oder erfolglose Variation folgt, eine Korrektur dieser Variation bedeutet. Die aufeinanderfolgenden Versuche in einem Versuchs-Irrtums-Prozess sind somit nicht korreliert mit der Richtigkeit oder Falschheit vorangehender Versuche. (Insoweit dies aber beobachtet werden kann, muss auch ein Substitutionsprozess vermutet werden, der auf einer anderen Ebene wiederum mit Versuchs-Irrtums-Variationen operiert und in der Lage ist, adäquate Variationen auszuwählen.)

Popper hat das Problem des Informationserwerbes an manchen Stellen mit der sprichwörtlichen Situation eines blinden Mannes illustriert, welcher in einem dunklen Raum nach einem schwarzen Hut sucht, welcher möglicherweise überhaupt nicht vorhanden ist.[109] Dies ist offenkundig eine Situation, in der sehr wenig richtungsbestimmende Information vorliegt. Dennoch wird das

---

107 Vgl. Popper (Autobiography) 35 f.
108 Campbell (Creative Thought) 58.
109 Popper (Replies) 1061.

Suchverhalten in einer derartigen Situation nicht zufällig sein, sondern es wird eine gewisse Zielorientierung aufweisen, die dadurch zustande kommt, dass der Suchende sich zumindest so verhält, als ob er ein bestimmtes Problem habe. Das Suchverhalten kann also eine gewisse Ordnung aufweisen, die aber ihrerseits und dies ist wichtig — nicht einfach gegeben ist, sondern das Ergebnis von früheren Versuchs-Irrtums-Prozessen darstellt. Die Situation der Strategiebestimmung mag bei weitem nicht so informationsarm sein, wie die eben beschriebene Situation des blinden Mannes, der nach einem schwarzen Hut sucht. Soweit richtungsgebende Information verwendet werden kann, wird auch von ihr Gebrauch gemacht werden. Soweit aber eine Exploration in unbekannte Bereiche erforderlich ist, gibt es keine andere Möglichkeit als die der blinden (eben nicht zufälligen) Variationen und der selektiven Bewahrung.

Abgesehen von diesen weit verbreiteten Missverständnissen bezüglich der Zufallskomponente in der Versuchs-Irrtums-Methode gibt es einige andere, häufig vorgebrachte Einwände gegen ein derartiges Paradigma des Problemlösens, die im folgenden noch zu diskutieren sind. Gegen die Behauptung, dass jede Art von Informationsgewinnung, einschliesslich des kreativen Problemlösungsverhaltens durch einen Versuchs-Irrtums-Prozess im beschriebenen Sinne erklärt werden kann, werden in der Regel die folgenden drei Argumente vorgebracht:

1. das Argument der gestaltpsychologischen Schule bezüglich des Phänomens der plötzlichen und spontanen Einsicht;

2. das Argument, das mit der Möglichkeit spontaner Eingebung im Sinne eines kreativen Aktes verbunden ist und das man als ,,Mythos des Genies" bezeichnen kann, und

3. Argumente aus dem Bereich des heuristischen Problemlösens.

Zu 1.
Zu den gestaltpsychologischen Argumenten soll hier nur ganz kurz Stellung genommen werden. Das Versuchs-Irrtums-Paradigma steht mit den Behauptungen der gestaltpsychologischen Schule bezüglich gestaltbildender Mechanismen und damit verbundenen einsichtsvollen Problemlösungsverhaltens nicht in Widerspruch. Von einer deskriptiven Perspektive aus betrachtet mag es durchaus sinnvoll erscheinen, gestaltpsychologische Ausdrücke zur Beschreibung bestimmter Phänomene zu verwenden. Nichtsdestoweniger muss daran festgehalten werden, dass von einem erkenntnistheoretischen Standpunkt aus bzw. aus der Sicht der Informations*gewinnung* das Versuchs-Irrtums-Prinzip für jede Art von Neuentdeckung oder Neugewinnung von Informationen fundamental bleibt. Insbesondere am Beispiel des Sehens, das häufig als musterhaft für die Funktionsweise von Gestaltmechanismen angeführt wird, kann gezeigt werden, dass die Direktheit der Informationen, die wir mit Hilfe des Gesichtssinnes gewinnen, nur oberflächlich ist, und dass einerseits der Gesichtssinn selbst ein

Ergebnis von evolutionären Prozessen ist und andererseits selbst in seiner Operationsweise von Versuchs-Irrtums-Operationen Gebrauch macht. [110]

Ferner ist zu bedenken, dass evolutionäre Prozesse vielschichtiger Natur sind, und dass, wie bereits erwähnt wurde, auf manchen Ebenen Substitutionsprozesse stattfinden, die unter Verwendung stellvertretender, interner Selektionskriterien zunächst gewissermassen eine Simulation durchführen, bevor ein Versuch auf einer anderen Ebene in tatsächliches Verhalten umgesetzt wird. Insoweit als das interne Variationsmedium und die internen Selektionsmechanismen adäquate Repräsentationen der relevanten Umgebungszustände darstellen, ist klar, dass auf diese Art ausgewählte Variationen bei ihrer Umsetzung in reales Verhalten als einsichtsvoll, intelligent, zielorientiert usw. angesehen werden müssen. Viele der von der Gestalt-Schule angeführten Qualitäten wie Ganzheit, Symmetrie, Struktur usw. können ohne weiteres als derartige interne Selektionskriterien angesehen werden, die aber ihrerseits wiederum als Ergebnisse von evolutionären Prozessen einer vorgelagerten Stufe betrachtet werden müssen. [111]

Im übrigen muss berücksichtigt werden, dass das evolutionäre Paradigma des Problemlösens keine Spezifikation der Art der produzierten Varianten enthält. Es ist daher ohne weiteres denkbar, dass auf einer bestimmten Ebene, z. B. des kreativen Denkens, die Gestaltqualitäten selbst variiert werden, oder dass allgemeine Abstraktionsprinzipien Gegenstand von blinden Variationen sind, oder dass mit generellen Suchregeln experimentiert wird. Es ist offenkundig, dass Versuchs-Irrtums-Prozesse von sehr unterschiedlicher Effektivität sind, je nachdem ob sie auf der Ebene des lokomotorischen Verhaltens stattfinden oder ob von den eben geschilderten Variationsmöglichkeiten Gebrauch gemacht wird.

Zu 2.
Das zweite Argument gegen die explanatorische Angemessenheit des Versuchs-Irrtums-Prinzips, das oben bildhaft als „Mythos des Genies" bezeichnet wurde, resultiert aus einer Täuschung analog den Sinnestäuschungen. Wenn jemand einen guten Gedanken, einen Einfall, eine besondere Idee hat, die aus irgendwelchen Gründen von spezieller Qualität sind, neigt man zu der Annahme, dass die betreffende Person auch mit Hilfe einer *besonderen Methode* zu dieser Idee gekommen sei. Dies dürfte mit einer tief verwurzelten Neigung zum Kausaldenken zusammenhängen, d. h. mit einer Tendenz, bemerkenswerte Ergebnisse durch ebenso bemerkenswerte Ursachen zu erklären. Obwohl diese Art des Kausaldenkens biologisch von Bedeutung sein mag und daher möglicherweise bis zu einem gewissen Grad genetisch verankert sein könnte, führt es doch zu einem post hoc ergo propter hoc-Fehler.

---

110 Vgl. Campbell (Blind Variation), (Creative Thought), (Epistemology).
111 Vgl. Campbell (Creative Thought) 63.

Die Theorie des evolutionären Problemlösens leugnet selbstverständlich keinesfalls die Existenz von kreativen Einfällen, von Gedankenblitzen und dergleichen. Sie stellt aber entschieden in Abrede, dass die Besonderheit einer kreativen Idee durch Besonderheiten in den Methoden erklärt werden müsse, die zu dieser Idee geführt haben. Wenn zehn Personen die Augen des nächsten Wurfes mit einem Würfel raten und einer davon das richtige Ergebnis rät, so ändert dies überhaupt nichts an der Tatsache, dass es sich um ein blosses Raten gehandelt hat.

Variationen von Vermutungen (in diesem Beispiel bezüglich des Ergebnisses des Würfelns) müssen zunächst, d. h. *bevor* man die Selektionskriterien eingeführt hat, alle als gleichermassen „gut" betrachtet werden. Erst durch die Anwendung eines Auswahlmechanismus oder -kriteriums wird möglicherweise eine der Vermutungen als besonders gut, weil zutreffend, hervorgehoben. Die Selektionskriterien liegen aber häufig nicht im Bereich des „kreativen Genies", sondern sind Merkmale der Umgebung, über die es keinerlei Kontrolle ausüben kann. Man wird in vielen Fällen davon ausgehen müssen, dass ein Einfall deshalb als kreativ angesehen wird, weil zufällig adäquate Selektionskriterien in der Umgebung vorhanden waren. Es wird in manchen Fällen daher viel richtiger sein, einfach von „Glück" oder „Pech" zu sprechen, anstatt besondere Kreativität oder einen entsprechenden Mangel an Kreativität zu vermuten.

Diese post hoc ergo propter hoc-Interpretation von Ergebnissen evolutionärer Prozesse führt auch zu vielen Missverständnissen bezüglich der biologischen Evolution. Die Tatsache, dass Pflanzen und Tiere eine höchst komplizierte, geradezu wunderbare Struktur aufweisen und ebensolche Funktionen ausüben können, verleitet häufig zu der Annahme, dass ebenso wunderbare Prozesse zur Produktion dieser Strukturen wirksam gewesen sein mussten. Man muss aber bedenken, dass die Aufmerksamkeit bei derartigen Aussagen immer auf den Organismus konzentriert ist und praktisch nie oder doch nur sehr selten auch der Umgebung des Organismus die nötige Aufmerksamkeit geschenkt wird. Eine Untersuchung der Umgebungsmerkmale und -eigenschaften würde eine Reihe von schlagenden Beispielen zutage fördern, die zeigen könnten, dass bei Vorliegen bestimmter Umgebungseigenschaften die entsprechenden organismischen Eigenschaften mit Notwendigkeit entstehen mussten, weil Organismen mit anderen Eigenschaften eben in dieser Umgebung nicht hätten überleben können. Die Besonderheiten der vorzufindenden Ergebnisse von evolutionären Prozessen sind somit häufig auf nichts Wunderbareres zurückzuführen, als darauf, dass alle anderen, weniger adäquaten Variationen eliminiert wurden. Dies ist ja, wie früher ausführlich diskutiert wurde, gerade der explikative Gehalt der Evolutionstheorie, und man wird sich daran erinnern, dass die Tatsache, dass wir nicht alle relevanten Umgebungseigenschaften feststellen oder beschreiben können, keine Widerlegung der Evolutionstheorie impliziert. Die Komplexität der Sachverhalte ist eben von einer derartigen Grössenordnung, dass man hier vor einer praktischen Unmöglichkeit steht. Das Zusammenspiel von relativ einfachen Spielregeln des Evolutionsmechanismus, mit einer praktisch unendlichen Zahl von besonderen Gegebenheiten kann eben, wie gezeigt, zu Ergebnissen führen, deren Existenz ex post als Resultat eines wohldurchdachten und höchst komplizierten Planes oder zumindest als das Ergebnis von ganz besonderen Mechanismen aufgefasst werden kann.

Nun wird natürlich von der Theorie des evolutionären Problemlösens keineswegs bestritten, dass manche Menschen kreativer sind als andere, d. h. dass manche Personen sehr häufig gute Ideen und Einfälle haben, während andere nur sehr spärlich Ideen produzieren. Im Rahmen des evolutionären Paradigmas wird aber dieser Umstand nicht mittels besonderer Eigenschaften, Fähigkeiten oder Talente der betreffenden Personen erklärt, *sondern mit Hilfe von Unterschieden in der Anwendung der evolutionären Methodik.* Die Strukturkomponenten der Versuchs-Irrtums-Methode geben klare Hinweise darauf, in welchen Aspekten Unterschiede erwartet werden dürfen. Wenn sich eine von zwei vergleichbaren Personen sehr ausdauernd und intensiv mit einem Problem beschäftigt, während die andere lediglich sporadisch mit dem Problem befasst ist, wird man annehmen können, dass die erste eine grössere Wahrscheinlichkeit hat, das Problem zu lösen. Eine intensive Auseinandersetzung mit einem Problem wird in der Regel zu einer grösseren Zahl von Ideen-Variationen oder Lösungsvariationen führen als eine sporadische Beschäftigung. Es wird Unterschiede in der Art und Zahl von Selektionskriterien geben, Unterschiede in der Präzision und Detaillierung der Umgebungsrepräsentation, Unterschiede in der Art und im Ausmass der verfügbaren Ausgangsinformation usw.

All diese, und eine grosse Zahl weiterer, später noch zu besprechender Faktoren sind für die Erklärung unterschiedlicher Grade der Kreativität erheblich fruchtbarer als die Postulierung aussergewöhnlicher Eigenschaften und Fähigkeiten, es sei denn, man erblicke die aussergewöhnlichen Fähigkeiten eben darin, dass manche Personen eine sehr grosse Zahl von Ideenvariationen produzieren, bevor sie ein Problem als gelöst betrachten, oder bevor sie mit einem Lösungsvorschlag an die Öffentlichkeit treten. Es wird auch kaum Zweifel darüber geben, dass mit der Intensität, mit der man sich mit einem Problem beschäftigt, die Vertrautheit mit diesem Problem steigen wird und dass es zu einer Akkumulierung einer Art von *Negativwissen* kommen kann, d. h. zu einer Akkumulierung von Informationen darüber, welche Lösungsvarianten als erfolglos oder zumindest wenig erfolgversprechend ausgeschieden werden müssen.[112]
Aus der bisherigen Diskussion ist aber offenkundig, dass im Rahmen des evolutionären Paradigmas die Akkumulation von Informationen über Sackgassen das Ergebnis von Versuchs-Irrtums-Prozessen ist und nicht auf besondere Fähigkeiten des Problemlösers zurückgeführt werden können.

---

112 Man erinnere sich an die Ausführungen in Abschnitt 22.2 bezüglich der negativen Verhaltensregeln, die gewisse Bereiche möglichen Verhaltens als gefährlich, nicht zielführend usw. ausschliessen.

Zu 3.

Das dritte Argument gegen die fundamentale Bedeutung und gegen die Erklärungskraft des blinden Variations- und selektiven Bewahrungsparadigmas kommt aus einem Bereich, der als „Artificial Intelligence Research" oder auch als „heuristisches Problemlösen" bekannt ist. Der eigentliche Ursprung der aus diesem Bereich stammenden Argumente liegt in der Überlegung, dass für den erfolgreichen Abschluss eines Versuchs-Irrtums-Prozesses in aller Regel, d. h. bei einigermassen komplexen Verhältnissen eine derart grosse Zahl von Versuchen notwendig wäre, dass aus Gründen der verfügbaren Kapazität oder Zeit das Versuchs-Irrtums-Paradigma als Kandidat für eine Theorie des Problemlösens ausgeschieden werden müsse und man nach anderen, besseren Erklärungen suchen müsse, um erfolgreiches Problemlösen zu erhellen. Zur selben Kategorie von Überlegungen gehören jene statistischen Berechnungen, die den Nachweis zu führen versuchen, dass der postulierte Variations- und Selektionsprozess der natürlichen Evolution aus Zeitgründen niemals zur heute existierenden Vielfalt von Arten geführt haben könne.

Argumenten dieser Art gegen das evolutionäre Paradigma sind folgende Überlegungen entgegenzuhalten: [113]

a) Durch die Art und Weise, wie die Sprache zur Diskussion von Problemlösungsprozessen verwendet wird, darf man sich nicht darüber hinwegtäuschen lassen, dass sowohl in der organischen wie in der intellektuellen Evolution bei weitem *nicht alle* Probleme gelöst werden. Der Umstand, dass immer wieder von Problem*lösungs*prozessen gesprochen wird, kann die unausgesprochene Vermutung stützen, dass es dabei immer um erfolgversprechende oder gar erfolgreiche Versuche zur Lösung von Problemen handle. Es wäre generell besser, von Problem*bearbeitungs*prozessen und -methoden zu sprechen, denn man muss sich darüber klar sein, dass es keine Garantie für erfolgreiches Problemlösen geben kann. Weder kennen wir alle relevanten Probleme, noch werden alle bekannten Probleme gelöst, noch können wir davon ausgehen, dass wir für die gelösten Probleme gute oder gar die besten Lösungen gefunden haben. Es erscheint im Gegenteil angebracht, von der Vermutung auszugehen, dass uns die meisten Probleme überhaupt nicht bekannt sind (was noch nicht bedeutet, dass sie irrelevant wären), dass die meisten bekannten Probleme noch nicht gelöst sind, und dass die gelösten Probleme keineswegs gute oder gar die besten Lösungen aufweisen.

Es ist somit richtig, dass für die Lösung mancher Probleme mehr Versuche notwendig wären, als tatsächlich gemacht werden können. Das ist aber kein Argument gegen die evolutionäre Methodik, sondern weist lediglich auf die an

---

[113] Vgl. Campbell (Blind Variation) 222 ff.

sich triviale, aber oft übersehene Tatsache hin, dass manche Probleme (vielleicht sogar die meisten) ungelöst bleiben.

b) Obwohl oberflächliche Betrachtungen die Anzahl der notwendigen Versuche zur Lösung eines komplexen Problems im Rahmen des evolutionären Paradigmas als jenseits jeder vernünftigen Dimension erscheinen lassen mögen, darf man doch nicht die Zahl der tatsächlich unternommenen Versuche unterschätzen. In einem sozialen System, in dem stündlich und täglich Millionen von Menschen aus den unterschiedlichsten Gründen mit den unterschiedlichsten Problemen beschäftigt sind, ist gesamthaft betrachtet eine sehr grosse Anzahl von Versuchen zu erwarten, von denen allerdings die meisten als erfolglos ausgeschieden werden. Wenn man beispielsweise im Bereich der Wissenschaft betrachtet, wieviele Überlegungen zu einem bestimmten Problemkreis innerhalb einer bestimmten Periode angestellt werden, wieviele dieser Überlegungen in sprachlicher Form ausgedrückt werden, wieviel davon wiederum gedruckt wird und welcher Anteil des Gedruckten sich schliesslich als signifikantes Ergebnis erweist, so dürfte offenkundig sein, wie klein der Anteil der Erfolge, gemessen am Anteil der erfolglosen Versuche, tatsächlich ist. Angesichts dieses Verhältnisses scheint es kaum eine Notwendigkeit zu geben, über das evolutionäre Paradigma hinausgehende besondere Methoden der Erkenntnisgewinnung zu postulieren.

c) Es wurde bereits darauf hingewiesen, dass die Postulierung eines Versuchs-Irrtums-Prozesses noch nichts darüber aussagt, worin die Versuche bestehen, womit also experimentiert wird. Von einer evolutionären Perspektive ausgehend muss man grundsätzlich Beliebiges als Kandidat für die Versuchskomponente des Prozesses zulassen, d. h. man darf keine Bereiche, Gegenstände, Prinzipien usw. a priori von der Experimentation ausschliessen. Dies kann zu gewissen Schwierigkeiten führen, denn es ist keineswegs offenkundig, ob jede einzelne unterscheidbare Verhaltensweise für sich als Versuch zu werten ist, oder ob ganze Verhaltensprogramme, die aus einer Vielzahl einzelner Verhaltensweisen zusammengesetzt sein können, den einzelnen Versuch darstellen. Dieser Umstand kompliziert selbstverständlich das Problem der Anzahl notwendiger Versuche zusätzlich. Diese Schwierigkeit wird aber dadurch pariert, dass Eliminationskriterien auf jeden einzelnen Schritt, d. h. auch auf *Teile* eines an sich grösseren Versuchsprogrammes angewendet werden. Sobald in irgendeiner beliebigen Phase eines grösseren, aus mehreren Teilen zusammenhängenden Versuches im Lichte der Selektionskriterien klar wird, dass genügend Anlass für ein Ausscheiden des betreffenden Versuches gegeben ist, wird dieser Versuch eliminiert. Es ist natürlich klar, dass auf diese Weise eine unbekannte Anzahl von Variationen in einem frühen Stadium ausgeschieden werden, obwohl die weitere Entwicklung möglicherweise gezeigt haben würde, dass der Versuch als Ganzes betrachtet besser ist, als aufgrund der Überprüfung der Teilergebnisse zu erwarten war. Die unmittelbare Anwendung von Selektionskriterien und damit das Ausscheiden von Versuchen in jeder beliebigen Phase der Experimentation reduziert die Anzahl der notwendigen Variationen beträchtlich, führt aber auf der anderen Seite dazu, dass eine grosse und nicht näher spezifizierbare Anzahl von letztlich möglicherweise erfolgreichen Variationen ausgeschieden werden.

Dies kann anhand eines Beispieles leicht illustriert werden: Bekanntlich gibt es gewisse Überlegungen im Rahmen der Informationstheorie, deren Inhalt die Frage ist, ob nicht durch das Ausschöpfen aller denkbaren Permutationen des Alphabets, einschliesslich der Satzzeichen, die Möglichkeit gegeben wäre, eine Art „Universalbibliothek" zu schaffen, die alles was jemals von Menschen geschrieben wurde, aber auch alles was jemals geschrieben werden kann, enthalten würde. Diese Universalbibliothek enthielte klarerweise alle vergangenen und zukünftigen Meisterwerke der Weltliteratur, aber auch alle vergangenen und zukünftigen wissenschaftlichen Ergebnisse, soweit sie überhaupt in einer Sprache formulierbar sind. Darüberhinaus würde aber diese Universalbibliothek alle Arten von Unsinn enthalten, denn nicht jede beliebige Kombination von Buchstaben, Worten und Satzzeichen ergibt einen grammatikalisch zulässigen Satz, ungeachtet dessen, ob der Inhalt sinnvoll oder gar wahr ist. Abgesehen davon, dass Berechnungen gezeigt haben, dass das physische Ausmass einer derartigen Universalbibliothek selbst bei Berücksichtigung ihrer Computerisierung jenseits jeglicher realistischen Dimension läge und also Überlegungen in dieser Richtung wenig mehr sind als Spielereien, so kann doch die Wirkungsweise einer unmittelbaren Selektion, die auf jeden einzelnen Schritt einwirkt, veranschaulicht werden. Um nämlich zu überprüfen, welche Bände der Universalbibliothek sinnvollen Charakter haben und welche nicht, um also die guten selektieren zu können, würde man jeden Band in dem Augenblick eliminieren, wo klar ist, dass es sich nicht um sinnvolle Sprache handeln kann. Es ist aber ohne weiteres denkbar, dass ein bestimmter Band beispielsweise mit einigen Seiten durchaus sinnvollem Text beginnen könnte, dass sodann ein oder mehrere grammatikalisch unsinnige und unzulässige Sätze folgten, und dass anschliessend wiederum ein sinnvoller, möglicherweise sogar sehr wertvoller Text sich anschlösse. Dieser Band würde aber aufgrund der geschilderten Funktionsweise des evolutionären Paradigmas beim Auftreten des ersten sinnlosen Satzes eliminiert werden ohne Rücksicht auf die nachfolgenden und vorgelagerten Textstellen.

Während die organische Evolution unerbittlich nach diesem Prinzip vorgeht, und auf diese Weise auch erklärt werden kann, dass mit einer durchaus vernünftigen Anzahl von Variationen evolutionäre Ergebnisse entstehen können, die zwar nicht in einem absoluten Sinne optimal sind, aber dennoch besser als alle anderen existierenden Ergebnisse, ist es selbstverständlich möglich, im Bereich des kreativen Denkens, des Problemlösens, bzw. ganz allgemein im Bereich der intellektuellen Evolution dieses Prinzip etwas zu mildern, indem man versucht, negative Teilergebnisse von Versuchen in den Gesamtzusammenhang einzuordnen und zu erwägen, ob im Lichte des Gesamtversuches die vorläufig negativ erscheinenden Resultate nicht unter Umständen sich doch als positiv erweisen werden. Diese gemilderte Vorgehensweise hat natürlich ihre Grenzen, denn in komplexen Situationen bzw. in komplexen Versuchsreihen können wir niemals erwarten, über alle notwendigen Informationen zu verfügen, um den Gesamtzusammenhang herstellen zu können. Obwohl es hier also gewisse Variationsmöglichkeiten gibt, muss doch bedacht werden, dass die strikte Forderung, Selektionskriterien nur auf die Gesamtversuche und nicht auch auf Teilschritte wirken zu lassen, eindeutig in das konstruktivistische oder analytische Paradigma gehört. Die evolutionäre Methode beruht eben nicht darauf, die beste aller möglichen Alternativen zu finden, sondern dadurch zu einem Ergebnis zu gelangen, dass jede Variation unmittelbar auf ihren „Überlebenswert" überprüft wird, dass die erste überlebensfähige Variante herausgegriffen wird und dann auf dieser Ebene, bzw. auf dieser Grundlage der selektierten Variante neu variiert wird.

Die Wirkung dieser Vorgehensweise kann anhand von Experimenten von Prof. Rechenberg illustriert werden (vgl. Abb. 2.4(3)). Eine aus mehreren Gliedern bestehende Oberfläche soll so gestaltet werden, dass sie den geringsten Luftwiderstand aufweist. Die einzelnen Teile können in der Winkelstellung zueinander durch entsprechende Vorrichtungen verstellt werden und zwar ist für jede Knickstelle eine bestimmte Anzahl von Einstellungen vorgesehen. Wenn beispielsweise je zwei Teile dreissig verschiedene Winkelstellungen zueinander aufweisen können und insgesamt sieben Knickstellen vorhanden sind, so gibt es mehr als 21 Milliarden Kombinationen (genau 30^7). Jede einzelne Kombination ist eine potentielle Problemlösungsalternative. In den Experimenten von Rechenberg wurden nun die einzelnen Einstellungswerte für jede Knickstelle durch Zufallszahlen selektiert. Für jede Einstellung wurde der Luftwiderstand gemessen, und sowie sich eine Verbesserung im Luftwiderstandswert zeigte, wurde die entsprechende Einstellung beibehalten, und die weiteren Variationen wurden nun vom Niveau der auf diese Weise gewonnenen Varianten durchgeführt. Dieser Approximationsprozess, der jeweils von der unmittelbar letzten Stufe der Evolution aus zur nächsten Stufe fortschreitet, führte den Experimenten zufolge innerhalb von etwa 300 Versuchen zum optimalen Luftwiderstandswert, der im Rahmen dieser Experimente natürlich im vorhinein bekannt war, weil man wusste, dass eine ebene Fläche den geringsten Luftwiderstand aufweisen wird. Rechenberg stellte eine Anzahl weiterer verwandter Experimente in

Abbildung 2.4(3)

diesem Zusammenhang an und konnte zeigen, dass die Zahl von 300 Versuchen ziemlich stabil war. Wenn man die Ausgangskomplexität von mehr als 21 Milliarden Alternativen mit der relativ kleinen Zahl von 300 Versuchen vergleicht, dann wird die Effektivität der evolutionären Methode offenkundig.

Natürlich ist in komplexeren Situationen die optimale Problemlösung nicht von vornherein bekannt. Die Logik des evolutionären Problemlösens einerseits und die hier beschriebenen Experimente andererseits sprechen aber dafür, dass man in diese Methode des Problemlösens ein hohes Vertrauen bezüglich der Effektivität der Komplexitätsbewältigung haben kann. Obwohl man also keine Gewissheit haben kann, dass Resultate von evolutionären Prozessen absolut optimal sind, sprechen doch viele Argumente für die Vermutung, dass die Ergebnisse zumindest relativ gut sind, dass also der beschriebene evolutionäre Prozess eine hohe Wahrscheinlichkeit im Sinne einer Propensität [114] besitzt, gute Ergebnisse zu produzieren. Mehr kann angesichts der hohen Komplexität realer Problemsituationen nicht erwartet werden; dies scheint aber bereits ausserordentlich viel zu sein.

d) Gegen das Argument, dass die evolutionäre Methode aufgrund der zu hohen Anzahl notwendiger Versuche, die sich aus der möglichen Zahl von Permutationen ergibt, nicht praktikabel sei, kann des weiteren folgende Überlegung angestellt werden. Problemlösungsprozesse werden häufig auf der Basis der stillschweigenden Vermutung diskutiert, dass jeder Problemlösungsprozess relativ zu einem *von vornherein fixierten Ziel* abläuft oder durchgeführt wird. Relativ zu einem im voraus fixierten Ziel ist es durchaus möglich, dass trotz der bisher besprochenen drei Überlegungen die Anzahl der Permutationen immer noch so gross ist, dass keine Möglichkeit gegeben sein könnte, die notwendige Zahl von Versuchen in einem Versuchs-Irrtums-Prozess zu machen. Es muss aber berücksichtigt werden, dass viele Problemlösungsprozesse, vor allem natürlich der Problemlösungsprozess der organischen Evolution, einen ausgesprochen *„opportunistischen" Charakter* haben. Die Lösung eines Problems, bzw. das Ergebnis eines Problemlösungsprozesses ist nämlich in vielen Fällen nicht ein im voraus fixiertes Ziel, sondern das sich *tatsächlich einstellende Resultat* wird im nachhinein als Ziel ausgegeben bzw. der sich faktisch ergebende Zustand wird eben als Faktum akzeptiert und weitere Bemühungen gehen dann von diesen neuen Tatsachen aus. Der „opportunistische" Charakter von Problemlösungsprozessen ist darauf zurückzuführen, dass es sich in der Regel um Multizweckprozesse handelt, das heisst, dass meistens nicht nur ein, sondern mehrere Selektionskriterien gleichzeitig angewendet werden können. Was im Lichte des einen Selektionskriteriums als negative Variante gewertet wird, kann sich mit Bezug auf ein anderes Kriterium als positiv erweisen. Praktisch gesprochen bedeutet dies

---

114 Vgl. Popper (Propensity); Watkins (Unity) 381 ff.

nichts anderes, als dass man nicht nur für sich stellende Probleme Lösungen sucht, sondern auch umgekehrt, für „gefundene Lösungen" ein „Problem" suchen kann, was dann im wesentlichen darauf hinausläuft, dass man faktische Ergebnisse zu verwerten sucht.

Ein gutes Beispiel für diesen „opportunistischen" Aspekt des Problemlösens ist die sogenannte Grundlagenforschung. Ein Wissenschaftler mag seine Forschungstätigkeit (z. B. eine bestimmte experimentelle Untersuchung) durchaus mit einem bestimmten Ziel beginnen; während der Experimente kann sich aber herausstellen, dass die anfänglich erhofften Ergebnisse sich nicht realisieren lassen, dass dafür aber andere, ebenso interessante, oder eben *auch* interessante Resultate erzielt werden können. Niemand wird den Wissenschaftler daran hindern können, diese zwar nicht erwarteten, dennoch aber erzielten Ergebnisse zu publizieren, und es ist innerhalb eines sehr weiten Bereiches seiner persönlichen Beurteilung anheimgestellt, ob er den Umstand überhaupt erwähnen will, dass die Experimente eigentlich ursprünglich mit anderen Erwartungen begonnen wurden. Sowohl gewisse allgemein menschliche Eigenschaften, wie möglicherweise auch gewisse, der wissenschaftlichen Publikation inhärenten Systemzwänge scheinen eher dafür zu sprechen, dass nur die tatsächlich erzielten Ergebnisse publiziert werden. Der Effekt ist der, dass

1. die möglicherweise sehr grosse Anzahl von Fehlschlägen überhaupt nicht erwähnt wird, und
2. der Multizweckcharakter von Problemlösungsprozessen ebenso unerwähnt bleibt.

Dies wiederum kann ex post die weitverbreitete Vermutung stützen, dass der Wissenschaftler nicht nach dem Versuchs-Irrtums-Prinzip vorgegangen ist, sondern gewissermassen zielstrebig und möglicherweise mit bestimmten, erfolgsträchtigen Methoden und besonderem Talent ausgestattet seine Problemlösung gefunden hat. Diese, auf einer völlig anderen und mit dem eigentlichen Problemlösungsprozess in keinerlei direktem Zusammenhang stehenden Ebene operierenden Mechanismen, wie eben persönliche Eigenschaften des Wissenschaftlers oder gewisse Gewohnheiten und Traditionen des Publikationssystems und dergleichen verdecken allzuleicht die eigentliche Struktur des Problemlösens und erzeugen eine Oberflächenillusion, die methodische Gestaltungsbestrebungen schwer in die Irre führen können.

Es muss natürlich eingeräumt werden, dass in der Wissenschaft, insbesondere in der Grundlagenforschung (die man ja häufig auch als zweckfrei auffasst), wie auch in der organischen Evolution, ein erheblich breiterer Spielraum für den Multizweckcharakter des Problemlösens besteht, als beispielsweise in der angewandten oder Zweckforschung oder in der Unternehmungsführung. Aber obwohl hier ein grösseres Mass an Restriktionen gegeben sein wird, kann man nicht bestreiten, dass auch hier häufig nach diesem Prinzip zumindest faktisch vorgegangen wird. Dies ist z. B. im Bereich des Handels offenkundig, denn obwohl eine Handelsfirma zunächst alles unternehmen wird, um ein bestimmtes, als lukrativ betrachtetes Produkt zu vermarkten, wird sie doch kaum zögern, auf andere Produkte auszuweichen, wenn sich, möglicherweise gerade dadurch, dass man das erste Problem zu lösen versuchte, herausstellt, dass das erste Produkt nicht verkauft werden kann, oder allein schon dann, wenn man sieht, dass andere Produkte besser verkauft werden können. Die Problemlösung besteht eben häufig nicht darin, ein ganz bestimmtes Produkt zu verkaufen, sondern ein – im Prinzip beliebiges – Produkt zu finden, das sich verkaufen lässt. Natürlich ist die Vorgehensweise nur innerhalb gewisser Grenzen möglich, denn keine Unternehmung hat völlige Verhaltensfreiheit. Personelle Probleme, Probleme der Finanzierung, der Marktstellung usw. setzen hier gewisse „natürliche" Grenzen, doch ist es durchaus möglich, innerhalb dieser Grenzen, nach dem *Opportunitätsprinzip,* wie man es nennen könnte, zu handeln. Diese Möglichkeiten stehen auch Produktions- und Dienstleistungsbetrieben, wenngleich vielleicht nicht in demselben Ausmass offen. Dies zeigt sich z. B. darin, dass es nicht unbedingt notwendig ist, sich in die Absicht zu verbeissen, für einen bestimmten Markt ein profitables Produkt zu entwickeln, sondern dass man auch versuchen kann, für die vorhandenen Produkte Märkte zu finden.

Aus dem opportunistischen Charakter von Problemlösungsprozessen folgt selbstverständlich, dass nicht jedes Problem gelöst wird, oder zumindest, dass auf diese Weise viele Probleme auf unbestimmte Zeit vertagt werden. Die Frage bleibt hier natürlich offen, inwiefern unter Umständen eine Notwendigkeit bestehen kann, ein ganz bestimmtes und im voraus bekanntes Problem zu lösen, und welche Konsequenzen sich daraus ergeben, dass ein derartiges Problem möglicherweise nicht gelöst wird. Man muss hier aber zumindest daran erinnern, dass es völlig unrealistisch wäre, von der Erwartung auszugehen, dass *jedes* Problem lösbar ist. Die Erfahrung zeigt im Gegenteil immer wieder, dass auch Probleme, die für bestimmte Institutionen lebensnotwendig sind, ungelöst bleiben und manche Institution aufgrund dessen untergeht. Aus dieser Tatsache kann aber keinesfalls abgeleitet werden, dass es, wie wünschenswert dies auch wäre, eine Methode geben muss, die besser ist als blinde Versuchs-Irrtums-Prozesse. Die einzige Schlussfolgerung, die sich daraus ableiten lässt ist die, dass es keine *Garantie* für *erfolgreiches* Problemlösen geben kann, und dass es selbst für eine Methode, die sich im Verlauf von Jahrmillionen als bemerkenswert effektiv erwiesen hat, Probleme gibt, die sich hartnäckig einer Lösung widersetzen.

Wie eingangs erwähnt wurde, ist das Problem der Anzahl von notwendigen Versuchen, bzw. die Anzahl möglicher Permutationen im Zusammenhang mit den Forschungen auf dem Gebiet des heuristischen Problemlösens aufgetreten. Nachdem verschiedentlich Zweifel an der konstruktivistischen Vorgehensweise auftauchten und man sich darüber mehr und mehr klar wurde, dass eine Methode, die auf derart rigorosen Anforderungen basiert, kaum je praktikabel sein würde, begann man nach Methoden zu suchen, die gewissermassen eine systematische und wohldurchdachte *Weiterentwicklung von Faustregeln* darstellen. Die Absicht war die, mit Hilfe dieser quasi-wissenschaftlich begründeten

Faustregeln die ungeheuer grossen Suchräume, in denen bei komplexen Problemen die mögliche Lösung lokalisiert werden muss, zu verkleinern. Untersuchungen zur Heuristik des Problemlösens sind selbstverständlich von allergrösster Bedeutung und stellen einen erheblichen Fortschritt gegenüber dem konstruktivistischen Paradigma dar.

Diesbezügliche Forschungen wurden allerdings häufig mit der Absicht, oder zumindest mit der Nebenabsicht unternommen, das evolutionäre Paradigma des Versuchs-Irrtums-Prinzip zu widerlegen. Dies ist allerdings, jedenfalls bisher, nicht gelungen, denn man muss sich darüber klar sein, dass eine heuristische Regel, *wenn sie einmal gefunden ist,* zwar gegenüber einem reinen Versuchs-Irrtums-Prozess einen gewaltigen Fortschritt bedeutet, dass aber die Suche nach heuristischen Problemlösungsregeln ihrerseits nur mit Hilfe des Versuchs-Irrtums-Prinzips erfolgen kann. Heuristische Problemlösungsregeln sind ja nicht einfach gegeben, sondern man muss sie herausfinden, und wenn man glaubt, eine derartige Regel gefunden zu haben, dann muss sich eben erst erweisen, ob die Vermutung haltbar ist, d. h. die Regel muss ausprobiert werden, und man muss mit Hilfe von, möglicherweise ebenfalls nur tentativen Selektionskriterien, die ihrerseits auf evolutionärem Wege gefunden werden müssen, gute von weniger guten heuristischen Regeln scheiden können.

Es gibt also somit Prozesse der blinden Variation und selektiven Bewahrung, die eben diese heuristischen Regeln selbst zum Gegenstand haben. Wie des öfteren ausgeführt wurde, ist ja nicht a priori bestimmt, was der *Gegenstand* von Versuchs-Irrtums-Prozessen ist oder sein kann, und da heuristische Regeln meistens Informationen darüber enthalten, in welchem *Bereich* eine Problemlösung gesucht werden sollte, ist selbstverständlich die Erforschung von heuristischen Prinzipien gleichzusetzen mit einer Art Intelligenzverstärkung oder kybernetisch ausgedrückt, Varietätsverstärkung, denn die einigermassen begründete Auswahl von Suchbereichen (mit Hilfe von tentativ bewährten Heuristiken) gibt allen weiteren Problemlösungsaktivitäten jene *Gerichtetheit,* deren Vorliegen in der Regel als Anzeichen für Intelligenz interpretiert wird. Wie aber ebenfalls bereits gesagt wurde, wäre es naiv, anzunehmen, dass Versuchs-Irrtums-Prozesse nur als Ein-Ebenen-Prozesse vorstellbar sind; man muss im Gegenteil davon ausgehen, dass es ganze Hierarchien von derartigen Prozessen gibt, und dass auf jeder hierarchischen Ebene der Versuchs-Irrtums-Prozess andere Elemente zum Gegenstand hat. Die relative Gerichtetheit von Suchaktivitäten ist somit keineswegs ein Indiz für die Vermutung von direkten, einsichtigen und unmittelbar zielorientierten Problemlösungsprozessen, sondern vielmehr dafür, dass auf einer vorgelagerten, wenn man will höheren oder abstrakteren Ebene ablaufende blinde Variations- und selektive Bewahrungsprozesse einen erheblichen Teil Arbeit bereits abgenommen haben. Man kann somit sagen, dass Versuchs-Irrtums-Prozesse intelligentes Verhalten oder Intelligenz *simulieren* können, man kann aber natürlich ebensogut sagen, dass derartige Prozesse Mechanismen der Intelligenz *sind.*

2.43 Spezielle Aspekte der evolutionären Problemlösungsmethodik

Die vorgängige Diskussion erschien notwendig, weil es sich hier zwar um widerlegte, aber nichts destoweniger immer wieder vorgebrachte Argumente gegen die Universalität und Effektivität der evolutionären Methode handelt. Sie stellen intellektuelle Fallen dar, die es unmöglich machen, die tatsächliche Fruchtbarkeit des evolutionären Paradigmas zu verstehen und die in der immer wieder vorgebrachten Meinung resultieren, es handle sich bei Versuchs-Irrtums-Prozessen um eine primitive oder triviale Methode, die, wenn überhaupt, bestenfalls auf der Ebene ganz primitiver Lebensformen sinnvoll sei, auf den höheren Stufen hingegen und insbesondere natürlich beim Menschen durch völlig andere Methoden ersetzt werden müsse.

Nach den bisherigen Ausführungen sollte einsichtig sein, dass die evolutionäre Methode für die Komplexitätsbewältigung in ihrer schwierigsten Form, nämlich dann, wenn echte Unwissenheit beseitigt werden muss, von absolut fundamentaler Bedeutung ist. Trotzdem darf nicht übersehen werden, dass im Verlauf der natürlichen Evolution durch eben diese evolutionäre Methode verschiedene heuristische Prinzipien entwickelt wurden, deren Kenntnis und Anwendung von erheblichem Vorteil sein können und die bemerkenswerte Abkürzungen von reinen Versuchs-Irrtums-Prozessen bewirken können. Zwar steckt die Forschung auf diesem Gebiet noch in den Anfängen; gewisse Prinzipien oder Tricks sind aber doch bekannt und sollen im folgenden besprochen werden.

Komplexitätsbewältigende Mechanismen und Prozeduren weisen eine Reihe von charakteristischen Merkmalen auf, die nur dann verstanden und beurteilt werden können, wenn man sich zuvor über die Schwierigkeiten Klarheit verschafft hat, die durch das Problem der Komplexitätsbewältigung selbst gestellt werden. Es wurde bereits mehrmals darauf hingewiesen, dass das Problem der Komplexitätsbewältigung auf einer höheren Ebene betrachtet wird, als die Lösung spezifischer, inhaltlich bestimmter Probleme. Vordergründig betrachtet stellen sich zwar sowohl für Organismen wie für Institutionen immer nur inhaltlich charakterisierte Probleme. Dies verschleiert in der Regel die Sicht für ihre *allgemeinen* Merkmale. Da aber, wie zu zeigen versucht wurde, grundlegend andere Verhaltensweisen und Strategien notwendig sind, je nachdem ob es sich um ein einfaches oder um ein komplexes Problem handelt, ist zu erwarten, dass, ungeachtet der Probleminhalte, erfolgreiches Problemlösungsverhalten von Organismen in komplexen Situationen andere allgemeine Aspekte aufweisen wird als in einfachen Situationen.

Folgende drei Aspekte sind hier noch zu diskutieren:
1. Während im Rahmen der konstruktivistischen Methode die Aufmerksamkeit gewissermassen nach aussen gerichtet ist, d. h. auf eine möglichst umfassende

Analyse der Umwelt, ist ein erheblicher Teil der Logik des evolutionären Paradigmas gewissermassen *nach innen* gerichtet, d. h. auf organismus-(institutions-)interne Funktionen und Strukturen.

2. Komplexität tritt bekanntlich in zwei Formen auf: als numerische Ungewissheit und als strukturelle Ungewissheit. Im Falle der numerischen Ungewissheit ist zwar weitgehend unbekannt, welche konkreten Werte die involvierten Variablen annehmen werden, es sind aber immerhin die relevanten Variablen und möglicherweise ihre Zusammenhänge bekannt. Die Komplexität ist somit gewissermassen auf der Ebene der Details lokalisiert, während man über ein gewisses Mass an struktureller Information verfügt. Im Falle der strukturellen Ungewissheit hat man es mit einem wesentlich schwierigeren Problem zu tun, denn wie schon der Name sagt, ist hier so gut wie nichts über die relevanten Strukturen, d. h. über die bestimmenden Variablen und ihre Verknüpfungen bekannt. In beiden Fällen operiert die evolutionäre Methode damit, die Ungewissheit dadurch zu beseitigen, dass *Konventionen* eingeführt werden, d. h. dass der Situation *eine Struktur aufgeprägt wird* und sie auf diese Weise beherrschbar und unter Umständen prognostizierbar wird. Diese Methode, oder wenn man will, dieser Trick der Strukturaufprägung ist dem konstruktivistischen Paradigma, das auf Analyse gerichtet ist, weitestgehend fremd und hat zu einer grossen Zahl von Missverständnissen geführt.

3. Man kann zwar aus einer kybernetischen Perspektive nicht behaupten, dass das Treffen von Entscheidungen oder das Lösen von Problemen ausschliesslich im menschlichen Gehirn lokalisiert sei, aber dennoch spielt die Funktionsweise des menschlichen Gehirns eine ganz entscheidende Rolle hierbei. Da das menschliche Gehirn (allgemein natürlich jede Art von Gehirn) ein Paradebeispiel für ein komplexitätsbewältigendes Organ darstellt, und diese komplexitätsbewältigende Maschine zweifellos auf evolutionäre Weise entstanden ist, kann erwartet werden, dass gewisse strukturelle Gesetzmässigkeiten kognitiver Prozesse für das Verständnis der evolutionären Problemlösungsmethodik von Bedeutung sind, die deshalb nachfolgend diskutiert werden.

2.431 Internalisierung der Prozesslogik

Prototyp eines Problemlösungsmechanismus mit internalisierter Prozesslogik ist der Homöostat von Ashby.[115] Dieser von Ashby beschriebene, nicht-teleologische Stabilisierungsmechanismus ist in der Lage, auch in einer Umwelt, über

---

115 Vgl. auch Beer (Brain) 38 und Abschn. 1.51.

die ihm keine Informationen bzw. kein theoretisches Verständnis im Sinne des konstruktivistischen Paradigmas verfügbar sind, sich zu stabilisieren und damit in einem allgemeinen Sinne zu überleben. Ein homöostatischer Mechanismus ist somit nicht auf eine umfassende Kausalanalyse seiner Umgebung angewiesen, sondern er operiert auf der Grundlage *interner Stabilitätskriterien,* die in Ashbys Terminologie „essentielle Variablen" heissen.[116] Der homöostatische Mechanismus, oder das ultrastabile System beruhen im Prinzip darauf, dass auf jede Störung der internen Gleichgewichtskriterien mit einem Verhalten aus dem verfügbaren Standardrepertoire von Verhaltensweisen reagiert wird. Werden durch diese Verhaltensweisen die kritischen Variablen wieder in einen akzeptablen Bereich zurückgeführt, kommt das System zur Ruhe; wenn nicht, dann werden sequentiell andere Verhaltensweisen aus dem Standardrepertoir versucht. Der Mechanismus ist solange aktiv, bis die notwendige Stabilisierung erreicht ist.

Es ist nicht notwendig, hier auf die detaillierte Funktionsweise des ultrastabilen Systems einzugehen, da dieses an anderer Stelle ausführlich beschrieben wurde.[117] Die beiden entscheidenden Merkmale des ultrastabilen Systems bestehen darin, dass einerseits aufgrund interner, bzw. im Laufe eines vorgängigen evolutionären Prozesses internalisierter Stabilitätskriterien die Frage beantwortet wird, ob sich der Organismus in einem akzeptablen Verhältnis zu seiner Umgebung befindet, und dass andererseits, wenn dies nicht der Fall ist, mit einer Verhaltensweise aus einem Standardrepertoire reagiert wird. Verhaltensweisen, die diesem Repertoire angehören, muss man sich als gut programmierte, gewissermassen eingeschliffene Verhaltensabläufe vorstellen, die als Ganzes für eine Reaktion zur Wiedergewinnung der Stabilität selektiert werden.

In Ashbys Grundmodell erfolgte die Selektion statistisch zufällig. Nach den früher gemachten Ausführungen zur Problematik der evolutionären Selektion muss man sich diese aber im allgemeinen Fall eher als blind im Sinne Campbells vorstellen, und selbstverständlich kann durch übereinander gelagerte Ebenen logisch ähnlicher Prozesse die bereits früher besprochene Gerichtetheit der Prozessabläufe realisiert werden. Entscheidend ist jedoch, dass im Grundmodell die Reaktionsweisen *nicht neu entwickelt* werden müssen, sondern als Verhaltensprogramme einsatzbereit sind.[118] Entscheidend ist ausserdem, dass die Selektion oder Auslösung eines Verhaltensprogrammes durch *Veränderung interner Zustände* der Gleichgewichtskriterien erfolgt und nicht wie fälschlicherweise angenommen, durch antizipierende Analyse der Kausalbeziehungen in der Umwelt. Wie Stafford Beer an verschiedenen Stellen ausführt, bezeichnet der Ausdruck „Ultrastabilität" ja gerade die Fähigkeit eines Systems, auch solchen

---

116 Vgl. Ashby (Brain) 80 ff.
117 Vgl. Ashby (Brain) 80 ff.; Gomez, Malik, Oeller (Systemmethodik) 558 ff.
118 Vgl. dazu auch Lorenz (Rückseite) 67 ff.

Störungen zu widerstehen, die von seinem Konstrukteur nicht vorausgesehen wurden oder vorausgesehen werden konnten.[119]

Innerhalb des konstruktivistischen Paradigmas ist eine solche Auffassung unvorstellbar. Aus einer konstruktivistischen Perspektive ist es notwendig, dass vorgängig sämtliche relevanten Informationen bekannt sind, um einen Mechanismus konstruieren zu können, der stabil ist, bzw. stabile Relationen zu seiner Umgebung erreichen kann. Die Kybernetik hat aber gezeigt, und dies ist wahrscheinlich ihr grösster Erfolg, dass es Lenkungsmechanismen gibt, die auch angesichts unvorhergesehener und unvorhersehbarer Störungen oder Bedrohungen für das System in einer systemerhaltenden Weise reagieren können. Fliehkraftregler und Gyroskope sind beispielsweise solche Mechanismen, die eine Maschine, ein Schiff, ein Flugzeug usw. auf einem bestimmten Kurs halten, ohne Rücksicht darauf, welche Ursachen für Kursabweichungen verantwortlich sind. Dies erreichen sie, wie Beer ausführt, nicht dadurch, dass sie die Kausalität der Situation analysieren und dann gewissermassen das Problem an den Wurzeln packen, sondern indem sie in sich selbst pathologische Symptome feststellen, welche unmittelbar verwendet werden, um Lenkungsmassnahmen zu setzen. Dieses Prinzip wurde von Beer das Prinzip der intrinsischen Lenkung genannt.[120]

Obwohl das Grundmodell des ultrastabilen Systems von Ashby und dessen Funktionsprinzipien bis heute nicht widerlegt wurden, darf man natürlich nicht den Fehler begehen, diese einfachste Ausprägung eines kybernetisch-evolutionären Mechanismus als Standardmodell für die hochkomplizierten Problemlösungsprozesse in sozialen Systemen heranzuziehen. Es wurde oft genug ausgeführt, dass in Fällen, in denen man über Kausalwissen verfügt und in der Lage ist, die notwendigen Modelle über die Umgebung mit hinreichenden Informationen auszustatten, ein Problemlösungsverhalten möglich ist, das dem evolutionären Paradigma überlegen ist. Hier stellt sich aber eben die Frage nach einer sinnvollen Vorgehensweise in Fällen, in denen die notwendigen Kausalmodelle nicht gemacht werden können, weil die Situation dafür zu komplex ist.

Zwischen dem rein evolutionären Modell, das durch die einfachste Ausprägung des Ashby'schen Homöostaten repräsentiert werden kann und dem rein konstruktivistischen Modell, in dem aufgrund eines umfassenden Kausalmodelles die notwendigen Berechnungen zur Ermittlung der optimalen Entscheidungsalternative durchgeführt werden können, gibt es ein breites Spektrum von Zwischenformen. Es darf allerdings nicht übersehen werden, dass eine Gewichtung zugunsten der evolutionären Methodik insofern besteht, als mit ihrer Hilfe sowohl einfache wie komplexe Probleme behandelt werden können, während

---

119 Vgl. u. a. Beer (Platform) 108; ferner Beer (Brain) 35 ff.
120 Vgl. Beer (Platform) 108 f., ferner Powers (Behavior) 44 ff.

die konstruktivistische Methode nur dort anwendbar ist, wo die Situation hinreichend einfach ist.

Ein einzelliges Lebewesen, wie beispielsweise eine Amöbe, ist durchaus in der Lage, mit Hilfe einer evolutionären Methodik einen Weg durch ein mit Hindernissen versetztes Territorium zu finden. Von einer höheren Ebene aus betrachtet könnte man natürlich ohne weiteres mit Hilfe konstruktivistischer Methoden zu einem effektiven Verhalten gelangen. Für die der Amöbe verfügbaren Lenkungs- und Verhaltensmöglichkeiten ist aber ein solches Territorium bereits derart komplex, dass ihre Probleme nur auf evolutionäre Weise gelöst werden können. Zwar steht dem Menschen und seinen sozialen Systemen ein ungleich höheres Mass an Information und Intelligenz zur Verfügung, doch sind auch die zu lösenden Probleme ungleich komplex. Somit ist auch auf dieser Ebene in vielen Fällen die Anwendung der evolutionären Methode die einzige Möglichkeit, Probleme sinnvoll zu behandeln.

Wie Beer ausführt, sind wir in der Unternehmungsführung in sehr vielen Fällen veranlasst, Störungen zu beseitigen, ohne Kenntnis ihrer Ursachen zu besitzen. „Diese Idee ist für das Management sehr wichtig, weil es häufig zu lange dauern wird, die Ursache eines Problems zu identifizieren und sie an ihrem Ursprung zu korrigieren. Der allgemeine Glaube, dass dies die einzige wissenschaftliche Vorgehensweise sei, ist falsch und leitet sich aus einer sehr altmodischen Wissenschaftsperspektive her."[121] Der Verzicht auf eine umfassende Kausalanalyse und die Konzentration auf die interne Überwachung von Stabilitätskriterien oder kritischen Variablen sowie auf ein hochprogrammiertes Reaktionsrepertoire bedeutet eine gigantische Reduktion der involvierten Varietäten und ermöglicht es damit einem Organismus oder einer Institution, das Varietätsgesetz von Ashby zu erfüllen. Die für eine Kausalanalyse notwendigen sehr grossen Informationsmengen werden reduziert auf jene Informationen, die durch Kanäle erfasst werden, die unmittelbar mit den Stabilitätskriterien verbunden sind. Die Information wird somit nicht für Umgebungsanalysen verwendet, sondern um die interne Überwachung zu unterstützen. Es ist im Rahmen dieses Paradigmas auch nur jene Information relevant, die diese interne Überwachung unterstützen kann. Wie Steinbruner bemerkt, liegt das Geheimnis der Varietätsbewältigung darin, dass, zumindest im einfachsten Fall, die kybernetischen Mechanismen mit dem Problem der Varietät überhaupt nicht konfrontiert sind, weil sie keine Umweltanalysen machen. Sie überwachen intern einige Variablen und sind darüberhinaus vollständig blind mit Bezug auf die Umwelt.[122]

Selbstverständlich bedeutet dies nicht, dass das Varietätsgesetz umgangen werden könnte bzw. dass es keine Gültigkeit habe. Wenn die Umgebungsvarietät

---

121 Vgl. Beer (Platform) 109, Übers. v. Verfasser.
122 Vgl. Steinbruner (Cybernetic Theory) 57.

für den Organismus oder die Institution relevant ist, dann müssen Wege gefunden werden, diese Varietät in den Griff zu bekommen, wenn ein Überleben möglich sein soll. Das Problem konzentriert sich somit auf die Frage, auf welche Weise Umgebungsvarietät reduziert wird bzw. organismische Varietät verstärkt wird. Jeder Organismus, dem es gelingt, kausale Umgebungsmodelle mit ihrem ungeheuren Informationsbedarf durch interne Gleichgewichtskriterien zu substituieren, hat damit seine eigene Varietät erhöht. Auf der anderen Seite bedeutet das Ignorieren von Informationen, die nicht über die etablierten Informationskanäle erfasst werden, eine erhebliche Varietätsreduktion. Die Konzentration auf interne Gleichgewichtskriterien und damit verbundene Informationskanäle, die die Verbindung zu bestimmten, als relevant betrachteten Umweltsegmenten schaffen, hat häufig einen sehr stereotypen Charakter und kann zu sehr starren Systemstrukturen führen. Obwohl ein Organismus auf diese Weise bis zu einem bestimmten Zeitpunkt überlebt haben mag, bietet dies keinerlei Garantie dafür, dass das Überleben auch in Hinkunft gewährleistet ist, denn es ist immer möglich, dass neue Umweltsvarietät auftritt, die sich für den Organismus als schädlich erweist. Es ist aber natürlich durchaus denkbar, und für eine Analyse komplexer Systeme muss man auch davon ausgehen, dass sich diese Prozesse, wie alle evolutionären Prozesse nicht nur auf einer einzigen Ebene abspielen. Während also auf einer bestimmten Betrachtungsebene das Verhalten eines Organismus aufgrund der verwendeten internen Gleichgewichtskriterien und eines hochprogrammierten Verhaltensrepertoires sehr stereotyp erscheinen mag, ist es ohne weiteres möglich, durch Prozesse, die sich auf einer übergeordneten, oder metasystemischen Ebene abspielen, die Adäquanz der untergeordneten Prozesse bzw. der verwendeten kritischen Variablen und des Verhaltensrepertoires zu überwachen, indem logisch übergeordnete Stabilitätskriterien und Verhaltensweisen verwendet werden. Es wird später noch gezeigt werden, dass Management zu einem grossen Teil erklärt werden kann, indem man sich auf diese Überwachungsprozesse höherer Ordnung konzentriert und Entdeckungsprozesse implementiert, deren Aufgabe darin besteht, die Inadäquanz untergeordneter Prozesse aufzudecken und zu beheben.

Ein kritisches Varietätsproblem ergibt sich im Zusammenhang mit der Reichhaltigkeit des Verhaltensrepertoires. Wenn in diesem Zusammenhang von hochprogrammierten Verhaltensabläufen gesprochen wird, so muss beachtet werden, dass es zumindest zwei verschiedene Arten der Programmierung gibt:

a) eine Programmierung, die auf das konkrete Ergebnis eines Verhaltensablaufes gerichtet ist;

b) eine Programmierung, die ohne Rücksicht auf das konkrete Ergebnis lediglich die Art und Weise programmiert, in der das Verhalten abzulaufen hat.

Aus den früheren Ausführungen über das Phänomen des Regelverhaltens und überhaupt zu der Rolle, die Verhaltensregeln spielen, ist klar, dass die zweite

Art der Verhaltensprogrammierung zu einer gewaltigen Verstärkung der Varietät eines Organismus führt. So weist beispielsweise die menschliche Sprache eine ausserordentlich hohe strukturelle Programmierung auf, womit aber überhaupt nichts über den Inhalt sprachlicher Äusserungen ausgesagt ist. Auf ähnliche Weise ist etwa der Bewegungsablauf des Gehens fast vollständig programmiert, während die konkreten Ziele oder Ergebnisse, die mit dieser Verhaltensweise erreicht werden können, weitgehend offen sind und nur in einem sehr allgemeinen Sinne von der Programmierung des Bewegungsablaufes abhängen. Dies bedeutet auch, dass sich ein organismisches Verhaltensrepertoire nicht an konkreten Ergebnissen orientiert, die es in der Umwelt zu erreichen gilt, sondern an denjenigen Regeln des Verhaltens, die aufgrund vergangener Erfahrung zu erfolgreichem Verhalten geführt haben und die somit das Produkt vorgelagerter evolutionärer Prozesse sind. [123]

Steinbruner führt hierzu aus, dass ein Entscheidungsträger, der sich an einer derart verstandenen kybernetischen Prozedur orientiert, Techniken und Methoden der Informationsverarbeitung verwendet, welche *faktisch* Entscheidungen und Ergebnisse erzeugen, sich aber psychologisch nicht mit explizit geplanten Ergebnissen befasst. „Kybernetische Mechanismen, die Ungewissheitskontrolle erreichen, tun dies indem sie den Entscheidungsprozess auf einige wenige hereinkommende Variablen konzentrieren, während sie jede ernsthafte Berechnung möglicher Ergebnisse vollständig eliminieren."[124] Das Ignorieren von konkreten Ergebnissen von Verhaltensweisen ist gerade deshalb möglich, weil das Verhalten in einem bestimmten, vorher besprochenen Sinne programmiert ist. Wie früher bereits ausgeführt wurde, bestimmen Verhaltensregeln bekanntlich Verhaltensbereiche, und lediglich innerhalb dieser Verhaltensbereiche ist das konkrete Ergebnis unbestimmt. Das Verhalten erreicht somit durch die Programmierung eine gewisse Gerichtetheit, deren Adäquanz evolutionär entstanden ist, wobei aber für die Bestimmung des konkreten Endergebnisses mehr Informationen notwendig wären, als verarbeitet werden können. In diesem Zusammenhang sollte auch klar sein, dass die intern überwachten kritischen oder essentiellen Variablen Variablen ganz bestimmter Art sein können, *nämlich eben jene Verhaltensregeln,* bzw. Systeme von Verhaltensregeln.

Man lässt sich allzuleicht irreführen durch die Annahme, dass für derartige Mechanismen nur Variablen wie beispielsweise Temperatur, Blutdruck, Blutzucker, Sauerstoffgehalt, liquide Mittel, Gewinn, Kosten, Umsatz usw. Verwendung finden könnten. Es ist aber klar, dass auch die Art und Weise, wie man bestimmte Dinge tut, also bestimmte *Verhaltensprinzipien* variabel sein können und demzufolge ebenfalls Kandidaten für die Menge der intern zu über-

---

123 Vgl. die diesbezüglichen Ausführungen in Abschnitt 22.2 über die Entstehung und Schaffung von Ordnung.
124 Vgl. Steinbruner (Cybernetic Theory) 66.

wachenden kritischen Variablen eines ultrastabilen Systems sein können. Eines der offenkundigen Beispiele ist in diesem Zusammenhang die Rechtsordnung einer zivilisierten Gesellschaft, die zumindest teilweise keineswegs auf inhaltlich bestimmte Ergebnisse gerichtet ist, sondern vielmehr für den Fall, dass die Rechtssubjekte bestimmte Ergebnisse erreichen wollen, zu deren Erreichung bestimmte Verhaltensregeln vorschreiben. So ist beispielsweise im Vertragsrecht, von einigen Ausnahmen abgesehen, nichts über den konkreten Inhalt von Verträgen (z. B. von Kaufverträgen) bestimmt. Der Gesetzgeber könnte ja nicht für alle denkmöglichen Objekte, die jemals Gegenstand eines Kaufvertrages sein können, eigene Regeln erlassen. Dies wäre eindeutig ein Versuch, gegen Gesetzmässigkeiten der Varietätsbewältigung zu verstossen. Anstelle dessen bestimmt er im Vertragsrecht, dass für den Fall, dass Rechtssubjekte Kaufverträge abschliessen wollen, mehr oder weniger gleichgültig was deren Gegenstand ist, bestimmte Regeln einzuhalten sind. Die Justiz ist somit zu einem erheblichen Teil eine Institution, die systemintern (d. h. gesellschaftsintern) dafür zu sorgen hat, dass bestimmte kritische Variablen, in diesem Fall die Regeln des Vertragsrechtes, eingehalten werden. Es wird noch zu zeigen sein, dass auch im Management, zumindest auf den höheren Ebenen, die kritischen und intern zu überwachenden (in einem weiteren Sinne auch zu gestaltenden) Variablen weniger konkrete Ergebnisse sind, sondern vielmehr die Art und Weise wie bestimmte Verhaltensabläufe abzuwickeln sind.

2.432 Strukturaufprägung

Es ist daran zu erinnern, dass nebst jener Art von Ungewissheit, die als numerische Ungewissheit bezeichnet wurde, die *strukturelle* Ungewissheit von grösserer Bedeutung ist. Strukturelle Ungewissheit liegt dann vor, wenn in einer Situation nicht nur die konkreten Werte der Variablen unbekannt sind, sondern wenn man zu einem beträchtlichen Teil überhaupt nicht weiss, welche Variablen relevant sind und wie sie untereinander verknüpft sind. Während man z. B. beim Werfen einer Münze Ungewissheit darüber hat, ob Kopf oder Zahl kommt, so weiss man doch, dass nur eines dieser beiden Ergebnisse auftreten kann. Die Ungewissheit ist von ganz anderer Art, wenn man gar nicht weiss, ob der nächste Wurf überhaupt mit einer Münze gemacht wird, oder ob beispielsweise ein Würfel, mehrere Würfel, mehrere Münzen, Kombinationen von Münzen und Würfeln, oder irgendwelche anderen ereignisproduzierenden Maschinen verwendet werden.

Zweifellos sind viele Situationen insbesondere im Management sozialer Systeme durch eben diese strukturelle Ungewissheit gekennzeichnet. Selbst nach noch so ausführlichen und intensiven Analysen ist es kaum jemals möglich, Gewissheit darüber zu haben, dass man nicht irgendwelche Variablen, Einflussfaktoren usw., die sich im Verlauf eines Entscheidungsprozesses als relevant erweisen können, erfasst hat. Selbstverständlich gilt dies analog auch für die Beziehungen von Variablen untereinander. Wenn alle Bemühungen, die relevanten Informationen zu gewinnen, nicht zu den nötigen Kenntnissen führen, dann gibt es nur die Möglichkeit, der Umwelt die eigenen Strukturen aufzuprägen. Wenn man also keine Ordnung in der Umwelt *entdecken* kann, die einem ein sinnvolles Verhalten ermöglicht, so kann man nichts destoweniger Ordnung in der Umwelt *schaffen*. Dies geschieht beispielsweise in Form von Organisationsprozeduren, Routinen, Programmen usw. – mit einem Wort: durch Verhaltensregeln. Da hierzu andernorts ausführlich Stellung genommen wurde, genügt es, hier einen Aspekt besonders zu behandeln. Die Schaffung von Ordnung, das Aufprägen von Strukturen, das Setzen von Regeln, wird vielfach mit dem Argument abgelehnt, es handle sich um reinen Dezisionismus, d. h. man könne niemals rechtfertigen, warum man anstelle einer bestimmten Regel nicht eine andere setze. Die logisch konsequente Fortführung dieses Gedankens resultiert in der Ablehnung aller organisationaler Prozeduren, denn es gibt natürlich immer eine Vielzahl *möglicher* Regelungen, und es wird kaum jemals möglich sein, Beweise dafür anzuführen, dass man eine bestimmte Regel akzeptieren *muss*. Wie man sieht, kulminiert dieser Gedankengang in jener, von Hayek als Szientismus bezeichneten Denkhaltung, die jegliche normative Gestaltung von Systemen als unwissenschaftlich ablehnt.

Man kann dieser Denkweise auf zweifache Art entgegentreten:

1. Es kann gezeigt werden, dass Ordnung nur entstehen kann, wenn bestimmte Verhaltensregeln von den Elementen der Ordnung befolgt werden. Hier kann auf die diesbezügliche Diskussion in den früheren Abschnitten verwiesen werden. Es ist zwar denkbar, dass die allererste Regel, die in einer komplexen Situation zur Schaffung von Ordnung gesetzt wird, willkürlich ist; wenn sie aber zu Ordnung führen soll, dann darf sie nicht willkürlich abgeändert werden können. Wenn man mit einem Ruderboot auf einen See fährt, dann wählt man sich als Orientierungspunkt irgendeinen, in einem grossen Bereich willkürlich ausgewählten Fixpunkt zur Kontrolle des Kurses. Es kann sich dabei um einen Kirchturm am Ufer, um einen besonders hervorstechenden Baum, um einen Leitungsmast oder um fast beliebige andere, gut sichtbare Punkte handeln. Für die Kurskontrolle ist nicht entscheidend, ob der Orientierungspunkt willkürlich gewählt wird, sondern vielmehr, ob und in welchem Masse er willkürlich geändert werden kann. Ebenso ist in Unternehmungen häufig weniger bedeutsam, ob eine Entscheidung, eine Regel, usw. zur Strukturierung einer komplexen Situation willkürlich ist oder nicht, bedeutsamer ist häufig, dass überhaupt entschieden wird, dass es überhaupt gewisse Prozeduren und Regeln gibt, die zur Ausbildung von stabilen Erwartungshaltungen nützlich sind.

2. Das Problem des Dezisionismus tritt aber nicht nur in Disziplinen auf, denen man gewissermassen von Haus aus eine normative Verzerrung unterstellt, sondern auch in den scheinbar objektiven Naturwissenschaften. Popper hat gezeigt, dass in allen Wissenschaften die Frage, ob man einen Beobachtungssatz akzeptiert oder nicht, ein konventionelles Element enthält, letztlich also eine Entscheidung darstellt. Hierin liegt aber keinerlei Rechtfertigung für die weitverbreitete Schlussfolgerung, dass derartige Entscheidungen *willkürlich* seien.[125] Ähnlich wie in einem Gerichtsprozess die Frage von Schuld oder Unschuld erst nach langen Erwägungen und unter Einhaltung gewisser Spielregeln beantwortet wird, geht auch in der Wissenschaft der Annahme oder Verwerfung eines Beobachtungssatzes in der Regel eine aktive Diskussion voraus. Man kann daher sagen, dass die Annahme oder Zurückweisung eines Beobachtungssatzes eine Entscheidung oder eine Konvention ist, weil man nie letzte Gewissheit über die Wahrheit oder Falschheit eines Satzes haben kann; man wird aber kaum vernünftigerweise behaupten können, dass es sich dabei um eine *willkürliche* Entscheidung handle. Die Entscheidung wird vielmehr nach bestem Wissen und Gewissen und im Lichte aller zu diesem Zeitpunkt verfügbaren Informationen getroffen. Dies schliesst freilich Irrtümer nicht aus, kann aber mit Willkür gleichgesetzt werden.

Ähnlich verhält es sich mit Regeln des Verhaltens. Man wird kaum jemals in die Lage kommen, gewissermassen eine terra inkognita durch Regeln zu strukturieren. Vielmehr sind meistens gewisse Regeln bereits vorgegeben (wie man weiss, als Ergebnis eines evolutionären Prozesses), und jede Änderung oder Neusetzung von Regeln wird berücksichtigen müssen, dass die Ergebnisse, die dadurch erzielt werden sollen, immer auch von einer grossen Zahl anderer, bereits existierender Regeln beeinflusst werden. Wenn man darüber hinaus bestimmte abstrakte Ordnungsmerkmale erzeugen will, nämlich jene, von denen gezeigt werden kann, dass sie in der Lage sind, Komplexität zu bewältigen, dann ist es ohne weiteres möglich, in einem gewissen Sinne wissenschaftlich zu beweisen, dass ganz bestimmte Regeln gesetzt werden müssen, trotzdem sie eindeutig normativen Charakter aufweisen. Dies müsste an sich aus der bisherigen Diskussion bereits klar sein, wird aber weiter unten im Zusammenhang mit Entdeckungsprozessen noch näher behandelt werden. Wenn man etwa nach einer Komplexitätsanalyse zu der Auffassung gelangt, dass bestimmte Informationen nur dadurch gewonnen werden können, dass man die systematischen Voraussetzungen für die Durchführung von Entdeckungsprozessen schafft, dann folgt daraus, dass ganz bestimmte Regeln, eben jene, die zu Entdeckungsprozessen führen, gesetzt werden müssen.

---

125 Vgl. Popper (Replies) 1110 f. und Popper (Society) 380 ff.

Ordnung ist notwendig, um überleben zu können, d. h. um stabile Erwartungen bezüglich bestimmter Ereignisklassen bilden zu können. Soweit Ordnung nicht in der Umwelt, gewissermassen objektivistisch, entdeckt werden kann, muss man Ordnung schaffen, d. h. man muss der Situation eine Struktur überstülpen. Dies geschieht einerseits, wie später noch gezeigt wird, aufgrund kognitiver Funktionsweisen dadurch, dass das Individuum gewisse subjektive Kategorien in die Situation hineininterpretiert. Struktur wird aber vor allem durch die Bildung von Institutionen erzeugt. Soweit man es mit subjektiven kognitiven Prägungsleistungen zu tun hat, kann man davon ausgehen, dass die verwendeten Kategorien zumindest in der Vergangenheit sinnvoll waren, da sie Ergebnis eines evolutionären Prozesses sind. Es stellt sich aber die Frage, ob die Strukturierung mit Hilfe von sozialen Institutionen vor allem unter dem Einfluss einer konstruktivistischen Gesellschaftstheorie ebenso sinnvoll erfolgt. Dies muss stark in Zweifel gezogen werden. Das kybernetische oder evolutionäre Paradigma, das mit Bezug auf diesen Aspekt lange Zeit eine gewisse Offenheit aufwies, die nicht ohne weiteres akzeptierbar war, kann durch jüngste Forschungen auf diesem Gebiet ergänzt werden. Gemeint sind einerseits die Gesellschaftstheorie von Friedrich von Hayek und andererseits die Forschungen von Stafford Beer zum lebensfähigen System. Der Umstand, dass wir heute über ein beträchtliches Wissen darüber verfügen, wie anpassungsfähige Strukturen gestaltet sein müssen, ermöglicht es, nicht nur die Evolution als solche in Gang zu halten, sondern ihr jene Richtung zu geben, die notwendig ist, um lebensfähige Strukturen zu produzieren und zu erhalten.

2.433 Kognitive Funktionsprinzipien als Elemente des evolutionären Problemlösens

Als Produkt eines Jahrmillionen währenden Evolutionsprozesses hat das menschliche Gehirn Wege gefunden, mit der terrestrischen Komplexität erfolgreich fertig zu werden. Dies bedeutet selbstverständlich nicht, dass es nicht möglich wäre, das menschliche Gehirn Situationen auszusetzen, deren Komplexität seine Kapazität überforderten. Es ist sogar verhältnismässig leicht, experimentelle Situationen zu schaffen, in denen der Mensch in einem erheblichen Ausmass, manchmal sogar vollständig, die Kontrolle über sich selbst verliert und letztlich mit nervenzusammenbruchsähnlichen Verhaltensweisen reagiert. Auch im täglichen Leben sind Situationen nicht selten, in denen das menschliche Gehirn bis an die Grenze seiner komplexitätsbewältigenden Kapazitäten belastet wird: Ein jedermann bekanntes Beispiel ist der Strassenverkehr zu bestimmten Tages- und Jahreszeiten, insbesondere an ungeregelten und hochfrequentierten Kreuzungen. Verkehrsunfälle aufgrund fehlender oder mangelhafter Reaktionen sind typische Folgen derartiger Situationen. Aber auch eine Reihe von anderen Verhaltensweisen können in derartigen stressbeladenen

Situationen festgestellt werden, wie etwa die Weigerung, sich mit einem Problem weiter zu beschäftigen, die Verwendung stereotyper Denkweisen, verbale Abschlüsse usw...

Die Kritik derartiger Verhaltensweisen hat zweifellos ihre Berechtigung. Man muss sich aber fragen, ob diese Verhaltensweisen nicht Ausdruck bestimmter kognitiver Prozesse der Komplexitätsbewältigung darstellen. Gewisse Forschungsergebnisse auf diesem Gebiet lassen in der Tat die Vermutung zu, dass es sich hier um extreme Ausprägungen von durchaus normalen und hocheffizienten Mechanismen der Komplexitätsbewältigung handelt, deren Wirkungsweise täglich sehr gute Dienste leistet, ohne dass wir darüber nachdenken, und ohne dass wir die tatsächliche komplexitätsbeherrschende Wirkung voll erkennen.

Die „Tricks", welche die Evolution im Zuge der Entwicklung des menschlichen Gehirns zur Lösung des Problems der Komplexitätsbewältigung „erarbeitet" hat, können wertvolle Hinweise auf die Gestaltung von Problemlösungsprozessen im allgemeinen geben. Übergrosse Komplexität müsste — wenn das konstruktivistische Paradigma Gültigkeit hätte — den Entscheidungsträger oder Problemlöser in einen Zustand der Unentschlossenheit und Untätigkeit führen, weil ex definitione zuwenig Information vorhanden ist, um eine rationale Wahl im Sinne dieses Problemlösungsparadigmas treffen zu können. Wie Steinbruner beobachtet, ist dies aber nicht der Fall. Er zeigt am Beispiel des Eingreifens der USA in den Vietnamkrieg und am Beispiel der Kubakrise,[126] dass Regierungen (und dies gilt allgemein für jeden Entscheidungsträger) zwar dahin tendieren, Entscheidungen zu verzögern, was angesichts der inhärenten Ungewissheit verständlich ist, dass sie aber keineswegs untätig werden. Im Verlaufe von aktiven, unter Umständen hektischen Informationssuchprozessen formieren sich verhältnismässig schnell relativ stabile Meinungssysteme bezüglich der Lagebeurteilung. Diese Meinungen sind zum Teil ein Ergebnis früherer Erfahrungen, der Ausbildung, sowie des gegenwärtigen Informationsstandes. Es können selbstverständlich auch Aspekte der Persönlichkeit, kulturelle Bindungen usw. eine Rolle spielen.

Praktisch niemals verfügt man aber in derartigen Situationen über das notwendige Wissen, um zu einer Entscheidung zu gelangen, die im konstruktivistischen Sinne haltbar wäre. Um die Entstehung von relativ stabilen Meinungen über eine Problemsituation unter dem Einfluss sehr unvollständigen Wissens, sowie der anderen, eben erwähnten Einflussfaktoren zu erklären, muss man gewisse kognitive Operationen vermuten, die, ohne dass es dem Entscheidungsträger bewusst wird, die Informationslücken gewissermassen künstlich schliessen. Die in diesem Zusammenhang operierenden kognitiven Prozesse sind evolutionär betrachtet offenkundig erfolgreich gewesen, was durch die bisherige Art-

---

126 Vgl. Steinbruner (Cybernetic Theory) 88 ff.

erhaltung der menschlichen Rasse bestätigt wird. Selbstverständlich kann daraus nichts für die Zukunft abgeleitet werden, denn nichts kann garantieren, dass eben diese kognitiven Prozesse auch für neu auftretende Problemsituationen mit neuen Grössenordnungen der Komplexität die richtigen Mittel für die Beherrschung dieser Komplexität darstellen. Da aber das menschliche Zentralnervensystem einschliesslich des Gehirns ein Paradebeispiel für einen evolutionär entstandenen Anpassungsmechanismus darstellt und in diesem Sinne gewissermassen eine Überlebensmaschine ist, die ihrerseits auf der Grundlage evolutionärer Prinzipien funktioniert, ist zu erwarten, dass sowohl für die Analyse wie für die Gestaltung von komplexen Problemlösungs- und Entscheidungsprozessen wertvolle Hinweise aus der Kenntnis der kognitiven Mechanismen gewonnen werden können.

Obwohl auf dem Gebiet der kognitiven Psychologie oder Kybernetik bis heute die Meinungskontroversen dominieren, ist es doch möglich, einige Grundprinzipien kognitiver Prozesse anzugeben, die relativ weite Anerkennung finden.[127] Diese Prinzipien sind:

1. Das Inferentialprinzip

2. Das Konsistenzprinzip

3. Das Realitätsprinzip

4. Das Simplizitätsprinzip

5. Das Stabilitätsprinzip

6. Das Abstraktionsprinzip

Mit Hilfe dieser sechs Funktionsprinzipien kognitiver Operationen ist es möglich, eine Reihe von Besonderheiten des evolutionären Problemlösens zu erklären; gleichzeitig ist es möglich, diese Prinzipien allgemein oder in Form spezifischer Ausprägungen bei der Gestaltung derartiger Prozesse zu berücksichtigen. Zum Verständnis der nachfolgenden Bemerkungen ist allerdings zu betonen, dass es hier nicht um eine Diskussion der Inhalte gehen kann, die von Gehirnen im allgemeinen oder von einem bestimmten menschlichen Gehirn verarbeitet werden. Diese Inhalte treten in derart zahlreichen und mannigfaltigen Variationen auf, dass es unmöglich erscheint, etwas allgemeines darüber auszusagen. Es geht hier weit mehr um die Frage, welchen Verarbeitungsregeln die Inhalte unterworfen werden, bzw. aufgrund welcher Verarbeitungsmechanismen Inhalte überhaupt erst produziert werden. Es wird also, um ein Beispiel zu geben, kaum jemals möglich sein, zu wissen, was eine bestimmte Person X in einer bestimmten Situation Y zu einem bestimmten Zeitpunkt Z denken oder fühlen

---

127 Vgl. zum folgenden Steinbruner (Cybernetic Theory) 88 ff.

wird oder ähnliches. Es erscheint aber möglich, zu Prinziperklärungen und Prinzipprognosen der bereits früher besprochenen Art zu gelangen und etwa zu sagen, dass eine Person vom Typ A in einer Situation des Typs B mit einer Verhaltensweise des Typs C reagieren wird.

Das Inferentialprinzip

Insbesondere in der Erkenntnistheorie wurde lange Zeit die Auffassung vertreten, dass das menschliche Gehirn bzw. der menschliche Geist mehr oder weniger passiv die einlaufenden Signale oder Wahrnehmungen empfange und dass sich daraus gewissermassen ein Bild der Wirklichkeit ergebe. Inzwischen ist erkenntnistheoretisch klar, dass diese Auffassung falsch ist und man davon ausgehen muss, dass das menschliche Gehirn im Prozess der Erkenntnisgewinnung eine äusserst aktive Rolle spielt. Dies wird auch von psychologischen bzw. kognitiven Forschungen bestätigt. Darüber hinaus muss man davon ausgehen, dass viele Signale überhaupt erst durch die Aktivitäten des Organismus geschaffen werden.

Das Gehirn kann demnach als eine Art Schlussfolgerungsmaschine verstanden werden, die in der Lage ist, durch ihre Funktionsweise Informationen zu schaffen und zu ergänzen. Es ist somit fähig, nicht nur Muster wahrzunehmen, sondern vor allem Muster zu bilden. Dabei darf man selbstverständlich nicht davon ausgehen, dass die Schlussfolgerungsweisen, die vom Gehirn zur Erzeugung von Mustern verwendet werden, immer dieselben Funktionen erfüllen wie Schlussweisen der formalen Logik. Bekanntlich sind die Schlussfolgerungen der formalen Logik als Transformation von Wahrheits- bzw. Falschheitswerten zu verstehen. Durch logisch zulässige Schlussfolgerungen können aus wahren Prämissen nur wahre Konklusionen erschlossen werden. Dies kann für die Funktionsweise des menschlichen Gehirnes nicht vorausgesetzt werden. Muster, die das Gehirn durch Konstruktionsoperationen aus Informationsbruchstücken bildet, brauchen nicht notwendigerweise wahr zu sein und zwar auch dann nicht, wenn die Bruchstücke für sich betrachtet effektiv wahr sind.

Der entscheidende Aspekt des Inferentialprinzipes mit Bezug auf Problemlösen und Entscheiden besteht demzufolge nicht darin, dass das Gehirn wahre Schlüsse zieht, sondern darin, dass das Gehirn überhaupt Schlüsse zu ziehen imstande ist. Man muss allerdings berücksichtigen, dass diese Schlüsse ebensogut wahr wie falsch sein können, und in einem strengen Sinne muss man wahrscheinlich davon ausgehen, dass die meisten derartigen Schlüsse wahrscheinlich falsch sind. Dennoch handelt es sich bei den kognitiven Operationen, denen das Inferentialprinzip zugrunde liegt, um einen äusserst wichtigen Mechanismus der Komplexitätsbewältigung bzw. Ungewissheitsbeseitigung. Das menschliche Gehirn schafft gewissermassen aus einer ungewissen Situation, in der nur bruchstückhafte Information verfügbar ist eine subjektiv sichere Situation, in dem es die mangelnden Informationsstücke ergänzt. Im logischen Sinne handelt es sich dabei in den meisten Fällen um logisch unzulässige Sprünge in der Schlusskette, aus der psychologischen Perspektive hingegen beseitigt der Organismus die inhärente Ungewissheit einer Situation.

Das Konsistenzprinzip

Die zulässigen Schlussweisen der formalen Logik werden durch die Forderung der Wahrheitswerttransformation eingeengt. Für die faktischen Schlussfolgerungsmechanismen des Gehirnes ist dies nicht der Fall, allerdings gehorchen diese Mechanismen offensichtlich einer Art Konsistenzprinzip. Dies bedeutet nichts anderes, als dass einander widersprechende Informationsstücke zugunsten der einen oder anderen Information eliminiert werden. Es ist ausserordentlich schwierig, anzugeben, welcher Art im einzelnen die Konsistenzkriterien sind, bzw. welche Art von Information beibehalten und welche eliminiert wird. Es handelt sich aber um eine beinahe alltägliche Beobachtung, dass die meisten Menschen selbst unter dem Einfluss bewiesener gegenteiliger Tatsachen von ihren Meinungen nur ungern abweichen. Meinungs- und Überzeugungsstrukturen sind zumindest beim erwachsenen Menschen sehr stabil (vgl. das weiter unten besprochene Stabilitätsprinzip), und die kognitiven Operationen sind permanent damit befasst, die Stabilität nicht durch die permanent auftretenden Unverträglichkeiten zwischen alten und neuen Informationsinhalten zu gefährden.

Auch hier ist der komplexitätsbewältigende Charakter dieser Operation offenkundig. In wirklich komplexen Situationen muss immer mit einander widersprechenden Meldungen und Informationen gerechnet werden, und es ist daher typischerweise sehr schwierig, sich eine einigermassen haltbare Meinung über die Situation zu schaffen. Das Gehirn operiert daher gewissermassen nach der Devise „lieber eine unzutreffende Meinung als überhaupt keine". Da im Einzelfall im Rahmen komplexer Sachverhalte ein Beweis der Wahrheit oder Richtigkeit prinzipiell sehr schwer, wenn nicht unmöglich ist, und da ausserdem in derartigen Situationen zumindest aktive Gestaltungsmöglichkeiten gegeben sind, ist dieses kognitive Operationsprinzip keineswegs derart irrational, wie hin und wieder angenommen wird. Das Festhalten an bestimmten Systemen von Überzeugungen und Meinungen und die Elimination von diesen widersprechenden Informationen ermöglicht dem Organismus jene für sein Überleben unbedingt erforderliche Orientierung in seiner Umgebung. Das Konsistenzprinzip kann somit auch als Variante des früher besprochenen Prinzips der Strukturaufprägung verstanden werden. Zusammenfassend kann man sagen, dass das Gehirn gewissermassen ein aktives Inkonsistenz-Management (im Sinne der Elimination von Konsistenzen) betreibt, das auf Mechanismen beruht, die zwar aus konstruktivistischer Sicht keinerlei Rechtfertigung besitzen, dennoch aber zusammen mit den weiteren noch zu besprechenden Prinzipien sehr machtvolle Instrumente der Komplexitätsbeherrschung darstellen:

In Anlehnung an Steinbruner[128] kann man drei wichtige Mechanismen dieses Inkonsistenz-Managements unterscheiden:

a) die Verwendung von Ähnlichkeiten, Metaphern und Analogien;

b) Wunschdenken;

c) Unmöglichkeitsbehauptungen und Abwertung von Alternativen.

Zu a)
Analogien: Wenn Beobachtungen komplexer Sachverhalte widersprüchlich sind und man sich aufgrund der verfügbaren Informationen kein sinnvolles Bild machen kann, greift man häufig auf Analogien oder Ähnlichkeitsbehauptungen zurück. Man ignoriert gewissermassen die Komplexität der gegenwärtigen Situation dadurch, dass man auf einfachere und damit bekanntere und vertrautere Situationen zurückgreift und diese als Modell für die Behandlung des gegenwärtigen Problems verwendet. So gibt es etwa zahlreiche Beispiele aus der Geschichte, die zeigen, dass Feldherren dazu neigen, Schlachtordnungen und Strategien, die sich in einer oder mehreren Situationen als erfolgreich erwiesen hatten, auch auf andere Situationen anzuwenden, ohne die tatsächlich gegebenen Sachverhalte, d. h. die möglichen Differenzen der jeweiligen Situationen näher zu analysieren. Dieses Phänomen tritt allgemein insbesondere in Krisenzeiten auf, d. h. in Situationen, die rasches und entschlossenes Handeln fordern und wenig Zeit für lange Überlegungen lassen. Aber auch langfristige politische Konzeptionen können durchaus auf sehr einfachen Analogien basieren, wie die beherrschenden politischen Doktrinen der jüngeren Geschichte eindrucksvoll zeigen.

So hat beispielsweise die Dominotheorie in der amerikanischen Aussenpolitik der Nachkriegsjahre dazu geführt, dass die inhärente Komplexität der politischen Situation im Nahen und Fernen Osten beinahe völlig ignoriert wurde und politische Entscheidungen nach einem sehr einfachen – in diesem Falle natürlich zu einfachen – Modell getroffen wurden. Eine Situation wurde als Analogon der anderen Situationen verwendet, und die vielen, zwar subtilen, sich im nachhinein aber als wichtig erweisenden Unterschiede zwischen den einzelnen Sachverhalten wurden ignoriert. Die Bedingung, auf alle Feinheiten und Unterschiede in den einzelnen Situationen einzugehen, hätte mit grosser Wahrscheinlichkeit die entscheidungsbezogenen und intellektuellen Kapazitäten der betroffenen Personen und Institutionen überfordert. Der Umstand, dass in vielen Fällen dieses und andere Prinzipien des evolutionären Problemlösens zu Ergebnissen führten, die im nachhinein als negativ beurteilt werden müssen, kann keineswegs als Argument zugunsten der konstruktivistischen Methode verwendet werden. Derartige Situationen sind in jedem Fall viel zu komplex für

---

128 Vgl. Steinbruner (Cybernetic Theory) 115 ff.

konstruktivistische Methoden; allerdings kann es, wie bereits des öfteren ausgeführt wurde, auch für die evolutionäre Vorgehensweise keine Erfolgsgarantien geben. Vor allem aber ist zu betonen, dass eine merkwürdige und beinahe tragische Vermischung von konstruktivistischen Forderungen mit der faktischevolutionären Vorgehensweise zu eben jenen negativen Resultaten führte, die keineswegs dem evolutionären Problemlösen selbst inhärent wären.

Zu b)
Wunschdenken: Zwar wird in letzter Zeit verstärkt die Forderung nach langfristigem Denken und langfristig gültigen Konzeptionen erhoben. Trotzdem ist das Denken vieler Entscheidungsträger gerade wegen der Komplexität, die durch langfristige Perspektiven in den Entscheidungsprozess gebracht wird, häufig auf relativ kurze Zeitspanne gerichtet. In komplexen Situationen treten aber auch im Rahmen kurzfristig orientierter Entscheidungshorizonte in aller Regel Inkonsistenzen auf, die häufig darin bestehen, dass die tatsächliche Entwicklung einer Situation nicht den Erwartungen der Entscheidungsträger entspricht. Diese Widersprüchlichkeiten werden oft dadurch beseitigt, dass man annimmt, dass die kurzfristig negativen Entwicklungen sich längerfristig wieder ins Positive wenden werden. Ein typisches Beispiel hierfür ist nicht selten bei Operationen an den internationalen Aktien- und Rohstoffbörsen zu beobachten. Unentschlossenheit bei negativen Kursentwicklungen, die eigentlich ein rasches Handeln erfordern würden, können dadurch rationalisiert werden, dass man grundsätzlich kurzfristig angelegte Engagements in langfristige Anlagen „umwandelt". Die Erwartung, dass die langfristige Entwicklung positiv sein wird, wird natürlich ebenso oft enttäuscht wie sie bestätigt wird. Nichtsdestoweniger handelt es sich hier um einen fundamentalen Mechanismus des InkonsistenzManagements, d. h. der Komplexitätsbewältigung, denn spekulative Börsenoperationen sind, insbesondere in Zeiten hektischer Kursbewegungen, mit soviel Ungewissheit behaftet, dass die Flucht in das Wunschdenken zugunsten der längerfristigen Operationen häufig die einzige Möglichkeit ist, mit der vorhandenen Komplexität fertig zu werden.

Zu c)
Unmöglichkeitsbehauptungen und Abwertung von Alternativen: Die „Richtigkeit" oder „Haltbarkeit" von Meinungen, Anschauungen und Überzeugungen, die sich im Verlauf eines Problemlösungsprozesses geformt haben, wird gemäss dem Konsistenzprinzip häufig dadurch verteidigt und aufrechterhalten, dass Alternativen zu diesen Meinungen als unmöglich oder zumindest als schlecht bezeichnet werden. Dabei braucht es für die Behauptung der Unmöglichkeit oder mangelnden Qualität der Alternativen keine andere Rechtfertigung zu geben, als eben die Tatsache, dass der Entscheidungsträger mit Bezug auf wesentliche Aspekte des Problems seine Meinung bereits gebildet hat. Die Erwägung weiterer Aspekte oder Alternativen, die mit seinen geformten Meinungen

kollidieren könnten, müsste zu Instabilitäten seiner Meinungsstruktur führen, würde die Komplexität der Situation erhöhen und wird aus diesen Gründen als emotional lästig und unangenehm empfunden. Würde man die Forderungen des konstruktivistischen Paradigmas erfüllen, käme man in sehr vielen Fällen wegen der ungeheuer grossen Anzahl möglicher Alternativen niemals zu einem Entschluss. Durch den Mechanismus der Unmöglichkeitsbehauptungen bzw. der Abwertung anderer Alternativen wird es dem Entscheidungsträger in vielen Fällen erst möglich, überhaupt zu einem Entschluss zu kommen. Die Devise lautet hier etwa „lieber eine mangelhafte Entscheidung als überhaupt keine". Die kognitiven Operationen dieser Art, die, wie betont werden muss, meistens unbewusst ablaufen, führen somit ebenfalls zu einer grösseren Komplexitätsbeherrschung.

Es kann natürlich nicht bestritten werden, dass die hier besprochenen Mechanismen der subjektiven, bzw. auf kognitiven Operationen beruhenden Mechanismen der Komplexitätsbeherrschung in manchen Fällen zu sehr schlechten Resultaten führen, ja für den Organismus verheerende Folgen haben können. Es muss aber wiederholt werden, dass dies kein Argument zugunsten des konstruktivistischen Paradigmas ist. Wären die Situationen, mit denen ein Organismus oder eine Institution konfrontiert sind, einfacher, hätte man mehr Informationen über die vorliegenden Sachverhalte, dann wären zweifellos die hier besprochenen Mechanismen der Komplexitätsbewältigung nicht erforderlich. Sicher könnte man bessere oder rationalere Entscheidungen treffen, wenn die Situationen nicht einem ständigen Wandel unterworfen wären und wenn es möglich wäre, die notwendigen Informationen zu gewinnen. Eben diese Bedingungen sind aber unerfüllbar. Die Forderung nach grösserer Rationalität des Problemlösens und Entscheidens kann somit nicht dadurch erfüllt werden, dass man unter Hinweis auf die zugestandenen Schwächen der komplexitätsbewältigenden Mechanismen unpraktikable Methoden verlangt, sondern lediglich dadurch, dass man versucht, das Einsatzgebiet der betreffenden Mechanismen zu spezifizieren, indem man sich über ihre Schwächen, aber auch über ihre Stärken klar wird, um sie sinnvoll verwenden zu können.

Das Realitätsprinzip

Ungeachtet aller in diesem Zusammenhang möglichen philosophischen Gedankenspiralen ist es ein kybernetisches Grundprinzip, dass sich der Organismus in engstem Kontakt mit seiner Umwelt befindet. Selbst wenn man nicht genau sagen kann, was „Realität" eigentlich ist, so muss man von einer evolutionären Perspektive ausgehend doch annehmen, dass Organismen nicht hätten überleben können, deren kognitive Funktionen sich ohne Rücksicht auf die Umwelt entwickelten. Man muss davon ausgehen, dass das Gehirn, wie bereits eingangs erwähnt, auf hervorragende Weise an die realen Gegebenheiten der Umwelt angepasst ist und dass seine Operationen diesen Gegebenheiten adäquat sind.

Das Inferenzprinzip und das Konsistenzprinzip werden erst verständlich, wenn sie mit dem Realitätsprinzip kombiniert werden, d. h. wenn die grundlegenden Funktionsmechanismen der kognitiven Operationen durch Einbezug der realen Gegebenheiten eingegrenzt werden. Konsistenz bedeutet somit nicht zuletzt „in Übereinstimmung mit der Realität befindlich", denn Konsistenz gewissermassen um ihrer selbst willen wäre, obwohl es sich um ein äusserst wichtiges Prinzip handelt, für sich nicht ausreichend, das Überleben des Organismus zu gewährleisten. Es kann daher erwartet werden, dass die kognitiven Mechanismen durch zwar selektive, aber dennoch sehr effiziente Informationskanäle mit der Aussenwelt verbunden sind und über wichtige Korrekturmöglichkeiten verfügen, die die internen Schlussfolgerungsweisen und die innere Konsistenz von Meinungs- und Überzeugungssystemen korrigieren können.

Das Simplizitätsprinzip

Ein weiterer kognitiver Mechanismus der Komplexitätsbeherrschung besteht darin, komplexe Sachverhalte zu vereinfachen und zwar auch dann, wenn es dafür keine objektive Rechtfertigung gibt. Die vereinfachende Operation kognitiver Mechanismen hängt zum Teil damit zusammen, dass Informationen immer nur selektiv aufgenommen und verarbeitet werden, dass niemals alle Aspekte eines Sachverhaltes berücksichtigt werden können. Zusammen mit dem Inferentialprinzip und dem Konsistenzprinzip wirkt das Simplizitätsprinzip derart, dass Schlussfolgerungen und die Aufrechterhaltung oder Herstellung der Konsistenz kognitiver Strukturen auf möglichst einfache Weise erfolgen. Insbesondere die Untersuchungen der gestaltpsychologischen Richtung, haben gezeigt, dass beispielsweise die visuelle Wahrnehmung tendenziell eher einfache als komplexe Strukturen produziert.

Ähnliches gilt für jene kognitive Anschauungs-, Meinungs- und Überzeugungsstrukturen, die der Erklärung und Interpretation der Realität dienen. Simple Erklärungs- und Interpretationsschemata werden komplexen tendenziell vorgezogen. Dies äussert sich beispielsweise darin, dass in komplexen Problemlösungs- und Entscheidungsprozessen, die bekanntlich unter anderem dadurch charakterisiert sind, dass in der Regel eine grössere Anzahl von miteinander konkurrierenden Werten und Zielen gegeben ist, die Entscheidungsträger dahin tendieren, anstatt eine Abwägung und damit eine Integration der konkurrierenden Werte und Ziele vorzunehmen, sich so zu verhalten, als ob die einzelnen Werte und Ziele simultan und unabhängig voneinander verfolgt werden könnten. Damit wird nicht behauptet, dass das Abwägen von konkurrierenden Werten und Zielen nicht vorkommen könne; solches kann zweifellos beobachtet werden. Was hingegen behauptet wird, ist, dass unter dem Einfluss von sehr komplexen Situationen das Gehirn zu Vereinfachungsstrategien Zuflucht nimmt, um die Komplexität selbst in den Griff zu bekommen, oder mit anderen Worten, um seine eigene Operation aufrecht zu erhalten. Der fundamentale

Unterschied zwischen dem konstruktivistischen und dem evolutionären Paradigma tritt hier klar zutage: zweifellos wäre es in einem gewissen Sinne (eben im konstruktivistischen Sinne) rationaler, die volle Komplexität der Sachverhalte zur Gänze in einem Entscheidungsprozess zu berücksichtigen, anstatt Teile davon einfach zu ignorieren und zu Vereinfachungsstrategien Zuflucht zu nehmen; die kognitiven Mechanismen funktionieren deshalb aber aufgrund dieser Prinzipien, weil angesichts sehr hoher Komplexität weniger die Frage der Rationalität, sondern die Frage ihrer eigenen Funktionsfähigkeit im Vordergrund steht. Es ist gewissermassen zwischen den Alternativen zu wählen, entweder aufgrund einer kognitiven Kapazitätsüberlastung funktionsunfähig zu werden oder weiterhin operieren zu können, wenn auch auf einem niedrigeren Rationalitätsniveau.[129]

Das Stabilitätsprinzip

Die Operation kognitiver Mechanismen tendiert dazu, die kognitiven Strukturen selbst aufrecht zu erhalten. Man könnte auch sagen, dass alle anderen Prinzipien letztlich derart wirken, dass die Stabilität der kognitiven Systeme gewährleistet ist. Welche konkreten Inhalte kognitiver Strukturen tatsächlich auf diese Weise stabilisiert werden, ist nicht leicht zu sagen. Dies hängt, wie bereits einleitend erklärt wurde, mit der sehr grossen Mannigfaltigkeit konkreter kognitiver Inhalte zusammen. Im Einzelfall dürfte es aber zumindest partiell möglich sein, durch geschicktes Fragen bzw. durch passende Experimente herauszufinden, welches die stabilen Anschauungen und Überzeugungen einer Person sind.

Obwohl es im Einzelfall, z. B. für die Zusammensetzung eines Führungsteams, von grösster Bedeutung sein mag, die stabilen Geistesinhalte von einzelnen Personen zu kennen, ist doch für die allgemeine Gestaltung von Entscheidungs- und Problemlösungsprozessen die Kenntnis von grösserer Bedeutung, dass überhaupt Stabilisierungsmechanismen vorhanden sind, und dass mit Hilfe der stabilen Denkkategorien ungewisse Situationen strukturiert werden. Es gibt kaum eine reale Situation, die derart simpel und gewiss wäre, dass das menschliche Gehirn lediglich als Empfangsmechanismus bzw. als Registraturmaschine wirken könnte. In praktisch allen Fällen ist ein aktives Organisieren von Informationen bzw. Signalen erforderlich. Intern stabil gehaltene Interpretationsschemata bzw. kognitive Kategorien werden verwendet, um die Umgebungsinformation zu strukturieren, sie zu Ordnungen und sie somit verständlich und sinnvoll zu machen.

Es ist vorderhand noch eine weitgehend offene Frage, welche Art von Informationen zur Stabilisierung und welche zu einer Destabilisierung interner kog-

---

129 Vgl. dazu auch Hayek (Studien) 44—46.

nitiver Systeme führen. Eine Auffassung besteht darin, dass die Stabilität von Meinungsstrukturen eine Funktion vorangegangener Verstärkungsoperationen ist, dass also die Stabilität um so grösser ist, je öfter sich eine bestimmte Meinungsstruktur bewährt hat. Dies würde bedeuten, dass eine Art Induktionsmechanismus wirksam ist, der in der Lage ist, Information über die erfolgreiche Verwendung kognitiver Strukturen zu akkumulieren und mit steigender Zahl positiver Fälle zu einer erhöhten Stabilität der betreffenden Strukturen führte. Aufgrund der modernen Erkenntnistheorie, insbesondere wie sie von Karl Popper vertreten wird,[130] ist aber davon auszugehen, dass es sich hierbei um eine Stabilisierung durch *erfolglose Widerlegungsversuche* handelt. Stabilisierend würde demnach eine neue Information nur dann wirken, wenn sie potentiell in der Lage gewesen wäre, die kognitive Struktur in Frage zu stellen.

Wie immer auch letztlich die Frage nach den spezifischen Stabilisierungsmechanismen entschieden werden wird, der wichtige Umstand ist darin zu erblicken, dass Problemlösungsprozesse mittels intern stabilisierter kognitiver Strukturen, die der Interpretation und Organisation von Situationen dienen, funktionieren.

Das Abstraktionsprinzip

Bereits in früheren Abschnitten wurde die Funktionsweise von allgemeinen oder abstrakten Regeln zur Organisation von sozialen Systemen beschrieben. Zum Verständnis geistiger Prozesse, die ein wesentliches und bestimmendes Element sozialer Systeme sowie der in ihnen ablaufenden Problemlösungsprozesse sind, ist es wichtig, zu wissen, dass auch jenes Phänomen, das man den menschlichen Geist nennt, in seiner Entstehung und Funktionsweise denselben Gesetzmässigkeiten gehorcht wie alle anderen spontanen Ordnungen. Dieser Umstand ist vor allem wichtig im Zusammenhang mit dem Problem der Abstraktheit und Konkretheit geistiger Vorgänge und Operationen.[131]

In der Regel wird angenommen, dass *konkrete* Erfahrungen zeitlich, logisch und kausal primär seien, und dass *abstrakte* Denkkategorien, abstrakte Begriffe und Erklärungsschemata aus diesen konkreten Erfahrungen *abgeleitet* würden. Diese Auffassung führt weiter vielfach zu der Annahme, dass konkretes Denken in grösserem Ausmass realitätsnah sei, und dass das Denken in abstrakten Kategorien inhaltsärmer, realitätsferner und daher in einem gewissen Sinne weniger praktisch sei. Insbesondere im Rahmen des konstruktivistischen Paradigmas wird die Verwendung von Abstraktionen, z.B. die Ordnung eines Systems mit Hilfe allgemeiner Regeln, als etwas Negatives, zumindest als wenig effizient betrachtet.

---

130 Vgl. Popper (Logik), (Conjectures) und (Knowledge).
131 Vgl. zum folgenden Hayek (Primat).

Diese Auffassung ist aber falsch. Abstraktionen sind, wie Hayek ausführt,[132] nicht etwas, das der Geist mittels logischer Prozesse von der Realitätswahrnehmung ableitet, sondern im Gegenteil, eine Eigenschaft jener Kategorien, mit denen er operiert – sie sind nicht ein Produkt des Geistes, sondern Voraussetzungen des Geistes.

Der Sprachgebrauch macht es schwierig, den Ausdruck „abstrakt" zu verwenden, weil immer stillschweigend angenommen wird, dass es etwas gibt, von dem abstrahiert wird. „Wir besitzen einfach keinen anderen geeigneten Ausdruck, um das zu beschreiben, was wir das „Abstrakte" nennen. Dieses Wort aber impliziert, dass wir von einem „Abstrahierten" sprechen, das demnach von irgendeiner anderen, vorher bestehenden geistigen Entität oder von Entitäten *abgeleitet* ist, die in irgendeiner Weise reichhaltiger oder „konkreter" sind. „... der Anschein hält uns davon ab, zu erkennen, dass diese konkreten Partkularien das Produkt von Abstraktionen sind, die der Geist vollziehen muss, um bestimmte Empfindungen, Wahrnehmungen oder Vorstellungsbilder zu erleben. Sind wir uns der konkreten Einzelheiten bewusst, dann schliesst das nicht aus, dass wir uns ihrer nur deshalb bewusst sind, weil der Geist im Einklang mit abstrakten Regeln operiert, die in ihm schon vorhanden gewesen sein müssen, ehe wir jene Einzelheiten wahrnehmen konnten, die wir für die Grundlage jeder Abstraktion hielten. Kurz gesagt, meine Annahme lautet, dass der Geist abstrakter Operationen fähig sein muss, um überhaupt Einzeldinge wahrnehmen zu können, und dass diese Fähigkeit schon da ist, lange bevor wir von einer bewussten Wahrnehmung sprechen können. Subjektiv leben wir in einer konkreten Welt und finden es oft schwierig, auch nur einige der abstrakten Relationen aufzufinden, die es uns ermöglichen, zwischen verschiedenen Dingen zu unterscheiden und verschieden auf sie zu reagieren. Um aber die Funktionsweise unserer Wahrnehmung zu erklären, müssen wir von den abstrakten Relationen ausgehen, die jene Ordnung bestimmen, in der die Einzeldinge ihren Platz finden."[133]

Abstrakte Konzepte sind – und dies wird in aller Regel völlig verkannt, – das einzige Mittel, um die Komplexität der konkreten Realität, die der Geist niemals völlig beherrschen könnte, unter Kontrolle zu bringen. Abstraktionen sind somit ein unerlässliches Instrument, sich in einer Realität zurecht zu finden, die nicht vollständig erfasst werden kann, weil sie in ihren konkreten Details zu mannigfaltig und reichhaltig, d. h. zu komplex ist. Die Fähigkeit eines Organismus, sich in einer unvollständig erkennbaren Umwelt erfolgreich behaupten zu können, besteht somit paradoxerweise nicht darin, möglichst viele Details zu erforschen, sondern sich durch Verwendung abstrakter Verhaltensregeln und Interpretationsschemata an diese unvermeidliche Unkenntnis

---

132 Vgl. Hayek (Rules) 30.
133 Vgl. Hayek (Primat) 301 und 302.

der Details anzupassen.[134] „Abstraktheit" ist somit keineswegs, wie fälschlicherweise häufig angenommen wird, eine Eigenschaft lediglich der höheren Denkprozesse bzw. des logischen Denkens, sondern ein Merkmal aller Vorgänge, die organismisches Verhalten bestimmen, lange bevor Teile dieser Vorgänge bewusst werden.

Das was man gemeinhin als konkrete Erfahrungen, Wahrnehmungen, Gefühle usw. bezeichnet, ist das Produkt einer Anzahl sich überlagernder Abstraktionen, die für sich betrachtet jeweils nur auf ganz bestimmte Aspekte gerichtet sind in ihrer Gesamtheit aber eben diese konkreten Erfahrungen zu produzieren vermögen. Dieser Prozess der „Spezifizierung durch Überlagerung", wie er von Hayek genannt wird, ist für die Gestaltung von Problemlösungsprozessen von grösster Bedeutung. Es liegt auf der Hand, dass Entscheidungs- und Problemlösungsprozesse ganz unterschiedlich gestaltet werden, je nachdem ob man von der konstruktivistischen Auffassung ausgeht, derzufolge das Verstehen eines Problems von den konkreten Einzelheiten auszugehen hat, oder ob man dem evolutionären Paradigma folgend den Ausgangspunkt für das Verständnis eines Problems in den abstrakten Ordnungsrelationen sieht. Der erste Fall mag zwar intuitiv plausibel erscheinen, kann nach allem Gesagten aber nicht erfolgreich sein. Der zweite Fall einer Konkretisierung durch fortschreitende Strukturierung mittels abstrakter Ordnungsrelationen erscheint der einzige Weg zur Kontrolle von Komplexität zu sein.

Das Verhältnis der kognitiven Prinzipien zueinander

Keines der hier kurz beschriebenen Prinzipien darf isoliert betrachtet werden, auch wenn sie sequentiell diskutiert werden. Entscheidend ist ihr Zusammenwirken, sowie die Verhaltenstendenzen, die durch sie bewirkt werden. Zweifellos würde jedes einzelne dieser Prinzipien im Extremfall zu absurden Resultaten führen. Das Auftreten von Extremfällen wird aber teilweise durch die Wirkung der anderen Prinzipien verhindert und ausserdem sind diese Extremfälle in jener Umgebung, in der sich diese kognitiven Prinzipien evolutionär gebildet haben, offenkundig relativ selten gewesen, da ansonsten die auf ihrer Grundlage operierenden Systeme nicht hätten überleben können. Insoweit allerdings Extremfälle tatsächlich auftreten, beispielsweise entsprechend dem Simplizitätsprinzip eine Übervereinfachung realer Sachverhalte oder entsprechend dem Konsistenz- und Stabilitätsprinzip ein internes Stabilisieren von widerspruchsfreien kognitiven Strukturen, die keinen Bezug mehr zur Realität haben, ist das Überleben des betreffenden Organismus in höchstem Masse in Frage gestellt. Gerät eine ganze Spezies in diesem Sinne in eine ökologische Sackgasse, so muss es früher oder später zu ihrem Aussterben kommen.

---

134 Vgl. dazu auch Abschn. 2.22.

Die hier beschriebenen kognitiven Prinzipien wirken allerdings in erster Linie auf der Ebene des Individuums. Hier treten auch Extremfälle, d. h. das Versagen der komplexitätsbeherrschenden Mechanismen am häufigsten auf.[135] Durch die Verkoppelung vieler Individuen zu einem sozialen System, in dem zusätzliche Regeln in Aktion treten, entstehen neue, und über die kognitiven Prinzipien hinausgreifende Mechanismen der Komplexitätsbewältigung, die auch als Sicherungsmechanismen gegen das Durchschlagen von Mängeln der individuellen Prinzipien auf das Gesamtsystem wirken.

Einer der offenkundigsten Sicherungsmechanismen besteht darin, dass aus dem Untergang von einzelnen Individuen die Überlebenden lernen können, bestimmte Verhaltensweisen zu vermeiden. Der einzelne Organismus wirkt somit gewissermassen als Speerspitze der Entwicklung des gesamten sozialen Systems, oder mit anderen Worten, der Art. Der Versuchs-Irrtums-Prozess ist in solchen Fällen auf zwei Ebenen, derjenigen des Individuums und jener des Sozialsystems zu betrachten. Der Erfolg oder Misserfolg des einzelnen Organismus ist auf der Ebene des Gesamtsystems das interne Kriterium, anhand dessen die Selektion von Verhaltensweisen, Gewohnheiten und so weiter vorgenommen wird. Probleme, die für das Individuum nicht lösbar sind, können auf diese Weise für das Sozialsystem lösbar sein, indem durch die Versuche auf der Individualebene neue Verhaltensweisen ausprobiert werden können, die, sofern sie sich im eben besprochenen Sinne als erfolgreich erweisen, von den übrigen Individuen adoptiert werden können.

Dies braucht nicht dadurch zu geschehen, dass die *Ursachen* des Unterganges einzelner Organismen erforscht werden, vielmehr genügt es, dass negative Verhaltensregeln faktisch befolgt werden, d. h. dass bestimmte Verhaltensweisen nicht mehr realisiert werden, gleichgültig welches die konkreten Ursachen für den Untergang des betroffenen Individuums waren. Die komplexitätsbeherrschenden Mechanismen des Individuums werden verstärkt durch die Regeln des Sozialsystems. Derartige Problemlösungsmechanismen entsprechen keineswegs nur einer primitiven Lebensform, sondern werden auch in hochzivilisierten Gesellschaften täglich verwendet. Beispiele hierfür sind etwa militärische Spähtrupps, Forschungsexpeditionen, weite Bereiche der modernen Kunst, sowie eine Reihe von Sportarten, deren eigentliches Charakteristikum die Erkundung der Grenzen des Möglichen ist, wie etwa Autorennen oder Bergsteigen. Die grundlegende Wirkungsweise dieser Mechanismen verliert nichts von ihren Merkmalen durch die umfangreichen Sicherungsvorkehrungen die in der Regel mit solchen Unternehmungen verbunden sind. Der entscheidende Aspekt besteht darin, dass trotz vorgängiger Untersuchung möglichst aller Gefahrenquellen und trotz weitreichender Sicherheitsmassnahmen letztlich die komplexitätsbewältigenden Mechanismen nicht ausreichen, sondern von einigen Wenigen der

---

135 Vgl. etwa Bateson (Ecology).

faktische Versuch unternommen werden muss, so dass am Erfolg oder Misserfolg das Sozialsystem lernen kann.

2.44 Die systematische Gestaltung von Entdeckungsprozessen

Die wichtigste These der bisherigen Ausführungen besteht in der Behauptung, dass wir nur in den seltensten Fällen über ein ausreichendes Mass an Wissen oder Information verfügen, um eine im konstruktivistischen Sinne rationale Entscheidung zu treffen, oder um in diesem Sinne ein Problem rational lösen zu können. Diese Auffassung führt zu einer gewissen Bescheidenheit mit Bezug auf die Leistungsfähigkeit der Vernunft, die nicht mehr als ein Instrument mit unbegrenzten Möglichkeiten angesehen wird. Unser Wissen und unsere Vernunft sind unvermeidbaren Begrenzungen unterworfen.

So trivial dies auch erscheinen mag, wenn es offen ausgesprochen wird, so wenig ist diese Auffassung in den gängigen Theorien der rationalen Entscheidung verankert. Viele Theorien über individuelles und soziales, insbesondere institutionelles Verhalten beruhen mehr oder weniger ausdrücklich auf der Annahme, dass es zumindest im Prinzip möglich sei, die für rationales Verhalten im konstruktivistischen Sinne notwendigen Informationen zu gewinnen, bzw. umgekehrt, dass Verhalten nur dann rational sei, wenn es auf einer umfassenden Informationsbasis beruhe. Praktisches Verhalten von Individuen und Institutionen weicht von diesem utopischen Ideal erheblich ab, nicht allein deshalb, weil dieses Ideal sehr anspruchsvoll und daher nur schwer zu erfüllen wäre, sondern deshalb, weil es praktisch nicht realisierbar ist. Andererseits muss aber zugegeben werden, dass das utopische Ideal der konstruktivistischen Rationalität bereits erhebliche Auswirkungen auf das Denken von Entscheidungsträgern hat und aus diesem Grunde eine bemerkenswerte Ambivalenz zwischen dem besteht, was Entscheidungsträger faktisch tun und dem, was sie unter dem Einfluss konstruktivistischer Auffassungen glauben, tun zu müssen.

Die sich vergrössernde Kluft zwischen tatsächlich realisierbarem Entscheidungs- und Problemlösungsverhalten einerseits und den konstruktivistisch-normativen Auffassungen andererseits, führt nicht nur zu einer unheilvollen Verunsicherung und zu Frustrationen, sondern vor allem dazu, dass die Versuche, Entscheidungsverhalten zu verbessern, in die falsche Richtung gelenkt werden. Die Okkupierung des Rationalitätsbegriffes durch die Vertreter des konstruktivistischen Paradigmas bewirkt, dass alle nichtkonstruktivistischen Auffassungen gewissermassen a priori als irrational verstanden werden und somit von vornherein als Kandidaten für eine Verbesserung des Entscheidungsverhaltens ausscheiden müssen.

Hat man allerdings einmal begriffen, dass gerade mit Hilfe rationaler Mittel gezeigt werden kann, dass die Vernunft und unser Wissen jenen besprochenen fundamentalen Beschränkungen unterliegen, ergeben sich daraus sehr weitreichende Konsequenzen für die Gestaltung von Entscheidungs- und Problemlösungsprozessen. Aus der Kenntnis der Grenzen des Möglichen folgt keineswegs, wie häufig angenommen wird, nur Resignation. Es wurde im Gegenteil gezeigt, dass der Umstand der faktischen Begrenztheit unseres Wissens zwar zu einem Verzicht auf Detailerklärungen und Detailprognosen zwingt, dass aber gleichzeitig durch die Schaffung spontaner Ordnungen unter Verwendung von allgemeinen Regeln, sowie äquivalent dazu, durch die Verwendung von Prinziperklärungen und Prinzipprognosen eine erstaunliche Verstärkung der Möglichkeiten gegeben ist, den Ablauf von Geschehnissen zu beeinflussen.

Im folgenden wird eine bestimmte Art von Problemlösungsprozessen in den Grundzügen beschrieben, die ein direktes Ergebnis dieser Auffassungen ist, häufig aber gründlich missverstanden wird, weil sie aus konstruktivistischer Sicht höchst mangelhaft erscheint.

Wenn man etwas nicht weiss, so braucht man sich mit diesem Zustand der Unwissenheit nicht unbedingt abzufinden. Man kann nach dem Unbekannten suchen, man kann es erforschen. Im Individualbereich ist im grossen und ganzen klar, welche Bedingungen erfüllt sein müssen, damit Suchprozesse Erfolg haben können. Hat man in einer Wohnung beispielsweise einen Gegenstand verloren oder verlegt, so wird man sich nicht hinsetzen und passiv auf eine Eingebung warten, sondern man wird systematisch alle möglichen Orte, an denen sich der Gegenstand befinden könnte, überprüfen. Diese Vorgehensweise garantiert nicht, dass man den Gegenstand tatsächlich findet. Sie garantiert aber, dass eine erheblich höhere Erfolgswahrscheinlichkeit besteht, als bei passivem Verhalten.

Ähnlich wird man beispielsweise in einer Unternehmung, die bestimmte Probleme hat, nicht untätig auf einen geistreichen Einfall warten, sondern man wird versuchen, aktiv eine Problemlösung zu finden, indem man beispielsweise kreativitätsfördernde Techniken einsetzt, indem man sich intensiv mit den Problemzusammenhängen beschäftigt usw. Auch hier gibt es, wie nach den Ausführungen zum evolutionären Paradigma klar sein sollte, keinerlei Garantie dafür, dass tatsächlich eine Problemlösung gefunden wird; auch hier weist aber das aktive Suchverhalten unter Einhaltung bestimmter Bedingungen eine höhere Findewahrscheinlichkeit im Sinne einer Propensität auf. Wie auch im Zusammenhang mit der Entstehung und Schaffung von Ordnung ausgeführt wurde, besteht in solchen Fällen häufig keine andere Möglichkeit, als die Bedingungen für die Suchprozesse oder Entdeckungsprozesse so optimal wie möglich zu gestalten, ohne dass deshalb mit Sicherheit ein Erfolg erwartet werden dürfte.

Während die Beispiele aus dem Individualbereich, bzw. aus Bereichen, die für das einzelne Gehirn noch einigermassen überschaubar sind, nach einiger Überlegung völlig einsichtig sind und die Besonderheiten von Suchprozessen und ihren Erfolgsbedingungen einigermassen klar sind, erscheint es ungleich schwieriger, in komplexen Situationen ein analoges Verständnis für derartige Prozesse herzustellen. Typische Beispiele für derartige Entdeckungsverfahren sind der Strafprozess (insbesondere im angelsächsischen Rechtsbereich), alle Arten von Wettbewerben, insbesondere der wirtschaftliche Wettbewerb, sowie das Verfahren der wissenschaftlichen Forschung. Friedrich von Hayek hat in einem sehr wichtigen Aufsatz den wirtschaftlichen Wettbewerb systematisch als „Verfahren zur Entdeckung von Tatsachen" betrachtet, die ohne sein Bestehen entweder unbekannt bleiben oder doch zumindest nicht genutzt werden würden.[136] Unter Verwendung des wirtschaftlichen Wettbewerbes *als Beispiel* können die allgemeinen Merkmale von solchen Entdeckungsverfahren diskutiert werden, die in allen jenen komplexen Situationen verwendet werden müssen, in denen niemand im voraus alle relevanten Tatsachen wissen kann.[137] Derartige Verfahren dürften in Zukunft für die Unternehmungsführung von zunehmender Bedeutung sein, denn mit wachsender Komplexität der Situation wird es immer wichtiger werden, möglichst viele relevanten Tatsachen und Kenntnisse in den Problemlösungsprozess einfliessen zu lassen, wobei aber nicht im voraus bekannt ist, welche Tatsachen relevant sind, welches überhaupt Tatsachen sind oder wer über die entsprechenden Kenntnisse verfügt. Für die allgemeine Struktur von Entdeckungsverfahren und deren Gestaltung ist es dabei gleichgültig, ob es sich, wie im Falle von kreativitätsfördernden Methoden um einen Wettbewerb von Ideen handelt, oder um einen Wettbewerb von Meinungen, Verfahren, Vermutungen, Fähigkeiten, Fertigkeiten usw. Insbesondere zur Bestimmung einer konkreten Unternehmungsstrategie unter komplexen Verhältnissen und in ständig ändernden Situationen müssen zumindest partiell derartige Entdeckungsverfahren systematisch eingesetzt werden.

Im Gegensatz zu den Entdeckungsverfahren der wissenschaftlichen Forschung, die im wesentlichen darauf angelegt sind, das, was man als „*allgemeine* Tatsachen" bezeichnen könnte, herauszufinden, das heisst die generellen und permanenten Regelmässigkeiten des Universums zu entdecken, ist der wirtschaftliche Wettbewerb vor allem ein Verfahren „zur Entdeckung *besonderer* vorübergehender Umstände".[138] Wie Hayek ausführt, geht die Markttheorie in der Regel von einem Zustand aus, der – wenn er tatsächlich gegeben wäre – den Wettbewerb überflüssig machen würde. Paradoxerweise wird dieser Zustand „vollkommener Wettbewerb" genannt, bietet aber für den *Prozess* des Wettbewerbes keinen Raum mehr und verunmöglicht damit selbstverständlich auch die entsprechende Funktion, die der Wettbewerb ausüben sollte. Die Markttheorie geht in der Regel „von der Annahme einer ‚gegebenen' Menge knapper Güter aus. Aber welche Güter knapp oder welche Dinge Güter sind, oder wie knapp oder wertvoll sie sind, ist gerade einer der Umstände, die der Wettbewerb

---

136 Vgl. Hayek (Studien) 249.
137 Vgl. dazu auch Hayek (Individualismus) 103 ff. und Hayek (Mirage) 107 ff.
138 Vgl. Hayek (Studien) 251.

entdecken soll: Es sind jeweils die vorläufigen Ergebnisse des Marktprozesses, die den einzelnen sagen, wonach zu suchen es sich lohnt."[139]

Da die einzelnen Wirtschaftssubjekte ihre Wirtschaftspläne immer auf der Basis unvollkommener Informationen machen müssen, bedarf es eines Anpassungsmechanismus, der die sich mit grosser Wahrscheinlichkeit widersprechenden oder zumindest störenden Wirtschaftspläne vieler verschiedener Subjekte aneinander anpasst. Einerseits ist erfolgreiches Wirtschaften nur dann möglich, wenn Erwartungen bezüglich der Transaktionen mit anderen Menschen gebildet werden können, die eine hohe Chance haben, erfüllt zu werden. Die dafür notwendige Anpassung der verschiedenen individuellen Pläne ist aber nur dadurch möglich, dass die Erwartungen mancher Wirtschaftssubjekte systematisch enttäuscht werden. Das scheinbare Paradoxon, dass eine generell hohe Übereinstimmung der Wirtschaftspläne der einzelnen Wirtschaftssubjekte gerade dadurch erreicht wird, dass die Wirtschaftspläne mancher Individuen systematisch unerfüllt bleiben müssen, entspricht, wie Hayek nachdrücklich aufzeigt, einem Prozess der negativen Rückkoppelung, wie er heute in der Kybernetik im Rahmen der Theorie selbstorganisierender Systeme allenthalben untersucht wird.[140]

Hayek weist nach, dass für eine derart verstandene Theorie des Wettbewerbes der üblicherweise verwendete Ausdruck „Gleichgewicht" sehr unpassend ist, denn Gleichgewicht könnte nur dann herrschen, wenn nach Entdeckung aller, für die Wirtschaftspläne der Individuen relevanten Tatsachen durch den Wettbewerb dieser zu einem Stillstand käme. Da sich aber die sogenannten relevanten Tatsachen in einem komplexen sozialen System permanent verändern, kann durch den Wettbewerb lediglich eine spontane Ordnung im früher besprochenen Sinne hergestellt werden, die in mehr oder weniger grossem Ausmass verwirklicht ist und daher den Individuen eine gewisse Orientierung ihrer Erwartungen ermöglicht. Was in einer derartigen Ordnung im Gleichgewicht, bzw. stabil sein kann, sind *nicht die konkreten Ergebnisse* des Wettbewerbes, sondern *die Bedingungen,* unter denen der Wettbewerb als Entdeckungsverfahren stattfindet.

Wie bereits in früheren Abschnitten bei der Besprechung der Merkmale spontaner Ordnungen diskutiert wurde, haben jene Gebilde, die man als spontane Ordnungen bezeichnen kann, keine einheitlichen Zielsetzungen oder Zielsysteme, wie man sie bei Organisationen feststellen kann. Solche Ordnungen sind nicht für die Erreichung bestimmter Einzelzwecke geschaffen, sondern dafür, bestimmte abstrakte Zwecke zu erreichen, wobei im Falle des wirtschaftlichen Wettbewerbes dieser abstrakte Zweck darin zu sehen ist, dass eine Mannigfaltigkeit von individuellen Zwecken erreicht oder zumindest angestrebt werden kann, die in ihrer Gesamtheit niemandem bekannt sein können. „Ratio-

---

139 Vgl. Hayek (Studien) 253.
140 Vgl. Hayek (Studien) 256, sowie Abschn. 2.22.

nales und erfolgreiches Handeln ist für den einzelnen nur in einer Welt möglich, die einigermassen geordnet ist; und es ist offenbar sinnvoll, sich zu bemühen, Bedingungen zu schaffen, in denen die Aussichten, seine Ziele wirksam zu verfolgen, für jeden beliebigen, willkürlich herausgegriffenen Einzelnen so gut wie möglich sind – selbst wenn wir nicht voraussagen können, welche besonderen Individuen dadurch begünstigt werden und welche nicht.[141]

Würden sich die für das Wirtschaftsleben relevanten Tatsachen nicht ändern, oder wären diese Tatsachen im voraus bekannt, dann wäre selbstverständlich ein Verfahren wie dasjenige des Wettbewerbes nicht nur überflüssig, sondern es wäre vor allem in höchstem Masse verschwenderisch. Es ist daher zweifellos möglich, sich Modelle auszudenken, die mit rationelleren Verfahren operieren. In allen Fällen wird aber die Komplexität der realen Sachverhalte bei weitem unterschätzt, bzw. durch das Setzen entsprechender theoretischer Bedingungen ausgeschaltet. Dies führt dazu, dass diese Modelle, wenn überhaupt, Lösungen für ganz *andere* Probleme sind, als sie durch ein Entdeckungsverfahren vom Charakter eines Wettbewerbes zu lösen versucht werden. Würde man den Sieger eines Sportbewerbes im voraus kennen, so wäre es offenkundig, dass kein Wettbewerb mehr durchgeführt werden müsste. Es ist zwar vorstellbar, dass man mit Hilfe ausgeklügelter Methoden im voraus eine Favoritenliste aufstellen kann, doch zeigt die Erfahrung nur allzuoft, dass die Durchführung des Sportwettbewerbes selbst dann zu grossen Überraschungen führen kann. Dies ist eben darauf zurückzuführen, dass die Anzahl der zu berücksichtigenden Einflussfaktoren selbst in vergleichsweise einfachen Situationen, wie sie Sportwettbewerbe darstellen, bereits derart gross ist, dass auch die grössten Computer nicht in der Lage sind, ihre gegenseitigen Wirkungen zu erfassen und das Ergebnis ohne faktische Durchführung des Wettbewerbes zu ermitteln.

Die Tatsache, dass ihre Ergebnisse unvorhersagbar sind, ist allen Entdeckungsverfahren gemeinsam. Alles was man daher zur Ermittlung der interessierenden Tatsachen, nämlich des Ergebnisses eines Entdeckungsverfahrens tun kann, ist, die Chancen für alle beteiligten Kandidaten so gross wie möglich zu machen und keine systematischen Begünstigungen zu dulden. Dies kann zweifellos nicht dadurch geschehen, dass bestimmten Personen bestimmte Ergebnisse zugeordnet werden, sondern dadurch, dass die Bedingungen so gestaltet werden, dass durch den unpersönlichen Prozess des Wettbewerbes den einzelnen die Ergebnisse zugeordnet werden. Dabei ist zu berücksichtigen, dass durch die Wettbewerbsregeln wiederum keine Garantie gegeben ist, dass alle das Ergebnis beeinflussenden Faktoren durch sie erfasst werden. Es ist durchaus möglich, dass auch nach sorgfältiger Gestaltung der Wettbewerbsbedingungen systematische Benachteiligungen einzelner Kandidaten vorkommen und das Ergebnis des Entdeckungsverfahrens dadurch verzerrt wird. Selbstverständlich ist

---

141 Vgl. Hayek (Studien) 255.

aber eine sukzessive Verbesserung der Wettbewerbsbedingungen möglich, allerdings nicht dadurch, dass man den derart benachteiligten Kandidaten nachträglich die erzielten Ergebnisse verbessert, sondern dadurch, dass zusätzliche Regeln eingeführt werden.

Es wäre beispielsweise offensichtlich ein krasser Fehlgriff, würde man bei einem Hochsprungbewerb den ihrer Körpergrösse nach etwas kleineren Springern nachträglich einige Zentimeter zur tatsächlich übersprungenen Höhe dazuzählen. Käme man tatsächlich zu der Auffassung, dass die Körpergrösse ein wesentlicher Einflussfaktor im Hochsprung ist, der nicht durch andere Faktoren, wie beispielsweise eine bessere Sprungtechnik usw. ausgeglichen werden kann, dann wäre ein adäquateres Mittel zur Ausschaltung von systematischen Ergebnisverzerrungen eher darin zu sehen, dass man die Springer nach ihrer Körpergrösse in bestimmte Klassen einteilt und den Wettbewerb für jede Klasse gesondert durchführt.

Wenn man behauptet, dass Wettbewerbe, insbesondere natürlich der wirtschaftliche Wettbewerb ein „Maximum" oder „Optimum" hervorbringen, dann muss sehr genau überlegt werden, welche Aspekte durch einen Wettbewerb maximiert oder optimiert werden. Es sind nicht irgendwelche konkreten Ergebnisse, die durch derartige Entdeckungsverfahren in einem direkten Sinne maximiert werden, sondern die Spielregeln eines Entdeckungsverfahrens zielen darauf ab, *Chancen* zu maximieren. Im Zusammenhang mit dem wirtschaftlichen Wettbewerb sagt Hayek:

„Das sogenannte ‚Maximum', das wir auf diese Weise erreichen können, kann natürlich nicht als eine Summe bestimmter Mengen von Gütern definiert werden, sondern nur durch die Chance, die es unbekannten Personen bietet, für einen zum Teil durch Zufall bestimmten Anteil ein möglichst grosser Äquivalent zu erhalten."[142]

Und an anderer Stelle:

„... alles, was wir von der Benützung eines zweckmässigen Entdeckungsverfahrens erwarten dürfen, ist, dass es die Chancen für unbekannte Personen vergrössern wird, aber nicht irgendwelche bestimmte Ergebnisse für bestimmte Personen. Das einzige gemeinsame Ziel, das wir in der Wahl dieser Technik der Ordnung sozialen Geschehens verfolgen können, ist die abstrakte Struktur oder Ordnung, die sich als Folge bilden wird."[143]

Es ist für die hier zur Diskussion stehenden Probleme nicht erforderlich, auf die zahlreichen Implikationen näher einzugehen, die mit dieser Auffassung des Wettbewerbes als eines Entdeckungsverfahrens für die allgemeine Wirtschafts-

---

142 Vgl. Hayek (Studien) 257 f.
143 Vgl. Hayek (Studien) 255.

und Sozialpolitik verbunden sind. Es sei hier lediglich am Rande vermerkt, dass aus dieser Perspektive die Idee der sozialen Gerechtigkeit zwar keine unbekannten, jedoch weithin vergessene bzw. vernachlässigte Aspekte aufweist, die zusammen mit den früheren Bemerkungen zum Problem der Entstehung und Schaffung von Ordnung die Gestaltung sozialer Systeme in einem neuen Licht erscheinen lassen.

Die systematische Gestaltung von Entdeckungsverfahren, die dem wirtschaftlichen Wettbewerb analoge Strukturmerkmale aufweisen, ist aber auf einer niedrigeren Ebene für viele Probleme der Unternehmungsführung von zentraler Bedeutung. So ist beispielsweise die Unternehmungsplanung wie Kami es formuliert,[144] ein System das die Mitarbeiter zum Denken bringen soll. Was sie allerdings denken sollen, auf welche Faktoren sie sich konzentrieren sollen, welche Aspekte der Umwelt relevant sind, oder relevant werden können, welche Indikatoren von Bedeutung sind, welche Veränderungen die grössten Chancen oder die grössten Gefahren bergen usw. ist nicht von vornherein klar und kann auch nicht durch Dekret bestimmt werden. Unternehmungsplanung kann daher mit Vorteil als ein Entdeckungsverfahren für all diese und eine Reihe weiterer Faktoren betrachtet werden, und eine Theorie der Unternehmungsplanung kann sich daher auch nicht an den Inhalten der Planung orientieren, sondern muss die strukturellen Bedingungen untersuchen, unter denen das Entdeckungsverfahren derart abzulaufen hat, dass die Chancen für eine Entdeckung der relevanten Faktoren optimiert werden. Dies besagt natürlich nicht, dass es nicht im Einzelfall, d. h. für eine bestimmte konkrete Unternehmung, oder möglicherweise für eine Branche auch auf die konkreten Planungsinhalte abzustimmen ist.

Aber nicht nur derart grosse Problemkomplexe, wie die Unternehmungsplanung insgesamt, sondern auch eine Reihe von kleineren, aber nichtsdestoweniger wichtigen Problemreisen müssen mittels Verwendung von Entdeckungsverfahren angegangen werden oder können zumindest durch deren Verwendung verbessert werden. Ein typisches Beispiel hierfür ist die Gestaltung von Konferenzen. In der Praxis werden Sitzungen zwar zu den verschiedensten Zwecken einberufen, einer der wichtigsten Gründe ist aber zweifellos der des Problemlösens. Es liegt auf der Hand, dass man eine Problemlösungskonferenz derart organisieren kann, dass mit Sicherheit kein Problem gelöst wird. Andererseits können Bedingungen geschaffen werden, die die Chance, eine Problemlösung zu finden, wesentlich erhöhen. Zu nennen wären etwa die Zusammensetzung der Gruppe, die Art der Einberufung, die Vorbereitung der Sitzung, die allgemeinen Arbeits- und Räumlichkeitsbedingungen, die Art der Konferenzleitung, usw. Ähnliches gilt selbstverständlich auch für andere Gruppenarbeiten, für die Organisation des Entscheidungsprozesses im Top-Management, für gewisse Bereiche

---

144 Vgl. Kami (Planning).

des innerbetrieblichen Informationsaustausches und der innerbetrieblichen Meinungs- und Willensbildung, für die Organisation von Forschungs- und Entwicklungsabteilungen, für gewisse Marketingprobleme, für die Gestaltung von Anreizsystemen, für demokratische Wahlprozesse und eine Reihe anderer Problemkreise.

Allen Fällen ist gemeinsam, dass es sich um Prozesse handelt, die bestimmte Tatsachen oder Ergebnisse zutage fördern oder bestimmen sollen, die wegen der Komplexität der Situation, wegen ihrer schnellen Veränderlichkeit, wegen des Informationsmangels, wegen ihrer Ungewissheit usw. nicht im voraus bekannt sind oder bestimmt werden können und die unter Umständen durch ein permanent in Funktion gehaltenes Entdeckungsverfahren täglich neu bestimmt werden müssen. Das Management hat in solchen Fällen zumindest zwei verschiedene Aufgaben: Es muss seine Aufmerksamkeit zunächst auf das Entdeckungsverfahren selbst, d. h. auf die Gestaltung der Bedingungen, unter welchen die gewünschten Ergebnisse produziert werden, richten, und es muss dann in zweiter Linie die faktisch produzierten Resultate entsprechend bewerten.

Das Management operiert also mit Bezug auf die ablaufenden Prozesse in einem typisch *metasystemischen* Sinne, denn die Organisation eines Prozesses ist von logisch höherer Ordnung, als der Prozessablauf selbst und ebenso kann die Bewertung des Prozessergebnisses nur anhand von Metakriterien erfolgen, die aus dem Gesamtkontext, in den der betreffende Prozess eingebettet ist, resultieren.

Hier tritt deutlich die Struktur eines ultrastabilen Systems zutage, denn offensichtlich müssen zwei Feedbackkanäle vorhanden sein, um die Gesamtstruktur zu stabilisieren. Man kann dies am Beispiel eines Mitarbeiterteams zeigen, das von einem Manager zur Lösung eines bestimmten Problems eingesetzt wird. Wenn es sich um ein komplexes Problem handelt, und von solchen Problemen ist hier ja die Rede, dann wird der Manager selbst nur gewisse Vorstellungen über die tatsächliche Natur des Problems und über gewisse allgemeine Merkmale haben, die die Lösung möglicherweise aufweisen sollte. Die eigentliche Problemerarbeitung, die Untersuchung verschiedener Lösungsmöglichkeiten und die Ausarbeitung eines Lösungsvorschlages überlässt er dem Team, denn dazu wurde es ja zusammengestellt. Der Manager setzt also ein System in Funktion, dessen Aufgabe allgemein betrachtet darin besteht, etwas herauszufinden, er setzt mit anderen Worten einen Entdeckungsprozess in Gang. Im Team selbst spielen sich, je nach seiner Struktur, mehr oder weniger zahlreiche und intensive Rückkoppelungs- und Interaktionsprozesse ab, die an sich bereits eine hochkomplexe Angelegenheit im Sinne eines Netzwerkes darstellen. Man kann alle diese Rückwirkungen formal als einen einzigen Feedbackkanal abbilden, dessen Varietät entsprechend hoch ist und der den ersten Rückkoppelungskreis bildet. Nun gibt es aber sehr viele Möglichkeiten, eine Gruppe von Mitarbeitern zusammenarbeiten zu lassen. Der Ausdruck „Team" sagt allein noch gar nichts über die Art und Weise des Vorgehens aus. In manchen Fällen wird der Manager die Vorgehensweise ebenfalls den Mitarbeitern überlassen, in anderen Fällen wird er bestimmte Prozeduren vorschreiben. Meistens geschieht dies aber nur nebenbei, weil man sich ja in erster Linie auf das zu lösende Sachproblem konzentriert und die Frage der Gruppenorganisation als Randproblem betrachtet. Die eigentliche Aufgabe des Managers besteht aber gerade darin, sich Gedanken über die Vorgehensweise der Gruppe, d. h. über ihre Organisation zu machen. Er muss also einen zweiten Rückkoppelungskreis installieren, der von den Resultaten der Gruppe auf deren Struktur einwirkt (vgl. Abb. 2.4(4)).

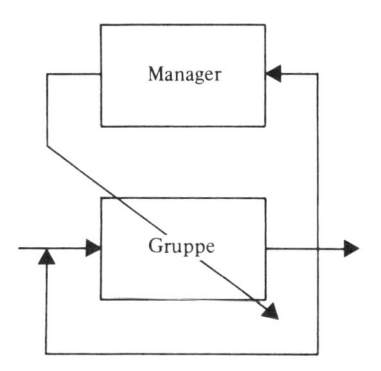

Abbildung 2.4(4)

Charakteristisch ist nun aber, dass die Beurteilung der Resultate, das heisst, die Beurteilung der von der Mitarbeitergruppe vorgelegten Lösungsvorschläge nicht auf objektsprachlicher, sondern auf metasprachlicher Ebene erfolgt. Besteht das Sachproblem z. B. darin, einen Marketingplan auszuarbeiten, so wird man die Vorschläge danach beurteilen, ob sie realistisch, sorgfältig durchdacht, genau, neuartig, kreativ, riskant, kostengünstig usw. sind. Dass es sich dabei um *Metagesichtspunkte* handelt, kann man unter anderem daran erkennen, dass sie für *jeden* Marketingplan angewendet werden können, während der Marketingplan selbst inhaltlich völlig anders aussehen wird, je nachdem ob er für eine Versicherungsgesellschaft oder ein Chemieunternehmen gemacht wird.

Aufgrund der Beurteilung durch Metakriterien muss der Manager nun die Organisation des Teams so lange verändern, bis das Resultat seinen Metavorstellungen, die sich selbst ebenfalls ändern können, entspricht. Unter „Organisation" ist hierbei die personelle Zusammensetzung, die zu befolgenden „Spielregeln", zwischenmenschliche Beziehungen usw. zu verstehen, und nicht bloss die Frage, wer die Gruppe führen soll. Dieses Reorganisieren ist selbst ein kontinuierlicher Suchprozess, wie durch den Pfeil durch die Box „Gruppe" angedeutet ist.[145]

---

145 Vgl. zu den graphischen Symbolen Gomez, Malik, Oeller (Systemmethodik) passim, ferner Pask (Approach) passim.

Diese Aufgabe der ständigen Reorganisation kann nun wieder auf zwei Arten vollzogen werden. Die erste Art besteht darin, in die Details der Gruppentätigkeit einzugreifen und den einzelnen Gruppenmitgliedern zu sagen, was sie zu tun haben, wer die Gruppe führen soll, welche Aufteilung der Teilprobleme vorgenommen werden soll usw. Die zweite Art besteht darin, für die Gruppe jene Bedingungen zu gestalten, die es ihr ermöglichen, sich selbst zu organisieren und zu reorganisieren. Dies könnte z. B. dadurch geschehen, dass man die hierarchischen Ränge abschafft oder nur Personen mit gleichem Rang zusammenführt und die Voraussetzungen für möglichst intensive Interaktion schafft wie räumliche Nähe, gleiche „Sprache", Befreiung von anderen Aufgaben, Abschirmung von Störungen usw. Die eigentliche Lenkung der Gruppe durch den Manager würde sich in diesem Fall auf reine Pain-Pleasure-Signale beschränken können, indem er aufgrund seiner Metabeurteilung der Gruppe seine Zufriedenheit oder Unzufriedenheit zu erkennen gibt. Unzufriedenheitsausdrücke als Pain-Signale würden zu einem internen Rearrangement der Gruppe führen, auf das der Manager aber inhaltlich keinen Einfluss nimmt. Er beurteilt den neuen Output und gibt erneut zu erkennen, ob er zufrieden ist oder nicht. Selbstverständlich gibt es auch eine gemischte Strategie, denn die Führung ausschliesslich durch Pain-Pleasure-Signale kann sich möglicherweise als zu langsam erweisen. Es können somit aktive Eingriffe in die Detailorganisation gemischt werden mit solchen, die auf die Herstellung der selbstorganisierenden Fähigkeit der Gruppe abzielen. Das Problem besteht allerdings darin, dass in Unkenntnis der kybernetischen Sachverhalte die Eingriffe in die Detailorganisation bezogen auf die Selbstorganisation der Gruppe häufig dysfunktional wirken, d. h. also in Wahrheit verhindern, dass die selbstorganisierenden Fähigkeiten zum Tragen kommen.

Selbstverständlich könnte der Manager auch auf die inhaltlichen Aspekte eingehen, und er könnte das soweit treiben, dass er letztlich das Sachproblem selbst löst. Allerdings ist er dann kein Manager mehr, sondern eben z. B. Marketingexperte. Er kann natürlich auch beides in Personalunion sein, was aber an der Grundstruktur des Entdeckungsprozesses nichts wesentliches ändert, mit Ausnahme der Tatsache, dass der Manager nun seine eigenen Problemlösungsvorschläge zu beurteilen hat, dass er also zwei Systemebenen in sich vereinigen muss, was aus psychologischen Gründen auf gewisse Schwierigkeiten stösst. Problematisch wird in diesem Falle auch die Frage der Komplexitätsbewältigung, denn während der Manager sich vorher auf seine Lenkungsvarietät konzentrieren und die sachproblembezogene Varietätsbeseitigung seinen Mitarbeitern überlassen konnte, muss er jetzt Komplexität auf beiden Ebenen unter Kontrolle bringen, was ihm entweder nicht gelingen wird, weil er noch zusätzlich weitere Aufgaben zu lösen hat, oder ihn vollständig absorbieren wird.

Mangelndes Verständnis der hier diskutierten Zusammenhänge führt dazu, dass man sich lediglich auf die Resultate konzentriert und die Bedingungen ihres Zustandekommens vernachlässigt. Wie man gesehen hat, sind aber die

Ergebnisse von Entdeckungsverfahren zweifellos durch die Struktur der jeweiligen Prozesse bestimmt, und eine nachhaltige Verbesserung der Resultate kann nicht dadurch erzielt werden, dass man nachträglich an ihnen herumbastelt, sondern nur dadurch, dass die Struktur der sie produzierenden Systeme oder Prozesse entsprechend gestaltet wird.

Obwohl eingangs nicht speziell darauf hingewiesen wurde, sollte doch klar sein, dass die hier besprochenen Entdeckungsverfahren eindeutig evolutionären Charakter aufweisen. Die konkreten Resultate dieser Verfahren entwickeln sich aus dem Zusammenwirken der Spielregeln der Prozesse, d. h. ihrer Struktur, und die Kenntnis dieser Struktur ermöglicht antizipativ zwar eine Prinzipprognose bezüglich der Typen oder Arten von Resultaten, nicht aber eine Detailprognose der konkreten Ergebnisse. Diese können erst im nachhinein zur Kenntnis genommen werden.

Wie bereits ausgeführt wurde, kann es sich bei Entdeckungsverfahren nicht um die besten aller denkmöglichen Verfahren zur Lösung bestimmter Probleme handeln. Aus konstruktivistischer Perspektive wird es sich sogar zweifellos um ziemlich primitive Entscheidungs- und Problemlösungsverfahren handeln. Entdeckungsverfahren der besprochenen Art haben aber zumindest den Vorteil, dass sie unter Bedingungen der Komplexität die einzigen sind, die praktikabel sind. Auch hier gilt allgemein, was Hayek im Zusammenhang mit der Analyse des wirtschaftlichen Wettbewerbes sagt:

„Die Kosten des Entdeckungsverfahrens, das wir gebrauchen, sind beträchtlich. Aber wir tun den Leistungen des Marktes unrecht, wenn wir sie gewissermassen „von oben herunter" beurteilen, nämlich durch den Vergleich mit einem idealen Standard, den wir in keiner bekannten Weise erreichen können. Wenn wir sie, wie das allein zulässig erscheint, „von unten hinauf" beurteilen, d. h. im Vergleich mit dem, was wir mittels irgendeiner anderen uns zur Verfügung stehenden Methode erreichen können, insbesondere im Vergleich mit dem, was produziert würde, wenn Wettbewerb verhindert würde – z. B. wenn nur jene ein Gut erzeugen dürften, denen eine Behörde das Recht dazu erteilt –, so muss die Leistung des Marktes sehr beträchtlich erscheinen. Wir brauchen uns auch nur zu erinnern, wie schwierig es ist, in einer Wirtschaft mit effektivem Wettbewerb Möglichkeiten zu entdecken, die Konsumenten mit besseren oder billigeren Waren zu versorgen, als dies schon geschieht. Wo wir zunächst solche ungenützten Möglichkeiten zu entdecken glauben, finden wir meist, dass sie unausgenützt geblieben sind, weil dies entweder die Macht irgendeiner Behörde oder eine höchst unerwünschte private Machtausübung verhindert."[146]

---

146 Vgl. Hayek (Studien) 257.

Analoges gilt wie gesagt, für alle Entdeckungsverfahren. Sie sind keineswegs so gut, wie es unter Verwendung eines utopischen Ideals möglicherweise wünschenswert oder vorstellbar wäre; sie sind aber das Beste, was unter den gegebenen Umständen (nämlich der Bedingung hoher Komplexität) verfügbar ist. Mängel, die zweifellos in sehr vielen Fällen festgestellt werden können, sind in der Regel darauf zurückzuführen, dass den Bedingungen ihres Funktionierens zuwenig Aufmerksamkeit gewidmet wird, das heisst, dass von den mangelhaften *Resultaten* kein *Feedback* zu den *Strukturen* vorhanden ist.

2.45 Ablaufmerkmale von evolutionären Problemlösungsprozessen [147]

Bereits in einem früheren Abschnitt wurde die Ausgangssituation beschrieben, die die Anwendung einer evolutionären Strategie fordert. Im folgenden werden die wichtigsten Prozessmerkmale des evolutionären Problemlösens zusammengefasst und kurz beschrieben. Es muss allerdings betont werden, dass es sich dabei gewissermassen um die Oberflächenphänomene handelt, oder mit anderen Worten um eine Beschreibung des Prozessablaufes. Eine Erklärung, warum ein evolutionärer Problemlösungsprozess diesen Ablauf aufweist, wurde in den vorangegangenen Abschnitten gegeben. Wenn man von der Struktur und den Mechanismen evolutionärer Entscheidungs- und Problemlösungsprozesse ausgeht, dann erhält man als Ergebnis ihres Wirkens die im folgenden beschriebenen Ablaufmerkmale. Erst im nächsten Kapitel wird dann beschrieben, wie evolutionäre Prozesse im Rahmen der Struktur des lebensfähigen Systems, wie sie im ersten Teil dargestellt wurden, integriert werden können und welche Besonderheiten, bzw. Verbesserungen sich dadurch ergeben. Die wichtigsten Merkmale einer evolutionären Strategie sind: [148]

1. Es wird nur eine beschränkte Anzahl von Alternativen in Betracht gezogen.

2. Es wird nur eine beschränkte Anzahl von wichtigen Konsequenzen berücksichtigt.

---

147 Vgl. zu diesem gesamten Abschnitt auch die hervorragenden Untersuchungen von Quinn, vor allem sein Buch „Strategies for Change" (1980). Diese Schrift, die erst nach Fertigstellung des Manuskriptes zum vorliegenden Buch erschienen ist, enthält ausgezeichnete Illustrationen zu den im Rahmen des evolutionären Ansatzes vertretenen Auffassungen. Quinn hat eine Reihe von praktischen Fällen in amerikanischen Grossunternehmungen untersucht und ist im wesentlichen zu denselben Ergebnissen gelangt, wie ich sie hier vertrete. Sein Buch ist meines Erachtens einer der wichtigsten Beiträge zu einer Gegenposition zu der fast ausschliesslich konstruktivistisch orientierten Literatur über strategisches Management.
148 Vgl. zum folgenden Braybrooke/Lindblom (Strategy) 83 ff., sowie Lindblom (Intelligence) 143 ff.

3. Entscheidungsbestimmend sind nicht die Alternativen als solche, sondern lediglich marginale und häufig inkrementale Unterschiede zwischen diesen.
4. Zwischen Zielen und Alternativen bestehen intensive Wechselwirkungen.
5. Die verfügbaren Daten sind permanenten Restrukturierungen unterworfen.
6. Analyse und Evaluation eines Problems erfolgt sequentiell.
7. Analyse und Evaluation sind auf die Beseitigung von Mängeln und Fehlern gerichtet.
8. Der Problemlösungsprozess ist sozial fragmentiert.

Im einzelnen ist dazu folgendes zu bemerken:

2.451 Berücksichtigung einer beschränkten Anzahl von Alternativen

Problemlösen erfolgt praktisch niemals ab nihilo. Jedes Problem stellt sich im Rahmen eines bestimmten Zusammenhanges – eines Kontextes. Wie andernorts ausgeführt wurde,[149] besteht ein Problem immer in einer Störung eines vorläufigen Anpassungszustandes, was bedeutet, dass dieser zumindest vorläufig gegebene Anpassungszustand zu einem erheblichen Teil mitbestimmt, welche Aspekte das Problem aufweist. Damit ist in aller Regel auch bereits ein gewisser Bereich abgesteckt, innerhalb dessen sinnvollerweise nach einer Lösung gesucht werden kann, aus dem also die betrachteten Alternativen ausgewählt werden.
Selbstverständlich kann es sein, dass im Verlauf des Problemlösungsprozesses der Auswahlbereich selbst variiert werden muss, dass also eine Variation in den früher besprochenen heuristischen Regeln, die den Suchbereich bestimmen, stattfindet. Würde man aber die in vielen Abhandlungen über die Kunst des Problemlösens erhobene Forderung tatsächlich ernst nehmen, *alle* denkbaren Alternativen zu erwägen, käme man sehr schnell zu der Erkenntnis, dass dies eine unmögliche Aufgabe darstellt, weil die Anzahl der Möglichkeiten meistens unendlich gross ist. Dies entspricht auch praktischen Erfahrungen mit Problemlösungsgruppen, die in aller Regel bewusst oder unbewusst eine Eingrenzung des Suchraumes auf sinnvolle Bereiche vornehmen, wobei jedoch nicht in jedem Fall die Kriterien angegeben werden, welche einen Bereich als sinnvoll, bzw. sinnlos erscheinen lassen. Wie immer wieder betont wurde, ist es durch diese Vorgehensweise möglich, dass eine grosse Zahl vielversprechender Alternativen überhaupt nicht in die engere Wahl gelangen. Dies ist selbstverständlich auch der Haupteinwand, der aus konstruktivistischer Sicht gegen die evolutionäre

---

149 Vgl. Gomez/Malik/Oeller (Systemmethodik) 7 ff. und 49 ff.

Strategie vorgebracht wird. Nach allem was bisher über komplexitätsbeherrschende Mechanismen gesagt wurde, ist aber hinreichend klar, dass eine Evaluierung *aller* Alternativen keine ernst zu nehmende Forderung sein kann, weil sie undurchführbar ist, und dass es immer nur um eine Evaluierung von Alternativen aus einem sinnvoll bestimmten Auswahlbereich gehen kann. Es ist daher auch zu erwarten, dass im Verlauf eines Problemlösungsprozesses ein gewisses Oszillieren zwischen der Evaluation von Alternativen aus einem versuchsweise gewählten Bereich einerseits und einer Evaluation der Suchbereiche selbst andererseits stattfindet.

2.452 Berücksichtigung einer beschränkten Anzahl von wichtigen Konsequenzen

Ähnlich wie man nicht alle Alternativen untersuchen kann, ist es auch unmöglich, sämtliche Konsequenzen, die mit einer Alternative verbunden sind, zu berücksichtigen. Dies hängt einerseits wiederum mit der Anzahl möglicher Primärkonsequenzen zusammen, andererseits aber auch damit, dass jede Primärkonsequenz eine Kette weiterer Wirkungen nach sich zieht, die durch das Interagieren mit anderen Faktoren, die nicht unter Kontrolle des Entscheidungsträgers stehen, zu Nebenwirkungen führen, die weder in ihrer Art, noch in ihrer Zahl überschaubar sind. Es sind eben diese unbeabsichtigten, ungeplanten und meistens auch unerwarteten Neben- und Rückwirkungen, die eine wesentliche Komplexitätskomponente darstellen und die Anwendung der konstruktivistischen Methode unmöglich machen.

Nur in Bereichen, die zumindest annähernd als geschlossene Systeme beschrieben werden können, also in manchen Bereichen der Naturwissenschaft und Technik, ist es denkbar, zu einer Gesamtübersicht der möglichen Konsequenzen einer Handlung zu gelangen, während in allen Bereichen, die nur als offene Systeme beschrieben werden können, dies unmöglich ist. Einige Bemerkungen von Drucker sind in diesem Zusammenhang von Interesse: [150]

„... entrepreneurial decision must be fundamentally expedient decisions. It is not only impossible to know all the contingent effects of a decision, even for the shortest time period ahead. The very attempt to know them would lead to complete paralysis. But the determination of what should be considered and what should be ignored, is in itself a difficult and consequential decision. We need knowledge to make it – I might say that we need a theory of entrepreneurial inference."

---

150 Vgl. Drucker (Technology) 121.

Aus den Ausführungen zum Problem der Komplexität und zu den kognitiven Mechanismen ist klar, dass die konstruktivistische Methode de facto nicht angewendet werden kann, obwohl man sie natürlich beschreiben kann. Dies führt mit Bezug auf die Evaluierung von Konsequenzen von Verhaltensweisen zu grundlegend unterschiedlichen Einstellungen des evolutionären Problemlösers und des konstruktivistischen Problemlösers. Während man sich im Rahmen der evolutionären Strategie dessen voll bewusst ist, dass man mit unbeabsichtigten Nebenwirkungen von Verhaltensweisen rechnen muss und daher die nötige Vorsicht und die erforderlichen Vorsorgemassnahmen treffen wird, wird der konstruktivistische Problemlöser, da er zumindest die Illusion hat, alle Konsequenzen berücksichtigt zu haben, in aller Regel von den unerwarteten Nebenwirkungen überrascht. Aus einer derartigen Situation kann es eigentlich nur drei Auswege geben: Die Einstellung „Es kann nicht sein, was nicht sein darf", das Treffen von hektischen ad hoc Massnahmen, oder das bewusste Übergehen zu einer evolutionären Strategie.

2.453 Entscheidungsbestimmung durch marginale und inkrementale Differenzen

Es wurde bereits betont, dass Problemlösungsprozesse immer in einem Kontext stattfinden. Die Situation ist in aller Regel bereits bis zu einem gewissen Grade strukturiert, man hat gewisse Vorstellungen darüber was möglich, erreichbar und durchsetzbar ist, und man hat gewisse Vorstellungen darüber, was wünschbar ist. So sehr auch betont werden muss, dass alle diese Informationen, Auffassungen und Meinungen prinzipiell nur vorläufigen oder versuchsweisen Charakter haben und im Verlauf eines Problemlösungsprozesses jeder einzelne Aspekt, oder auch alle zusammen, abgeändert werden können, so kann dennoch nicht geleugnet werden, dass diese tentativen Meinungen Ausgangspunkt des Problemlösungsprozesses sind und eine gewisse Vorstrukturierung bewirken.

Evolutionäre Variationen oder Mutationen bewirken daher, wie auch früher schon besprochen wurde, in der Regel nur Veränderungen in kleinen Schritten. Die Natur macht normalerweise keine Sprünge, und kollapsartige Diskontinuitäten sind in der Regel Indizien für katastrophenähnliche Zustände. Inkrementale Veränderungen machen einerseits den grössten Gebrauch von historisch (evolutionär) akkumulierter Erfahrung und bergen andererseits das geringstmögliche Risiko. Es ist daher nicht besonders überraschend, dass in wirklich komplexen Situationen die in Erwägung gezogenen Problemlösungsalternativen meistens nicht radikal verschieden vom Status quo sind.

Selbstverständlich gehört es zu den geschichtlichen Tatsachen, dass Revolutionen stattfinden können, und ebenso unbestritten ist die Tatsache, *dass in manchen Situationen radikale Veränderungen die einzig sinnvolle Lösung zu sein scheinen.* Dabei ist aber zu berücksichtigen, dass Revolutionen jeglicher Art eben weniger zum normalen Gang der Dinge, sondern in die Klasse der katastrophenartigen Ereignisse gehören. Es ist ausserdem zu fragen, ob und in welchem Ausmass sich die Situationen nach Abklingen von Revolutionen radikal unterscheiden von den Zuständen vor einer Revolution. In vielen Fällen sind zwar Änderungen festzustellen, nicht aber ein grundlegender Wandel, was wiederum nicht bedeutet, dass durch diese Änderungen nicht ein neuer evolutionärer Pfad beschritten werden kann, der sich aber wiederum meistens nur graduell realisiert.

Die Behauptungen, dass einerseits im Rahmen des evolutionären Paradigmas das Auftreten radikaler Änderungen, wie Revolutionen und dergleichen nicht erklärt und dass andererseits mit Hilfe des evolutionären Vorgehens die oft notwendig erscheinenden radikalen Änderungen grossen Ausmasses nicht realisiert werden könnten, müssen im folgenden noch etwas näher untersucht werden. Bei der Beurteilung des Ausmasses einer Veränderung ist die Ebene, auf der die Beurteilung vorgenommen wird, von entscheidender Bedeutung. Inkrementale Veränderungen auf der Meta-Ebene, z. B. in den Verhaltensregeln eines Metasystems können zu sehr starken Veränderungen auf der Objekt-Ebene oder im Objektsystem führen. So kann beispielsweise eine inkrementale Veränderung eines Verfassungsgrundsatzes sehr gravierende Veränderungen auf den „niedrigeren" Ebenen eines Staatsgefüges bewirken. Ebenso können marginale Änderungen der Unternehmungspolitik in allen übrigen Bereichen erhebliche Anpassungsleistungen notwendig machen.

Eine Aussage über das Ausmass einer Veränderung muss somit immer auch die relevanten Systemebenen einbeziehen. Hier kommt einerseits ein wichtiger Aspekt des sogenannten *Systemdenkens* zum Ausdruck; Systemdenken bewegt sich immer auf mehreren Systemebenen, weil nur die Einbettung eines Systems in einen grösseren Kontext zuverlässige Aussagen über das System erlaubt. Andererseits tritt hier auch ein Merkmal der Systembeeinflussung oder der *Systemlenkung,* nämlich der sogenannte *„Judo-Effekt"* in den Vordergrund. [151] Wenn man an den richtigen Faktoren ansetzt, kann man mittels kleiner Änderungen unter Ausnützung der der Situationen inhärenten Eigendynamik sehr grosse Wirkungen erzielen. Das Problem besteht natürlich immer in der Suche nach den richtigen Schlüsselfaktoren. Kybernetische Untersuchungen haben in diesem Zusammenhang gezeigt, dass es in der Regel die *metasystemischen Komponenten* sind, die die notwendige Hebelwirkung auslösen können.

Es ist vielleicht nützlich, sich diesen wichtigen Aspekt der Systemlenkung anhand einiger Beispiele [152] zu veranschaulichen: Die kybernetische Struktur

---

151 Vgl. Beer (Platform) 111 und 148.
152 Vgl. Beer (Platform) 112.

eines Fussballspieles ist dadurch charakterisiert, dass zwei Homöostaten – die beiden Mannschaften – die, wenn es sich um Mannschaften desselben technischen Niveaus handelt, in ihren Varietäten ziemlich ausgeglichen sind, versuchen, sich gegenseitig unter Kontrolle zu bringen. Jeder Mannschaft steht ungefähr der gleiche Verhaltensreichtum zur Verfügung, man kennt die gegenseitigen Tricks und Taktiken, hat ein vergleichbares Training, gleich viel Spieler, die gleichen Umgebungsbedingungen usw. Die Spielregeln sind unter anderem ja gerade dazu da, die Varietätsbalance sicherzustellen. (Man beachte übrigens, dass diese Regeln nicht von irgendjemandem erfunden wurden, sondern sich evolutionär entwickelt haben.) Als Vereinsmanager oder Trainer hat man das Ziel, die eigene Mannschaft zum Sieg zu führen. In einem laufenden Spiel, das ausgeglichen und unentschieden ist, hätte man zum Beispiel die Möglichkeit, selbst ein Dress anzuziehen und anstelle eines anderen Spielers direkt in den Ablauf einzugreifen. Dies würde wahrscheinlich wenig nützen, weil die eigene Varietät nicht viel grösser, vielleicht eher kleiner ist, als die der anderen Spieler. Man könnte sie jedenfalls auf der Objektebene des Fussballspieles nicht als Verstärkung zum Einsatz bringen. Hätte man *wirklich Autorität* über die Situation, würde die schlaueste Lösung darin bestehen, im *Metasystem* einzugreifen und die Spielregeln so zu ändern, dass die eigene Mannschaft gewinnen muss.

Das Beispiel ist absurd, weil kein Vertreter der Mannschaft die Macht hat, die Spielregeln des Fussballspieles abzuändern. Wirtschaftsmanager haben aber diese Macht in der Regel, wenn auch in mehr oder weniger ausgeprägtem Masse und mit Bezug auf mehr oder weniger grosse Bereiche. Der Manager kann tatsächlich die „Spielregeln" für seine Mitarbeiter beeinflussen, er kann den Kontext gestalten, in dem diese als komplexes, homöostatisches und selbstorganisierendes System operieren, und er kann die Kriterien bestimmen, nach denen der Output dieses Systems beurteilt wird.[153] Wenn auch die Versuchung für einen Manager hin und wieder gross sein mag, in die Detailoperationen des Systems einzugreifen, ist doch seine eigentliche Aufgabe die der Gestaltung des Metasystems in seiner Rolle als „Schiedsrichter" und Gestalter der „Spielregeln".

„A senior manager often has the notion that he may intervene in the homeostatic systems which operate under his aegis. He has the authority to do so, of course. But the minute he directly engages in a highly complex situation, on level terms as it were with those whose interactions are performing the balancing activity of the homeostat itself, the senior manager abandons his olympic role. His own personal variety is that of a human being, however

---

153 Dieser Aspekt wird von Drucker in seiner Definition von „Management" deutlich zum Ausdruck gebracht: „... if there is one right way to define management it is as the work and function that *enables* people to perform and to achieve". Drucker (People and Performance), Hervorh. v. Verf.

elevated his status. No: the role of the senior manager is to remain above the homeostatic fray, and to consider what is happening in terms of his *higher level understanding*. Because he is outside the system, in fact, and because he partakes in another system which is no concern of his subordinates his method of control is explicitly to alter the criteria according to which the lower level system is operating. ... This illustration seeks to define the notion of *metasystem*. A metasystem is a system over-and-above the system itself. Its major characteristic is that it talks a metalanguage; and this is a richer, better informed way of talking than is available to the system lower down. It should be noted that the raison d'être of the metasystem is given in logic: it is not necessarily anything to do with the hierarchy of status."[154]

Der Einsatz des „Judo-Effektes" auf metasystemischer Ebene zur Lenkung eines Systems ist von zentraler Bedeutung. In diesem Zusammenhang wird auch klar, warum die tatsächlichen oder vermuteten metasystemischen Faktoren einer Gesellschaft politisch so heiss umkämpft sind und jeder argwöhnisch die diesbezüglichen Aktionen des anderen beobachtet. Es wird ferner klar, warum bei wichtigen politischen Verhandlungen oft monatelang um scheinbar unwichtige Einzelheiten der Rahmenorganisation gestritten wird.

Ein anderer Punkt ist im Zusammenhang mit dem Ausmass von Veränderungen erwähnenswert. Im Verlauf der evolutionären Entwicklung von Systemen, die für sich betrachtet, jeweils nur inkremental voranschreitet, kann es vorkommen, dass zwei vorher getrennt und isoliert operierende Systeme zu einem umfassenderen System zusammengeschlossen werden, das dann plötzlich ein vollständig anderes, radikal verschiedenes Verhalten zeigt. Konrad Lorenz nennt diesen Vorgang „Fulguration", und es handelt sich dabei, wie man leicht erkennen wird, im Prinzip darum, dass durch die Koppelung ein neues Metasystem geschaffen wird. „Kybernetik und Systemtheorie haben die plötzliche Entstehung neuer Systemeigenschaften und neuer Funktionen von dem Odium befreit, Wunder zu sein. Es ist durchaus nichts Übernatürliches, wenn eine lineare Ursachenkette sich zu einem Kreise schliesst und wenn damit ein System in Existenz tritt, das sich in seinen Funktionseigenschaften keineswegs nur graduell, sondern grundsätzlich von denen aller vorherigen unterscheidet. Eine „Fulguration" dieser Art kann im wahrsten Sinne des Wortes epochemachend wirken, wenn sie in der Stammesgeschichte als historisch einmaliges Ereignis auftritt."[155]

Auf diesem Wege ist es also ebenfalls möglich, dass aus zunächst inkrementalen evolutionären Schritten radikale Veränderungen entstehen, wobei aber in Rechnung zu stellen ist, dass der Vorgang, den man gewissermassen als „An-

---

154 Vgl. Beer (Platform) 112; vgl. auch die Ausführungen zu Abb. 2.23(4).
155 Vgl. Lorenz (Rückseite) 50.

koppelungsmanöver" zweier oder mehrerer Teilsysteme bezeichnen kann, seinerseits inkremental verlaufen kann und mit grosser Wahrscheinlichkeit auch verlaufen wird, und dass ausserdem eine unbekannte und vermutlich grosse Zahl von Fulgurationen durch die natürliche Selektion eliminiert wird, weil sie gerade wegen ihrer radikalen Veränderungen nicht an die Umgebung angepasst sind. Man kann sich somit auch eine evolutionäre Entwicklung von Fulgurationen oder von Systemkoppelungstypen vorstellen, die ihrerseits wieder inkremental verläuft. Denn wie bereits früher festgestellt wurde, muss auch hier vor dem Post-hoc-ergo-propter-hoc-Fehler gewarnt werden. Ob eine Fulguration evolutionsgeschichtlich gesehen ein „grosser Wurf" wird, kann im voraus nicht beurteilt werden, sondern lässt sich erst im nachhinein, retrospektiv sagen.

Der andere oben genannte Aspekt, nämlich dass manchmal nur radikale Massnahmen eine sinnvolle Lösung eines Problems darzustellen scheinen, kann in vielen Fällen dadurch erklärt werden, dass in früheren Phasen durch verschiedene Umstände die notwendigen marginalen Anpassungen verhindert wurden. Die evolutionäre Entwicklung ist in solchen Fällen in eine völlig falsche Richtung gedrängt worden, meistens aufgrund mangelnden Verständnisses für die Notwendigkeit permanenter Adaptationen und hat im Laufe der Zeit krisenartigen Charakter bekommen. Aber selbst wenn eine Situationsanalyse zu diesem Ergebnis führt, und selbst wenn radikale Änderungen sinnvoll erscheinen mögen, so darf doch nicht übersehen werden, welches Risiko in aller Regel mit derartigen Massnahmen unweigerlich verknüpft ist. Selbst eine noch so sinnvolle tiefgreifende Änderung wird man aufgrund ihrer unüberschaubaren Folgen und Nebenwirkungen in der Regel zugunsten einer Politik der kleinen Schritte in die neue Richtung zurückstellen, d. h. zugunsten von metasystemischen Änderungen, die im Objektsystem nach und nach wirken. In den meisten Fällen erscheint es, wenn man das Risiko bedenkt, vernünftiger, einem sozialen System, welcher Art auch immer, eine gewisse Zeit zur Verfügung zu stellen, um die notwendigen Anpassungen in die neue Richtung vorzunehmen, als es den ungeheuren Anspannungen auszusetzen, die in der Regel mit einer Politik des „Big Stroke" verbunden sind.

2.454 Wechselwirkungen zwischen Zielen und Verhaltensalternativen

Nicht nur der Vergleich mit dem status quo, sondern auch ein Vergleich von Alternativen untereinander ist im Rahmen einer evolutionären Strategie auf inkrementale Differenzen gerichtet. Die in manchen Abhandlungen zum Problemlösen geforderte strikte Trennung von Werten oder Zielen einerseits und den Mitteln zur Erreichung dieser Ziele andererseits, d. h. also den konkreten Zielerreichungsalternativen ist in komplexen Verhältnissen illusionär. Ziele und Mittel sind auf das engste miteinander verknüpft. Es ist meistens auch nicht möglich, die von einem Entscheidungsprozess betroffenen Ziele oder Werte in eine Rangordnung zu bringen. Der Versuch, beispielsweise Gewinn, Marktanteil und Liquidität oder Arbeitslosigkeit und Inflation durch Gewichtung in eine Rangordnung zu bringen, wird fehlschlagen, wenn nicht gleichzeitig konkrete Handlungsalternativen in Betracht gezogen werden.

Die Versuche, beispielsweise im Rahmen der Untersuchungen über eine soziale Wohlfahrtsfunktion, derartige Rangordnungen zu erstellen, werden unter derart eingeschränkten Bedingungen gemacht, dass sie für reale Problemlösungsprozesse keine Aussagekraft haben. Wie Baybrooke und Lindblom ausführen, können Individuen nicht einmal zwei derartige Werte wie Arbeitslosigkeit und Inflation in eine Prioritätsordnung bringen. Fast jedermann wird eine Präferenz für Inflation haben, solange diese nur klein genug ist und wird Arbeitslosigkeit als das grössere Übel ansehen, wenn sie hoch ist. Umgekehrt wird ebenso jedermann Arbeitslosigkeit präferieren, solange diese in tolerierbaren Bereichen liegt und wird Inflation als grösseres Übel betrachten, wenn diese hoch ist. Die Frage „Haben Sie lieber Inflation oder Arbeitslosigkeit?" ist somit in dieser Form nicht zu beantworten, ebenso wenig wie die Frage „Was ist wichtiger, Gewinn, Marktanteil oder Liquidität?" Es kommt immer auf die Situation an und auf die konkret verfügbaren Alternativen, wobei die ungeheure Komplexität, die in Fragen der soeben genannten Art gewissermassen versteckt liegt, dadurch reduziert wird, dass die zur Diskussion stehenden Werte oder Ziele marginal verglichen werden, d. h. die Evaluierung anhand der Differenzen in der Zielrealisierung vorgenommen wird.

Da Ziele und Mittel eng miteinander verwoben sind, ist es irreführend, den Problemlösungs- oder Entscheidungsprozess als einen Ziel-Mittel-Prozess aufzufassen, dessen Logik so aufgebaut ist, dass zunächst die Ziele bestimmt werden und danach die Mittel zur Zielrealisierung gesucht werden. Wenn nicht die Gefahr bestünde, eine andere Übertreibung zu begehen, so wäre es doch angemessener, den Problemlösungsprozess als einen Mittel-Ziel-Prozess aufzufassen. In einem gewissen Sinne ist das *Wissen* über die verfügbaren Mittel, d. h. also über das, was ein soziales System leisten kann, über welche Ressourcen und Kapazitäten es verfügt, wie es unter Leistungsstress reagiert, welches die Schwachstellen sind usw. *unmittelbarer und sicherer.* Man wird daher nur solche Ziele auswählen, von denen man im Lichte des Wissens über die Mittel und Möglichkeiten vernünftigerweise annehmen kann, dass sie realisiert werden können. Dies schliesst selbstverständlich nicht aus, dass man aus bestimmten Motivationsgründen die konkret zu erreichenden Ziele etwas höher als tatsächlich realisierbar ansetzt.

Es muss natürlich berücksichtigt werden, dass die meisten konkreten Unternehmungen (und dies gilt auch für viele andere soziale Systeme) ein variationsreicheres Potential darstellen, als man sich dessen unmittelbar bewusst ist. Dies bedeutet, dass ein kreatives Spekulieren über mögliche neue Zielsetzungen durchaus zu bis dahin nicht erwogenen Verwendungsweisen des vorhandenen Potentiales führen können. Dies ist der Grund, weshalb man nur unter Vorbehalten von einem Mittel-Ziel-Prozess sprechen kann und es sinnvoller ist, von intensiven Wechselwirkungen zwischen Zielen und Mitteln auszugehen. Dennoch ist zweifellos der Zielbestimmungsprozess in einem komplexen Problemlösungs- und Entscheidungsprozess sehr massgeblich von den Annahmen und Meinungen über die vorhandenen Möglichkeiten bestimmt. Aus dieser Sicht ist die Forderung einer unabhängigen Zielbestimmung sehr unrealistisch und dürfte daher in der Praxis auch kaum zu beobachten sein.

Es mag natürlich Fälle geben, in denen behaupteterweise oder tatsächlich unabhängig von irgendwelchen Erwägungen bezüglich vorhandener Möglichkeiten und Mittel bestimmte Ziele festgelegt und im nachhinein die notwendigen Mittel zur Zielerreichung geschaffen wurden. Ein solcher Nachweis würde aber weniger gegen die evolutionäre Strategie sprechen, sondern eher dafür, dass die derart handelnde Person möglicherweise aus einer sehr weiten Perspektive heraus gehandelt hat und somit nicht von engen, sondern von sehr weiten Mittelbetrachtungen beeinflusst war, oder dass sie über derart unbeschränkte Mittel verfügte, dass ihr ein solches Handeln möglich war, oder dass sehr viel Glück mit im Spiel war. Ein derartiges Vorgehen kann aber kaum zum Gegenstand einer systematischen Methode gemacht werden. Zielbestimmungen, die offensichtlich unabhängig, d. h. ohne Berücksichtigung der zur Verfügung stehenden Möglichkeiten vorgenommen werden, gehören eher in die Klasse der neurotischen Verhaltensweisen.

2.455 Restrukturierende Behandlung von Daten

In vielen konstruktivistisch orientierten Abhandlungen zum Entscheidungsprozess wird eine detaillierte Ist-Analyse gefordert. Wie im Zusammenhang mit der Ziel-Mittel-Bestimmung bereits gesagt wurde, lässt man sich selbstverständlich zu einem erheblichen Masse von seinen Auffassungen und Meinungen über die tatsächlichen Gegebenheiten lenken. Dennoch ist es eine Illusion, zu glauben, dass es möglich wäre, eine von anderen Erwägungen unabhängige Ist-Analyse zu erstellen. Dies muss zweifellos an der Relevanzfrage scheitern. Jede Beschreibung der Gegebenheiten eines auch noch so kleinen Ausschnittes der Realität kann nur im Lichte einer bestimmten Fragestellung oder einer bestimmten Perspektive sinnvoll gemacht werden, weil jede Beschreibung notwendigerweise selektiv sein muss. Jeder Tatbestand besteht aus unendlich vielen konkreten Gegebenheiten, und nur aufgrund eines bestimmten Standpunktes, der bewusst oder unbewusst verwendet werden mag, kann eine Beantwortung der Frage, was relevant ist und was nicht, möglich sein.

Die vielfältigen Überlegungen, die man im Verlaufe eines komplexen Problemlösungsprozesses mit Bezug auf mögliche Werte und Ziele, denkbare Alternativen, vorstellbare Konsequenzen, Gegebenheiten usw. anstellt, können sich alle in mehr oder weniger starkem Masse verändern. Es gibt in solchen Prozessen keine Faktoren, die a priori als gegeben oder als konstant angesehen werden können mit Ausnahme der Strukturen des Prozesses selbst. Diese Prozessstrukturen müssen aber eben gerade so angelegt sein, dass alle Komponenten offen sind, verändert werden können und erst im Verlaufe des Prozesses nach und nach eingeengt, ergänzt und korrigiert werden und auf diese Weise eine gewisse Form annehmen, die letztlich eine Entscheidung ermöglicht. Jede vorzeitige Festlegung einzelner Komponenten müsste die, dem evolutionären Prozess inhärente Findewahrscheinlichkeit reduzieren.

2.456 Sequentielle Analyse und Evaluation

Die Tatsache, dass in einem evolutionären Prozess nur eine beschränkte Anzahl von Alternativen und nur eine beschränkte Anzahl von Konsequenzen in Erwägung gezogen werden, stellt aus konstruktivistischer Sicht einen erheblichen Nachteil dieser Prozesse dar. Im Prinzip müsste zwar der Hinweis auf die Unmöglichkeit der Durchführung konstruktivistischer Analysen genügen, um diese als Kandidaten für Problemlösungsprozesse ausscheiden zu lassen. In den nächsten drei Abschnitten wird aber gezeigt, dass der genannte Nachteil zumindest wieder aufgehoben werden kann.

Evolutionäres Problemlösen ist permanentes Problemlösen. Viele Abhandlungen zur Problematik von Entscheidungsprozessen gehen von der Fiktion aus, dass Entscheidungen mehr oder weniger gut isolierbare Ereignisse seien. Diese Fiktion kann aber in einer realistischen Betrachtung nicht aufrecht erhalten werden. Jede reale Entscheidung ist ein Ereignis in einer Kette von vor- und nachgelagerten Entscheidungen, oder besser, in einem Netz von vor-, nach- und nebengelagerten Problemsituationen und Entscheidungen. Mit Ausnahme weniger, eher untypischer Fälle, muss der Problemlösungsprozess im Zusammenhang mit sozialen Systemen daher als eine unbegrenzte Serie von Attacken auf Probleme angesehen werden, die sich unter dem Einfluss des Prozesses ständig verändern, die zum Teil durch den Prozess selbst hervorgebracht werden und wo man lediglich gewissermassen als Nebenprodukt hin und wieder von einem „gelösten" Teilproblem sprechen kann.

Jeder Problemlösungsversuch und jede Entscheidung ist somit in eine Problemstruktur und in eine Entscheidungskonfiguration eingebettet, und das faktische Fällen einer Entscheidung trägt dazu bei, die Konfiguration zu stützen oder zu schwächen. Eine Struktur oder Konfiguration ist unbedingt erforderlich, wenn das Gesamtverhalten eines sozialen Systems über längere Zeiträume Kohärenz oder Sinn aufweisen soll, und im Abschnitt über spontane Ordnungen wurde zu diesem Problem ausgeführt, dass die erforderliche Kohärenz durch die Befolgung von Regeln zustande kommt. Die faktische Befolgung von Verhaltensregeln bildet das integrierende Element zeitlich und sachlich auseinanderliegender Problemlösungs- und Entscheidungsakte.

Drucker schreibt zu diesem Problemkreis:

> „We need an integrated decision structure for the business as a whole. There are really no isolated decisions on a product, or on markets, or on people. Each major risk-taking decision has impact throughout the whole; and no decision is isolated in time. Every decision is a move in a chess game, except that the rules of enterprise are by no means as clearly defined. There is no finite ‚board' and the pieces are neither as neatly distinguished nor as few in number. Every move opens some future opportunities for decision, and forecloses others. Every move, therefore, commits positively and negatively."[156]

Entscheidungskonfigurationen sind, wie oben erwähnt wurde, nicht einfach gegeben, sondern sie entwickeln sich in einem Prozess, der mit dem Wachstum eines Biotops vergleichbar ist. Jede willkürlich herausgegriffene und isolierte Entscheidung wird zumindest teilweise deshalb so getroffen, wie man sie trifft, weil man in *früheren* Fällen entsprechend entschieden und somit gewissermassen ein Präjudiz geschaffen hat; gleichermassen wirkt jede in der Gegenwart getroffene Entscheidung in einem gewissen Sinne präjudizierend, denn man erzeugt damit — ob man will oder nicht — gewisse Erwartungshaltungen. Ein typisches Beispiel hierfür ist etwa die Begründung einer Entscheidung mittels der „herrschenden Praxis", die vor allem in juristischen Problemkreisen eine Rolle spielt, von wo man etwa von der „Praxis des Bundesgerichtes" spricht. Aber nicht nur die nach und nach sich herauskristallisierenden Entscheidungsregeln derart wichtiger sozialer Institutionen, wie sie ein oberstes Gericht darstellt, sondern auch die Arbeit jeder kleinen Kommission wird zwangsläufig zu einer gewissen Verhaltens- und Entscheidungspraxis führen, d. h. zu gewissen Regeln der Handhabung von Problemen, die möglicherweise nur sehr schwer artikulierbar sind und deren Wirkung auf zukünftige Probleme nicht immer oder zumindest nicht genau voraussehbar ist, weil diese Wirkung eben nicht nur von den jeweiligen Regeln, sondern auch von den Merkmalen des jeweiligen Problems abhängt. Es handelt sich also um einen typischen evolutionären Prozess, der aufgrund seiner inhärenten Struktur, die durch die faktisch sich bildenden Regeln kristallartig wächst, eine bestimmte Richtung erhält, die aber, genau wie die Struktur selbst, nicht ohne weiteres erkennbar und vor allem nicht einfach sinnlich wahrgenommen, sondern nur gedanklich rekonstruiert werden kann. Auch dieses Problem wurde bereits im Abschnitt über die spontanen Ordnungen behandelt.[157]

---

156 Vgl. Drucker (Technology) 120.
157 Es handelt sich hierbei um einen typischen mustererzeugenden Vorgang, wie er von evolutionär orientierten Forschern in vielen Disziplinen in zunehmendem Masse untersucht wird.
Vgl. u. a. Bresch (Zwischenstufe Leben) 57 ff. und passim; insbesondere 60: „Ein Muster ist das Resultat eines Ketten-Prozesses, bei dem zu jedem Zeitpunkt das schon

Zweifellos gibt es im Verlauf derartiger Prozesse Phasen, die dramatischer ablaufen und solche die einen eher ruhigen Verlauf aufweisen. Die Gründe, die manche Teilprobleme innerhalb solcher Prozesse als wichtig und andere als unwichtig erscheinen lassen, sind ausserordentlich vielfältig und reichen von der Existenzbedrohung eines sozialen Systems bis zu mehr oder weniger willkürlich (z. B. durch Massenmedien) aufgebauschten Scheinproblemen. Ausserdem ist es in manchen Fällen zweckmässig, zwischen einer Insider- und einer Outsider-Betrachtung zu unterscheiden. Was sich dem Publikum möglicherweise als sehr wichtiges Problem darstellt, kann für den mitten in der Situation stehenden Entscheidungsträger unter Umständen von untergeordneter Bedeutung sein und umgekehrt. Von besonderer Wichtigkeit sind aber zweifellos jene Entscheidungen, die erkennbar die zukünftige Richtung des Prozesses bestimmen. Möglicherweise sind solche Entscheidungen sachlich von geringer Tragweite: weil sie aber das zukünftige Verhalten bzw. die zukünftige Entscheidungsfreiheit auf nicht genau abschätzbare Weise tangieren, erhalten sie ihre Bedeutung als Prozessstrukturierungsmittel in metasystemischem Sinne.

Trotz dieser Qualifikationen ist die bedeutsame Feststellung aber darin zu sehen, dass Problemlösen in komplexen Zusammenhängen als permanenter Prozess angesehen werden muss und somit der Begriff der Problemlösung selbst wenig hilfreich ist. Man hat mit Ausnahme von fiktiven Fällen, von Fällen die zu Ausbildungszwecken verwendet werden, und von reinen Spielsituationen kaum je die Möglichkeit, ein Problem zu lösen und es danach zu vergessen. Vielmehr ist man in aller Regel gezwungen, mit der Problemlösung zu leben, und damit auch mit allen Folgeerscheinungen einer sogenannten Problemlösung. Dies ist einerseits ein zusätzliches Erschwernis, das mit dem evolutionären Paradigma verbunden ist. Andererseits bietet aber gerade dieser Sachverhalt dem Entscheidungsträger immer wieder erneut die Möglichkeit, auf eine „Problemlösung" zurückzukommen und Verbesserungen daran vorzunehmen, Folgeerscheinungen zu berücksichtigen, früher unberücksichtigte Faktoren neu zu erwägen und bislang vernachlässigte Alternativen einer sorgfältigen Prüfung zu unterziehen.

Das Bewusstsein des Entscheidungsträgers und die reale Möglichkeit, Folgeprobleme sequentiell behandeln zu können, enthebt ihn der Schwierigkeit, eine endgültige Lösung finden zu müssen, wie das häufig im Rahmen des konstruktivistischen Paradigmas zumindest implizit verlangt wird. Der Problemlöser ist sich darüber im klaren, dass er angesichts hoher Komplexität eine endgültige Lösung nicht finden kann und schon gar nicht eine endgültige optimale Lösung,

---

<small>bestehende Muster die Wahrscheinlichkeiten für die alternativen Möglichkeiten des jeweils folgenden Zufalls bestimmt. Muster wachsen und verändern sich also durch verkettete Zufallsereignisse. Muster sind Bausteinanordnungen, die sich in „selbstbeschränkender Freiheit" entwickeln."</small>

dass er aber immer die Möglichkeit hat, sich auf Nebenwirkungen und Folgeerscheinungen dann zu konzentrieren, wenn diese auftauchen. Auf diese Weise wird die hin und wieder geforderte Zerlegung in Teilprobleme gewissermassen durch den Prozess selbst vorgenommen, bzw. durch den sequentiellen Charakter des Prozesses.

2.457   Remediale Orientierung der evolutionären Strategie

Problemlösen kann zumindest aus zwei grundsätzlich verschiedenen Perspektiven erfolgen. Die Entscheidungen können einerseits aus dem Bestreben resultieren und darauf orientiert sein, möglichst viel Gutes oder Positives zu bewirken, sie können andererseits aber auch darauf gerichtet sein, möglichst viele Mängel zu beseitigen.

Im Zusammenhang mit sozialen Systemen sind grundsätzlich beide Alternativen sinnvoll. Es ist aber zu bemerken, dass, je komplexer die Sachverhalte sind, desto schwieriger es in der Regel ist, zu bestimmen, wie das Gute oder der Fortschritt zu definieren sind und Kriterien hierfür zu finden, während es auf der anderen Seite meistens vergleichsweise einfach ist, festzustellen, welches die Mängel sind, die es zu beseitigen gilt. Bezüglich dessen, was gut ist, wird es auch, mit Ausnahme sehr allgemeiner und abstrakter Bezeichnungen in der Regel sehr schwierig sein, eine Mehrzahl von Entscheidungsträgern zu einem Konsens zu führen, während es mit Bezug darauf, was als Übelstand und Mangel verstanden werden muss, viel einfacher ist, eine Übereinstimmung herzustellen.

Popper bemerkt hierzu:

„It is a fact, and not a very strange fact, that it is not so very diffucult to reach agreement by discussion on what are the most intolerable evils of our society, and on what are the most urgent social reforms. Such an agreement can be reached much more easily than an agreement concerning some ideal form of social life. For the evils are with us here and now. They can be experienced, and are being experienced every day, by many people who have been and are being made miserable by poverty, unemployment, national oppression, war and disease. Those of us who do not suffer from these miseries meet every day others who can describe them to us. This is what makes the evils concrete. This is why we can get somewhere in arguing about them; why we can profit here from the attitude of reasonableness. We can learn by listening to concrete claims, by patiently trying to assess them as impartially as we can, and by considering ways of meeting them without creating worse evils.

With ideal goods it is different. These we know only from our dreams and from the dreams of our poets and prophets. They cannot be discussed, only proclaimed from the housetops. They do not call for the rational attitude of the impartial judge, but for the emotional attitude of the impassioned preacher."[158]

Es ist daher auch nicht weiter überraschend, dass im Bereich sehr komplexer Probleme in der praktischen Politik die Tendenz dominiert, erkannte Misszustände zu beseitigen, anstatt sich mit vagen Ideen der allgemeinen Wohlfahrt zu beschäftigen, obwohl solche Ideen natürlich rhetorisch immer wieder eingesetzt werden und in der Auseinandersetzung ideologischer Richtungen von Bedeutung sind. Es geht hier aber nicht um die Frage, was Entscheidungsträger *sagen*, sondern was sie *tun*. Dies bedeutet nun allerdings nicht, dass es dem Problemlöser verboten sein sollte, Spekulationen über eine bessere Zukunft eines sozialen Systems und über den Fortschritt dieses Systems anzustellen. Aus evolutionärer Sicht wird die Zukunft eines Systems aber dadurch *realisiert*, dass man in der Gegenwart die erkannten Mängel beseitigt und systematisch versucht, unerkannte Mängel aufzudecken. Selbst wenn es gelingt, ein konkretes Fortschrittsbild für die Entwicklung eines sozialen Systems zu bestimmen, so darf doch nicht vergessen werden, dass es die Entscheidungen in der jeweiligen Gegenwart sind, die letztlich den Ausschlag darüber geben ob sich das System dem Zukunftsbild annähert oder nicht, und diese Entscheidungen orientieren sich häufig und mit grösserer Sicherheit an gegenwärtigen Missständen. Anthropomorphisch formuliert könnte man sagen, dass die biologische Evolution während der vergangenen Jahrmillionen auch nicht auf der Grundlage eines ihr vorschwebenden Menschenbildes operierte, sondern die jeweiligen Anpassungsmängel der gerade lebenden Spezies eliminierte und so – ohne es zu wollen, den Menschen produzierte, der selbst keineswegs als Endstation der Evolution betrachtet werden darf, sondern vermutlich ebenfalls nur ein Durchgangsstadium auf einem Pfad ist, dessen Ende niemand kennt und dessen Ergebnisse nicht voraussagbar sind. Möglicherweise wird sich die Evolution in diesem Zusammenhang remedial so orientieren, dass sie den Menschen als Missgeschick und Fehler erkennt und ihrer eigenen Logik zufolge eliminiert.

Diese remediale, gewissermassen negative Strategie, die nicht auf die Herstellung oder Schaffung von etwas Positivem, sondern auf die Beseitigung von Negativem gerichtet ist und dadurch indirekt das Positive erreicht, ist in vielen anderen äusserst wichtigen Bereichen, die hier nur gestreift werden können, von zentraler Bedeutung. Wie schon erwähnt wurde, haben wir keine Kriterien der sozialen Wohlfahrt oder des allgemeinen Guten, wohl aber können Übelstände, Not und Elend erkannt werden. Es gibt kein Kriterium der Wahrheit, wohl aber kann in vielen Fällen festgestellt werden, ob eine Behauptung falsch ist.[159] Daher orientiert sich die wissenschaftliche Forschung auch an der Aufdeckung von Mängeln und Fehlern von Theorien, oder sollte sich zumindest daran orien-

---

158 Vgl. Popper (Conjectures) 361.
159 Vgl. Popper (Society) 369 ff.

tieren.[160] Wir haben keine Kriterien der Gerechtigkeit, wohl aber solche der Ungerechtigkeit, weshalb man eher danach trachten sollte, Ungerechtigkeiten nach und nach schrittweise zu eliminieren, als in einem grandiosen Entwurf Gerechtigkeit schaffen zu wollen.[161] Und schliesslich gibt es keine allgemeinen Kriterien für Freiheit, wohl aber für Unfreiheit, und man kann Freiheit nur schaffen, indem man sukzessive Unfreiheit eliminiert.[162]

Die Schlussfolgerung, dass für das strategische Management gelten muss, was in diesen genannten Bereichen gilt, wäre natürlich für sich genommen unzulässig. Es sind auch hier wieder Argumente, die sich auf die enorme Komplexität und damit die notwendige Begrenzung unseres Wissens beziehen, die letztlich eine Übertragung ermöglichen, ja aufdrängen. Ausserdem ist die Situation in allen diesen Bereichen einschliesslich des Managements so, dass gewisse positive Orientierungen mit Bezug auf die *metasystemischen* Strukturen möglich sind. So wie man beispielsweise Aussagen darüber machen kann, wie die Rechts- und Wirtschaftsordnung eines Staates beschaffen sein sollte, damit die remediale Orientierung konkreter Massnahmen überhaupt möglich ist, damit Ungerechtigkeit, Unfreiheit, Not und Elend überhaupt beseitigt werden können, wie also die Bedingungen für eine evolutionäre Entwicklung aussehen müssen, die auf indirektem Wege durch Ausmerzung des Negativen das Positive erreicht, so kann man im Bereich des Managements Aussagen darüber machen, wie die Strukturen der Unternehmungsführung beschaffen sein müssen, damit das System anpassungsfähig, flexibel, lernfähig usw., kurz – lebensfähig ist.

Wie immer wieder ausgeführt wurde, ist die Struktur des lebensfähigen Systems wie die evolutionären Prozesse auf das Phänomen der Selbstorganisation ausgerichtet. Und ein wichtiges Charakteristikum einer Theorie der Selbstorganisation besteht darin, dass eben die positiven Aussagen häufig die *zu beseitigenden Hindernisse* zum Gegenstand haben, die einer Entwicklung und Entfaltung der Fähigkeiten zur Selbstorganisation im Wege stehen. Typische und praktische Beispiele für diese Denk- und Handlungsweise sind etwa die Organisation und Leitung einer Sitzung oder einer permanenten Arbeitsgruppe. Eine positive Aufzählung aller Faktoren für den Erfolg einer Sitzung oder für das befriedigende Funktionieren einer Arbeitsgruppe ist praktisch nicht möglich, weil man sie erstens nicht kennt und weil sie zweitens zu zahlreich sind. Man kann aber nach und nach die wesentlichsten Hindernisse erkennen und beseitigen; und man kann daraus dann natürlich auch positive Regeln für die Handhabung solcher im wesentlichen selbstorganisierender Systeme ableiten. Fragen wie: Was hindert diese Mitarbeiter daran, zu einem echten Team zu werden?, sind wichtige Heuristiken im Umgang mit komplexen Systemen.

---

160 Vgl. Popper (Logik), (Conjectures) und (Knowledge).
161 Vgl. Hayek (Mirage) 42 ff., (Studien) 114 f.
162 Vgl. Hayek (Verfassung) 13 ff.

2.458 Soziale Fragmentation

Der sequentielle Charakter der evolutionären Strategie und ihre remediale Orientierung bewirken bereits in einem erheblichen Ausmass eine Abschwächung des Nachteiles, der aus der unvermeidbaren Beschränkung auf eine begrenzte Anzahl von Alternativen und Konsequenzen resultiert. Hinzu kommt aber, dass praktisch alle komplexen Problemlösungsprozesse multipersonale Prozesse sind, und dadurch, dass eine Vielzahl von Entscheidungsträgern, Interessenvertretern, Informationsquellen, Ratgebern usw. in einem derartigen Prozess mitwirken, wird die Chance beträchtlich erhöht, dass durch diesen *sozialen Charakter des Prozesses* letztlich doch eine grosse Anzahl von Varianten, Einflüssen und Konsequenzen berücksichtigt wird. Wenn der evolutionäre Prozess sinnvoll gestaltet ist und kontroverse Fragen nicht einfach übergangen oder überspielt werden können, dann ist eine hohe Gewähr dafür gegeben, dass im Verlauf eines derartigen Prozesses eine sehr grosse Zahl unterschiedlicher Standpunkte und Meinungen aufgeworfen wird und somit eine reelle Chance für die verschiedenen Auffassungen besteht, im Prozessablauf entscheidungsbestimmend wirken zu können.

Es geht dabei natürlich nicht um die eher primitive Form von Mehrheitsentscheidungen durch Abstimmungsverfahren, womöglich sogar durch offene Abstimmungen. Ein „sozialer Prozess" ist eine „schrittweise Entwicklung, die bessere Lösungen hervorbringt, als ein bewusst entworfener Plan".[163] Eine Mehrheitsentscheidung durch Abstimmung mag zwar eine Reihe anderer Zwecke erfüllen, sicher aber leistet sie nicht das, was ein derart verstandener sozialer Prozess leistet. Ein sozialer Prozess, gleichgültig ob er sich in einer kleinen Gruppe abspielt oder Millionen von Menschen involviert, ist durch extrem intensive Interaktionen gekennzeichnet, unter deren Einfluss Handlungen, Meinungen, Vorstellungen, Vermutungen usw. vielfältigen Modifizierungen, gegenseitigen Anpassungen und Entwicklungen unterworfen sind. Solche Prozesse bedürfen für ihre bewusste Ingangsetzung und Lenkung jener Art von Einflussnahme, die in Abschnitt 2.21 als *„Kultivierung"* bezeichnet wurde. Erfahrene Politiker sind sich des Umstandes durchaus bewusst, dass es zu ihrem Handwerkszeug gehört, Meinungen und Tendenzen zu kultivieren und zu pflegen, und ähnlich wissen Top-Führungskräfte in vielen Arten von sozialen Systemen, dass es oft eines langwierigen Meinungsbildungsprozesses bedarf, bis eine Entscheidung reif ist.[164]

Dabei kann selbst derjenige, der in dieser Art der Einflussnahme sehr erfahren ist, nicht davon ausgehen, dass das letztlich sich ergebende Resultat seinen eigenen Wünschen nahe kommt oder gar entspricht. Wahrscheinlich entspricht

---

163 Vgl. Hayek (Verfassung) 135.
164 Vgl. gerade hierzu nun die Untersuchungen von Quinn (Change); siehe auch FN 147.

das effektive Ergebnis keiner einzigen der zahlreichen, in einem solchen Prozess vertretenen Auffassungen zur Gänze. Das Ergebnis wird aber auch nicht, jedenfalls nicht in einem einfachen Sinne, die Summe all dieser Auffassungen sein. Aber selbst wenn letztlich eine Entscheidung zustande kommt, die keinem der aufgeworfenen Standpunkte voll Rechnung trägt und damit auch nicht zur Gänze der Vorstellung irgendeines einzelnen Beteiligten entspricht, so wird die Entscheidung doch von allen Standpunkten in dem Sinne beeinflusst sein, dass sie möglicherweise völlig anders ausgefallen wäre, wenn der betreffende Standpunkt nicht in die Diskussion eingebracht worden wäre. Es handelt sich in diesem Fall um ein typisches Beispiel dafür, dass soziale Ereignisse zwar ein Ergebnis menschlicher Handlungen sein können, trotzdem aber nicht ein Ergebnis menschlicher Absicht zu sein brauchen.[165]

Watkins schreibt in dem Zusammenhang beispielsweise:[166]

„Unsere ... These besagt, dass Entscheidungen die Ereignisse gestalten, nicht aber dass diejenigen, die die Entscheidungen treffen, die Ereignisse *beherrschen*. Mit dieser These ist es vollkommen vereinbar, dass das tatsächliche Ergebnis einer Menge von Entscheidungen sehr verschieden ist von dem, was nach Absicht jeder der beteiligten Personen geschehen sollte. Selbst im Falle eines kleinen Komitees gleichgesinnter Menschen kann es leicht passieren, dass man sich schliesslich auf eine Politik einigt, die sich bedeutend von jeder Politik unterscheidet, die angenommen worden wäre, wenn irgendein Mitglied seinen Willen hätte durchsetzen können. Und dort, wo die Zahl der Leute gross ist, die in eine soziale Situation verwickelt sind, und wo diejenigen, die entscheiden, verstreut und verschiedenartig sind, wird es höchst unwahrscheinlich, dass das kollektive Resultat ihrer Entscheidungen so etwas wie eine Projektion im grossen Massstab der Intentionen irgend eines Beteiligten darstellt. Aber es wird dennoch das Resultat *ihrer Entscheidungen* sein. Obwohl es das Resultat *aller* ihrer Entscheidungen ist, kann im übrigen die Richtung, in der es liegt, von *einzelnen* Entscheidungen abhängen und zwar in dem Sinne, dass wenn eine von ihnen anders gewesen wäre, ein radikal anderes Resultat entstanden wäre. – Das Fass wurde durch *alle* Tropfen zum Überlaufen gebracht, aber es war das Hinzufügen des letzten Tropfens, das den entscheidenden Unterschied machte."

Ein Politiker oder Manager wird daher während des ganzen Prozesses nicht nur versuchen, Einfluss zu nehmen, Impulse zu geben und die Richtung zu steuern, sondern er wird ebenso intensiv zu erspüren versuchen, welche Tendenzen, Stimmungen und Meinungen dominierend werden könnten, welche Meinungen keine Chancen haben usw. Auf diesem Gebiet erfahrene Manager, Politiker usw. wissen, wenn vielleicht nicht bewusst, so doch intuitiv, dass sie es mit einem

---

165 Man erinnere sich an die Diskussion spontaner Ordnungen in Abschn. 2.22.
166 Vgl. Watkins (Entscheidung) 315, Hervorh. im Orig.

hochkomplexen System zu tun haben, das oft überraschend und unvorhergesehen reagieren kann; sie wissen, dass zwar gewisse Steuerungsmöglichkeiten gegeben sind, dass das System aber auch eine ausserordentlich starke Eigendynamik aufweist, gegen die man in der Regel nicht ankommt, die man aber bei geschicktem Verhalten für sich ausnutzen kann. Sie versuchen mit anderen Worten jene von Beer so oft erwähnte „entropic drift" auszunützen, indem sie die Richtung der Entwicklung abschätzen, die den Prozess entsprechend dem polystabilen System von Ashby [167] von einem Zustand in den nächsten überführt, bis er zumindest vorläufig in einer stabilen Zone zur Ruhe kommt.

Man kann das Ergebnis solcher Prozesse nicht im Detail voraussagen; es handelt sich um jene schon besprochenen Entdeckungsprozesse, die nicht notwendig wären, wenn man ihr Ergebnis schon im voraus wüsste oder bestimmen könnte, die aber eben in komplexen Situationen unerlässlich sind. Vertreter des konstruktivistischen Problemlösungsparadigmas versuchen häufig, ihre rationalistischen Methoden und Techniken in solchen Situationen einzusetzen, um die „Irrationalität" eines sozialen Prozesses durch „bessere" Vorgehensweisen zu ersetzen. Abgesehen davon, dass sie in aller Regel ihre Methoden und Denkweisen nur bei gleichzeitiger Verwendung äusserst restruktiver und meistens wirklichkeitsfremder Bedingungen und Annahmen einsetzen können, weil ihnen zu wenig Informationen zur Verfügung stehen, weil sie die wichtigen Dinge nicht messen können usw., sind sie oft meistens sehr erstaunt, wenn das betroffene soziale System ihre „Rationalität" entschieden und mit Überzeugung ablehnt. Komplexe selbstorganisierende Systeme oder spontane Ordnungen haben ihre eigene Rationalität, die aus eben ihrer Eigenschaft der Komplexität resultiert und nur im Rahmen eines evolutionären oder kybernetischen Paradigmas einigermassen erfasst werden kann.

Auch Computer sind hier, wie im Zusammenhang mit dem Bremerman'schen Limit gezeigt wurde, nutzlos, wenn man versucht, mit ihrer Hilfe die Details sozialer Prozesse zu erfassen. Der soziale Prozess oder die spontane Ordnung ist selbst ein Computer, der eben jene Ergebnisse produziert, die man nicht im voraus berechnen kann, die aber durch die Operation des Prozesses zutage gefördert werden. Elektronische Computer können allerdings mit Vorteil eingesetzt werden, wenn man sie zur Abbildung der wesentlichen *strukturellen* oder kybernetischen Merkmale verwendet, um damit die Richtung der entropischen Drifts besser bestimmen und die wirksamsten Beeinflussungsstrategien ermitteln zu können.

Wie erwähnt wurde, sind Mehrheitsentscheide, die durch formale Abstimmungen zustande kommen, kein Ersatz für die hier diskutierte Art sozialer Prozesse. Allerdings kann am Schluss eines solchen sozialen Prozesses, wenn seine Dynamik schliesslich in eine stabile Zone führt, durchaus eine Abstimmung stehen, die dann allerdings nur noch die Funktion einer Ergebnis*feststel-*

---

[167] Vgl. Ashby (Brain) 171 ff.

lung nicht aber einer Ergebnis*bildung* hat. Diese beiden Funktionen von Abstimmungen werden häufig verwechselt; man kann sogar sagen, dass gewisse Formen der modernen Demokratie diese Verwechslung institutionalisiert haben und es daher nicht überrascht, wenn die Qualität der Problemlösungen immer schlechter wird. Auch im kleineren Rahmen, bei Konferenzen usw. wird sehr häufig beobachtet, dass Abstimmungen bewusst oder unbewusst als Instrument der Meinungsbildung und nicht der Meinungsfeststellung eingesetzt werden. Dies ist ungefähr so, wie wenn man glauben würde, dass das Messen der Körpergrösse eines Kindes mit einem Meterstab sein Wachstum beeinflussen könne und das Kind misst, damit es wächst.

2.46 Zusammenfassung

Die Diskussion dieses Abschnittes kann mit Hilfe eines einfachen Diagrammes zusammengefasst werden.[168] Die beiden Koordinaten (vgl. Abb. 2.4(5)) repräsentieren einerseits das Ausmass des in einer Situation möglichen Verständnis-

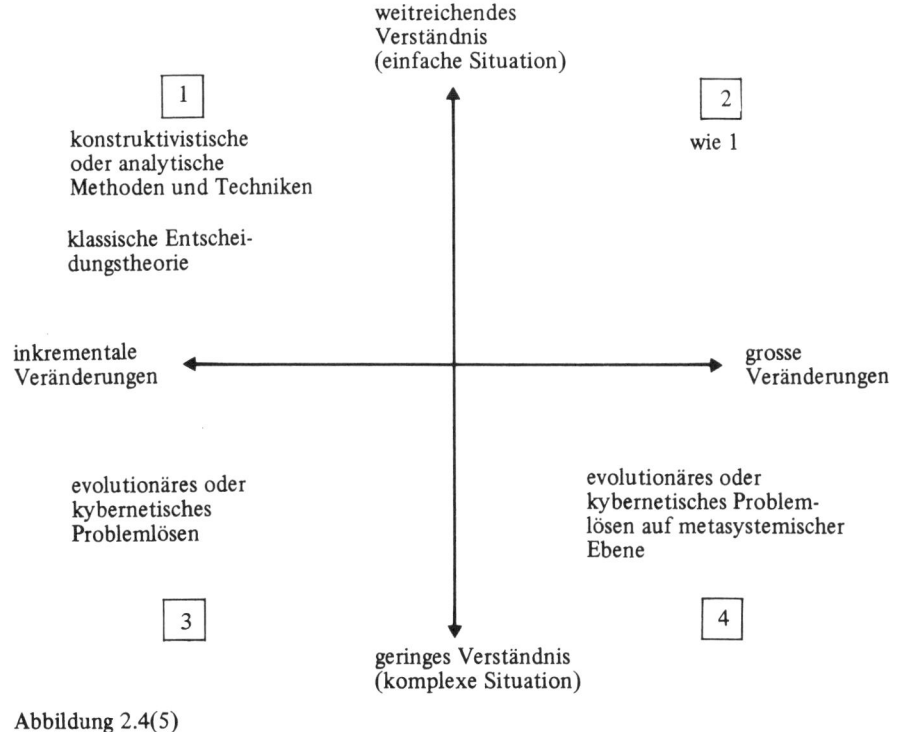

```
                        weitreichendes
                        Verständnis
                        (einfache Situation)
                              ▲
        ┌─┐                   │                    ┌─┐
        │1│                   │                    │2│
        └─┘                   │                    └─┘
   konstruktivistische        │              wie 1
   oder analytische           │
   Methoden und Techniken     │
                              │
   klassische Entschei-       │
   dungstheorie               │
                              │
   inkrementale               │                    grosse
   Veränderungen  ◄───────────┼───────────────►    Veränderungen
                              │
                              │
   evolutionäres oder         │              evolutionäres oder
   kybernetisches             │              kybernetisches Problem-
   Problemlösen               │              lösen auf metasystemischer
                              │              Ebene
        ┌─┐                   │                    ┌─┐
        │3│                   ▼                    │4│
        └─┘             geringes Verständnis       └─┘
                        (komplexe Situation)
```

Abbildung 2.4(5)

168 In Anlehnung an Braybrooke/Lindblom (Strategy), S. 67 u. 68.

ses für eben diese Situation und andererseits das Ausmass von Veränderungen. Es wurde ausgeführt, dass in wirklich komplexen Situationen das menschliche Verständnis und das Wissen um die Zusammenhänge unvermeidbar gering ist. Es wurde gezeigt, dass der Mangel an Wissen in komplexen Situationen keine Frage vorübergehender technologischer Beschränkung, sondern dass dieser Mangel an Information eine nicht zu beseitigende Tatsache ist, die schwerwiegende Konsequenzen für die Gestaltung und Lenkung von komplexen Systemen hat.

In einfachen Situationen kann ein relativ weitgehendes Verständnis für die Zusammenhänge erworben werden. Daher ist in solchen Situationen auch der Einsatz konstruktivistischer (analytischer, synoptischer) Methoden möglich. Weil in derartigen Fällen in der Regel auch die Konsequenzen von Handlungen überblickt werden können, können auch Veränderungen grossen Ausmasses ausgelöst werden. In komplexen Situationen ist man hingegen auf eine evolutionäre Strategie angewiesen, die aus konstruktivistischer Perspektive zwar keine idealen Resultate bringt, in diesen Situationen aber praktisch angewendet werden kann.

3. Strategien des Komplexitäts-Managements

3.1 Die Realität des strategischen Verhaltens von Managern

> An effective general manager
> is an expert juggler.
>
> Richard S. Sloma
>
> Science is truth: don't be
> misled by facts.
>
> Finagle's Creed

Man darf sich die Strategie der Beeinflussung oder gar Beherrschung komplexer Systeme nicht einfach als Sammlung von Rezepten und als eine Vorgehensweise vorstellen, die in ein simples Schrittschema gefasst werden könnte. Der erfolgreiche Umgang mit komplexen Systemen setzt vielmehr weitgehenden Einblick in das Funktionieren dieser Systeme und ihrer Gesetzmässigkeiten voraus. Das zweite Kapitel zielte darauf ab, solche Einsichten zu vermitteln, die zusammenfassend wie folgt formuliert werden können:

1. Einsicht in das Problem der Komplexität als solches, in die Möglichkeiten des Umgangs mit Systemen, die die Eigenschaft hoher Komplexität haben, deren Ursachen in ihrer Eigendynamik sowie Interaktionsdynamik mit anderen Systemen liegen.
2. Einsicht in das Phänomen der Entstehung und Schaffung von Ordnung durch Regeln, die Möglichkeiten der Orientierung, die dadurch entstehen und die Kultivierung von Orientierungsleistungen erbringenden Ordnungen.
3. Einsicht in die Ablaufmerkmale von Problemlösungs- und Informationsgewinnungsprozessen, die sich in komplexen Verhältnissen abspielen.
4. Einsichten in die Möglichkeiten der Lenkung von komplexen Systemen bzw. Gründe für deren Unlenkbarkeit.

Kapitel 2 war im wesentlichen theoretischer Natur, und die Schlussfolgerungen, die sich ergeben, resultieren aus theoretischen Überlegungen, die sich vor allem auf die konsequente Anerkennung der Komplexität realer Systeme stützen.

Es lässt sich aber meines Erachtens nicht übersehen, dass diese Überlegungen deutliche Parallelen zu den Ergebnissen von empirischen Untersuchungen über das tatsächlich beobachtete Verhalten von Managern aufweisen, die in den letzten Jahren veröffentlicht wurden. In der Flut der Literatur, die sich im wesentlichen mit der Frage beschäftigt, wie sich Manager verhalten *sollten,* ist die Frage, wie sie sich denn *wirklich verhalten,* was sie wirklich tun, eine Seltenheit. Die Ergebnisse sind überraschend und wichtig.

So hat Mintzberg[1] bereits 1973 eine Untersuchung veröffentlicht, die zeigte, dass die wirkliche Tätigkeit von Führungskräften wesentlich von dem Bild verschieden ist, das man sich aufgrund der Literatur und der darin enthaltenen Verhaltensempfehlungen zu machen pflegt. Besonders auf den strategischen Kontext bezogen ist eine Arbeit von Quinn[2], der die Frage untersucht, wie Manager wirklich zu Strategien kommen, wie sie dabei vorgehen und was die wirklichen Resultate sind. Seine Untersuchungen haben zu interessanten Ergebnissen geführt, die sich mit Beobachtungen decken, die ich selbst im Rahmen der Zusammenarbeit mit grösseren und kleineren Unternehmungen machen konnte, die sich auf wichtige und grundsätzliche Fragen des Managements bezogen, wie Strategieprobleme, Unternehmungsstrukturfragen, Akquisitionen, Probleme der mittel- bis langfristigen Unternehmungsentwicklung und dergleichen.

Folgende Beobachtungen sind in diesem Zusammenhang relevant:

1. Grosse Teile der Managementliteratur über Planung im allgemeinen und strategische Planung im besonderen sind auf die Ausarbeitung und Verfeinerung einer Vorstellung von Planung ausgerichtet, die *nicht* so funktioniert, wie ihre Erfinder und Vertreter glauben, hoffen oder fordern.

2. Die meisten wirklich wichtigen strategischen Entscheidungen kommen ausserhalb der formalen Planungssysteme zustande und dies selbst in Unternehmungen mit einer durchaus planungsfreundlichen Einstellung und hochentwickelten Planungssystemen.

3. Manager sind meistens nicht mit strategischen Entscheidungen unmittelbar beschäftigt, sondern mit den Bedingungen ihres Zustandekommens; mit den Voraussetzungen für die Entstehung von Konsens; mit dem Ausbalancieren opponierender und konkurrierender Gruppen im Unternehmen; der Kultivie-

---

1 Mintzberg (Natur) passim.
2 Quinn (Strategies).

rung des Bewusstseins und der Sensibilität wichtiger Meinungsmacher für strategische Fragen; sowohl mit der Reduzierung von Ungewissheit und Unsicherheit durch vorläufige, versuchsweise und provisorische Hinweise auf gewisse Entscheidungsrichtungen wie auch mit der Schaffung von Ungewissheit und Offenheit durch bewusstes Offenlassen wichtiger Fragen, wenn Meinungsbildungsprozesse zu schnell zu einem Abschluss tendieren; mit der Verstärkung richtig erscheinender Meinungen durch Formen der Ermunterung und der Abschwächung anderer durch entsprechend gegenteilige Signale. Ihr Denken und Handeln bewegt sich simultan in mehreren, verschiedenen Zeitspannen oder Zeithorizonten, die sie manchmal zu synchronisieren versuchen, manchmal aber auch bewusst voneinander getrennt halten. Sie operieren entgegen den Lehrbuchforderungen selten mit klaren Zielsetzungen. Viel eher arbeiten sie mit Grobumschreibungen, oft nur Richtungen, Tendenzen und allgemeine Bereiche andeutenden Hinweisen und nicht selten sind diese negativer, ausschliessender Art, etwa im Sinne von Äusserungen wie, „. . . dies scheint mir kein vielversprechender Weg zu sein . . .", „. . . da sollten wir uns vielleicht eher heraushalten . . ." usw. Vieles bewegt sich im Stadium des Laut-Denkens und der versuchsweisen Äusserung einer Meinung, um zu sehen, wie andere darauf reagieren.
Dieses Verhalten hat oft keinen anderen Zweck, als Prozesse der Auseinandersetzung mit strategischen Fragen in Gang zu setzen oder in Bewegung zu halten, die Dynamik des Systems zu stimulieren, um (a) seine Natur besser kennenzulernen; (b) seine spezifischen Reaktionsweisen auf bestimmte Probleme, Fragen und Angelegenheiten herauszufinden und (c) die Chance zu schaffen, dass das System aus eigener Dynamik günstige Zustandskonstellationen produziert, die entsprechend genutzt werden können.
Es wäre allerdings falsch, anzunehmen, diese Führungskräfte wüssten bereits im voraus, was richtig ist und was sie wollten, hätten also ihre Strategie bereits gemacht und würden sich lediglich aus taktischen Gründen noch in der beschriebenen Weise verhalten. Es mag solche Fälle geben; eine zutreffendere und den Realitäten besser entsprechende Interpretation scheint mir aber die zu sein, dass wir es mit homöostatischen Interaktionsprozessen mehrerer, in sich selbst komplexer Systeme zu tun haben, deren Grenzen, Strukturen und Charakteristika nicht genau bestimmbar sind, sie sich aber im Zuge des Interaktionsprozesses und unter dessen Einfluss formen, gewissermassen sich selbst besser kennen- und verstehenlernen, in dem sie das System, dessen Bestandteil sie sind, besser kennen- und verstehenlernen, das sich ihnen allerdings auch nicht in fertiger Form darbietet, sondern wiederum nur durch die Interaktionen mitteilt bzw. daraus erschlossen werden kann.

Das generelle Verhaltensmuster der von Quinn untersuchten Manager kann aus kybernetischer Sicht so charakterisiert werden, dass sie die natürliche Selbstorganisationsdynamik des Systems nutzen und stimulieren, um günstige Bedingungen für die Entstehung strategischer Entscheidungen zu schaffen, ohne dabei aber wesentlich in die Details einzugreifen. Die Studie ist ein sehr gutes Beispiel und eine Bestätigung für die hier vertretene Konzeption metasystemischen Managements auf der Basis einer gründlichen und intimen Kenntnis der systemischen Natur von komplexen sozialen Institutionen.

Offensichtlich besteht diesen Studien zufolge ein deutliches, ja sogar krasses Missverhältnis zwischen den Forderungen der Lehrbücher und dem tatsächlichen Verhalten. Die Tatsache des von den Empfehlungen der Literatur abweichenden Verhaltens von Führungskräften bedarf der Interpretation und Erklärung. Eine mögliche Begründung könnte darin bestehen, dass diese Manager entweder zu wenig in den empfohlenen Planungs- und Entscheidungsmethoden ausgebildet seien, um sie zu beherrschen und daher anzuwenden. Ein anderes Argument könnte etwa lauten, dass sich hier eben die Irrationalität der menschlichen Natur gegen die Rationalität der Vernunft (leider) durchzusetzen vermag.

Ich meine hingegen, dass diese Manager die wahre Natur der Systeme, die sie unter Kontrolle zu halten haben, wirklich verstehen oder jedenfalls besser verstehen als diejenigen Wissenschafter, die ihnen aus der Einfachheit und Überschaubarkeit ihrer Studierstuben Empfehlungen für rationales Verhalten erteilen, nicht selten ohne jemals ein komplexes Problem wirklich in der Realität behandelt zu haben. Was aus der Perspektive des einfachen Systems rational sein mag, ist wahrscheinlich im Kontext des komplexen Systems gerade irrational, und deshalb tun aller Vermutung nach die guten Führungskräfte in der Praxis zwar etwas völlig anderes, aber richtigeres, als sie gemäss Lehrbuch tun sollten. Sie überwinden auf ihre Weise das klassisch-konstruktivistische Rationalitätsideal einschliesslich seiner gleichzeitig bestehenden Beschränktheit und Anmassung.

In diesem Zusammenhang stellen sich aber die folgenden Fragen:

1. Vieles, was diese Führungskräfte tun, scheint ihrer eigenen bewussten Reflexion nicht zugänglich zu sein. Sie verhalten sich zwar systemisch richtig, wissen aber häufig nicht, warum. Aufgrund von Erfahrungen scheint sich ein intuitives Gespür für die Situation entwickelt zu haben. Wie aber kann diese Erfahrung tradiert werden; wie kann sie gelernt und möglicherweise gelehrt werden? In diesem Kapitel möchte ich versuchen, für die Lösung dieses Problems einige Vorschläge zu machen.

2. Das Verhalten von, an sich systemisch zweckmässig handelnden Managern ist oft doch nicht frei von gewissen Zügen der Unberechenbarkeit und fehlenden Systematik. Im Ansatz sinnvolles strategisches Verhalten im Umgang mit komplexen Systemen kann zu einem konfusen Taktieren und Lavieren werden. Meine Vermutung ist, dass Klarheit über das Modell lebensfähiger Systeme von deutlichem Nutzen sein kann, weil dieses Modell Komplexität

strukturiert und kanalisiert. Je besser ein Manager es versteht, seine Unternehmung in der Sprache dieses Modells zu begreifen, um so leichter wird es ihm möglich sein, sein Verhalten in die wirklichen Regulationsmechanismen einzufügen und zwar auch dann, wenn das Modell nicht offizielle Unternehmungsstruktur ist.

3. Ein weiterer Fragenkomplex wird aufgeworfen, wenn Manager sich zwar systemisch adäquat verhalten, ihr eigenes Verhalten aber im Lichte der Lehrbuchempfehlungen für falsch oder jedenfalls für suboptimal halten und es in Richtung auf diese zu ,,verbessern" trachten.

Dieser Versuch enthält alle Voraussetzungen, zu einer Double-Bind-Situation[3] zu führen und damit zu schweren Konflikten. Es ist für mich immer wieder erstaunlich, wie erleichtert Führungskräfte reagieren, wenn man ihnen zu verstehen gibt, dass ihre gewissermassen ursprüngliche Verhaltensneigung durchaus vernünftig sein kann und sich nicht notwendigerweise am Standard von in Büchern und Seminaren vertretenen Vorstellungen messen lassen muss.

3.2 Strategiealternativen

> ...the only possibility of transcending the capacity of individual minds is to rely on those super-personal ,,self-organizing" forces which create spontaneous orders.
>
> Friedrich von Hayek

Die Ausführungen des zweiten Teiles bezogen sich schwerpunktmässig auf *zwei Arten von Ordnungen oder Systemen* und auf *zwei Arten des Problemlösens*. Sowohl die Systemarten wie die Problemlösungsarten sind Mittel zur Komplexitätsbewältigung, jedoch unterschiedlich effiziente Mittel. Wie im folgenden noch zu zeigen sein wird, bedingen sich gewisse Systemarten und gewisse Problemlösungsarten gegenseitig. Es muss daher hier zunächst untersucht werden, welche grundsätzlichen Kombinationsmöglichkeiten zwischen Ordnungs- oder Systemformen und Problemlösungsprozessen denkbar sind. In Abbildung 3.2(1) sind diese Kombinationsmöglichkeiten festgehalten. Dies sind

---

3 Vgl. Bateson (Ecology) 271 ff. sowie Watzlawick/Beavin/Jackson (Kommunikation) 194 ff.

gleichzeitig die grundlegenden Alternativen für den Umgang mit Systemen, grundlegende Strategien, die, wie unschwer zu erkennen ist, Grundformen der Organisation und Steuerung sozialer Systeme sind, deren Hintergrund von je verschiedenen Philosophien und Ideologien über die Natur des Menschen und der Gesellschaft gebildet wird.

		Problemlösungsarten	
		analytisch konstruktivistisch	evolutionär kybernetisch
Ordnungs-(System-) arten	taxisch	1 klassische Management- und Verwaltungslehre	3 Versuch, die gegebenen Organisationsformen flexibler und anpassungsfähiger zu machen; Organisationsentwicklung, Job-Enrichment, Job-Enlargment usw.
	polyzentrisch, spontan, selbstorganisierend	2 tatsächliche Situation; Verschlimmbesserung durch analytische Verfahren; Degeneration der Spontaneität	4 kybernetisch orientierte, evolutionäre Managementlehre

Abbildung 3.2(1)

Zu den einzelnen Feldern dieser Matrix gäbe es daher aus gesellschaftstheoretischer und ideengeschichtlicher Sicht sehr viel zu sagen;[4] hier kann allerdings nur das Notwendigste behandelt werden. Auf der Kombination *taxischer Ordnungsformen* die, wie ausgeführt wurde, auf bewusster Gestaltung, Planung im Detail sowie Befehl und Anweisung beruhen, mit der *analytischen Form des Problemlösens und Entscheidens,* beruht der weitaus grösste Teil der herkömmlichen Managementlehre einschliesslich der verschiedenen Arten der Verwaltungslehre. Man geht davon aus, dass soziale Systeme in bewusster Absicht von

---

4 Im wesentlichen geht es dabei um die Kontroverse zwischen dem klassisch-konstruktivistischen Rationalismus und seinen Spielarten einerseits und dem, dessen Begründungs- und Gewissheitsansprüche aufgebenden, an prinzipiellem Fallibilismus orientierten revisionistischen, kritischen Rationalismus. Vgl. hierzu vor allem Hayek (Law) (New Studies), sowie Albert (Praxis).

Menschen zur Erfüllung bestimmter Zwecke geschaffen werden, dass straffe, meistens hierarchische Organisationsformen, klare Unterstellungsverhältnisse und eindeutige Informations- und Befehlskanäle notwendig sind, um das Funktionieren eines Systems zu garantieren. Die Problemlösungsprozesse folgen den organisationalen Routineverfahren und beruhen auf der Annahme, dass für jede Entscheidung die notwendigen Informationen durch ein entsprechend gestaltetes formales Informationssystem beschafft werden können. Die Prozessabläufe sind von der konstruktivistischen Rationalitätsidee geprägt, d. h. es wird angenommen, dass bewusste Planung und Gestaltung sowie ausgeklügelte Berechnungsverfahren zu optimalen Ergebnissen führen.

Aus der Perspektive der geschichtlichen Entwicklung der Gesellschaftslehre ist diese Kombination von Systemgestaltung und Problemlösungsverfahren von fundamentaler, wenn auch verhängnisvoller Bedeutung.

Die im folgenden zitierten Worte Platons sind charakteristisch für die dieser Kombination entsprechenden Gesellschaftsform:

„Das erste Prinzip von allen ist dieses: Niemand, weder Mann noch Weib, soll jemals ohne Führer sein. Auch soll Niemandes Seele sich daran gewöhnen, etwas ernsthaft oder auch nur im Scherz auf eigene Hand allein zu tun. Vielmehr soll jeder, im Kriege und auch mitten im Frieden, auf seinen Führer blicken und ihm gläubig folgen. Und auch in den geringsten Dingen soll er unter der Leitung des Führers stehen. Zum Beispiel er soll aufstehen, sich bewegen, sich waschen, seine Mahlzeiten einnehmen, pünktlich nur, wenn es ihm befohlen wurde. Kurz, er soll seine Seele durch lange Gewöhnung so in Zucht nehmen, dass sie nicht einmal auf den Gedanken kommt, unabhängig zu handeln, und dass sie dazu völlig unfähig wird."[5]

Das zweite Matrixfeld ergibt sich aus der Kombination der *polyzentrischen* oder *spontanen Ordnungsform* mit dem *analytischen Problemlösungs*paradigma. Diese Situation entspricht weitgehend der gegenwärtigen sozialen Wirklichkeit. Wie die früheren Ausführungen gezeigt haben, sind in sozialen Systemen zwar taxische Ordnungsformen zu finden, doch basiert ihre wirkliche Funktionsfähigkeit wesentlich auf ihrem polyzentrischen Charakter. Die spontane Ordnungsform sozialer Systeme, ihre selbstorganisierenden Tendenzen, setzen sich gewissermassen gegen die Absicht der an taxischen Ordnungsformen orientierten Organisatoren durch. Gerade weil aber das reale Ergebnis der Gestaltungsbemühungen nicht den ursprünglichen Absichten entspricht, werden die resultierenden Ordnungsformen häufig als chaotisch oder zumindest mangelhaft und ineffizient betrachtet. Aus diesem Grunde versucht man, mit analytisch oder konstruktivistisch ausgerichteten Problemlösungs- und Entscheidungsprozessen in die spontanen Ordnungen einzugreifen, um diese zu verbes-

---

5 Platon von Athen, zitiert nach Popper (Gesellschaft I) 29.

sern. In den meisten Fällen ergibt sich dadurch aber lediglich eine *Verschlimmbesserung,* d. h. unter dem Einfluss konstruktivistischer Problemlösungsprozesse werden die spontanen selbstorganisierenden Tendenzen behindert, und schliesslich degeneriert die polyzentrische Ordnung zu einer taxischen Ordnungsform mit entsprechend geringer Flexibilität und mangelndem Anpassungsvermögen.

Die Kombination des dritten Matrixfeldes, d. h. das Zusammenwirken *taxischer Ordnungsformen* mit *evolutionären Problemlösungs- und Entscheidungsprozessen* wird in der neueren Managementliteratur immer öfters behandelt. So scheint beispielsweise das Konzept der Organisationsentwicklung, aber auch die Ideen des Job-Enrichment und des Job-Enlargement, sowie der kooperative Führungsstil, zu einem grossen Teil zu dieser Kombination zu gehören. Es ist aber fast unvermeidlich, dass evolutionär orientierte Problemlösungsprozesse in taxischen Ordnungsformen nicht wirklich zur Anwendung gebracht werden können, weil die gesamte Denk- und Wahrnehmungsweise der Organisationsmitglieder einer taxischen Ordnung, sowie deren organisationale Effizienzkriterien auf das konstruktivistische Problemlösungsparadigma ausgerichtet sind. Zwar gibt es Beispiele dafür, dass durch diese Kombination einzelne polyzentrische Zellen in einer taxischen Ordnung entstehen, doch deutet die Erfahrung eher darauf hin, dass die evolutionären Problemlösungsprozesse nach und nach wieder analytisch werden. Viele ernsthafte Reformversuche in Unternehmungen, wie in gesellschaftlichen Bereichen, dürften letztlich an dieser Problematik gescheitert sein.

Das vierte Matrixfeld kombiniert schliesslich die *spontane Ordnungsform* mit dem *evolutionären Problemlösungsparadigma.* Diese Kombination ist heute wesentlicher Bestandteil der neodarwinistischen Evolutionstheorie sowohl im Bereich der biologischen wie der sozialen Entwicklung. Auf dem Gebiet des Managements ist es vor allem die kybernetisch ausgerichtete oder systemorientierte Literatur, die sich mit dieser Kombination beschäftigt.

Die aus der Kombination von spontanen Ordnungsformen und evolutionären Problemlösungsprozessen entstehenden Vorstellungen führen jedoch im allgemeinen zu folgendem Einwand: es wird zwar zugestanden, dass dies eine unter Umständen in Betracht kommende Alternative für gewisse Bereiche der Gesellschaft sein mag, dass aber dort, wo es um *zweckorientierte* Systeme gehe, wenn die Erreichung ganz bestimmter Ziele und die Erbringung ganz bestimmter Leistungen den Existenzzweck des Systems bilden, die Dinge doch nicht sich selbst überlassen werden könnten, denn nichts in diesem Sinne Zweckorientiertes könne von selbst entstehen. Auf der Grundlage derartiger Überlegungen wird dann zum Beispiel darauf hingewiesen, dass Unternehmungen ja nicht von selbst entstünden, sondern Resultat zweckorientierter menschlicher Handlungen seien.

Ein Rückblick auf Kapitel 2 wird zeigen, dass Einwände dieser Art dort weitgehend beantwortet sind. Der spontane Charakter einer Ordnung und der evolutionäre Verlauf eines Problemlösungsprozesses schliessen selbstverständlich nicht aus, dass zweckorientierte, absichtsgeleitete Handlungen vorkommen. Die Frage ist aber ganz im Gegenteil, ob das Resultat solcher Handlungen den sie leitenden Zwecken entspricht bzw. in welchem Ausmass es dies tut.

Das Paradoxon, das hier zu bestehen scheint, dürfte sich auflösen, wenn wir beachten, dass selbstorganisierende Systeme ebenfalls organisiert werden müssen, allerdings nicht auf derselben Ebene, auf der sich die Selbstorganisation abspielt, sondern auf der Metaebene. Wir müssen also in zweckorientierter und absichtsvoller Weise, das System durch Anordnungen einer bestimmten logischen Kategorie so organisieren, dass es sich im Kontext einer anderen logischen Kategorie selbst organisieren kann. Beer formuliert dies wie folgt:

„A self-organizing system is by definition one on which organization is not imposed. And yet it must be designed so that it *is* self-organizing. There is an apparent contradiction ... But the contradiction is not real; and considered as a technical problem in cybernetics the difficulty is easy to resolve. That is, one designs a free, self-organizing system by using a language of logically higher order than that of the system designed; and our mathematical apparatus for doing this leads us to talk of ‚metalinguistic' criteria and ‚metasystemic' regulators."[6]

Etwas vereinfacht formuliert möchte ich sagen, dass die hier vertretene systemisch-evolutionäre Managementkonzeption eine Mischung, oder vielleicht besser, eine Gestalt ist, die sowohl aus analytisch-konstruktivistischen wie aus spontan-evolutionären Elementen zusammengefügt ist, die aber je verschiedenen logischen Ebenen angehören.

Dies ist ein wesentlicher Grund für die Bedeutung, die dem Modell lebensfähiger Systeme im Rahmen dieser Arbeit zukommt, denn hier haben wir die strukturell wohl am weitesten und klarsten entwickelte Vorstellung einer Schichtung logischer Ebenen. Die Systeme 3, 4 und 5 (vgl. dazu Kap. 1) sind meta zu System 1; System 5 ist meta zu den Subsystemen 3 und 4. Rekursionsebenen höherer Ordnung sind meta zu Rekursionsebenen niedrigerer Ordnung.

Andererseits war schon bei der ursprünglichen Entwicklung der Systemmethodik zumindest in Ansätzen deutlich, dass es sich dabei ebenfalls im Grunde um eine Meta-Methodik handelt.

Die Systemmethodik ist nicht auf die Lösung von Problemen der Objektebene gerichtet, sondern auf die Installation von Lenkungs- und Regulationsmechanismen, die diese Probleme lösen bzw. bearbeiten. Es handelt sich deshalb um eine Meta-Methodik, weil ihr unmittelbarer Gegenstand die Regeln und Regelmechanismen sind, die den Umgang mit Problemen bestimmen. Wie schon in Kapitel 2 gezeigt wurde, kann (und wird in vielen Fällen) die Etablierung von

---

[6] Beer (Science) 2.

Regeln und Regelsystemen durchaus analytisch-konstruktivistisches Vorgehen erfordern, so wie etwa die Etablierung und Durchsetzung einer Staatsverfassung nicht etwa spontanen Ordnungskräften überlassen wird.

Ich sehe also den Gesamtkontext eines strategischen Konzepts des Managements komplexer Systeme, wie schon in Kapitel 2 dargestellt, als Integration der bisher besprochenen Elemente in doppelter Hinsicht: die beiden Typen der Ordnung und des Problemlösens treten in einer Kombination, die durch die Unterscheidung von Objekt- und Meta-Ebene gekennzeichnet ist, auf. Daraus ergibt sich einerseits die Struktur des lebensfähigen Systems und andererseits die Systemmethodik, welche jedoch wiederum in einem engen Interaktionsverhältnis derart zu sehen sind, dass die Kultivierung der Strukturen des lebensfähigen Systems die Anwendung bestimmter, systemmethodischer Prinzipien erfordert, dass aber andererseits diese Prinzipien nur im Kontext und im Klima des lebensfähigen Systems wirksam zur Anwendung gebracht werden können (vgl. Abb. 3.2(2)).

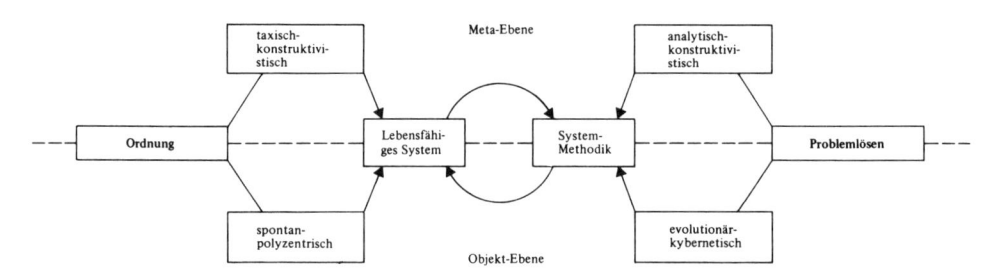

Abbildung 3.2(2)

Ein anschauliches Beispiel für das Zusammenwirken und die gegenseitige Bedingtheit von Strukturen und Prozessen bzw. Methoden findet sich bei Vester[7] im Zusammenhang mit den Funktionen des Dichtestresses. Sobald, wie aus Abbildung 3.2(3) ersichtlich ist, eine bestimmte Population oder Gruppe von einer niedrigen Dichte zu hoher Dichte anwächst, gibt es nur zwei generelle Entwicklungsmöglichkeiten: Entweder der Gruppe gelingt es, neue organisationale Methoden, Verhaltensweisen, Verhaltensregeln usw. zu entwickeln – dann wird sie als neue Organisationsform auf dieser höheren Stufe weiter existieren können; oder die Entwicklung dieser Prozeduren gelingt ihr nicht – dann zerfällt sie in die früheren Organisationsformen mit geringer Dichte zurück.

7 Vester (Ballungsgebiete) 17.

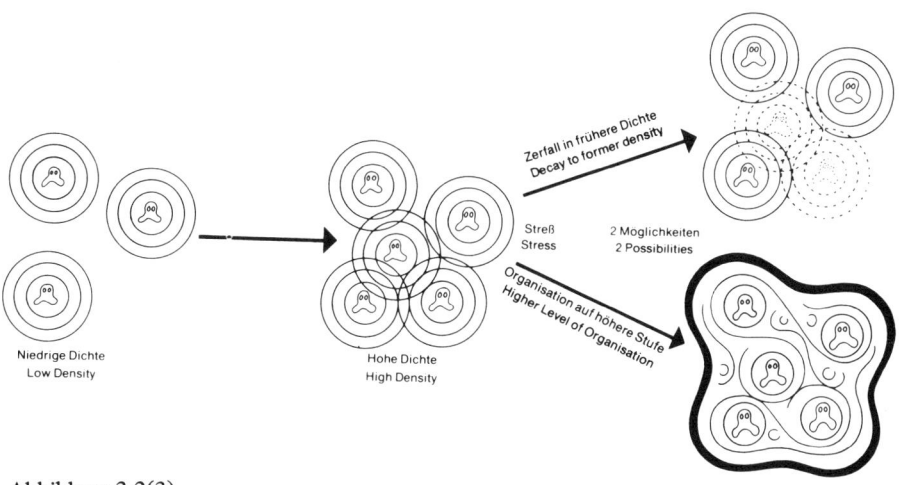

Abbildung 3.2(3)

Bestimmte, in der grossen Gruppe feststellbare Prozeduren und Verhaltensweisen sind daher in den kleinen Gruppen nicht zu finden und umgekehrt. Die Organisation der dichten Population bedingt diese Prozeduren und Verhaltensweisen, und andererseits sind die Prozeduren die Voraussetzung für die höhere Organisation. In der kleinen Gruppe sind diese Prozeduren nicht notwendig, sie hat dafür aber auch nicht die entsprechende Organisationsstruktur.

3.3 System und Meta-System; Kommunikation und Meta-Kommunikation

> 1. You can't win.
> 2. You can't break even.
> 3. You can't even quit the game.
>
> Ginsberg's Theorem
>
> 4. But sometimes you can change the game.
>
> My addendum

Bereits an mehreren Stellen dieses Buches wurden die Begriffe Objekt- und Meta-Sprache, Objekt-System und Meta-System, sowie Objekt- und Meta-Ebene verwendet. Einerseits kann nicht davon ausgegangen werden, dass diese Begriffe dadurch allein schon hinreichend klar sind. Andererseits ist aber die weitere Diskussion der Strategie des Managements komplexer Systeme auf ihnen aufgebaut, denn eine derartige Strategie ist meines Erachtens im wesentlichen metasystemischer Natur.

Wenn wir die Aussage machen: „Berlin ist eine Stadt", so handelt es sich dabei um eine *objektsprachliche* Aussage, denn der Satz ist eine Behauptung über ein nichtsprachliches Objekt, nämlich die Stadt Berlin. Hingegen ist die Aussage „'Berlin' hat sechs Buchstaben" eine Aussage nicht über die Stadt Berlin, sondern über ein Element der Sprache selbst, nämlich über das Wort „Berlin", was wir um der Klarheit willen auch meistens durch entsprechende Verwendung von Anführungszeichen und Apostrophen anzeigen. Wir können also offenkundig mit Hilfe der Sprache nicht nur Aussagen über nichtsprachliche Dinge machen, sondern auch über die Sprache selbst. Insoweit fungiert die Sprache als Meta-Sprache.

Dass die Unterscheidung von Sprache und Meta-Sprache, bzw. Objekt-Sprache und Meta-Sprache wichtig ist, haben insbesondere logische und linguistische Untersuchungen gezeigt, die in Zusammenhang mit dem Auftreten von Paradoxien oder Antinomien, wie etwa derjenigen des kretischen Lügners, des Barbiers, der sich (nicht?) selbst rasiert, oder der Menge aller Mengen, die sich selbst als Element enthält. Diese Probleme, esoterisch wie sie sein mögen, wären geeignet gewesen, die Fundamente von Logik und Mathematik und damit unserer Wissenschaft und Technologie aus den Angeln zu heben, wenn sie nicht durch eben die Entdeckung gelöst worden wären, dass sie durch eine Konfusion logischer Typen zustande kommen und verschwinden, wenn wir diese sauber unterscheiden.

Nun mag eine Beschäftigung mit diesen Grundlagenproblemen an sich interessant sein; sie scheinen aber wenig mit praktischen Fragen des Managements zu tun zu haben.

Die praktische Bedeutung wird aber deutlich, sobald man sich vergegenwärtigt, dass etwa die Grammatik metasprachlicher Natur ist und gerade dadurch Wesentliches leistet, nämlich die Regelung des korrekten Gebrauches der Sprache. Wir können auch sagen, dass die Regeln der Grammatik das Meta-System der Sprache darstellen und das zweckmässige Funktionieren der Sprache unmittelbar von Existenz und Wirksamkeit dieses Meta-Systems abhängt. Zwischenmenschliche Kommunikation würde weitgehend zusammenbrechen, träten die Regeln der Grammatik ausser Kraft. Selbst für die einfachsten, alltäglichen Gespräche sind wir darauf angewiesen, dass die Regeln der Grammatik eingehalten werden. Was im Laufe einer Konversation gesagt wird, ist (in der Regel) Objekt-Sprache. Dass aber überhaupt Kommunikation zustande kommt, ist zum Teil der metasprachlichen Regelungswirkung der Grammatik zu verdanken — eine Auswirkung von zweifellos grosser praktischer Bedeutung, die wir allerdings meistens als so selbstverständlich betrachten, dass sie uns erst auffällt, wenn wir etwa in einer Fremdsprache Mühe haben, uns zu verständigen oder wenn wir die Anstrengungen unserer Kinder, die Sprache zu erlernen, als Eltern zu unterstützen und zu lenken haben.

Effektive Kommunikation ist aber, wie angedeutet, nur zum Teil auf die Einhaltung der Regeln der Grammatik zurückzuführen. Die Erforschung menschlicher Kommunikation hat nämlich zu dem wichtigen Resultat geführt, dass es nicht nur Sprache und Meta-Sprache gibt, sondern auch Kommunikation und Meta-Kommunikation. Mit jeder Mitteilung, die wir einem anderen machen, übermitteln wir nicht nur Information, sondern wir definieren gleichzeitig den Kontext, nämlich die Art und Weise, wie diese Information verstanden und interpretiert werden soll. Man spricht vom Inhalt- und Beziehungsaspekt der Kommunikation, denn zugleich mit dem Inhalt werden auch die Beziehungen der Kommunikationspartner zueinander definiert, und dadurch wird dem Inhalt erst seine Bedeutung gegeben. Dies ist aber Information *über* Information, also Meta-Information oder Meta-Kommunikation. Entgegen den weit verbreiteten Alltagsvorstellungen ist ja die Bedeutung einer Aussage nicht etwa eine der einzelnen Aussage zukommende Eigenschaft, sondern eine Funktion des Gesamtrepertoires an Aussagen, die in derselben Situation noch hätten gesagt werden können und damit des Kontextes.

Das Problem besteht nun darin, dass wir uns zwar meistens des Inhaltsaspektes der Kommunikation sehr bewusst sind, nicht aber des Beziehungsaspektes. Die Regeln normaler Kommunikation, das heisst, die Regeln der permanenten und kontinuierlichen Kontextdefinition sind uns im allgemeinen nicht direkt bewusst. Nicht einmal bei gestörten Kommunikationsbeziehungen sind wir uns ihrer ohne entsprechende Einsicht in die Gesetzmässigkeiten der Kommunikation bewusst. Dies ist teilweise darauf zurückzuführen, dass die Meta-Information häufig durch die Körpersprache übermittelt wird sowie durch die Interaktionen selbst impliziert wird. Darin liegt nicht nur die Ursache von vielen Missverständnissen, sondern, wie die Untersuchungen von Bateson und der Palo-Alto-Gruppe zeigen, tiefgreifender Störungen im Gefüge eines Sozialsystems. Im Zusammenhang mit der Familienforschung, insbesondere der Familientherapie, sowie der Schizophrenie- und der Alkoholismus-Forschung konnte gezeigt werden, dass viele, zunächst beim Individuum vermutete Probleme in Wahrheit Probleme der systemischen Beziehungen und der diese Beziehungen definierenden und durch sie bestimmten Interaktionen sind.[8]

System und Meta-System, Kommunikation und Meta-Kommunikation, sind die entscheidenden Dimensionen der Strategie des Managements komplexer Systeme. Dies deshalb, weil viele Probleme dadurch entstehen, dass man falsche Systeme bzw. falsche Systemabgrenzungen zur Grundlage und zum Kontext des Handelns macht, und dass man die für die Lösung bestimmter Probleme erforderlichen Veränderungen auf einer falschen Ebene sucht bzw. durchzusetzen versucht. Diese Überlegungen werden wegleitend sein für den im folgenden Abschnitt dargelegten Versuch, eine Methodik des strategischen Managements komplexer Systeme zu entwickeln.

Statt theoretischer Erörterungen möchte ich an dieser Stelle auf einige Beispiele zurückgreifen, die in unnachahmlicher Weise von Watzlawick und seinen Kollegen der Palo-Alto-Gruppe zur Illustration nur schwer zu beschreibender Phänomene verwendet wurden:

1. „In einer bestimmten Gegend Nordkanadas zeigt die Fuchsbevölkerung eine auffallende Regelmässigkeit in der Zu- und Abnahme ihrer Dichte. Im Laufe von vier Jahren steigt sie zunächst zu einem Höchstwert an, beginnt dann abzusinken, erreicht einen kritischen Tiefpunkt und beginnt schliesslich wieder anzusteigen. Ein Grund für diese Periodizität ist weder im Einzeltier noch in der sozialen Organisation der Gattung zu finden. Erst wenn — wie es heute selbstverständlich ist — die unmittelbare Umwelt einbezogen wird, zeigt es sich, dass die in derselben Gegend lebenden wilden Kaninchen identische Phasen durchlaufen, die allerdings gegenüber denen der Füchse um zwei Jahre verschoben sind: Dem Höchststand der Fuchsbevölkerung entspricht der Tiefstand der Kaninchen und umgekehrt. Da die Füchse fast ausschliesslich von Kaninchen leben und diese kaum einen anderen natürlichen Feind haben als die Füchse, erweist sich der Vierjahreszyklus als eine Interferenz-Erscheinung des Zusammenlebens dieser beiden Gattungen: Je zahlreicher die Füchse, desto mehr Kaninchen werden gefressen; je weniger Kaninchen, desto weniger Nahrung ist für die Füchse vorhanden, und desto

---

8 Bateson (Ecology) Teil III, sowie Watzlawick/Beavin/Jackson (Kommunikation) passim.

weniger überleben und pflanzen sich fort, was für die Kaninchen eine Schonzeit bedeutet und ihre Zahl rasch wieder ansteigen lässt."[9]

2. „Unter den während des Krieges in England stationierten amerikanischen Soldaten war die Ansicht weit verbreitet, die englischen Mädchen seien sexuell überaus leicht zugänglich. Merkwürdigerweise behaupteten die Mädchen ihrerseits, die amerikanischen Soldaten seien übertrieben stürmisch. Eine Untersuchung, an der u. a. Margareth Mead teilnahm, führte zu einer interessanten Lösung dieses Widerspruchs. Es stellte sich heraus, dass das Paarungsverhalten (Courtship pattern) – vom Kennenlernen der Partner bis zum Geschlechtsverkehr – in England wie in Amerika ungefähr 30 verschiedene Verhaltensformen durchläuft, dass aber die Reihenfolge dieser Verhaltensformen in den beiden Kulturbereichen verschieden ist. Während zum Beispiel das Küssen in Amerika relativ früh kommt, etwa auf Stufe 5, tritt es im typischen Paarungsverhalten der Engländer relativ spät auf, etwa auf Stufe 25. Praktisch bedeutet dies, dass eine Engländerin, die von ihrem Soldaten geküsst wurde, sich nicht nur um einen Grossteil des für sie intuitiv „richtigen" Paarungsverhaltens (Stufe 5 bis 24) betrogen fühlte, sondern zu entscheiden hatte, ob sie die Beziehung an diesem Punkt abbrechen oder sich dem Partner sexuell hingeben sollte. Entschied sie sich für die letztere Alternative, so fand sich der Amerikaner einem Verhalten gegenüber, das für ihn durchaus nicht in dieses Frühstadium der Beziehung passte und nur als schamlos zu bezeichnen war. Die Lösung eines solchen Beziehungskonfliktes durch die beiden Partner selbst ist natürlich deswegen praktisch unmöglich, weil derartige kulturbedingte Verhaltensformen und -abläufe meist völlig ausserbewusst sind. Ins Bewusstsein dringt nur das undeutliche Gefühl: der *andere* benimmt sich falsch."[9]

Diese Beispiele veranschaulichen, dass man gewisse Phänomene, Ereignisse usw. nicht verstehen kann, wenn sie nicht im richtigen Kontext gesehen werden. Die ausgeprägte Neigung, der Tradition einer bestimmten Wissenschaftsauffassung entsprechend, die Dinge in Isolation zu studieren, führt vielfach dazu, dass das bewusste Variieren von Systemabgrenzungen zum Zwecke des besseren Verständnisses des Systems nicht Bestandteil der üblichen Vorgehensweise ist. Watzlawick, Beavin und Jackson führen dazu weiter aus:

„Sie (die Beispiele, der Verfasser) zeigen, dass bestimmte Phänomene unerklärlich bleiben, so lange sie nicht in genügend weitem Kontext gesehen werden, oder dass in diesem Fall dem betreffenden Organismus Eigenschaften zugeschrieben werden müssen, die er nicht besitzt. Die Zu- und Abnahme der Füchse würde unerklärlich bleiben, wenn man sie isoliert untersuchte –

---

[9] Watzlawick/Beavin/Jackson (Kommunikation) 19 f.

es sei denn, man wollte den Füchsen zu gewissen Zeiten einen „Todeskrieg" zuschreiben. In derselben monadisch beschränkten Sicht liesse sich eine Engländerin unschwer als ‚hysterisch' oder ‚nymphomanisch' diagnostizieren (je nachdem, ob sie die Beziehung zum Partner nach dem ersten, für ihn harmlosen Kuss überstürzt abbricht oder sich praktisch zum Geschlechtsverkehr vorbereitet)."[10]

Diese Beispiele zeigen aber zum zweiten, dass die Geschehnisse, das Verhalten eines Systems, gewissermassen durch sein Meta-System produziert wird, durch die „Spielregeln", die die Interaktionsweise bestimmen. Diese Tatsache wurde in Kapitel 2 sehr ausführlich diskutiert. Es ist also erforderlich und muss daher Bestandteil einer Strategie des Umgangs mit komplexen Systemen sein, diese Regel(ungs)-Mechanismen zu identifizieren, denn in vielen Fällen wird nur deren Veränderung oder jedenfalls deren Berücksichtigung für die eigene Verhaltensbestimmung die Lösung eines Problems bewirken können.

Wenn etwa im vorangehenden Beispiel Engländerinnen und Amerikaner über ihre je verschiedenen Spielregeln des Werbungsverhaltens Bescheid wissen, werden kaum Missverständnisse der beobachteten Art entstehen, oder sie werden jedenfalls der Lösung dadurch zugänglich sein, dass man darüber spricht: also Problemlösung oder eventuell sogar Problemvermeidung durch Kommunikation über die Interaktionsmuster, somit durch Meta-Kommunikation. Auch wenn man im Einzelfall nicht wissen kann, was Jim Brown oder Betty Smith an einem bestimmten Tag tun oder sagen werden, das Verhalten auf der Objekt-Ebene des Systems also sehr vielgestaltig und varietätsreich sein kann, so ist doch das grundlegende Pattern des Systemverhaltens weitgehend vorhersehbar und transparent, sobald man die metasystemischen Zusammenhänge kennt. Einsicht in die metasystemischen Regelmässigkeiten führt in der Regel zu jenen typischen Aha-Erlebnissen, das heisst, dem Bewusstsein des unmittelbaren und tiefgehenden Verständnisses eines Phänomens. Weiter kann diese Einsicht zu einer bestimmten Form von vollständigem Wissen und damit Vorhersicht und Kontrolle führen, auch wenn das Verhalten auf der Objekt-Ebene durch hohe Komplexität und Diversität gekennzeichnet ist.

Ein Beispiel mag dies veranschaulichen[11]: Man stelle sich ein System vor, dessen Aktivität darin bestehe, beliebige ganze Zahlen miteinander zu multiplizieren und deren Produkt als Output zu produzieren. Das Verhalten dieses Systems ist sehr reichhaltig, da jede Inputveränderung zu einem anderen Output führt. Dennoch weist der Output ein grundlegendes Muster, eine Regelmässigkeit auf, die in sich vollständig und abgeschlossen ist, denn wir wissen, dass

---

10 a. a. O. 21.
11 Ashby (Introduction) 104.

Gerade Zahl	x	Gerade Zahl	=	Gerade Zahl	
Ungerade Zahl	x	Gerade Zahl	=	Gerade Zahl	
Gerade Zahl	x	Ungerade Zahl	=	Gerade Zahl	
Ungerade Zahl	x	Ungerade Zahl	=	Ungerade Zahl	

Dies ist zugegebenermassen nur ein kleiner Teil an Wissen über das Verhalten des Systems, das aber, aufgrund dessen, dass es einer logisch höheren Ebene angehört, in sich vollständig ist. Die Aussage, „2 x 6 = 12" ist eine Behauptung der Objekt-Ebene. Die Aussage „Die Multiplikation von zwei geraden Zahlen gibt wieder eine gerade Zahl" ist eine Aussage der Meta-Ebene, denn sie hat die generellen Invarianten der Objekt-Ebene zum Gegenstand.

Die Unterscheidung von Objekt- und Meta-Ebene erlaubt es nun auch, zwei verschiedene Arten des Wandels, nämlich Veränderung und Meta-Veränderung, oder Wandel erster Ordnung und Wandel zweiter Ordnung zu verstehen, die für die Beeinflussung von komplexen Systemen oft von grosser Bedeutung sind. Auch hier greife ich auf Beispiele zurück, die von Watzlawick und seinen Kollegen zusammengetragen wurden:

Das erste betrifft ein Automobil mit normaler Gangschaltung:

„Die Leistung des Motors kann auf zwei grundsätzlich verschiedene Weisen verändert werden: entweder durch Betätigung des Gaspedals (also durch Erhöhung oder Verminderung der Brennstoffzufuhr zu den Zylindern) oder durch Gangwechsel. Wenn wir die Analogie etwas strapazieren wollen, können wir sagen, dass der Wagen in jedem Gang einen bestimmten Bereich von möglichen ‚Verhaltensformen' (das heisst von Leistung und daher von Geschwindigkeit, Beschleunigung, Steigvermögen usw.) hat. *Innerhalb* dieses Bereichs (also dieser Klasse von Verhaltensformen) bewirkt die zweckmässige Betätigung des Gaspedals die erwünschte Leistungsveränderung. Wenn die notwendige Leistung aber *ausserhalb* dieses Bereiches fällt, muss der Fahrer einen Gangwechsel vornehmen, um die gewünschte Veränderung herbeizuführen. Der Gangwechsel ist daher ein Phänomen von höherem logischem Typenwert als das Gasgeben und es wäre ein offensichtlicher Unsinn, wollte man über die Mechanik eines komplizierten Getriebes in der Sprache der Thermodynamik des Benzins sprechen."[12]

Watzlawick weist an dieser Stelle auch darauf hin, dass Ashby in seiner Theorie der „machine with input" sehr schön und elegant diese Art der Veränderung darstellt und ihre Wirkungen aufgezeigt hat. Er zitiert in diesem Zusammenhang die folgende Stelle aus Ashby's Introduction:

„Man sieht also, dass das Wort ‚Veränderung' zwei sehr verschiedene Dinge bedeuten kann. Da ist einmal die Veränderung von einem (internen) Zustand

---

12 Watzlawick/Weakland/Fisch (Lösungen) 27 f.

zu einem anderen, ..., was dem Verhalten der Maschine aufgrund ihrer internen Dynamik entspricht, und da ist zum anderen die Veränderung von Transformation zu Transformation, ..., die *eine Veränderung ihres Gesamtverhaltens* ist und die vom Versuchsleiter oder irgend einem anderen externen Faktor willkürlich herbeigeführt wird. Diese Unterscheidung ist grundlegend und darf unter keinen Umständen vernachlässigt werden."[13]

Ein weiteres Beispiel, das unmittelbar für das Thema dieses Buches relevant ist und seine Absicht wie Schwierigkeit zu illustrieren vermag, ist folgendes:

„Der Ausdruck *Methode* bezieht sich auf ein wissenschaftliches Vorgehen; er ist die Bezeichnung der Gesamtheit der Schritte, die zur Erreichung eines bestimmten Ziels gemacht werden müssen. *Methodologie* dagegen ist ein Begriff der nächsthöheren logischen Stufe; sie ist die wissenschaftstheoretische Untersuchung der Verschiedenheit der Methoden, die in den verschiedenen Wissenschaftszweigen zur Anwendung kommen. Der Begriff bezieht sich immer auf den Prozess der Erlangung von Wissen per se, nicht aber auf eine bestimmte Untersuchung. Die Methodologie ist daher eine Meta-Methode und steht zum Begriff der Methode in derselben logischen Beziehung wie eine Klasse zu einem ihrer Elemente. Jede Verwechslung von Methode mit Methodologie würde philosophischen Unsinn zur Folge haben..."[14]

Entsprechend diesem Beispiel ist dieses Buch auch der Entwicklung einer Strategie-Methodologie oder einer Metho*dik* gewidmet.[15]

Veränderungen zweiter Ordnung, also Veränderungen, die sich auf der Meta-Ebene abspielen und diese betreffen und damit nicht direkt auf das Objekt-System zugreifen, sondern ihren, oft um so grösseren und radikaleren Einschluss indirekt entfalten, spielen bei der Beeinflussung komplexer Systeme eine überaus wichtige Rolle. Beeinflussung auf der Objekt-Ebene führt nämlich oft zu dem Phänomen des „plus ça change, plus c'est la même chose" oder zu dem, was Beer treffend mit einem Wortspiel als „change but no alteration" bezeichnet. Einwirkungen auf der Objekt-Ebene führen zwar durchaus zu Veränderungen und zwar unter Umständen zu so vielen, dass man ihrer gar nicht mehr Herr wird, weil die Varietät des Systems sich auf dieser Ebene voll entfaltet. Diese Veränderungen entsprechen aber immer demselben Grundtypus, der selbst invariant bleibt, weil er nur durch eine Meta-Veränderung gewandelt werden könnte.

13 Watzlawick/Weakland/Fisch (Lösungen) 28.
14 Watzlawick/Weakland/Fisch (Lösungen) 26 f.
15 „Methodik" ist ein Terminus, den wir schon im Rahmen des in der Einführung erwähnten System-Methodik-Projektes deshalb gewählt haben, weil „Methodologie" ein eher nur den Wissenschaftern geläufiger Ausdruck ist. Wir wollen damit aber deutlich machen, dass eine Methodik und eine Methode nicht dasselbe sind. „Methodik" bezeichnet die Klasse aller relevanten Methoden, die deren Elemente sind.

Dies kann dann zu teilweise tragischen Entwicklungen führen, wenn, wie das in ausgezeichneter Weise von Watzlawick/Weakland/Fisch beschrieben wird, ein „Mehr desselben" als Lösung versucht wird, oder wenn eben „die Lösung selbst das Problem ist". [16]

In einem bestimmten Gang kann die Geschwindigkeit des Autos durch immer weiteres Niederdrücken des Gaspedals gesteigert werden. Ab einem bestimmten Punkt zeigt dies aber keine Wirkung mehr, denn dann muss der Gang gewechselt werden. Dazu ist aber zunächst eine Verringerung des Gases erforderlich, also das Gegenteil von dem, was vorher eine richtige Lösung oder Verhaltensweise war. Je mehr man bewusst versucht, spontan zu sein, um so weniger wird das gelingen. Je angestrengter man versucht, einzuschlafen, um so wacher wird man in der Regel. Je mehr man einem Mitarbeiter hilft, um so unselbständiger hält man ihn. Ein letztes Beispiel, das nun in direkter Weise illustriert, welcher Typ von Verhalten mit „Strategie der Beeinflussung komplexer Systeme" gemeint ist, möchte ich in diesem Zusammenhang noch von Watzlawick/Weakland/Fisch übernehmen: [17]

„Als die Herzogin von Tirol, Margaretha Maultasch, im Jahre 1334 die Kärntner Burg Hochosterwitz, die hoch über dem Talboden einen steilen Felskegel krönt, einschloss, war es ihr klar, dass die Festung nicht im Sturm, sondern nur durch Aushungerung bezwungen werden könne. Im Laufe der Wochen wurde die Lage der Verteidiger dann auch kritisch, denn ihre Vorräte waren bis auf einen Ochsen und zwei Säcke Gerste aufgebraucht. Doch auch Margarethas Lage war inzwischen schwierig geworden: Die Moral ihrer Truppen verlotterte, das Ende der Belagerung war nicht abzusehen. Zudem hatte sie sich noch andere, vielversprechende militärische Ziele gesetzt. In seiner Zwangslage entschloss sich der Verteidiger der Burg zu einer Kriegslist, die seinen eigenen Leuten selbstmörderisch erscheinen musste; er befahl, den letzten Ochsen zu schlachten, seine Bauchhöhle mit der verbliebenen Gerste vollzustopfen und ihn dann über die steile Felswand auf eine Wiese vor das feindliche Lager hinunter zu werfen. Wie erhofft, überzeugte diese höhnische Geste Margaretha von der ‚Zwecklosigkeit', die Belagerung fortzusetzen, und sie zog ab."

Eine, die Hintergründe dieses Verhaltens nicht verstehende Interpretation mag dazu führen, dass man von „gutem Einfall", „Trick" oder, wie das sehr häufig passiert, von „Kreativität" zu sprechen tendiert. In Wahrheit handelt es sich aber um einen sehr anspruchsvollen Gedankengang, der die Logik komplexer Systeme voll berücksichtigt, kybernetische und spieltheoretische Elemente umfasst, virtuosen Umgang mit Kommunikationsgesetzmässigkeiten beweist und – deshalb – hoch wirksam ist.

---

16 Watzlawick/Weakland/Fisch (Lösungen) 51 ff.
17 Watzlawick/Weakland/Fisch (Lösungen) 9.

Dies mag veranschaulichen, warum Beer die Kybernetik als „science of effective organization" definiert, und weshalb Ashby sagen kann, dass „wenn der Leser (seiner Introduction, der Verfasser) das Gefühl hat, dass diese Studien irgendwie abstrakt seien und keine Anwendungsmöglichkeiten hätten, dann sollte er darüber nachdenken, dass die Theorie der Spiele und die Kybernetik die Grundlage einer Theorie darüber ist, wie man sich durchsetzt."[18]

Dies hat, entgegen dem äusseren Anschein, nur bedingt etwas mit Kreativität zu tun. Veränderungen in Systemen zu bewirken, insbesondere jene Veränderungen, die durch eine Variation der Systemgrenzen oder durch einen Wandel zweiter Ordnung zustande kommen, sind eher eine Folge der Einsicht in die Logik und in die Mechanismen komplexer Systeme. Deshalb können Watzlawick, Weakland und Fisch auch feststellen:

„Dieses Eintreten einer Veränderung zweiter Ordnung wird meist als etwas Unwillkürliches, ja Unbegreifliches, gesehen, ein Quantensprung, eine plötzliche Erleuchtung, die unerwarteterweise nach langer und oft entmutigender geistiger Anstrengung eintritt, manchmal in einem Traum, manchmal fast als ein Akt der Gnade im theologischen Sinne. Koestler hat in seinem Buch *Der göttliche Funke* eine enzyklopädische Sammlung von Beispielen für dieses Phänomen zusammengetragen und dafür den Ausdruck *Bisoziation* eingeführt. Er versteht darunter ‚das plötzliche Auftreten einer Erkenntnis, die eine an sich vertraute Situation oder Begebenheit in einem anderen Licht zeigt und eine neue Einstellung zu ihr hervorruft'. In einem brillianten Referat behandelt Bronowski dasselbe Problem, und auch er schreibt dem entscheidenden Sprung einen unvorhersehbaren, ja fast zufälligen Charakter zu... Trotzdem geht unsere Erfahrung dahin, dass eine Veränderung zweiter Ordnung nur aus der Perspektive der Veränderungen erster Ordnung, also von innerhalb des Systems her, unerwartet, abrupt und unlogisch erscheint. Dies sollte nicht überraschen, denn jede Veränderung zweiter Ordnung wird ja von aussen her in das System eingeführt und lässt sich deshalb nicht in Begriffen des Systems selbst fassen; daher ihr scheinbar rätselhaftes, fast willkürliches Wesen. Von ausserhalb des Systems gesehen, handelt es sich lediglich um eine Änderung der Prämissen (der Kombinationsregeln im gruppentheoretischen Sinne), die für das System als *Ganzes* gelten."[19]

Im folgenden Abschnitt werde ich nun versuchen, die verschiedenen Elemente der Ordnungsarten, der Problemlösungsarten und der metasystemischen Beeinflussung zur Gestaltung von Methodik-Komponenten zu verwenden.

---

18 Ashby (Introduction) 243, Übersetzung vom Verfasser.
19 Watzlawick/Weakland/Fisch (Lösungen) 42 f.

3.4 Kybernetische System-Methodik: Systemische und metasystemische Strategien

> ... the control function
> is spread through
> the architecture of the system.
>
> It is not
> an identifiable thing at all,
> but its existence
> in some form
> is inferred from
> the systems behavior.
>
> Stafford Beer

3.41 Grundidee der lenkungsorientierten System-Methodik

Zur Erleichterung des Verständnisses der nachfolgenden Varianten systemischer und meta-systemischer Strategien, die sich durch ihren unterschiedlichen Ausbaugrad unterscheiden, beginne ich mit einer stark zusammengefassten Darstellung der Grundvorstellungen jener System-Methodik oder, wie man korrekterweise eigentlich sagen müsste, System-Methodologie, die im Rahmen des in der Einführung beschriebenen Forschungsprojektes entwickelt wurde.

Ausgangspunkt bildete die Idee, dass Problemlösen als Lenkungsprozess verstanden werden kann, oder umgekehrt formuliert, Lenkung ein Problemlösungsprozess ist. In Teil A der Arbeit über Systemmethodik [20] glaube ich gezeigt zu haben, dass es für diese Ansicht und für die Dualität, die hier zum Ausdruck kommt, gute Argumente gibt. Mit der nachfolgend abgedruckten Darstellung 3.4(1) fasste ich damals die Diskussion zusammen.

Ausgangspunkt oder Zentrum der Methodik stellt, in Übereinstimmung mit Popper, ein Problem dar. Dieses kann im Sinne der Theorie Popper's verstanden werden als Nichterfüllung einer Erwartung oder Antizipation (wenn wir Wissen im subjektiven oder organismischen Sinne meinen) oder als Inkonsistenz, Inkompatibilität oder als Falsifikation (wenn wir Wissen im objektiven Sinne von Popper's Welt 3 meinen). Aus der Sicht der Kybernetik kann ein Problem interpretiert werden als Störung eines Anpassungszustandes und die Problemlösung als Wiederherstellung desselben oder eines neuen Anpassungszustandes.

---

20 Gomez/Malik/Oeller (Systemmethodik) Teil A.

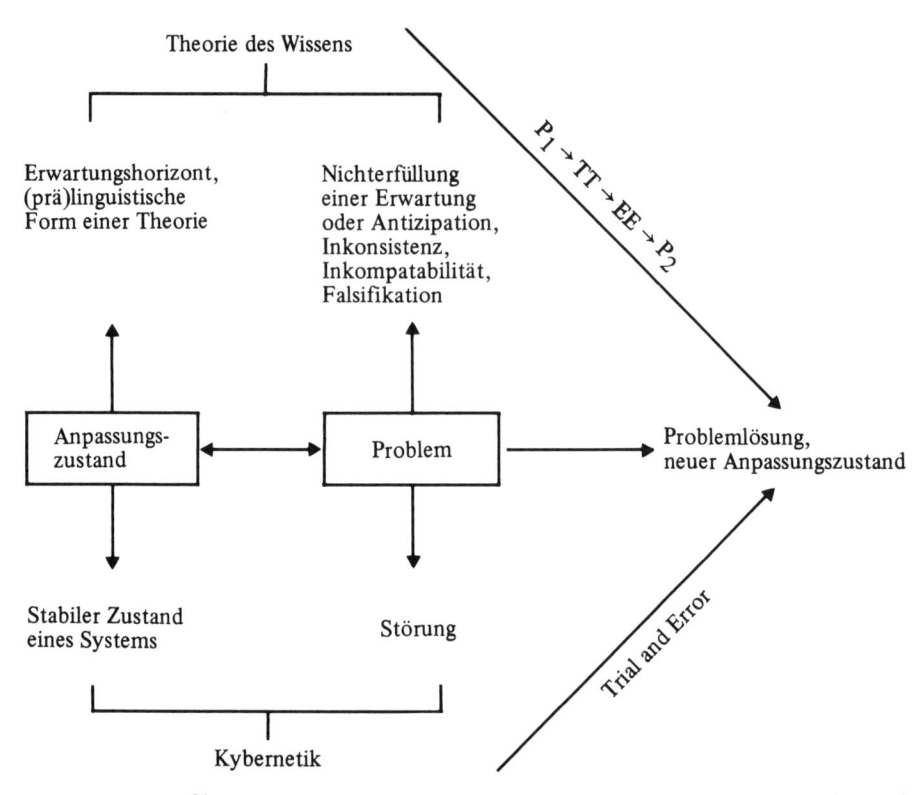

```
                    Theorie des Wissens
          ┌──────────────┴──────────────┐
Erwartungshorizont,           Nichterfüllung
(prä)linguistische            einer Erwartung
Form einer Theorie            oder Antizipation,
                              Inkonsistenz,
                              Inkompatabilität,
                              Falsifikation
```

Abbildung 3.4(1)[21]: Beziehungen zwischen Problemlösen, Theorie des Wissens und Kybernetik

(Diagramm enthält weiter: Anpassungszustand ↔ Problem → Problemlösung, neuer Anpassungszustand; Stabiler Zustand eines Systems, Störung; Kybernetik; $P_1 \to TT \to EE \to P_2$; Trial and Error)

Dies führt dazu, die methodische Forderung im Rahmen der die Gesamtmethodik bildenden Schrittfolge aufzustellen, den, das Problem produzierenden Lenkungsmechanismus (control model, control mechanism, controller), zu identifizieren oder anders formuliert, das Problem und seine möglichen Ursachen aus der Perspektive der Lenkungsmechanismen zu modellieren, in der Hoffnung, dadurch die Eingriffs- und Beeinflussungsmöglichkeiten zu eruieren, die zu einer (Wieder-)Herstellung des gewünschten Zustandes, das heisst zu einer Lösung des Problems führen. Nun war aber klar, dass die Verschiedenartigkeit realer Probleme nicht durch eine einzige Kategorie von Lenkungsmechanismen erfasst werden konnte. Vielmehr musste eine Art Meta-Lenkungsmechanismus vorgesehen werden, dessen Funktion darin bestand, Objekt-Ebenen-Controller zu konstruieren oder zu evolvieren. Diese Idee wird durch die nächste Abbildung 3.4(2) zum Ausdruck gebracht.

21 Gomez/Malik/Oeller (Systemmethodik) 50.

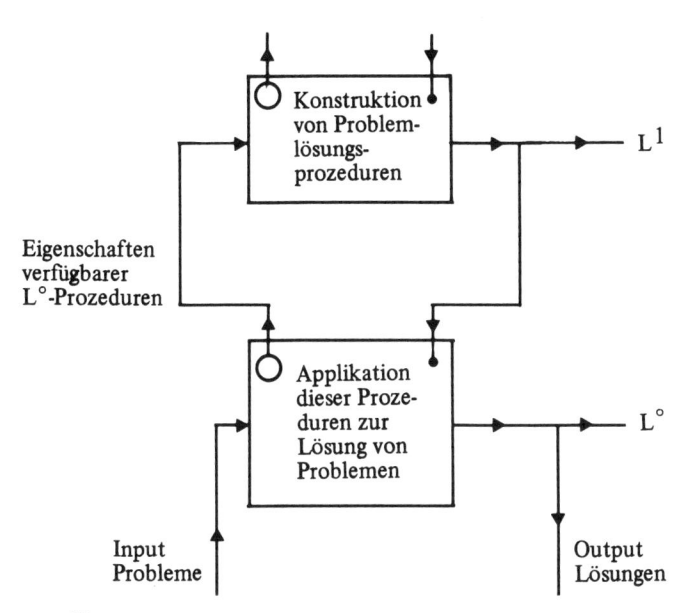

Abbildung 3.4(2)[22]: Lenkung als Problemlösen

Auf einen bestimmten Input werden Prozeduren appliziert, die diesen verändern, verarbeiten, transformieren usw., um Lösungen als Output zu produzieren. Dies geschieht im Rahmen und auf der logischen Ebene einer bestimmten Sprache $L°$. Diese Prozeduren haben bestimmte Eigenschaften, die auf einer logisch höheren Ebene (L^1) Gegenstand von Konstruktionen von Problemlösungsprozeduren sind.

Die Forderung, als Voraussetzung für problemlösende bzw. systembeeinflussende Eingriffe ein Lenkungsmodell der Problemsituation zu machen, ist natürlich identisch mit der Forderung, die lenkungsrelevanten Charakteristika des zugrundeliegenden Systems, das zu beeinflussen ist, zu eruieren, denn je nachdem, um welche Art von System mit entsprechend welchen Eigenschaften und Verhaltensweisen es sich handelt, wird die Beeinflussungsstrategie zu variieren sein.

Daraus ergab sich eine Schrittfolge entsprechend dem nachfolgenden Schema (Abb. 3.4(3)).

Eine erweiterte, die einzelnen Schritte weiter interpretierende Darstellung ist Abbildung 3.4(4).

---

22 Gomez/Malik/Oeller (Systemmethodik) 579.

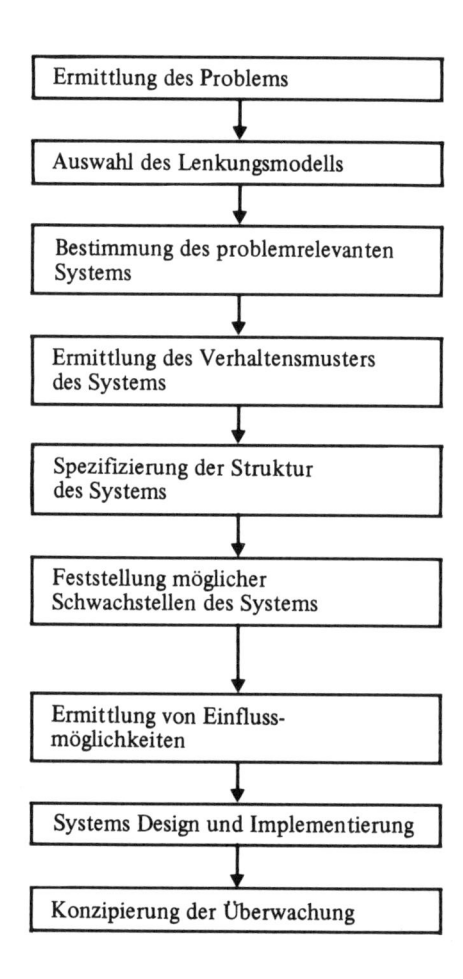

```
┌─────────────────────────────┐
│ Ermittlung des Problems     │
└──────────────┬──────────────┘
               ▼
┌─────────────────────────────┐
│ Auswahl des Lenkungsmodells │
└──────────────┬──────────────┘
               ▼
┌─────────────────────────────┐
│ Bestimmung des problemrelevanten │
│ Systems                     │
└──────────────┬──────────────┘
               ▼
┌─────────────────────────────┐
│ Ermittlung des Verhaltensmusters │
│ des Systems                 │
└──────────────┬──────────────┘
               ▼
┌─────────────────────────────┐
│ Spezifizierung der Struktur │
│ des Systems                 │
└──────────────┬──────────────┘
               ▼
┌─────────────────────────────┐
│ Feststellung möglicher      │
│ Schwachstellen des Systems  │
└──────────────┬──────────────┘
               ▼
┌─────────────────────────────┐
│ Ermittlung von Einfluss-    │
│ möglichkeiten               │
└──────────────┬──────────────┘
               ▼
┌─────────────────────────────┐
│ Systems Design und Implementierung │
└──────────────┬──────────────┘
               ▼
┌─────────────────────────────┐
│ Konzipierung der Überwachung │
└─────────────────────────────┘
```

Abbildung 3.4(3) [23]: Zusammenfassende Darstellung der Schritte der lenkungsorientierten Systemmethodik

---

23 Gomez/Malik/Oeller (Systemmethodik) 699.

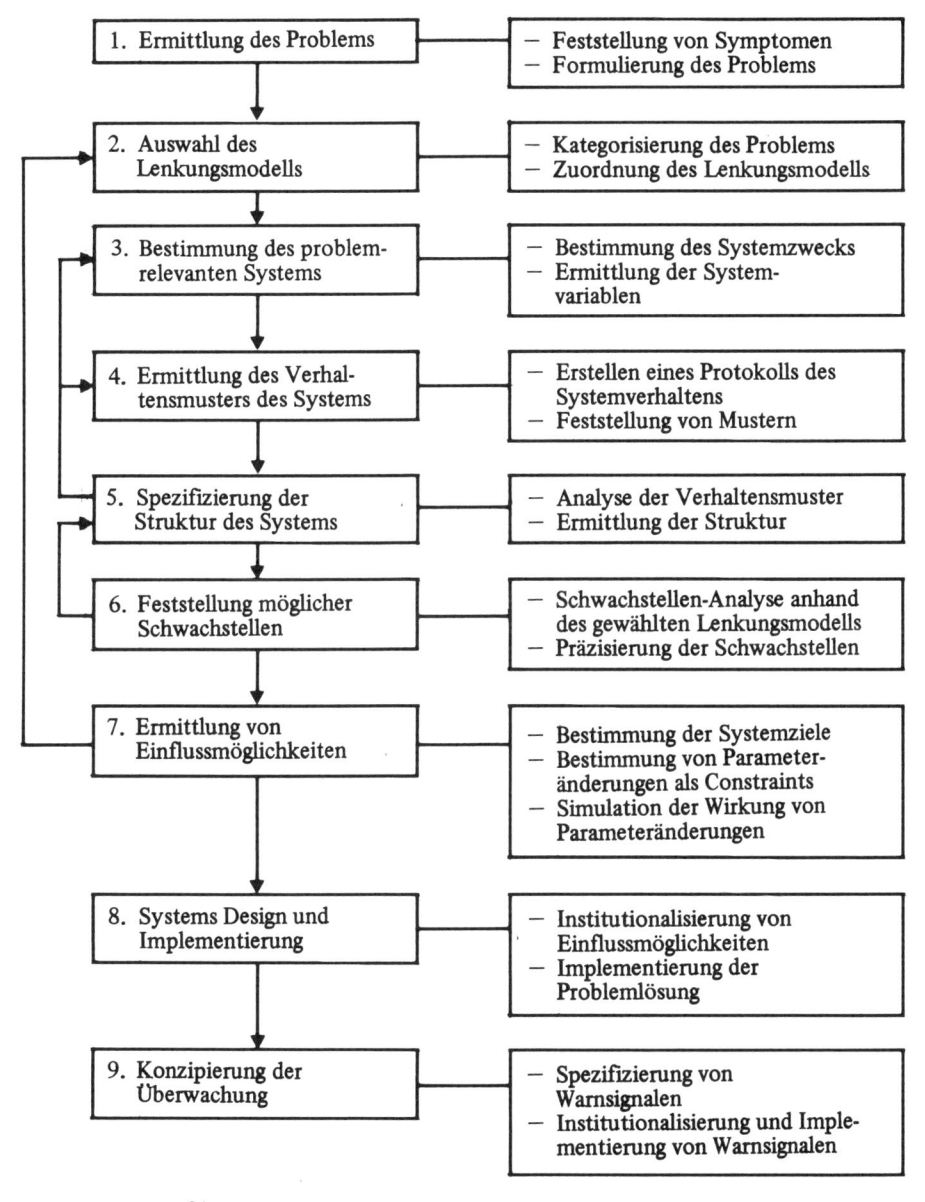

1. Ermittlung des Problems	− Feststellung von Symptomen − Formulierung des Problems
2. Auswahl des Lenkungsmodells	− Kategorisierung des Problems − Zuordnung des Lenkungsmodells
3. Bestimmung des problemrelevanten Systems	− Bestimmung des Systemzwecks − Ermittlung der Systemvariablen
4. Ermittlung des Verhaltensmusters des Systems	− Erstellen eines Protokolls des Systemverhaltens − Feststellung von Mustern
5. Spezifizierung der Struktur des Systems	− Analyse der Verhaltensmuster − Ermittlung der Struktur
6. Feststellung möglicher Schwachstellen	− Schwachstellen-Analyse anhand des gewählten Lenkungsmodells − Präzisierung der Schwachstellen
7. Ermittlung von Einflussmöglichkeiten	− Bestimmung der Systemziele − Bestimmung von Parameteränderungen als Constraints − Simulation der Wirkung von Parameteränderungen
8. Systems Design und Implementierung	− Institutionalisierung von Einflussmöglichkeiten − Implementierung der Problemlösung
9. Konzipierung der Überwachung	− Spezifizierung von Warnsignalen − Institutionalisierung und Implementierung von Warnsignalen

Abbildung 3.4(4) [24]: Phasenschema der lenkungsorientierten Systemmethodik

---

24 Gomez/Malik/Oeller (Systemmethodik) 746.

In diesen Darstellungsformen erscheint die Methodik als *lineare* Schrittfolge, was selbstverständlich ihrem kybernetischen Charakter nicht Rechnung trägt. Berücksichtigt man, dass eine derartige Methodik selbst wiederum als ein Lenkungsmechanismus verstanden werden kann (und meines Erachtens so verstanden werden muss), der menschliche Denkprozess sowie die Problemlösungsaktivitäten von Individuen und/oder Gruppen steuert, so gelangen wir zu Abbildung 3.4(5), die wie folgt zu interpretieren ist:

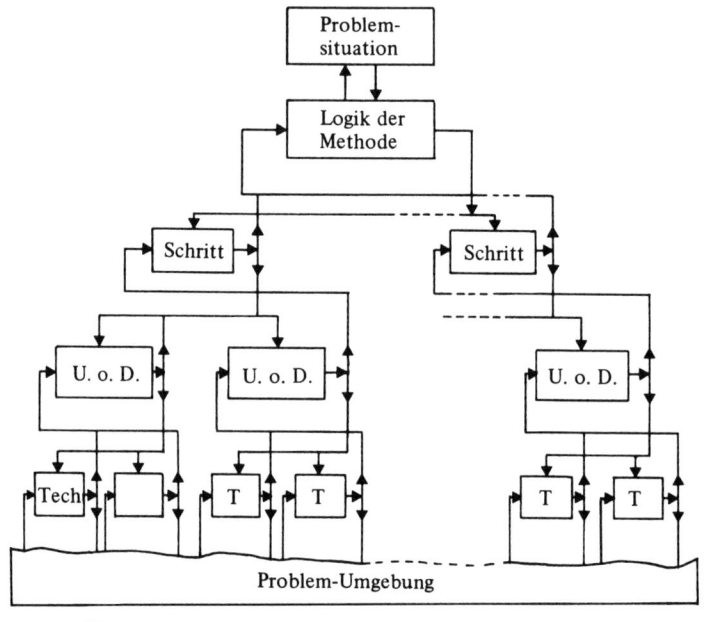

Abbildung 3.4(5)[25]

Die konkrete Schrittfolge des Ablaufs wird nicht im voraus festgelegt, wie man aufgrund der linearen Darstellungen meinen könnte; die vorgesehenen Schritte 1–9 in Abbildung 3.4(4) bilden vielmehr ein *Repertoire*, aus dem entsprechend der Problemsituation auszuwählen ist. Diese Wahl wird gemeinsam durch die Logik der Methodik und durch die Merkmale der Problemsituation bestimmt. Die allgemeinste Form der Logik der Methodik besteht in der Grundstruktur des in Teil 2 beschriebenen Versuch-Irrtums-Prozesses. Jeder Schritt,

---

25 Vgl. Gomez (systems-methodology) 248; diese Art der Darstellung der Systemmethodik als Lenkungsmechanismus wurde ausführlich diskutiert in Gomez/Malik/Oeller (Systemmethodik) Teil C; die Ableitung der Lenkungsmodelle und ihre Darstellung wurde in derselben Arbeit in Teil B diskutiert.

als Sub-Controller verstanden, verfügt wiederum über eigene Repertoires an Bezugssystemen (hier universe of discourse, U. o. D., genannt) und dazugehörigen Techniken für eine sinnvolle Bearbeitung der sich im einzelnen Schritt stellenden Detailfragen.

Aus dieser, allerdings sehr gerafften Darstellung, dürfte erkennbar sein, dass eine dieserart verstandene Methodik auf mehreren hierarchischen Ebenen simultan operiert. Im Hinblick auf Abschnitt 3.3 ist klar, dass es sich hier um Objekt- und Meta-Ebene, bzw. Meta-Meta-Ebene usw. handelt.

In den folgenden Abschnitten möchte ich nun zeigen, wie diese Konzeption im strategischen Bereich eingesetzt werden kann, vor allem, wie verschiedene Anwendungsformen unterschiedlichen Schwierigkeits- und Komplexitätsgrades aussehen können. Zu berücksichtigen ist immer, dass die nachfolgenden Ausführungen und die behandelten Methoden explizit für den Bereich *sehr grosser Komplexität* konzipiert sind; für jene Bereiche also, in denen wir immer Mangel an Wissen und Information haben, in denen wir nie alles wissen können, was wir eigentlich wissen müssten, wo statt Kausalzusammenhängen nur Tendenzen und vielleicht Muster erkennbar sind. Komplexität kommt weiter dadurch praktisch zum Ausdruck, dass immer konfligierende Ziele und Absichten auszubalancieren sind, dass ein hohes Mass an Ambiguität und Unbestimmtheit vorherrscht und Eingriffe in das System die Neigung besitzen, sich im Netzwerk der Beziehungen auf eine nicht oder nur der Art nach vorherzusehende Weise fortzupflanzen. Handeln in dieser Art von Systemen ist weiter immer durch eine Reihe von Time-Lags gekennzeichnet: Vom Zeitpunkt eines Ereignisses vergeht eine, in der Regel vom Charakter des Ereignisses, aber auch von den Systemstrukturen abhängige, meistens aber nicht bekannte Zeitspanne, bis der Manager von diesem Ereignis erfährt. Vom Zeitpunkt, zu dem er davon erfährt, bis zum Zeitpunkt, zu dem eine Entscheidung betreffend dieses Ereignis getroffen wird, vergeht wiederum Zeit. Vom Zeitpunkt der Entscheidung bis zur Einleitung von Massnahmen dauert es wieder eine gewisse Zeit, und bis schliesslich die Massnahmen einen, mit dem Ereignis korrespondierenden Effekt bewirken, vergeht ebenfalls wieder Zeit. Abgesehen von vielen anderen Filterwirkungen, Verzerrungen usw., die im Laufe dieser Kette passieren können, steht damit Effekt und Ereignis oft in keinerlei vernünftigem Zusammenhang mehr, ja manchmal kann nicht einmal mehr festgestellt werden, dass Ereignis und Effekt Glieder eines der Absicht nach zusammengehörenden Kreislaufes sind.

3.42 Evolutionäre Überlagerung konstruktivistischer Problemlösungsprozesse

Im Rahmen des konstruktivistischen Paradigmas gibt es eine Vielzahl von normativen Schemata, also von Schrittfolgen, die – so wird behauptet – eine rationale Vorgangsweise bewirken und damit zu einer Verbesserung der Problemlösungsfähigkeit führen. Die Problematik liegt dabei meistens nicht so sehr in der inhaltlichen Ausgestaltung der einzelnen Schritte, sondern zum einen in der Frage, welches *Ausmass an Wissen* bzw. Information explizit oder implizit verlangt wird und zum andern in der *Anwendungsweise* der jeweiligen konkreten Schrittfolgen. Das Problem des Informationsbedarfs und die damit zusammenhängenden Schwierigkeiten wurden in Teil 2 ausführlich behandelt. Hier soll daher auf die Frage der *Anwendungsweise* näher eingegangen werden, da dies unmittelbar zu der einleitend erwähnten Kombination von konstruktivistischen und evolutionären Prozesselementen führt.

Eine brauchbare Methodik muss sowohl der Natur der zu lösenden Probleme, wie den Funktionsprinzipien des menschlichen Denkens gerecht werden. Im Bereich des strategischen Managements kann über die zu erwartenden Probleme zumindest ausgesagt werden, dass sie mit hoher Wahrscheinlichkeit eine ausserordentlich grosse Komplexität aufweisen werden, und über die Funktionsweise des menschlichen Denkens, sowohl auf das Individuum bezogen, wie im Rahmen eines sozialen Systems, ist ebenfalls genügend bekannt, um zumindest sagen zu können, wie eine Methodik *nicht* aussehen sollte. Die wichtigste Forderung besteht darin, dass eine sinnvolle Methodik *nicht linear* aufgebaut sein darf. „Linear" ist eine Vorgehensweise dann, wenn jeder Schritt abgeschlossen sein muss, bevor der nächste angefangen werden darf.

Ein konkreter Vorschlag für eine Problemlösungsmethodik könnte beispielsweise aus folgenden sechs Schritten bestehen: [26]

1. Erfassung des Problems

2. Bestimmung der Ziele, die angestrebt werden

3. Analyse des Ist-Zustandes

4. Analyse der Einflussfaktoren und Rahmenbedingungen

5. Suche von Alternativen

6. Bewertung und Auswahl einer Alternative

Linear wäre diese Methode dann, wenn eine vollständig abgeschlossene Erfassung des Problems vorliegen müsste, bevor mit der Bestimmung der Ziele begonnen werden darf, oder dass die Ziele vollständig festgelegt sein müssen, bevor man mit der Analyse des Ist-Zustandes beginnt. Diese Art des Vorgehens ist deshalb unbrauchbar, weil bei der Lösung einigermassen komplexer Probleme, eben gerade wegen ihrer Komplexität, die einzelnen Schritte nicht in sich abgeschlossen behandelt werden können.

---

26 Es gibt, wie erwähnt, viele solche Schrittfolgen. Diese wird stellvertretend für die Klasse verwendet.

Eine grössere Anzahl derartiger Schrittfolgen wurde an anderer Stelle im Detail behandelt, so dass hier darauf verzichtet werden kann, die zahlreichen Spielarten noch einmal zu untersuchen.[27] Wie bereits ausgeführt wurde, kommt es auch nicht so sehr auf den Inhalt der einzelnen Schritte an, als vielmehr auf die *Anwendungsweise* eines derartigen Schemas. Es ist jederzeit möglich, aus den obigen sechs Schritten, oder aus irgend einem anderen sinnvollen Vorgehensschema eine brauchbare Methodik zu entwickeln, wenn durch einen zusätzlichen Mechanismus ein zirkuläres bzw. spiralenförmiges Vorgehen produziert wird.[28]

Zwei Grundideen sind dafür wegleitend: Die *erste* besteht darin, dass zwar im Verlauf eines Problemlösungsprozesses alle Schritte eines Vorgehensschemas durchlaufen werden müssen, dass aber ihre konkrete *Reihenfolge* nicht im voraus festgelegt ist, sondern sich aus dem *jeweiligen Stand* des Problemlösungsprozesses ergibt. Der Prozess ist also nicht geschlossen, sondern offen. Er hat nicht notwendigerweise einen im voraus definierten Anfangs- und Endzustand, sondern er kann im Rahmen des Gesamtschemas beliebig begonnen werden, und erst das Ergebnis des jeweiligen Schrittes bestimmt, welcher nächste Schritt zur Anwendung gelangen soll.

Die *zweite* Idee besteht darin, die eher konstruktivistisch ausgerichteten Schrittfolgen durch einen evolutionären Prozess zu überlagern. Dies kann dadurch erreicht werden, dass jeder einzelne Schritt als Versuch-Irrtums-Prozess verstanden wird, wobei der Inhalt des Schrittes den *Suchbereich* bestimmt. Diese zweite Idee knüpft also bei der Grundtatsache an, dass in komplexen Situationen das Wissen unvermeidlichen Beschränkungen unterworfen ist und nur durch explorative Prozesse neues Wissen zu Tage gefördert werden kann. Abbildung 3.4(6) stellt die Struktur eines derart verstandenen Prozesses dar, kann allerdings keinen Einblick in die tatsächlichen Abläufe, also in die Dynamik des Prozesses geben.

Der Problemlösungsprozess kann im Rahmen dieser Vorstellungen bei jedem beliebigen Schritt beginnen und unter Zulassung von Sprüngen von einem Schritt zum anderen einen scheinbar irregulären Verlauf nehmen. Dies trägt dem Umstand Rechnung, dass *praktische* Problemstellungen in jedem einzelnen Schritt spontan auftreten können, d. h. dass praktische Probleme sich nicht nach einer im voraus bestimmten Schrittfolge richten. Entscheidend ist bei dieser Vorgehensweise allerdings, dass kein Schritt *systematisch vernachlässigt* wird. Die systematische Auslassung von einzelnen Schritten würde zu einem Absinken der Findewahrscheinlichkeit bzw. zu einer Reduktion der Problemlösungsqualität führen, was man durch ein Gedankenexperiment leicht erkennen kann, wenn man sich beispielsweise vorstellt, dass die Suche nach Alterna-

---

27 Vgl. Gomez/Malik/Oeller (Systemmethodik) Teil II.
28 Vgl. dazu Vester (Ballungsgebiete) 30 f.

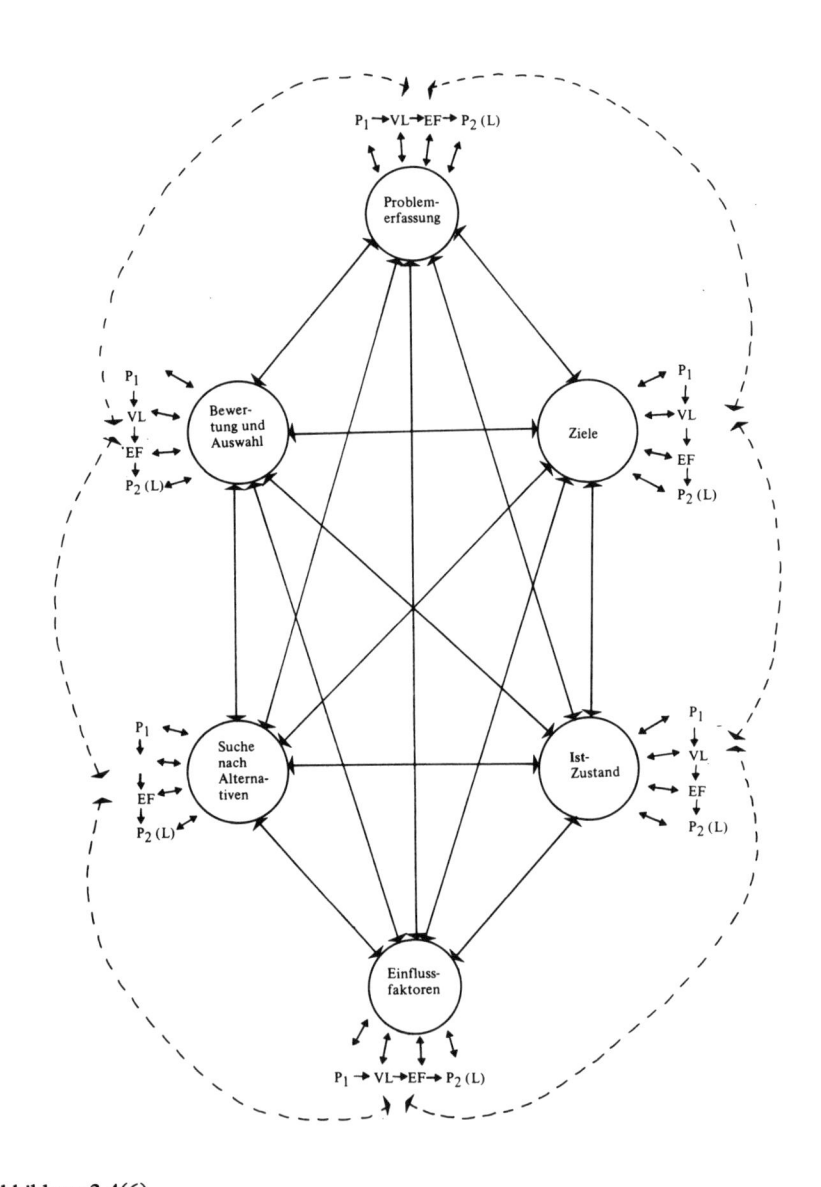

Abbildung 3.4(6)

P_1	=	Problemsituation, die durch den Schritt impliziert wird
VL	=	Versuchsweise Lösung
EF	=	Elimination von Fehlern
$P_2(L)$	=	Neue, durch die Anwendung des Schrittes geschaffene Problemsituation, eventuell (Lösung)

tiven systematisch ausgelassen wird. In einem solchen Falle würde die Gesamtstruktur des Prozesses zu ungunsten der Lösungsfindung verschoben, so dass – ähnlich wie bei einem gewichteten Würfel – gewisse Kategorien von Resultaten nur noch mit einer verminderten Wahrscheinlichkeit erwartet werden könnten.

Das konkrete, lehr- und lernbare Instrument, um einen derartigen Prozess in Gang zu halten, besteht in einer Matrix, wie sie in Abbildung 3.4(7) dargestellt ist. Im Prinzip müssen sämtliche Felder der Matrix auf ein bestimmtes Problem bezogen durchlaufen werden. Dies kann sowohl durch die Denkprozesse eines einzelnen Individuums geschehen, wie auch aufgeteilt auf eine Gruppe von Personen, wobei entweder alle gemeinsam an allen Feldern arbeiten oder aber, je nach Situation, einzelne Felder oder Gruppen von Feldern auf bestimmte Gruppenmitglieder aufgeteilt werden. Die Matrix erlaubt in solchen Fällen, den jeweiligen Standort des Problemlösungsprozesses zu bestimmen und abzuschätzen, welche weiteren Aktivitäten notwendig sind, bis der Prozess zu einem zumindest vorläufigen Ende gelangt. Insgesamt dient also die Methodik dem Zweck, die Interaktionen zwischen menschlichen Gehirnen und einem Problem zu steuern. Sie muss daher als Lenkungsmechanismus gestaltet sein, und sie muss genügend Lenkungsvarietät aufweisen, um die Interaktionen unter Kontrolle halten zu können. Ein lineares Vorgehen weist diese Varietät eindeutig nicht auf.

		evolutionäre Dimensionen			
		Tentatives Problem P_1	Versuchsweise Lösung VL	Elimination von Fehlern und Schwächen EF	Vorläufige Lösung oder neues Problem P_2 (L)
konstruktivistische Dimensionen	Problemerfassung				
	Bestimmung der Ziele				
	Bestimmung des Istzustandes				
	Bestimmung der Einflussfaktoren				
	Suche nach Alternativen				
	Bewertung + Auswahl				

Abbildung 3.4(7)

Hingegen führt allein schon die konsequente Anerkennung der Tatsache, dass jeder einzelne Schritt einer Methodik nie zu sicheren Resultaten, sondern nur zu solchen mit Vermutungscharakter führen kann, und dass wir deshalb wiederholte, von konstruktiver Kritik getragene Versuche durchführen müssen, den Dingen auf den Grund zu gehen, zu einer erheblichen Varietätsverstärkung. Diese Überlegungen können aus erkenntnistheoretischer Sicht ohne weiteres begründet werden, worauf hier aber verzichtet werden soll, weil dies an anderer Stelle getan wurde.[29]

Anstelle dessen sei aber auf eine, bei erfahrenen Führungskräften relativ oft anzutreffende Verfahrensweise aufmerksam gemacht: Wenn Sie die Bearbeitung eines Problems, zum Beispiel die Vorbereitung einer Entscheidung, die Ausarbeitung eines Planes oder eines Konzeptes, einem Mitarbeiter übertragen, so weisen Sie die vorgelegten Resultate oft mit oder ohne Angabe von Gründen mehrere Male zurück zur neuerlichen Überarbeitung. Aus der Sicht des Mitarbeiters ist dies oft unverständlich, ja wird zum Teil auch als schikanös empfunden. Aus einer kybernetisch-evolutionären Sicht handelt es sich aber um eine relativ leicht verständliche Form der Varietätsverstärkung für den Manager, der davon ausgehen muss, dass das erstmals vorgelegte Resultat nicht das bestmögliche ist, das unter den gegebenen Umständen erzielt werden kann. Er geht also von der Annahme aus, dass eine wiederholte Überarbeitung zu einer Verbesserung führen wird. Er nimmt dabei meistens bewusst in Kauf, dass es vorkommen *kann,* dass durch eine mehrmalige Überarbeitung keine wesentlichen Verbesserungen zustande kommen; aber selbst dies hat seine systemische Rationalität, denn damit gewinnt er an Sicherheit, dass es sich um eine gute Arbeit handelt, die nicht verbesserungsfähig ist. Gewisse Frustrationen des Mitarbeiters nimmt er als unvermeidbare Nebenwirkung dieser Strategie in Kauf und wird versuchen, sie durch entsprechende Begründungen zu mildern oder so gut es geht, zu vermeiden. Natürlich erbringt dieses Verfahren keine letzte Gewissheit. Als heuristische Regel für den Umgang mit einem komplexen System ist es aber sehr geeignet. Dieses Verfahren und seine kybernetischen Hintergründe werden im Zusammenhang mit einem praktischen Beispiel in Abschnitt 3.44 noch detaillierter behandelt.

Hier tritt allerdings ein zusätzliches Problem auf, das die konkrete Anwendung eines derart verstandenen, aus konstruktivistischen und evolutionären Elementen kombinierten Prozesses erschwert. Da die Methodik selbst zwar aus einer Gesamtheit von Schritten besteht, deren konkrete Reihenfolge aber nicht vorgegeben ist, sondern aus mehreren, bereits erwähnten Gründen offen bleiben muss, ist im Einzelfall die Frage zu beantworten, wann mit dem Bearbeiten eines bestimmten Schrittes aufgehört werden soll und welcher Schritt jeweils im Anschluss an einen vorangegangenen Schritt zu gehen ist. Dies hängt einer-

---

29 Vgl. dazu ausführlich Gomez/Malik/Oeller (Systemmethodik) Teil A.

seits vom jeweiligen Stand des Problemlösungsprozesses ab, d. h. von der Beurteilung des Fortschrittes, andererseits sind aber eine Anzahl von zusätzlichen Faktoren in Betracht zu ziehen, wie beispielsweise die jeweils verfügbaren Ressourcen an Zeit, personellen und materiellen Mitteln, die für die Abwicklung des Problemlösungsprozesses zur Verfügung gestellt werden können. Eines der wichtigsten Beurteilungskriterien für die Steuerung eines derartigen Problemlösungsprozesses stellt der jeweilige *Informationszuwachs* dar, der einerseits aus einer Vertiefung des jeweiligen Schrittes oder aus der Anwendung neuer Schritte erwartet werden kann. So kann häufig festgestellt werden, dass sowohl beim Problemlösen durch Einzelpersonen wie auch bei Gruppenproblemlösungsprozessen bei den beteiligten Personen im Verlaufe des Prozesses der Eindruck wächst, dass durch weitere Problemlösungsaktivitäten, durch eine vertiefte Behandlung einzelner Schritte, durch ein nochmaliges Durchlaufen einzelner Matrixfelder usw. keine zusätzlichen relevanten Informationen mehr gewonnen werden können, die die bereits gefundenen oder sich abzeichnenden Lösungswege noch beeinflussen könnten. Es ist sehr häufig dieser Eindruck, der das weitere Vorgehen mit Bezug auf die jeweiligen Zwischenphasen des Prozesses, aber auch mit Bezug auf die Weiterführung oder den Abbruch des Gesamtprozesses steuert.

Es muss allerdings sofort darauf hingewiesen werden, dass dieser Eindruck irreführend sein kann. Seinem logischen Charakter nach stellt er eine Vermutung, bzw. eine Hypothese im Sinne Poppers dar. So intensiv auch der subjektive Eindruck, oder die subjektive Gewissheit, der beteiligten Personen sein mag, so besteht doch kein Grund anzunehmen, dass dies von vornherein zuzutreffen brauche. Vielmehr wird es notwendig sein, und dies kann auch bei tatsächlichen Problemlösungsprozessen beobachtet werden, dass diese Vermutung ihrerseits kritisch überprüft und diskutiert wird, und man sich auf diese Weise die argumentative Basis für bestimmte Steuerungseingriffe erweitert. Die Gründlichkeit einer derartigen Diskussion wird selbstverständlich von mehreren Faktoren abhängen, so zum Beispiel von der Bedeutung, die einem Problem beigemessen wird (ihrerseits eine Vermutung), von den bereits zurückgelegten Problemlösungsaktivitäten usw. Insgesamt muss aber hervorgehoben werden, dass jede derartige Diskussion über die Frage, wie der Problemlösungsprozess weiter zu steuern sei, mit Bezug auf die tatsächlichen Problemlösungsaktivitäten *Metacharakter* aufweist. Dieser Zusammenhang kann durch Abbildung 3.4(8) verdeutlicht werden.

Bevor nun diese Zusammenhänge in grösserem Detail dargestellt werden, muss auf eine weitere Besonderheit aufmerksam gemacht werden. Es besteht häufig die Vorstellung, dass sich Problemlösungsaktivitäten ausschliesslich auf der sprachlich-geistigen Ebene abwickeln. Man geht also davon aus, dass das irgendwie erfasste Problem durch intrapersonale Denkprozesse und interpersonale Kommunikationsprozesse bearbeitet und möglicherweise gelöst wird, und dass die Lösung dann der Realisierung zugeführt wird. Ein einigermassen

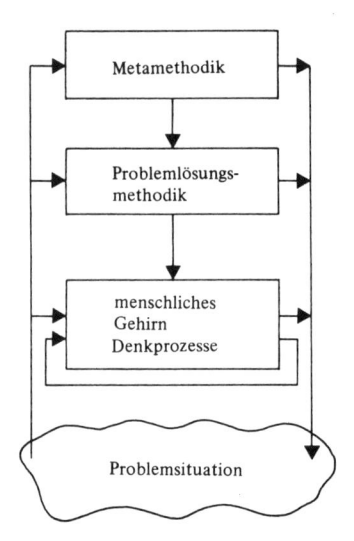

Abbildung 3.4(8)

komplexes Problem wird aber auf diese Weise nicht sinnvoll bearbeitet werden können. Vielmehr muss davon ausgegangen werden, dass die für eine sinnvolle Problembearbeitung erforderlichen Informationen zu einem guten Teil nur dadurch gewonnen werden können, dass mit dem das Problem produzierenden System experimentiert wird, dass es stimuliert werden muss, gewisse Informationen abzugeben — dass also Eingriffe in die Realität vorgenommen werden müssen und zwar als Mittel der Erkenntnisgewinnung. Komplexe Probleme können nicht durch blosses Nachdenken allein unter Kontrolle gebracht werden, und daher muss die Methodik die Aktivitäten des Problemlösers derart steuern, dass dieser in gewissen Prozessphasen angehalten wird, seine gedanklich entwickelten Vorstellungen über die Situation in der Realität zu testen. In Abbildung 3.4(9) sind einige typische Prozessabläufe schematisch dargestellt.

In Abbildung 3.4(9a) ist die grundlegende Situation festgehalten, wobei die Trennung in zwei verschiedene Ebenen, die hier bildhaft als „Realitätsgrenze" bezeichnet ist, auf dem „Drei-Welten-Konzept" von Popper beruht.[30] Abbildung 3.4(9b) stellt eine Vorgehensweise dar, die sich ausschliesslich in der physischen Realität bewegt. Bei dieser Art des Vorgehens wird überhaupt nicht nachgedacht, d. h. es geht keine geistige Simulationsphase voraus, sondern der Problemlöser bewegt sich ausschliesslich in der Ausführungsebene. Die Fehler werden realiter gemacht, Entscheidungen werden spontan und ad-hoc getrof-

---

30 Vgl. Popper (Knowledge) 106 ff. und 153 ff.; dieses Konzept wurde ausführlich dargestellt in Gomez/Malik/Oeller (Systemmethodik) 34 ff.; vgl. auch Eccles (Reality) 163 ff. im Zusammenhang mit dem neuesten Stand der Gehirnforschung.

(a) |―――――――――――――――――――――――――――――| Ebene des Denkens / Ebene des Wirkens   Welt 2, 3 ↑ Realitätsgrenze ↓ Welt 1

(b) |―――――――――――――――――――――――――――――→
    ～～～～～～～～～～～～～～～→

(c) | ～～～～～～～～～～～～～～～→
    ―――――――――――――――――――――――――――――→

(d) | ～～～～～⌐_____
                 ⌊_～～～～～～～～～～→

(e) | Denken, Planen ----→ Antizipation Erwartungen
    ⌐⌐⌐⌐ Testen

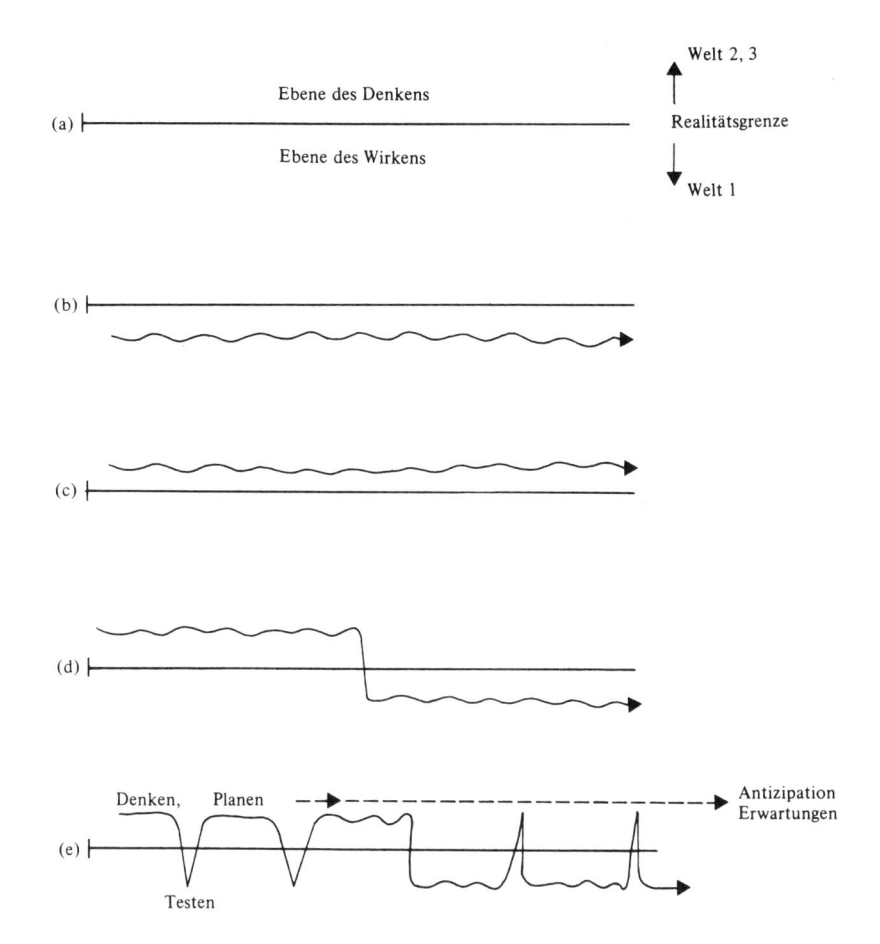

Abbildung 3.4(9)

fen, häufig aufgrund der sogenannten „Erfahrung" und müssen ebensooft wieder zurückgezogen werden, wenn sich unerwartete Widerstände zeigen. Diese Vorgehensweise entspricht etwa jener Art des Versuchs-Irrtums-Verhalten, das zu Recht als primitiv empfunden wird. Abbildung 3.4(9c) zeigt dagegen eine Verhaltensweise, die sich ausschliesslich auf geistiger Ebene bewegt. Hier kommt praktisch nie eine effektive Entscheidung, d. h. eine Einwirkung in die physischen Systemzusammenhänge zustande. In Abbildung 3.4(9d) ist schliesslich jene Variante dargestellt, die vorher bereits erwähnt wurde, bei der also das Problemlösen zunächst ausschliesslich auf der geistigen Ebene stattfindet und nach einer gewissen Zeit, d. h. wenn eine „Lösung" gefunden wurde, diese in die Tat umgesetzt wird. Je nach Situation kann die Phase der gedanklichen Beschäftigung mit dem Problem mehr oder weniger lange dauern, und in Abhängigkeit davon wird sich häufig die Realisierungsphase mehr oder weniger schwierig gestalten. Abbildung 3.4(9e) zeigt dann jenes Vorgehen, wie es aus evolutionärer oder kybernetischer Sicht anzustreben ist. Die Phase der geistigen Auseinandersetzung mit einem Problem ist immer wieder durchbrochen durch reale Tests, die dazu beitragen, die gedanklichen Vorstellungen auf ihre Haltbarkeit, Realitätsbezogenheit, Realisierbarkeit usw. zu überprüfen. Wenn aufgrund der metasystemischen Steuerungseingriffe der Schwerpunkt der Problemlösungsaktivitäten von der gedanklichen auf die reale Ebene verlagert wird, d. h. also, in die Implementierungsphase tritt, dann wirken die vorher entwickelten gedanklichen Vorstellungen als Antizipationen oder Erwartungen in die Zukunft, und anhand dieser Erwartungen wird der Implementierungsfortschritt beurteilt. Der Problemlösungsprozess bricht also nicht ab, sondern es wird lediglich sein Schwerpunkt verlagert. Durch die in die Zukunft projizierten Erwartungen, die ihrerseits aufgrund des tatsächlichen Realisierungsverlaufes immer wieder korrigiert werden können, entsteht die für jeden Lenkungsprozess fundamentale Vergleichsmöglichkeit zwischen erwartetem und tatsächlichem Verlauf. Je komplexer eine Problemsituation ist, um so intensiver muss die Interaktion zwischen den geistigen und den realen Aktivitäten sein und zwar sowohl in jener Phase, die schwerpunktmässig der geistigen Erfassung gilt, als auch in jener, die hauptsächlich der Realisierung dient. Eine brauchbare Problemlösungsmethodik muss daher diese Wechselwirkungen und Interaktionen stimulieren und provozieren. Nur auf diese Weise kann überhaupt herausgefunden werden, wie komplex eine Situation tatsächlich ist, und nur auf diese Weise kann eine gewisse Übereinstimmung von Erwartungen und dem realen Ablauf erzielt werden, d. h. nur auf diese Weise ist eine gewisse beabsichtigte Gerichtetheit des evolutionären Prozesses möglich.

3.43 Einbezug der System-Charakteristika und der systemischen Regulationsmechanismen

Aus der oben angestellten Überlegung, dass die relevanten Informationen in komplexen Zusammenhängen meistens nur dadurch zu gewinnen sind, dass die betreffenden Systeme *stimuliert* oder *provoziert* werden müssen, diese Informationen abzugeben, folgt der nächste entscheidende Schritt für den Aufbau einer Systemmethodik. Dieser Schritt ist insbesondere für eine Systemmethodik des strategischen Managements von grundlegender Bedeutung. Er besteht darin, dass in irgendeiner, noch näher zu bestimmenden Phase des Prozessablaufs, durch die Methodik gefordert werden muss, dass die Frage nach den *Charakteristika desjenigen Systems* gestellt wird, *das das vermutete Problem produziert*. In sehr einfachen Zusammenhängen würde diese Frage kaum zu zusätzlichen relevanten Informationen führen. In komplexen Situationen hängt aber von ihrer Beantwortung ausserordentlich viel ab. Zum einen wurde immer wieder darauf hingewiesen, dass eine sinnvolle Problemlösung häufig nur darin bestehen kann, den Charakter oder die Struktur des zugrunde liegenden Systems zu verändern, dass es also wenig Sinn haben wird, an den jeweiligen problematischen Outputs anzusetzen, weil das System aufgrund seiner inneren Struktur immer wieder dazu tendieren wird, dieselben problematischen Outputs zu produzieren. Zum anderen wird je nach dem Charakter des betreffenden Systems der gesamte Prozessablauf unterschiedlich zu steuern sein, die Möglichkeiten der Informationsgewinnung sind unterschiedlich, und vor allem die Frage der Beeinflussungs- und Veränderungsmöglichkeiten des Systems sind verschieden zu beantworten.

So simpel diese Feststellung auch sein mag, so häufig wird sie in konkreten Problemlösungsverfahren unberücksichtigt gelassen. Hier zeigt sich wiederum ein verhängnisvolles Dilemma, auf das bereits mehrfach hingewiesen wurde: Dinge, die als völlig selbstverständlich erscheinen, solange man sie in einem Bereich betrachtet, der für das Individuum noch überschaubar ist, werden im Bereich komplexer Systeme, womöglich gerade wegen ihrer sonstigen Selbstverständlichkeit vernachlässigt und können auf diese Weise zu sehr problematischen Auswirkungen führen. Im individuell überschaubaren Bereich ist es vollkommen klar, dass man sich völlig unterschiedlich verhalten wird, je nachdem, ob man sich in freier Wildbahn einer Antilope oder einem Löwen gegenübersieht. Selbst ein in der Grosswildjagd nicht besonders erfahrener Mensch wird sein Verhalten spontan auf die sehr unterschiedlichen Verhaltenscharakteristika dieser beiden Tiere einstellen. Völlig analog dazu wird man sich sehr unterschiedlich verhalten, wenn man beim Pilzesammeln einerseits eine wohlbekannte Art von geniessbaren Speisepilzen findet, die man sofort erkennt, oder ob man Zweifel an der Geniessbarkeit eines nicht so gut bekannten Pilzes hat. Auch das Verhalten verschiedenen Menschen gegenüber wird unterschiedlich sein, je nachdem, wie gut man die betreffenden Menschen kennt, je nachdem, welchen Einfluss und sozialen Status diese haben, je nachdem, ob man ihnen früher, und wenn ja, in welchen Situationen man ihnen begegnet ist. Man kann sogar sagen, dass das *fast spontane und zum Teil intuitive Wahrnehmen der systemischen Charakteristika die zentrale Variable darstellen, die ihrerseits das gesamte eigene Verhalten selektiert,* d. h., einen Verhaltensbereich auswählt, innerhalb dessen man sich bewegt.

Sobald aber die Verhältnisse nicht mehr so einfach überschaubar sind, vor allem dann, wenn die systemischen Charakteristika nicht vorwiegend sinnesmässig registriert werden können, sondern in dem früher bereits besprochenen Sinne eine geistige Rekonstruktion des Gesamtsystems aufgrund gewisser Schlüsselinformationen notwendig ist, wird die Frage nach den Systemcharakteristika seltener oder überhaupt nicht mehr gestellt. Dies führt sehr häufig dazu, dass man mit einer geradezu erstaunlichen Naivität Problemlösungsprozesse betreibt, die an der *Natur des Systems* vollkommen vorbeigehen.

Die Beispiele für dieses Phänomen sind zahlreich. Die folgenden Aussagen von Hall sind bezeichnend:

„Though the United States has spent billions of dollars on foreign aid programs, it has captured neither the affection nor esteem of the rest of the world. In many countries today Americans are cordially disliked; in others merely tolerated. The reasons for this sad state of affairs are many and varied, and some of them are beyond the control of anything this country might do to try to correct them. But harsh as it may seem to the ordinary citizen, filled as he is with good intentions and natural generosity, much of the foreigner's animosity has been generated by the way Americans behave. As a country we are apt to be guilty of great ethnocentrism. In many of our foreign aid programs we employ a heavy-handed technique in dealing with local nationals. We insist that everyone else do things our way. Consequently we manage to convey the impression that we simply regard foreign nationals as underdeveloped' Americans. Most of our behavior does not spring from malice but from ignorance, which is as grievous a sin in international relations. We are not only almost totally ignorant of what is expected in other countries, we are equally ignorant of what we are communicating to other people by our own normal behavior."[31]

Das Buch von Hall ist voll von schlagenden Beispielen dafür, wie man trotz bester Absichten eine Fülle von disfunktionalen und geradezu feindlichen Systemreaktionen hervorrufen kann, wenn das eigene Verhalten die jeweiligen Charakteristika des anderen Systems nicht berücksichtigt. Es handelt sich dabei um typische Fälle, in denen gerade das im Zusammenhang mit spontanen Systemstrukturen notwendige *gegenseitige* Anpassungsverhalten nicht funktioniert, sondern die gesamte Anpassungslast gewissermassen dem anderen System aufgeladen wird. Eine weitere, speziell managementbezogene Sammlung von Beispielen ist das Buch von Gundy „The Ugly American Businessman in Europe",[32] in dem zahlreiche Fälle beschrieben sind, in denen das Scheitern amerikanischer Geschäftspraktiken und Managementmethoden in allererster Linie darauf zurückzuführen ist, dass wesentliche Merkmale des europäischen Wirtschaftssystems nicht berücksichtigt wurden, sondern in totaler Naivität und Ignoranz davon ausgegangen wurde, dass Dinge, die in den USA möglicherweise sehr gut funktionieren, auch in anderen Ländern und Kulturbereichen anwendbar sein müssten.

Die Geschichte der Eroberung von Völkern und Kulturen, der Kolonialisierung und der ideologischen Auseinandersetzung bietet ebenfalls hervorragendes Anschauungsmaterial für diese Art von Fehler. Einer der unerschütterlichen

---

31 Hall (Silent Language) XIII.
32 Gundy (Businessman) passim.

Mahner in diesem Zusammenhang ist Peter Drucker, der in seinen Ausführungen über die Probleme der multinationalen Unternehmungen immer wieder die umfassende Berücksichtigung der jeweiligen systemischen Merkmale und Strukturen fordert. Die Zusammenstellung einiger Zitate zeigt das sehr deutlich:

„One thing is clear: The multinational tomorrow will be different from the multinational of today. We still, substantially; have the nineteenth-century multinational but use it to do the twentieth-century task of the transnational. We are, in other words, in a transition period. Tomorrow's management structure of the multinational will be different from today. Even within the developed countries the multinational will have to be able to harmonize, in one structure, the need for ‚polycentric' management with the need for a common business strategy. Were today the tendency in most multinationals is to say, ‚This is how we do it in Chicago (or Munich, or Osaka, or Eindhoven)', they will have to learn tomorrow to say, ‚This is what we want to achieve; how does one get it down in Pretoria (or Munich, or Osaka, or Amsterdam)? ' There is another important problem in top-management structure for the multinational. Top-management structures are not mechanical; they are, above all, cultural. The top-management structure which an American management group accepts as right and proper may appear decidedly odd and uncomfortable to a French, a Japanese, or a German management group. Yet these French, Japanese or German managers have to understand their own local top-management group, have to feel comfortable with it, have to work with it. To be successful, the top-management team in a multinational have therefore to be different in their structure in different countries, or else they will not make local sense. Yet they have to be compatible at least throughout the company, or else various top-management teams cannot work together. Top-management structure in the multinational, therefore, has to be built on the most complex and most difficult of all design principles: system's management ... every multinational company faces the complexity of business strategy, precisely because it has to be both unified for the entire company and a specific for each major product category as well as for each major market. This means that the multinational has complexity built into its very structure. It is multicultural, it is multinational, it is multimarket, and also multi-management."[33]

Es ist nicht besonders schwer, zu erkennen, dass Drucker hier nicht nur den Einbezug der jeweiligen systemischen Eigenschaften fordert, sondern dass seine Vorstellung über die Struktur von multinationalen Unternehmungen eng verwandt ist mit den Vorstellungen, die sich aus dem Modell des lebensfähigen Systems ergeben.

---

33 Drucker (People and performance) Kap. 21.

Mit Bezug auf die Frage nach den grundlegenden Charakteristika der zur Diskussion stehenden Systeme kann man sagen, dass praktisch jeder Schritt einer Methodik in ganz fundamentaler Weise davon abhängt, welche Eigenschaften die betreffenden Systeme haben. Dies kann bereits an der hier beispielhaft und stellvertretend für viele andere verwandte Schemata verwendeten Schrittfolge ermessen werden. Bereits die Frage nach der *Problemerfassung* stösst auf sehr unterschiedliche Schwierigkeiten, je nachdem welchen Komplexitätsgrad das problemerzeugende System aufweist. Handelt es sich um einen relativ eng abgegrenzten Bereich einer kleineren Unternehmung, dessen wesentliche Struktur und Eigenschaften durch eine bestimmte Technologie geprägt sind, so wird es wahrscheinlich sehr viel leichter möglich sein, irgendwelche auftretenden Störungen zu erkennen, zu lokalisieren und in ihren Gesamtzusammenhängen, sowie möglicherweise auch ihre Ursachen zu erfassen. Völlig anders hingegen ist die Situation, wenn man es mit den strategischen Problemen einer grossen, multinational tätigen Unternehmung zu tun hat, wenn es um strukturelle und prozessuale Fragen einer ganzen Wirtschaftsordnung geht, um die Bekämpfung von Epidemien, um die Einrichtungen und die Finanzierung der sozialen Sicherheit usw. Aber auch in kleineren, noch einigermassen überschaubaren Bereichen wirkt sich die Grundstruktur der jeweiligen Systeme in gravierender Weise auf die Lösungsmöglichkeiten aus. Man denke etwa an die Fragen an die Ehe- und Familientherapie, der Mitarbeitermotivation, der gerechten Entlohnung, usw. Im Bereich derartiger Fragestellungen und Systemzusammenhänge kann häufig überhaupt nicht klar beurteilt werden, ob bestimmte Zustände oder Ereignisse als Störungen zu interpretieren sind oder nicht, welches die relevanten Variablen sind, wo die systemischen Verhaltensgrenzen der betreffenden Variablen sich befinden und dergleichen mehr.

Auch die Frage nach den jeweiligen *Zielen,* die durch den Problemlösungsprozess angestrebt werden sollen oder können, ist in Abhängigkeit vom jeweiligen Komplexitätsgrad des betrachteten Systems, in Abhängigkeit seiner Lenkungsstrukturen und in Abhängigkeit seiner Verhaltenseigenschaften sehr unterschiedlich zu beantworten. Von besonders schwerwiegender Bedeutung sind in diesem Zusammenhang die Informationsquantitäten, die notwendig sind, um Ziele zu spezifizieren, die detaillierter sind, als allgemeine heuristische Richtlinien. Ashby[34] hat dies anhand einer kleinen Darstellung (vgl. Abb. 3.4(10)) im Zusammenhang mit der Verkehrslenkung auf einem Flughafen beschrieben.

Das Lenkungssystem empfängt Inputs X_i und sendet Anweisungen hinaus, die für die Variablen Y_j bestimmte Werte festlegen, die an die Flugzeuge zurückgehen. Die Gestaltung eines solchen Lenkungssystemes muss dann selbstverständlich so vorgenommen werden, dass es sich um ein „gutes" Lenkungs-

---

34 Vgl. Ashby (Setting Goals) 37 ff.

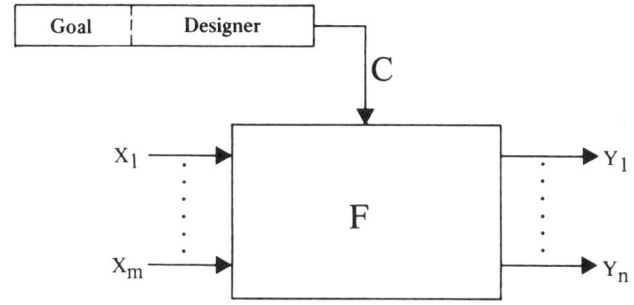

Abbildung 3.4(10)

system handelt. Die Art und Weise wie die Outputs von den Inputs abhängen, wird durch die Relation F, nämlich die Transferfunktion, bestimmt. Es ist selbstverständlich nicht erforderlich und in einem solchen Fall auch gar nicht zu erwarten, dass diese Transferfunktion in mathematischen Ausdrücken formuliert werden kann, trotzdem aber existiert sie, auch wenn sie weder verbal, noch sonstwie beschrieben werden kann, denn es werden ja faktisch die Inputs in die Outputs transformiert. Das Ziel, ein „gutes" F, hängt nicht ab von der Transmission von X nach Y, sondern ist abhängig von der Menge aller möglichen Transferfunktionen F, und es stellt sich somit die Frage, wieviel Information über den Kanal C transmittiert werden muss, um das gestellte Problem zu lösen. Insbesondere ist festzuhalten, dass das Ziel offenkundig nicht von den Werten von Y abhängt.

Die Frage der Zielinformation ist nun wesentlich davon abhängig, ob und in welchem Masse zwischen den einzelnen Variablen Abhängigkeiten bestehen oder nicht. Ashby geht davon aus, dass ein *komplexes* Ziel dann vorliegt, wenn viele Variablen gegeben sind, und die erforderlichen Relationen ein hohes Mass an Konditionalität zwischen den Variablen aufweisen, mit anderen Worten, wenn das Gesamtziel eine nicht reduzierbare Funktion mehrerer Variablen ist. Der Unterschied mit Bezug auf die zur Zielbestimmung erforderlichen Informationsquantitäten zwischen einem in diesem Sinne einfachen, d. h. reduzierbaren und einem komplexen, d. h. nicht reduzierbaren Ziel ist gigantisch. Geht man beispielsweise davon aus, dass der Verkehr des Flughafens lediglich hundert Variablen involviert, was wahrscheinlich eher eine Unterschätzung darstellt und dass bei jeder Variablen lediglich fünf Werte unterschieden werden müssen, so kann gezeigt werden, dass, wenn das Ziel reduzierbar ist, die Zielspezifikation, d. h. also die Bestimmung der Transferfunktion F höchstens 500 bits erfordern wird; ist hingegen das Ziel nicht reduzierbar, dann kann die Informationsmenge bis zu 10^{70} bits ansteigen und diese Zahl ist wiederum weit oberhalb des Bremerman'schen Limits. Es ist also klar, dass das fragliche System, seine Inputs und Outputs, sowie deren Eigenschaften von zentraler Bedeutung für die Zielbestimmung ist.

Analoge Situationen gibt es bei der Bestimmung des *Ist-Zustandes* eines komplexen Systems, insbesondere wenn dieses permanent neue Zustände produziert, so dass keineswegs von vornherein klar ist, welche Aspekte nun tatsächlich dauerhaften Charakter haben und welche jeweils raschen Veränderungen unterliegen. Die Suche nach *Alternativen* unterliegt im Zusammenhang mit wirklich komplexen Systemen völlig gleichartigen Gesetzmässigkeiten. Die Anzahl der grundlegend offenen Verhaltensoptionen ist meistens ausserordentlich gross, und die gesamte Methodik sowie ihre konkrete Anwendung muss darauf gerichtet sein, diese ungeheuer grossen Informationsquantitäten zu reduzieren. Die entsprechenden Kurvenverläufe wurden bereits in Abschnitt 2 behandelt.

Alle diese Überlegungen zeigen, dass die Eigenschaften jenes Systems, das das zu behandelnde Problem produziert, von fundamentaler Bedeutung für die Handhabung einer Methodik sind, und dass die Steuerung des Prozessablaufes wesentlich von diesen Eigenschaften bestimmt ist. Im Grunde kann man die ganze Problematik durch sprichwörtliche Alltagserfahrungen weitgehend veranschaulichen: Mäuse fängt man (bekanntlich) mit Speck; und um Forellen zu angeln, hängt man ja auch nicht Schokolade an den Haken, sondern einen Wurm oder eine Fliege, auch wenn man selbst noch so gerne Schokolade isst. Die Natur und Eigenheit des Systems, die Frage, worauf das System reagiert, muss bestimmen, wie vorzugehen ist.

Im kommunikationstheoretischen Sinne kann man sagen, dass man die „Sprache des Systems" verstehen und sprechen muss, um mit ihm in Interaktion zu treten, denn das ist die Voraussetzung dafür, es beeinflussen zu können. Sprache ist hier offensichtlich in einem sehr weiten Sinne zu verstehen, etwa derart, wie der Poet, zwar nicht naturwissenschaftlich präzise, aber vom systemischen Standpunkt aus durchaus zutreffend, von der Sprache des Windes, der Blätter, des Meeres usw. spricht. Die Fähigkeit, auf die Kommunikationsmodalitäten unserer Umgebung eingehen zu können, ist eine so fundamentale Notwendigkeit im Umgang mit Systemen, dass es erstaunlich ist, dass sie nicht zur obligatorischen Bildung und Ausbildung gehört.

Manches tun wir auch in diesem Bereich natürlich instinktiv und ohne dass es uns bewusst wird. Die meisten Menschen schalten, ohne nachdenken zu müssen, in eine andere Kommunikationsform um, wenn sie sich mit kleinen Kindern beschäftigen oder mit Haustieren. Aber es gehört beispielsweise schon zu einer bei weitem nicht als selbstverständlich anzusehenden Befähigung, mit Erwachsenen in einer, an diese angepassten Kommunikationsweise zu interagieren. Hier neigen viele Menschen dazu, alles aus eigener Perspektive zu sehen und nach eigenen Massstäben zu beurteilen. Die Kultivierung von Fähigkeiten, wie etwa die „Kunst, Freunde zu gewinnen", oder „den eigenen Chef zu managen" fällt ebenso in die Klasse kybernetisch relevanter Strategien für den Umgang mit komplexen Systemen, wie etwa die „Kunst des diplomatischen Verhandelns".

Zu einem erheblichen Teil ist die hier relevante „Natur des Systems" eine Frage seiner Regulierungsmechanismen im weitesten Sinne. Dies ist ja der

Grund, weshalb im Rahmen der Systemmethodik gefordert wird, die Lenkungsstrukturen der zu beeinflussenden Systeme zu eruieren.

An anderer Stelle wurden mehrere Varianten von Lenkungsmechanismen im Detail untersucht, insbesondere die Formen des einfachen Servomechanismus, des ultrastabilen Systems und des multistabilen Systems.[35] Anstelle einer Rekapitulation dieser eher formalen Darstellungen möchte ich hier anhand einiger Beispiele aufzeigen, um welche Art von Vorstellungen es dabei geht.

3.431 Das Feedback-Prinzip

Das menschliche Denken bewegt sich in einem hohen Ausmass in einem an *linearen Kausalketten* orientierten Denkschema. Ursachen erzeugen Wirkungen, die wieder Ursachen für weitere Wirkungen sind.

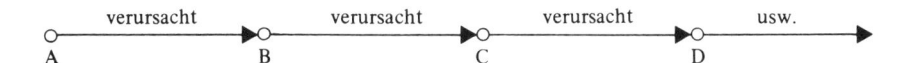

```
      verursacht        verursacht        verursacht        usw.
   O────────────▶O────────────▶O────────────▶O────────────▶
   A             B             C             D
```

In einer Reihe von Wissenschaften wurde in den vierziger Jahren aber deutlich, dass mit Hilfe eines derartigen Denkens viele Phänomene nicht erfasst und erklärt werden konnten. Praktisch alle biologischen, sozialen, physiologischen und neurologischen Probleme können mit Hilfe eines linearen, kausalanalytischen Denkschemas nicht angemessen erklärt werden. Ausserdem wurde immer klarer, dass auch in den technischen Wissenschaften, in denen das lineare Denken besonders dominierend war, dieses Denkmodell nicht genügte.

Zu mehreren, von der Josiah Macy-Foundation veranstalteten Gesprächen trafen sich in diesen Jahren Wissenschaftler verschiedenster Fachgebiete, um die Fruchtbarkeit eines anderen, neuen Denkschemas, jenem der *zirkulären Systeme mit Rückkoppelungseffekten* näher zu untersuchen. Aus diesen Veranstaltungen entstand schliesslich jenes, die klassischen Disziplinen übergreifendes Forschungsgebiet, das Norbert Wiener 1948 „Kybernetik" nannte.

Neben Wiener sind vor allem Arturo Rosenblueth, Walter B. Cannon, Julian Bigelow, Warren Mc Culloch, Walter Pitts, John von Neumann, Ludwig von Bertalanffy, Claude Shannon, Warren Weaver, Margaret Mead, Gregory Bateson, Heinz von Foerster und Ross Ashby als Pioniere der neuen Wissenschaft zu nennen, deren Namen heute in Fachkreisen einen beinahe legendären Klang haben, weil ihre Arbeiten nicht einfach nur zu neuen Erkenntnissen führten, sondern zu Erkenntnissen, die von einer *völlig neuen Art* waren und in vielerlei

---

35 Vgl. dazu Gomez/Malik/Oeller (Systemmethodik) Teil B und C; ferner Krieg (Grundlagen).

Hinsicht zu Konsequenzen philosophischer, technologischer und sozialer Art führten, deren volle Tragweite selbst heute noch nicht auf breiter Basis erkannt ist.

Ausgangspunkt dieser Entwicklung waren die Beobachtungen,

— dass es Organismen oder Systeme gibt, die selbsttätig Ziele anstreben und erreichen können;

— dass sie auch bewegte Ziele erreichen können;

— dass sie Ziele auch unter dem Einfluss von Störungen erreichen können, und zwar selbst dann, wenn über die Ursache der Störung nichts bekannt ist;

— dass sie auch völlig neue, in der Vergangenheit noch nie aufgetretene Störungen überwinden können.

Offensichtlich konnten diese Beobachtungen nicht mit Hilfe linearer Kausalketten erklärt werden. Ausserdem waren diese Beobachtungen nicht nur von rein wissenschaftlichem, sondern auch von technologischem, vor allem aber rüstungstechnologischem Interesse.

Die Beschäftigung mit diesen Problemen führte zur Entdeckung eines der fundamentalsten Gestaltungsprinzipien der Natur — dem *Rückkoppelungsprinzip*.

Zwei Varianten sind zu unterscheiden:

1.1. Negative, stabilisierende Rückkoppelung

Diese Variante des Feedback-Prinzips beruht — auf einen sehr einfachen Nenner gebracht — darauf, dass ein Organismus Rückmeldungen über Erfolg oder Misserfolg seines Verhaltens dazu benützen kann, sein Verhalten derart zu korrigieren, dass er dem Ziel näher kommt und es schliesslich erreicht. Der Organismus orientiert sein Verhalten ausschliesslich an der Differenz zwischen dem Ziel und dem tatsächlichen Zustand. Jede Korrektur des Verhaltens erfolgt so, dass die Differenz verringert wird. Das Verhalten eines derartigen Systems zeigt eine typische Kurve — die Einschwingkurve.

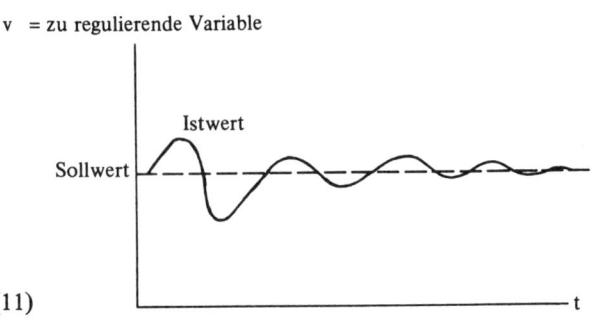

Abbildung 3.4(11)

1.2 Positive, destabilisierende Rückkoppelung
Hier wird jede Differenz zwischen Ist- und Sollzustand nicht, wie bei der negativen Rückkoppelung, reduziert, sondern vergrössert oder verstärkt. Auch das Verhalten eines derartigen Systems zeigt eine typische Kurve.

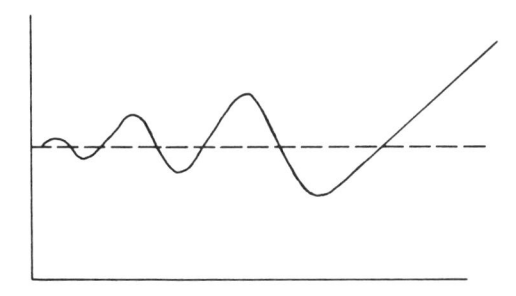

Abbildung 3.4(12)

Wie leicht einsehbar ist, können positive Rückkoppelungen höchstens kurzfristig in Funktion sein, denn sie treiben jedes System zu immer stärkeren Schwingungen und ruinieren es schliesslich. Für normales Verhalten eines Systems sind positive Rückkoppelungen daher fast bedeutungslos, bzw. wenn sie auftreten, gefährlich. Sie kommen aber häufig im Verbund mit negativen Feedbacks bei vernetzten Systemen vor.

3.432   Einfache Regelungssysteme

Das Prinzip der negativen Rückkoppelung ist heute in vielen technischen Systemen verwirklicht, wie am Beispiel der thermostatgeregelten Heizung illustriert werden kann.

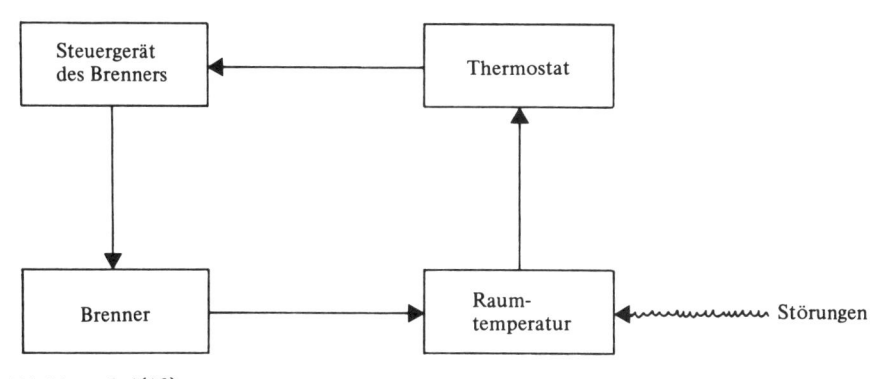

Abbildung 3.4(13)

Das entscheidende Charakteristikum an diesem Regelkreis ist, dass die Raumtemperatur als die zu kontrollierende Grösse nicht nur vom Brenner beeinflusst wird, sondern einer Vielzahl anderer Einflüsse ausgesetzt ist. Sie verändert sich, wenn eine Türe oder ein Fenster geöffnet wird, oder wenn die Aussentemperatur sich verändert, oder wenn im Raum ein offener Kamin beheizt wird, oder wenn eine grössere Zahl von Menschen sich im Raum aufhält, usw. Dessen ungeachtet registriert der Thermostat nur die Differenz zwischen Soll- und Ist-Temperatur und steuert damit — unabhängig von der Ursache der Differenz — den Brenner.

Dieses Beispiel illustriert sehr gut einige Eigenschaften von geschlossenen Regelkreisen, insbesondere die Tatsache, dass eine Kenntnis der Störungsursachen überhaupt nicht erforderlich ist, um zweckmässige Korrekturmassnahmen zu treffen. Dieses Ergebnis allein reicht aus, um ein Jahrhunderte altes Dogma der Wissenschaft, dass für zweckmässiges Handeln die Kenntnis von Ursachen nötig sei, zu widerlegen.

Das Beispiel enthält aber auch einige Quellen für weit verbreitete Missverständnisse, die immer noch eine breite Anwendung kybernetischer Erkenntnisse verhindern. Im folgenden werden einige Bedingungen dieses speziellen Beispieles aufgeführt, die nicht in allen Fällen und insbesondere in den wirklich interessanten Fällen nicht erfüllt zu sein brauchen und in der Regel auch gar nicht erfüllt sind:

a) Das System hat Komponenten, die ausdrücklich die Funktion des Steuerns bzw. Regelns ausüben (Steuergerät, Thermostat).

b) Diese Komponenten sind eindeutig und einfach zu identifizieren.

c) Das ganze System ist einfach.

d) Das Ziel des Systems (z. B. 21° Celsius Raumtemperatur) ist eigentlich nicht ein Systemziel, sondern es wird von aussen gesetzt.

e) Die Logik des gesamten Systems ist klar und jedermann einsichtig; es ist klar feststellbar, wofür jede Komponente da ist, welchen Weg die Informationen und Steuerungssignale nehmen.

f) Die Systemzusammenhänge und die innerhalb des Systems auftretenden Wirkungen sind determiniert (ein Signal des Steuerungsgerätes setzt in der Regel mit Sicherheit den Brenner in oder ausser Betrieb).

Praktisch alle technischen Systeme, mit Ausnahme komplexer Computersysteme, sind daher, obwohl sie kybernetische Gesetzmässigkeiten anwenden, im Grunde nicht geeignet, die wirkliche Reichweite und Bedeutung der Kybernetik zu illustrieren.

3.433 Höhere Formen von Regelungssystemen

3.433.1 Implizite Regelung

Eine wesentliche Quelle für Missverständnisse im obigen Heizungsbeispiel besteht darin, dass die Regelungselemente *spezielle* Systemkomponenten sind, die gewissermassen von aussen dem System zugefügt werden, damit es selbstregulierend wird. Solche Systeme sind aber, auch wenn sie bereits viele Vorteile gegenüber einem System ohne Feedback aufweisen, keineswegs perfekt, sondern sind selbst einer Reihe von Störungen ausgesetzt, die nicht etwa die zu regelnde Grösse (hier die Temperatur), sondern Elemente des Systems betreffen. So kann etwa der Temperaturfühler verschmutzen und damit insensitiv werden, oder das Steuergerät kann ausfallen.

Die eigentlich interessanten selbstregelnden Systeme können keine derartigen Funktionsfehler aufweisen, weil ihre Selbstregulierungsfähigkeit Resultat ihrer Struktur ist. Die Fähigkeit zur Selbstregelung durch Rückkoppelung ist ihnen immanent. Sie ist implizit in ihrer Struktur. Sie *können* gar nicht anders, als sich zu regulieren.

Ein typisches Beispiel ist die Regulierung der Zahl der Tiere einer Population durch das Futterangebot. Je mehr Tiere die Population hat, um so geringer werden die Futterressourcen, womit auch die Zahl der Tiere wieder zurückgeht, was zur Folge hat, dass die Futterplätze sich wieder erholen können. Wir haben hier keine erkennbaren Regelungskomponenten wie im Heizungsbeispiel. Es gibt kein Steuergerät, sondern die Struktur des Gesamtsystems „Tiere + Futterreserven" hat diesen Regulierungseffekt zur Folge.

3.433.2 Vernetzte Systeme

Wir können das soeben verwendete Tierbeispiel ausbauen und damit alle Vereinfachungen beseitigen, die im Heizungsbeispiel noch vorhanden waren.

In Wahrheit werden Tierpopulationen natürlich nicht nur durch die Futterreserven reguliert. Die Wirklichkeit ist wesentlich komplexer.

Nehmen wir an, bei den Tieren handle es sich um Kaninchen in einem vom Menschen ungestörten Biotop. Wovon ist die Anzahl der Tiere beeinflusst? Ein für die Systemforschung typisches Strukturdiagramm zeigt die wichtigsten Zusammenhänge.

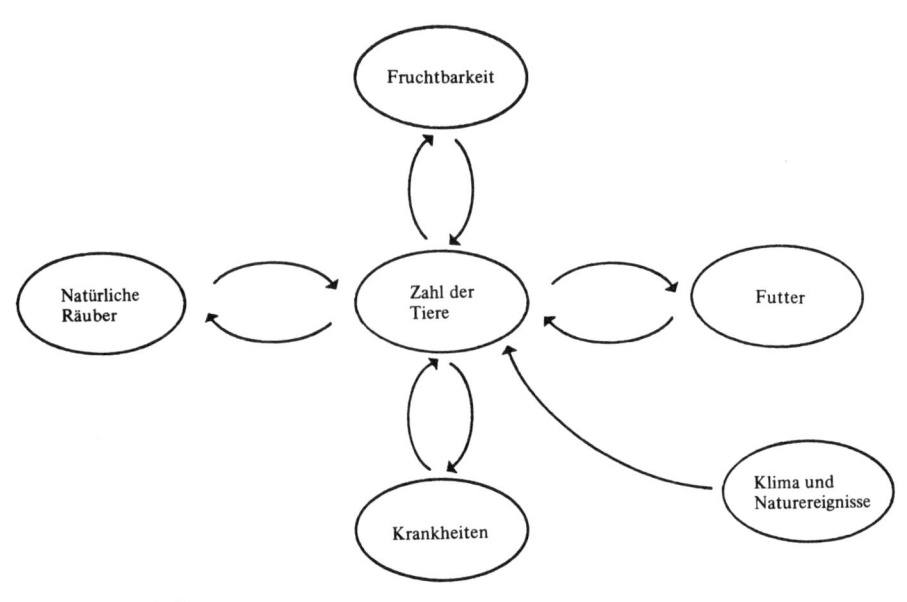

Abbildung 3.4(14)

Die folgenden Feststellungen sind für diese Art von Systemen wichtig:

a) Wir wissen nicht im voraus, *wo* das „Ziel" des Systems liegt. Die Zahl der Kaninchen ist eine Resultante aus vielen Faktoren und kann auf keine Weise vorausberechnet werden.

b) Das Ziel, also die resultierende Anzahl von Tieren ist *nicht von aussen* vorgegeben und kann auch nicht von aussen vorgegeben werden. Es handelt sich vielmehr um ein systemimmanentes Ziel, das eben aus den vielfältigen Wechselwirkungen sich ergibt.

c) Es handelt sich *nicht um ein feststehendes* Ziel, sondern die Zahl stabilisiert sich unter verschiedenartigen Einflüssen immer wieder neu. Würde man die Zahl der Tiere laufend aufzeichnen, könnte man möglicherweise gewisse typische zyklische Zielbewegungen feststellen.

d) Niemand hat *Kontrolle* über das System. Das Gesamtsystem reguliert sich im eigentlichen Sinne des Wortes selbst, denn kein einziger Faktor ist allein oder auch nur dominierend bestimmend für die resultierende Zahl der Tiere. Dieses System hat also keine identifizierbaren Systemkomponenten, die man als Regler oder dergleichen bezeichnen könnte.

e) Im Gegensatz zum Heizungsbeispiel, in dem die einzelnen Systemkomponenten in einer im voraus bekannten und errechenbaren Weise aufeinander wirkten, können wir hier in der Regel *nicht feststellen, welche konkreten Einflüsse* die einzelnen Systemkomponenten aufeinander haben. So weiss man im allgemeinen nicht, wieviele Kaninchen etwa pro Jahr von Füchsen getötet werden. Man könnte möglicherweise mit gewissen statistischen Durchschnittswerten arbeiten, die aber für das konkrete Verständnis der Systemzusammenhänge wenig Bedeutung haben. Für die jeweilige Zahl der Kaninchen ist ja nicht irgendein Durchschnittsverhalten massgeblich, sondern die konkrete Zahl, die bestimmten Räubern zum Opfer fällt. Da sich Füchse aber nicht ausschliesslich von Kaninchen ernähren, sondern auch noch andere Beutetiere haben, und die Anzahl der getöteten Kaninchen im übrigen von der Gesamtzahl der Kaninchen und von der Anzahl der im Biotop vorkommenden Füchse abhängig ist, wird sich eine quantitative Aussage kaum machen lassen.

f) Man kann allerdings die *allgemeine Tendenz* eines Einflusses (durch Plus oder Minus gekennzeichnet) angeben. Wir machen somit über derartige Systeme keine detaillierten konkreten Aussagen, sondern *Aussagen höherer Ordnung* auf einem höheren Abstraktionsniveau. Auf diesem Weg können somit dennoch Feststellungen darüber getroffen werden, ob das Gesamtsystem beispielsweise stabil oder instabil ist.

g) Die einzelnen Systemelemente wirken *nicht auf determinierte* Weise aufeinander, sondern nur mit einer gewissen Wahrscheinlichkeit. Dies gilt für alle natürlichen Systeme und für alle Systeme, in denen der Mensch ein wesentliches Element ist.

h) Das System ist *offen*. Es können jederzeit neue Elemente ins Spiel treten, und diese können das Gesamtverhalten des Systems auf gravierende Weise verändern.

3.433.3 Das Prinzip der Homöostase

Wir haben hier ein Beispiel für die sogenannte *Homöostase,* ein Mechanismus, bzw. Funktionsprinzip von zentraler Bedeutung. Andere Beispiele sind etwa die Regulierung des Blutzuckergehaltes, der Körpertemperatur oder des Adrenalinspiegels. Alle diese Grössen hängen von einer ausserordentlich grossen Zahl anderer Faktoren ab, die sich gegenseitig beeinflussen und auf diesem Weg den jeweiligen Zustand der betrachteten Grösse einregulieren.

Die *entscheidende Leistung* eines homöostatischen Systems besteht darin, dass eine oder mehrere Faktoren, Grössen oder Variablen innerhalb von sogenannten „*physiologischen" Grenzen* gehalten werden, also stabilisiert werden und zwar — und das ist das eigentlich Wichtige — trotz nach Art, Ursache und konkreter Wirkung unbekanter Einflüsse und Störungen. „Physiologisch" heisst: dem System und seinen Eigenarten entsprechend.

Die Aufdeckung der Wirkungsprinzipien des Phänomens der Homöostase gehört neben der Entdeckung des Feedback-Prinzips zu den grössten Erfolgen der Kybernetik bzw. Systemforschung. Die wissenschaftliche Erklärung dieses Funktionsprinzips oder auch Naturgesetzes ist dem britischen Kybernetiker, Ross W. Ashby, zu danken.

Ashby, der im Gegensatz zu Norbert Wiener eigentlich nur in Fachkreisen bekannt ist, hat nicht nur dieses für ein adäquates Verständnis belebter und unbelebter Systeme so wichtige Prinzip in den Einzelheiten untersucht und erklärt, er hat auch eine Maschine konstruiert, die die Wirkungsprinzipien sehr anschaulich illustriert — den Homöostaten. Alle natürlichen und künstlichen Systeme, die Homöostase bewirken, werden danach *Homöostaten* genannt.

Warum ist nun das Prinzip der Homöostase so wichtig? Auf einen einfachen Nenner gebracht ist es mit Hilfe dieses Prinzips möglich, alle Stabilitäts- und Anpassungsphänomene zu erklären. Das Prinzip der Homöostase ist das Prinzip der Selbstregulierung durch Selbstorganisation, und der Homöostat ist die elementare Einheit kybernetischer Erklärung und Gestaltung. Ein homöostatisches System weist die Minimalanforderungen auf für Autonomie, Identität und Überleben. Kombinationen aus mehreren homöostatischen Systemen, also Systeme höherer Ordnung, die aus homöostatischen Teilsystemen zusammengesetzt sind, erlauben es, Phänomene, wie Intelligenz, Kognition, Lernen, Selbstorganisation und Evolution auf wissenschaftlich und praktisch interessante Weise zu erfassen und zu erklären.

Zu berücksichtigen ist allerdings, dass ein Arbeiten mit diesem Erklärungsprinzip voraussetzt, dass gewisse, in unsere Kultur eingebaute Vorurteile aufgegeben werden. Man muss auch bereit sein, einige weit verbreitete Ansichten darüber, was Wissenschaft kann und nicht kann, sowie darüber, was als „wissenschaftlich" zu akzeptieren sei, in Frage zu stellen.

Im Kaninchen-Beispiel wurde verdeutlicht, dass das Zusammenwirken zahlreicher Einflussfaktoren in einem vernetzten System letztlich dazu führt, dass sich die Zahl der Tiere auf ein bestimmtes Niveau einspielt, also stabilisiert. Ist das System, das aus all diesen Faktoren zusammen gebildet wird, lange genug sich selbst überlassen, dann wird die resultierende Zahl der Kaninchen ein hohes Mass an Stabilität aufweisen. Die Tierpopulation und damit gleichzeitig auch alle anderen Faktoren haben ihr *natürliches* Gleichgewicht gefunden. Die Werte, auf denen sie sich einpendeln und die Bandbreiten, in denen sie schwanken, sind systemisch angepasst, — „physiologisch" — auch wenn sie möglicherweise mit *unseren eigenen* Vorstellungen und Erwartungen kollidieren.

Wie kann man diese Sachverhalte einigermassen sinnvoll darstellen, so dass die wirklich entscheidenden fundamentalen Zusammenhänge sichtbar werden? Was uns in diesem speziellen Fall besonders interessiert, sind die Kaninchen, bzw. ihre Populationsdichte. Wir können aber nicht nur die Kaninchen betrachten, sondern müssen der Tatsache Rechnung tragen, dass ihr Verhalten und damit auch die Populationsdichte, wie gezeigt wurde, von vielen anderen Faktoren verschiedenster Art abhängt. Man kann nun die Situation folgendermassen darstellen oder modellieren.

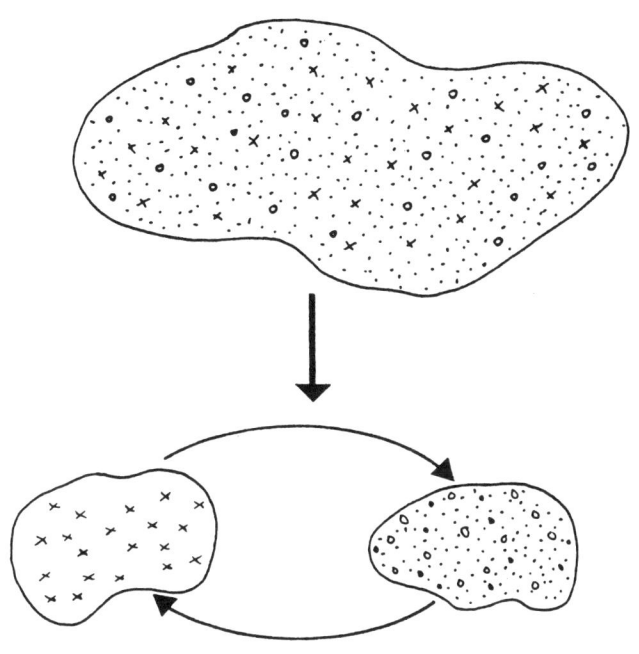

Abbildung 3.4(15)

Das Gesamtsystem und seine möglichen Zustände wurden im oberen Teil der Abbildung als Punkte in einem amöboiden Feld dargestellt. Im unteren Teil der Abbildung wurde eine Trennung zwischen den Zuständen der Kaninchenpopulation einerseits und allen übrigen, den sogenannten Umweltzuständen andererseits vorgenommen, die (durch die beiden Pfeile angedeutet) aufeinanderwirken und sich so gegenseitig beeinflussen. Diese Trennung kann natürlich nicht real, sondern nur gedanklich gemacht werden; das Modell enthält aber, obwohl es sehr abstrakt ist, alle Komponenten, die wirklich an der Situation wichtig sind. Von allen, an sich ebenfalls interessanten Details wird zunächst abgesehen, sie können jedoch jederzeit wieder eingefügt werden, wenn und insoweit sie für das Verständnis wichtig sind.

Obwohl in der realen Welt alle in einem homöostatischen Konnex zusammenwirkenden Systemkomponenten ein dichtes Netzwerk — einen Filz — bilden, können wir doch gedanklich abstrahierend *zwei* wesentliche Subsysteme unterscheiden: das uns unmittelbar interessierende Subsystem einerseits (Unternehmung, Nation, Tierpopulation, usw.) und alles übrige zu einem Subsystem „Umwelt" zusammengefasst andererseits.

Wir stellen damit sicher, dass uns nicht der Fehler unzulässiger Isolierung einzelner Subsysteme oder Elemente unterlaufen kann. Zwar wissen wir nicht, woraus die „Umwelt" im einzelnen besteht; auch das uns direkt interessierende Subsystem ist meistens nicht in seinen vollen Details bekannt. Dazu sind reale Systeme zu komplex. Wir haben aber dennoch, wenn auch sehr abstrakt, alle wesentlichen Zusammenhänge berücksichtigt, die dann im Verlauf der Untersuchung eines konkreten Homöostaten weiter detailliert werden können, falls dies notwendig und sinnvoll ist.

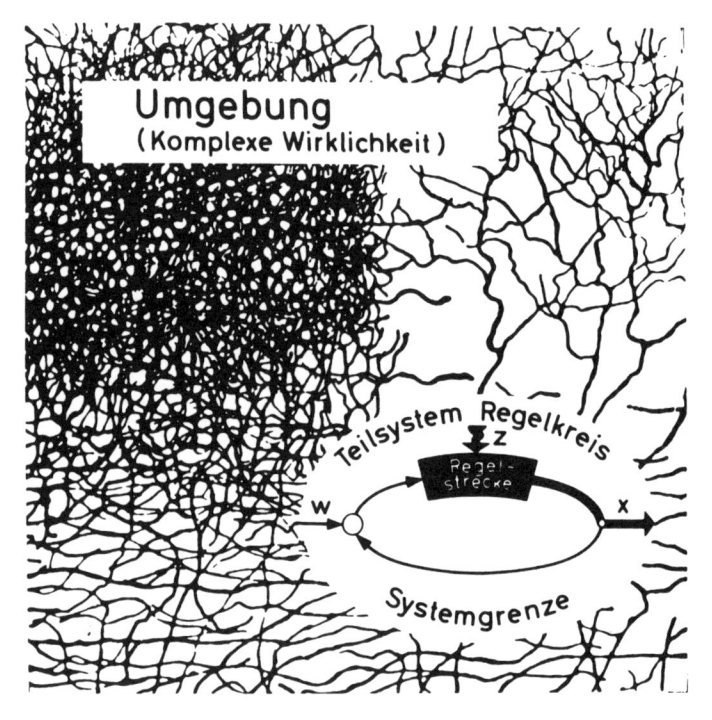

Abbildung 3.4(16) [36]

So wie man einen einzelnen Regelkreis aus einem Netzwerk herausarbeiten kann, der aber durch Input und Output doch mit dem „Rest der Welt" verbunden bleibt, so kann man natürlich auch grössere Teile von Netzwerken auf diese Weise gedanklich erfassen.

36 Vgl. Steinbuch (Masslos informiert) 133.

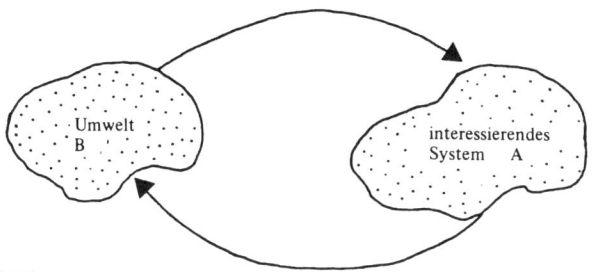

Abbildung 3.4(17)

Die Punkte in den beiden Subsystemen repräsentieren die *möglichen* Zustände, die sie annehmen können, also ihre Varietät. Aus den Überlegungen zur Komplexität wissen wir, dass hier in realen Systemen mit astronomischen Grössenordnungen gerechnet werden muss.

Von all den Zuständen, die ein System potentiell annehmen können, sind meistens nur wenige auch Gleichgewichtszustände (in der nächsten Abbildung eingekreist). Aufgrund seiner inneren Dynamik wird ein System, wenn es sich selbst überlassen wird, immer eine Tendenz in Richtung Gleichgewicht entwickeln.

Da aber in einem homöostatischen Konnex das System nicht sich selbst überlassen ist, sondern vom zweiten Subsystem des Gesamthomöostaten beeinflusst wird und dieses seinerseits beeinflusst, ist es unwahrscheinlich, dass ein Gleichgewichtszustand von A auch gleichzeitig ein Gleichgewichtszustand von B ist. Solange aber B nicht auch seinerseits im Gleichgewicht ist, wird es dazu tendieren, den Zustand, in dem es sich befindet, zu ändern. Diese Änderung wird aber aufgrund der Verknüpfung der beiden Systeme auf A durchschlagen und dieses möglicherweise aus dem Gleichgewicht bringen. Diese gegenseitigen Änderungen halten die beiden Subsysteme in ständiger Bewegung und zwar solange, bis beide je in ein Gleichgewicht gefunden haben. Ein Subsystem kann gewissermassen gegen jeden Zustand des anderen ein Veto einlegen, wenn es selbst nicht im Gleichgewicht ist.

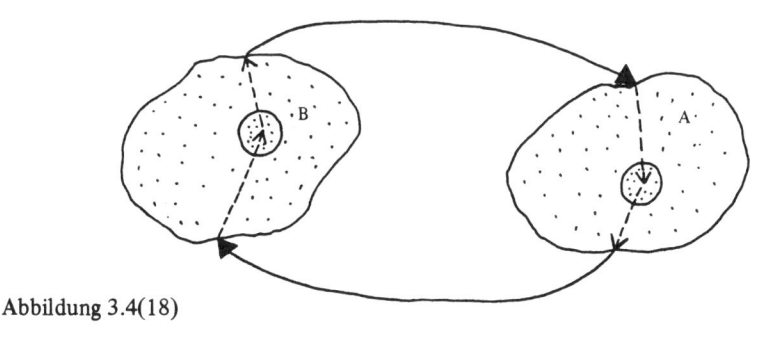

Abbildung 3.4(18)

Ein Homöostat kommt also so lange nicht zur Ruhe, bis er als Ganzes, d. h. bis beide Teilsysteme (oder in detaillierten ausgearbeiteten Fällen alle Teilsysteme) im Gleichgewicht sind. Und jede Störung eines Gleichgewichtes, gleichgültig welcher Art und Ursache, wird durch eine neue Suche nach Gleichgewicht beantwortet. Ein homöostatisches System hat somit nicht nur die Fähigkeit, ein Gleichgewicht zu erreichen, sondern es hat eine Fähigkeit höherer Ordnung, nach jeder Störung immer wieder erneut ein Gleichgewicht aufzusuchen. Ashby nannte diesen Systemtyp daher nicht nur stabil, sondern *ultrastabil*.

Am besten lassen sich die Strukturen und Wirkungen der Homöostase wohl am Beispiel der Familie *erkennen* und *erleben*. Die Familie, sowohl die „gesunde" wie die „gestörte", zeigt alle Eigenschaften komplexer Systeme, ist aber für den einzelnen noch *mit den Sinnen erfahrbar*. Anhand des Beispiels der Familie ist auch sehr leicht erkennbar, dass die homöostatisch kontrollierten und ausbalancierten Variablen nicht immer physikalische Variablen zu sein brauchen, wie Temperatur, Blutzucker, Raumfeuchtigkeit usw. Auch Variablen, wie etwa Betriebsklima, Gefühle, Organisationskultur, Stil, Tradition usw. fallen in Betracht, und können Gegenstand dieser Regulationsmechanismen sein. Die Tatsache, dass es Schwierigkeiten bereitet, Variablen dieser Art zu messen, ist zwar bedauerlich, ändert aber daran nichts.

Von besonderem Interesse sind jene Systeme, die als Ergebnis ihrer homöostatischen Mechanismen ihre *eigene Struktur* stabilisieren, ein Phänomen, das gegenwärtig unter der Bezeichnung „Autopoiesis" Gegenstand intensiver Forschungen ist, weil man sich daraus neue Einsichten in das Phänomen des Lebens erhofft. Hier sei lediglich auf die Ausführungen in Kapitel 2 zu den spontanen Ordnungen hingewiesen und auf die Darlegungen in Abschnitt 3.3, vor allem auf die verschiedenen Arten des Wandels und auf den Umstand, dass noch so viel Wandel erster Ordnung in der Regel zu nichts anderem führt als zu einer Stärkung der schon bestehenden Systemstruktur. Wie vermerkt wurde: plus ça change, plus c'est la même chose...

Zur Veranschaulichung der Homöostase im sozialen Kontext mag das folgende Zitat nützlich sein:

„Viele Dinge, die Menschen auf eine ganz bestimmte Weise tun, tun sie nicht instinktiv, sondern aus der Notwendigkeit der Anpassung an ihre Mitmenschen... Charakteristisch für den interaktionellen Ansatz ist die Überzeugung, dass menschliche Natur und soziale Ordnung das Ergebnis von Kommunikation sind... Die Art und Weise, in der sich ein Mensch benimmt, muss als etwas gesehen werden, was aus dem reziproken Geben und Nehmen voneinander abhängiger Menschen besteht, welche sich aneinander anpassen. Weiter kann man sagen, dass die Persönlichkeit eines Menschen – jene spezifischen Verhaltensstrukturen, die ein bestimmtes Individuum charakterisieren – als etwas betrachtet werden kann, das sich von Tag zu Tag durch die Interaktion mit seinen Mitmenschen entwickelt und neu bestätigt."[37]

3.433.4 Das polystabile System

Die Vorstellung, dass ein System nicht nur stabil, sondern ultrastabil sein kann, das heisst, in der Lage sein kann, nicht nur *ein* Gleichgewicht zu erreichen, sondern nach Störungen immer wieder ein *neues* Gleichgewicht anzustreben, führt zur Idee eines polystabilen Systems.[38] Damit verbinden sich auch die in Abschnitt 3.3 diskutierten Überlegungen zum Wandel erster und zweiter Ordnung. Ein solches System ist dadurch charakterisiert, dass es mehrere, meistens sehr viele, verschiedene Gleichgewichtszustände aufweisen kann. Das Verhaltensfeld eines polystabilen Systems weist somit viele Zustandsregionen auf, sogenannte Confluents, die je einen Gleichgewichtspunkt oder Gleichgewichtszyklus haben. Ist das System in einem Zustand einer Gleichgewichtsregion, der selbst noch nicht notwendig ein Gleichgewichtszustand zu sein braucht, so läuft es unter dem Einfluss seiner Eigendynamik in den Gleichgewichtszustand dieser Region. Gewisse Störungen führen zwar zu Zustandsänderungen, aber nur zu solchen erster Ordnung. Bestimmte Störungen können allerdings zu Veränderungen zweiter Ordnung führen, das heisst zum Verlassen dieser Region und zum Übergang in eine andere Zustandsregion mit anderen Gleichgewichtscharakteristika. Bildhaft gesprochen überwindet das System die Schwellenwerte der vorherigen Region.

Die beiden nachfolgenden Darstellungen verdeutlichen diesen Systemtyp. Abbildung 3.4(19a)[39] zeigt ein Verhaltensfeld mit 12 Confluents. Die Linien innerhalb ein- und desselben Confluents deuten an, dass alle Verhaltensänderungen von einem Zustand dieser Region nur zum Gleichgewichtspunkt oder -zyklus dieser Region gehen können. In Abbildung 3.4(19b)[40] ist gezeigt, wie diese Vorstellung konkret interpretiert werden kann. Hier ist die Gesellschaft als Ganzes durch lediglich drei Confluents, man könnte auch sagen, grundlegende Verhaltensmodi, charakterisiert, eine sicherlich grobe, aber für bestimmte Zwecke möglicherweise ausreichende Modellierung. Die Frage ist nun, unter welchen Umständen, Einflüssen usw. Übergänge von einem Modus zum anderen erfolgen. Die Geschichte liefert eine Fülle von Beispielen für Probleme dieser Art.

---

37 Shibutani, T. Society and Personality, New Jersey 1961, 20–23; zitiert nach Jackson, Don D., Das Studium der Familie, in: Watzlawick/Weakland (Interaktion) 21.
38 Vgl. Ashby (Brain) 185.
39 Vgl. Beer (Decision) 476.
40 Vgl. Beer (Platform) 147.

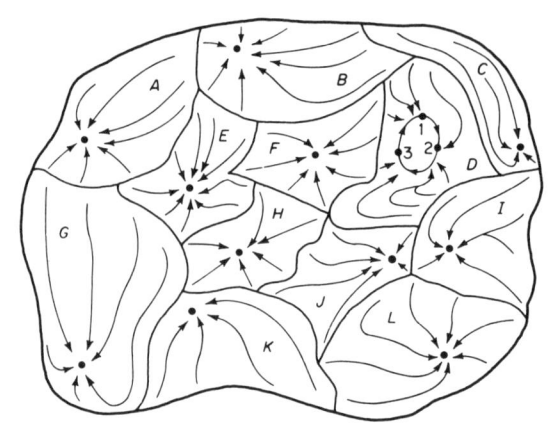

Abbildung 3.4(19a)

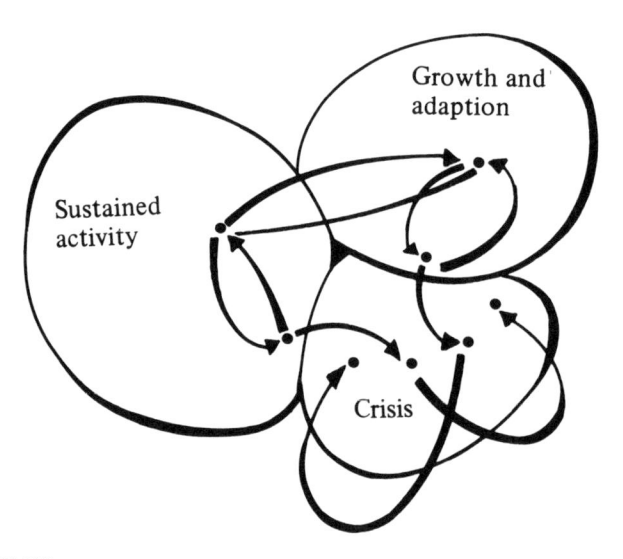

Abbildung 3.4(19b)

Die hier in bildhafter Weise skizzierten Vorstellungen über das polystabile System, zu denen es eine durchaus präzise Theorie gibt,[41] sind nützlich für systemmethodische und strategische Zwecke in jenen Fällen, in denen im Vergleich zum Modell des lebensfähigen Systems weniger strukturierte Systeme als

---

41 Vgl. Ashby (Brain) 177 ff. sowie 241 ff.

Gegenstand der Beeinflussung vorliegen. Man darf nicht vergessen, dass im Modell des lebensfähigen Systems eine sehr hoch entwickelte Struktur gegeben ist, während es andere Systemtypen gibt, die eher mit den Modellen der allgemeinen Homöostase oder des polystabilen Systems erfasst werden können. Mir scheint, dass dies etwa auf jene Systemtypen zutrifft, die als Öko-Systeme bezeichnet werden.

3.433.5 Metasystemische Regulation

Die Beachtung des jeweiligen Systemcharakters, der Natur des Systems, und damit seiner Lenkungs- und Regulationsmechanismen, ist, wie hier darzulegen versucht wurde, eine wesentliche, vielleicht sogar die wichtigste Voraussetzung erfolgreicher Beeinflussungsstrategien. Gerade die Einsicht in das Funktionieren komplexer Systeme, also das Verständnis ihrer Natur, lehrt uns nun, dass wir, wie schon an vielen anderen Stellen vermerkt wurde, wenig Hoffnung haben dürfen, ein System auf der Objekt-Ebene beeinflussen zu können.

Erfolgreiche Strategien haben zumeist Meta-Charakter, sie betreffen Aspekte, Kriterien und Einflussmöglichkeiten zweiter Ordnung. Aufbauend auf die Darlegung der Regulationsmechanismen kann nun zum Schluss recht gut gezeigt werden, was dies konkret bedeutet. In der folgenden Abbildung 3.4(20) ist eine homöostatische Koppelung zweier Sub-Systeme dargestellt. Zum Zwecke der Veranschaulichung wollen wir davon ausgehen, dass der Kreis eine Gruppe von Mitarbeitern darstellt, die gemeinsam versuchen, ein Problem zu lösen bzw. eine Aufgabe zu erledigen, die durch das amöboide Element repräsentiert wird. Es könnte sich dabei zum Beispiel um ein Team von EDV-Experten handeln, die den Auftrag haben, in einem Betrieb bestimmte EDV-Lösungen zu installieren. Eingriffe in die Details sind für den Manager, den Vorgesetzten des Teams, aus naheliegenden Gründen nicht einfach oder nicht opportun. Wofür er verantwortlich ist, ist die Stabilität des Gesamtsystems. Er muss also in der Lage sein, Stabilität und Instabilität des Systems zu erkennen und entsprechend zu han-

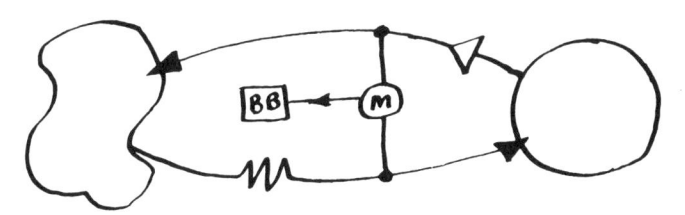

Abbildung 3.4(20) [42]

[42] Vgl. Beer (Heart) 288.

deln. Daher wird er versuchen müssen, sich über die Interaktionsweisen dieses homöostatischen Systems auf dem laufenden zu halten, sie zu „messen", was durch das Symbol Ⓜ angedeutet ist. Durch die Operation M sollen Informationen über das System erhoben werden, aber nicht etwa Informationen über die Details, die über die Interaktionskanäle fliessen, sondern Informationen darüber, ob das System als Ganzes unter Kontrolle ist oder nicht. In letzter Konsequenz geht es dabei um Informationen der Art „... es ist alles in Ordnung; wir kommen gut voran...", oder „... die Dinge bereiten uns Schwierigkeiten; wir wissen nicht, ob wir damit fertig werden...", oder auch „... jetzt sind wir am Ende unserer Weisheit...". Im einzelnen mögen diese Meta-Informationen, nämlich die Informationen über Informationen, die in den Kanälen direkt fliessen, ganz unterschiedlich formuliert sein, manchmal sogar nur durch Andeutungen, knappe Bemerkungen, durch gute oder schlechte Laune und alle anderen Formen der Körpersprache zum Ausdruck gebracht werden. Wesentlich ist immer die eigentliche Botschaft. Und es bedarf zweifellos einer gewissen Erfahrung und Sensibilität seitens eines Managers, diese Dinge richtig zu interpretieren. Er muss also seine Leute („seine Pappenheimer", wie man zu sagen pflegt) kennen. Er muss wissen, was es bedeutet, wenn Walter Müller auf die Frage nach dem Fortgang der Arbeiten nur mit den Schultern zuckt; dies heisst vielleicht: es ist alles ok. Wenn hingegen Josef Meier auf dieselbe Frage mit einem langen und euphorischen Bericht reagiert, so muss er wissen, dass dem noch lange nicht zu trauen ist.

Interpretationen dieser Art sind es, die vorgenommen werden müssen, bzw. vor sich gehen, und dieser Prozess ist durch das Symbol BB = Black Box repräsentiert. Dieser Vorgang kann deshalb als Black Box gesehen werden, weil den Mitarbeitern des Teams wie auch dem Vorgesetzten selbst meistens nicht bewusst zugänglich ist, warum sie die Ereignisse, Informationsbruchstücke, Gesten, Hinweise und Andeutungen gerade so und nicht anders interpretieren. In manchen Applikationen kann natürlich, wie Beer dies zeigt, diese Black Box auch aus einem speziellen, eigens gestalteten Informationsfiltrierungssystem bestehen, etwa vergleichbar mit der statistischen Qualitätskontrolle.[43] Die konkrete Ausgestaltung und Manifestation ist im Einzelfall ein relevantes und oft schwieriges Problem. Hier geht es aber um das Verständnis des Mechanismus als solchem, und dabei spielt seine konkrete Verkörperung und Realisation keine ausschlaggebende Rolle.

Die Grundproblematik einer Meta-Instanz besteht darin:

— Kriterien systemischer Stabilität zu etablieren (diese sind notwendig meta-systemischer Natur);

---

43 Vgl. Beer (Decision) 299 ff. sowie Gomez/Malik/Oeller (Systemmethodik) 993 ff.

- anhand dieser Kriterien Instabilität zu entdecken;
- stabilitätsorientierte Einflüsse auszuüben.

Gelingt dies nicht, so müssen:

- die Kriterien geändert werden;
- das System geändert werden.

In den nächsten Abschnitten werden nebst einigen Beispielen auch entsprechende Strategien und Prinzipien diskutiert.

3.44 Metasystemische Lenkung: Strategien und Prinzipien

Die metasystemische Steuerung orientiert sich nicht an den direkten Inhalten des Problemlösungsprozesses, sondern an bestimmten *Eigenschaften* dieses Ablaufs. Metasystemische Variablen sind beispielsweise die Bedeutung, die das Problem aus der umfassenderen Perspektive des Metasystems hat, die angestrebte Lösungsqualität, die vorhandenen Ressourcen an Zeit, materiellen und personellen Mitteln, die möglichen Informationsquellen, die je nach Situation zugänglich gemacht werden können oder auch nicht, der Stress, dem das Problemlösungssystem ausgesetzt werden soll oder darf, die Einhaltung gewisser ethischer Grundsätze und Regeln, die Einhaltung von unternehmungspolitischen Grundsätzen und vor allem der Informationszuwachs, der durch den Problemlösungsprozess realisiert wird. Um nun den Prozess der Metasteuerung von komplexen Problemlösungsprozessen noch etwas detaillierter zu veranschaulichen, wird im folgenden anhand eines Beispiels skizziert, wie die Systemmethodik in diesem Zusammenhang einzusetzen ist.

3.441 Fall 1: Grosse Einflussmöglichkeiten

Das Beispiel ist bewusst so gewählt, dass sich das zu steuernde System *innerhalb* einer Unternehmung befindet und damit die Möglichkeiten der Informationsgewinnung, der Interaktion und Beeinflussung relativ günstig sind.

Es sei angenommen, dass das zu lösende Problem auf der Objektebene darin bestehe, für eine grössere Unternehmung eine Produkt-Markt-Strategie zu entwerfen. Weiter wird angenommen, dass diese Strategie für ein hochspezialisiertes Segment der Unternehmung, nämlich medizinisch-technische Geräte, gemacht werden muss, dass die Strategie die Wirkungen und die Entwicklung komplizierter Technologien berücksichtigen muss, und dass die für die Erstellung der Strategie letztlich verantwortliche Geschäftsleitung über diese Dinge im Detail nicht Bescheid weiss. Ferner wird davon ausgegangen, dass die Unternehmung insgesamt über eine grössere Anzahl von qualifizierten Mitarbeitern verfügt, die sich in den entsprechenden, aller Erwartung nach auftretenden Sachproblemen auskennen, die aber selbstverständlich nicht ausschliesslich für die Erarbeitung strategischer Konzepte freigestellt werden können, sondern über die ganze Unternehmung verteilt in verschiedensten Funktionen und auf verschiedenen hierarchischen Ebenen an einer Vielzahl unterschiedlicher Probleme arbeiten. Welcher Nutzen kann nun in einer derartigen Situation aus der Anwendung der lenkungsorientierten Systemmethodik resultieren?

Phase 1: Ermittlung und Formulierung des Problems

Zunächst muss überlegt werden, welche Systemebenen zweckmässigerweise einbezogen werden müssen, um den Gesamtablauf steuern zu können. Für die Lösung der aller Voraussicht nach auftretenden Sachprobleme auf der Objektebene, d. h. auf der Ebene der inhaltlichen Gestaltung der erforderlichen Produkt-Markt-Strategie für medizinisch-technische Geräte und Apparate gibt es eine Reihe von Methoden und Techniken, die sinnvoll eingesetzt werden können. Darüber hinaus gibt es eine Vielzahl von Informationsquellen, teils wissenschaftlicher Art, teils von staatlichen und kommunalen Behörden und teilweise von Verbänden und ähnlichen Organisationen. Daneben gibt es aber auch generelle Konzeptionen, die das Vorgehen zur Erarbeitung einer Produkt-Markt-Strategie steuern können. Ausgehend von der oben getroffenen Annahme, dass die Geschäftsleitung zwar letztlich für das Zustandekommen und für die Qualität des strategischen Konzepts verantwortlich ist, aber im Detail nicht über die Sachprobleme informiert ist, wird sie den Gesamtablauf lediglich von einer übergeordneten Ebene aus überwachen und steuern können. Sie muss sich also zwangsläufig als Metasystem verstehen und kommt aufgrund ihrer mangelnden Sachkenntnis wahrscheinlich gar nicht in besondere Versuchung, in die auf der Objektebene ablaufenden Prozesse einzugreifen. Das *Problem,* das sich für die Geschäftsleitung qua Metasystem stellt, besteht somit in der Frage, wie man unter den genannten Bedingungen einen Prozess auf der Objektebene auslöst, der die erforderlichen Ergebnisse produziert, wie man einen solchen Prozess in Gang hält, und wie man ihn trotz Ermangelung der Sachkenntnisse, die erforderlich wären, steuern und lenken kann.

Phase 2: Bildung eines Lenkungsmodells der Problemsituation

Welches sind die relevanten Systemeigenschaften, die den Gesamtzusammenhang charakterisieren? Auf der Objektebene hat man es, aufgrund der obigen Annahmen, mit einem hochkomplexen System zu tun, das aus mehreren Personen besteht, die über die Unternehmung zerstreut tätig sind, von denen aber möglicherweise ein Kern von (beispielsweise) Stabsmitarbeitern abgezogen werden könnte, um sich voll dem Problem zu widmen. Man muss allerdings davon ausgehen, dass sowohl die Mitglieder dieser Kerngruppe, wie auch alle anderen potentiellen Mitwirkenden am gesamten Problemlösungsprozess sehr unterschiedliche Motivationen, Qualifikationen, Erfahrungen, Einstellungen pro und contra strategischen Konzeptionen, persönlichen Zielen, Problemperspektiven usw. haben. Sie sind ausserdem mit unterschiedlichen Aufgaben betraut, die ebenfalls erfüllt werden müssen, sie werden daher unterschiedliche Belastungen aufweisen und nur in unterschiedlichem Masse verfügbar sein können. Ferner ist mit einer Anzahl sehr verschiedener persönlicher Einstellungen der betreffenden potentiellen Mitwirkenden zueinander zu rechnen, die verschiedenen hierarchischen Ebenen, verschiedene Positionen im Statussystem und eine Reihe anderer Gegebenheiten, über die man meistens nur mangelhafte Informationen hat, werden eine gewisse Rolle für den Gesamtsystemcharakter spielen. Man wird also davon ausgehen müssen, dass man es mit einem polystabilen System zu tun hat, dessen Stabilitätszonen und Koppelungsmechanismen unscharf sind, dessen Schwellenwerte, die den Übergang von einer Stabilitätszone in eine andere bestimmen, nicht genau bekannt sind, und wo auch die Relevanz einzelner Variablen nicht im vorhinein bekannt ist.

Aber auch die Aufgabe, mit der sich dieses polystabile System auf der Objektebene auseinanderzusetzen hat, ist sehr komplex, denn es handelt sich ja um die Analyse eines hochkomplexen Marktes, der unter dem Einfluss spezialisierter und sich immer wieder ändernder Technologien steht und der somit selbst als ein polystabiles System modelliert werden muss. Auch hier gilt, wie im Zusammenhang mit allen derartigen Systemformen, dass nicht von vornherein klar ist, welche Relevanz die verschiedenartigen Variablen haben, wo die Stabilitätsgrenzen verlaufen, welche Ereignisse die Übergänge zwischen den einzelnen Stabilitätszonen bestimmen usw. Mit Bezug auf die Lenkungsformen ist ferner von Bedeutung, welche Methoden und Techniken für die Steuerung der Prozesse auf der Objektebene verfügbar sind. Angesichts der involvierten Komplexitäten, die die Objektsysteme aufweisen, kommt der Auswahl einer generellen Vorgehenssystematik zur Entwicklung von strategischen Produkt-Markt-Konzepten eine gewisse Bedeutung zu. Der Grund dafür liegt darin, dass eine derartige Vorgehenssystematik zu einem erheblichen Teil diejenigen Regeln bestimmt, welche die Entwicklung eines selbstorganisierenden Systems fördern oder behindern. Ein weiteres Lenkungsinstrument für die Steuerung der Prozesse auf der Objektebene sind die Ressourcen in zeitlicher, materieller und personeller Hinsicht, über die das Top-Management verfügen kann, und die es in mehr oder weniger reichlichem Masse bereitstellen kann.

Im konkreten Fall wird man selbstverständlich alle genannten Faktoren einer detaillierteren Analyse unterziehen, um möglichst klare Vorstellungen über die relevanten Systemstrukturen zu gewinnen. Das Schwergewicht dieser Analyse wird dabei insbesondere auf die unternehmungsinternen Gegebenheiten gerichtet sein, auf die personelle Zusammensetzung des Problemlösungsteams und auf die Ressourcen, die diesem zur Verfügung gestellt werden müssen. Aber selbst eine sehr oberflächliche Untersuchung der Komplexität des Objektsystems auf dem Hintergrund dessen, was in Teil 2 zum Ablauf komplexer Problemlösungsprozesse gesagt wurde, wird das Top-Management zu dem Ergebnis bringen müssen, dass die Lenkung des Objektsystems in diesem Falle kein einmaliger Akt sein kann, sondern dass es sich als Metasystem auf eine bestimmte Weise mit dem Objektsystem *verkoppeln* wird müssen, um die ablaufenden Prozesse kontinuierlich unter Kontrolle zu halten. Man wird ferner anerkennen müssen, dass es für die Ausübung dieser Lenkungstätigkeit keine von vornherein feststehende Reihenfolge von Lenkungsaktivitäten geben kann, sondern dass diese immer wieder in Abhängigkeit vom jeweiligen Zustand des Objektsystems neu bestimmt werden müssen.

Phase 3: Entwicklung von problemlösenden Lenkungseingriffen

Wie bereits oben angedeutet wurde, ist eines der wesentlichen Lenkungsinstrumente die generelle Vorgehenssystematik, die vom Objektsystem benützt wird, bzw. benützt werden soll. Zu Beginn eines derartigen Steuerungsprozesses, d. h. also in der Phase, in der das gesamte Lenkungssystem etabliert und der Prozess in Gang gesetzt wird, kommt der Auswahl dieser Vorgehensweise grundlegende Bedeutung zu. Für diesen Fall sei angenommen, dass die Vorgehensweise durch das in Abbildung 3.4(21) wiedergegebene System zur Formulierung einer Produkt-Markt-Strategie gesteuert werde. Anstelle einer derartigen Systematik könnte man selbstverständlich auch einfach auf den bisherigen Erfahrungen der Unternehmung aufbauen und die vorhandenen Gewohnheiten der Mitarbeiter zur Grundlage ihres Handelns machen. Eine weitere Möglichkeit bestünde z. B. darin, externe Methodenspezialisten beizuziehen. Die Lenkungswirkungen verschiedener Vorgehensweisen sind wie leicht einzusehen ist, recht verschieden.

Phase 4: Test und Auswahl möglicher Problemlösungen

Aufgrund intensiver Diskussionen der grundlegenden Möglichkeiten, den Prozess auf der Objektebene zu steuern, unter Berücksichtigung früherer Erfahrungen, unter Beizug externer Berater usw. sind in dieser Phase die grundlegenden Entscheidungen, die die extrinsische Lenkung bewirken, zu treffen. Diese Entscheidungen müssen die in Phase 2 erarbeiteten Vorstellungen über den Charakter der Objektsysteme berücksichtigen, wobei das wichtigste Problem die Frage des Varietätsausgleichs bzw. der Aufbringung der erforderlichen Varietät für die Steuerung des Objektsystems darstellt. Wie bereits erwähnt, sei angenommen, dass als grundlegendes methodisches Lenkungsinstrument die Vorgehenssystematik gemäss Abbildung 3.4(21) verwendet werde, und es muss für diesen Fall davon ausgegangen werden, dass die betreffenden Teammitglieder diese Methodik kennen und beherrschen. Andernfalls wäre zusätzlich noch das Problem zu lösen, wie die Mitarbeiter mit dieser Methodik vertraut gemacht werden können.

Abbildung 3.4(21)[44]

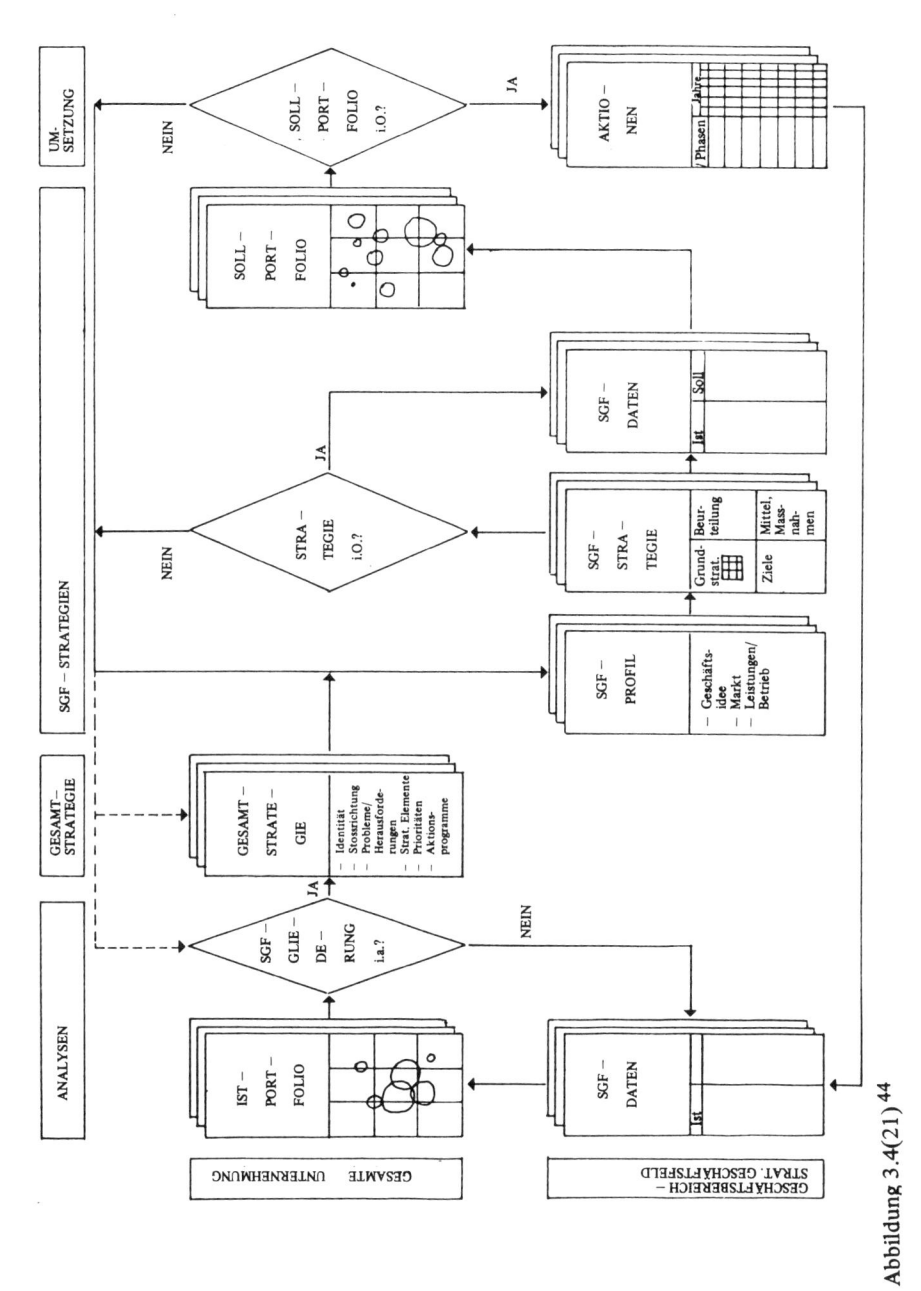

[44] Schwaninger (Software) 27055.

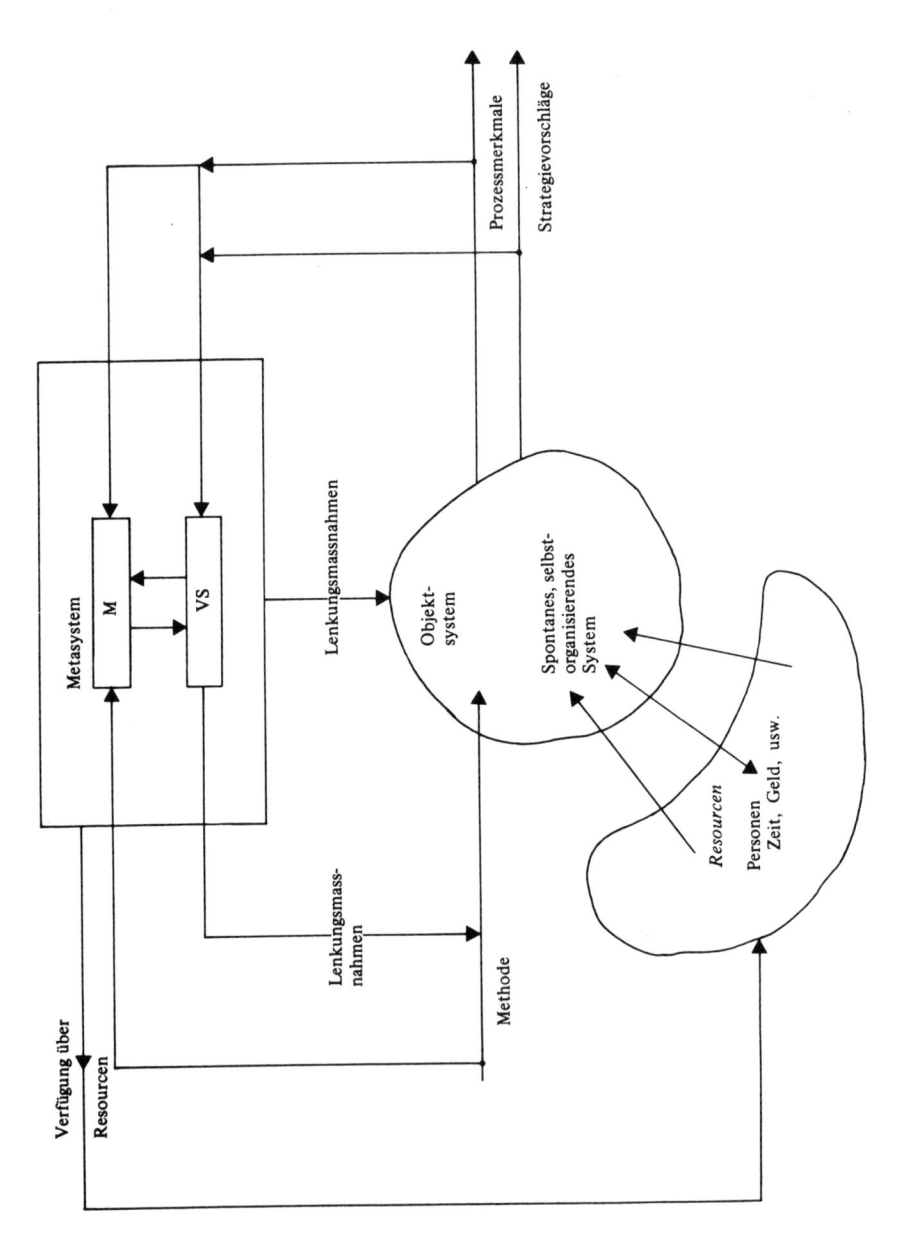

Abbildung 3.4(22)

Phase 5: Einführung und Überwachung der gewählten Problemlösung

Aufgrund der vorangegangenen Überlegungen sollte nun die gesamte Lenkungsstruktur einigermassen deutlich sein. Die Grundkomponenten sind in Abbildung 3.4(22) festgehalten. Das spontane, selbstorganisierende Objektsystem, das im Prinzip aus den jeweils wechselnden Teammitgliedern besteht, aus deren Denkprozessen und Interaktionen, erhält als wesentlichen metasystemischen Lenkungsinput die Vorgehensmethodik. Es produziert zumindest zwei Outputs, einerseits die Strategievorschläge inhaltlicher Art auf der Objektebene und andererseits eine Vielzahl von Prozessmerkmalen. Beide Outputs werden dem Metasystem zugeführt, das seinerseits über gewisse, zumindest rudimentäre Vorstellungen, über die, auf der Objektebene verwendete Vorgehensmethodik verfügt. Diese Vorstellungen sind in der Abbildung mit M = Methodik bezeichnet. Gleichzeitig muss das Metasystem aber auch gewisse Vorstellungen über die Struktur eines lebensfähigen Systems haben (mit VS = Viable System) und zwar aus zwei Gründen: Zum einen müssen die Strategievorschläge, die auf der Objektebene gemacht werden, daraufhin überprüft werden, ob sie der Lebensfähigkeit des Gesamtsystems, also der Unternehmung zuträglich sind oder nicht, und zum anderen muss das Objektsystem selbst, zumindest solange der Prozess in Gang gehalten werden soll, als lebensfähiges System operieren Als wesentliche extrinsische bzw. metasystemische Lenkungsmassnahme ist einerseits die Verfügungsgewalt des Metasystems über die vorhandenen Ressourcen zu nennen, zum zweiten können durch metasystemische Eingriffe die methodischen Spielregeln verändert werden, auf denen die Funktionsweise des Objektsystems beruhen, und zum dritten gibt es eine weitere Art von Lenkungsmassnahmen, die sich z. B. auf die Art und Weise der Aufgabenerfüllung (Gründlichkeit, Genauigkeit usw.) beziehen, auf die sozialpsychologischen Merkmale des Teams, auf die Art der Teamführung usw.

Im folgenden ist eine Frageliste zusammengestellt, die sich auf die Prozessmerkmale bzw. den Prozessablauf bezieht und mittels welcher die für die metasystemische Lenkung relevante Information gesammelt werden kann. Diese Fragen sind, wie das für die metasystemische Lenkung charakteristisch ist, nicht auf die unmittelbare Produktion der erwarteten Ergebnisse gerichtet, sondern vielmehr auf die *Bedingungen,* unter denen die Ergebnisse produziert werden. Es sind Faktoren der in dieser Liste genannten Art, an denen sich ein Manager qua metasystemischer Controller orientieren kann und zwar gerade dann, wenn er von den Problemen, die auf der Objektebene zu lösen sind, nichts oder nicht besonders viel versteht.

Fragenbeispiele für die metasystemische
Steuerung eines Problemlösungsprozesses

(Indikatoren für guten / schlechten Prozessablauf)

1. Wie ist die fachliche Qualifikation und die Erfahrung der Personen, die an der Problemlösung mitwirken?
2. Gibt es persönliche Spannungen, Konflikte und Intrigen?
3. Ist eine echte Gruppenbildung (Teamgeist) festzustellen oder bestehen diesbezüglich Hindernisse?
4. Gibt es Abnützungserscheinungen bei den Gruppenmitgliedern, stehen sie unter Stress und Information-Overload?
5. Sind genügend Meinungskontroversen festzustellen? Wie steht es mit der Kritikbereitschaft und mit der Art des Kritisierens?
6. Sind gewisse Aversionen oder Abschliessungen festzustellen gegen bestimmte Arten von Informationen, gegen bestimmte Methoden oder gegen bestimmte Personen?
7. Wie gründlich und genau erfolgt die Bearbeitung der einzelnen Teilaufgaben? Sind Oberflächlichkeiten festzustellen?
8. Wie ist die Schärfe der Argumente, die für oder gegen bestimmte Überlegungen vorgebracht werden?
9. Ist so etwas Ähnliches festzustellen wie „Devotion to the Task"?
10. Woraus resultiert die Motivation der Teammitglieder („Earning a salary or serving a cause")?
11. Lässt sich etwas über die Perspektive der Mitarbeiter in Erfahrung bringen, über ihre Bezugsrahmen und Orientierungen?
12. Ergeben sich Anhaltspunkte aus der Aufgabenverteilung innerhalb der Gruppe?
13. Welche Instrumente der Prozessüberwachung werden innerhalb des Objektsystems angewendet? Werden überhaupt solche Instrumente angewendet?
14. Wie ist die Konsistenz der Ergebnisse?
15. Gibt es Abschliessungen kognitiver Art?
16. Wie erfolgt der Einsatz der vorgegebenen Methoden?
17. Bewegt sich das Objektsystem in zirkulären Bahnen, wie ist der Informationszuwachs?
18. Sind bestimmte Schlüsselpersonen (Opinion-leaders) festzustellen?
19. Gibt es bestimmte Schlüsselmeinungen (Dogmen) und Grundannahmen (Axiome)?
20. Wie erfolgen Beweisführungen?
21. Woran orientieren sich die Mitglieder der Gruppe: Am Maximum, das erreicht werden kann oder am Minimum, das gerade noch pardonniert wird?
22. Gibt es Personen im Objektsystem, die sich nicht nur Gedanken über die Art der Ergebnisse machen, sondern auch über die Art der Fragestellungen („The uncreative mind can spot wrong answers, but it takes a creative mind to spot wrong questions." [45])

---

[45] Jay (Macchiavelli) 91.

> 23. Wie verhält sich die Gruppe, wenn Fehler passieren? Sucht sie die Ursachen nur ausserhalb oder auch innerhalb des Teams?
> 24. Welche Führungstypen sind in welchen Prozessphasen erforderlich? Müssen die Führer ausgewechselt werden?
> 25. Wie ist die Feed-back-Sensitivität der Teamführer und der Mitglieder entwickelt? Sind sie selbstkritisch? Sind sie in der Lage, die eigenen Lösungen in Frage zu stellen und anzuzweifeln? Haben sie aber auch genügend Vertrauen zu ihren eigenen Ergebnissen? Wären sie bereit, im Zusammenhang mit ihren Vorschlägen auch eigene Risiken einzugehen?
> 26. Wie funktioniert der „what-if"-Mechanismus? Wurde an mögliche Fehlschläge gedacht?
> 27. Wie werden die Führungsprozesse abgewickelt? Kann der Führer zuhören? Ist er gerecht? Woraus resultiert seine eigene Motivation? Wie setzt er Sitzungen ein? Hat er eine stabile Persönlichkeit und wie kann man das testen? Von welcher Denkweise geht er aus?

Für diese Liste wird keine Vollständigkeit beansprucht. Sie zeigt aber, auf welche Art von Variablen die metasystemische Lenkung abstellen muss. Man kann das am Beispiel beliebiger Fragen aus dieser Liste illustrieren. Entdeckt man als metasystemischer Vorgesetzter beispielsweise gewisse Nachlässigkeiten und Schlampereien bei der Bearbeitung von Teilaufgaben, werden gewisse Dinge eher oberflächlich erledigt usw. (Frage 7), so ist dies allein zwar meistens noch kein ausreichender Anlass, um bereits massiv in die Abläufe einzugreifen, zumal man ja immer die Frage stellen muss, ob die eigenen Massstäbe sinnvoll und zweckmässig sind. Die Entdeckung von Oberflächlichkeiten wird aber dennoch zu einer gewissen Wachsamkeit im Metasystem führen, und man wird aufgrund dessen möglicherweise andere Fragen etwas häufiger und intensiver stellen und auf diese Weise herauszufinden versuchen, ob möglicherweise irgendetwas schiefzugehen droht. Ein anderes Beispiel: Persönliche Spannungen und Konflikte (Frage 2) können unter Umständen kreative Prozesse freisetzen und können auch die Konkurrenz unter den Mitgliedern einer Gruppe anspornen; sie können aber ebenso gut Symptome für sehr viel tieferliegende Probleme sein und sind durchaus unter gewissen Umständen geeignet, den Prozessablauf schwer zu gefährden.

Es sind also Fragen dieser Art, die eine Überwachung des Prozesses erlauben, um entsprechende metasystemische Beeinflussungsmassnahmen einzuleiten. Es ist klar, dass diese Überwachung und Lenkung nicht aus einmaligen Akten bestehen kann, sondern kontinuierlich erfolgen muss. Die einzelnen Schritte der Systemmethodik müssen somit auf der metasystemischen Ebene für diesen Monitoring-Prozess immer wieder angewendet werden. Aus den Informationen, die aufgrund der entsprechenden Fragestellungen gewonnen werden können und häufig Symptomcharakter haben, müssen Probleme abgeleitet werden. Entsprechend dem jeweiligen Systemtyp sind dann aufgrund des Lenkungsmodelles, das im Verlauf der Zeit und mit zunehmender Erfahrung mit der Steuerung derartiger Prozesse im Rahmen des Metasystems immer klarere Konturen gewinnt, problemlösende Lenkungseingriffe zu entwickeln, die teils simulativ und teils real getestet und schliesslich zur Steuerung des Objektsystems eingesetzt werden.

Zu dieser Art der Prozesssteuerung müssen noch einige Bemerkungen gemacht werden.

a) Die Frage, ob und in welchem Ausmass eine für den Prozessablauf relevante metasystemische Variable ausser Kontrolle geraten ist, oder zumindest symptomhaften Charakter für tieferliegende Probleme hat, kann in vielen Fällen nur durch mehr oder weniger subjektive Beurteilung geklärt werden. Oft wird der wichtigste Informationskanal der persönliche Augenschein des betreffenden Vorgesetzten sein, und er wird aufgrund seiner persönlichen Erfahrung und seiner persönlichen Massstäbe beurteilen müssen, ob Steuerungsmassnahmen gerechtfertigt sind oder nicht und wo diese nötigenfalls anzusetzen haben. Natürlich ist man in diesem Bereich nicht *nur* auf subjektive Beurteilung angewiesen, sondern hat insbesondere im Zusammenhang mit den Funktionsproblemen von Gruppen die Möglichkeit, auf wissenschaftliche Ergebnisse zurückzugreifen. Es muss aber sofort vermerkt werden, dass gerade wissenschaftliche Untersuchungen häufig an den Metaproblemen der Gruppenprozesse vorbeigehen.[46] In vielen Fällen, insbesondere bei der Überwachung wirklich komplexer objektsystemischer Prozesse, wird das Metasystem auch nicht nur aus einer einzelnen Person bestehen, sondern es wird die Möglichkeit gegeben sein, die Frage der metasystemischen Steuerung zu diskutieren und auf diese Weise ein erhöhtes Mass an Zuverlässigkeit in die Beurteilung zu bringen.

b) Manche Informationen, die für die metasystemische Prozesslenkung wichtig sind, können nicht durch blosses Beobachten oder aufgrund der persönlichen Berichte von Mitgliedern des Objektsystems gewonnen werden. Man muss im Gegenteil damit rechnen, dass diese Informationen nur gefiltert und unter Umständen verzerrt abgegeben werden. Es ist aber immerhin möglich, durch das bewusste Herbeiführen von bestimmten Situationen zusätzliche Informationen zu gewinnen. Die Fragestellung in einem solchen Fall lautet also etwa: Welcher Situation, oder welchen Tests müsste man das Objektsystem, oder einzelne seiner Mitglieder, aussetzen, um von ihnen die gewünschte Information zu erhalten? Will man beispielsweise testen, wie gründlich und durchdacht die Argu-

---

46 Vgl. zu dieser Problematik die hervorragenden Arbeiten von Jay (Macchiavelli) und (Corporation Man).

mente, Beweise und Überlegungen sind, mit denen ein Mitarbeiter einen von ihm gemachten Vorschlag vertritt, so kann man ihm beispielsweise entgegenhalten, er habe doch noch vor kurzer Zeit etwas völlig anderes – ja das genaue Gegenteil vertreten. Diese Situation wird in vielen Fällen den Mitarbeiter dazu stimulieren, seine Auffassung zu rechtfertigen und aus der Art und Weise wie er das tut, kann meistens ausserordentliche wertvolle Information über die Konsistenz seiner Überlegungen, die Gründlichkeit, mit der er ein Problem angeht, über die Dinge, die ihn zu einer Meinungsänderung veranlassen usw., gewonnen werden. Man kann sich hier eine ganze Palette von Massnahmen vorstellen, die unter Umständen bis zu kreuzverhörähnlichen Taktiken reichen können.

Um die Stabilität des gesamten Objektsystems im Hinblick auf bestimmte Einflüsse herauszufinden, kann das System gewissen Störungen ausgesetzt werden. Gewisse Informationen über die Motivation der Mitglieder einer Gruppe kann man beispielsweise dadurch erlangen, dass man von der Gruppe kurzfristig und völlig überraschend einen ungewöhnlich hohen Leistungseinsatz verlangt (beispielsweise Wochenendarbeit, massive Überstundenleistung, Terminverkürzungen usw.). Auch hier wird die Art und Weise wie die Leute reagieren, ihre Körpersprache, Widerwilligkeit und dergleichen wertvolle Aufschlüsse darüber geben, wie die Stimmung in der Gruppe ist, und was infolge dessen in einem Ernstfall von ihr zu erwarten wäre. Alle diese Methoden, die zum Teil bis zu mehr oder weniger infamen Tricks reichen können, müssen selbstverständlich mit einer gewissen Vorsicht eingesetzt werden, denn wenn von den Betroffenen die Absicht durchschaut wird, kann es zu ausserordentlich negativen Rückwirkungen kommen. Aber selbst wenn nicht erkannt wird, dass es sich um einen Test handelt, so hat jede Art von Massnahme in der Gruppe gewisse Änderungen zur Folge, so dass also – wie das im übrigen für alle komplexen Systeme gilt – der jeweilige Zustand des Systems bei einer Wiederholung einer derartigen Situation (womöglich dann ein echter Ernstfall) anders sein wird.

c) Trotz aller Massnahmen und Experimente, mit denen man die mehr oder weniger transparenten Black-box, die das Objektsystem darstellt, auf ihre möglichen Verhaltensweisen, auf ihre Stabilitäten usw. hin überprüft, können viele Informationen nur aufgrund einer Koppelung oder Zusammenarbeit über längere Distanzen gewonnen werden. Dies hängt, kybernetisch gesehen, mit den ungeheuren Informationsquantitäten, d. h. mit der Varietät zusammen, die ein einigermassen komplexes Objektsystem produzieren kann. Sein Verhaltensreichtum und die möglichen Situationen, denen es ausgesetzt sein kann, sind derartig zahlreich, dass die verfügbaren Informationskanäle, die ihrerseits einer Anzahl von Beschränkungen unterworfen sind, niemals ausreichen werden, in kurzer Zeit alles über ein solches System zu erfahren. Die erforderlichen Informationen zur umfassenden Beurteilung eines derartigen Systems können daher nur im Zeitablauf über die Kanäle transmittiert werden, und daher müssen gewisse Aktivitäten des Metasystems darauf gerichtet sein, die Koppelung selbst aufrechtzuerhalten und den Informationsaustausch zwischen Objekt- und Metasystem so intensiv wie möglich zu gestalten. Man würde schliesslich von einem Hundetrainer auch nicht erwarten, dass es ihm gelingt, innerhalb weniger Stunden das Tier zu dressieren.

Aus diesem Grunde werden formale Berichtssysteme in der Regel nicht ausreichen, um einen erfolgreichen Lenkungsprozess in Gang zu halten. Das Metasystem muss vielmehr als „Participant Observer"[47] in jene enge Interaktion mit dem Objektsystem treten, die die kommunikative Basis für erfolgreiche Steuerungseingriffe darstellt. Trotz dieser engen Interaktion sind die Informationsgewinnungsaktivitäten sowie die Lenkungsmassnahmen des Metasystems immer ausschliesslich auf die metasystemisch relevanten Variablen gerichtet. Im oben verwendeten Beispiel wurde dies durch die Annahme sichergestellt, dass das Top-Management für die konkret zu lösenden Sachprobleme bezüglich des Marktes für medizinisch-technische Instrumente und Apparate nicht kompetent sei und daher die Probleme der Objektebene von den Mitgliedern des Objektsystems selbst gelöst werden müssen. Diese Annahme entspricht in vielen Fällen durchaus den realen Gegebenheiten. Aber selbst dann, wenn das Management selbst auch im Sachproblembereich fachkompetent ist, ändert sich die Grundstruktur des Prozesszusammenhangs nicht. Wenn die Mitglieder des Metasystems, aus welchen Gründen auch immer, bei der Lösung von Problemen der Objektebene mitarbeiten, dann operieren sie eben als Mitglieder des Objektsystems. Die metasystemischen Aufgaben müssen sie dann möglicherweise in Personalunion ausüben, was die Gefahr in sich birgt, dass eine der beiden Aufgaben vernachlässigt wird. Selbstverständlich bedeutet die hier vorgenommene Konzentration auf die Prozessmerkmale nicht, dass das Top-Management mit den Sachproblemen überhaupt nichts zu tun habe. Wie aus Abbildung 3.4(22) hervorgeht, läuft ein Feed-back bezüglich der Strategievorschläge ebenfalls durch das Metasystem, und die diesbezüglichen Lenkungsmassnahmen haben vor allem die Aufgabe, Fragen zu behandeln, die das Objektsystem aufgrund von Kompetenzregelungen, aufgrund seiner Position in der Gesamtstruktur des lebensfähigen Systems oder aus irgendwelchen anderen Gründen nicht allein entscheiden kann.

Anhand dieses Beispiels sollte klar geworden sein, wie die Handhabung von metasystemischen Vorstellungen und der Einsatz der lenkungsorientierten Systemmethodik in diesem Zusammenhang erfolgt. Wie immer wieder ausgeführt wurde, lässt sich über die Lösung von Problemen auf der Objektebene nur schwer etwas Allgemeines aussagen. Was in diesem Beispiel für den Markt für medizinisch-technische Apparate Gültigkeit haben mag, wird für die Entwick-

---

47 Vgl. zum Konzept des „Participant Observer" Gomez/Malik/Oeller (Systemmethodik) 306 ff.

lung einer Strategie auf dem Stahlrohrsektor völlig anders aussehen, und eine mittelgrosse Spaghettifabrik mit einem lokalen Markt wird wiederum andere Probleme haben. Mit Bezug auf die metasystemische Steuerung dieser Problemlösungsprozesse scheint es jedoch durchaus möglich zu sein, zu allgemeinen, theorieähnlichen Aussagensystemen zu kommen, die zwar ebenfalls im Einzelfall einer gewissen Anpassung bedürfen, insgesamt aber doch wichtige Invarianten zum Gegenstand haben.

In früheren Abschnitten wurde ausgeführt, dass eine Abhandlung zum strategischen Management sich primär auf den strategieproduzierenden Mechanismus zu konzentrieren habe. Dieser scheint zumindest zum Teil darin zu bestehen, dass ein Metasystem mit einem Objektsystem derart gekoppelt wird, dass das Objektsystem in die Lage versetzt wird, die erforderlichen Strategien auf inhaltlicher Ebene zu entwickeln. Strategisches Management besteht jedenfalls zum Teil darin, Prozesse in Gang zu setzen und Systeme zu konstruieren und zu überwachen, die die Anpassungsleistung des Gesamtsystems hervorbringen. Ob diese Anpassungsleistung im konkreten Einzelfall darin besteht, sich aus bestimmten Märkten zurückzuziehen, oder in andere Märkte vorzustossen, seine Finanzverbindungen zu ändern, Mitarbeiter zu entlassen, auf Kurzarbeit umzustellen usw. ist lediglich das jeweils situative Produkt der in einem System vorhandenen und in Operation gehaltenen Anpassungsmechanismen.

3.442   Fall 2: Geringe Einflussmöglichkeiten

Im obigen Beispiel, in dem das Problem auf der Objektebene darin bestand, ein strategisches Konzept für ein bestimmtes Produkt-Markt-Segment zu entwickeln, wurde das Objektsystem absichtlich so eingegrenzt, dass es *innerhalb* der Unternehmung lag. Dies hat natürlich zur Folge, dass die Beeinflussungsmöglichkeiten, die das Metasystem zur Verfügung hat, sehr umfassend sind. Auch die Möglichkeiten, die für die Lenkungsmassnahmen erforderlichen Informationen zu gewinnen, sind in einem solchen Falle relativ günstig. Von der Struktur her betrachtet zwar analog, im Hinblick auf die Griffigkeit der verfügbaren Instrumente aber doch sehr unterschiedlich, ist die Situation dann, wenn das ganze Objektsystem oder zumindest wesentliche Teile davon nicht ausschliesslich im Einflussbereich des Metasystems liegen. Dies wäre, auf das obige Beispiel bezogen, beispielsweise dann der Fall, wenn die Entwicklung einer Strategie dieser Unternehmung nicht nur von ihren eigenen Verhaltensmöglichkeiten abhinge, sondern sich teilweise auf das Verhalten von Marktpartnern bzw. Marktkonkurrenten, auf bestimmte Verhaltensweisen von Behörden, Verbänden usw. abstützen müsste. Hier ist der metasystemische Charakter der Zusammenhänge noch viel deutlicher, denn es ist offenkundig, dass das Management der Unternehmung sich nicht in die intern ablaufenden Prozesse der anderen Organisationen einmischen kann. Die gesamte Konzentration wird sich somit auf das Problem richten müssen, wie man durch den Einsatz von Mitteln, die im Verfügungsbereich der Unternehmung liegen, derartige Bedingungen schaffen kann, dass die in den anderen Systemen ablaufenden Prozesse in eine Richtung orientiert werden, die für die Unternehmung günstig ist. Sowohl die Informationsgewinnung als auch die Lenkungsmassnahmen werden einen sehr viel indirekteren Charakter haben, und es kommt in solchen Fällen der sorgfältigen Analyse des Systemcharakters der jeweiligen Objektsysteme noch viel zentralere Bedeutung zu, als wenn das Objektsystem im eigenen Einflussbereich steht.

Der folgende Fragebogen zeigt, durch welche Art von Fragestellung die metasystemisch relevanten Informationen gewonnen werden können. Es muss jedoch bereits jetzt darauf hingewiesen werden, dass man häufig nicht damit rechnen kann, dass die so gewonnenen Informationen einen allzu hohen Detaillierungs- bzw. Präzisionsgrad aufweisen. Diese Art der Systemanalyse kann – wie das im Zusammenhang hoch komplexer Systeme nicht anders zu erwarten ist – lediglich zu jener Art von *Orientierung* führen, die in Abschnitt 2.21 ausführlich besprochen wurde, d. h. also zu Prinziperklärungen und Patternprognosen. Wie dort bereits ausgeführt wurde, entsprechen derartige Analysen natürlich nicht den Standards der ,,exakten" Naturwissenschaften. Sie ermöglichen aber jene eigene Verhaltensorientierung, die im Sinne des strategischen Managements für die Gesamtpositionierung eines soziotechnischen Systems in seiner Umwelt, die ja wiederum aus anderen Systemen gebildet wird, wichtig ist.

Im zwischenmenschlichen Bereich ist man es durchaus gewohnt, mit derartigen Prinzipprognosen umzugehen und sein persönliches Verhalten anderen Menschen gegenüber anhand derartiger Prognosen zu orientieren. Das wird mit Bezug auf andere Personen etwa durch die folgende Art von Formulierungen zum Ausdruck gebracht: ,,... das würde er auf keinen Fall machen ...; ... ich würde ihm das unter bestimmten Umständen durchaus zutrauen ...; ... dazu ist er nicht fähig ...; ... so etwas würde er nie dulden..." Es kann kaum bestritten werden, dass wir grosse Bereiche menschlichen Verhaltens mit Hilfe derartiger Aussagen umschreiben, und für sehr viele Zwecke genügt dies auch vollkommen. Je besser man einen Menschen kennt, um so genauere Beschreibungen seines potentiellen oder zu erwartenden Verhaltens bzw. von Verhaltensweisen, die, nach allem was man weiss, auszuschliessen sind, können gemacht werden. Aber selbst dann, wenn Menschen sehr eng und ständig zusammenleben (wie das etwa bei Ehepaaren der Fall ist) und man daher im Laufe der Zeit in der Lage ist, sehr viele Informationen über den anderen zu erhalten, ist es doch sehr zweifelhaft, ob man jemals über das Stadium der Patternprognose hinauskommt. Natürlich werden die Bereiche enger gezogen, die Fehlerquote reduziert sich und man kann über wesentlich mehr verschiedene Verhaltensfacetten eine Prognose abgeben: Der Mensch ist aber ein derart komplexes System, dass der Detaillierungs- und Präzisionsgrad von Beschreibungen,

Erklärungen und Prognosen seine Grenzen hat. Trotzdem ist es uns möglich, aufgrund dieser Art von Wissen *Erwartungen* zu bilden, die bereits einen relativ hohen Grad der Zuverlässigkeit haben und uns die strategische Orientierung unseres Verhaltens in dem Sinne erlauben, dass bestimmte Verhaltensbereiche oder Typen von Verhaltensweisen zugelassen und andere ausgeschlossen sind. In eben diesem Sinne ist auch die metasystemische Systemanalyse mit Hilfe des folgenden Fragebogens zu verstehen.

Frageliste zur Meta-Systemanalyse

— Wie lässt sich das System insgesamt umschreiben?
— Sind Anhaltspunkte für den Verlauf der Systemgrenzen erkennbar?
— Sind Subsysteme erkennbar?
— Gibt es Anhaltspunkte über die Arten der Elemente?
— Nach welchen Prinzipien ist das System gegliedert?
— Durch welche Art von Beziehungen wird es zusammengehalten („Unifying principle")?
— Worauf stützt sich die Identität des Systems?
— Wie legitimiert sich das System?
— Welche Aufgaben / Funktionen erfüllt das System? Welchen Interessen dient es? Wessen Werkzeug ist es?
— Gibt es Anhaltspunkte über seine Viabilitäts-Konfiguration? Was kann es sich leisten; was kann es sich nicht leisten?
— Gibt es bestimmte Eintrittsriten, um Systemelement zu werden?
— Hat das System
  — Führer (echte, vorgeschobene)
  — Repräsentanten
  — Sprecher?
— Ist eine Hierarchie erkennbar?
— Gibt es Funktionsteilungen?
— Gibt es Anhaltspunkte über den grösseren Kontext, in dem das System operiert?
— Sind Austauschbeziehungen erkennbar (Inputs, Outputs)? In welchen Bereichen können sich diese bewegen; gibt es bestimmte Patterns; gibt es Abhängigkeiten zwischen den Inputs einerseits und den Outputs andererseits?
— Ist das System dauerhaft mit anderen Systemen verkoppelt?
— Unter wessen Einfluss stehen diese Koppelungen; worauf üben sie Einfluss aus? Ist eine Abkoppelung denkbar?
— Wäre es denkbar, Repräsentanten des Systems in das eigene System aufzunehmen, um auf diese Weise eine Koppelung herbeizuführen?
— Sind wichtige Feedback-Kanäle erkennbar, über die das System Informationen über die Wirkungen seines eigenen Verhaltens erhält?
— Sind bestimmte Umweltcharakteristika erkennbar,
  an denen sich das System orientiert;
  denen es ausgesetzt ist?

- Wie ist deren Charakteristik?
    Änderungsbereich
    Änderungsgeschwindigkeit
- Von welchen anderen Systemen werden diese Umweltcharakteristika beeinflusst?
- Sind gewisse summarische Verhaltenspattern erkennbar?
- Sind Stabilitätszonen des Verhaltens (Confluents) erkennbar? Gibt es Anhaltspunkte über deren Charakteristika?
- Gibt es Prinzipien, die den Übergang von einer Stabilitätszone zur anderen bestimmen?
- Sind Schwellenwerte erkennbar?
    Sind diese fix?
    Variieren sie in Abhängigkeit von anderen Grössen (wenn ja, von welchen)?
- Sind Anhaltspunkte über die Transferfunktion vorhanden?
- Ist die Transferfunktion fix oder ist sie in Abhängigkeit von anderen Grössen variabel (wenn ja, von welchen Grössen)?
- Gibt es Anhaltspunkte über den Gesamtbereich, in dem sich die Transferfunktion bewegen kann (Menge, aus der die Transferfunktion stammt)?
- Lässt sich etwas über die Ziele des Systems aussagen?
    Gibt es Bedingungen, die das System für die Aufrechterhaltung seiner Funktion erfüllen muss?
    Welche Ziele strebt das System seiner eigenen Absichtserklärung nach an?
        – Sind diese realistisch?
        – Was für Schlüsse können daraus bezüglich anderer Systemaspekte gezogen werden?
    Welche Ziele werden tatsächlich erreicht?
    Was für Schlussfolgerungen sind aufgrund der Diskrepanz zwischen Absicht und Wirklichkeit zu ziehen?
- Sind bestimmte Verfahren erkennbar? Welches Prozessverständnis bestimmt die Systemprozesse? Welche Methoden werden verwendet?
- Sind bestimmte Prinzipien erkennbar, die das Systemverhalten regulieren?
    Naturgesetze:
    Soziale Regelmässigkeiten
    Juristische Gesetze und Vorschriften, Tradition
    Gewohnheiten
    Ethische, religiöse, moralische Bindungen
    Rechtliche Abmachungen und Bindungen
- Welche Wertmassstäbe hat das System bezüglich
    des eigenen Verhaltens
    des Verhaltens anderer Systeme?
- Wie würde sich das System in einer anderen Situation verhalten?
- Sind Situationen vorstellbar, die das System unter besonderen Stress und Druck bringen würden?
- Lässt sich dadurch etwas über die „physiologischen" Grenzen der essentiellen Variablen erfahren?

- Wie reagiert das System unter Stress: Bringt es seine Variablen zurück in die Toleranzbereiche oder versucht es, die Grenzen weiter hinauszuschieben?
- Gibt es Anhaltspunkte dafür, dass bestimmte Systemvariablen permanent an den Grenzen der Toleranzbereiche verlaufen (up-tightness)?
- Gibt es Anhaltspunkte dafür, dass das System irgendwo besonders verletzbar ist? Welche Dinge sind nicht substituierbar? Wo hat das System keine oder nicht genügende Redundanz?
- Über welche Ressourcen verfügt das System?
- Wie erfolgt die Allokation von Ressourcen? Mit Hilfe welcher Prozesse wird die Ressourcenallokation kontrolliert? Wer übt die Kontrolle aus?
- Gibt es Anhaltspunkte über den internen Kommunikationsfluss?
- Ist erkennbar, über welche Informationsquellen das System verfügt und auf welche es sich besonders verlässt?
- Gibt es Anhaltspunkte über das soziale Klima im System?
- Wie reagiert das System auf Änderungen, die sich innerhalb oder ausserhalb vollziehen? Mit welcher Geschwindigkeit reagiert es? Auf welche Art und Weise reagiert es (defensiv, aggressiv, mit Routineverhalten, mit Innovationen)?
- Wie ist die Kongruenz der Informationen, die das System abgibt mit seinem tatsächlichen Verhalten?
- Gibt es bestimmte Schlüsselinformationen, von denen das System abhängt?
- Über welche Art von Know-How verfügt das System?
- Sind innerhalb des Systems gewisse Machtkonstellationen erkennbar?
- Gibt es Koalitionsneigungen innerhalb des Systems?
- Zeichnen sich Interessenkollisionen oder -symbiosen ab?
- Sind in diesem Zusammenhang spieltheoretische Aspekte erkennbar?
- Gibt es Schlüsselelemente, die das algedonische Potential (Sanktionen, Belohnungen) kontrollieren?
- Mit welchen anderen Systemen pflegt das betrachtete System Beziehungen? Welcher Art sind diese Beziehungen?
- Gibt es Systeme, von denen das betrachtete System abhängig ist?
- Können wir uns mit diesen Systemen verkoppeln, um dadurch das betrachtete System zu beeinflussen? Wie müsste/könnte die Koppelung aussehen? Welche Vor-/Nachteile wären damit verbunden?
- Welche Massstäbe werden von der Umwelt / anderen Systemen an das betrachtete System gestellt?
- Ist das System besondere Risiken eingegangen?
- Gibt es Anzeichen dafür, dass der Verhaltensspielraum des Systems aufgrund seiner Vergangenheit (aufgrund früherer Verhaltensweisen und Entscheidungen) eingeschränkt ist (Historizität)?
- Gibt es Anzeichen dafür, dass aufgrund des gegenwärtigen Verhaltens oder aufgrund gegenwärtiger Entscheidungen der zukünftige Verhaltensspielraum des Systems eingeschränkt ist (Futurität)?
- Muss angenommen werden, dass die Konsequenzen bestimmter kritischer Verhaltensweisen dem System selbst bekannt sind? Sind sie uns bekannt?

Wie schon durch die Art der Fragestellung erkennbar sein sollte, kann man nicht davon ausgehen, dass die Informationen, die auf diese Weise gewonnen werden, besonders genau und präzise sind. Vieles muss aus bestimmten Anzeichen erschlossen werden, und häufig wird man sich die Frage stellen müssen, welche besonderen Situationen man herbeiführen müsste, um die entsprechenden Informationen zu erhalten.

Man kann auch nicht davon ausgehen, dass *alle* Fragen in einem bestimmten Fall beantwortet werden können. Aber auch aus der Tatsache, dass man bestimmte Informationen *nicht* hat, oder dass sie *nicht* erhältlich sind, oder dass das betrachtete System die Informationsgewinnung *zu verhindern* versucht, können wertvolle Rückschlüsse gezogen werden, die wiederum die eigene Verhaltensausrichtung bestimmen.

Drei weitere Aspekte sind im Zusammenhang mit der metasystemischen Analyse noch von Bedeutung:

a) Bei der Untersuchung eines komplexen Systems muss man immer wieder die *Komplexitäts- oder Abstraktionsebene variieren,* denn nicht auf jeder beliebigen Ebene ergeben die Beobachtungen und Überlegungen einen Sinn. Wenn man allzu sehr ins Detail geht, ist man nicht mehr in der Lage, die grossen Zusammenhänge und generellen Verhaltenslinien zu erkennen; auf der anderen Seite müssen aber häufig Detailuntersuchungen und -beobachtungen herangezogen werden, um Vermutungen über die generellen Zusammenhänge zu fundieren. Auch hier ist also eine Versuchs-Irrtums-Komponente eingebaut, die gewissermassen in der Vertikalen operiert und aufgrund des daraus resultierenden Abtastungsprozesses die Wahrscheinlichkeit erhöht, dass signifikante Informationen gewonnen werden können.

b) Desgleichen ist es notwendig, die in Betracht gezogenen *Systemgrenzen zu variieren.* Die Fluidität ihrer Grenzen ist ein ganz charakteristisches Merkmal von komplexen Systemen, und jede Vermutung über den möglichen Verlauf der Grenzen muss immer wieder überprüft werden. Ähnlich wie im Zusammenhang mit der Abstraktionsebene gilt auch hier, dass die Relevanz bestimmter Beobachtungen zumindest teilweise davon abhängt, wo die Systemgrenzen gezogen sind, und für die Gewinnung eines kohärenten Bildes ist es daher notwendig, mit den Abgrenzungen gedanklich zu spielen.

c) In die Beobachtung und Untersuchung von komplexen Systemzusammenhängen geht häufig ein *spieltheoretisches Element* ein. Je nachdem, ob das betrachtete System „weiss", dass es untersucht wird, und je nachdem, ob es in der Lage ist, ähnliche Untersuchungen selbst anzustellen, wird die Analyse zusätzlich erschwert. Im Zusammenhang mit der Anwendung des obigen Fragebogens ist es daher notwendig, zumindest *vier zusätzliche Fragen* zu

stellen, die gewisse Anhaltspunkte für die innerhalb des betrachteten Systems vorhandenen Metaaspekte verschaffen können:
1. Muss angenommen werden, dass das System über sein eigenes Verhalten reflektieren kann?
2. Verfügt das System seinerseits über Systemkenntnisse?
3. Ist anzunehmen, dass es ähnliche Überlegungen anstellt?
4. Ist anzunehmen, dass das betrachtete System davon ausgeht, dass das beobachtende System solche Überlegungen anstellt?

Sowohl die Sinnhaftigkeit bestimmter Beobachtungen als auch die Stabilität bestimmter gegenseitig abhängiger Verhaltensweisen hängt häufig davon ab, wie die Antworten auf diese Fragen ausfallen.

Stafford Beer gibt hierfür ein sehr gutes Beispiel im Zusammenhang mit der Kubakrise von 1962. Eine spieltheoretische Analyse der damaligen Situation, die hier nicht im Detail nachvollzogen werden kann, lässt die Vermutung zu, dass das tatsächliche Risiko darin bestand, dass die Russen gedacht haben könnten, die Amerikaner würden von der Existenz der Nuklearwaffen nichts wissen. Nun ist es ein Faktum, dass die Russen keinerlei ernsthafte Anstrengungen unternahmen, die Stationierung der Nuklearraketen auf Kuba zu verschleiern oder zu tarnen. Es erscheint somit möglich, dass die Russen es für wichtig hielten, die Amerikaner wissen zu lassen, dass sie (die Russen) nicht glaubten, die Amerikaner wüssten nichts.[48] Derartige Analysen, die unter Umständen zu schwindelerregenden Gedankenspiralen führen können, bei denen man von der hausgemachten Logik leicht im Stich gelassen wird, sind häufig dann notwendig, wenn die metasystemische Beeinflussung eines selbstreflexiven Objektsystems im Prinzip nur über das Informationsmanagement möglich ist.

Es ist natürlich klar, dass der obige Fragebogen sinnvoll an die jeweilige Situation angepasst werden muss. Je nachdem, in welchem Kontext die metasystemische Analyse vorgenommen wird, werden einzelne Fragenkomplexe von grösserer oder geringerer Bedeutung sein. So wird beispielsweise im Rahmen der Untersuchung politischer Systeme die Frage nach dem Mechanismus der Ressourcenallokation von besonderer Bedeutung sein, denn Wahlkämpfe, Koalitionsbildungen und andere politische Manöver werden nicht selten von jenen Systemen oder Subsystemen dominiert, bei denen man die massgebliche Kontrolle über die Allokation von Ressourcen, z. B. Subventionen usw. vermutet. Auch in grossen Unternehmungen, in denen die Lenkung der einzelnen Unternehmensbereiche und Divisionen zumindest zum Teil über die Zuteilung von Investitionsmitteln erfolgt, sind diese Fragen von besonderer Bedeutung. Dabei ist unter Umständen die Frage der *tatsächlichen* Verfügungsgewalt über die Ressourcen von geringerer Bedeutung, als die *Vermutungen,* die darüber vor-

---

48 Vgl. Beer (Decision) 466 f.

herrschen. Eine detaillierte Analyse der diesbezüglichen Mechanismen wird also in solchen Fällen von grossem Vorteil sein. Ausserdem ist es häufig von Nutzen, eine gründlichere Analyse möglicher *Konsequenzen* bestimmter, erkennbarer Verhaltenslinien zu machen, eine *Risikoanalyse* und eine Analyse bestimmter, durch die Anwendung des Fragebogens ermittelter *Schlüsselfaktoren*.

Bei all diesen Untersuchungen ist es von zentraler Bedeutung, immer wieder den Charakter der so gewonnenen Informationen näher zu beleuchten. Bei allen Informationen muss man sich fragen, in welche der, in folgender Tabelle festgehaltenen, Kategorien sie einzuordnen sind (Abb. 3.4(23)).

Abbildung 3.4(23)

Informationsart	Interpretationsvarianten			Aussagen	
	1	2	3	positiv	negativ
1. *Spekulations/Phantasie* „... es könnte sein, dass ..." „... es wäre möglich, dass ..."					
2. *Vermutung* „... es ist zu vermuten (aus den und den Gründen), dass ..."					
3. *Annahme* „... ich gehe davon aus, dass ..."					
4. *Mitteilung* des betrachteten Systems „... X hat gesagt, dass ..." „... X hat versichert, dass ..."					
5. *Mitteilung* anderer Systeme „... A hat über X gesagt, dass ..."					
6. *Fakten* „... ich weiss (!?), dass ..."					
7. *Erfahrung* „... ich habe mich davon überzeugt, dass ..."					

Diese Analyse hat den Sinn, sich, wie oben erwähnt, über den jeweiligen *Informationsstatus* Klarheit zu verschaffen. Bei der Untersuchung komplexer Systemzusammenhänge ist es häufig nicht einfach, auseinander zu halten, was blosse Spekulation ist, welches begründete Vermutungen sind, von welchen zum Teil stillschweigenden und unbewussten Annahmen man ausgeht, welches Fakten sind usw. Insbesondere Informationen, die man aufgrund von Mitteilungen (egal welche Form diese haben) des betrachteten Systems gewonnen hat, ist eine gewisse Vorsicht angebracht. Man wird sich in diesem Zusammenhang immer die Frage stellen müssen, ob ein Bluff vorliegt, ob das System gerade durch die Mitteilung etwas anderes, viel wichtigeres, zu verschleiern versucht, oder ob es sich sogar um eine bewusste Irreführung handelt. Gezielte Desinformation war immer schon eine wichtige strategische Komponente [49].

Dieselben Probleme können im Zusammenhang mit Mitteilungen dritter Systeme über das betrachtete System auftreten, und häufig muss zur Klärung dieser Fragen dann auch eine Systemanalyse dieser dritten Systeme vorgenommen werden. Ausserdem ist zu berücksichtigen, dass Informationen über komplexe Systeme immer auf unterschiedliche Arten interpretiert werden können und es empfiehlt sich daher, auch mit Bezug auf die *Interpretationsvarianten* eine Art Versuchs-Irrtums-Prozess einzuleiten. Als letztes ist es wichtig, sich Klarheit darüber zu verschaffen, ob die gewonnenen Informationen *positive* Aussagen über das Systemverhalten oder andere relevante Aspekte zulassen oder ob man lediglich zu *negativem* Wissen kommen kann. Wie des öfteren betont wurde, und wie insbesondere in den Abschnitten 2.21 und 2.22 ausführlich dargestellt wurde, sind Informationen darüber, was von einem System *nicht* erwartet werden kann, was es mit grosser Wahrscheinlichkeit *nicht* tun wird, wozu es *nicht* fähig ist usw., von ebenso grosser Bedeutung für die strategische Orientierung des eigenen Verhaltens, wie die positiven Informationen darüber, was das System tun kann oder wird.

Durch die hier beschriebenen Analysen erhält man einen Fundus an Wissen, der selbstverständlich um so besser sein wird, je mehr der- oder diejenigen, die die Untersuchungen durchführen, über generelle Kenntnisse der Systemtheorie und Kybernetik wissen und je mehr Wissen sie über den jeweiligen Objektbereich haben. Je gründlicher man also über die strukturellen Gesetzmässigkeiten und die Funktionsweise beispielsweise eines polystabilen Systems Bescheid weiss, und je besser man beispielsweise die Besonderheiten der Textilindustrie in der Ostschweiz, die japanische Stahlindustrie oder die internen Gegebenheiten irgend einer bestimmten Unternehmung kennt, um so leichter wird es sein, die erforderlichen Informationen zusammenzufügen und um so ergiebiger

---

49 Dies kann wiederum in vielen konkreten Spielarten vorkommen, die von den unzähligen Formen der Tarnung, des Mimikry, des Lancierens von Gerüchten bis zur hochentwickeltsten Form der Propaganda und der Schaffung von Weltbildern reichen.

werden die Untersuchungen sein. Insgesamt ergibt sich auf diese Weise eine Art *gedankliches Modell* des betreffenden Systems, und zwar nicht auf der Ebene der inhaltlichen, möglicherweise sogar numerischen Details, sondern auf der Ebene der systemischen Zusammenhänge und der kybernetischen Verhaltensmöglichkeiten des betreffenden Systems.

Es muss nochmals betont werden, dass dieses gedankliche Modell unter Umständen nicht viel besser ist, als die Kenntnisse, die man von der jeweiligen Grosswetterlage hat. So eigenartig dieser Vergleich auf den ersten Blick erscheinen mag, so dürfte es doch der Erfahrung vieler Führungskräfte entsprechen, dass ihre Situation, und insbesondere der Status ihrer jeweiligen Informationen und ihrer Entscheidungsgrundlagen sich von einer Wetterprognose nicht allzu sehr unterscheiden. Es liegt eben in der Natur von Systemen, die, ähnlich wie die Wetterlage, aus der Interaktion von Hunderten oder Tausenden von Variablen bestehen, dass ihre inhärente Komplexität uns nicht erlaubt, uns ein genaueres, numerisch präzises Bild von ihnen zu machen. Die ständigen Änderungen, die Fluidität der jeweiligen Situation und die Unbestimmbarkeit der konkreten Verläufe resultieren gerade aus der Struktur des Systems und sind gewissermassen sein Output.

Angesichts dieser Situation gibt es natürlich wieder die beiden Grundhaltungen, die in früheren Abschnitten im einzelnen behandelt wurden: Man kann aus der Unzufriedenheit mit diesem Zustand versuchen, durch die Anwendung bestimmter Techniken, immer mehr „präzise" Information zu gewinnen; dies führt letztlich zum konstruktivistischen Paradigma. Man kann auf der andern Seite die ungeheure Komplexität eines solchen Systems aber auch akzeptieren, und von hier ausgehend die Frage stellen, welche Verhaltensmöglichkeiten gegeben sind. Am Beispiel der Wetterprognose erkennt man, dass bereits eine relativ grobe Klassifizierung von Systemzuständen (wolkenlos, heiter, bewölkt, bedeckt, Niederschlag) zusammen mit der Angabe gewisser Temperaturschwankungsbereiche, sowie einigen Informationen über die zu erwartenden Übergänge von einem Systemzustand zu einem anderen eine ausreichende Orientierungsgrundlage für das tägliche Leben darstellen. Natürlich hängt hier vieles vom jeweiligen Zweck ab, für den man eine Wetteprognose braucht. Für einen Ballonflug über die Alpen, oder die Winterersteigung eines Viertausenders oder eine mehrtägige Segelkreuzfahrt muss die Prognose bedeutend verfeinert werden, d. h. man wird zusätzliche Angaben über Windgeschwindigkeiten, Luftdruck, Temperatur, vor allem aber auch über die lokalen Witterungsbedingungen, die im Rahmen der Grosswetterlage sehr unterschiedlich sein können, benötigen, und man wird vor allem eine wesentlich häufigere Prognose brauchen, als dies für das tägliche Leben notwendig ist. Anstatt sich am Vorabend über das wahrscheinliche Wetter vom nächsten Tag zu erkundigen, wird man möglicherweise stündliche Wettermeldungen anfordern. Ein wesentlicher Grund dafür, dass auch angesichts derart vager Prognosen ein erfolgreiches Verhalten möglich ist, liegt aber darin, dass man – eben wegen der Vagheit der Prognose – seine eigene Verhaltensvarietät so hoch wie möglich zu halten versucht. So weiss beispielsweise jeder Alpinist, dass trotz bester und stabilster Wetterlage das Zurücklassen der Schlechtwetterausrüstung ein tödlicher Fehler sein kann.

Das erwähnte *gedankliche* Modell, das aus den hier besprochenen Untersuchungen resultiert, und das im Sinne der in Abschnitt 2.21 und 2.22 besprochenen Strategien der Komplexitätsbewältigung die Grundlage für jede Verhaltensorientierung darstellt, kann manchmal durch die Erstellung eines *formalen* Modells verbessert werden. Insoweit es gelingt, den Inhalt des gedanklichen Modells zu formalisieren und unter Umständen sogar zu computerisieren, eröffnet sich eine Reihe von zusätzlichen Möglichkeiten, erstens Art und Quantität der simultan zu erfassenden Informationen zu erhöhen, und zweitens durch entsprechende Simulationen die Verwendung des vorhandenen Wissens zu verbessern. Einer der am weitesten entwickelten Ansätze zur Computerisierung derartiger Denkinhalte dürfte der „System's Dynamics-Ansatz" von Forrester sein,[50] und auch Stafford Beer hat an zahlreichen Beispielen gezeigt, wie derartige Modelle aussehen können. Im Zusammenhang mit einem relativ detailliert beschriebenen Modell über das Problem der langfristigen Nachfrageentwicklung für wissenschaftlich und technisch ausgebildete Personen schreibt er: z. B.:

> „The great discovery of management cybernetics is perhaps that the outcomes of policies are determined more by the macrostructure of the total system, its sub-systemic interactions and the entropic infrastructure of the sub-systems themselves, than by the particular causal relationships which are activated by particular decisions. The research counterpart of this state of affairs is that very much more is learned about what ought to be done by inference from the system's cybernetics than from the analysis of enormous masses of data. The importance of this conclusion cannot be overemphasised. Almost the whole of government research is, quite typically, devoted to the collection and analysis of information about what *has* happenend. Hard headed people like to say that these data are the facts of the situation, and are therefore what most matters. On the contrary, they are so much flotsam, floating about on the entropic tides created by the systemic structures below the surface. Given a full understanding of those submarine structures and of the current at depth, which are the more important facts about the system, it becomes possible to predict effects on the surface using very little data of the former kind."[51]

Es ist also diese Art von Modell, gleichgültig ob es sich um ein gedankliches oder um ein formalisiertes Modell handelt, das die Grundlage für die Entwick-

---

50 Vgl. Forrester (Industrial Dynamics).
51 Beer (Decision) 479 f.

lung von Strategien darstellt. Erst die Analyse eines Objektsystems aus metasystemischer Sicht und mit Hilfe von metasystemischen Instrumenten erhellt jene grundlegenden Zusammenhänge, Verhaltensweisen und Eingriffs- bzw. Beeinflussungsmöglichkeiten, die schliesslich die Lenkung eines komplexen Systems erlauben.

Man mag unter Umständen die Auffassung vertreten, dass eine derartige Untersuchung eines komplexen Systems viel zu viel Aufwand verursache, und dass kaum jemand sich die Zeit nehmen könne, derartige Analysen tatsächlich durchzuführen, insbesondere dann, wenn man das ganze noch als evolutionären Prozess betrachten muss, der durch die vielfältigen Versuch-Irrtums-Prozesse in Gang gehalten wird, die in unterschiedlichsten Phasen und mit Bezug auf die verschiedensten Aspekte ausgelöst werden müssen. In einem gewissen Sinne ist dieser Einwand sicher berechtigt. Allerdings ist zu bemerken, dass die vielfältigen Aktivitäten zur Informationssammlung, zur Anfertigung umfassender Statistiken usw., die so oder so in allen grösseren Organisationen durchgeführt werden, ebenfalls mit beträchtlichem Aufwand verbunden sind. Zum zweiten muss aber immer wieder betont werden, dass man es ja mit der Analyse *komplexer* Systeme zu tun hat, und dem Gesetz der erforderlichen Varietät zufolge kann man kaum erwarten, komplexe Sachverhalte durch allzu simple Mittel unter Kontrolle bringen zu können. Eine erhebliche Varietätsverstärkung auf der Seite des Untersuchungsinstrumentariums wird zwar gerade dadurch erzielt, dass die Aufmerksamkeit auf die metasystemischen Gesetzmässigkeiten gerichtet ist, also die meistens ungeheuer grosse Komplexität auf der Objektebene überhaupt nicht ins Spiel kommt. Aber selbst auf metasystemischer Ebene ist die Varietät immer noch so gross, dass mit einem gewissen Aufwand für diese Untersuchungen gerechnet werden muss.

Das Ausmass der manchmal erzielbaren Varietätsverstärkung durch die metasystemische Perspektive kann sich aber auch darin äussern, dass oft mit einem erstaunlich geringen Aufwand Einblicke gewonnen werden können, die überraschend sind. So wie erfahrene Ärzte oft in kürzester Zeit eine Diagnose stellen können, so ist ein erfahrener Manager oft in der Lage, die Situation eines Unternehmens durch ein paar gezielte Fragen recht zutreffend zu bestimmen.

Die bisherigen Ausführungen zur metasystemischen Untersuchung komplexer Systemzusammenhänge sind in Abbildung 34 (23) graphisch zusammengefasst.

Diese Darstellung ist wie folgt zu interpretieren: Ausgangspunkt ist erstens der Wissensbereich von Kybernetik und Systemtheorie; zweitens muss Wissen aus den verschiedensten empirischen Disziplinen in die Untersuchung eingebracht werden, so weit diese für den jeweiligen Objektbereich relevant sind und für den speziellen Bereich des Managements müssen auch die relevanten Erkenntnisse der Managementlehre verwendet werden; drittens sind schliesslich „lokale" Kenntnisse über den jeweiligen Objektbereich erforderlich, in dem die Untersuchung stattfindet. Von spezieller Nützlichkeit sind selbstverständlich alle Erfahrungen, die durch die jeweilige Anwendung von Erkenntnissen in

Phase 1 „Ermittlung und Formulierung des Problems"

„Wie bringt man ein komplexes System unter Kontrolle?"

Phase 2 der Systemmethodik „Bildung eines Lenkungsmodells der Problemsituation"

Anwendung in anderen Zusammenhängen, die eventuell übernommen werden können

- Systemtheorie und Kybernetik
- empirische Disziplinen konventionelle Managementlehre
- Kenntnisse, Erfahrungen, Daten usw. über den Objektbereich

Konzept der metasystemischen Lenkung

Anwendungen

Anwendungen in anderen Zusammenhängen

Metasystemische Analyse des Objektsystems mittels Fragebogen unter Anpassung an den speziellen Fall

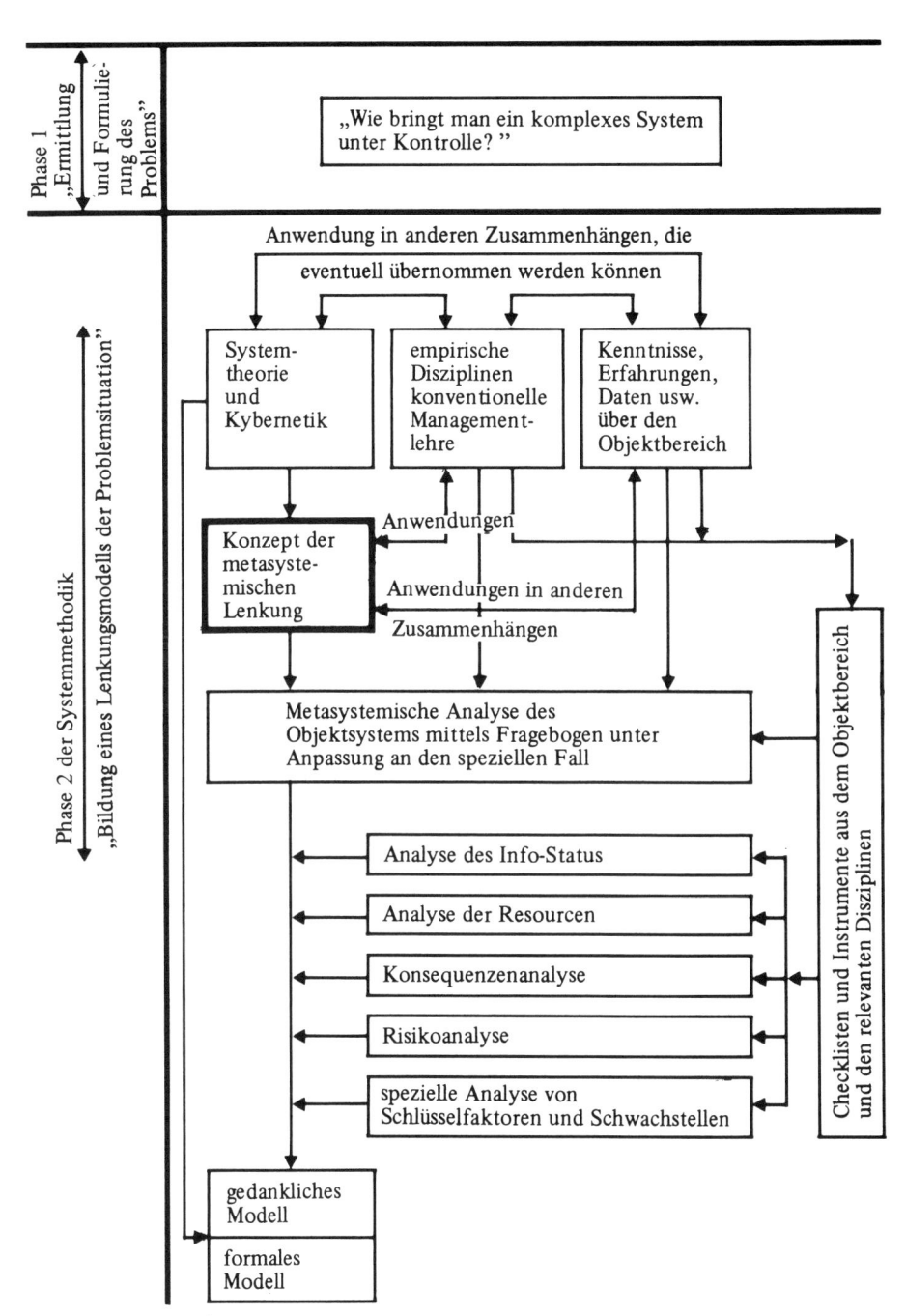

- Analyse des Info-Status
- Analyse der Resourcen
- Konsequenzenanalyse
- Risikoanalyse
- spezielle Analyse von Schlüsselfaktoren und Schwachstellen

Checklisten und Instrumente aus dem Objektbereich und den relevanten Disziplinen

- gedankliches Modell
- formales Modell

Abbildung 3.4 (24)

423

einem Bereich gewonnen wurden und eventuell in einen *anderen* Bereich übertragen werden können. Dies ist durch die Pfeile angedeutet, die die drei grundlegenden Wissensbereiche miteinander verbinden. Aus Kybernetik und Systemtheorie wurde das Konzept der metasystemischen Lenkung abgeleitet, das die im einzelnen behandelten Aspekte der verschiedenen Systemformen, der verschiedenen Arten von Problemlösungsprozessen usw. umfasst. Die Verbindungspfeile zu den anderen Wissensbereichen weisen wiederum darauf hin, dass unter Umständen von gewissen Anwendungen dieses Konzeptes im Rahmen einzelner Disziplinen, im Rahmen der Managementlehre und möglicherweise sogar im Rahmen eines ähnlichen Objektbereiches Gebrauch gemacht werden kann. Jede konkrete Erfahrung im Zusammenhang mit derartigen Anwendungen wird potentiell von Nutzen sein können.

Im Rahmen des Konzepts der metasystemischen Lenkung und unter Anwendung von Erkenntnissen aus anderen Disziplinen bzw. Kenntnissen des jeweiligen Objektbereiches wird nun die metasystemische Analyse des zur Diskussion stehenden Objektsystems durchgeführt, und zwar unter Anwendung des hier ausgearbeiteten Fragebogens, der an die Besonderheiten des speziellen Falles, die eben insbesondere durch die Kenntnis des Objektbereiches bestimmt sind, angepasst werden muss. Die Informationsstatus-Analyse, die Ressourcen-Analyse, die Konsequenzen-Analyse, die Risiko-Analyse und möglicherweise die spezielle Untersuchung von Schlüsselfaktoren und Schwachstellen des betrachteten Objektsystems liefern weitere Detailinformationen. Die Frage ob diese Detailanalysen gemacht werden sollen oder nicht, kann nur in Abhängigkeit von den konkreten Ergebnissen, die aus der Anwendung des Fragebogens resultieren, beantwortet werden. Für alle diese Analysen können und müssen meistens noch zusätzliche Checklisten und Instrumente verwendet werden, die aus dem Bereich der relevanten empirischen Disziplinen bzw. der Managementlehre und aus dem jeweiligen Objektbereich resultieren. So kann es beispielsweise bei einer detaillierteren Analyse der Ressourcen eines Systems von Nutzen sein, eine Checklist über die in diesem Objektbereich üblicherweise verwendeten Ressourcenkategorien zu verwenden. Die auf diese Weise gewonnenen Informationen konstituieren das gedankliche Modell über das betreffende Objektsystem und unter Zuhilfenahme zusätzlicher Methoden und Modellierungstechniken aus dem Bereich der Formal- und Computerwissenschaften kann unter Umständen, zumindest teilweise, ein formales Modell entstehen. Auf der linken Seite der Darstellung sind die Phasen der lenkungsorientierten Systemmethodik festgehalten: Das Problem besteht in diesem Fall im Prinzip darin (Phase 1), dass ein komplexes System unter Kontrolle gebracht werden muss; die geforderte Bildung eines Lenkungsmodells der Problemsituation (Phase 2) erfolgt aufgrund der in der Abbildung festgehaltenen Konzeption.

3.5 Strategien und heuristische Prinzipien

> To think in terms of heuristics
> rather than algorithms
> is at once a way of coping
> with proliferating variety.
>
> Stafford Beer

3.51 Strategische Grundsätze und Heuristiken

Die metasystemische Lenkung eines komplexen Systems kann häufig mit einem Spiel verglichen werden, dessen Spielregeln nicht von vornherein feststehen, sondern zu einem erheblichen Teil gerade durch das jeweilige Verhalten der Spieler bestimmt werden und meistens nur impliziten Charakter haben. Man kann daher auch nicht davon ausgehen, dass alle Spielregeln allen Spielern vollumfänglich bekannt sind. Da in die realen Systembeeinflussungsmassnahmen zahlreiche Störungsgrössen eingehen können, die von anderen Systemen herrühren, muss man davon ausgehen, dass am Spiel häufig eine unbestimmte und immer wieder wechselnde Zahl von Spielern teilnimmt, die alle nur über unvollkommene Informationen verfügen und die insgesamt in Rechnung stellen müssen, dass auch der Spieler „Zufall" meistens noch mit am Tisch sitzt. Ebenso wie die Spielregeln stehen auch die im Spiel eingesetzten Mittel nicht von vornherein fest. Weder weiss man, ob mit Karten oder mit Würfeln gespielt wird, es kann in unregelmässiger Sequenz einmal das eine und dann wieder das andere sein, noch ist in vielen Fällen klar, was überhaupt als Karten oder Würfel zu interpretieren ist. Es sind eben all die unzähligen Einflüsse, die in der Realität das Verhalten von sozialen Systemen, von Menschen und von Menschengruppen bestimmen, die mit in das Spiel eingehen und seinen Charakter in umfassender Weise bestimmen.

Dies ist der Grund, warum solche Systeme äusserst komplex sind und weshalb, wie in dieser Arbeit immer wieder betont wurde, gewisse Vorstellungen und Methoden nicht eingesetzt werden können. Lenkung eines komplexe Systems ist daher meistens nicht durch präzise, numerische Berechnungen im Sinne des analytischen Problemlösungsparadigmas geprägt, sondern vielmehr durch eine Art *strategischen Kalkül,* der auf einer Reihe von *heuristischen Prinzipien* aufbaut, deren Wirkungsweise gerade darauf abzielt, die Komplexität der jeweiligen Situation zu den eigenen Gunsten auszunützen. Solche heuristischen Prinzipien sind daher häufig darauf gerichtet, Schwächen im gegnerischen Bereich, Unvollkommenheiten seiner Informationen, die Besonderheiten seines Informationsverarbeitungs- und Denkprozesses, Verfälschungen seines Informationsstandes usw. auszunützen oder sogar herbeizuführen. Nicht nur die *be-*

wusste Beseitigung von Ungewissheit im Sinne der Komplexitätsbewältigung, sondern auch die *bewusste Schaffung* von Unsicherheit, bewusste Täuschung und Irreführung und dergleichen sind Züge, die die Spieler im Rahmen des Systemlenkungsprozesses machen können.

Bevor nun einige der wichtigsten strategisch-heuristischen Prinzipien dargestellt werden, die bei der Lenkung komplexer sozialer Systeme eingesetzt werden können, muss auf zwei, in diesem Zusammenhang immer wieder auftretende Probleme hingewiesen werden:

1. Das *erste* Problem besteht darin, dass gewisse strategische Vorstellungen aus dem militärischen Bereich kommen, und dass daher das Vokabular, das für ihre Beschreibung verwendet wird, häufig militärischen Charakter hat. Es kann immer wieder festgestellt werden, dass es Leute gibt, die sich daran stossen und zum Teil dazu neigen, die gesamte Beschäftigung mit strategischen Denk- und Verhaltensweisen allein deshalb abzulehnen oder als verwerflich zu brandmarken, weil diese Verknüpfung mit dem militärischen Bereich gegeben ist. So respektabel diese Haltung auch vom moralischen Standpunkt aus sein mag, so wenig lässt sie sich mit den realen Gegebenheiten des täglichen Lebens vereinbaren und zwar nicht nur was das Militär betrifft, sondern mit Bezug auf menschliches Verhalten schlechthin. Strategisches Verhalten und strategische Prinzipien dienen dem Urzweck der Komplexitätsbewältigung. Die konkrete Realisierung manchen strategischen Verhaltens mag im Einzelfall mehr oder weniger fair sein und kann unter Umständen auch einmal in die Kategorie der „Dirty Tricks" fallen und insoweit auch zu Recht als moralisch verwerflich stigmatisiert werden.

Man darf ja nicht übersehen, dass Sitte, Moral, Ehrenkodex und Recht aus metasystemischer Sicht selbst strategischer Natur sind und einen erheblichen Beitrag zur Beherrschung von Komplexität leisten (vgl. Kap. 2), in dem sie Verhaltensweisen, die im Prinzip vorkommen können, untersagen. Die Varietät möglicher Verhaltensweisen wird dadurch drastisch eingeschränkt. Dennoch bleibt auch im Rahmen von Sitte, Moral und Gesetz immer noch genügend Komplexität, so dass weitere strategische Grundsätze erforderlich sind.

2. Das *zweite* Problem besteht darin, dass strategische Verhaltensprinzipien, wenn sie einmal ausgesprochen sind, häufig sehr banal erscheinen. Sie entsprechen dem, was manche Menschen ohnehin machen und sind somit Bestandteil der Alltagserfahrung. Sie scheinen daher häufig nicht „wissenschaftswürdig" zu sein, denn man lässt sich fälschlicherweise von der Annahme leiten, eine Wissenschaft des menschlichen Verhaltens bzw., in allgemeiner Form, eine Wissenschaft des Verhaltens komplexer Systeme müsse irgendetwas Besonderes, bisher nicht Festgestelltes aufdecken. Mit Bezug auf einzelmenschliches Verhalten bzw. das Verhalten von kleinen Gruppen kann das aber mit Sicherheit nicht erwartet werden, denn eine solche Wissenschaft

könnte konsequenterweise ja nur einige ausgefallene Spezialfälle menschlichen Verhaltens, nicht aber das Allgemeine beinhalten. Mit solchen atypischen Spezialfällen wäre aber dem handelnden Menschen nicht gedient. Es kann also durchaus als Stärke einer Wissenschaft interpretiert werden, wenn sie (das soll ja gerade der Zweck der Wissenschaft sein) *allgemeine Invarianten* menschlichen Verhaltens beschreibt, denn auch wenn diese der Alltagserfahrung entsprechen, so werden sie doch nicht immer explizit formuliert und systematisch verwendet. Ausserdem ist häufig festzustellen, dass wegen der Fülle der konkreten Handlungen und Ereignisse, und vor allem auch wegen der Mannigfaltigkeit, in der strategische Prinzipien realisiert werden können, die allgemeinen, eben strategischen Verhaltenspattern nicht mehr erkannt werden können, zumal damit gerechnet werden muss, dass aufgrund bestimmter strategischer Prinzipien die jeweiligen Aktoren alles unternehmen werden, um andere strategische Grundsätze, die ihr Verhalten aktuell bestimmen, zu tarnen und zu verschleiern. Im Zusammenhang mit der Beeinflussung und Lenkung komplexer sozialer Systeme ist im Gegensatz zu den von einzelnen Menschen noch überschaubaren Grössenordnungen allerdings doch damit zu rechnen, dass Erkenntnisse gewonnen werden können, die nicht mehr der Alltagserfahrung entsprechen und dass daher die strategischen Verhaltensmuster von komplexen Systemen auch der intuitiven Wahrnehmung nicht mehr zugänglich sind. Beispiele dafür sind etwa die Untersuchungen von Forrester im Zusammenhang mit komplexen urbanen Systemen, die den typischen kontraintuitiven Charakter des Systemverhaltens aufgedeckt haben.[52]

Die im folgenden dargestellten Grundsätze sind sehr allgemeiner Art. Sie regulieren den Einsatz einer Vielfalt konkreter Verhaltensweisen, die durch Orientierung an einzelnen dieser Grundsätze oder an Kombinationen derselben, innere Logik, Kohärenz und Sinnhaftigkeit erhalten, also ein Pattern bilden. Diese Grundsätze sind daher metastrategischer Natur.

Sie sind aber gleichzeitig Heuristiken. Wenn wir in Anlehnung an Beer[53] einen Algorithmus als einen Satz von Instruktionen zur Erreichung eines bekannten, vollständig spezifizierten Zieles ansehen, eine Heuristik hingegen als einen Satz von Instruktionen, um ein unbekanntes Ziel durch Exploration zu erreichen, so wird deutlich werden, dass es sich hier um typisch heuristische Regeln handelt.

---

52 Vgl. Forrester (Social Systems).
53 Beer (Brain) 305 f.

Die strategischen Grundsätze können eingeteilt werden in [54]

1. Grundsätze für die Lagebeurteilung
2. Grundsätze für den Aufbau, den Einsatz und die Erhaltung der Sanktionskapazität bzw. (allgemeiner) des Koppelungsverhältnisses
3. Grundsätze für die Gestaltung der Informationslage
4. Grundsätze für die Gestaltung der Überzeugungskapazität

Wie sogleich zu sehen ist, orientieren sich diese Prinzipien an den grundsätzlichen Möglichkeiten strategischen Verhaltens zur Beeinflussung von Systemen: Um Einfluss zur Erreichung eigener Ziele sinnvoll und wirksam ausüben zu können, ist es erforderlich, sich einen Überblick über die Zusammenhänge zu verschaffen, was in früheren Abschnitten ja ausführlich diskutiert wurde. Man muss aber auch etwas *tun* können – im allgemeinen Fall belohnen und bestrafen, wofür es allerdings wiederum unendlich viele Variationen gibt. Ob die Belohnung im Einzelfall in der Auszahlung eines grossen Geldbetrages oder in einem freundlichen, anerkennenden Wort besteht, kommt auf die Umstände an; der grundlegende Charakter dieser Handlungen bleibt aber invariant. Sanktionen in diesem, positiven wie negativen Sinne, bestimmen auch wesentlich das Beziehungsverhältnis zwischen Systemen, also ihre Koppelungen. Ohne Koppelungsverhältnis gibt es überhaupt keine Interaktion, so dass wir es hier also mit einer Voraussetzung für die Beeinflussung überhaupt zu tun haben. Gestaltung der Informationslage ist von eminenter Bedeutung, wenn man sich daran zurück erinnert, dass Wirklichkeit durch Kommunikation vermittelt wird und, etwas einfach ausgedrückt, für Menschen das real ist, was sie für real halten. Dies gilt natürlich sowohl für die eigenen Informationen wie für die des anderen. Schliesslich ist die Möglichkeit der Beeinflussung und Komplexitätsbeherrschung auch wesentlich von der Frage der Überzeugungskraft und Glaubwürdigkeit der Akteure abhängig. Ein von Vertrauen getragenes Verhältnis reduziert enorm viel Komplexität, während Misstrauen oft zu nicht mehr beherrschbaren Situationen führt.

Diese Grundsätze erfüllen schwerpunktmässig die folgenden drei Funktionen: [55] Sie haben eine *planungs- und handlungsleitende Funktion* und tragen aufgrund dessen dazu bei, dass aus der grossen Zahl möglicher Strategien und Kombinationen die für den jeweiligen Fall sinnvollen Varianten möglichst schnell herausgefiltert werden können. Sie erfüllen zum zweiten eine *Verbots-Funktion* und sind somit ihrem Charakter nach exakt in jene Kategorie von allgemeinen Verhaltensregeln einzuordnen, die in Teil 2 ausführlich behandelt

---

54 Vgl. Grossekettler (Macht) 197.
55 ders., a. a. O. 196.

wurden. Sie signalisieren nämlich die gefährlichen Grenzbereiche, deren Überschreitung unter Umständen Prozesse auslösen kann, die nicht mehr antizipierbar und häufig auch nicht mehr kontrollierbar sind. Der gedankliche Rückgriff auf die Grundsätze soll also ein leichtfertiges Überschreiten dieser Grenzen verhindern. Eine dritte und ebenso wichtige Funktion besteht darin, dass sie einen deutlich *varietätsreduzierenden* Charakter haben, denn ihre Beachtung führt zu einer erheblichen Entlastung der Entscheidungskapazität, insbesondere unter Zeitdruck und in unübersichtlichen Situationen, und aufgrund ihres regelhaften Charakters sichern sie doch ein gewisses Mass an Rationalität.

Die vorgenommene Einteilung ermöglicht keine scharfe Trennung zwischen den Grundsätzen, sondern lediglich eine gewisse Gruppierung. Es bestehen naturgemäss viele Interdependenzen, denn die Grenzen der einzelnen Prinzipien sind unscharf; eine gewisse Redundanz lässt sich nicht vermeiden. Dies ist meines Erachtens aber insofern unproblematisch, als für praktisches Handeln ein Aktor sich ja nicht von einer listenartigen Aufreihung der Prinzipien leiten lassen kann, wie sie in der nachfolgenden Tabelle aufgeführt sind, sondern sich vielmehr vom Gesamtmuster aller Grundsätze leiten lassen muss, die er simultan im Auge behalten muss.

Strategische Grundsätze[56]
Grundsätze für die Lagebeurteilung
1. Grundsatz der metasystemischen Lagebeurteilung. 2. Grundsatz der Vollständigkeit der Lagebeurteilung. 3. Grundsatz des offenen Systems. 4. Stärke – gegen – Schwäche-Grundsatz. 5. Grundsatz der mehrdeutigen Zielwahl. 6. Grundsatz der Vermeidung von Informationslage-Beeinflussungen.
Grundsätze für die Beeinflussungs-(Sanktions-)kapazität und das Koppelungsverhältnis
7. Grundsatz der Flexibilität. 8. Grundsatz der Zukunftsvorsorge. 9. Grundsatz der Reversibilität. 10. Grundsatz der kleinen Schritte. 11. Grundsatz der Initiative. 12. Grundsatz der zu besetzenden Sanktionszentren. 13. Grundsatz der Belohnungsmotivation. 14. Grundsatz der Alternativenkontrolle. 15. Grundsatz der goldenen Brücke.

---

56 in Anlehnung an Grossekettler (Macht) 197 ff., der allerdings keinen Unterschied zwischen Strategie und Meta-Strategie macht.

Grundsätze für die Beeinflussung der Informationslage
16. Grundsatz der Informationsnähe. 17. Grundsatz der zu besetzenden Informationsschnittpunkte. 18. Grundsatz der Verhaltenserklärung. 19. Grundsatz der Tarnung. 20. Grundsatz der Kontrolle.
Grundsätze für die Überzeugungsfähigkeit
21. Grundsatz der Zuverlässigkeit. 22. Grundsatz der Festigkeit. 23. Grundsatz der seltenen Bluffs. 24. Grundsatz der versteckten Rückzugsmöglichkeit.

Die in dieser Tabelle genannten strategischen Grundsätze oder Prinzipien sind nur teilweise evident. Ich werde sie daher im folgenden kommentieren. Eine wichtige Vorbemerkung betrifft das Verhältnis zwischen dem *gedanklichen* bzw. *formalen Modell,* das sich als Resultat der früher beschriebenen metasystemischen Untersuchung komplexer Systeme ergibt und der hier geforderten *Lagebeurteilung.* Man könnte fälschlicherweise zu der Auffassung gelangen, dass das gedankliche Modell eines komplexen Systems und die hier geforderte Lagebeurteilung identisch seien. Dies trifft indessen nicht zu. Die metasystemische Untersuchung, und damit das gedankliche Modell als ihr Resultat, beziehen sich auf die *grundlegenden* Systemcharakteristika und die mehr oder weniger *permanenten* Verhaltenspattern, zu denen das betrachtete System aufgrund seiner Struktur in der Lage ist. Das Modell steckt den Raum des Möglichen oder Nicht-Möglichen ab und zwar mit Bezug auf diejenigen Systemaspekte, die aus *metasystemischer Sicht feststellbar* und *relativ dauerhaft* sind. Die Lagebeurteilung als Ausgangspunkt der Systembeeinflussung betrifft hingegen den jeweiligen *konkreten* und *aktuellen Systemzustand,* der sich natürlich im Rahmen der grundsätzlichen Möglichkeiten immer wieder ändert.

Ein kleines Beispiel mag den Sachverhalt verdeutlichen: Eine Armbanduhr hat, wenn man sie als System betrachtet, gewisse generelle Charakteristika und gewisse grundsätzliche Verhaltensmöglichkeiten. So weiss man beispielsweise, dass eine Uhr nicht die Temperatur, sondern eben die Zeit angibt, dass ihre Zeiger verschiedene Bedeutung haben, dass sie sich auf einer Skala von 1–12 bewegen können und dass sie beispielsweise eine Abweichungstendenz von x-Sekunden pro Woche hat. Dies alles sind Bestandteile des gedanklichen Systemmodells, das man von einer Uhr hat. Die Lagebeurteilung wäre aber auf die Feststellung der jeweiligen momentanen Zeigerstellung gerichtet, also auf das

Ablesen der konkreten Zeit und würde also beispielsweise lauten „es ist jetzt elf Uhr fünfundvierzig". Wie häufig und wie detailliert eine Lagebeurteilung sein muss, hängt wiederum von den relativ dauerhaften Systemcharakteristika ab, denn der konkrete Systemzustand als Grundlage für aktuelle Beeinflussungsmassnahmen muss bei einem sehr schnell seinen Zustand in breiten Variationsspielräumen ändernden System sehr viel häufiger festgestellt werden, als bei einem System, das nur eine sehr langsame Dynamik und sehr stabile Verhaltenspattern aufweist.

1. Der *Grundsatz der metasystemischen Lagebeurteilung* besagt nun, dass man sich immer die Frage stellen muss, auf welcher Systemebene die Lagebeurteilung vorgenommen wird. Nur zu leicht unterläuft einem nämlich der Fehler, von der metasystemischen in die objektsystemische Ebene abzugleiten und dann in einer Fülle von Details den Überblick über das Ganze zu verlieren.

2. Das *Prinzip der Vollständigkeit der Lagebeurteilung* ist damit eng verbunden. Eine der wichtigsten Grundlagen dieser Arbeit besteht ja in der Auffassung, dass eine vollständige Erfassung eines komplexen dynamischen Systems aus den im Detail diskutierten Gründen nicht möglich ist. Dies bezieht sich selbstverständlich auf die Objektebene, während auf der Metaebene das Prinzip der Vollständigkeit sehr viel leichter erfüllt werden kann. Unter Umständen genügt es natürlich nicht, den gedanklichen Fokus nur auf die Metaebene erster Ordnung zu richten, sondern es kann notwendig sein, Metaebenen höherer Ordnung mit in die Überlegungen einzubeziehen. Das Prinzip der Vollständigkeit der Lagebeurteilung bezieht sich insbesondere auch auf die Analyse der möglichen Reaktionsweisen eines potentiellen Gegners bzw. eben des betrachteten Objektsystems, denn eine erfolgsversprechende Strategie kann nicht aufgebaut werden, wenn wesentliche strategische Zugmöglichkeiten des Gegners übersehen werden. Natürlich wird auch auf der Metaebene der Grundsatz der Vollständigkeit nur approximativ erfüllt werden können, und einer der wichtigsten „Motoren" für die Erfüllung dieses Grundsatzes ist ein ständiges gedankliches Abtasten des Objektsystems im Sinne eines Versuch-Irrtums-Prozesses, der analog einem Radarsystem operieren muss.

Im Zusammenhang mit diesem Prinzip muss darauf geachtet werden, dass als Bestandteil der Lagebeurteilung immer auch die Frage gestellt wird, wie man selbst bzw. wie die Situation vom Gegner gesehen wird. Dies erfordert die Kultivierung der Fähigkeit, sich in einen Kontrahenten gedanklich hineinzuversetzen, um die Situation so gut wie möglich aus seiner Perspektive rekonstruieren zu können. Dies ist ein wichtiger Anwendungsfall der Popper'schen Situationslogik, deren Einsatzmöglichkeit für eben diesen Zweck im Rahmen der „Systemmethodik" diskutiert wurde.[57]

---

[57] Gomez/Malik/Oeller (Systemmethodik) 66 ff. und Teil C sowie die dort zitierten Quellen.

Ein weiterer, mir sehr wesentlich erscheinender Aspekt, ist folgender: Die meisten Menschen neigen dazu, in *Kausalzusammenhängen* zu denken. Was immer passiert, die erste und oft einzige Reaktion ist die Suche nach einer Ursache, was im sozialen Bereich in der Regel die Suche nach einem *Schuldigen* bedeutet. Ereignisse im Kontext komplexer Systeme lassen sich aber durch ein monokausales Modell nicht erklären. Sie sind das Resultat des Zusammenwirkens eines Netzwerkes von Faktoren. Dies sollte man bei der Lagebeurteilung berücksichtigen, da man sonst grosse Gefahr läuft, zu völlig falschen Beurteilungen zu kommen. Dies zeigt sich besonders in jenen Fällen, in denen diese Form des Kausaldenkens zu einer der verschiedenen Varianten der „Verschwörungstheorie" führt, also zur Erklärung eines Ereignisses als Resultat bewusster und absichtsvoller, konspirativer Handlungen.[58] Zweifellos wird in manchen Fällen die Möglichkeit einer Konspiration in Betracht gezogen werden müssen; das Problem liegt aber in der unkritischen Gewohnheit, diese Erklärungsform *immer* zu verwenden. Gerade die vordergründige Plausibilität dieser Art der Erklärung macht eine zutreffende Lagebeurteilung oft völlig unmöglich, insbesondere dann, wenn sie im Verbund mit dem sogenannten „Bunkersyndrom" auftritt, das heisst einer progressiven Unfähigkeit, sich ein objektives Bild der Lage zu machen. Dies schliesst natürlich nicht aus, dass es zweckmässig sein kann, als Sanktionsmittel einen Sündenbock oder eine Konspiration zu konstruieren, um gegen sie vorgehen zu können. Darauf ist später noch einzugehen.

3. Der *Grundsatz des offenen Systems* soll ständig darauf aufmerksam machen, dass im Zusammenhang mit komplexen, dynamischen Systemen immer wieder mit unvorhergesehenen Entwicklungen gerechnet werden muss und dass diese Tatsache bereits in die Lagebeurteilung mit einbezogen werden muss. Offenheit eines Systems besagt ja nicht nur, dass es in einem ständigen Austauschverhältnis mit seiner Umwelt in bezug auf Materie, Energie und Information steht, sondern bedeutet auch, dass sich die Art der relevanten Variablen immer wieder verändern kann, dass emergente Eigenschaften, Neubildungen, auftreten können. Komplexe Systeme warten immer wieder mit Überraschungen auf, und dies ist schon bei der Lagebeurteilung zu berücksichtigen. Es gibt hier eben keine ceteris-paribus-Klausel.

4. Der *Stärke-gegen-Schwäche-Grundsatz* ist an und für sich selbsterklärend und weist darauf hin, dass die Lagebeurteilung sich an den jeweiligen relativen Stärken und Schwächen zu orientieren hat und dass ausserdem die Auswahl von Lenkungseingriffen entsprechend diesem Grundsatz zu erfolgen hat. Zu diesem Grundsatz gehört es auch, den Gegner nicht für weniger intelligent zu halten,

---

58 Vgl. zur Kritik konspirationstheoretischer Sozialtheorien insbesondere Popper (Gesellschaft II) 119 f.

als man selber ist. Es ist gefährlich, davon auszugehen, dass eine Stärke, die man selbst zu haben glaubt, notwendigerweise eine Schwäche des Kontrahenten zu sein braucht.

5. Der *Grundsatz der mehrdeutigen Zielwahl* schliesslich fordert dazu auf, bei der Auswahl von Lenkungseingriffen solche Massnahmen zu wählen, die potentiell in der Lage sind, mehrere Ziele anzusteuern. Dies führt einerseits zu einer erheblichen Varietätsverstärkung, (es handelt sich gewissermassen um eine Rakete mit Mehrfachsprengköpfen) und zum zweiten ist für das jeweilige Objektsystem nicht von vornherein die Stossrichtung der Lenkungsmassnahmen deutlich, so dass Umgehungsaktionen bzw. Ausweichhandlungen nicht ohne weiteres möglich sind.

6. *Der Grundsatz der Vermeidung von Informationslage-Beeinflussungen.* Die Lagebeurteilung soll so realistisch wie irgend möglich vorgenommen werden. Dies bedeutet aber, dass man sich ständig dessen bewusst sein muss, dass andere Systeme bzw. die anderen „Spieler" wahrscheinlich ebenfalls strategisch handeln und von ähnlichen Überlegungen ausgehen wie man selbst. Unter Umständen haben diese ein vitales Interesse daran, einen selbst zu täuschen und/oder zu verhindern, dass man relevante Informationen gewinnt. Dies ist vom zwischenmenschlichen Bereich, über die Konkurrenz in der Wirtschaft, bis zu den Geheimdiensten offensichtlich. Während man also entsprechend den Grundsätzen für die Beeinflussung der Informationslage, die weiter unten besprochen werden, Verschleierung und Verwirrung als Spielzüge selbst im Repertoire hat, muss man darauf achten, nicht selbst in diese Falle zu gehen, denn man muss ja damit rechnen, dass der Gegner zumindest ebenso intelligent ist.

7. Der *Grundsatz der Flexibilität* soll immer wieder daran mahnen, dass, wenn es irgendwie geht, unnötige Festlegungen und Bindungen, insbesondere kostenfrei vermeidbare Bindungen auch tatsächlich vermieden werden sollten. Aber auch dann, wenn die Einhaltung des Flexibilitätsprinzips Kosten verursacht, was in der Regel zu erwarten ist und was zur gedanklichen Vorstellung eines Flexibilitätsbudgets führt,[59] sollte man eine Kostenabwägung vornehmen und gewissermassen gedanklich die Bewegungen in der Flexibilitätsbilanz mit in die Strategieauswahl einbeziehen.

8. Der *Grundsatz der Zukunftsvorsorge* ist ebenfalls weitgehend evident; er weist darauf hin, dass sämtliche strategischen Massnahmen auf ihre potentielle Futurität[60] überprüft werden sollten; also auf ihre Zukunftswirkungen, und

---

59 Vgl. Bateson (Ecology) 494 ff.
60 Vgl. zu diesem Begriff Drucker (Technology) 109 ff.

dass für die notwendigen Ressourcen und Varietätspotentiale bzw. -lager gesorgt werden muss. Aus der gleichzeitigen Berücksichtigung des Prinzips der Flexibilität und des Prinzips der Zukunftsvorsorge folgt auch der essentielle Unterschied zwischen einem bewussten Eingehen kalkulierter Risiken und einem Hazardspiel. Rommel dokumentiert seine Auffassung dazu folgendermassen:

> „Ich habe die Erfahrung gemacht, dass kühne Lösungen den grössten Erfolg versprechen. Operative und taktische Kühnheit muss vom militärischen Hazardspiel unterschieden werden. Kühn ist eine Operation, die nur *möglicherweise* zu dem gewünschten Erfolg führt, bei der man aber auch im Falle des Misslingens noch so viel in der Hand behält, um jede Situation meistern zu können. Ein Hazardspiel dagegen ist eine Bewegung, die entweder zum Sieg oder zur Vernichtung des eigenen Verbandes führen kann."[61]

9. Der *Grundsatz der Reversibilität* fordert dazu auf, in jedem konkreten Fall zu überlegen, ob und unter welchen Bedingungen eine Massnahme wieder rückgängig gemacht werden kann und welcher Zustand bzw. welche Position daraus resultiert. Natürlich ist klar, dass irreversible Festlegungen nie ganz vermieden werden können, es ist aber strategisch von Bedeutung, sich völlige Klarheit darüber zu verschaffen, in welcher Beziehung man irreversibel und in welcher Hinsicht man nur reversibel gebunden ist oder sich zu binden droht. Reversible Entscheidungen kann man anders, vor allem schneller treffen, als irreversible, für die man sich Zeit lassen sollte. Insbesondere sind auch andere Konsequenzen mit Bezug auf flankierende Massnahmen, juristische Absicherungen usw. zu bedenken.

10. Der *Grundsatz der kleinen Schritte* unterstützt die Prinzipien der Flexibilität und der Reversibilität, indem er verlangt, dass jeweils sehr genau überdacht werden sollte, anhand welcher Zwischenergebnisse man die Wirkungsweise einer strategischen Verhaltensrichtung kontrollieren kann und dass diese Zwischenschritte jeweils vollständig erreicht sein sollten, bevor man den nächsten Schritt macht. Es geht also darum, ein bewusstes „Point of no return-Management" zu betreiben, um nicht im nachhinein überrascht feststellen zu müssen, dass man den Point of no return längst überschritten hat, ohne es zu merken. Selbstverständlich ist auch hier einzuräumen, dass Situationen eintreten können, in denen grosse Schritte gezwungenermassen zu machen sind. Man sollte sich aber sehr sorgfältig fragen, ob es nicht auch anders geht, denn die Risiken sind in der Regel beträchtlich, und der Unterschied zwischen dem Eingehen vernünftiger Risiken und dem blossen Hazardieren kann gerade in solchen Fällen sehr schmal sein.

---

61 zitiert nach Grossekettler (Macht) 200.

11. Das *Prinzip der Initiative* besagt, dass man nach Möglichkeit versuchen sollte, selbst den Handlungsablauf zu bestimmen oder zumindest mitzubestimmen, um sich nicht von anderen in Zugzwang setzen zu lassen. Dies bedeutet, dass es Situationen geben kann, in denen man selbst hochaktiv bleiben muss, um das Gesetz des Handelns nicht aus der Hand zu verlieren. Ashby hat aufgrund kybernetischer Untersuchungen des zustandsdeterminierten Systems beispielsweise herausgefunden, dass meistens diejenigen Variablen, die selbst am stärksten und häufigsten variieren, die Verhaltensmöglichkeiten aller anderen Variablen bestimmen.[62]

Dies ist nichts anderes als eine Form des Prinzips „Keep them busy". Ein System ständig unter einem gewissen Druck zu halten, sei es durch entsprechende Aufgabenstellungen, durch Beschäftigung usw. nimmt dem anderen System Spielräume, die man dafür selber hat. Hierher gehört insbesondere auch der Grundsatz, sich die Zeit zum Verbündeten zu machen, Herr über die Termingestaltung und die zeitlichen Abläufe möglichst vieler Dinge zu bleiben. Und schliesslich kann hier auch bemerkt werden, dass in der Regel der entschieden Handelnde meistens die Oberhand behält und sei es auch nur, weil die meisten Menschen eher unentschieden sind.

12. *Der Grundsatz der zu besetzenden Sanktionszentren.* Die Fähigkeit zu wirksamer Sanktionierung, Belohnung und Bestrafung bestimmt naturgemäss ganz wesentlich die Beeinflussungsmöglichkeiten. Dieser Grundsatz besagt daher, dass man versuchen sollte, bestehende bzw. erkennbare Zentren der Sanktionsgewalt selbst zu besetzen oder zumindest mit zu besetzen. Im politischen Bereich kommt diesem Prinzip offenkundige Bedeutung zu; es ist hier zumeist mit der Verfügungsmacht über Finanzen und Positionen verbunden. Der Grundsatz der zu besetzenden Sanktionszentren bedeutet hier auch, die Schlüsselstellen und vor allem die Schlüsselpersonen in einem System zu identifizieren, Zugang zu diesem zu suchen und Beeinflussungsmöglichkeiten aufzubauen.

Jedes System besitzt seine eigenen Formen der Sanktionierung und entsprechende Verfahren, sanktionierende Massnahmen zu bestimmen und zu setzen. Gelingt es, auf diese Einfluss auszuüben, so besteht bis zu einem gewissen Grad auch die Möglichkeit, Einfluss auf Anspruchsniveaus zu nehmen, die das System regulieren. Ich betrachte dies deshalb als zu diesem Grundsatz gehörig, weil ja die Frage, unter welchen Umständen belohnt und bestraft werden soll, wesentlich abhängig ist von den Standard- bzw. Referenzgrössen, die das System hat.[63] Diese sind aber meistens nicht fixiert, sondern variabel, unterliegen aber nicht selten einer stärkeren Form der Kontrolle oder sind nur erschwert

---

62 Ashby (Psychiatry) 115.
63 Vgl. dazu Powers (Behavior) 44 ff.

änderbar (etwa durch qualifizierte Mehrheiten und dergleichen). Einfluss auf die Sanktionszentren heisst also auch Einfluss auf die Sanktionsmechanismen und die Bedingungen von Sanktionen. Aus dieser Position kann man dann zum Beispiel die Grundsätze „Never tolerate mediocrity" und „Never be satisfied with results"[64] befolgen. Diese hängen ja unmittelbar mit der Bestimmung von Anspruchsniveaus zusammen. Hier zeigt sich übrigens auch deutlich der heuristische Charakter der hier diskutierten Grundsätze: Sie produzieren eine bestimmte Haltung, einen Antrieb zu ständigem Suchen nach noch Besserem, der bei unternehmerischen Menschen oft als eine Art „schöpferische Unruhe" zum Ausdruck kommt.

Als letzten Aspekt im Zusammenhang mit diesem Grundsatz möchte ich hier nochmals auf das „Sündenbock"-Problem zurückkommen. So problematisch es in der Regel ist, die Lagebeurteilung, wie weiter oben diskutiert wurde, auf monokausale Erklärungen, wie *die* Ursache, *der* Schuldige usw., aufzubauen, so wirksam kann natürlich die Sanktionierung eines möglicherweise nur konstruierten Sündenbockes sein. Die hier wirksamen Mechanismen sind durch so viele Beispiele belegt, und es handelt sich um ein so häufig eingesetztes Prinzip, dass es wohl nicht weiter erklärt zu werden braucht.

13. Das nächste Prinzip, nämlich der *Grundsatz der Belohnungsmotivation* ist für die Beeinflussung von Systemen und insbesondere für die Aufrechterhaltung des Koppelungsverhältnisses, d. h. also dafür, dass überhaupt eine Beeinflussungsmöglichkeit gegeben ist, von grösster Bedeutung. Aus metasystemischer Sicht ist klar, dass die grundlegenden abstrakten Beeinflussungsmöglichkeiten eines Objektsystems im Prinzip darin bestehen, die Systemstruktur zu verändern und durch algedonische Massnahmen entsprechend dem Pain-Pleasure-Prinzip das jeweilige Verhalten zu steuern. Eine Beeinflussung unter Verwendung des *Bestrafungs*-Prinzips hat jedoch erhebliche Nachteile gegenüber der Verwendung des *Belohnungs*-Prinzips. Zum einen ist völlig klar, dass man immer damit rechnen muss, dass ein soziales System alle nur denkbaren Anstrengungen unternehmen wird, um der Bestrafung zu entgehen und zwar leider nicht allein dadurch, dass es das gewünschte Verhalten realisiert, sondern dadurch, dass es nach Umgehungsmöglichkeiten sucht. Da die Verhaltensvarietät sozialer Systeme in der Regel so gross ist, dass man niemals antizipativ sämtliche Umgehungsmöglichkeiten erfassen und kontrollieren kann, muss man immer wieder damit rechnen, dass das System doch noch ein „Loch" findet, um der Lenkungsmassnahme zu entschlüpfen. Zum zweiten kann hier sehr deutlich gezeigt werden, was sinnvoll verstandenes *Variety-Engineering* bedeuten kann: Hat die Beeinflussungsmassnahme den Charakter einer Belohnung, dann liegt die Beweislast in aller Regel beim Objektsystem, d. h. es muss selbst

---

64 Vgl. Sloma (Management) 11 f. und 81 f.

nachweisen, dass es die Belohnung auch tatsächlich verdient hat. Hat die Beeinflussungsmassnahme hingegen Bestrafungscharakter, so liegt die Beweislast meistens beim Metasystem, d. h. also beim bestrafenden System, denn nun muss dieses überzeugend nachweisen, dass es zur Bestrafung berechtigt ist und dass das Verhalten des Objektsystems auch tatsächlich dem unter Strafe gestellten Tatbestand entspricht. Das Prinzip der Belohnungsmotivation führt also zu einer enormen Entlastung des Metasystems, während das Bestrafungsprinzip diesem die gesamte Beweisbürde auflädt. Es gibt illustrative Beispiele aus dem juristischen Bereich für diese Art des strategischen Verhaltens und für die Wirkung dieses strategischen Prinzips, denn die Verteidigungs- bzw. Anklägerposition hängt in einem juristischen Prozess massgeblich von der Verteilung der Beweislast ab. An diese Stelle gehört auch das Macchiavelli zugeschriebene Prinzip: Tust Du Gutes, tu es langsam; tust Du Böses, tu es auf einmal.

Eine spezielle Variation des Grundsatzes der Belohnungs-Motivation ist es, eine utopische Belohnung in Aussicht zu stellen, eine Belohnung also, die zwar in der konstruierten Wirklichkeit des Systems existiert, die jedoch keine wirklichen Leistungen zu erbringen erforderlich macht. Gerade an der erstaunlichen Wirksamkeit von Utopien ist der Effekt von Kommunikationsgesetzmässigkeiten deutlich erkennbar.

14. *Der Grundsatz der Alternativenkontrolle.* Bei dieser Variante ist man darum bemüht, entweder die objektiven Verhaltensalternativen des anderen Spielers so zu gestalten, dass jede noch verbleibende Alternative, die er wählen kann, zu eigenen Vorteilen führt oder dass man die subjektive Meinung des anderen Spielers über seine möglichen Verhaltensalternativen zu beeinflussen versucht. Im zweiten Fall ist das entscheidende Element dieses Prinzips wiederum die Tatsache, dass für den Menschen nicht das objektiv gilt, was tatsächlich gegeben ist, sondern das, was er für gegeben hält. So beruht beispielsweise eine uralte Strategie militärischer Führer darauf, den Soldaten am Vortag eines grösseren Kampfes klar zu machen, dass es für sie nur die Alternative der standrechtlichen Erschiessung oder des mutigen Kämpfens gibt, und dass die letztere das geringere Übel sei. Es gibt Menschen, die diese Strategie auch für ihre eigene Verhaltensbeeinflussung anwenden, indem sie sich selbst die Möglichkeit der Umkehr nehmen, bildhaft gesprochen also sämtliche Brücken hinter sich abbrechen.

Das hier diskutierte Phänomen ist das eigentliche Wesen der sogenannten Doppelbindung (double-bind). Am anschaulichsten kann man diesen Typus von Situationen vielleicht durch das folgende Beispiel veranschaulichen:[65] Der Angeklagte wird vom Staatsanwalt gefragt: „Haben Sie endlich aufgehört, Ihre Frau zu misshandeln? Antworten Sie! – Ja oder Nein?!" Was immer der Ange-

---

65 Watzlawick/Beavin/Jackson (Kommunikation) 213 f.

klagte sagt, er wird nicht zeigen können, dass er seine Frau *nie* misshandelt hat. Er muss vielmehr aus der Gesamtsituation heraustreten, ihre Struktur aufdecken und sie auf diese Weise zu verändern versuchen, um dieser, für ihn in jedem Falle schädlichen Wahl zu entrinnen. Die Lösung besteht also nicht in der Wahl der einen oder anderen Alternative, sondern dadurch, dass die Wahl als solche und damit auch die Alternativen zurückgewiesen werden. Gerade dies ist aber in vielen Lebenslagen das eigentliche Problem: dass dieser Ausweg nicht erkannt wird. Die durch Kommunikation mögliche Kontrolle der Alternativen, auch die Schaffung der Illusion von Alternativen, wo in Wirklichkeit gar keine bestehen, wird bei den Grundsätzen zur Beeinflussung der Informationslage ebenfalls noch zu besprechen sein, da diese Dinge sehr eng zusammenhängen.

Eine weitere Form dieses Grundsatzes ist das Prinzip der gerechten Teilung oder der Optionsfixierung. Man schlägt bei einer Verhandlung dem Gegner zu Beginn etwas vor, von dem man annimmt, dass es als gerecht empfunden wird und gibt durch entsprechende flankierende Handlungen zu verstehen, dass man nicht bereit ist, über diesen Vorschlag zu verhandeln.

15. Das *Prinzip der goldenen Brücke,* der letzte Grundsatz dieser Kategorie, besagt, dass Beeinflussungen und Lenkungsmassnahmen niemals so gestaltet sein sollten, dass das Objekt-System in eine ausweglose Situation gebracht wird, sondern dass ihm eben eine „goldene Brücke" angeboten wird, die es ihm vor allem auch ermöglichen sollte, das Gesicht zu wahren. Dieser Grundsatz hängt, wie leicht zu erkennen ist, sehr eng mit dem Prinzip der Alternativenkontrolle zusammen, denn in der Regel wird der andere Spieler jene der angebotenen Alternativen wählen, die es ihm eben erlaubt, sein Gesicht zu wahren.

Dieses Vorgehen hat natürlich nicht selten den Charakter des Fallenstellens. Es kommt aber auch in der Form des „Divide et impera" vor. Die „goldene Brücke" besteht darin, den anderen an der Macht teilnehmen zu lassen, um seine eigene Macht um so stärker zu festigen.

16. Der *Grundsatz der Informationsnähe* mahnt ständig daran, durch möglichst kurze und direkte Informationswege Verzerrungen, unbeabsichtigte und unkontrollierte Filterungen und ähnliches mehr zu vermeiden. Wenn schon in komplexen und weit verzweigten sozialen Systemen die Informationswege dazu tendieren, länger zu werden, so sollte man zumindest überlegen, welche Möglichkeiten der geplanten Redundanz bestehen und welche Möglichkeiten gegeben sind, aufgrund voneinander unabhängiger Informationskanäle die Informationen durch Cross-Checks zu überprüfen.

17. Der nächste Grundsatz, das *Prinzip der zu besetzenden Informationsschnittpunkte* oder Relaisstellen, weist darauf hin, dass an solchen Stellen die grössten Schwächen sowohl im eigenen wie im gegnerischen Informationsnetz bestehen, und dass man an derartigen Stellen am besten zu den jeweiligen

Informationen Zugriff erlangen kann. Dieses Prinzip ist insbesondere von den Geheimdiensten zu hoher Perfektion entwickelt worden, und wenn man auch der nachrichtendienstlichen Tätigkeit grundsätzlich skeptisch gegenüberstehen mag, so muss doch zugegeben werden, dass sich die Geheimdienste häufig über ein hohes Mass an Systemkenntnissen und Verständnis für systemisches Verhalten und systemische Strukturen ausweisen.

18. Der *Grundsatz der Verhaltenserklärung* soll ein Warnsignal dafür darstellen, dass man sich bei allen strategischen Verhaltensweisen immer wieder überlegen muss, wie diese Verhaltensweisen von anderen, möglicherweise direkt nicht beteiligten Systemen verstanden und interpretiert werden könnten. Es wird immer wieder strategische Situationen geben, in denen man sehr sorgfältig darauf achten muss, dass keine Missverständnisse aufgrund von Fehlinterpretationen vorkommen können, und man wird eben durch eine entsprechende Deklarierung der eigenen Absichten diesbezügliche Vorkehrungen treffen müssen. Diese Verhaltenserklärungen können sehr subtile Formen annehmen, wofür beispielsweise die Tätigkeit von Diplomaten sehr illustrativ ist. Auch die sorgfältige Analyse von Pressemeldungen, gegenseitig abgegebenen Erklärungen usw. ist ein Mittel, um herauszufinden, was die andere Seite einerseits sagt und was sie möglicherweise wirklich meint.

In diesem Zusammenhang sind aber noch einige andere Aspekte wichtig. Verhaltenserklärungen dienen oft dem Zweck des *Umdeutens* von Situationen. So wird beispielsweise erklärt, dass man eine Sache nicht für bedeutsam oder eben für sehr bedeutsam *ansieht*. Im sozialen und kommunikativen Bereich, dies kann nicht oft genug betont werden, haben wir es ja nicht einfach mit objektiven Wirklichkeiten zu tun, sondern wir können Wirklichkeiten schaffen. Eine Sache kann bedeutend oder unbedeutend gemacht werden, sie kann als einfach oder kompliziert hingestellt werden, das blosse Aufstellen von Behauptungen, auch wenn sie noch so erfunden und erlogen sind, schafft unter gewissen Bedingungen exakt jene Realität, die behauptet wird, oder bringt den Gegner jedenfalls in eine unter Umständen ausweglose Beweissituation. Unwiderlegbare Behauptungen, die meistens nur unbeweisbare Rechtfertigungen ermöglichen, sind ein Element der Beeinflussung, das mit der bewussten Schaffung von Realitäten zu tun hat.[66]

Schliesslich kommt hier noch ein weiteres dazu: Soziale Prozesse werden von den Teilnehmern *interpunktiert,* das heisst sie ordnen die Ereignisfolgen nach ganz bestimmten, aber unter Umständen verschiedenen Gesichtspunkten. Dadurch kommen sehr eigenartige Situationen zustande. Man wird sich an das Beispiel des Werbungs- und Paarungsverhaltens von Engländerinnen und amerikanischen Soldaten in Abschnitt 3.3 erinnern. Dort wurden die Ereignisfolgen

---

66 Vgl. Watzlawick/Weakland/Fisch (Lösungen) 166 ff.

von den Partnern je sehr verschieden interpunktiert, und es ist klar, dass es nicht um die Frage des richtigen Verhaltens ging, sondern um die Frage, wie die beiden Partner jeweils das Verhalten des anderen verstanden und welche reziproken Verhaltensweisen sich daraus ergaben. Während in der Regel die Interpunktion von Ereignisfolgen unbewusst erfolgt, kann sie natürlich auch bewusst zur Gestaltung einer Situation und zur Beeinflussung eingesetzt werden. Gelingt es einer Partei, ein bestimmtes Verhalten der anderen Partei zum Beispiel als Drohung darzustellen, so erwirbt sie sich dadurch eine Rechtfertigung, Massnahmen zu setzen, die für sich genommen nicht toleriert worden wären, als „Abwehrmassnahmen" hingegen zulässig sind. Ein etwas drastisches Beispiel besteht darin, dass der betrogene Ehemann den Rivalen in Notwehr erschiesst, weil dieser ihn angeblich als Einbrecher bedroht hat.[67]

19. *Der Grundsatz der Tarnung*. Dieser ist weitgehend selbsterklärend. Er steht nicht in Widerspruch zur Verhaltenserklärung, sondern ergänzt diese in mehrfacher Hinsicht. Während die Verhaltenserklärung in manchen Fällen an jene Systeme oder Parteien gerichtet ist, die nicht unmittelbar in den Ablauf strategischer Prozesse verwickelt sind, sich aber aufgrund von Missverständnissen oder auch aufgrund eigener Vorteilserwartungen zum Eingreifen veranlasst sehen könnten, sobald ihnen dazu eine Rechtfertigung in die Hand gespielt wird, ist das Prinzip der Tarnung oft an die unmittelbar involvierten Systeme gerichtet, denen gegenüber in den meisten Fällen die eigentlichen Absichten geheim gehalten werden müssen.

Wie Verhaltenserklärung kann natürlich auch gerade die Tarnung sein. Es ist eben diese Mehrdeutigkeit, die viele strategischen und metastrategischen Verhaltensweisen prägt und sie deshalb gleichzeitig wirksam und gefährlich macht.

Tarnung kann in vielen Varianten vorkommen. Neben den auf der Hand liegenden Spielarten der Geheimhaltung und Verschleierung gehört hierher aber auch die Strategie, sich unwissend zu stellen oder so zu tun, als bemerke man nichts. Manche Probleme entstehen ja erst dadurch, dass man bestimmte Dinge registriert, und dass der andere weiss, dass man sie registriert hat; erst dadurch entsteht der Handlungszwang.

20. Der *Grundsatz der Kontrolle* besagt schliesslich, dass man sich intensive Gedanken darüber machen sollte, anhand welcher Informationen man die Wirkung von Beeinflussungsmassnahmen überprüfen kann. Beeinflussungsmassnahmen, vor allem auch die Androhung von Massnahmen, sind zwar nicht schon allein deshalb, weil sie nicht kontrollierbar sind, wirkungslos, aber man muss doch realistischerweise davon ausgehen, dass eine Beeinflussungsmass-

---

[67] Zur Analyse der Interpunktion sozialer Ereignisfolgen und deren Konsequenzen vgl. Watzlawick/Beavin/Jackson (Kommunikation) 92 ff.

nahme um so bessere Wirkung zeigen wird, je eher eine entsprechende Kontrolle ausgeübt werden kann und um so mehr auch dem Kontrahenten bewusst ist, dass die Kontrolle möglich ist.

Einige Aspekte dieses Grundsatzes, die selbsterklärend sind, gilt es wiederum im Sinne von Heuristiken zu beachten: Es ist besser, ein bisschen zu viel zu kontrollieren, als die Kontrolle zu verlieren. Es ist leichter, Kontrollen zu beseitigen oder zu lockern, als sie zu installieren. Je kürzer die Kontrollzyklen sind, um so besser sind in der Regel die Resultate.[68]

Bei all den Denk- und Verhaltenskapriolen, die auf der strategischen Ebene häufig festzustellen sind, müssen einige wichtige Grundsätze eingehalten werden, die die *Überzeugungsfähigkeit* oder auch die *Vertrauenswürdigkeit* des Meta-Systems betreffen. Es darf nicht übersehen werden, dass strategisches Verhalten, insbesondere von Menschen, die weniger gut imstande sind, metasystemisch zu denken und die also auch das mögliche strategische Verhalten nicht einkalkulieren, in sehr spezifischer Weise verstanden wird. Eine häufige Reaktion besteht darin, strategische Verhaltensweisen als schäbige Tricks, unlautere und unfaire Methoden zu deklarieren und sie jenseits der geltenden Spielregeln zu lokalisieren. Auch wenn es sich dabei oft nur um die Entrüstung und Rache der Naivität handelt, so kann der strategisch Handelnde unter Umständen doch unter so grossen sozialen Druck geraten, dass er diesem nicht standzuhalten vermag. Eine zweite Reaktion besteht oft darin, dass in dem von strategischen Verhaltensweisen Betroffenen ein tiefes Gefühl fundamentaler Ohnmacht und Unterlegenheit entsteht, das zu der Überzeugung führt, man könne in diesem Spiel ohnehin nicht gewinnen, weil a priori keine Chance dazu bestehe. Dies hat entweder offene Rebellion oder innere Emigration und passive Resistenz zur Folge. Beide Reaktionsweisen können dazu führen, dass die Basis für jegliche Lenkung entzogen wird, und dass das Koppelungsverhältnis zwischen den beiden Systemen unterminiert wird, was nach aussen hin in der Endphase meistens in Form einer völligen Zerstörung des gegenseitigen Vertrauens auftritt. Man kann geradezu sagen, dass *kluges* strategisches Verhalten, das auf einer tiefen Einsicht in die systemischen Zusammenhänge und in einem fundierten, häufig auf langen und reichhaltigen Erfahrungen beruhenden Verständnis für menschliches Verhalten aufbaut, dadurch von als *unfair* und *gesinnungslos* empfundenen Handeln zu unterscheiden ist, dass der gute Stratege auch die Grundsätze für die Erhaltung seiner Überzeugungsfähigkeit bewusst berücksichtigt. Durch die Pflege dieser Grundsätze gelingt es meistens, in den Ruf eines zwar ernst zu nehmenden, keinesfalls zu unterschätzenden und mit allen Raffinessen vertrauten Gegners zu kommen, dem man aber doch ein hohes Mass an Respekt entgegenbringt und dessen Fairness man zu schätzen weiss, auch wenn man davon ausgeht, dass er sämtliche strategischen Möglichkeiten ausschöpfen wird.

---

68 Vgl. dazu Sloma (Management) 29 ff.

Das strategische Verhalten ist somit dadurch bestimmt, dass man die gesamte Kraft der individuellen und sozialen Intelligenz einsetzt, nicht aber dadurch, dass man sich gegenseitig auf plumpe Weise hereinlegen will.

21. Der *Grundsatz der Zuverlässigkeit* mahnt daran, eingegangene Verpflichtungen auch tatsächlich zu erfüllen. Welche Art von Verpflichtungen und ob überhaupt Verpflichtungen eingegangen werden, bestimmt sich massgeblich nach der Anwendung der hier diskutierten strategischen Grundsätze. Wenn aber einmal solche Verpflichtungen bestehen, sollten sie wegen der Aufrechterhaltung der Überzeugungsfähigkeit, der zukünftigen Glaubwürdigkeit und des guten Rufes auch tatsächlich ernst genommen werden.

22. Das *Prinzip der Festigkeit* betrifft die Konsequenz, mit der man an eigenen Plänen und Strategien festhält, denn nichts untergräbt die Glaubwürdigkeit schneller und wirkungsvoller, als ein Abgehen von deklarierten und angekündigten Massnahmen. Damit soll keineswegs einer unbeweglichen Prinzipientreue das Wort geredet werden, sondern es soll darauf aufmerksam gemacht werden, dass nur solche Dinge angekündigt oder angedroht werden, die man auch tatsächlich durchzusetzen bereit ist und durchsetzen kann. Nichts ist so wirkungslos wie eine Drohung, die gar nicht realisiert werden kann. Andererseits sind jene Drohungen besonders wirksam, deren Realisierung bei Eintreffen der bedingenden Faktoren gar nicht mehr verhindert werden kann. Es werden damit gewissermassen antizipativ Realitäten geschaffen.

23. Der *Grundsatz des seltenen Bluffs* ist evident, denn, wenn es auch nicht vermieden werden kann, dass hin und wieder mit einem klug überlegten Bluff operiert wird, so sollte man dieses Mittel doch nur in seltenen und unumgänglichen Fällen einsetzen.

24. *Das Prinzip der versteckten Rückzugsmöglichkeit.* Wenn man schon das Mittel des Bluffs einsetzt, so sollte man sich auch darüber im klaren sein, dass nichts schädlicher und peinlicher ist als das Auffliegen eines Bluffs. Daher sollte man sich, diesem Grundsatz entsprechend, bereits vorgängig überlegen, wie man aus einer solchen Situation unter Wahrung des Gesichts wieder herauskommt. Aber nicht nur im Zusammenhang mit dem Einsatz von Bluffs, sondern ganz allgemein, ist dieser Grundsatz von Bedeutung. Wie an vielen Stellen dieses Buches ausgeführt, und wie speziell im Zusammenhang mit dem Grundsatz des offenen Systems diskutiert wurde, ist im Kontext mit komplexen Systemen immer wieder mit Überraschungen zu rechnen. Wir dürfen nie davon ausgehen, dass die Dinge sich so entwickeln, wie wir sie selbst bei bester Planung und sorgfältiger Vorbereitung erwarten. Aus diesem Grunde empfiehlt es sich, generell Überlegungen dazu anzustellen, wie man aus einer Situation unter Minimierung des Schadens oder sogar unter Schaffung von Vorteilen wieder heraus-

kommt. Es sollte also fester Bestandteil strategischen Handelns sein, zu überlegen, was passiert, und wie man sich verhält, wenn sich die Situation anders als erwartet entwickelt. Hierher gehört die antizipative Konstruktion von Begründungen, Darstellungsweisen und Ausreden, die natürlich im Sinne der Grundsätze für die Erhaltung der Überzeugungsfähigkeit glaubhaft sein müssen. Es wird auch in diesem Zusammenhang oft vorkommen, dass man Wirklichkeiten konstruiert, Sachverhalte entsprechend interpretiert und die Dinge eben so darstellt, wie man sie gesehen haben möchte. Selbst wenn der Kontrahent die Strategie durchschaut, bleibt ihm, wenn der Rückzug wohl vorbereitet ist, oft keine andere Wahl, als Begründungen, Ausreden usw. zu akzeptieren.

Wie ich einleitend zu diesem Abschnitt schon gesagt habe, stehen die diskutierten Grundsätze in teilweise so engem Verhältnis zueinander, dass ihre Unterscheidung, insbesondere wenn es um die diversen Spielarten geht, in denen sie auftreten können, nicht ohne Willkür ist. Wichtiger aber, als gegen jede Kritik immune Gliederungen ist die Kenntnis und Berücksichtigung der dargestellten Grundsätze, sei es zur Erzielung eigener Vorteile, sei es zur Vermeidung von Nachteilen. Wie an mehreren Stellen angedeutet wurde, muss man ja, selbst wenn man einzelne oder alle diese Grundsätze selbst nicht anzuwenden bereit ist, damit rechnen, dass andere dies tun.

3.52 Strategische Verhaltensweisen

Im folgenden möchte ich nun noch eine Reihe von strategischen Verhaltensweisen behandeln, die naturgemäss zu den strategischen Grundsätzen in sehr engem Zusammenhang stehen. Es handelt sich um typische Verhaltensmuster, die teilweise historische Bedeutung erlangten, teilweise aber Patterns darstellen, die immer wieder auch im Alltag zu beobachten sind. Die historischen Bezüge sind schon aus den Bezeichnungen ersichtlich, die zu stehenden Begriffen geworden sind.[69]

Der geschichtliche Kontext, durch den diese Verhaltensweisen ihre Berühmtheit und ihren Namen erlangten, sollte nicht zu der irrigen Auffassung verleiten, sie seien überholt und in unserer Zeit nicht mehr relevant. Es wird sich unschwer erkennen lassen, dass es für jede einzelne dieser strategischen Verhaltensweisen vielfältige Beispiele aus den Bereichen der modernen Wirtschaft und

---

69 Dem Leser wird auffallen, dass manche Beispiele auch als *Taktik* bezeichnet werden, etwa „Taktik des Fait accompli". Dies eben sind stehende, teilweise auch in der Alltagssprache gebräuchliche Bezeichnungen. In dem Sinne, wie sie hier zur Beeinflussung von komplexen Systemen verstanden werden, sind es aber zweifellos Strategien.

Politik und zahlreiche Anwendungsmöglichkeiten gibt. Es handelt sich um relativ zeitlose, d. h. invariante Verhaltensweisen, und gerade darin liegt ja ihre Bedeutung.

1. *Napoleonische Sukzessivstrategie:* Diese Strategie besteht darin, die Schlagkraft eines Gegnerverbundes dadurch zu zerstören, dass die einzelnen Gegner einzeln geschlagen werden und ihre Kräfte nicht konzentriert einsetzen können. Allgemein gesprochen handelt es sich dabei um die Dekomposition eines komplexen Systems in einfachere Subsysteme, die leichter handhabbar sind. Eine Variante dieser Strategie bzw. eine konkrete Applikation ist natürlich auch der Grundsatz, immer eine Sache nach der anderen zu erledigen oder eine Angelegenheit vollständig abzuschliessen, bevor man die nächste anpackt. Drucker hat immer wieder auf die Bedeutung dieses Prinzips in Zusammenhang mit Effizienz und Effektivität von Führungskräften hingewiesen. Eine weitere Applikation ist in der in juristischen Angelegenheiten oft auftretenden Frage zu sehen, ob mehrerer Aspekte eines Falles in ein und demselben oder in abgetrennten Verfahren zu behandeln sind. Auch bei Entscheidungsprozessen stellt sich immer wieder das Problem, was gemeinsam und was getrennt bearbeitet, in Entscheidungsgremien eingebracht und entschieden werden soll.

2. *Fabianische Strategie der Nadelstiche:* Fabius ging im zweiten punischen Krieg gegen Hanibal jeglicher Entscheidungsschlacht aus dem Wege und zermürbte durch viele kleine, überraschend geführte Angriffe den Gegner. Diese Strategie wird auch heute noch mit grösstem Erfolg von modernen Guerilla-Kämpfern angewendet und ist zweifellos auch im Wirtschaftsleben sehr verbreitet. Das schon besprochene „Keep them busy" ist eine Variante dieser Strategie. Der schwächere Kontrahent lässt sich dabei meistens sehr umfassend vom Grundsatz der grösstmöglichen Flexibilität leiten, während der stärkere Gegner gerade durch seine Stärke oft dazu verleitet wird, seine eigenen Flexibilitätsvorteile aufzugeben, was ihn nur noch verletzbarer macht. Aufgrund der vielen, wenn auch kleinen Erfolge kann der schwächere Spieler den Anschein eines Trends erzeugen, der zu seinen Gunsten zu verlaufen scheint und der zu einer weiteren und schnelleren Zermürbung des Gegners beiträgt.

3. *Perikleische Ermüdungs- und Schwachstellenstrategie:* Auch diese Strategie ist darauf gerichtet, dem Gegner eine Reihenfolge von Niederlagen zu bereiten, die speziell auf seine Schwachstellen gerichtet sind, und aufgrund des dadurch entstehenden subjektiven Eindrucks der Stärke oder des Trends einen zusätzlichen Verstärkereffekt zu erzielen. Die Vorgehensweise von Perikles enthielt aber als weitere Komponente noch die später zu besprechende Strategie der Wahl der Waffen bzw. des Kampffeldes. Perikles vermied Auseinandersetzungen zu Lande und griff stattdessen Sparta mit der objektiv überlegenen athenischen

Flotte von der See her an. Der Erfolg seiner Strategie war somit nicht nur auf subjektive Trendwahrnehmungen des Gegners, sondern auch auf dessen Einsicht in die objektiven Kräfteverhältnisse begründet.

4. *Taktik des Fait accompli:* Diese Vorgehensweise ist so gut bekannt, dass sie nicht weiter erklärt zu werden braucht. Zusammen mit anderen, teilweise noch zu besprechenden strategischen Verhaltensweisen, wie beispielsweise der inkrementalen Impulsverstärkung oder auch der Fabianischen Strategie der Nadelstiche führt sie zu jener, in vielfältigen Variationen bekannten „Salamitaktik". Diese Vorgehensweise ist, wie auch alle anderen, nicht risikolos, sondern kann beim Gegner, weil sie immer gerade unterhalb des für Gegenmassnahmen notwendigen Schwellenwertes bleibt, gewaltige emotionale Kräfte aufstauen. Sie muss daher häufig mit Verwirrungen- bzw. Verschleierungsmassnahmen verbunden werden. Eine Spielart ist die Strategie „wohlwollenden Sabotage"[70]. Diese besteht darin, dass unter dem Vorwand, dem Kontrahenten helfen oder nützen zu wollen, für ihn nachteilige Fakten geschaffen werden. Dabei tut man so, als ob man von nichts wüsste und spielt, je nach Situation, entweder den Zerknirschten, dem alles sehr leid tut, auch wenn er nichts mehr ändern kann, oder den Entrüsteten, der doch nur das Beste für den anderen wollte.

5. *Taktik des „Einfaltspinsels":* Auch hier handelt es sich um eine weitverbreitete strategische Verhaltensweise, die darin besteht, sich dümmer zu stellen, als man tatsächlich ist, um auf diese Weise den Kontrahenten aus der Reserve zu locken, oder ihn zu umfassenden Beweisanstrengungen zu provozieren, in deren Verlauf man möglicherweise wiederum „salamitaktische" Vorteile gewinnen kann. Bereits Macchiavelli hat diese Taktik als Ausdruck grosser Weisheit bezeichnet. Nicht selten tritt dieses Verhalten im Verbund mit einer hochentwickelten Fragetechnik auf, die darauf hinausläuft, erstens die Initiative (eben durch das Fragen) in der Hand zu behalten und zweitens den anderen zu veranlassen, möglicherweise widersprüchliche Versionen eines Sachverhaltes zu berichten. Dies ist einerseits eine wichtige Technik für die Informationsgewinnung und bietet einem andererseits unter Umständen wertvolle Ansatzpunkte für eigene Massnahmen.

6. *Sperrklinken-Taktik:* Dieses Verhaltensmuster beruht auf der Tatsache, dass Menschen, gleichermassen wie soziale Systeme, ein starkes Bestreben zeigen, einmal erreichte absolute oder relative Positionen zu bewahren. Dieses Besitzstanddenken führt meistens zu einer heftigen Verteidigung des jeweils Erworbenen und daher auch zu Koalitionen mit demjenigen, der diese Vorteile einge-

---

70 Vgl. Watzlawick/Weakland/Fisch (Lösungen) 168 ff.

räumt hat bzw. Vorteile vergeben kann. Dadurch dass man also einem zu beeinflussenden System einen bestimmten Vorteil zukommen lässt, bringt man dieses dazu, auf dieser Position gewissermassen einzurasten und man versetzt den Gegner dadurch in die Situation, dass er einen noch grösseren Vorteil einräumen müsste, um zu gewinnen. Aufgrund degressiv verlaufender Nutzenzuwächse müsste er unter Umständen sogar einen überproportional grösseren Vorteil zu bieten haben, was ihm meistens ebenfalls überproportional hohe Kosten verursacht und ihn daher möglicherweise ausserstande setzen würde, den Sieg noch zu geniessen.

7. *Gambetta'sche Sperrklinken-Taktik:* Trotz der teilweisen Namensübereinstimmung handelt es sich hier um zwei verschiedene strategische Verhaltensweisen. Die Gambetta'sche Sperrklinken-Taktik beruht auf dem Prinzip „Spreche niemals davon, aber denke immer daran"! Diesem Grundsatz entsprechend ist es nicht unbedingt notwendig, einen eigenen aktiven Verhaltensplan zu entwickeln, sondern man liegt gewissermassen ständig auf der Lauer und wartet ab, bis die natürliche Dynamik sozialer Systeme zu Situationen führt, die für die Realisierung eigener Vorteile günstig sind. Nach allem was zu den Abläufen sozialer Prozesse gesagt wurde, kann durchaus erwartet werden, dass sich aufgrund der sozialen Dynamik immer wieder neue Zustände ergeben, von denen einige günstig sind. Aufgrund grösstmöglicher eigener Flexibilität richtet man sich also darauf ein, positive Situationen auszunützen und die Wirkungen negativer Situationen zu eliminieren oder abzuschwächen. Für einen aussenstehenden Beobachter handelt es sich dabei um ein scheinbar planloses Einhaken bei zufälligen Ereignissen, die keinerlei Kohärenz erkennen lassen. Erst wenn es gelingt, die dahinter liegenden Absichten zu erkennen, liegt die Strategie klar auf der Hand, und deshalb besteht ein wesentliches Element Vorgehensweise darin, die jeweiligen Absichten und Ziele möglichst geheim zu halten.

8. *Moltke'sche Taktik der Sollbruchstelle:* Im Rahmen dieser Strategie wird zunächst versucht, diejenigen Ansatzpunkte herauszufinden, die dem Gegner besonders relevant erscheinen, um dann diese Stellen bei sich selbst bewusst zu schwächen, oft allerdings nur dem Scheine nach. Der Gegner soll auf diese Weise dazu verleitet werden, an einer im voraus bestimmbaren und daher bekannten Stelle anzugreifen, wobei man den Vorteil erhält, die Gegenmassnahmen sehr gründlich auf der Basis eines relativ hohen Informationsstandes vorbereiten zu können. Diese Strategie wird natürlich sehr häufig mit dem Aufbau von Fallen verbunden.

9. *Belisar'sche Taktik der defensiven Offensive:* Diese Strategie kann als Variante der Gambetta'schen und der Moltke'schen Taktik angesehen werden. Anstatt zu warten, bis sich eine vorteilhafte Gelegenheit aufgrund der natürlichen

Dynamik einstellt, wird der Gegner zu einem solchen Verhalten provoziert, bei dem er sich wahrscheinlich eine Blösse geben wird. Die Provokation erfolgt dabei häufig durch das Andeuten einer eigenen Schwäche.

10. *Strategie der gezielten Verwirrung:* Je mehr man sich selbst an bestimmte Gewohnheiten, Traditionen, Grundsätze usw. hält, um so eher wird man für einen Kontrahenten berechenbar und um so eher ist dieser in der Lage, auf der Basis dieser relativ zuverlässigen Informationen seine eigenen Verhaltenslinien zu planen. Man reduziert also durch das Einhalten von Grundsätzen seine eigene Verhaltensvarietät, indem man sie in antizipierbare Muster presst. Je unberechenbarer man sich hingegen verhält, um so weniger ist der Gegner in der Lage, Antizipationen zu bilden, die eine unverzichtbare Voraussetzung für sein planvolles Vorgehen darstellen. Es kann also durchaus sinnvoll sein, im Rahmen bestimmter Spielzüge oder Spielphasen Dinge zu tun, die man „normalerweise" nie machen würde, um den Gegner bewusst und gezielt zu verwirren. Es ist im übrigen darauf hinzuweisen, dass die Technik der Gehirnwäsche auf genau diesem Prinzip beruht.

11. *Bazar-Taktik:* Dieses Vorgehensmuster ist im täglichen Leben fast allgegenwärtig. Die Bazar-Taktik ist, wie schon der Name andeutet, eine der zahllosen Varianten des Feilschens, bei der der Spieler X gewisse Zugeständnisse macht oder Vorleistungen erbringt und damit gewissermassen das Recht auf gleichwertige Zugeständnisse des Spielers Y erwirkt. Dies ist auch ein Beispiel dafür, wie gewisse Spielregeln implizit eingeführt werden können, ohne dass es darüber zu formalen Verhandlungen kommen muss. Die „freiwillige" Geste des einen Spielers manövriert den anderen Spieler in eine Situation, in der er diese Geste nicht zurückweisen kann, sondern mit einer ähnlichen Verhaltensweise antworten muss, und dieser Prozess hat eine gewisse Tendenz, sich fortzusetzen und zu verstärken, was sogar dazu führen kann, dass der ganze Prozess in einem ausgeprägten Klima der Sympathie und womöglich des Vertrauens verläuft. Eine perfide Abart der Bazar-Taktik besteht darin, nur scheinbare Zugeständnisse zu machen, oder nur solche Vorleistungen zu erbringen, die einem überhaupt keine echten Opfer abverlangen und dann die echten Leistungen des Kontrahenten zu kassieren. Diese Vorgehensweise kann auch als eine Kombination aus der Bazar-Technik und der Belisar'schen Strategie interpretiert werden, wobei der Unterschied zur reinen Belisar'schen Strategie darin besteht, dass zunächst in einem zumindest friedlichem Klima verhandelt wird.

12. *Strategie des gegenseitigen Beispiels:* Diese Vorgehensweise hat gewisse Gemeinsamkeiten mit der Bazar-Taktik, ist aber wesentlich allgemeiner. Sie besteht darin, dass man sich demonstrativ auf eine bestimmte Art und Weise verhält, um der anderen Partei Spielregeln und Massstäbe zu signalisieren. Diese Strategie kann vor allem dann ausgezeichnet funktionieren, wenn der andere

Spieler sich in einem gewissen Abhängigkeits- oder Unterstellungsverhältnis befindet. Ohne viel Worte machen zu müssen und damit unter Umgehung gewisser unangenehmer oder peinlicher Auseinandersetzungen kann man dem anderen auf diese Weise zu erkennen geben: „This is the way we do it here"! Diese Strategie wird beispielsweise häufig von Führern von Kleingruppen verwendet. Allerdings sind im Zusammenhang mit dem Gebrauch dieser Strategie auch eigenartige und zum Teil groteske Verhaltensspiralen festzustellen, wobei der eine Kontrahent den anderen jeweils mit noch prononcierteren und noch demonstrativer realisierten Verhaltensweisen auf seinen Stil festlegen will. Dabei kann es zu gerade lächerlich anmutenden Ritualturnieren kommen, und nicht selten kommt es vor, dass die Kontrahenten dabei ihr eigentliches ursprüngliches Ziel aus dem Auge verlieren und die gegenseitige Stil-Demonstration zum Selbstzweck wird.

13. *Strategie der Mittel- und der Kampffeldwahl:* Ähnlich wie ein Spieler bei der obigen Strategie versucht, den anderen auf seinen Stil festzulegen, wird bei dieser Variante der Versuch unternommen, den Kontrahenten auf die Verwendung selbst ausgewählter Mittel und eines selbst bestimmten Kampffeldes festzubinden. Der kluge Stratege wird immer bemüht sein, den Initiativvorteil der aktiven Wahlmöglichkeit für sich selbst zu sichern, und er wird auf der anderen Seite jeden Versuch des Gegners, die Initiative an sich zu reissen, zu verhindern versuchen. Eine wichtige Anwendungsform dieser Strategie besteht natürlich darin, den Kampf überhaupt zu verweigern bzw. zu vermeiden. Dies wurde schon in Zusammenhang mit den heuristischen Grundsätzen bei Besprechung der Alternativenkontrolle und der Doppelbindungstheorie diskutiert. Viele Führungskräfte lassen sich ständig in Entscheidungszwang manövrieren und stellen viel zu selten die Frage, ob denn eine Entscheidung überhaupt notwendig ist.

14. *Wehret – den – Anfängen-Taktik:* Im Rahmen dieser Verhaltensstrategie werden auch kleinste Abweichungen von einer gegebenen oder behaupteten Norm unverzüglich mit Sanktionen belegt. Diese Vorgehensweise ist auch im Alltagsleben sehr verbreitet und braucht daher nicht speziell beschrieben zu werden. Sie wird auch als Tabuisierungstechnik bezeichnet. Erwähnenswert ist allerdings, dass durch diese Strategie unter Umständen gewaltige Emotionen aufgestaut werden können, weil die Strategie der Tatsache wenig Rechnung trägt, dass Schwankungen um einen Normalbereich bei komplexen Systemen nur natürlich sind. Man muss allerdings in Betracht ziehen, auf welche Aspekte die hier genannte Strategie gerichtet ist. Im Bereich der Objektebene sind gewisse Schwankungen nichts Aussergewöhnliches und müssen weitgehend toleriert werden; auf der Metaebene hingegen kann es in der Tat sinnvoll sein, auch geringfügigste Abweichungen von gewissen Prinzipien und Spielregeln unter Sanktion zu stellen.

15. *Repressive Toleranz:* Überspitzt formuliert besteht die Strategie der repressiven Toleranz darin, jede Art von Ausbeutung nur gerade so weit zu treiben, dass den jeweils Ausgebeuteten nicht bewusst wird, dass sie ausgebeutet werden. Allgemeiner und weniger ideologisch formuliert geht es einfach darum, dass die Beanspruchung eines sozialen Systems in irgend einer Hinsicht innerhalb gewisser Grenzen bleiben muss, dass man aber durchaus bis an die Grenzen zu gehen versucht. Die Situation kann also ohne weiteres mit Hilfe des Konzepts des ultrastabilen Systems und der physiologischen Grenzen seiner essentiellen Variablen beschrieben werden. Es stellt sich in diesem Zusammenhang allerdings das zuweilen sehr schwierige Problem, herauszufinden, wo die Grenzen tatsächlich verlaufen und welchen effektiven Belastungen ein System ausgesetzt werden kann.

16. *Inkrementale Impulsverstärkung, Impulsvariation, Improvisation:* Eine mögliche Strategie zur Ermittlung der physiologischen Grenzen eines Systems bzw. seiner Belastbarkeit ist die inkrementale Impulsverstärkung. Diese besteht darin, dass die Belastungszunahme nur in kleinen Schritten vorgenommen wird, wobei natürlich die tatsächliche Grösse der Inkremente von den jeweiligen Systemcharakteristika abhängt. Jeder Eingriff wird auf seine Wirkung zunächst überprüft, bevor der nächste Eingriff vorgenommen wird. Zusammen mit der inkrementalen Impulsverstärkung können Impulsvariationen bezüglich der Art und Richtung eingesetzt werden. Da die einzelnen Wirkungen bzw. Wirkungsketten in solchen Fällen meistens nicht antizipiert werden können, muss diese Strategie in der Regel gekoppelt werden mit einer Strategie der klugen Improvisation, die wiederum unter Verwendung der Gambetta'schen Sperrklinken-Taktik die natürliche Verhaltensvarietät des jeweiligen Systems auszunützen versucht, um Ansatzpunkte für eine Verbesserung der eigenen Position zu erkennen.

17. *Gemeinsame „Feinde" oder Ziele:* Eine Mehrzahl von Personen wird in der Regel dann zu einer verschworenen Gemeinschaft und in diesem Sinne zu einem sozialen System, wenn sie sich mit einem gemeinsamen Feind konfrontiert sieht, mit einem Aggressor, der eine kollektive Bedrohung darstellt und nur gemeinsam zu schlagen ist. Eine wirkungsvolle Strategie der Integration besteht somit darin, diesen gemeinsamen Angriffspunkt realiter oder zumindest in der Vorstellung der betreffenden Personen zu schaffen. Anstelle eines effektiven Aggressors kann selbstverständlich auch ein ausschliesslich gemeinsam zu erreichendes Ziel treten. Anthony Jay führt in einer Analyse, die möglicherweise nicht in allen Details haltbar ist, dennoch aber einen ausserordentlich interessanten Ansatz darstellt, aus, dass der Baustein jeder sozialen Organisation in Personengruppen zwischen etwa vier bis maximal fünfzehn, mit einer Häufung um die zehn Personen besteht und dass das entscheidende Bindeglied zwischen diesen Personen eben dieses gemeinsame Ziel darstellt. Er schreibt:

„The first condition for a ten-group, therefore, is that there must be a common objective, a single criterion of success by which all succeed or fail."[71] Eine Variante ist das Verbreiten einer Vision, manchmal auch einer Utopie. Hier handelt es sich um ein sehr wichtiges und wirksames Führungsprinzip. So verschieden auch die Führergestalten in der Vergangenheit (und Gegenwart) waren, so war gemeinsame Grundlage ihrer Macht und Wirksamkeit die Fähigkeit, ein höheres, von ihrer Person unabhängiges Ideal zu kommunizieren, in dessen Dienst Opfer verlangt und Opponenten ausgeschaltet werden konnten.

18. *Schaffung von Ventilen:* Manche der hier dargestellten Strategien führen entweder zu einer erheblichen Belastung eines sozialen Systems und/oder zu einem teilweise gefährlichen emotionalen Stau, der seinerseits einen Stressfaktor und damit ein „revolutionäres" Potential darstellt. Um dieses Potential unter Kontrolle zu halten und die Emotionen zu kanalisieren, kann es eine sinnvolle Strategie darstellen, Ersatzreaktionen zu ermöglichen, die die Funktion von Ventilen haben. Typische Beispiele hierfür sind sportliche Veranstaltungen, oder allgemeiner jede Art von ritualisierten Konkurrenzveranstaltungen, aber auch Festlichkeiten, Paraden und dergleichen. In Kombination mit der Strategie des gemeinsamen Feindes können auch künstliche Angriffsziele geschaffen werden, die der Ableitung emotionaler Potentiale dienen.

19. *Unterwanderung:* Wenn direkte Konfrontationsstrategien nicht die gewünschten Erfolgsaussichten haben, kann die Strategie der Infiltration nicht selten zum Erfolg führen. Historisch betrachtet gibt es eine Vielzahl von Beispielen für die Anwendung dieses strategischen Patterns, das auf dem Grundsatz beruht „If you can't beat them, join them"! Eine viel subtilere und deshalb auch fast ubiquitäre Variante besteht darin, in den Entscheidungs- und Sanktionsgremien anderer Systeme Sitz und Stimme zu übernehmen, um auf diese Weise eine Beeinflussung ausüben zu können. Jede moderne Gesellschaft hat diese Strategie zu grosser Reife entwickelt und stellt eine Reihe offizieller Mechanismen zu deren Realisierung zur Verfügung.

20. *Koppelung:* Aus der sublimierten Form der Unterwanderungsstrategie folgt unmittelbar die Verkoppelungsstrategie, die darin besteht, die einflussreichen Repräsentanten anderer Systeme in den Entscheidungs- und Sanktionszentren des eigenen Systems aufzunehmen, einerseits um eine gewisse Interessenverknüpfung herbeizuführen, andererseits um über eine Reihe bereits besprochener Strategien, wie z. B. die Strategie des gegenseitigen Beispiels, gewisse Spielregeln zu etablieren und schliesslich, um möglicherweise direkte Beeinflussungen vornehmen zu können. Ausserdem darf nicht übersehen werden, dass diese

---

71 Jay (Man) 49.

gegenseitigen Verflechtungen zu einer Informationsbereicherung von zentraler Bedeutung führen. Eine Variante ist die Koppelung von Subsystemen nach dem Motto „Wenn zwei sich streiten, freut sich der dritte".

21. *Gezielte Indiskretion:* Es wurde darauf hingewiesen, dass in vielen Fällen die Erfolgsaussichten einer bestimmten Strategie oder Strategienkombination um so grösser sind, je besser das Informationsmanagement funktioniert, im besonderen, je besser die Geheimhaltung durchgesetzt werden kann. Die auf der Hand liegende Gegenstrategie besteht selbstverständlich darin, anderen Systemen ganz gezielt Informationen über sich selbst oder über dritte Systeme zuzuleiten. Dies kann die Form einer echten Indiskretion annehmen, in der also Informationen über reale Sachverhalte und reale Absichten und Pläne weitergegeben werden; es gibt aber auch die Variante der gezielten Desinformation, eine Strategie, die insbesondere von den internationalen Geheimdiensten zu hoher Perfektion entwickelt wurde. Diese letztere Variante beruht wiederum auf der Tatsache, dass letztlich nicht diejenigen Sachverhalte ausschlaggebend sind, die objektiv wahr sind, sondern jene, die subjektiv für wahr gehalten werden. Die Strategie der gezielten Indiskretion ist im übrigen eine auch von der Presse und anderen Massenmedien immer wieder eingesetzte Verhaltensweise. Eine Meldung mag falsch, beleidigend, tendenziös oder was immer sein, aber jedermann ist sich darüber im klaren, dass Gegendarstellungen oder presserechtliche Prozesse die Wirkungen der einmal geschehenen Veröffentlichung meistens nicht mehr kompensieren können. Gerüchte in Umlauf zu setzen, ist eine bewährte Intrigentechnik. Es darf aber nicht übersehen werden, dass die hier diskutierten Formen der Indiskretion nicht nur in ihren negativen, schädlichen Varianten zur Anwendung gelangen können, sondern auch durchaus im positiven Sinne: Man wird immer wieder die Erfahrung machen, dass man Menschen positiv stimmen und kooperationsbereit machen kann, indem man ihnen zur Kenntnis bringt, wie sehr man sie schätzt und bewundert.

Folgende Aspekte müssen noch besonders hervorgehoben werden: *Erstens* muss berücksichtigt werden, dass die hier genannten strategischen Verhaltensweisen durch *unzählige Variationen und Kombinationen von konkreten Handlungen realisiert werden können.* So ist es beispielsweise bei der Belisar'schen Strategie der defensiven Offensive häufig notwendig, dem Gegner zu drohen, um ihn zu einer bestimmten Aktion zu veranlassen. Die Handlung „Drohung" kann nun aber sowohl in einem scharfen Blick verbunden mit einer bestimmten Mimik, in einer bestimmten Art des Lächelns, aber auch in einer bestimmten Art von Werbekampagne oder in einem militärischen Manöver bestehen. Die Interpretation, ob eine bestimmte konkrete Verhaltensweise diese oder jene Bedeutung hat, hängt wiederum vom konkreten Kontext ab und ist ausserdem eine Funktion der Systemkenntnis, die die betreffenden Kontrahenten voneinander besitzen. Selbstverständlich ist auch nicht ohne weiteres offenkundig, welcher

Strategie eine derartige Handlung zuzuordnen ist. Die Vielfalt, oder eben auch Varietät, die im Zusammenhang mit der Verfolgung einer bestimmten Strategie auftreten kann, verschleiert nicht selten den Blick für das wesentliche, nämlich für die dahinterliegende Grundstruktur und, wie bereits erwähnt wurde, kann diese Vielfalt sogar aufgrund zusätzlicher strategischer Überlegungen gezielt produziert werden.

Zweitens muss betont werden, dass die in der obigen Liste aufgezählten Strategien nicht nur in reiner Form, sondern häufig in den *unterschiedlichsten Kombinationen* verfolgt werden. Nicht selten ist es ja notwendig, dass eine strategische Verhaltensweise durch eine andere flankiert werden muss, bzw. dass die strategischen Verhaltensweisen für ihre gegenseitige Absicherung auf bestimmte Weise kombiniert werden müssen. Zwei Beispiele: Die erste Kombination kann beispielsweise darin bestehen, dass im Sinne der Belisar'schen Strategie der defensiven Offensive durch die Taktik des Einfaltspinsels der Kontrahent zu bestimmten Aktionen verleitet werden soll; zeigt dies nicht den gewünschten Erfolg, dann geht man über zur Gambetta'schen Sperrklinken-Taktik, wartet auf eine günstige Gelegenheit, um eine gezielte Indiskretion einleiten zu können (indem man z. B. der Presse bestimmte Informationen zuleitet), und wenn das zu wirken beginnt, dann stellt man das Indiskretionsmedium als gemeinsamen Feind hin und schafft auf diese Weise ein Ventil für die aufgestauten Emotionen. Aufgrund der Tatsache, dass die Presse ihre Informanten meistens nicht bekanntgeben kann, kann diese Strategie durchaus zum gewünschten Erfolg führen, ohne dass der Kontrahent auch nur im geringsten erfährt, was tatsächlich gespielt wurde. Die zweite Strategiekombination könnte beispielsweise so aussehen, dass unter Anwendung der Einfaltspinseltaktik gezielte Indiskretionen begangen werden (man tut so, als ob man sich der Indiskretion überhaupt nicht bewusst sei), verstärkt dann die Wirkung durch die Fabian'sche Strategie der Nadelstiche unter gleichzeitiger Verwendung der Strategie der repressiven Toleranz, d. h. man bleibt also gerade unterhalb der Reaktionsschwelle, beginnt dann aber im Sinne der Belisar'schen Strategie den Kontrahenten immer mehr zu provozieren, baut eine Moltke'sche Sollbruchstelle ein, um schliesslich, wenn der Gegner gewissermassen in die Falle gegangen ist, unter Verwendung der Taktik des Wehret-den-Anfängen ihm eine Lektion erteilen zu können. Diese Kombinationsbeispiele mögen jetzt natürlich ausserordentlich perfid erscheinen. Je nachdem, mit welchen Mitteln und konkreten Handlungsweisen man diese Strategien aber realisiert, können sie durchaus im Rahmen der Fairness bleiben.

Die Ausführungen über strategische Verhaltensweisen und strategische Grundsätze betreffen schwerpunktmässig die Phasen 3, 4 und 5 der Systemmethodik, selbstverständlich wiederum auf metasystemischer Ebene. Dadurch schliesst sich der Kreislauf von Erforschung und Gestaltung, oder von Information und Beeinflussung, und auf solchen, in diesem Sinne geschlossenen Kreisläufen beruht letzten Endes das kybernetische Paradigma der Lenkung komplexer Systeme. Es sind derartige „Closed-circuit-loops", die die Stabilität von Ereignissen, Situationen und Prozessen ermöglichen, die also in diesem Sinne zu Invariantenbildung führen.

Dieser ganzheitliche, in sich geschlossene Kreislauf von Analyse und Gestaltung, Information und Beeinflussung wurde in diesem Abschnitt aus einer sehr generellen Perspektive behandelt, insbesondere wurde das sehr allgemeine kybernetische Modell des polystabilen Systems zugrundegelegt, also eines Systemtypes, bei dem keine speziellen Annahmen über seine Struktur gemacht werden, mit Ausnahme jener, dass diese Systeme ein grosses Zustandsrepertoire haben, dass der Übergang von einem Zustand zum anderen durch Schwellenwerte charakterisiert ist und dass viele dieser Zustände stabil sind. Die Überlegungen zu strategischen Verhaltensweisen, zu Information und Beeinflussung, sind daher sehr weit anwendbar, weil sehr grosse Bereiche der Realität in letzter Konsequenz diesem Systemtyp entsprechen, auch wenn die konkreten Manifestationen sehr zahlreiche Spielarten aufweisen mögen.

Etwas anders sind die Verhältnisse, wenn wir die Strukturen des lebensfähigen Systems unterstellen. Hier wissen wir ja erheblich mehr über Strukturdetails, Funktionszuordnungen usw. als im allgemeinen Fall. Im nächsten Abschnitt wird daher diskutiert, wie das Modell lebensfähiger Systeme mit dem hier behandelten Konzept des metasystemischen Managements verbunden werden kann.

3.6 Systemmethodischer Einsatz des lebensfähigen Systems

> Control is the attribute
> of a system which tends
> to sustain its structure...
> Control is the dynamics
> of structure...
>
> Stafford Beer

Strategisches Management wurde identifiziert mit metasystemischer Lenkung von komplexen Systemen. Das Paradigma der metasystemischen Lenkung beruht darauf, dass die Objektsysteme sich weitestgehend selbst organisieren und dass die Prozesse, die auf der Objektebene ablaufen, selbstregulierend sind. Der Grund dafür, dass man die Ereignisse auf der Objektebene nicht im Detail organisieren kann, liegt in ihrer Komplexität, d. h. darin, dass es nicht möglich ist, einer gestaltenden oder lenkenden Instanz jemals soviel Wissen und Informationen zuzuleiten, wie notwendig wäre, um Organisation und Lenkung im Detail möglich zu machen. Wenn man von dieser zentralen Hypothese ausgeht, dann gibt es für eine erfolgsversprechende Lenkung nur noch die Möglichkeit, gewissermassen von einer höheren Ebene aus diejenigen Prinzipien zu gestalten, im Rahmen welcher Selbstorganisation und Selbstregulation stattfinden. Diese Art von indirekter Lenkung des Details liegt deshalb im Bereich des Möglichen, weil auf diese Weise ein Verstärkungseffekt genützt werden kann, der darin besteht, dass sich Regeln und Prinzipien nicht nur auf einen besonderen Fall beziehen, sondern auf sämtliche Fälle einer bestimmten Kategorie oder eines bestimmten Typs. Dadurch kann eine im vornhinein völlig unbestimmte Anzahl von besonderen Ereignissen lenkungsmässig erfasst werden und somit ergibt sich eine erhebliche Verstärkung der Lenkungsvarietät. Allerdings bezieht sich eben diese Art von Lenkung nicht auf jedes Detail dieser besonderen Ereignisse, sondern nur auf bestimmte Züge oder Merkmale, eben genau jene Merkmale, die durch die Prinzipien erfasst werden. Die vorhin erwähnte „höhere Ebene", von der aus diese Lenkung allein erfolgen kann, ist nicht primär in einem machtbezogenen Sinne „höher", sondern in einem *logischen Sinne* und ist eben deshalb eine Metaebene. Selbstverständlich können die Prinzipien, denen die jeweiligen besonderen Umstände unterworfen sind, ihrerseits wieder Gegenstand noch höherer Prinzipien sein, und daraus ergibt sich die Vorstellung einer Hierarchie von Metaebenen. Da aber, bezogen auf das Problem der Lenkung in dem hier verstandenen Sinne jede Ebene wieder dieselben Gesetzmässigkeiten aufweist, genügt es im Grunde, das Prinzip einmal zu behandeln, weil es dann immer wieder neu angewendet werden kann. Die einzige Schwierigkeit, die dabei auftritt, besteht darin, dass die inhaltlichen Aspekte auf die die Anwendung erfolgen soll, immer wieder anders sind, dass daher gewisse Anpassungen jeweils vorgenommen werden müssen, und dass die Gefahr besteht, wegen der Unterschiedlichkeit der Inhalte die Einheit des zugrundeliegenden metasystemischen Lenkungsparadigmas aus den Augen zu verlieren.

Zu den wichtigsten metasystemischen Lenkungsprinzipien gehören nun jene Grundsätze, nach denen die Ereignisse und Abläufe auf der Objektebene gliedert werden, nach welchen sie in Kategorien und Subkategorien aufgeteilt und wieder zusammengefasst werden, kurz – nach denen sie organisiert werden. Aufgrund der in Teil 1 diskutierten Argumente ist die Struktur des lebensfähigen Systems in besonderer Weise geeignet, diese organisierende Tätigkeit zu steuern. Während die lenkungsorientierte Systemmethodik darauf ausgerichtet ist, den Problemlöser oder Manager anzuleiten, die von ihm wahrgenommenen Symptome lenkungsbezogen zu interpretieren, dementsprechend die Lenkungscharakteristika der die Probleme produzierenden Systeme herauszufiltern und auf dieser Grundlage systembeeinflussende Massnahmen zu entwickeln und zu überwachen, so kann nun das *Modell* des lebensfähigen Systems als fundamentales Analyse- und Gestaltungsraster in die entsprechenden Phasen der

Systemmethodik eingebaut werden, so dass die lenkungsbezogenen Überlegungen des Problemlösers gewissermassen entlang des Modells und vor allem in Ausdrücken des Modells verlaufen können.[72]

Diese Vorgänge beziehen sich zunächst auf die Frage, in welchem Ausmass und in welchen konkreten Formen ein soziotechnisches Gebilde bereits die Struktur des lebensfähigen Systems aufweist, um dann aufgrund der Ergebnisse dieser Untersuchung ein Systementwicklungsprogramm abzuleiten, das einen Entwicklungspfad bestimmt, auf dem die gegenwärtigen Strukturen in die Richtung des lebensfähigen Systems geführt werden können. Wo also, wie das im letzten Abschnitt gezeigt wurde, im Rahmen der Untersuchung komplexer Systeme generelle kybernetische Systemvorstellungen, wie etwa das allgemeine Modell des polystabilen Systems verwendet werden, um eine systemadäquate Grundlage für Lenkungseingriffe zu bekommen, tritt hier das Modell des lebensfähigen Systems mit seiner sehr differenzierten Gliederung an deren Stelle.

Ist die Struktur des lebensfähigen Systems einmal etabliert, dann laufen selbstverständlich im Rahmen ihrer Subsysteme wiederum systemmethodische Prozesse ab, die teilweise auf die Aufrechterhaltung der Systemstrukturen selbst gerichtet sind, teilweise der Lösung subsysteminterner Probleme dienen und teilweise für die Verankerung des lebensfähigen Systems in seiner Umwelt notwendig sind. Im Rahmen dieser systeminternen Prozesse können für die Bildung eines Lenkungsmodells der jeweiligen Problemsituation sowohl generelle kybernetische Systemvorstellungen (Servomechanismus, ultrastabiles System, multistabiles System usw.) verwendet werden, wie selbstverständlich wiederum das Modell des lebensfähigen Systems, allerdings dann auf eine andere Rekursionsebene bezogen.

Ein Beispiel soll das illustrieren: Aus Teil 1 ist bekannt, dass die Funktion von System 4 darin besteht, aufgrund seiner Informationssammlung und Informationsverarbeitung die externe Stabilität und Positionierung der Gesamtunternehmung zu ermöglichen. Damit eine sinnvolle und den jeweiligen Umständen entsprechende Einbettung in die Umwelt möglich ist, muss, entsprechend dem Aufbau der Systemmethodik, untersucht werden, welche Systemcharakteristika die jeweilige Umwelt aufweist. Dieses Problem kann nun in den meisten Fällen nur durch sehr differenzierte Untersuchungen gelöst werden. Das als „Markt" bezeichnete Umweltsegment weist möglicherweise eher die typischen Systemmerkmale eines polystabilen Systems auf, das in sich keine besonderen Strukturen aufweist, die über die jeweiligen Stabilitätszonen, deren Schwellenwerte und Übergangscharakteristika usw. hinaus gehen. Man wird also mit Vorteil das Modell des polystabilen Systems zur Erfassung der systemischen Eigenschaften dieses Umweltbereiches verwenden. Daneben besteht eine Unternehmungsumwelt aber noch aus einer Reihe anderer Segmente, die ausgeprägtere und diffe-

---

72 Vgl. zum folgenden auch Abb. 16(1)–16(10).

renziertere Strukturen besitzen. Insbesondere ist die Systemumwelt auch noch von anderen Systemen „bevölkert", die selbst ganz ähnliche Strukturen aufweisen, wie die Unternehmung selbst. Konkurrenten, Lieferanten, Banken, Behörden, Verbände usw. sind ihrerseits Systeme, die zumindest in embryonaler Ausprägung Strukturelemente besitzen, die analog zum lebensfähigen System gestaltet sind. Die diesbezüglichen Problemlösungsprozesse, sowie die lenkungsrelevanten Beeinflussungsmassnahmen mit Bezug auf diese anderen Systeme werden daher mit Vorteil auf der Verwendung des Modells des lebensfähigen Systems aufbauen.

Natürlich kann die Frage, welches spezifische kybernetische Modell jeweils angewendet werden soll, nicht durch apriorische Festlegungen gelöst werden. Vielmehr muss man sich im Verlaufe des systemmethodischen Problemlösungsprozesses immer wieder die Frage stellen, ob das Modell, von dem man sich leiten lässt, den Problemen adäquat ist oder nicht, und es kann durchaus sein, dass im Verlauf eines Problemlösungsprozesses das Modell ausgetauscht wird. Aufgrund des Isomorphietheorems der Kybernetik ist allerdings zu erwarten, dass alle kybernetischen Modelle, deren Gegenstand ja immer das Problem der Lenkung ist, auf bestimmten Abstraktionsniveaus fundamentale Gemeinsamkeiten haben, so dass die jeweils im Lichte eines bestimmten Modelles gewonnenen Kenntnisse auch in die anderen Modelle integriert werden können. Der gesamte Vorgang kann somit als gedankliches Spielen oder Ausprobieren unterschiedlicher Modelle interpretiert werden, die aus einer *gemeinsamen Kategorie* stammen, nämlich aus der Klasse der Lenkungsmodelle. Man hat es auch hier wieder mit einem typischen Versuch-Irrtums-Prozess zu tun, der nicht zufällig verläuft, denn dann wären ja alle beliebigen Modelle erlaubt, sondern dessen Ablauf in dem Sinne gerichtet ist, dass sich die Versuche im Rahmen eines allgemeineren, aber doch begrenzten Suchbereiches, eben der Klasse aller Lenkungsmodelle bewegen.

Wenn die hier beschriebene Verwendung von Modellen, insbesondere das gedankliche Spielen mit unterschiedlichen Modellen derselben Klasse einmal klar ist, dann sollte auch das weitere Vorgehen bereits deutlich erkennbar sein. Die Untersuchung der systemspezifischen Charakteristika erfolgt in Phase 2 der Systemmethodik nicht anhand der allgemeinen Frageliste, wie er in Abschnitt 3.4 enthalten ist, sondern anhand eines speziellen Frageinstruments, das eben auf die Analyse des lebensfähigen Systems ausgerichtet ist. Die wichtigsten Aspekte, die in diesem Zusammenhang zu untersuchen sind, finden sich im Anhang zu diesem Abschnitt. Für die sinnvolle Anwendung eines derartigen Fragebogens und somit also für eine erfolgsversprechende Untersuchung eines komplexen Systemzusammenhanges (z. B. einer ganzen Unternehmung) ist es notwendig, dass man gründliche Kenntnisse über den Aufbau und die Funktionsweise des lebensfähigen Systems hat. Eine rein schematische Anwendung ohne die entsprechenden Kenntnisse würde mit Sicherheit nicht zum Erfolg führen. Dies hängt vor allem auch damit zusammen, dass der Detaillierungsgrad einer derartigen Frageliste von Situation zu Situation unterschiedlich sein kann. Unter Umständen und je nach dem Untersuchungszweck, genügt eine grobe Analyse, die auf das Herausfiltern der grundlegenden Systemstrukturen, d. h. der Subsysteme 1–5 gerichtet ist und deren wichtigste Funktionsweisen zu erkennen erlaubt. Bereits anhand einer derartigen Grobanalyse kann festgestellt werden, ob ein soziotechnisches System wesentliche Schwächen in seinen Systemstrukturen aufweist und ob daher eine detailliertere Analyse angebracht ist oder nicht. Ebenso ist es möglich, dass im Verlauf der Anwendung des Untersuchungsinstruments besondere Probleme auftreten, die eine sehr detaillierte Feinanalyse bestimmter Systembereiche, Subsysteme oder Systemfunktionen erfordern. Dies macht es natürlich notwendig, auch das Untersuchungsinstrumentarium der entsprechenden Situation anzupassen. Diese notwendigen Anpassungen können aber ihrerseits wiederum nur dann vorgenommen werden, wenn die erforderlichen Kenntnisse über den Aufbau und die Funktionsweise des lebensfähigen Systems gegeben sind.

Von entscheidender Bedeutung ist in diesem Zusammenhang, dass eine derartige systemmethodische Untersuchung niemals eine Tabula-rasa-Übung darstellt, sondern praktisch immer von bereits gegebenen Strukturen ausgeht. Wie auch bereits in Teil 1 ausgeführt wurde, existiert ja das jeweilige soziotechnische System bereits in einer bestimmten Form, und allein die Tatsache, dass es über eine bestimmte Zeit überleben konnte, ist ein Indiz dafür, dass bestimmte, rudimentäre Systemformen vorhanden sind. Die Kunst der Anwendung des Untersuchungsinstrumentariums besteht also darin, in der Fülle der konkret vorzufindenden, aus Pflichtenheften, Stellenbeschreibungen, Funktionendiagrammen, Organigrammen, durch Interviews und durch persönliche Beobachtungen festgestellten Aufgaben und Tätigkeiten, die aus der Perspektive des lebensfähigen Systems relevanten Aktivitäten und Strukturen herauszufiltern. In der folgenden Abbildung 3.6(1) ist ersichtlich, wie diese Analyse schematisch aussehen kann. Der Zweck besteht darin, die unter den Gesichtspunkten und der Logik der Elemente des Modells lebensfähiger Systeme zusammengehörenden Aktivitäten zu identifizieren und zuzuordnen.

In diesem Zusammenhang ist es von grosser Bedeutung, sich nicht nur an den offiziellen bzw. geschriebenen oder formalen Instrumenten, die es in einer Unternehmung gibt, zu orientieren, sondern, wie dies ja auch durch den Fragebogen gesteuert wird, die Aufmerksamkeit auch auf die tiefer liegenden informalen Konstellationen zu richten, da diese häufig sehr viel mehr über das tatsächliche Funktionieren eines Systems aussagen.

Analog zu der Vorgangsweise, wie sie in Abbildung 3.4(23) festgehalten ist, führt auch hier die Untersuchung zu einem gedanklichen, unter Umständen auch zu einem formalisierten oder teilformalisierten Modell der bereits vorhandenen, aus der Perspektive des lebensfähigen Systems relevanten strukturellen Gegebenheiten. Der Inhalt dieses Modelles bestimmt nun, wiederum entsprechend den nächsten Phasen der Systemmethodik, den weiteren Ablauf. Wie

Aufgaben, Funktionen, Tätigkeiten	Subsysteme des lebensfähigen Systems				
	System 1	System 2	System 3	System 4	System 5
Tätigkeit x_1	●		●		
Tätigkeit x_2		●		●	●
Tätigkeit x_3	●				
Tätigkeit x_4			●		●
usw.					

Abbildung 3.6(1)

oben bereits ausgeführt wurde, kann nun ein Systementwicklungsprogramm erstellt werden, das sämtliche Massnahmen enthält, die zur Gestaltung der notwendigen Systemstrukturen führen. Hier ist nun von ganz besonderer Bedeutung, dass eben eine derartige Untersuchung niemals voraussetzungslos gemacht werden kann, sondern aufgrund der erforderlichen Systementwicklungsprozesse unter Umständen gravierende Eingriffe in ein bereits bestehendes System gemacht werden müssen und dass aufgrund dessen auch mit entsprechenden Widerständen zu rechnen ist. Es handelt sich also ganz eindeutig um ein Problem mit strategischem Charakter, und sämtliche strategischen Verhaltensweisen und strategischen Prinzipien, die im letzten Abschnitt beschrieben wurden, sind in diesem Zusammenhang von Bedeutung.

Zusätzlich zu diesen generellen strategischen Prinzipien, die von allgemeiner Bedeutung für die Beeinflussung komplexer Systeme sind, müssen im speziellen Zusammenhang mit der Realisierung des lebensfähigen Systems folgende drei Prinzipien berücksichtigt werden:

— Rekursionsprinzip

— Prinzip der Strukturvollständigkeit

— Viabilitätsprinzip

1. Das *Rekursionsprinzip* wurde in Teil 1 bereits hinreichend behandelt. Es sei hier lediglich noch einmal darauf hingewiesen, dass der wesentliche Inhalt dieses Prinzips in der Forderung besteht, die jeweiligen Systemgrenzen derart zu ziehen, dass in den dadurch differenzierten Bereichen wiederum das gesamte

Modell des lebensfähigen Systems realisiert werden kann und zwar in der, ebenfalls früher bereits besprochenen typischen Weise der System-Subsystem-Beziehungen, die anschaulich durch die „chinesischen Kästchen" oder „polnischen Puppen" demonstriert werden können. Die Unterteilung eines komplexen soziotechnischen Systems in Subsysteme, d. h. also in kleinere, handhabbare Teile, die aber dennoch auf organische Weise im Rahmen eines grösseren Ganzen zusammenwirken können, kann selbstverständlich nicht auf rein schematische oder mechanische Weise geschehen. Das Rekursionsprinzip kann dabei aber eine sehr wertvolle heuristische Hilfe sein, denn es fordert dazu auf, sich von der Überlegung leiten zu lassen: „Wenn die Abgrenzungen so und so gezogen werden, ist es dann möglich, in allen Bereichen Ansätze der Strukturformen des lebensfähigen Systems zu erkennen, bzw. ist es möglich, oder denkbar, die Bereiche entsprechend dem lebensfähigen System zu gestalten?"

2. Das *Prinzip der Strukturvollständigkeit* steht in engem Zusammenhang mit dem Rekursionsprinzip und besagt, dass man danach trachten muss, auf allen Rekursionsebenen jeweils die *gesamte* Struktur des lebensfähigen Systems zu etablieren. Dieses Prinzip soll also verhindern, dass die Gestaltungsaktivitäten lediglich zu einem Torso des lebensfähigen Systems führen. Entsprechend der Konzeption dieses kybernetischen Modells wäre ja eine Teilstruktur nicht lebensfähig, sondern könnte bestenfalls als Anhängsel eines anderen lebensfähigen Systems existieren. Dies würde aber bedeuten, dass ein echtes lebensfähiges System unter Umständen noch eine grössere Anzahl von nur künstlich lebensfähigen Teilsystemen mitunterstützen, gewissermassen erhalten, müsste, und dies ist eine Aufgabe, die meistens nicht auf Dauer erfüllt werden kann oder jedenfalls nur zu entsprechenden Kosten. Das Prinzip der Strukturvollständigkeit fordert selbstverständlich nicht, dass sämtliche fünf Subsysteme eines lebensfähigen Systems bis ins letzte Detail ausgearbeitet und entwickelt sein müssen. Es wurde ja immer wieder darauf hingewiesen, dass in unterschiedlichen Entwicklungsphasen eines Systems auch unterschiedliche Strukturausprägungen und Detaillierungsgrade festzustellen sind, ja man kann sogar sagen, dass es gerade deshalb verschiedene Systementwicklungs- oder Reifephasen gibt, weil eben die Strukturentwicklung in Schüben erfolgt. Eine Vielzahl von entsprechenden Analogien, die wertvolle Aufschlüsse über den Systementwicklungsprozess geben könnten, liesse sich beispielsweise aus der Embryologie entnehmen. Aber auch aus den Arbeiten von Piaget zur Entwicklungspsychologie des Kindes könnten wertvolle Hinweise für den generellen Verlauf von Systementwicklungsprozessen per analogam übernommen werden.

3. Das *Viabilitätsprinzip* bedeutet schliesslich eine Aufforderung, sich bei allen systemanalytischen und systemgestaltenden Tätigkeiten zu überlegen, worin die jeweilige Viabilitätskonstellation besteht, durch welche Variablen bzw. Variablenwerte der jeweilige Zustand der Lebensfähigkeit charakterisiert ist. Sowohl

bei der gestalterischen Entwicklung eines komplexen Systems, wie auch bei der Ausarbeitung konkreter inhaltlicher Strategien wird dieses Prinzip insofern eine zentrale Rolle spielen, als es permanent dazu ermahnt, die Grenzen der Leistungsfähigkeit eines Systems nicht zu überschreiten. Jede einzelne Aktion, oder jedes Projekt, das man sich im Rahmen konkreter Strategien ausdenken kann, mag für sich genommen faszinierend und auch erfolgsversprechend aussehen. Das Grundproblem besteht aber darin, die vielen verschiedenen Aspekte und Faktoren eines komplexen Systems auszubalancieren, um eben einen generellen Zustand des Fliessgleichgewichts zu finden.

Drucker schreibt in diesem Zusammenhang:

> „There are three kinds of balance needed in setting objectives. Objectives have to be balanced against attainable profitability. Objectives have to be balanced as to the demands of the immediate and the distant future. They have to be balanced against each other, and trade-offs have to be established between desired performance in one area and desired performance in others. Setting objectives always requires a decision on where to take the risks, a decision as to how much immediate results should be sacrificed for the sake of long-range growth, or how much long-range growth should be jeopardised for the sake of short-run performance. There is no formula for these decisions. They are risky, entrepreneurial, uncertain – but they must be made. There are few things that distinguish competent from incompetent management quite as sharply as performance in balancing objectives. There is no formula for doing this job. Each business requires its own balance – and it may require a different balance at different times. Balancing is not a mechanical job. It is risk-taking decision."[73]

Und an anderer Stelle schreibt Drucker zu diesem äusserst wichtigen Problemkreis:

> „Succes, like failure in business enterprise is *multi-dimensional.* This, however, brings out another important need: a rational and systematic approach to the *selection and balance among objectives* so as best to provide for survival and growth of the enterprise. These can be called the ‚ethics' of business enterprise, in so far as ethics is the discipline that deals with rational value choices among means to ends. It can also be the ‚strategy' of entrepreneurship. Neither ethics nor strategy is capable of being absolutely determined, yet neither can be absolutely arbitrary."[74]

Diese kurzen Bemerkungen von Drucker machen deutlich, weshalb das Viabilitätsprinzip mit zu den strategischen Prinzipien aufgenommen werden muss,

---

73 Drucker (Management) 117 ff.
74 Drucker (Technology) 136; vgl. auch Ulrich (Unternehmung) passim.

und in welcher Weise das ständige Mahnen und Warnen, die diesem Prinzip, wie auch allen anderen strategischen Prinzipien immanent ist, seine heuristische Wirkung entfaltet.

Neben der Berücksichtigung der strategischen Grundsätze und Verhaltensweisen, sowie der speziellen Prinzipien des lebensfähigen Systems, sind nun aus dem Konzept des lebensfähigen Systems zwei generelle strategische „Stossrichtungen" ableitbar: Zum einen die *nach innen* gerichtete Gestaltung, Aufrechterhaltung und Pflege der Systemstrukturen und Systemprozesse und zum anderen die *nach aussen* gerichtete Positionierung des Gesamtsystems in seiner Umwelt. Diese Unterscheidung ist vollkommen kompatibel mit dem in der folgenden Tabelle zusammengefassten Ansatz von Ansoff (vgl. Abb. 3.6(2)).[75] Die von Ansoff verwendeten Begriffe und Kategorien mögen zeit-, kultur- und kontextabhängig sein. Die grundlegenden Vorstellungen haben aber sicher insofern einen hohen Gültigkeitsgrad, als diese Probleme der Relationen eines Systems zur Umwelt, seine interne Konfiguration, die direkten Reaktionen, Erhaltung von Flexibilität und die Kultivierung der „Bewusstheit" des Systems ständige Probleme sind, die immer wieder aufs neue gelöst werden müssen.

Diese beiden strategischen „Stossrichtungen" oder strategischen Dimensionen genügen allerdings noch nicht, um den vollen Umfang des strategischen Problems in den Griff zu bekommen, und sie genügen daher noch nicht, um dem Gesamtverhalten eines soziotechnischen Systems eine Richtung zu geben. *Zwei weitere Dimensionen* sind in Abbildung 3.6(3) festgehalten. Sie resultieren aus der Tatsache, dass jedes soziotechnische System, in besonderem Masse natürlich Wirtschaftsunternehmungen, einerseits ihre gegenwärtige Tätigkeit aufrechterhalten und andererseits ihre zukünftige Aktivität entwickeln müssen, und dass diese Probleme simultan gelöst werden müssen, oder anders formuliert – dass es sich um ein einziges integrales Problem in zwei Dimensionen handelt. Die sich überlappenden Sigmoidkurven in Abbildung 3.6(3) können auf unterschiedlichste Weise interpretiert werden: Sehr häufig sind sie mit zwei verschiedenen Grundtechnologien zu identifizieren, sie können sich aber ebenso gut auf unterschiedliche Führungsstile, auf unterschiedliche Managementkonzeptionen usw. beziehen. Die Existenz eines jeden soziotechnischen Systems beruht zu jedem gegebenen Zeitpunkt auf der Verwendung bestimmter technologischer Verfahren, auf bestimmten gegenwärtig marktgängigen Produkten, auf bestimmten Denk- und Verhaltensweisen, einer bestimmten Management-Konzeption, einem bestimmten Führungsstil usw. Die *Überlebensfähigkeit* eines Systems hängt aber in fundamentaler Weise davon ab, ob es ihm gelingt, unter Ausschöpfung des gegenwärtigen Potentials sein zukünftiges Potential aufzubauen. Da weder der Anfang, noch das Ende, noch der

---

75 Vgl. Ansoff (Weak Signals) 137 ff.

Abbildung 3.6 (2)

Domain of Response	Direct Response	Flexibility	Awareness

Relationship to Environment	*External Action*
	– Optimize Timing of Response
	– Seize Opportunity – Enter New Product Market
	– Convert a Threat to Opportunity
	– Change Competitive Strategy
	– Share Risks with other Firms
	– Secure Supply of Scarce Ressource
	– Diversify Threatened Ressource Technology
	– Reduce Commitment to Threatened Area
	– Divest from a Threatened Market
		External Flexibility
		– Portfolio of Strategic Area
		– Life-cycle Balance
		– Balance of near/long term Profitability
		– Balance of Strategic Ressources
		– Valance of Power Relations
		– Diversification of Discontinuities
		    Economic
		    Technological
		    Social
		    Political
		– Each Strategic Area
		– Optimal Product Market Niche
		– Product-Market-Diversification
		– Diversification of Business Risk
		– Limitation on Size of Risk
		– Long Term Contracts
		– Negotiation with Environment
			Environmental Awareness
			Extrapolative Economic Forecasting
			Sales Analysis
			Sales Forecasting
			Monitoring of Environment
			Structural, Techno, Econo. Socio Forecasts
			Modelling of Environment
			Threats and Opportunities Analysis

Internal Configuration	Internal Readiness	Internal Flexibility	Selfawareness
	– Preplan – Adapt Structure and Systems – Acquire Technology – Preposition Resources – Acquire Skills – Build Facilities – Develop New Products Services – Develop Operational Capability	– Managerial Managers – Future Awareness – Environment Awareness – Facing Unpleasant/Threatening Altern. – Unfamiliar Problem Tacking – Risk-responsive Behaviour – Creative Problem Solving Systems and Structure – Multi-Alternative Strategic Planning – Threat/Opportunity Anticipation – Responsiveness to unfamiliar Problems – Speed of Managerial Response – Expeditions Management of Change – Logistics – Diversification of Skills – Diversification and Critical Ressource – Ressource Liquidity – Convertibility of Capability – Elasticity of Volume – Modularity of Capacity – Multi-Purpose Capacity – Speed of Convertibility	Performance Diagnosis (DuPont Ratio Analysis) Value Analysis Critical Resource Audits Capacity Audits Strenghts-Weaknesses Analysis Capability Profiles Financial Modelling Strategic Modelling

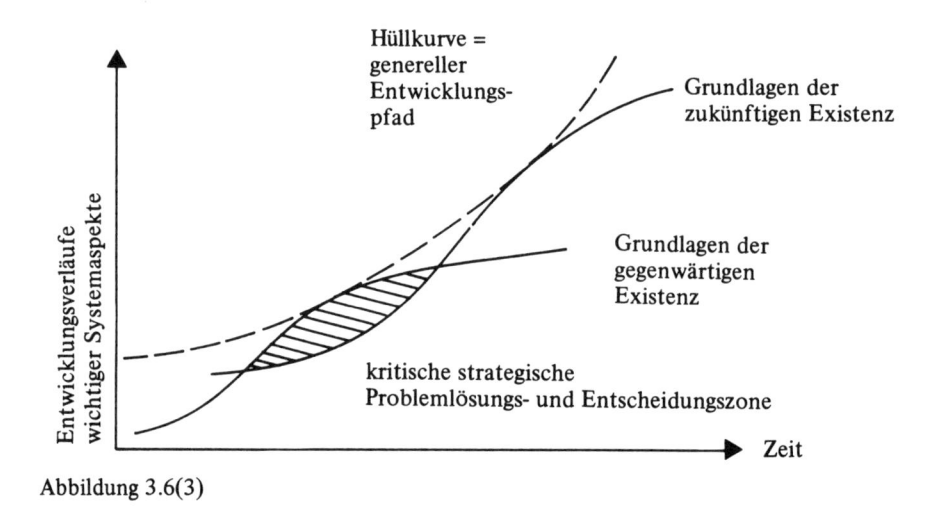

Abbildung 3.6(3)

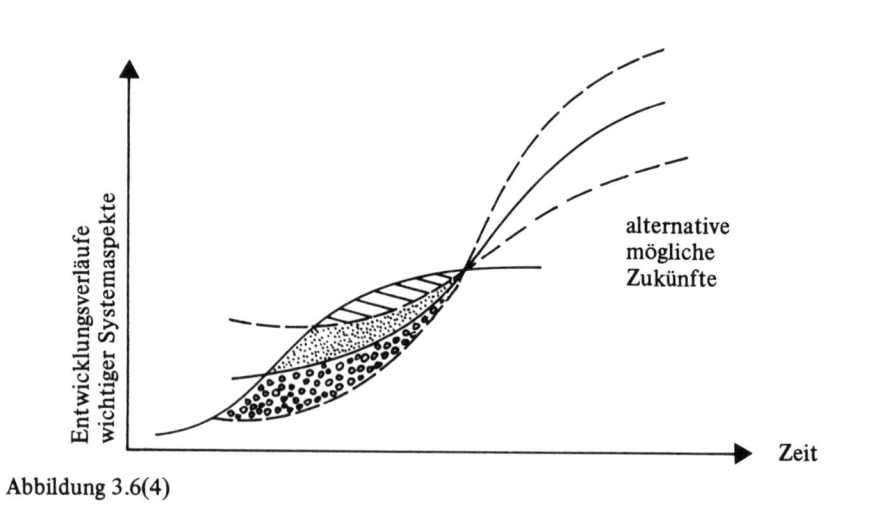

Achsen: Entwicklungsverläufe wichtiger Systemaspekte (y), Zeit (x)

Beschriftungen:
- Hüllkurve = genereller Entwicklungspfad
- Grundlagen der zukünftigen Existenz
- Grundlagen der gegenwärtigen Existenz
- kritische strategische Problemlösungs- und Entscheidungszone

Abbildung 3.6(4)

Achsen: Entwicklungsverläufe wichtiger Systemaspekte (y), Zeit (x)

Beschriftung: alternative mögliche Zukünfte

konkrete Verlauf der einzelnen Entwicklungen offenkundig ist, sondern vielmehr hinter einer Fülle von teils mehr, teils weniger relevanten Details versteckt liegt, ergeben sich in diesem Zusammenhang gewaltige Probleme der Komplexitätsbewältigung. Ausserdem wird die Situation meistens noch dadurch verschärft, dass das Management eines sozialen Systems in der Regel zwar weiss, worin die *gegenwärtige* Existenz des Systems begründet liegt, dass es aber für die *zukünftige* Entwicklung keineswegs nur eine Alternative gibt, sondern dass möglicherweise eine Vielzahl von zukünftigen Entwicklungskurven miteinander konkurrieren. Diese Situation kann durch Abbildung 3.6(4) illustriert werden.

Stafford Beer schreibt in diesem Zusammenhang:

„In either case, we should know, two serious conditions apply. Firstly, we have to overcome a host of practical difficulties associated with mammoth change – while keeping everything running at full blast. The second difficulty, strangely enough, is even more serious because it is conceptual. If the people concerned regard the change as ‚a new venture', as some ‚diversification', or as a means of giving their quiscent patient a shot in the arm, they will fail. They have to stand back and take a much larger view. They have to see and to understand that the new growth curve is superimposed upon the old growth curve in order to create part of an envelope curve which will drive upwards to higher and possibly quite other things. They are not enhancing an old technology but embracing novelty. They are not improving the business they have known and loved, they are divising a new business of unknown characteristics."[76]

Ansoff unterscheidet ebenfalls zwei grundsätzlich verschiedene Verhaltenstypen eines Systems relativ zu seiner Umwelt:

1. Kompetitives oder operatives Verhalten und

2. Unternehmerisches (entrepreneurial) oder strategisches Verhalten.[77]

Diese beiden Verhaltenstypen können weitestgehend mit den in Abbildung 3.6(3) dargestellten Kurven identifiziert werden. Der Kern der Problematik scheint aber weit weniger in der Unterscheidung dieser unterschiedlichen Verhaltenstypen und Kurven zu liegen, sondern darin, dass aus der Sicht des strategischen Managements beide Dimensionen, also das eher gegenwartsorientierte und kompetitive Verhalten mit dem zukunftsgerichteten und im innovativen Sinne unternehmerischen Verhalten permanent ausbalanciert werden muss. Im Rahmen der Struktur des lebensfähigen Systems ist dieses Problem in den Systemen drei und vier bzw. in deren Interaktionen lokalisiert und diese

---

76 Beer (Brain) 24.
77 Vgl. Ansoff (Strategic Management) 42 ff.

Interaktion wird, wie in Teil 1 behandelt wurde, durch System fünf überwacht, wobei diese Überwachung und Steuerung der Interaktion im wesentlichen in einer metasystemischen Allokation von Ressourcen für die beiden verschiedenen Verhaltenstypen besteht.

Wie oben bereits angedeutet wurde, werden also die beiden Dimensionen der *Innen-* und *Aussenorientierung* überlagert durch die Dimensionen des *gegenwartsorientierten* oder kompetitiven und des *zukunftsorientierten* oder innovativen Verhaltens. Die gesamte Gestaltungs-, Erhaltungs- und Entwicklungsarbeit im Zusammenhang mit der Struktur des lebensfähigen Systems als metasystemisches Gestaltungsinstrument muss also auf diese Überlagerung und daher auf das simultane und kontinuierliche Ausbalancieren dieser strategischen Dimensionen gerichtet sein.

In der folgenden Tabelle sind die wichtigsten Prinzipien der Verwendung des Modelles des lebensfähigen Systems zusammengefasst. Die einzelnen Grundsätze sind teils in früheren Abschnitten erläutert worden, zum Teil stellen sie aber allgemeine und evidente Prinzipien des kybernetischen Denkens dar, so dass auf eine Erklärung verzichtet werden kann.

Zusammenfassung der wichtigsten Prinzipien der Verwendung des Modells des lebensfähigen Systems
Allgemeine kybernetische Prinzipien [78]
– Prinzip der intensiven Interaktion – Prinzip der negativen Rückkoppelung – Prinzip der dichten Vernetzung – Prinzip der spontanen Ordnung – Prinzip der Symbiose – Prinzip des Judo-Effektes – Prinzip der Unabhängigkeit vom Wachstum – Prinzip der Unabhängigkeit vom Produkt – Prinzip der Mehrfachnutzung – Prinzip des Recycling – Prinzip des biologischen Grunddesigns
Gestaltungs- und Anwendungsprinzipien des lebensfähigen Systems
– Prinzip der fünf Subsysteme – Prinzipien der Konnektivität und Interaktion der fünf Subsysteme – Prinzip der Strukturvollständigkeit – Prinzip der Rekursivität – Prinzip der relativen Autonomie – Prinzip der Viabilität

nach innen:	nach aussen:
Differenzierung gemäss dem Rekursionsprinzip und den fünf Subsystemen	Positionierung in der Umwelt entsprechend generellen kybernetischen Modellen und entsprechend dem Modell des lebensfähigen Systems, angewendet auf die Umweltsysteme
Integration gemäss dem Rekursionsprinzip und der Systemkonnektivität	
Internal Readiness	External Action
Internal Flexibility	External Flexibility
Self-Awareness	Enwironmental Awareness

kompetitiv-gegenwartsorientiert
innovativ-zukunftsorientiert

[78] Vgl. dazu auch Vester (Ballungsgebiete) 24 ff.

Zum Schluss dieses Abschnittes soll auf einen wichtigen Aspekt hingewiesen werden. Der grösste Teil der bisherigen Ausführungen wurde in einem positiven Sinne oder einer positiven Absicht geschrieben. Die Perspektive war immer darauf gerichtet, etwas Positives zu schaffen oder zu erreichen. Wie aber im Zusammenhang mit der Beschreibung des Ablaufes komplexer sozialer Prozesse dargelegt wurde, ist häufig eine *remediale Orientierung* festzustellen, d. h. also, dass die Orientierung häufig auf die Beseitigung von Mängeln oder zumindest auf das Erhalten des Erreichten gerichtet ist. Eine derartige Orientierung ist natürlich nur dann sinnvoll möglich, wenn ein Fehler oder Mangel als solcher erkennbar ist, bzw. wenn erkennbar ist, was erhalten werden soll. Hier scheint nun das Modell des lebensfähigen Systems besondere Bedeutung zu besitzen. Wenn aufgrund des Modells gesagt werden kann, welche Subsysteme ein lebensfähiges System aufweisen sollte und welche Funktionen erfüllt werden müssen, dann sollte es auch möglich sein, zu einer *Pathologie* des lebensfähigen Systems zu gelangen. Das heisst, es ist zu erwarten, dass mit zunehmendem Verständnis für diese Art von Struktur und zunehmender Erfahrung im Umgang und im Operating einer derartigen Systemstruktur Wissen darüber gewonnen wird, welche typischen Mängel – gewissermassen Krankheiten – des Systems auftreten können und mit Hilfe welcher typischen Mittel diese Mängel behoben werden können. Gewisse Ansatzpunkte scheinen insbesondere durch Untersuchungen gegeben zu sein, die versuchen, typische Verläufe von Unternehmungszusammenbrüchen bzw. (allgemeiner) von generellen Systemzusammenbrüchen herauszufinden. Insbesondere jene Untersuchungen, die im ökologischen Bereich das Kollabieren von Systemen, dessen Voraussetzungen und Bedingungen zum Gegenstand haben, dürften in diesem Zusammenhang von Bedeutung sein. Im Bereich der sozialen Systeme steht man hier noch an den Anfängen, obgleich auch aus dem Zusammenbruch grosser Kulturen und Weltreiche diesbezüglich einiges gelernt werden kann.

Welches sind die systemischen Ursachen des Zusammenbruchs des Römischen Reiches gewesen? Aufgrund welcher Umstände war es möglich, dass stabile Kulturen wie beispielsweise die indianischen Kulturen des mittel- und südamerikanischen Raumes praktisch durch eine Handvoll von Eroberern zu Fall gebracht werden konnten? Welche systemischen Funktionen haben hier nicht richtig funktioniert, welche Subsysteme eines lebensfähigen Systems haben überhaupt gefehlt, welches war das Prozessverständnis für Problemlösungsaktivitäten usw.? – dies sind einige mögliche Fragen, die in diesem Zusammenhang gestellt werden könnten und aus denen man möglicherweise auch für moderne soziotechnische Systeme einiges lernen könnte.

Im Zusammenhang mit dem Management von Unternehmungen scheint die Untersuchung von pathologischen Systemzuständen und von Systemzusammenbrüchen, also Konkursen, lange Zeit dadurch blockiert worden zu sein, dass das Selbstverständnis von Managern immer in sehr unmittelbarer Weise mit der Idee des Erfolges verkoppelt war und auch gegenwärtig immer noch ist. Niemand spricht gerne über Misserfolge bzw. über Missmanagement obwohl man möglicherweise gerade daraus sehr viel mehr lernen könnte als aus den Erfolgsberichten. Eine der wenigen Ausnahmen stellt die Untersuchung von Argenti dar, der drei typische Verlaufsmuster von Unternehmungskollapsen feststellt, deren detaillierte Behandlung den Rahmen dieser Arbeit allerdings sprengen würde. Hier soll lediglich eine Stelle aus Argentis Untersuchung zitiert werden, in der die zwölf Hauptfaktoren zusammengefasst sind, die seiner Auffassung nach das Gesamtpattern eines Unternehmungszusammenbruchs bilden:

> „... I think it is possible to see that these items have formed into a pattern, an embryonic story-line is already emerging and the items in the list are not just in a random order. Put as briefly as possible the twelve elements (in italics) are linked together in a mechanism that operates as follows: If the *management* of a company is poor then two things will be neglected: The system of *accountancy information* will be deficient and the company will not respond to *change*. (Some companies, even well-managed ones, may be damaged because powerful *constraints* prevent the managers making the responses they wish to make.) Poor managers will also make at least one of three other mistakes: They will *overtrade;* or they will launch a *big project* that goes wrong; or they will allow the company's *gearing* to rise so that even *normal business hazards* become constant threats. These are the chief causes, neither fraud nor bad luck deserve more than a passing mention. The following symptom will appear: Certain *financial ratios* will deteriorate but, as soon as they do, the managers will start *creative accounting* which reduces the predicting value of these ratios and so lends greater importance to *non-financial symptoms*. Finally the company enters a characteristic period in *its last few months.*"[79]

Es ist unschwer zu erkennen, dass einige der hier als typisch festgehaltenen Faktoren in engem Zusammenhang mit den Prinzipien des lebensfähigen Systems stehen (overtrading, launching big projects, no response to change usw.) und dass andere Faktoren mit dem Problem der systemischen Information zusammenhängen.

Obgleich dieser Problemkreis hier nicht weiter behandelt werden kann, ist doch klar, dass Untersuchungen über den typischen Verlauf von Systemkrisen in Zukunft für das, was man *prophylaktisches Management* nennen könnte, von zunehmender Bedeutung sein werden.

Die Ausführungen dieses Abschnittes sind in Abbildung 3.6(5) graphisch zusammengefasst. Daraus geht hervor, dass der systemmethodische Einsatz des Modells des lebensfähigen Systems auf der Metaebene einerseits entsprechend den Dimensionen „innen" (Differenzierung und Integration) und „aussen"

---

[79] Argenti (Corporate Collaps) 122.

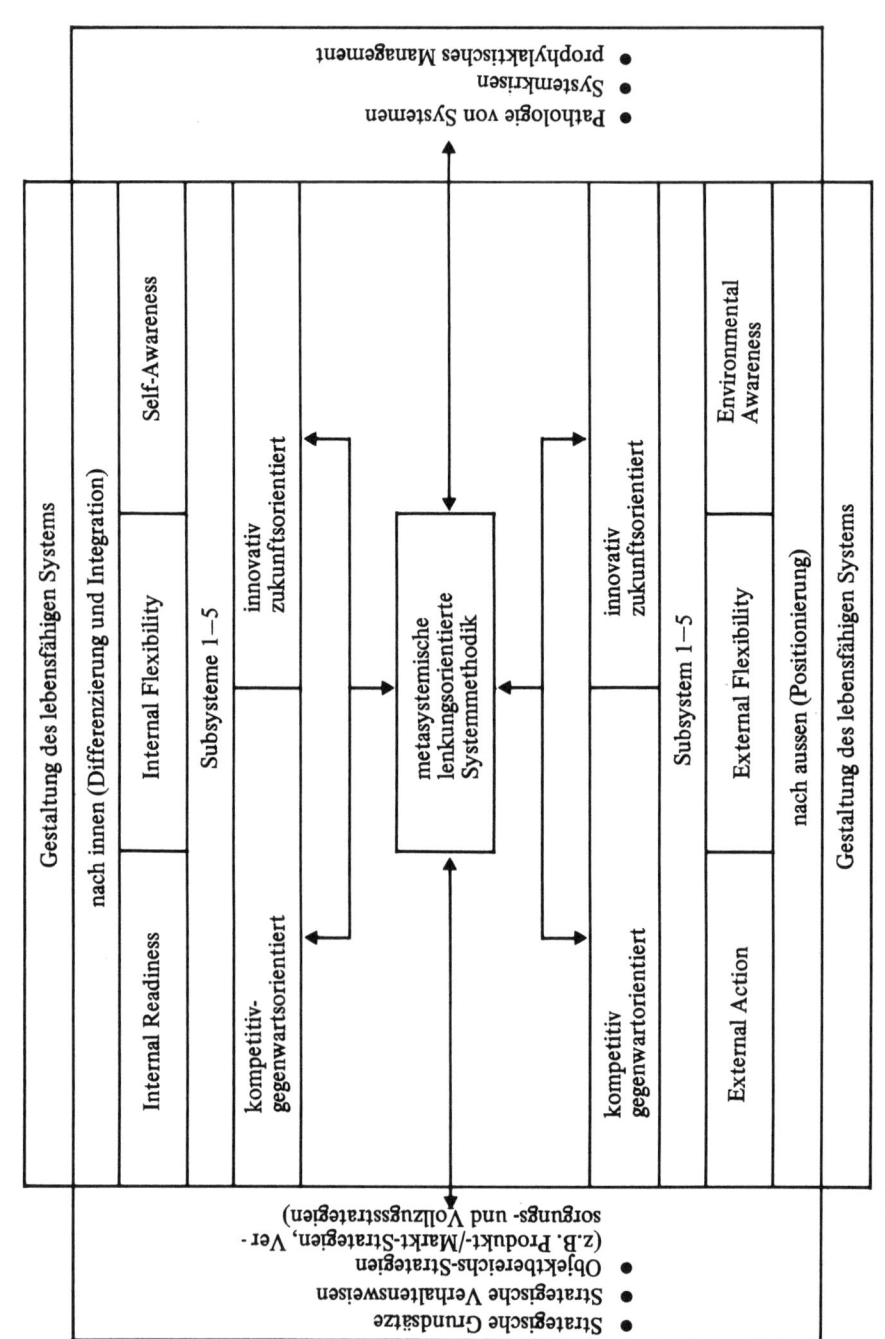

Abbildung 3.6(5)

- Pathologie von Systemen
- Systemkrisen
- prophylaktisches Management

Gestaltung des lebensfähigen Systems

nach innen (Differenzierung und Integration)

| Internal Readiness | Internal Flexibility | Self-Awareness |

Subsysteme 1–5

kompetitiv-gegenwartsorientiert / innovativ zukunftsorientiert

metasystemische lenkungsorientierte Systemmethodik

kompetitiv gegenwartsorientiert / innovativ zukunftsorientiert

Subsystem 1–5

| External Action | External Flexibility | Environmental Awareness |

nach aussen (Positionierung)

Gestaltung des lebensfähigen Systems

- Strategische Grundsätze
- Strategische Verhaltensweisen
- Objektbereichs-Strategien (z.B. Produkt-/Markt-Strategien, Versorgungs- und Vollzugsstrategien)

(Positionierung in der Umwelt) erfolgt und dass andererseits die Dimensionen „gegenwartsorientiert-kompetitiv" und „zukunftsorientiert-innovativ" erfolgt. Alle Problemlösungsprozesse, die in diesem Zusammenhang abzulaufen haben, sind ausserdem auf die früher entwickelten strategischen Grundsätze und strategischen Verhaltensweisen abgestützt, wobei zudem in der Regel noch spezifische objektbereichsbezogene Perspektiven zur Anwendung gelangen (z. B. die typischen Produkt-Markt-Strategien). Ausserdem wird, wie besprochen, in Zukunft die Pathologie von Systemen, das Problem der Systemkrisen und in diesem Zusammenhang eine Art prophylaktisches Management eine zunehmende Bedeutung erlangen.

Anhang

Fragebogen zur Analyse des lebensfähigen Systems [80]

System 1
- Gibt es Anhaltspunkte für den sinnvollen Verlauf von Rekursionsebenen?
- Wer ist in der Lage, wessen Verhaltensregeln zu beeinflussen?
- Wer macht die Spielregeln?
- Wäre eine Verselbständigung bestimmter Bereiche denkbar und wenn ja, unter welchen Voraussetzungen?
- Gibt es Beziehungshäufungen; worauf basieren sie?
- Wie kann eine Zuordnung der feststellbaren Tätigkeiten und vorhandenen Strukturen zu den fünf Subsystemen vorgenommen werden?
- Wieviele mögliche Systeme 1 sind erkennbar?
- Wie sind deren Verhaltenscharakteristika?
- Wie sind ihre gegenseitigen Beziehungen (Inputs, Outputs usw.)?
- Wie interpretieren die Systeme 1 ihre eigene Autonomie?
- Bezüglich welcher Aspekte wird über Mangel/Überschuss an Autonomie geklagt?
- Gibt es Anhaltspunkte über die Teilumwelten der Systeme 1 und deren Charakteristika?
- Sind Aspekte erkennbar, die ein hohes Mass an lokalen Kenntnissen erfordern?
- Wie empfinden/interpretieren die Systeme 1 ihre Schwestersysteme
  - kompetitiv/kooperativ
  - abfällig/respektvoll

System 2
- Wo werden Mängel in der Gesamtkoordination empfunden?
  - Können diesbezüglich Vorschläge gemacht werden?
  - Wie sind diese zu interpretieren? Erhöhen sie nur die eigene Autonomie oder resultieren sie aus einer unternehmungsweiten Perspektive?
- Sind Verbindungen und Beziehungen zwischen den Teilumwelten der Systeme 1 erkennbar, die kongruente/divergente Verhaltenscharakteristika verursachen?
- Welche feststellbaren Aktivitäten koordinieren die Systeme 1?
  - Gibt es gemeinsame Verhaltensregeln, Spielregeln, Fairplay usw.?
  - Gibt es gemeinsame Methoden?
  - Gibt es Pläne, Programme usw., die gemeinsame Elemente aufweisen?
  - Welches sind die Hauptfriktionsstellen?
  - In welchem Ausmass tragen die Systeme 1 selbst zur Koordination bei, indem sie das Verhalten der anderen Systeme 1 antizipierend in Rechnung stellen?

---

[80] Vgl. Abbildung 16(1)–16(10).

- Wo würden die Systeme 1 selbst die Schnittstellen ziehen; was erscheint ihnen als organische Abgrenzung ihrer Aktivitäten?
- Welche formalen Koordinationsinstrumente sind feststellbar; gibt es Anhaltspunkte über die Varietäten der zu koordinierenden Faktoren und über die Varietäten der Koordinationsinstrumente?
- Sind informale Koordinationsmechanismen erkennbar; auf welche Aspekte sind sie gerichtet; sind sie den beteiligten Personen in ihrer Wirkungsweise bewusst?
- Gibt es eine gegenseitige Einsitznahme in den wichtigen Gremien der Systeme 1 (Meetings, Planungsgespräche usw.)?
- Welche formalen Berichtsysteme sind vorhanden? Wie werden sie tatsächlich verwendet? Wie lassen sie sich interpretativ zuordnen (zentraler Befehlsweg, sympathischer und parasympathischer Ast)?
- Welche systemischen Aspekte sind in den Zielen, Mitteln und Verfahren erkennbar? Welche inhärenten Koordinationsleistungen sind in diesem Zusammenhang erkennbar? Welche Autonomieaspekte beinhalten sie? Welche Koordinationserfordernisse entstehen daraus?
- Decken sich Ziele, Mittel und Verfahren mit den tentativen Abgrenzungen der Rekursionsebenen und der Systeme 1? In welchem Masse müssten diese revidiert werden?
- Wie müssten/könnten die Ziele, Mittel und Verfahren restrukturiert werden, um den tentativen Abgrenzungen zu entsprechen?

System 3

- Welche gegenwärtigen Aktivitäten entsprechen der System-Drei-Funktion; welche Aktivitäten stellen einen Beitrag dazu dar?
- Aufgrund welcher Informationen werden diese Aktivitäten ausgeführt?
- Welche Prozessmerkmale lassen sich im Rahmen der Durchführung dieser Aktivitäten erkennen? Welches Prozessverständnis (konstruktivistisch, evolutionär) ist erkennbar?
- Erfolgen diese Aktivitäten isoliert voneinander oder gibt es interne Koordinationen der System-Drei-Funktionen?
- Gehen in die System-Drei-Aktivitäten auch nicht-stereotypisierte Informationen ein (parasympathischer Informationskanal)?
- Wie ist der zentrale/vertikale Anordnungsweg gestaltet? Wird befohlen, überzeugt oder verkauft?
- Werden formale Instrumente verwendet; welche werden als nützlich empfunden; welche werden als Ballast empfunden?
- Verfügt man über einen Gesamtplan, der den System-Drei-Aktivitäten zu Grunde gelegt werden könnte?
- Wie werden Abweichungen von der internen Stabilität wahrgenommen?
- Wie ist die interne Stabilität definiert? Aufgrund welcher Instrumente können Abweichungen festgestellt werden?
- Welche time-lags können zwischen Lenkungseingriffen in die System Eins und ihrer Wirkungskontrolle festgestellt werden?

- Gibt es Anzeichen für Widersprüche zwischen System-Drei- und System-Zwei-Aktivitäten?
- Wie wirken sich eventuell gestellte Personalunionen zwischen den Systemen Eins, Zwei und Drei auf die Wahrnehmung der systemischen Funktionen aus?
- Gibt es Analoga zu den Arousal Filters?
- Wie wird die System Drei/Vier-Interaktion vollzogen? Welche gegenwärtigen Aktivitäten können als Beitrag dazu interpretiert werden? Welche institutionalisierten Organe/Gremien können hier eingeordnet werden?
- Welche typischen Konflikte sind feststellbar?
- Welche Standardargumente werden im Zusammenhang mit der System Drei/Vier-Interaktion bezüglich Mängeln, Hindernissen, Konflikten vorgebracht?
- In welchem sozialen Klima erfolgt die Interaktion?
- Wie erfolgt die System Drei/Fünf-Interaktion?

System 4

- Welche gegenwärtigen Aktivitäten entsprechen der System-Vier-Funktion? Welche können als Beitrag dazu interpretiert werden?
- Aufgrund welcher Informationen werden diese Aktivitäten ausgeführt?
- Erfolgen die Aktivitäten isoliert oder ist eine interne Koordination der System-Vier-Aktivitäten erkennbar?
- Welche Prozessmerkmale lassen sich erkennen? Welches Prozessverständnis (konstruktivistisch, evolutionär) charakterisiert die System-Vier-Aktivitäten?
- Über welche Arten von Umwelt-Informationskanälen verfügt System-Vier?
- Gibt es persönliche Beziehungen, die analog wirken?
- In welchen Umweltsystemen (Parteien, staatliche, kommunale, Verbände, Berufs- und Interessenvertretungen, Klubs, Vereine, Aufsichts- und Verwaltungsräte usw.) sind Systemangehörige vertreten?
- Über welche Umweltfaktoren können auf diesem Wege Informationen gewonnen werden?
- In welchem Ausmass haben diese Informationen Relevanz?
- Sind Vertreter anderer Systeme im eigenen System repräsentiert; welche Informationen können sie beisteuern?
- Welche Berater werden eingesetzt? Werden Systemrepräsentanten, Berater usw. richtig eingesetzt?
- Wie erfolgt (aus System-Vier-Perspektive) die System Drei/Vier-Interaktion; welches sind die permanenten Reibungsflächen, Konflikte usw.?
- Mit welchen Standardargumenten wird in diesem Zusammenhang operiert?
- In welchem sozialen Klima erfolgt die Interaktion?
- Welche Auffassungen bestehen über die anderen Systeme?
- Welche Auffassungen über sich selbst werden den anderen Systemen unterstellt?
- Welche formalen Instrumente werden zur Funktionserfüllung verwendet?
- Wie gut weiss System Vier über die Gesamtunternehmung Bescheid; sind die einzelnen Subsysteme und ihre Zusammenhänge, sowie ihre Aufgaben adäquat repräsentiert?

- Ist sich System Vier seiner Funktion bewusst?
- Wie erfolgt die Interaktion mit System Fünf (formal, persönlich, Häufigkeit, Atmosphäre, Art usw.)
- Welche Informationen werden dem System Fünf übermittelt? Welche Informationen werden von System Fünf verlangt?
- Gibt es Personalunionen mit anderen Subsystemen?
- Wie werden die Lenkungseingriffe von System Fünf in die System Drei/Vier-Interaktion durch System Vier empfunden?
- Gibt es Analoga zu Arousal Filters?
- Gibt es formale Modelle, die zur Erfüllung der System Vier Funktionen verwendet werden?

System 5

- Welche gegenwärtigen Aktivitäten entsprechen der System-Fünf-Funktion; welche stellen einen Beitrag dazu dar?
- Aufgrund welcher Informationen werden diese Aktivitäten ausgeführt?
- Erfolgen die System-Fünf-Aktivitäten isoliert oder sind interne Koordinationen der System-Fünf-Aktivitäten erkennbar?
- Welche Prozessmerkmale lassen sich erkennen? Welches Prozessverständnis (konstruktivistisch, evolutionär) bestimmt die System-Fünf-Aktivitäten?
- Bestehen Personalunionen mit anderen Systemen?
- Wie wird die Aktivität der Systeme Drei und Vier vom System Fünf interpretiert und wahrgenommen?
- Wie erfolgt (aus System-Fünf-Perspektive) die Interaktion mit System Drei und System Vier? Aufgrund welcher Überlegungen und mit Hilfe welcher Mittel und Methoden erfolgt die Allokation von Ressourcen für heutige Aktivitäten (System Drei) und zukünftige Aktivitäten (System Vier)?
- Wie wird die System Drei/Vier-Interaktion überwacht und gelenkt?
- Gibt es Anzeichen dafür, dass ein ausgeprägter „what if"-Mechanismus vorhanden ist? Wie funktioniert dieser Mechanismus?
- Ist System Fünf mehr mit der Analyse von Vergangenheitswerten beschäftigt oder mit der Kreation alternativer Zukünfte?
- Welche Anzeichen gibt es, dass ein in diesem Sinne experimentelles Klima herrscht?
- Wie ist der System-Fünf-Entscheidungsprozess organisiert?

Allgemeine Fragen

- Wie erfolgt die Informationsverarbeitung?
- Gibt es Ansätze für Potential- und Kapabilitätsüberlegungen?
- Gibt es typische Varietätspattern?
- Was lässt sich generell über die Interaktionsweisen erkennen?
- Wie sind die jeweiligen Meinungen über andere Subsysteme?

— Welche Mittel werden eingesetzt, um das jeweilige *logisch* untergeordnete System zu beeinflussen und sein Verhalten zu modifizieren?
— Anhand welcher Verhaltens- und Prozessmerkmale erfolgt die Orientierung des jeweils übergeordneten Systems?

Anmerkungen zur Verwendung des Fragebogens:

Der Einsatz des Fragebogens kann nur dann sinnvoll erfolgen, wenn gründliche Kenntnisse des Modells des lebensfähigen Systems bestehen. Aufgrund des ausserordentlichen Strukturreichtums des Modells ist es unmöglich, alle denkbaren Fragen zu formulieren, die sinnvollerweise gestellt werden können. Ein solches Analyseinstrument würde einen erheblichen Seitenumfang aufweisen. Die Erforschung (Untersuchung, Diagnose) eines komplexen Systems unter Verwendung des Modells als Denkschema muss als typischer offener Prozess verstanden werden, indem eine Frage die andere ergibt. In Form eines formalen Analyseinstrumentes können lediglich gewisse Schlüsselfragen formuliert werden, die gewissermassen die Stützpunkte darstellen, von denen aus man sich in alle aufgrund des jeweiligen Kenntnisstandes in alle aussichtsreich erscheinenden Richtungen weiter vortastet.

3.7 Synthese

> There are many possible
> manifestations:
> there is one cybernetic
> solution.
>
> Stafford Beer

Ausgehend von der Grundhypothese der Kybernetik, dass das zentrale Problem aller lebenden Organismen, aber auch aller sozialen Institutionen, das Problem der Komplexitätsbewältigung ist, wurde in dieser Arbeit versucht, ein Konzept der Komplexitätsbewältigung darzustellen und zu zeigen, wie sie im Rahmen der strategischen Probleme eines Systems eingesetzt werden können. Als strategisches Problem wurde die Gesamtpositionierung eines Systems in seiner Umwelt verstanden und es ist klar, dass diese Positionierung sowohl von den systemischen Charakteristika der jeweils zur Diskussion stehenden Institution als auch von den systemischen Charakteristika der jeweiligen Umwelt abhängt. Dieser ganze Problemkreis der wesentlichen Merkmale von Systemen, die die Einbettung eines Systems in seine Umwelt bestimmen, wurde in Zusammenhang mit der Behandlung grundlegender Ordnungstypen, der taxischen und der spontanen Ordnung behandelt. Diese „Theorie der Ordnung", die ohne weiteres als generelle Systemtheorie, oder zumindest als Teil derselben aufgefasst werden kann, bildet die Grundlage für alle spezielleren Systemtypen, insbesondere für die grundlegenden kybernetischen Modelle, die vom einfachen Servomechanismus über das ultra- und polystabile System bis zum Modell des lebensfähigen Systems reichen. Alle diese Systeme beruhen auf einer Kombination von taxischen und spontanen Ordnungsformen und zwar in dem Sinne, dass bestimmte Aspekte eines Systems taxisch, also durch Befehl und Anordnung im Detail organisiert sein müssen, dass aber die taxischen Organisationsformen gerade darauf abgestellt sind, die Entwicklung spontaner Ordnungsformen zu ermöglichen und ihre Entfaltung zu unterstützen. Damit löst sich ein altes Paradoxon auf, das in vielen Auffassungen über die Führung sozialer Institutionen eine zentrale Rolle spielt und sich meistens als irgendeine Variante einer „Entweder-Oder-Philosophie" ausdrückt.

Neben den vielfältigen Systemformen und Systemstrukturen als dem einen Instrument der Komplexitätsbewältigung wurden als zweites wichtiges Instrument die verschiedenartigen prozessualen Abläufe behandelt, die im Zusammenhang mit dem strategischen Problem primär als Problemlösungs- und Entscheidungsprozesse zu berücksichtigen sind. Auch hier wurde versucht, aus der generellen Behandlung von zwei fundamental verschiedenen Konzeptionen, der konstruktivistischen und der evolutionären Konzeption zu einer Synthese zu gelangen, die die Klarheit der konstruktivistischen Vorgehensweisen mit der varietätsverstärkenden Wirkung von evolutionären Prozessen verbindet, um auf diese Weise einerseits der einschränkenden Starrheit der konstruktivistischen Prozesse, andererseits aber auch der Vagheit der evolutionären Prozesse auszuweichen. Aus dieser Synthese ergibt sich unter Einbezug der Überlegung, dass das Problem der systemischen Charakteristika methodisch zu berücksichtigen ist, die Systemmethodik.

Diese Zusammenhänge wurden bereits in Abbildung 2.1(4) festgehalten, die hier für den Gesamtüberblick nochmals dargestellt werden soll.

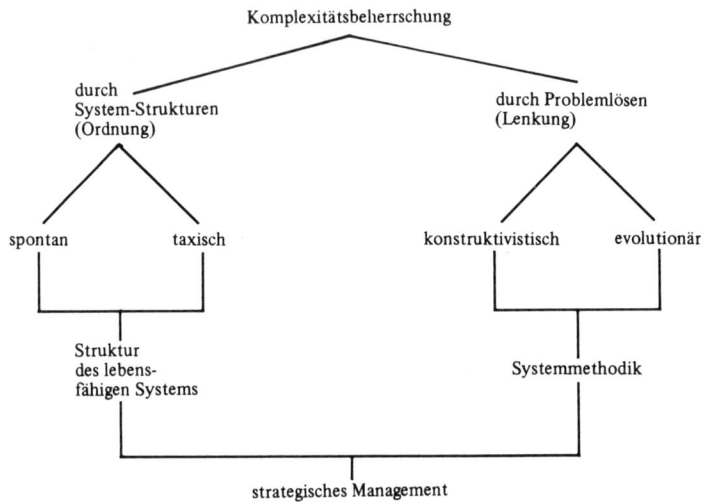

```
                    Komplexitätsbeherrschung
                    /                    \
         durch                           durch Problemlösen
         System-Strukturen               (Lenkung)
         (Ordnung)
         /       \                       /            \
    spontan    taxisch         konstruktivistisch   evolutionär
        |_____|                   |_____|
             |                               |
         Struktur                      Systemmethodik
         des lebens-
         fähigen Systems
             |_____|
                            |
                   strategisches Management
```

Abbildung 2.1(4)

Wie hier bereits gezeigt ist, gelangt man durch eine nochmalige Synthese, nämlich die Integration von Systemstrukturen (insbesondere der Struktur des lebensfähigen Systems) und Systemmethodik zum Konzept des strategischen Managements. Diese Synthese bezieht sich zum einen auf die Überlegung, dass Systemstrukturen und systemmethodische Prozesse in einer Art Autopoiesis oder Symbiose verbunden sind und sich gegenseitig bedingen. Dies ist gewissermassen die interne strategische Komponente, die zu jenem Varietätspotential führt, das notwendig ist, um die zweite strategische Komponente, nämlich die Einbettung des Systems in seiner Umwelt bewerkstelligen zu können.

Da auch die Umwelt eines Systems aus Systemen besteht, liegt es nahe, genau dieselben Überlegungen und Instrumente auch auf dieses Problem anzuwenden, d. h. also, mit Hilfe systemmethodischer Prozesse den grundlegenden Systemcharakter der Umweltsysteme herauszufinden, um entsprechende, systemadäquate Beeinflussungs- oder Lenkungsmassnahmen einleiten zu können. Analog zum strukturellen Rekursionsprinzip des lebensfähigen Systems könnte man hier von einem Rekursionsprinzip des methodischen Vorgehens sprechen, und es ist möglicherweise keine gänzlich unhaltbare Spekulation, wenn vermutet wird, dass letztlich aus diesen und eventuell weiteren, noch zu entdeckenden Rekursionsprinzipien jene viel diskutierte Einheit der systemischen Zusammenhänge resultiert, die die Neugier des Menschen in allen historischen Epochen wesentlich mitbestimmt hat. Dieser doppelte Konnex von Systemstrukturen und Systemmethodik ist in Abbildung 3.7(1) festgehalten, und in der darauffolgenden Zusammenstellung findet sich eine Zuordnung der Instrumente des strategischen Managements zu den Phasen der lenkungsorientierten Systemmethodik.

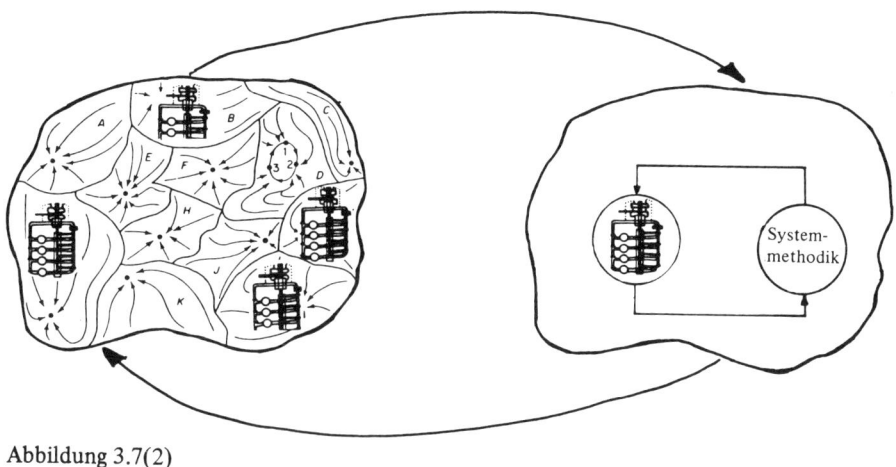

Abbildung 3.7(2)

	Bedeutung der lenkungsmethodischen Phasen im Kontext des strategischen Managements
Ermittlung und Formulierung des Problems	Generelles Problem: Wie bringt man ein komplexes System unter Kontrolle? Spezifische Probleme: — Etablierung/Erhaltung/Verbesserung eines lebensfähigen Systems — Etablierung/Erhaltung/Verbesserung einzelner Subsysteme des lebensfähigen Systems/systemischer Konnektion — Ingangsetzen/Inganghalten der erforderlichen systemmethodischen Prozesse — Ingangsetzen/Inganghalten spezifischer systemmethodischer Prozesse in den Subsystemen

		Metasystemische Analyse

	Bildung eines Lenkungsmodells der Problemsituation	– der internen Systemstrukturen
		  – anhand des Modells des lebensfähigen Systems- und innerhalb der Subsysteme
		  – anhand anderer kybernetischer Modelle (allgemeines Feedback/Feedforward-Modell; ultrastabiles, polystabiles Modell), soweit nicht aufgrund des Rekursionsprinzips wieder das Gesamtmodell des lebensfähigen Systems angewendet werden kann.
		– der Umwelt
		  – anhand des Modells des lebensfähigen Systems, soweit andere sozio-technische Systeme betroffen sind
		  – anhand anderer kybernetischer Modelle (Feedback-, Feedforward-, ultrastabiles, polystabiles Modell) soweit das Modell des lebensfähigen Systems nicht anwendbar ist (z. B. Konsumentenmärkte)

– Entwicklung von problemlösenden Lenkungseingriffen – Test und Auswahl möglicher Problemlösungen – Einführung und Überwachung der gewählten Problemlösung		Metasystemische Lenkung – auf der Grundlage der semi-permanenten Modelle der relevanten internen und externen Systeme – gemäss der aktuellen Lagebeurteilung – entsprechend dem algedonischen Prinzip – gemäss den strategischen Grundsätzen und Verhaltensweisen – gemäss eventuell aus der Erfahrung als sinnvoll erkannter Objektbereichsstrategien (z. B. "Goldene Bankregel" und dergleichen, die in der Regel auf einen oder mehrere der strategischen Grundsätze zurückgeführt werden können.)

Neben den beiden bereits genannten Aspekten der Systemstrukturen und der Systemmethodik ist ein dritter Aspekt für diese Arbeit von zentraler Bedeutung. Dieser besteht darin, dass die Probleme des strategischen Managements nur auf der metasystemischen Ebene sinnvoll diskutiert werden können. Dies ist zugleich der weitaus am schwersten verständliche und am schwersten darstellbare Aspekt.

Die Aufgaben, die innerhalb einzelner Subsysteme erfüllt werden, die Tätigkeiten, die dazu erforderlich sind usw. gehören der Objektebene an. Die Frage aber, nach welchen Gesichtspunkten und Prinzipien Subsysteme zu bilden sind, wie sie miteinander zu verknüpfen sind, nach welchen Prinzipien die Tätigkeiten vollzogen werden sollen usw. sind Überlegungen, die Metacharakter haben. Man darf aus dieser Unterscheidung von Objekt- und Metaebene keineswegs den Schluss ziehen, dass es sich hier um Dinge von unterschiedlicher Wichtigkeit handle. Beide Bereiche sind gleichermassen bedeutsam, es muss allerdings festgestellt werden, dass der Metaebene bis anhin in der Literatur weit weniger Beachtung geschenkt wurde, als dem Objektbereich.

Es sind also die drei erwähnten Bereiche – Systemstrukturen, systemmethodische Prozesse und Betrachtung aus der Metaperspektive – die die Essenz dieser Arbeit darstellen. Sie ermöglichen ein vertieftes Verständnis für die Natur von Systemen und die systemische Natur.

4. Epilog:
Wenn das Ende der Beginn ist

4.1 Erfahrungen mit komplexen Unternehmungsentwicklungsprozessen

Am Ende eines Manuskriptes angelangt haben vermutlich viele Autoren, wie entsprechenden Bemerkungen in Vorwörtern und Einleitungen zu entnehmen ist, den Wunsch, jetzt eben von vorne beginnen zu können. Die Position, die ich in diesem Buche dargelegt habe, versuchte ich, in den Jahren 1977 bis heute praktisch auszuprobieren. Es ging mir dabei nicht um eine im üblichen Sinne empirische Überprüfung der Hypothesen, sondern um die Frage, ob sich mit den zugrundeliegenden Vorstellungen praktisch arbeiten lässt, ob mit Hilfe der konzeptionellen Modelle das Geschehen in Unternehmungen verstanden werden kann und ob sich für ihre Konkretisierung spezielle Techniken und Methoden entwickeln lassen.

In diesen Jahren sind mehrere Publikationen erschienen, die mir geholfen haben, diesen Ansatz besser zu interpretieren, und besser zu begreifen, was ich zunächst nur undeutlich, in Umrissen und skizzenhaft gesehen und vermutet habe. Zu nennen sind vor allem die beiden Bücher von Stafford Beer, „The Heart of Enterprise", 1979 und die 1981 erschienene, wesentlich erweiterte 2. Auflage von „Brain of the Firm". Wichtig sind ferner die Schriften von Rupert Riedl: „Die Ordnung des Lebendigen", 1975 und „Die Strategie der Genesis", 1976, die mir erst später zur Kenntnis gelangten, sowie seine „Biologie der Erkenntnis", 1980, die mein Verständnis für die Evolutionstheorie wesentlich bereichert haben. Der dritte Band von Friedrich von Hayeks „Law, Legislation and Liberty", der erst 1979, also 6 Jahre nach dem ersten und 3 Jahre nach dem zweiten Band erschienen ist, sowie Röpkes „Strategie der Innovation", 1977 sind ebenfalls wichtige Bausteine. Schliesslich waren mir von grossem Nutzen Gregory Batesons „Mind and Nature", 1979, „Traktat über rationale Praxis" von Hans Albert, 1978, sowie James Brian Quinns „Strategies for Change", 1980.

Ausserdem habe ich in dieser Zeit versucht, besser zu verstehen, was es mit der Theorie autopoietischer Systeme auf sich hat. Die lange Zeit, quasi als Geheimtyp bekannten Schriften von Maturana und Varela, deren entscheidende Arbeit 1972 in spanischer Sprache erschienen ist, wurden mir erst 1980 durch die englische Übersetzung zugänglich, obwohl Manuskriptfragmente und Sekundäraufsätze darüber in Umlauf waren.

Schliesslich haben aber auch einige Arbeiten von St. Galler Kollegen zum besseren Verständnis und zur Klärung beigetragen. Insbesondere die Arbeit von Gilbert Probst, „Kybernetische Gesetzeshypothesen als Basis für Gestaltungs- und Lenkungsregeln im Management", 1981 und die Schrift von Thomas Dyllick, „Gesellschaftliche Instabilität und Unternehmungsführung — Ansätze zu einer gesellschaftsbezogenen Managementlehre", 1982. Durch viele Diskussionen mit ihnen und mit anderen, die das Manuskript zu dieser Arbeit in der Fassung von 1977 gelesen hatten, konnte ich erkennen, wo seine Fehler lagen, offene Probleme bestanden und die Argumente schlecht waren.

Am meisten habe ich aber durch die Versuche der praktischen Anwendung bei der Bearbeitung von Beratungsproblemen gelernt und durch die damit verbundene, zahlreichen Diskussionen mit Führungskräften der Klientenorganisationen und mit meinen eigenen Mitarbeitern und Kollegen, die teilweise an diesen Projekten mitgewirkt haben. Einiges habe ich bei der Überarbeitung des Manuskriptes in Zusatzbemerkungen und Fussnoten berücksichtigt, das meiste hat aber nicht direkt in die Systematik gepasst. Ich möchte daher im folgenden versuchen, anhand eines konkreten Fallbeispieles darzulegen, wie das praktische Arbeiten mit diesem Ansatz aussehen kann.

Die Beratungsfälle, mit denen ich konfrontiert war, waren durchwegs komplexe Unternehmungsentwicklungsprojekte. Es ging dabei, obwohl ihr anfälliger Schwerpunkt manchmal auf der Bearbeitung von Einzelfragen und spezifischen Teilproblemen lag, schliesslich immer um die umfassende, sie als Ganzes betreffende Entwicklung von Unternehmungen verschiedenster Tätigkeitsgebiete, Grössen und Geschichte.

Es ist an dieser Stelle empfehlenswert, nochmals zum zweiten Kapitel zurückzugehen und das dort in den Abschnitten 2.23 und 2.24 enthaltene Beispiel des Fussballspieles nachzulesen. So wie die Varietät des Fussballspiels astronomische Grössenordnungen aufweist, weil jedes konkrete Spiel einen anderen Ablauf nimmt und die Zahl der möglichen, mit den Spielregeln vereinbaren Abläufe daher nach praktischen Massstäben unendlich gross ist, so nehmen auch praktische Beratungsprojekte, die sich auf Unternehmungsentwicklungsprobleme beziehen, einen immer wieder anderen Verlauf. Die Varietätssituation ist in wichtigen Aspekten analog dem Fussballspiel. Die Anzahl möglicher Zustandskonstellationen und Ablaufkonfigurationen ist enorm. Dazu kommt — hier hilft die Analogie nicht mehr weiter — dass die Spielregeln nicht wie beim Fussballspiel gegeben, den Spielern bekannt und invariant sind, sondern dass sie sich in jedem einzelnen Fall zu einem erheblichen Teil durch den Projektverlauf selbst entwickeln und definieren. Was in der einen Unternehmung möglich und zulässig ist, kann in einer anderen Unternehmung Widerstand hervorrufen und abgelehnt werden.

Zweifellos gibt es Konventionen, die überall akzeptiert werden, und mit der Zeit bilden sich auch gewisse Invarianten heraus, die alle Projekte oder jedenfalls einen grossen Teil zu charakterisieren scheinen, die in Analogie zu den Spielregeln des Fussballspieles interpretiert werden können; Regeln oder Prinzipien also, deren Einhaltung die Erfolgswahrscheinlichkeit zu erhöhen scheint, während ihre Berücksichtigung antizipierbar zu Schwierigkeiten führt. Dazu gehört, um nur ein Beispiel zu nennen, das Prinzip einer sauberen und übersichtlichen Projektdokumentation, um trotz Unterbrechungen, Terminverschiebungen, Personalwechsel sowohl im Beraterteam wie beim Klienten, für alle Beteiligten eine jederzeitige, den neuesten Projektstand entsprechende Information zu ermöglichen. Trotz Einhaltung von aus theoretischen Überlegungen und aus Erfahrungen gewonnenen Grundsätzen bleibt aber die Varietät des einzelnen Projektes gross genug, um ein ernsthaftes Steuerungsproblem aufzuwerfen, ganz zu schweigen von der Varietät aller möglichen Projekte, mit denen man im Prinzip konfrontiert werden kann. Eben diese Komplexität macht den Einsatz der in dieser Arbeit dargelegten Denkweisen und Methoden einer Strategie der Komplexitätsbewältigung erforderlich. Hier wird die Steuerungskraft der kybernetischen Lenkungsmodelle, vor allem jene des lebensfähigen Systems deutlich erkennbar. Als die eine Leitvorstellung über die „Endstruktur" eines Systems dienen sie dazu, den komplexen Prozess ihrer Verwirklichung nicht von den Anfangszuständen, sondern vom Ziel her zu steuern, ein Prinzip, ohne das keine Kontrolle über komplexe Systeme möglich ist. Profunde Kenntnisse über die Abläufe solcher Prozesse, darüber, was auf Grund der Natur komplexer Systeme zu erwarten ist und was nicht, sind die andere Leitvorstellung der Steuerung.

Eine wesentliche Erkenntnis besteht darin, dass Störungen wesensgemäss Bestandteil derartiger Projekte sind. Es hat gar keinen Sinn und ist auch nicht notwendig, im voraus einen perfekten, optimalen Ablauf festlegen zu wollen. Komplexe Systeme haben 1001 Möglichkeiten, ihr Ziel zu erreichen. Sie sind äquifinal, d. h. Zielerreichung und Ergebnisse sind nicht, wie in den determinierten Systemen der Physik durch den Anfangszustand und die Ausgangsbedingungen festgelegt, sondern durch die Natur des Prozesses. Verschiedene Anfangszustände können zu den gleichen Endzuständen führen, während gleiche Anfangszustände in keiner Weise garantieren, dass gleiche Endzustände erreicht werden.

Wenn also Störungen unvermeidlich auftreten, und wenn sie mit steigender Komplexität um so wahrscheinlicher, um so vielgestaltiger und um so weniger prognostizierbar sind, wenn aber gleichzeitig „viele Wege nach Rom führen", so muss die Projektsteuerung statt auf einem im voraus festgelegten, auch noch so sorgfältig aufgestellten, optimalen Plan, viel mehr darauf aufgebaut sein, ständig *neu* einen möglichen, zielführenden Weg zu bestimmen. Grundlage dafür sind die auf der Basis einer kontinuierlichen Informationsversorgung über die Zustandsveränderungen des Systems jeweils auf den neuesten Stand gebrachten Erwartungen über die wahrscheinlich eintretenden Situationen und daraus abgeleitet die antizipative Neutralisierung von Störungen durch Bereithaltung und/oder Einsatz von Reserven, Festlegen neuer Wege, Rearrangieren von Teilaufgaben und Neudispositionen im Hinblick auf das zukünftige Systemverhalten.

Die Steuerung operiert dabei ständig, wie das an mehreren Stellen dieser Arbeit dargelegt wurde, in mehreren Zeithorizonten gleichzeitig. Dies ist die Voraussetzung dafür, dass nicht nur, wie in der klassischen Kausalitätsauffassung, gegenwärtige Wirkungen durch Ursachen in der Vergangenheit produziert werden, sondern Ursachen, die erst in der Zukunft eintreten, aufgrund von Erwartungsbildungen über das im propensitätstheoretischen Sinne wahrscheinliche Systemverhalten zur Grundlage gegenwärtiger Dispositionen werden können. Dies kann, muss aber nicht, zur Situation von „self-fulfilling prophecies" führen und auch nicht zur Situation, dass die Antizipation von zukünftigen Ereignissen diese selbst unwirksam macht. Die Vorhersage einer Schlechtwetterperiode wird eine Gruppe von Alpinisten dazu veranlassen, bezüglich Routenwahl usw. neue Dispositionen zu treffen, ohne dass dies am Eintreten des schlechten Wetters etwas ändert. Die Erwartung, dass aufgrund verschiedener, heute schon eingetretener oder wahrscheinlicher Verzögerungen in der Produktion ein Liefertermin nicht eingehalten werden kann, führt ebenfalls zu Dispositionen (z. B. Fremdbeschaffung, Überstunden, Ausweichen auf Ersatzartikel usw.), die die Störungen selbst nicht verhindern, sondern einen anderen der vielen möglichen Wege zum Ziel definieren.

Das steht in Einklang mit neuesten Erkenntnissen über die Funktionsweise des menschlichen Gehirns. So schreibt Sommerhoff:

„... the activities of the organism must be matched to the objective features of the environment rather than to the subjective qualities of the stimuli impinging on the senses. The efficiency with which the organism can effect this control depends on the degree to which it can *anticipate the outcomes of its actions* and can build up *expectations regarding the manner in which the sensory inputs transform* as a function of time, or more importantly, *as a function of its own activities.* Metaphorically speaking, the effective power of the brain therefore hinges on its knowledge of what depends on what in what sort of way at any one time."[1]

---

[1] Sommerhoff (Brain) 30; Hervorh. v. Verf.

Und weiter in Zusammenhang mit der Frage, woraus die von der Kybernetik postulierten *internen* Modelle bestehen:

„... these models consist in the main of aggregates of expectations of how the sensory inputs will transform (a) in consequence of the movements of the eyes, head or body, and (b) in consequence of the subject's active interference with or manipulation of the objects of the outer world."[1]

Und man vergleiche dazu nun die Bemerkungen von Beer zum Wesen der Planung aus kybernetischer Sicht:

„There are two points that a number of real thinkers have been making about planning ...

The first is that planning is a *continuous* process. This notion conflicts violently with the stereotype of a plan based on the next month, the next year, the next five years, or ,the year 2000'. Nature does not have a calendar ...

The continuity arises from the *constant readjustment* of *rational expectations against shifting scenarios* — in circumstances where some sorts of expectations are more rational than others, and some sorts of scenario are more credible than others ...

Secondly, ... what needs to be reiterated is that planning happens only when there is an *act of decision*. This act commits *resources now,* so that the future may be different from what would otherwise have simply happened to us."[2]

Wir haben hier wieder ein Beispiel des Isomorphietheorems der Kybernetik, wonach für alle komplexen Systeme Struktur- und Verhaltensidentitäten erkannt werden können, vorausgesetzt, wir betrachten sie aus einer für diesen Zweck geeigneten Perspektive, was bedeutet, dass wir ihre systemischen und kybernetischen Gesetzmässigkeiten modellieren müssen. Erkenntnisse über das Funktionieren des Gehirns finden sich wieder im Planungsprozess, und wir können sie ebenso für die Steuerung eines komplexen Projektes einsetzen. Wir sehen auch die überaus engen Beziehungen zwischen Planung (Erwartungsbildung), Entscheidung und Handlung, und die darin verwirklichte Tatsache der Integration verschiedener Zeitdimensionen, d. h. von Vorgängen, die zu verschiedenen Zeitebenen gehören zum Zwecke gegenwärtiger Steuerung.

Die gegenwärtigen Dispositionen, die das zukünftige Systemverhalten lenken, stützen sich auf heutige Erwartungen über zukünftig wahrscheinliche Systemzustände, die sich aus den heutigen Aktionen (oder deren Unterlassung) ent-

2 Beer (Heart) 336 und 337.

wickeln würden, was wir anhand heutiger Informationen über gegenwärtige Systemzustände und aufgrund von in der Vergangenheit gesammelten Erfahrungen zu erschliessen versuchen.

Was hier als *Steuerung* bezeichnet wird, ist natürlich nicht der Projektleiter, sondern der Selbstorganisationsmechanismus des gesamten Systems, in der der Projektleiter eine wichtige Rolle spielt, die er aber nicht im zentralistischen Sinne ersetzen könnte. Die Selbstorganisation kommt zustande durch den Informationsstand im System. Kenntnisse über den jeweiligen gegenwärtigen Systemzustand, die eingetretenen Störungen, alternative Wege zur Zielerreichung, die verfügbaren Reserven und, besonders wichtig, über das angestrebte Ziel, müssen möglichst vielen Systemelementen zugänglich sein. Daher ist eine möglichst einfache, verständliche, dem System angepasste „Sprache" erforderlich. Der Grad an Kontrolle, unter der sich ein System befinden kann, ist bekanntlich proportional dem Grad an effektiver Information, die im System vorhanden ist.

Das Fussballspiel kann einmal mehr als Beispiel bemüht werden. Jeder Spieler ist, wenn er konzentriert spielt, zu jedem Zeitpunkt über den jeweiligen Systemzustand orientiert. Müsste man ihm erst von der Trainerbank aus durch irgendwelche Übermittlungen erklären, wie die Positionen der einzelnen Spieler zur Zeit gerade sind, wäre kein Fussball möglich. Gleiches gilt für die Musiker eines Orchesters. Würden die Geschwindigkeiten der Autos in einer Stadt zuerst an das Polizeipräsidium gemeldet, von wo aus dann der einzelne Autofahrer die Weisungen erhielte, schneller oder langsamer zu fahren, würde der Verkehr zusammenbrechen. Dadurch, dass jeder Autofahrer seinen eigenen Tachometer für seine eigene Geschwindigkeitsmessung hat, kann er sich selbst relativ zur ständig ändernden Verkehrssituation organisieren – ein Beispiel, das ich Professor Alois Gälweiler verdanke, das die Absurdität mancher organisatorischer Regelungen in Wirtschaft und Verwaltung gut veranschaulicht.

Beratungsprojekte auf dem Gebiet der Unternehmungsentwicklung sind, wie oben gesagt, Projekte dieser Art. Ihre Beherrschung und Steuerung erfordert eine Strategie der Komplexitätsbewältigung, deren Hauptelemente kybernetische Lenkungsstrukturen und systemmethodische Vorgangsweisen sind. Bevor ich nun zur Darstellung eines praktischen Fallbeispiels komme, möchte ich im nächsten Abschnitt einige Hinweise für die Interpretation des lebensfähigen Systems diskutieren, da dieses kybernetische System in diesem praktischen Fall eine wesentliche Rolle spielt.

4.2 Interpretationen des Modells lebensfähiger Systeme

Wie ich in der Einführung bemerkte, ist Kapitel 1 aus heutiger Sicht nicht mehr völlig befriedigend. Zwar ist die dort dargestellte Modellstruktur im wesentlichen formal in Ordnung und entspricht der Theorie Beers, wie sie in der ersten Auflage von „Brain of the Firm" dargestellt wurde. Das inzwischen erschienene Buch „Heart of Enterprise" unterscheidet sich von „Brain of the Firm" vor allem dadurch, dass Beer hier vollständig auf die in „Brain of the Firm" vorherrschende, neurophysiologische Analogie und Terminologie verzichtet und das Modell von Grund auf neu im manageriellen Kontext entwickelt. Es unterscheidet sich ferner durch einen wesentlich grösseren Reichtum an Details, eine andere graphische Konvention bei der gleichzeitigen Darstellung mehrerer Rekursionsebenen und durch eine graphisch expressionistischere Darstellungsweise, die meines Erachtens dem Verständnis des Modells wesentlich dient.

Dennoch bildet meiner Erfahrung nach die grösste Schwierigkeit die *Interpretation* des Modells, d. h. die Zuordnung realer Gegebenheiten zu den Elementen des Modells oder, umgekehrt formuliert, die Wahrnehmung der Realität in Ausdrücken, in der Sprache des Modells. Dieser Mapping-Prozess in beide Richtungen ist ausserordentlich wichtig und muss in absolut richtiger Weise gemacht werden. Ansonsten ist das Modell entweder wertlos oder irreführend. Insbesondere wenn als Folge einer Modellierung Gestaltungsmassnahmen für die Entwicklung einer Unternehmung vorgeschlagen werden, riskiert man bei Missinterpretationen gravierende Fehlentwicklungen. Dies wäre etwa vergleichbar mit der Wahl eines falschen Weges aufgrund einer Fehlinterpretation einer Landkarte.

Die richtige Interpretation des Modelles ist auch deshalb so wichtig, weil es sich hier nicht einfach um einen weiteren, mehr oder weniger beliebigen Ansatz handelt, sondern meiner Auffassung nach um eine echte Theorie, vielleicht sogar um die einzige wirkliche, die wir im Management haben. Beer versteht sein Modell als *notwendig und hinreichend* für die Modellierung lebensfähiger Systeme, und seine Argumente scheinen mir schlüssig und zwingend zu sein. Aber auch meine eigenen Erfahrungen im Umgang mit dem Modell überzeugen mich von seiner Leistungsfähigkeit. Die „Haltbarkeit" dieser Theorie hängt aber eben von der richtigen Interpretation im obigen Sinne ab. In dieser Hinsicht werden hier erheblich höhere Ansprüche gestellt, als sie meines Erachtens sonst in der Management-Literatur üblich sind. Dies hängt damit zusammen, dass der von Beer verwendete Modell-Begriff und die damit zusammenhängende Modell-Theorie etwas völlig anderes sind, als man in einem grossen Teil der Literatur darunter versteht. Es ist nicht zu verkennen, dass sich ein sehr salopper Gebrauch des Modell-Begriffes eingebürgert hat, was noch dadurch unterstützt wird, dass auch in der Alltagssprache ein undisziplinierter Gebrauch von diesem Begriff gemacht wird.

Im Zusammenhang mit diesen kritischen Bemerkungen möchte ich allerdings auch darauf hinweisen, dass es noch einige schwierige Probleme im Zusammenhang mit dem Modell selbst gibt, dass also noch längst nicht alle Fragen geklärt sind. Wenn ich oben sagte, dass Beers Modell meiner Auffassung nach eine eigentliche Theorie darstellt, so ist festzustellen, dass dies möglicherweise nur bedingt mit den Auffassungen des Autors selbst übereinstimmt. Beer ist in dieser Frage unklar und mehrdeutig; möglicherweise hängt das mit unterschiedlichen Theorie-Begriffen zusammen. Zum zweiten muss eingeräumt werden, dass eine empirische Überprüfung dieser Theorie mit gewissen Schwierigkeiten verbunden ist. Dies nicht etwa deshalb, weil ihre prinzipielle Falsifizierbarkeit nicht gegeben wäre. Es sind durchaus Ereignisse bzw. Beobachtungen vorstellbar, die mit dem Modell und seinen Implikationen nicht vereinbar wären. Das Problem besteht eher darin, dass weit verbreitete Methoden der Überprüfung von Hypothesen und Theorien vermutlich hier nicht anwendbar sind. Die Qualität einer Theorie entscheidet sich aber nicht nach dem jeweils gegebenen Stand der empirischen Testmethoden, die eben, wie in vielen anderen Disziplinen, entsprechend weiter entwickelt werden müssen. Kybernetische Theorien haben hier von Anfang an recht hohe Ansprüche an die Phantasie gestellt.

Ich möchte im folgenden skizzieren, wie mein gegenwärtiges Verständnis des Modells von Beer ist, wie es sich in vielen Versuchen der praktischen Anwendung, von denen einer im nächsten Abschnitt dann beschrieben wird, herausgebildet hat. Insbesondere möchte ich damit auch aufzeigen, wie gross der Anwendungsspielraum ist, den wir mit diesem Modell abdecken können und wie vielfältig demzufolge die Phänomene sind, die wir mit Hilfe dieses Modelles erfassen können. Ob daraus in jedem Einzelfall auch ein *besseres* Verständnis resultiert, als man ohne das Modell besitzt, ist eine Frage, die meines Erachtens nur jeweils sehr individuelle respektive persönliche Antworten erlaubt. Je nachdem, wie vertraut jemand mit ganz konkreten Systemen ist, wird er möglicherweise eine bestimmte Modellierung und Interpretation mit Hilfe des Modells als trivial im Sinne von „schon längst bekannt" empfinden. Überblickt man aber die ganze Breite des Spektrums von mit Hilfe des Modells erfassbarer Phänomene, so wird sehr leicht zu erkennen sein, dass es sich hier um ein ausserordentlich universelles Instrument handelt und dass es uns eben deshalb genau jenen Dienst erweist, den wir von einer *allgemeinen* Systemtheorie erwarten: unser Verständnis über jegliche Art von Systemen zu verbessern, auch über jene, bezüglich welcher wir uns aufgrund unserer unvermeidlich disziplinären Ausbildung nicht als Experten verstehen dürfen.

Ich möchte mit den folgenden Skizzierungen auch aufzuzeigen versuchen, dass das Modell alles andere als technokratisch, mechanistisch oder deterministisch ist. Ferner möchte ich mit Hilfe dieser Ausführungen auch wenigstens andeutungsweise zeigen, dass wir mit Hilfe dieses Modells Gestaltungs- und

Lenkungs-Spielarten entdecken können, die uns ansonsten gänzlich verborgen bleiben oder zumindest nicht in dieser konzentrierten Form als Erkenntnisvorrat zur Verfügung stünden.

Leider kann es dem Leser nicht erspart werden, je nachdem, wie gut er Kapitel 1 noch in Erinnerung hat, hin und wieder zurück zu diesem Kapitel zu blättern, sei es um die Abbildungen zu konsultieren oder um Vergleiche zwischen der damaligen und der heutigen Meinung anzustellen.

4.21 Grundüberlegungen zur Strukturbildung in Unternehmungen

Einige Vormerkungen zu den Grundvorstellungen des Modells sind erforderlich, denn auch hier sind durch die praktischen Versuche gewisse Akzentverschiebungen eingetreten, die dem Verständnis dienlich sein können.

4.211 Die Lebensfähigkeit des Ganzen

Im Gegensatz zu den Effizienzkriterien der betriebswirtschaftlichen Organisationslehre, die primär ökonomisch ausgerichtet sind, steht bei den folgenden Strukturvorstellungen die Überlegung im Mittelpunkt, dass eine Unternehmung vor allem die Eigenschaft der „Lebensfähigkeit" aufweisen sollte. Dies wurde ja an vielen Stellen der Arbeit näher erläutert. Daher genügen hier einige Hinweise.

Im Grunde sind die entscheidenden Ziele einer Unternehmung nicht ökonomischer Natur. Es geht nicht um Gewinnmaximierung, Kostenminimierung usw., es geht im Prinzip darum, im Geschäft zu bleiben. Im Zentrum steht also die dauerhafte Sicherung der Existenzfähigkeit, eine Grösse, die etwa mit den Mitteln des Finanz- und Rechnungswesens, also mit Bilanzen usw. nicht zum Ausdruck gebracht werden kann. Bis heute fehlt in der Betriebswirtschaftslehre fast vollständig eine Auseinandersetzung mit der Vorstellung einer „gesunden Unternehmung".

4.212 Die Teile und das Ganze

Jede Unternehmung besteht in der Regel aus Teilen. Während man in der klassischen Organisationslehre noch davon ausging, dass praktisch beliebige Tätigkeiten als Teile der Unternehmung definiert werden können und in der Folge ja auch praktisch alle auch nur einigermassen in Betracht kommenden Teile als Basiselemente grundlegender Organisationsalternativen Verwendung fanden, steht hier die Überlegung im Zentrum, dass nur ganz bestimmte Elemente als Teile des Ganzen angesehen werden können. Was Teil eines Ganzen sein soll, muss selbst wieder ein Ganzes darstellen können. Ein Kanton ist Teil der Schweiz; er ist selbst aber wiederum eine Ganzheit. Alle Teile zusammen bilden die Schweiz als Ganzheit, ohne deshalb aber ihre Identität und relative Autonomie aufzugeben. Sie geben gerade soviel an Autonomie ab, als erforderlich ist, um ein neues Ganzes entstehen zu lassen; sie behalten aber genügend Autonomie, um als eigenständige Ganzheiten mit eigener Identität existieren zu können.

Während beim Staat das Verhältnis zwischen Teil und Ganzem weitgehend fixiert ist, muss es in der Unternehmung als variabel betrachtet werden, da sich die Unternehmung unter wesentlich grösserem Anpassungsdruck befindet.

4.213 Struktur und Organisation

Was in den üblichen Organigrammen abgebildet werden kann, hat meistens nur sehr wenig mit dem eigentlichen Funktionieren und dem Charakter der Unternehmung zu tun. Zwar braucht man Organigramme, um damit gewisse Dinge, wie etwa direkte Unterstellungsverhältnisse usw. zum Ausdruck bringen zu können. Auf die Frage, wie eine Unternehmung aber wirklich funktioniert, geben sie nur höchst mangelhaft Auskunft. Es sind gewissermassen „hinter" den Organigrammen liegende Strukturen, die die Verhaltensmöglichkeiten der Unternehmung bestimmen. Ich bezeichne sie als Tiefenstrukturen, im Gegensatz zu den in den Organigrammen sichtbar werdenden Oberflächenstrukturen.

Dass die offiziellen Organigramme, einschliesslich der zur Organisation bzw. zum Organisieren im weitesten Sinne gehörenden Reglemente, wenig mit dem wirklichen Funktionieren der Unternehmung zu tun haben, sieht man etwa daran, dass in vielen Organisationen die Befolgung dieser Regelungen etwa der Wirkung eines Generalstreikes gleichkäme. Wo immer „Dienst nach Vorschrift" gemacht wird, funktioniert nichts mehr. Dies ist meines Erachtens ein wichtiges, wenn auch nicht besonders beliebtes Indiz dafür, dass Unternehmungen in sehr vielen Fällen nicht wegen, sondern trotz der offiziellen organisatorischen Bestimmungen funktionieren.

4.22 Die Basiseinheiten eines lebensfähigen Systems: System 1

Basiseinheiten des lebensfähigen Systems sind alle jene Operationen bzw. Aktivitäten, die der eigentlichen Leistungserbringung und damit der Zweckerfüllung der Unternehmung dienen. In der Regel sind dies alle jene Bereiche, die (im Prinzip) wieder eine selbständige Unternehmung sein könnten oder sein sollten. Eine Basiseinheit in diesem Sinne, von Beer als „operational element" bezeichnet, muss eine eigenständige externe Umwelt haben, d. h. einen Markt, Wirtschaftsraum usw., mit dem Interaktionen zur Erbringung der Leistung bestehen. Die Umwelt einer derartigen Basiseinheit umfasst alles, was für die Lebensfähigkeit (den dauerhaften Erfolg) der Operation relevant ist: gegenwärtige Kunden, potentielle Kunden, Konkurrenten, Lieferanten, potentielle Mitarbeiter usw. und zwar in allen relevanten Dimensionen, wirtschaftlich, kulturell, technologisch, sozial, politisch usw. Lässt sich eine derartige Umwelt nicht bestimmen, so sind erhebliche Zweifel angebracht, ob es sich bei einer als Basiseinheit vorgeschlagenen Operation wirklich um ein Element des Systems 1 handeln kann.

Die Operationen müssen alles umfassen, was für die Sicherung der Lebensfähigkeit erforderlich ist, d. h. also alles, was an die Umwelt für die Sicherung des dauerhaften Erfolges geleistet werden muss. Das Management dieser Operation hat für das Fliessgleichgewicht zwischen Umwelt und Unternehmung zu sorgen.

Im Zentrum dieser Überlegungen steht somit in praktischen Fällen die Frage, was alles als operative Elemente von System 1 verstanden werden kann. Da gibt es zunächst in Zusammenhang mit bestimmten Unternehmungstypen einige recht einfache Interpretationsfälle. Soweit wir es mit einem divisionalisierten Konzern, mit einer Unternehmungsgruppe mit relativ selbständigen Tochtergesellschaften zu tun haben, ist die Interpretation klar und springt ins Auge. Etwas schwieriger wird das Problem jedoch dann, wenn nicht schon prima vista derartige, im Prinzip relativ autonome Teile erkennbar sind, sondern wir es viel eher mit einer traditionellen Unternehmensstruktur zu tun haben, also im wesentlichen eine Organisation funktionaler Natur. Je nach Branche ist die Interpretation wiederum unterschiedlich. Gehen wir von einem typischen funktional organisierten Industriebetrieb aus, so gibt es im Prinzip nur zwei Kandidaten für die Einser-Systeme: Produktion und Verkauf (nur in seltenen Fällen Marketing).

Bereits bei der Entscheidung, Produktion *und* Vertrieb, oder *nur* die Produktion, oder *nur* den Verkauf als System 1 zu verstehen, zeigt sich nun ein wesentlicher Aspekt der Interpretationskraft dieses Modells. Nehme ich Produktion und Vertrieb gleichermassen und im Prinzip gleichwertig als Systeme 1, so stellt sich sofort die Frage nach ihren konkreten Interaktionsformen, nach den Austauschbeziehungen und vor allen Dingen nach den Koordinationsformen, die vorzusehen sind, damit das ganze System die Eigenschaft der Lebensfähigkeit haben kann. Aus der Praxis ist wohlbekannt, dass in der Regel diese beiden zentralen Funktionen selten in gleichwertiger Form vorkommen können, sondern dass in der einen oder anderen Form ein deutliches Dominanzstreben festgestellt werden kann. Dies stellt gerade die Praxis der Unternehmungsführung in solchen Strukturformen zwar vor nicht unlösbare, aber für derartig strukturierte Unternehmungen ganz typische Probleme.

Wählen wir eine der anderen Formen, so ist ebenfalls klar, dass sich die Natur ein und desselben Unternehmens je nach der Wahl, die wir treffen, grundsätzlich und vollständig verändert. Stellen wir die Produktion als Systeme 1 in den Mittelpunkt, so haben wir es mit einem typisch produktionsorientierten, damit in der Regel technologie-dominierten Unternehmen zu tun, das von ganz bestimmten Mentalitäten geprägt ist, in dem ganz bestimmte Persönlichkeiten mit sehr typischen Ausbildungskonfigurationen und Weltanschauungen dominierend sein werden. Die dauerhafte Lebensfähigkeit eines derartigen Unternehmens ist damit ein Problem eines ganz speziellen Typs, denn wir können mit grosser, fast an Sicherheit grenzender Wahrscheinlichkeit die Prognose wagen, dass dieser Unternehmenstyp seine Marketingfragen nie besonders gut lösen wird und bezüglich Marktbearbeitung, -durchdringung usw. einem anders strukturierten Unternehmen immer unterlegen sein wird. Ob dies im einzelnen Fall tolerabel sein wird, ob man mit den daraus resultierenden Problemen leben kann oder nicht, kann nicht generell entschieden werden, sondern bedarf einer genauen Analyse des Einzelfalles und es bedarf vor allem entsprechender Vorkehrungen mit Bezug auf andere Subsysteme des Gesamtsystems. Ich würde mich jedenfalls als Verwaltungsrat eines derartigen Unternehmens um ganz andere Fragen primär kümmern, als im alternativ strukturierten Unternehmenstyp, in dem der Verkauf als Systeme 1 im Mittelpunkt steht. (Ich spreche deshalb von den Systemen 1 immer im Plural, weil in der Regel auch in derart strukturierten Unternehmungen mehrere Produktionsbereiche bzw. mehrere Verkaufsbereiche nach Produktgruppen, nach Regionen oder anderen Kriterien unterschieden werden können, so dass wir es nur selten mit einem vollständig homogenen singulären System 1 zu tun haben. Dieser Sprachgebrauch weicht übrigens von demjenigen Beers etwas ab, was aber kaum zu Problemen oder Missverständnissen führen kann. Mit „System 1" sind hier jene Subsysteme gemeint, die Beer als „operational elements" bezeichnet, die in ihrer Gesamtheit System 1 bilden. Im übrigen habe ich die Bezeichnung „operativ" statt „operational" gewählt, um jeden möglichen Zusammenhang mit dem Problem der Operationalisierung, des Operationalismus usw. zu vermeiden. Hier geht es ja um gänzlich andere Fragen.)

Stehen die Verkaufsbereiche als System 1 im Zentrum des Geschehens und bestimmen sie im wesentlichen die Kriterien der Lebensfähigkeit des Gesamtsystems durch ihre eigene Lebensfähigkeit, so ist klar, dass die praktischen Existenzformen eines derartigen Unternehmens gänzlich anderer Art sind als im produktionsorientierten Typ. Auch hier werden die Führungskräfte andere Denkmuster haben, andere Ausbildungsgänge durchlaufen haben, andere Schwerpunkte setzen usw. Die gesamte Unternehmenskultur, das Betriebsklima usw., also auch jene schwer fassbaren, aber doch für die Steuerung eines solchen Unternehmens entscheidenden Dinge werden sich in diesem Unternehmenstyp gänzlich anders darstellen.

Als typische praktische Beispiele für diese beiden Formen können zwei Unternehmungen des Werkzeugmaschinenbaues genannt werden. In Unternehmung A wurde schon anfangs der sechziger Jahre damit begonnen, den Marktbesitz als ausschlaggebendes Kriterium zu propagieren, dem sich alles unterzuordnen hatte. Diesem Grundsatz folgend wurde Mitte der sechziger

Jahre konsequent damit begonnen, ein Direktvertriebssystem aufzubauen und damit den Vertriebsfragen, insbesondere auch durch die Installation von Marktorganisationen, eine derartige Dominanz zu verleihen, dass alle anderen Fragen dadurch relativ in den Hintergrund gedrängt wurden. Ganz anders ist Unternehmung B, die zu einem erheblichen Teil ähnliche Sortimente hat, aber in wesentlich traditionellerer Weise produktionsorientiert und produktionsdominiert geblieben ist. B vertreibt die hier relevanten Produkte über den traditionellen Einzelhandel. Bisher haben beide Unternehmungen ihre faktische Lebensfähigkeit unter Beweis gestellt, und es ist hier kein Raum, diesbezügliche Prognosen anzustellen. Jedoch ist klar, dass der Charakter zweier Unternehmungen, die in diesem Punkt unterschiedlich strukturiert sind, völlig anders ist. Die Lebensfähigkeit eines Unternehmens kann auf unterschiedliche Weise gewahrt sein; diese fundamentale Entscheidung impliziert aber im Lichte dieses Kriteriums gänzlich unterschiedliche Konsequenzen in anderen Unternehmensbereichen.

Das Modell von Beer zeigt uns auch, dass andere, in funktionalen Organisationen zu findende Bereiche wie etwa Personalwesen, Finanz- und Rechnungswesen, Forschung und Entwicklung, EDV und Administration usw. in aller Regel keine Systeme 1 sein *können,* denn sie dienen nicht der Erfüllung der wirklichen Zwecksetzung des Systems. Es handelt sich dabei vielmehr um unterstützende Funktionen, die nur deshalb notwendig sind, weil wir etwas produzieren und vertreiben wollen. Wir begegnen hier bereits der Sinnfrage, von der immer wieder behauptet wurde, dass sie im Modell von Beer keinen Platz habe. Der Sinn einer Unternehmung liegt in ihrer Zwecksetzung, die aufgrund von ausserhalb der Unternehmung liegenden Kriterien beurteilt wird. Die gesellschaftliche Relevanz, die Fähigkeit, dauerhaft bestimmte gesellschaftlich nützliche Leistungen zu erbringen, ist meiner Auffassung nach 90 % des Sinns, den eine Unternehmung haben kann. Die Sinnfrage wird nun aber eben durch die Entscheidung bestimmt, was man als System 1 verstehe, bzw. welche Tätigkeiten, Funktionen usw. man zum System 1 macht.

Wir begegnen hier einer zweiten Frage, die immer wieder aufgeworfen wird: Ist soziale Realität wirklich real, also gegeben oder ist sie kollektiv konstruiert? Nach meiner Auffassung ist sie beides. Auf gewisse Gegebenheiten muss ich in gewissen Situationen Rücksicht nehmen, ob mir das passt oder nicht. Anderes lässt sich gestalten, wenn man will kann man dazu auch „konstruieren" sagen. Im Zusammenhang mit dem Modell lebensfähiger Systeme ist ebenfalls beides zu berücksichtigen. Wichtig ist im Zusammenhang mit konstruktivistischen Argumenten aber der Umstand, dass man natürlich einen gewissen Spielraum mit Bezug auf die Frage hat, was man als System 1 haben möchte. Man wird also in sehr vielen Fällen aus gewissermassen realen Gegebenheiten, wie etwa bestimmten Marktstrukturen, potentiellen Kundengruppierungen, vorhandenen Technologien usw. nicht ohne weiteres mit zwingender Notwendigkeit eine Entscheidung über die Wahl der Systeme 1 ableiten können. Man wird sich in einer beträchtlichen Zahl von Fällen in einem echten Sinne *entscheiden* müssen, d. h. man wird eine Wahl treffen müssen darüber, auf welchen Fundamenten man die Lebensfähigkeit der Gesamtunternehmung aufbauen will. Diese Wahl kann fraglos auch falsch sein, und eine zu einem bestimmten Zeitpunkt richtige Wahl kann im Zeitablauf falsch werden, weil sich möglicherweise die Rahmenbedingungen verändert haben.

Für die Bestimmung der operativen Elemente von System 1 sind Fragen folgender Art nützlich: Ist der vorgeschlagene Bereich, bzw. die vorgeschlagene Operation im *Prinzip* in der Lage, als autonome Unternehmung zu operieren? Hat er angesichts der Umwelt- insbesondere der Marktbedingungen dafür die richtige Grösse? Rechtfertigt seine Umwelt und seine Aktivitäten die nach heutigen Kenntnissen erforderliche Ausstattung mit der gesamten Infrastruktur (Personal, Know-how, Maschinen, Räume, Ressourcen usw.)? Erbringt der Bereich die richtigen Leistungen? Worauf beruht seine Lebensfähigkeit? Wieviel Autonomie ist erforderlich? Welche Bindungen sind nötig? Welche Unterstützung braucht der Bereich durch das Ganze? Was bindet ihn an das Ganze? Es ist unerlässlich, dass Fragen dieser Art sehr gründlich diskutiert werden. Fehler oder falsche Kompromisse produzieren immer Folgeprobleme struktureller und operationeller Art.

Ein noch weiter vertieftes Verständnis für die mit den Systemen 1, d. h. den mit relativ hoher Autonomie ausgestatteten operativen Einheiten eines Systems, durch die sich dessen Zwecksetzung und Sinnfrage wesentlich bestimmt, gewinnen wir bei Betrachtung ganz anderer Systemtypen, die mit der Wirtschaft nichts zu tun haben. So sind etwa die einzelnen Mitglieder einer Familie ebenfalls Systeme. Überhaupt ist die Modellierung der Familie ein hochinteressantes Anwendungsbeispiel für das Modell lebensfähiger Systeme. Jedermann ist mit typischen Verhaltensformen, insbesondere auch solchen pathologischer Art in Familien vertraut. Bei intakten Familien, so würde die Hypothese lauten, müssten wir sämtliche durch das Modell implizierten Funktionen auffinden können. Familiendefekte, pathologische Familienstrukturen usw. müssten durch entsprechende Struktur- und Funktionsmängel im Modell identifizierbar sein. Ich habe mehrfach versucht, beispielsweise die Arbeiten von *Watzlawick* und der *Palo-Alto-Gruppe* zur Familientheorie im Lichte des Modells von *Beer* zu interpretieren und finde, dass diese Interpretationen durchaus sinnvoll sind. Kinder sind bis zu einem gewissen Alter natürlich nur potentielle Kandidaten für Systeme 1, denn sie sind zwar ihrer biologischen Struktur nach, d. h. auf einem tieferen Rekursionsniveau bereits lebensfähig, soziokulturell, ökonomisch usw. erreichen sie dieses Stadium jedoch erst in der Regel nach der Pubertät. Die Probleme, vor die sich eine Familie in der Phase der Pubertät der Kinder gestellt sieht, zeigt in ganz besonders drastischer Weise, was es bedeutet, wenn potentiell lebensfähige Systeme nunmehr ihre Autonomie beanspruchen. Die Lenkungsformen einer Familie müssen sich in dieser Phase in mannigfaltiger Hinsicht anpassen, wenn verhindert werden soll, dass die Familie in dieser Zeit auseinanderfällt. Es braucht neue Formen des gegenseitigen Verständnisses, neue Formen der gegenseitigen Rücksichtnahme und in vielerlei Hinsicht eine Neudefinition der Rollen, die die einzelnen Mitglieder spielen, insbesondere auch ihrer jeweiligen Systemfunktionen, die sie neu übernehmen, bzw. auch abgeben müssen.

Aber auch etwa die Kantone der Schweiz bzw. die Länder eines Bundesstaates sind typische Einser-Systeme. Ihre jeweilige relative Autonomie im Verhältnis zum Bund ist eine in den unterschiedlichen Ländern verschieden beantwortete Frage. Wir wissen aber aus der Geschichte wie auch aus der Staatslehre, wie schwierig die Lösung dieses Problems sowohl in grundsätzlicher Hinsicht wie auch mit Bezug auf die einzelnen Sachfragen sein kann. Wir sehen hier auch sehr deutlich, was es heisst, sich als Teil eines grösseren Ganzen zu verstehen, nichtsdestoweniger aber seine Einheit und Ganzheit in der Teilheit zu bewahren. Die Eigenschaft, Teil des Ganzen zu sein, bestimmt interessanterweise hier zu einem wesentlichen Grad die Ganzheit des Teiles. In der Schweiz ist von besonderem Interesse die Entstehung des Kantons Jura. Hier ging es par excellence um die Frage, mit welcher Infrastruktur, mit welchen Rechten, Pflichten usw. ein Teil ausgestattet sein muss, um in sich wieder lebensfähig zu sein, ohne aber vollständig autonom zu werden, sondern eben mit der Auflage, als Teil des Ganzen weiter zu existieren.

In ähnlicher Weise können wir die Staaten der europäischen Gemeinschaft oder der UNO als Systeme 1 verstehen. Im Gegensatz aber zu einem echten Bundesstaat sehen wir hier eine ausgesprochen lockere Verbundenheit, die in erster Linie darauf beruht, dass die Teile sich eben nicht als Teile des Ganzen primär verstehen, sondern als autonome Ganzheiten. Die Autonomie geht hier soweit, dass der Bestand des Ganzen deutlich gefährdet ist, wie die Probleme der EG immer wieder zeigen und wie etwa die UNO ebenfalls sehr deutlich zeigt. Sowohl der EG wie auch der UNO fehlen im Lichte des Modells ganz eindeutig Strukturmerkmale, die sie erst zu einem lebensfähigen Gesamtsystem machen würden. Solange diese Strukturmerkmale (Systeme 2, 3, 4, 5) fehlen, kann die sichere Prognose abgegeben werden, dass die Effektivität und Effizienz dieser Systeme nicht besser werden wird und dass wir auch in Zukunft mit den gegenwärtig bekannten Problemen leben müssen.

Um noch ein Beispiel aus einem ganz anderen Lebensbereich zu erwähnen, möchte ich die Musik bemühen. Die Mitglieder (die einzelnen Musiker) eines Orchesters sind dessen Einser-Systeme. Ebenso etwa die Mitglieder einer Jazz-Band. Ihr jeweiliges Verständnis ist aber, weil sie Teile ganz anderer Arten von Systemen sind, auch ein gänzlich unterschiedliches, und deshalb sind auch ihre Verhaltensweisen gänzlich voneinander verschieden. Die Einheit des Orchesters beruht mit anderen Worten auf anderen Verhaltensweisen als die Einheit der Jazz-Band. Der entsprechende Output des Systems, das heisst die Musik, die die beiden Klangkörper machen, ist demzufolge je unterschiedlich. Aber auch hier sehen wir ganz deutlich das Phänomen der relativen Autonomie des Teiles im Ganzen.

Wenn in all diesen Beispielen von Lebensfähigkeit die Rede ist, so ist natürlich niemals die Lebensfähigkeit im biologischen Sinne gemeint, es sei denn auf einer ganz bestimmten Rekursionsebene. Die Lebensfähigkeit eines Musikers in einem berühmten Orchester, wie etwa den Berliner Philharmonikern, ist nicht eine Angelegenheit seiner biologischen Strukturen, die allerdings ebenfalls gegeben sein müssen, damit er als biologische Einheit auf einer anderen Rekursionsebene lebensfähig ist. Sein „Überleben" im Orchester, das heisst als Teil des Orchesters, beruht aber auf ganz anderen Dingen, wie etwa seiner Virtuosität mit Bezug auf die Beherrschung seines Instrumentes, seiner Bereitschaft, sich den Spielregeln des Systems anzupassen und unterzuordnen, also mit einem Wort: darauf, dass er es akzeptiert Teil des Ganzen zu sein. Dennoch wird er aber bestrebt sein, eine ganz bestimmte Art von Identität auch in diesem Verbund zu bewahren, jene Identität nämlich, die ihn zu einem individuellen Musiker mit ganz bestimmten Interpretationen seiner Partitur, mit einem ganz bestimmten Ausdrucksvermögen auf seinem Instrument usw. macht. Während nun der normale Orchestermusiker, etwa ein Mitglied des Blocks der zweiten Geigen, oder der Kontrabässe usw. sich aufgrund der Orchesterräson in seiner musikalischen Identität in ausserordentlich hohem Masse gewissermassen der Zwecksetzung des Orchesters unterzuordnen hat (was übrigens für viele Musiker zu einem echten Problem wird), so kann es sich der Solist in jedem einzelnen Instrumentenblock, oder etwa der Konzertmeister viel eher erlauben, seine individuelle Note und Eigenart zu pflegen. Der eigentliche Instrumentalsolist, für den das Orchester viel eher unterstützendes Werkzeug als Selbstzweck ist, kann natürlich seine Individualität in fast maximaler Form ausleben, obwohl sich auch dieser je nach Musikstück während gewisser Teile der Komposition sehr stark und deutlich dem Orchester unterzuordnen hat. Strukturell ähnliche Überlegungen sind auch mit Bezug auf die einzelnen Musiker in einer Jazz-Band zu machen. Das Verhältnis des einzelnen Jazz-Musikers zum Ganzen ist in der Regel ein völlig anderes als dasjenige eines Orchestermusikers zu seinem Orchester. Beide sind Systeme 1 eines Gesamtsystems. In beiden Fällen wird das Ganze durch seine Teile wirksam und konstituieren die Teile das Ganze. Ihre jeweils gegenseitigen Verhältnisse, die Frage, worauf Autonomie, Identität und Sinn im Ganzen beruhen, sind je verschieden zu beantworten. Gerade deshalb aber sind diese beiden Beispiele hervorragende Illustrationen für die gesamte Bandbreite, die wir mit Hilfe des Modells von Beer zu erfassen vermögen.

4.23 Mehrere Teile – Chance für ein grösseres Ganzes: System 2

4.231 Vielfalt der Teile

Jede Unternehmung, wie auch jede andere soziale Institution, hat in der Regel mehrere, als operative Elemente zu verstehende Teile. Entgegen den Darstellungsformen in Organigrammen (falls sie dort überhaupt vorkommen) sind aber nicht alle gleich. Vielmehr hat jeder operative Bereich seine eigene Natur, seine Besonderheiten, sein eigenes Selbstverständnis, seine Entwicklungsgeschichte – kurz: seine Story. Wie in einer Familie gibt es Grosse und Kleine, Dicke und Dünne, Ruhige und Temperamentvolle usw., und sie müssen alle irgendwie miteinander auskommen.

Die einzelnen operativen Elemente stehen in der Regel untereinander in Kontakt bzw. pflegen Interaktionen untereinander. Die Art dieser Kontakte kann ausserordentlich vielfältig sein und muss im einzelnen sehr genau bedacht werden, da sie die Natur der Gesamtunternehmung wesentlich beeinflussen. Wenn im Grossen und Ganzen eher Konkurrenzverhältnisse zwischen den einzelnen Unternehmensbereichen besteht, ist die Gesamtsituation eine wesentlich andere, als wenn die gegenseitigen Beziehungen eher kooperativer Natur sind, oder wenn möglicherweise die gegenseitigen Beziehungen nur sehr lockerer Art sind und eventuell nur in der juristischen Zugehörigkeit zu einer gemeinsamen Muttergesellschaft bestehen.

In den gegenseitigen Beziehungen der Teile zueinander liegen auch die Potentiale für Synergie-Effekte. Gelingt es, allfällige Konkurrenzbeziehungen in konstruktiver Weise als leistungsfördernd zu nutzen? Was muss getan werden, um Know-how, Erfahrungen, Spezialkenntnisse usw. von einem Bereich in den anderen zu transferieren? In welcher Weise können die Bereiche gegenseitig voneinander Nutzen ziehen? Wo können sie sich gegenseitig unterstützen? In welcher Beziehung kann der eine Bereich dem anderen aushelfen (durch den Ausgleich von Spitzenbelastungen, durch den Austausch von Personal usw.)?

4.234 Oszillationen und Koordination

Müssen oder wollen mehrere Bereiche zusammenarbeiten, so entstehen in aller Regel auch Konflikte. Jeder einzelne Bereich hat den Auftrag, seine Umwelt und die darin liegenden wirtschaftlichen Chancen voll auszuschöpfen. In jeder Umwelt (Markt, usw.) können sehr unterschiedliche Spielregeln herrschen, auf die man sich voll einstellen muss. Der einzelne Bereich braucht also seine relative Autonomie notwendig, um das Geschäft machen zu können.

Selbst bei besten gegenseitigen Absichten kommt es fast unvermeidbar immer wieder zu Reibereien, zu potentiellen Missverständnissen, bis hin zu konkreten Interessenkonflikten. Je stärker die einzelnen Bereiche und ihre lokalen Managements sind, um so eher ist mit Konfliktsituationen zu rechnen.

Zu einem erheblichen Teil resultieren diese Konfliktsituationen daraus, dass jeder einzelne Bereich zu wenig über alle anderen Bereiche weiss, daher zu wenig Verständnis aufbringen kann für die Gründe, aus denen die jeweils anderen Bereiche in einer ganz bestimmten Weise handeln. Daraus kann unter Umständen sogar die allgemeine Meinung entstehen, die anderen Bereiche handelten aus Absicht in einer für den einzelnen Bereich schädlichen Weise. Dies kann zu einer Art von Konkurrenzdenken führen, dessen Hauptmotiv nicht mehr der „Sportgeist" ist, sondern die Abwehr vermeintlicher Intrigen.

Stehen die einzelnen Bereiche in konkreten Austauschbeziehungen zueinander, so sind ebenfalls vielfältigste Koordinationserfordernisse gegeben. Ist beispielsweise im Rahmen von grösseren Projekten eine bereichsübergreifende Zusammenarbeit des Personals erforderlich, ist der Austausch von Mitarbeitern nötig, um Spitzenbelastungen auszugleichen oder treten etwa Fragen auf, die mit der Bearbeitung potentiell gemeinsamer Kunden und Projekte zusammenhängen, so sind koordinierende Systeme erforderlich.

In Beers Modell fällt diese Koordinationsaufgabe dem System 2 zu. Es ist nun sehr interessant, zu sehen, in welch verschiedenartigen Ausformungen Zweiersysteme real existieren können. Ich möchte in der Folge nur einige wenige Beispiele ohne allzu grossen Kommentar anführen, denn ich glaube, dass die Beispiele für sich selber sprechen.

Ein typisches System 2 ist beispielsweise das Fluglotsensystem an einem grossen Flughafen. Ein Fluglotse ist nicht Vorgesetzter der einzelnen Piloten in den ankommenden und abfliegenden Maschinen. Dennoch wird sich aber jeder Pilot vorbehaltlos und strikte den Weisungen der Fluglotsen unterordnen, um einen geordneten Verkehr am Flughafen aufrecht zu erhalten und Katastrophen zu vermeiden. Es ist diese Form der Koordination (hier in einen sogenannten Tightly-Controlled-System), die Beer mit seinem System 2 meint. Aufgabe der Fluglotsen ist es im wesentlichen, den Piloten diejenigen Informationen zuzuspielen, die diese brauchen, um ihre Operationen erfolgreich abwickeln zu können. Die Fluglotsen müssen dies bezogen auf jeden Einzelfall in Kenntnis aller anderen Fälle tun, denn jede Bewegung eines Flugzeuges kann nur beurteilt, korrigiert und gesteuert werden unter Berücksichtigung der Bewegungen aller anderen Flugzeuge. In ähnlicher Weise ist etwa das Funkleitsystem eines Taxi-Unternehmens ein typisches Zweiersystem. Aber auch der Lehrplan einer Schule oder Hochschule, der Stundenplan einer Schule und die Speisekarte in einem Restaurant sind typische Zweiersysteme. Sämtliche Auktionsmärkte, insbesondere natürlich die Börsen, erfüllen im wesentlichen System 2 Funktionen. Auch die Preissignale in einer marktwirtschaftlich organisierten Wirtschaft erfüllen die Funktion des Systems 2. Darüberhinaus existieren in jedem System eine ganze Fülle weiterer Komponenten, die nur in ihrer Gesamtheit die Totalwirkung der Koordination erfüllen können. Es wäre also beispielsweise falsch, anzunehmen, dass das Preissystem der einzige koordinierende Mechanismus in der Wirtschaft wäre.

Ein typisches System 2 ist die in manchen Betrieben bzw. Abteilungen gepflegte Gewohnheit, zu bestimmten Tageszeiten gemeinsam Kaffeepause zu machen. Oft ist dies die einzige Gelegenheit, bei der sich alle oder jedenfalls ein grosser Teil der Mitarbeiter treffen können. Es ist leicht einzusehen, dass dies eine wichtige Drehscheibe für Informationen ist; hier erfolgt faktische Koordination direkt von Mensch zu Mensch. Selbstverständlich erfüllen auch Sitzungen, Meetings, Anschlagbretter und dergleichen typische Zweierfunktionen. Wer in einem kleineren Dorf, insbesondere in katholischen Gegenden aufgewachsen ist, wird wissen, dass die Männer nach dem sonntäglichen Kirchgang die Gewohnheit haben, eine gewisse Zeit auf dem Kirchplatz in kleineren Gruppen zusammenzustehen, um in unstrukturierter Weise über alles mögliche zu reden. Diese soziale Institution erfüllt ebenfalls System-2-Funktionen. Wer Erfahrungen mit diesen Mechanismen hat, weiss ganz genau, dass gewisse Arten von Informationen nur bei dieser Gelegenheit überhaupt in Erfahrung gebracht werden können. Das „Dazugehören" oder „Dabeiseindürfen" bestimmt in diesem Zusammenhang auch zu einem erheblichen Teil, wer als Einsersystem akzeptiert ist oder nicht und wer demzufolge in den Genuss der koordinierenden Wirkung dieses Zweiersystems gelangen darf.

In Unternehmungen haben wir als typische Zweiersysteme gewisse Teile des Controllings, gewisse operative Planungselemente, etwa gewisse Formen eines PPS, in manchen Fällen die Arbeitsvorbereitung und dergleichen. Aber auch bestimmte Fertigungsmodalitäten (Bandfertigung, Shop-Fertigung, usw.) üben de facto Koordination aus und sind insofern Zweiersysteme.

4.24 Operative Gesamtleitung: Optimierung, Synergie und Allokation der Ressourcen-System 3

Kann das Ganze wirklich mehr als die Summe der Teile sein? Unter welchen Voraussetzungen ist das Ganze mehr als die Summe der Teile?

Das gegenseitige Zusammenwirken mehrerer, in Prinzip autonomer Bereiche garantiert für sich genommen noch keinesfalls die Erfüllung der Bedingung, dass das Ganze mehr als die Summe der Teile sein soll. Auch die koordinierenden Mechanismen können allein diese Forderung noch nicht gewährleisten. Wenn es aber auf Dauer Sinn haben soll, sich als Teil eines Ganzen zu verstehen, so müssen aus der Zugehörigkeit eines Teiles zum Ganzen gewisse Vorteile für den Teil resultieren, die er ohne Zugehörigkeit zum Ganzen nicht hätte. So wie beispielsweise ein Kanton konkrete Vorteile aus seiner Zugehörigkeit zur Schweiz zieht, für die er letztlich auch bereit ist, gewisse Opfer zu bringen, ist auch die Situation in den Unternehmungen.

Es braucht also eine Funktion, die in der Lage ist, in Kenntnis des Ganzen und im Lichte der Interessen des Ganzen, insbesondere im Lichte seiner inneren Kohärenz gewisse steuernde und regulierende Funktionen vorzunehmen. In einer Familie muss man manchmal das eine Kind ein bisschen zurückhalten, damit ein anderes Kind nicht in den Schatten eines älteren Geschwisters gerät. Man muss aber, wie die Alltagserfahrung gerade im Zusammenhang mit der Kindererziehung zeigt, diese ausbalancierende Funktion sehr sorgfältig und behutsam vornehmen.

In ähnlicher Weise ist das ständige Ausbalancieren der Interaktion der Bereiche eines Unternehmens zu sehen. Diese Funktion ist System 3; sie wird mit „Operatives Corporate Management" bezeichnet. Diese Funktion ist die Gesamtheit aller operativen Linienfunktionen, die wir in traditionellen Organigrammen finden. Von ihr geht daher auch die zentrale Interventionskraft aus, die notfalls mit formaler Befehlsgewalt Weisungen durchzusetzen vermag. Entscheidend ist allerdings, dass von dieser zentralen Befehlsgewalt äusserst sparsamer Gebrauch gemacht wird, weil naturgemäss die einzelnen quasi autonomen Bereiche jede derartige Intervention als unzulässigen Eingriff in ihre Autonomie zu interpretieren neigen. Zwar wird im allgemeinen akzeptiert, dass es eine derartige Funktion geben muss, doch will sie niemand „am eigenen Leib" verspüren.

Je besser die Abgrenzung der einzelnen autonomen Bereiche erfolgt ist, je sauberer also die Logik der Unterteilung eines Ganzen in Bereiche ist, und je besser die koordinierenden Mechanismen des Systems 2 funktionieren, um so eher wird sich System 3 den „Luxus" leisten können, nur sehr sparsam intervenieren zu müssen.

Die Intervention soll im Prinzip auch eher in einer Unterstützung und Hilfe, als in einer Reglementierung und Beschränkung bestehen. Die wichtigsten Instrumente, die dem System 3 in diesem Zusammenhang zur Verfügung stehen, sind die Ressourcen, über die das Gesamtsystem verfügt.

In der Regel denkt man bei Ressourcen zunächst und vor allem an finanzielle Mittel. Diese sind auch von grosser Wichtigkeit, denn gerade durch die Allokation finanzieller Mittel auf die einzelnen Bereiche werden diese gefördert oder zurückgehalten, je nachdem wie ihre Entwicklungsmöglichkeiten eingeschätzt werden (dies ist der tiefere Sinn eines vernünftigen Portfolio-Managements). Es darf aber nicht übersehen werden, dass die Allokation finanzieller Mittel allein bei weitem nicht ausreicht. Von grösster Bedeutung sind auch Ressourcen anderer Art, wie etwa die Zeit, die die operative Leitung für die einzelnen Bereiche aufzubringen vermag; die Intelligenz, die für die Steuerung dieser Bereiche zur Verfügung steht oder gestellt werden kann; die Aufmerksamkeit, die man den einzelnen Bereichen zukommenlassen kann usw.

Von entscheidender Bedeutung ist es, das Verhältnis von Bereichsleitung (Systeme 1) und operativer Gesamtleitung (System 3) gründlich und genau zu verstehen. Die Bereiche und ihre Leitungen operieren im Prinzip aufgrund der lokalen Interessenlage der einzelnen Bereiche. Es ist ihre wichtigste und vornehmste Verpflichtung, für die Lebensfähigkeit ihres Bereiches alles in ihren Kräften Stehende zu tun. Die für die Leitung eines Bereiches verantwortlichen Personen können und dürfen im Prinzip gar nicht an andere Interessen denken, so lange sie gewissermassen den Hut eines Bereichsleiters aufhaben. Andererseits erfordert das Ganze eine völlig andere Perspektive. Im Lichte der Gesamtunternehmung (Corporate Management) sind die Interessen eines jeden Bereiches immer relativ zu den Interessen aller anderen Bereiche zu sehen und daher oft entsprechend den Erfordernissen des Ganzen zu beschränken.

In vielen Unternehmungen wird System 3 zumindest teilweise aus dem Kollektiv der System 1-Manager als Kollegialorgan gebildet. Es ist aber keineswegs als gegeben zu betrachten, dass diese Personalunion sehr verschiedener Funktionen wirklich zu guten Resultaten führt.

Auch hier empfiehlt es sich, zwecks Vertiefung des Verständnisses zu überlegen, wie in anderen Institutionen die Systeme 3 beschaffen sind. Im öffentlichen Bereich sind etwa Landes- oder Bundesregierungen wesentliche Komponenten des Systems 3. Dies mag zunächst seltsam erscheinen, da man bei oberflächlicher Betrachtung Regierungen eher in System 5 einordnen möchte. Zweifellos ist eine Regierung aber nicht die oberste normative Instanz eines Systems, sondern übt im wesentlichen interne Stabilisierungs- und Optimierungsfunktion im Sinne von System 3 aus. Daran ändert auch die Tatsache nichts, dass sie an System 5-Funktionen teilweise mitwirkt.

In gewissen Systemen sind es jedoch nur bedingt Personen, die diese Funktion ausüben. So herrschen etwa in gewissen Familien Traditionen vor, die viel stärker sind als jedes einzelne Familienmitglied oder selbst als die Familie als Ganzes.

Weder die UNO noch die EG haben wirklich funktionsfähige Dreiersysteme. Die rudimentär vorhandenen Ansätze zu dieser Funktion sind insbesondere deshalb völlig überfordert, weil ihnen auch effiziente Zweiersysteme vollständig fehlen und natürlich auch deshalb, weil die Einsersysteme, wie bereits besprochen, ein ganz eigenständiges Selbstverständnis haben.

Ähnlich wie schon bei System 2 ausgeführt, gilt auch hier, dass die von mir genannten Beispiele nicht allein die gesamte Dreierfunktion ausüben. So operiert selbstverständlich der Bundesrat nicht allein als Dreiersystem, sondern vermittels der Verwaltung. Die entscheidende Frage bei allen Dreiersystemen hängt zusammen mit der Integration seiner Teile. Die meisten Dreiersysteme sind durch unheilvolle Missverständnisse im Zusammenhang mit dem Prinzip der Arbeitsteilung aufgesplittert in nicht mehr integrierbare Teilfunktionen. Das Hauptproblem bei der Interpretation der Systeme 3 besteht somit weniger in der Identifikation der Teile, als vielmehr in der Integration der Teile zu einem gesamthaft handlungsfähigen und vor allem koordiniert handelnden Dreiersystem.

Die Optimierung der Gesamtunternehmung kann es erforderlich machen, dass einzelne Bereiche weit entfernt von einem lokalen Optimum einreguliert werden müssen. Die Summe der Bereichsoptima garantiert keineswegs, dass sich ein Gesamtoptimum einstellt.

In diesem Zusammenhang treten nun einige schwierige Probleme auf. Um die richtigen Entscheide aus Sicht des Systems 3 treffen zu können ist System 3 auf Informationen aus den Bereichen angewiesen. Gemäss Abbildung 4(1) kommen diese Informationen über die vertikale Befehls- und Kommunikationslinie einerseits aus den Bereichsleitungen und andererseits via System 2 über die koordinierenden Mechanismen. Die Entscheidungen von System 3 können letztlich nur so gut sein, wie die Informationen, die es besitzt. Jeder Bereichsleiter (System 1) hat aber nun die Neigung, seinen Bereich so darzustellen, wie er ihn gerne gesehen haben möchte. Selbst wenn wir von extremen Formen der bewussten Täuschung absehen, wird selbst der objektivste Bereichsleiter kaum völlig frei von persönlichen Interessen, von Karriereabsichten usw. berichten können. Selbst wenn er sich persönlich grösste Mühe gibt, völlig objektiv zu informieren, so handelt es sich eben immer um *seine* bereichsbezogene Objektivität.

Über die koordinierenden Mechanismen kommen ebenfalls nur ganz bestimmte Arten von Informationen. In der Unternehmung sind dies etwa gewisse Arten der Planung und des Controllings, die häufig von Stabsleuten oder relativ jungen Mitarbeitern ausgeübt werden. Man kann nicht davon ausgehen, dass die ihnen zugängliche Information in allen Belangen ausreichend ist, um System 3 in die Lage zu versetzen, wirklich im Lichte aller erforderlichen Faktoren ausgewogene Entscheide zu treffen.

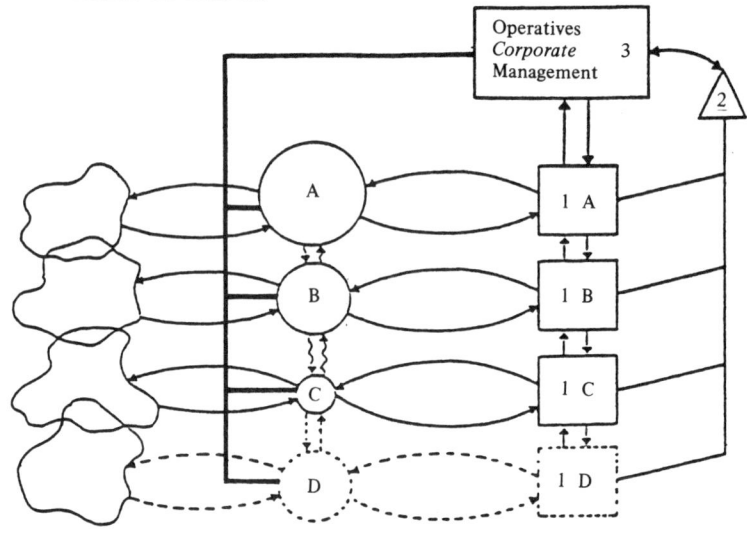

Abbildung 4(1)

Aus diesem Grunde ist ein weiterer Informationskanal erforderlich, der in den meisten Unternehmungen ebenfalls nur sehr mangelhaft ausgestaltet ist und vielfach gründlich missverstanden wird. In Abbildung 4(1) ist dies durch die fett gedruckten Linien repräsentiert.

Dieser Informationskanal verschafft direkten Zugang in die Operationen, gewissermassen um sich ein unverfälschtes Bild von den tatsächlichen Realitäten machen zu können. Dieser Kanal entspricht demjenigen Unternehmer, der nach der Sitte des Patrons am Morgen, bevor er in sein Büro geht, einen Rundgang durch seine Fabrik macht. Bei dieser Gelegenheit versucht er sich ein Bild über die tatsächliche aktuelle Lage zu verschaffen. Er plaudert mit diesem oder jenem, schaut sich das Funktionieren der einen oder anderen Maschine etwas näher an, geht durch die Hallen, führt da ein Gespräch, gibt dort einen Ratschlag, kritisiert hier und lobt dort. Er hat auf diese Weise eine Art von Information gewonnen, die sich durch keine Rapports und Zahlentabellen und auch durch keine mündlichen Berichte ersetzen lässt. Wenn er dann um 9.00 oder 10,00 Uhr sich mit seinen leitenden Mitarbeitern zu einer Sitzung zusammenfindet, weiss er häufig mehr, jedenfalls aber anderes, als seine Mitarbeiter und wird daher in der Lage sein, deren Berichte in einen ganz bestimmten Kontext einzuordnen.

In vielschichtigen und komplexen Unternehmungen ist diese Möglichkeit freilich auf ein Minimum zusammengeschrumpft. Diese Funktion wird daher teilweise von der internen Revision wahrgenommen. Aber beispielsweise auch dadurch, dass Geschäftsleitungsmitglieder auch persönlich in Projekte (an der „Front") mitwirken, Kundenkontakte pflegen und sich in wichtige Beschaffungsverhandlungen einschalten. Dies setzt sie in die Lage, operative Leitungsentscheide für das Ganze nicht nur auf der Basis von Berichten und Zahlen zu treffen, sondern auch die persönliche Erfahrung, den Augenschein und den unmittelbaren Kontakt mit der Realität einfliessen zu lassen.

Es ist klar, dass dieser Kanal sehr häufig als Instrument der Beschnüffelung und Bespitzelung und als Umgehung der Autorität der Linienchefs verstanden wird. Es ist daher von besonderer Bedeutung, allen Mitarbeitern grösstmögliche Klarheit über die funktionelle Bedeutung dieses Kanals zu verschaffen. Nur auf der Basis einer bestmöglichen Einsicht in die Zusammenhänge und strukturellen Wirkungsprinzipien lebensfähiger Systeme werden sie akzeptieren können, dass dieser Kanal unbedingt erforderlich ist.

Alle Systeme und Komponenten, die in der bisher geschilderten Weise zusammenwirken, sind darauf ausgerichtet, das *Gegenwartsgeschäft* unter Kontrolle zu halten. Es soll auf diese Weise eine gewisse interne Stabilität auf der Basis eines ständigen Ausbalancierens aller Teile im Lichte bestmöglicher und realitätsgerechter Informationen gewährleistet werden. Gegenwartsgeschäft und interne Stabilität genügen aber für die Lebensfähigkeit einer Unternehmung noch nicht. Es braucht nunmehr eine zusätzliche Funktion, deren Grundfunktion darin besteht, nach aussen und in die Zukunft zu wirken.

4.25 Strategische Entwicklung – System 4

Die Summe aller gegenwärtig bearbeiteten Teilmärkte der Unternehmung ist in der Regel noch nicht die Gesamtheit ihrer relevanten Umwelt. Die Gesamtheit der für ein Automobilunternehmen relevanten Umwelt ist wesentlich mehr, als die einzelnen Märkte, die gegenwärtig bearbeitet werden. Insbesondere ist zu berücksichtigen, dass zu dieser relevanten Umwelt auch alle jene Technologien und deren Entwicklung gehören, die möglicherweise in Zukunft einmal das Automobil substituieren könnten. Ein gebanntes Fixieren auf die momentan relevanten Teilumwelten hat sich in vielen Branchen als katastrophal erwiesen. Die Schweizerische Uhrenindustrie sowie die Büromaschinenindustrie sind schlagende Beispiele.

System 4 erfüllt die Funktion, den Kontakt zu dieser weiteren Umwelt herzustellen und intensiv aufrechtzuerhalten. Nur auf diese Weise können alle jene Informationen gesammelt werden, die es letztlich der Unternehmung erlauben, sich in einer möglicherweise auch sehr grundsätzlichen Art und Weise neu anzupassen.

Praktisch gesehen haben wir es hier mit allem zu tun, was in der Regel als strategisches Management bezeichnet wird. In dieser Systemkomponente finden wir jene Stäbe oder Stabsmitarbeiter, die sich mit langfristigen Überlegungen beschäftigen, mit den Produkten und Leistungen von Morgen, mit möglichen technologischen Substitutionen, mit neuen Wertvorstellungen, Ansprüchen, geänderten Kundenbedürfnissen usw. Die Formalisierung hat indessen hier ihre deutlichen Grenzen. Deshalb ist es wichtig, klar zu sehen, dass System 4 *nicht nur* aus derartigen Komponenten besteht.

Von besonderer Bedeutung ist in diesem Zusammenhang das ganze Netzwerk von Verbindungen und Kontakten, die Führungskräfte unterhalten und sorgfältig kultivieren und pflegen. Hierher gehören insbesondere die gegenseitige Einsitznahme in Verwaltungsräten, die Zugehörigkeit zu Vereinigungen und Verbänden, die Mitgliedschaft in Service-Clubs (Rotary Club, Lion's Club usw.), in akademischen Verbindungen, die Zugehörigkeit zu politischen Parteien und in der Schweiz auch die Verflochtenheit mit der Armee.

Die Erfahrung zeigt, dass Führungskräfte diesem als Seismograph dienenden „Spinnennetz" grösste Aufmerksamkeit schenken. Sie tun dies nicht, wie manche Ideologen ständig unterstellen, aus Lust an der Macht. Sie tun es in erster Linie deshalb, weil sie intuitiv wissen, dass die formalen Planungs- und Anpassungssysteme im Unternehmen in der Regel ungeeignet sind, die wirklich vitalen, kritischen Informationen überhaupt wahrnehmen zu können. Für die Unternehmensführung, insbesondere für grundlegende Positionierungen des Unternehmens, für den Aufbau frühzeitig wirksamer Reaktionsbereitschaften usw. sind diese Netzwerke von einer Bedeutung, die um ein Vielfaches grösser ist, als die formalen Planungsmechanismen.

Es ist ausserordentlich bedauerlich, in einem gewissen Sinne aber sehr bezeichnend, dass es in der betriebswirtschaftlichen Literatur meines Wissens kaum Abhandlungen zu diesem Phänomen gibt und dass diese oft Kontinente umspannenden Netzwerke von Verbindungen und Beziehungen in ihrer wirklichen Funktionsweise gar nicht richtig verstanden werden. Sie stellen zwar (und insofern haben manche Kritiker durchaus recht) ein gefährliches Machtpotential dar, das natürlich auch missbraucht werden kann. Gleichzeitig aber sind diese Netzwerke ein enorm wichtiges Element der Stabilisierung, der antizipatorischen Anpassung und Koordination von Wirtschaft und Gesellschaft.

Allerdings entsteht nunmehr ein entscheidendes Problem in der Unternehmung. Die Zusammenarbeit zwischen den Angehörigen von System 3 und System 4 ist meistens nicht besonders gut. System 3 ist auf die Gegenwart und das Tagesgeschäft ausgerichtet. Hier findet sich die Mentalität des kurzfristig orientierten Linienmanagers, der im Vollbewusstsein seiner Bedeutung häufig vieles, was mit der Zukunft zu tun hat, als irrelevant und theoretisch ablehnt. Er ist sich dessen bewusst, dass er den gegenwärtigen Cash Flow erbringt, dass er für die heutigen Produkte und Leistungen die Verantwortung trägt und ohne das von ihm erwirtschaftete Geld keinerlei Strategien ausgearbeitet werden könnten.

Die Mitarbeiter, die System 4 Funktionen erfüllen, weisen in der Regel eine völlig andere Einstellung und Mentalität auf. Sie sind sich dessen bewusst, dass die meisten Unternehmungen gerade an der übertriebenen Orientierung am Tagesgeschäft zugrunde gegangen sind. Sie überlegen sich, mit welchen Leistungen und Produkten das Geschäft von Morgen gemacht werden muss. Welche Probleme und Bedürfnisse die Kunden morgen haben werden und mit Hilfe welcher Technologien und Vorgangsweisen diese Probleme gelöst werden können.

Es entsteht also im Prinzip so etwas ähnliches wie eine Unternehmungs-Schizophrenie. Die Mitarbeiter von System 3 leben buchstäblich in einer anderen Welt als diejenigen von System 4. Um aber eine reibungslose und möglichst geschmeidige Anpassung der Unternehmung an ihre Gesamtumwelt zu ermöglichen, und um sicherzustellen, dass die Zukunft in harmonischer Weise aus der Gegenwart heraus sich entwickelt, muss für eine intensive Interaktion der Systeme 3 und 4 gesorgt werden.

4.26 Normatives Management – System 5

Diese Aufgabe, die Funktion von System 3 und von System 4 sinnvoll und wirksam zu gestalten, ist die zentrale Aufgabe des eigentlichen Top-Managements, von System 5. Hier geht es darum, die aus der Interaktion von System 3 und System 4 resultierenden grundsätzlichen Probleme des Ausbalancierens von Gegenwart und Zukunft, von Innenwelt und Aussenwelt der Unternehmung durch oberste, Normen setzende Entscheidungen zu lösen (vgl. Abb. 4(2)).

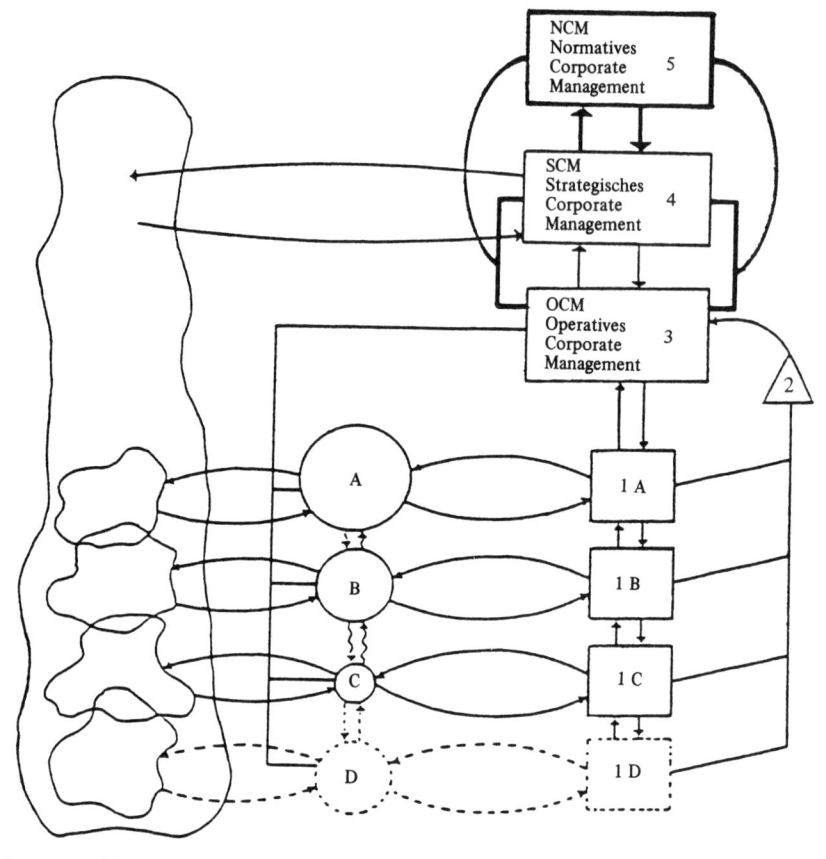

Abbildung 4(2)

Man neigt meistens vorschnell dazu, diese Rolle dem Verwaltungsrat einer Unternehmung zuzuschreiben. Zweifellos hat der Verwaltungsrat hier eine gewisse Funktion zu übernehmen, er ist aber nicht das einzige Gremium, das Aufgaben von System 5 übernimmt.

Hier spielt selbstverständlich auch der sogenannte Souverän, sei es in Gestalt der Aktionäre oder, im Staat, des Volkes, eine Rolle und zwar nicht nur im Rahmen der hierfür vorgesehenen Wahlen und Abstimmungen. Die Mitglieder eines Parlamentes (das Teil des Systems 5 ist) üben ihre Tätigkeit ohne Zweifel mit Blick auf das Abstimmungsverhalten des Volkes aus. Damit ist nicht gesagt, dass sie das Volk wirklich repräsentieren und ausschliesslich in dessen Sinne handeln würden. Wie immer sie ihre Funktion verstehen mögen, zum Wohle des Volkes oder zum eigenen, so werden sie doch die Reaktionen der Stimmbürger bei ihren Dispositionen zu antizipieren und zu berücksichtigen versuchen und sei es auch nur, um wieder gewählt zu werden. Die faktische Rolle des Parlamentes ist natürlich keineswegs so klar, wie man aus den entsprechenden Grundgesetzen der einzelnen Länder annehmen möchte. Vielmehr kommt es zu verschiedenartigsten Mischungen von Exekutive und Legislative, die Parteiorganisationen spielen ebenso hinein wie alle Formen von Interessengruppen mit ihren Lobbies. Friedrich von Hayek hat kürzlich eine sehr interessante Analyse zusammen mit einem Vorschlag für eine konstitutionelle Neuordnung vorgelegt, die in vielerlei Hinsicht den kybernetischen Erfordernissen von System 5, sowie der Interaktion der Systeme 3 und 4, 4 und 5 sowie 3 und 5 Rechnung trägt.[3]

Von besonderem Interesse für die praktische Arbeit mit diesem Modell ist der Fall des Eigentümer-Unternehmers bzw., als Variante, der Familienunternehmung. Welche Funktionen erfüllt der Eigentümer-Unternehmer wirklich? Welche sollte er erfüllen? Welche Rolle spielen die einzelnen Familienmitglieder mit ihren oft komplizierten Verknüpfungen von Eigentumsrechten, Führungsfunktionen und familiären Bindungen. Offensichtlich kommt es hier zu einer Ausübung wichtiger, systemisch zu unterscheidender Funktionen in weitgehender Personalunion. Darf man damit rechnen, dass dadurch genügend Varietät relativ zur Umwelt aufgebracht werden kann?

4.27 Top-Struktur Interfaces

Systeme 3, 4 und 5 müssen interagieren können und zwar in einer ganz bestimmten, durch das Modell implizierten Weise. Zu einem nicht geringen Grad wird diese Interaktion durch die Existenz und Funktion von Arbeitsgruppen, Ausschüssen und dergleichen bewerkstelligt. Zweifellos erfüllen aber auch private, halboffizielle und offizielle Anlässe und Einladungen, die die Führungskräfte untereinander veranstalten, derartige Funktionen. In vielen Unternehmungen pflegt man in grösseren Abständen, vielleicht ein- bis zweimal pro Jahr, ein Führungskräfte-Meeting zu veranstalten. Diese Tagungen mit ihren Auseinandersetzungen (manchmal auch nur Verkündungen) über Unternehmensziele, Grundsatzfragen und Zukunftsentwicklungen spielen eine wesentliche, wenn auch manchmal nur schwer im einzelnen definierbare Rolle als Verbindungen zwischen den einzelnen Systemkomponenten. Ein „jour fix" oder andere, zur Tradition gemachte gesellschaftliche Anlässe, die etwa ein Vorstandsvorsitzender veranstaltet, sind ebenfalls kybernetisch-funktionell dem Modell zuzuordnen.

---

3 Vgl. Hayek (Law), Band 3.

Zu beachten ist allerdings, dass sich oft erhebliche Schwierigkeiten beim Versuch stellen, zu erkennen, zu welcher Rekursionsebene die verschiedenen Aktivitäten, Organe, Gremien usw. gehören. Viele dieser Systemfunktionen sind ja nicht nur auf Integration und Regulation nach innen bzw. aussen im Sinne von rekursionsrelevanter Umwelt gerichtet, sondern stellen Verbindungen zu anderen, über- und untergeordneten Rekursionsebenen dar.

Wenn wir die verschiedenen, uns interessierenden Systeme auf diese Weise zu modellieren beginnen, so werden wir in den meisten Fällen erleben, dass uns die Modellierung zu einem wesentlich besseren Verständnis des wirklichen Geschehens in Unternehmungen und anderen Institutionen verhilft. Es wird möglich sein, Struktur- und Verhaltensmerkmale, die man in der klassischen Denkweise in der Regel nur schwer oder gar nicht einordnen kann, in einen neuen Kontext zu stellen und ihnen damit einen neuartigen Sinn zu geben. Auf der Basis derartiger Interpretationen ist zwar die Lösung von Strukturproblemen, die Behebung von pathologischen Erscheinungen usw. noch nicht ohne weiteres gegeben. Man weiss aber aufgrund einer derartigen Interpretation sehr genau, welcher Art das Problem ist und welche Fragen man demzufolge zu stellen hat. Je grösser das Spektrum an Interpretationen ist, das man zu überblicken vermag, um so grösser ist auch die Wahrscheinlichkeit, dass man zur Lösung bestimmter Probleme Erfahrungen von anderen Systemen übertragen kann.

Natürlich ist keineswegs von Anfang an klar, welche von mehreren möglichen Interpretationen im Einzelfall auch tatsächlich „richtig" ist, bzw. welche uns das bestmögliche Verständnis erlaubt. Manche Beobachtungen, die man in Unternehmungen machen kann, können gerade aus der Perspektive des Modells lebensfähiger Systeme zunächst unerklärlich sein, man wird vielleicht nicht für jedes Gremium eine im Lichte des Modells relevante Funktion finden, und man wird vor allem feststellen, dass das biblische Wort „... denn sie wissen nicht, was sie tun..." in extensiver Weise Gültigkeit hat. Im Sinne des Modells wissen wirklich viele Führungskräfte nicht, worin ihre eigentliche Funktion bzw. faktische Wirkung besteht. Andererseits ist immer wieder erstaunlich, dass es Führungskräfte gibt, die weder von Kybernetik, noch von Systemtheorie und schon gar nicht vom Modell des lebensfähigen Systems etwas gehört haben, dennoch aber mit geradezu instinktiver Sicherheit das Richtige im Sinne des Modells tun.

Man muss in aller Regel mit verschiedenartigen Interpretationsvarianten ein- und derselben Unternehmung oder Institution im Lichte des Modells experimentieren. Was in der einen Interpretation als System 2 erscheint, kann aus einer anderen Perspektive möglicherweise Bestandteil eines Dreiersystems sein, um nur eines von vielen Beispielen zu nennen. Auch dies hängt natürlich zum Teil mit der Tatsache zusammen, dass wir soziale Wirklichkeit interpretativ konstruieren und nicht etwa nur in einer simplen Weise wahrnehmen.

Auf der Basis solcher Interpretationen ist vor allen Dingen auch eines in vielen Fällen möglich: die Prognose zukünftig möglicher Verhaltensweisen, die

Erwartungsbildung mit Bezug auf wahrscheinlich auftretende Probleme usw. Es ist erstaunlich, mit welcher Treffsicherheit man häufig in der Lage ist, die Reaktionsweisen eines derart modellierten Systems vorherzusagen. Dieser Umstand überrascht natürlich dann nicht, wenn wir das Postulat der allgemeinen Systemtheorie ernst nehmen, dass Systeme eben eigenständigen Gesetzmässigkeiten unterworfen sind, dass ihre Struktur ihre möglichen Verhaltensweisen bestimmt und dass wir bei Kenntnis dieser Dinge auch in Bereichen zutreffende Prognosen machen können, die bisher einer Antizipation verschlossen schienen. Damit möchte ich nicht etwa behaupten, dass nun alles und jedes in beliebiger Weise vorhersagbar sei. Vorhersagbar sind aber jene systemischen Verhaltensweisen, deren strukturelle Ursachen wir auf der Basis und mit Hilfe eines derartigen systemischen Modellierungsprozesses wirklich verstanden haben.

Auf der Basis der hier diskutierten Interpretationen des Modells werde ich nun im folgenden Abschnitt den Ablauf eines praktischen Falles schildern, der sämtliche Attribute eines hochkomplexen Entwicklungsprozesses aufwies und in dem die Modellvorstellungen des lebensfähigen Systems eine wichtige Rolle spielten. Wie im letzten Abschnitt schon gesagt, gibt es unendlich viele mögliche Abläufe derartiger Projekte. Dennoch möchte ich behaupten, dass der folgende Fall viele typische Züge aufweist und aus diesem Grunde nicht etwa nur von singulärer Bedeutung ist, sondern in mancherlei Hinsicht durchaus verallgemeinert werden kann.

4.3 Praxis: Ein Fallbeispiel

4.31 Geschichtsschreibung versus Tagebuchschreibung

Das Problem der folgenden Rekonstruktion besteht darin, dass es sich nicht um eine prozessbegleitende, tagebuchartige Darstellung handelt, sondern um eine Beschreibung im nachhinein, also auch auf der Basis des immer besseren Wissens des Geschichtsschreibers.

Im nachhinein ist es möglich, einen komplexen Ablauf in grössere Abschnitte oder Epochen zu gliedern, die im voraus oder während des Prozesses von niemandem in derselben Weise erkennbar waren. Als Schüler habe ich mich im Geschichtsunterricht immer gefragt, woher denn zum Beispiel die Menschen jener Zeit wussten, dass sie im Zeitalter der Antike oder des Feudalismus lebten ...

Mir scheint, dass es für das Verständnis von Prozessen und Systemen, wie sie Gegenstand dieses Buches sind, von wirklich fundamentaler Bedeutung ist, klar die unterschiedliche Situation zwischen dem Schreiben eines Tagebuches und dem Schreiben von Geschichte zu sehen. In gewisser Weise charakterisieren diese beiden Perspektiven nämlich sehr gut das konstruktivistische und das evolutionäre Paradigma.

Der Tagebuch-Verfasser lebt *im* Prozess, er steckt im Geschehen drin, er ist ein „participant observer". Er kann über den zukünftigen Verlauf des Prozesses nur die für solche Fälle typischen Vermutungen anstellen, die Zukunft hält ihre Karten aber noch verdeckt. Das Geschehen entfaltet sich ständig neu, ist voll von Überraschungen und zeigt gerade aus dieser Perspektive seinen evolutionären Charakter nicht nur daran, dass ständig Neues, noch nie Geschehenes passiert, sondern auch daran, dass ständig Dinge vorkommen, die zwar das Resultat der Handlungen der Akteure sind, aber nicht das Resultat ihrer Absichten. Aus der Perspektive des Tagebuch-Verfassers ist meist ziemlich deutlich, dass die Kontrolle über das Geschehen eine höchst problematische Sache ist, niemand die Dinge *wirklich* beherrscht und die Beteiligten bei weitem nicht nur Subjekte, sondern wesentlich auch Objekte des Geschehens sind.

Ganz anders hingegen der Historiker, der als „externer Beobachter" aus dem durch die Distanz möglichen Überblick und im simultanen Wissen um die Ergebnisse und die Rolle mehrerer, vielleicht sogar aller Beteiligten den Ablauf darstellt und dabei gänzlich andere Schlüsse ziehen kann, als der Tagebuch-Schreiber. Das nachträgliche Strukturieren in Abschnitte, in Ereignismuster, das Zuweisen von Namen und Bezeichnungen zu Epochen und vor allem der Umgang mit dem, was ich bildhaft als „gefrorene Komplexität" bezeichnen möchte, führt zwangsläufig zu einer ganz bestimmten Form der Betrachtung von Systemen und Prozessen.

Mir ist wohl bewusst, dass der Historiker ebenfalls vor einem komplexen Problem steht und seine Rekonstruktion und Interpretation aus Informationsbruchstücken aufbauen muss, also keineswegs eine leichte Aufgabe zu lösen hat. Während seine Frage aber primär darauf gerichtet ist, was wirklich geschehen ist, ist das Problem des Tagebuch-Schreibers qua Acteur wesentlich mit der Frage verbunden, was sein könnte bzw. was werden könnte.

Der Geschichtsschreiber hat es nur noch mit *einer* Varietätskonstellation zu tun, mit einem der unendlich vielen möglichen Abläufe, nämlich mit dem effektiv vorgekommenen und zwar auch dann, wenn er dies nicht weiss, d. h. also, zunächst ebenfalls gedanklich mit im Prinzip vielen möglichen Verläufen konfrontiert ist. Der Tagebuch-Schreiber aber hat die gesamte Varietät wirklich vor sich, die sich Tag für Tag neu entfaltet und ständig durch die eigene Vergangenheit verändert wird.

Dieser Unterschied ist bei der folgenden Darstellung zu berücksichtigen; ich möchte versuchen, den typischen Fehler so vieler Managementbücher, Fallstudien und journalistischen Berichten über Managementprobleme zu vermeiden, nicht nur eine Rekonstruktion des Geschehens zu geben, sondern mit dem Blick hinter die Kulissen der Ereignisse auch Schlussfolgerungen zu ziehen, Empfehlungen zu geben und Forderungen bezüglich dessen zu stellen, was man alles hätte tun oder beachten müssen, die der Situation der Akteure überhaupt nicht gerecht werden.

4.32 Phase 1: Einen ersten Eindruck gewinnen ...

In einem mittelgrossen Unternehmen der elektromechanischen Industrie, das in der Vergangenheit ausgezeichnete Erfolge aufweisen konnte, waren aufgrund der allgemeinen Wirtschaftslage, insbesondere aufgrund des immer härter werdenden Konkurrenzkampfes, zahlreiche Massnahmen zur Verbesserung der Wirtschaftlichkeit erforderlich. Dies führte im Verlauf mehrerer Jahre zu einem beträchtlichen Personalabbau von zunächst fast 700 auf zuletzt 500 Personen, mit denen ein Jahr für Jahr nicht nur nominell, sondern auch real steigendes Geschäftsvolumen erarbeitet wurde. Die Firma war in all diesen Jahren rein betriebswirtschaftlich erfolgreich, d. h., es wurden positive Betriebsergebnisse erwirtschaftet. Die umfassenden Rationalisierungsmassnahmen waren aber, wie sich in der Folge herausstellte, teilweise sehr eindimensional angelegt und richteten sich primär auf die Kostenseite, ohne dass die Unterscheidung von Kosten im Sinne von nicht unbedingt erforderlichem Faktorverzehr und Kosten im Sinne von potentiellen Ressourcen klar gesehen wurde. In manchen Unternehmungsbereichen wurde soweit „rationalisiert", dass es zu echten Substanzverlusten und zu einer Reduzierung des Leistungsniveaus kam. Zusammen mit einer aus der gesamten Wirtschaftslage resultierenden, allgemeinen Verunsicherung der Mitarbeiter führte dies zu Veränderungen des „Klimas", der Stimmung und der Einstellung der Mitarbeiter zum Unternehmen, die die Unternehmungsleitung feststellte und die ihr Sorgen bereiteten. Zwar wurden diese Phänomene nicht systematisch empirisch erforscht, sie waren aber den Aussagen der Geschäftsleitungsmitglieder entsprechend nicht zu übersehen, so dass diese sich veranlasst sahen, dagegen etwas zu tun.

Die Meinung unter den Geschäftsleitungsmitgliedern war aber durchaus nicht einheitlich. Die Situation ist ausserdem durch den Umstand geprägt, dass das Unternehmen mitten in einer Phase des Generationenwechsels an der Spitze steht. Der Alleininhaber, ein typischer Pionierunternehmer, der das Unternehmen gegründet und aufgebaut hat, hatte mehr und mehr Funktionen auf seine drei, in ihren Persönlichkeiten und Fähigkeiten sehr unterschiedlichen Söhne im Alter von 25 bis 35 Jahren übertragen, ohne sich aber aus dem Geschäft zurückzuziehen. Die übrigen Mitglieder der Geschäftsleitung sind zwangsläufig als Angestellte in einer nicht ganz einfachen Lage gegenüber den Familienmitgliedern. Es ist daher, wie zu erwarten, eine Lager- bzw. Blockbildung festzustellen, die allerdings je nach Frage oder Problem durchaus variabel ist, somit also zu immer wieder verschiedenen Koalitionen führt. Dies pflanzt sich bis zu den Arbeitern fort, von denen ein Teil zur „alten Garde" gehört, die mit dem Chef das Unternehmen aufgebaut haben und zu diesem naturgemäss ein sehr spezielles Verhältnis haben. Das Unternehmen verfügt über erstaunlich viele und scheinbar sehr gute Führungsinstrumente, die sich allerdings bei näherer Analyse zum Teil als sehr technokratisch erwiesen und deutliche Bürokratisierungstendenzen im Verhalten der Mitarbeiter förderten. Vor allem hatte man sich während Jahren grosse Mühe gegeben, die Organisation des Unternehmens sehr genau zu regeln. Es wurden detaillierte Organigramme entwickelt, sowie für einen erheblichen Teil der Mitarbeiter Stellenbeschreibungen. Viele Abläufe wurden in der einen oder anderen Form reglementiert.

Der zunehmende Wirtschaftlichkeitsdruck schien nun dazu zu führen, dass die Mitarbeiter ihre organisatorischen „Besitzstände" heftig verteidigten und sich stark auf die formalen Regelungen stützten und beriefen. Damit schien die Selbstkoordinationsfähigkeit auf allen Stufen stark abzunehmen.

Dies veranlasste die Geschäftsleitung, als Massnahme gegen diese Tendenzen mittels eines quasi „hoheitlichen" Aktes die Organigramme und Stellenbeschreibungen für ausser Kraft befindlich zu erklären. Gleichzeitig wurde an den gesunden Menschenverstand und den Willen zur allgemeinen Zusammenarbeit appelliert. Es versteht sich, dass diese Massnahme sehr gemischt aufgenommen wurde; im grossen und ganzen schienen aber die positiven Reaktionen zu überwiegen, und zunächst hatte es den Anschein, als würde diese Massnahme auch in die gewünschte Richtung wirken.

In der Folge verstärkte sich aber der Eindruck, dass man damit letztlich nur noch mehr Unsicherheit geschaffen hatte. Wo früher noch gewisse, wenn auch durchaus bürokratisierte Orientierungsmerkmale vorhanden waren, fehlte nun jeglicher Anhaltspunkt über die erwünschten Strukturen. Eher „imperialistisch" veranlagte Mitarbeiter weiteten ihre Bereiche ständig aus, andere zogen sich immer weiter zurück. In gewissen Bereichen übten die gegebene Technologie und die Fertigungsverfahren eine faktische Strukturierung aus, in anderen Bereichen war dies aber praktisch nicht der Fall.

Die Geschäftsleitung hatte den Eindruck, dass nun unbedingt etwas zu geschehen habe, um die Situation wieder unter Kontrolle zu bringen. Man war sich aber darüber einig, dass eine Rückkehr zu den alten Organigrammen schon deshalb nicht möglich war, weil man damit an Gesicht und Glaubwürdigkeit verloren hätte. Diese Auffassung teilten selbst jene Mitglieder der Geschäftsleitung, die zunächst gegen die Abschaffung der Organigramme und Stellenbeschreibungen waren.

Interessant war aber nun, dass die Situationsschilderung, wie sie mir vorgelegt wurde, als ich zu diesem Zeitpunkt zwecks Verbesserung des Betriebsklimas und Lösung der Organisationsprobleme beigezogen wurde, sehr stark von konspirationstheoretischen Argumentationsfiguren geprägt war. Man vermutete, obwohl es natürlich auch hierüber sehr verschiedene und auseinanderlaufende Meinungen gab, doch bewusst angezettelte Intrigen, eine Unterminierung des Betriebsklimas, Zerstörung der Vertrauensbasis zwischen den Mitarbeitern und gegenüber der Geschäftsleitung, und ganz allgemein war bei der Geschäftsleitung eine Haltung festzustellen, die von einer oppositionellen Kluft zwischen Geschäftsleitung und Mitarbeitern ausging und von deutlich erkennbaren Feindbildern geprägt war. Typische Formulierungen waren: „die Leute arbeiten zu wenig...''; ,,... keiner weiss mehr, was es heisst, wirkliche Leistungen zu erbringen...''; ,,niemand denkt wirklich mit...''; ,,jeder schaut nur darauf, was er am Monatsende bekommt...'' usw.

Eines der Geschäftsleitungsmitglieder formulierte das Problem, für dessen Lösung von mir ein Beitrag erwartet wurde, als ,,Verbesserung der Organisationskultur''. Ich hatte den deutlichen Eindruck, dass dieser Mann den Begriff kürzlich aufgeschnappt hatte und eigentlich nicht recht wusste, was es damit auf sich hatte. Ein anderer, der seit vielen Jahren im Unternehmen war und nur diesen einen Betrieb kannte, daher keine Vergleichsmöglichkeiten zu anderen Firmen ziehen konnte, sprach ständig von ,,Rationalisieren und wieder Ordnung schaffen...''.

4.33 Phase 2: Die Komplexität ,,fühlen''...

Es war unschwer zu erkennen, dass hier eine recht komplexe und teilweise auch verfahrene Situation vorlag, die durch die Art und Weise, wie die Personen im Unternehmen miteinander umgingen, durch die konkreten Erfahrungen, die sie gemacht hatten (etwa bezüglich dessen, was der Chef ,,hören will'' und was nicht) usw. geprägt war. Weiter hatte ich den Eindruck, dass es einigen Mitgliedern der fünfköpfigen Geschäftsleitung nicht darum ging, dass ein Problem gelöst wurde, sondern dass sie recht bekamen.

Zu diesem Zeitpunkt wusste ich naturgemäss über das Unternehmen sehr wenig. Die hier dargelegte Situation erschloss ich aus zwei etwa 2-stündigen Gesprächen, dessen eines mit dem ältesten Sohn, von dem auch die Initiative ausging, im Sinne einer Vorbesprechung geführt wurde, während das andere mit der gesamten Geschäftsleitung stattfand. Es war nicht zu verkennen, dass aufgrund auch meiner akademischen Tätigkeit einige Geschäftsleitungsmitglieder recht skeptisch oder jedenfalls abwartend waren.

Entsprechend meiner Auffassung über komplexe Systeme ging ich auch hier davon aus, dass wir nie so viel über ein Unternehmen wissen können, dass wir unser Vorgehen, die Massnahmen, die wir vorgeschlagen usw. ausreichend rechtfertigen könnten. Man fängt immer mit einer höchst unzureichenden Basis an Verständnis für ein System an und hat viele Schritte zu machen, ohne dafür eine befriedigende rationale Begründung geben zu können.

In der traditionellen Unternehmungsberatung konnte man noch von der Vorstellung ausgehen, durch eine Phase der Informationserhebung (eine Unternehmungsanalyse) genügend Kenntnisse zu erlangen. Die Auseinandersetzung mit dem Problem der Komplexität eines jeden realen Systems zeigt aber sehr schnell, dass diese Hoffnungen in der Regel illusionär sind. Die wirklich relevante Information bzw. diejenige Form von Verstehen eines komplexen Systems, die wir eigentlich bräuchten, kann man in der Regel nur im Verlauf des Arbeitens in und mit dem System gewinnen. Nur die intensive Interaktion mit dem System birgt die Chance auf den Erwerb jener Familiarität mit den spezifischen, oft singulären und nur für dieses konkrete System zutreffenden Merkmalen, die für die Wirksamkeit von Massnahmen oft ausschlaggebend ist.

Je nach dominierendem Theorieverständnis wird man in einer derartigen Situation zu sehr verschiedenen „Therapieansätzen" kommen. Nicht zuletzt hängt natürlich die Wahl des Vorgehens auch von der persönlichen Erfahrung ab, über die man verfügt. Ein und dieselbe Gegebenheit, dieselben Fakten, dieselben Äusserungen von Mitarbeitern der Unternehmung usw. werden unterschiedlich interpretiert werden können, je nach dem, von welchem Theorieverständnis und von welchem Erfahrungshintergrund jemand ausgeht.

Die in diesem Abschnitt besprochenen Aspekte der unvermeidlichen Unvollständigkeit unseres Wissens über die Problemsituation und der ebenso unvermeidlichen Interpretationsabhängigkeit unserer Problemsicht, sind immer im Auge zu behalten, wenn Massnahmen der Organisationsentwicklung oder Unternehmensentwicklung konzipiert werden.

4.34 Phase 3: Das System zum Sprechen bringen ...

Wenn man über ein System nicht das weiss, was man eigentlich wissen müsste, so muss man versuchen, es herauszufinden. Aufgrund meines bisherigen Kenntnisstandes und natürlich auch aufgrund von Erfahrungen, die ich mit anderen Unternehmungen gemacht hatte, war mir folgendes klar:

1. Niemand wusste wirklich, was das Problem war; vielleicht gab es gar keines, vielleicht viele; jedenfalls gingen aber alle davon aus, dass es eines gab, nur war es für jeden, den ich bis dahin getroffen hatte, ein anderes.

2. Aus diesem Grunde konnte nur das System selbst „sagen", ob und wenn ja, welche Probleme es hatte, nicht aber seine Pseudo-Repräsentanten.

3. Das System musste schon deshalb involviert werden, weil nicht nur so eine Problembestimmung möglich war, sondern weil es ja auch seine Probleme, wenn überhaupt, selbst lösen musste.

Was aber war das System? Wer oder was gehörte dazu und wer oder was nicht? Wo verliefen die Grenzen? Welches waren seine wesentlichsten Subsysteme? Welches waren die einflussreichen Stellen? Wer war für und wer war gegen wen? Ich musste einen Weg finden, das System *sich selbst* definieren zu lassen, und ich musste es zum Sprechen bringen, damit es mir ganz einfach sagen würde, wo seine Probleme lagen.

Ich wähle natürlich bewusst diese anthropomorphe Ausdrucksweise. Wonach ich suchte, war ein Analogon zu der von Gordon Pask untersuchten „Konversations-Situation"[4], die es einem System erlaubt, sich auf eine, seiner Natur entsprechenden Weise zu artikulieren, indem es Dinge externalisiert, deren es sich möglicherweise gar nicht bewusst ist oder die es jedenfalls nicht im üblichen Sinne beschreiben könnte.

Aus den oben erwähnten Gründen schien es in diesem Fall nicht zweckmässig zu sein, eine klassische Vorgehensweise zu wählen. Vor allem war es nicht opportun, einen Ansatz zu benutzen, in der Organisation im üblichen Sinne (Organigramme usw.) eine wie immer geartete Rolle zu spielen gehabt hätte. Dieses Thema war in der Unternehmung inzwischen so kontrovers geworden, dass es vernünftig erschien, es zunächst weitgehend auszuklammern.

Es bot sich dabei aber auch für mich aus einer theoretischen Perspektive Gelegenheit, Zweck, Bedeutung und Nutzen von Organigrammen, die ja nach wie vor in der Organisationslehre eine dominierende Rolle spielen, grundsätzlich zu hinterfragen. Die konkrete Art und Weise der Darstellung einer Unternehmungsorganisation durch Organigramme verhindert möglicherweise gerade jenes Verständnis für das Unternehmungsgeschehen, das die Mitarbeiter bräuchten, um sich richtig verhalten zu können. Dies hängt damit zusammen, dass durch die organigrammartige Darstellung einer Unternehmensstruktur ganz bestimmte Denk- und Verhaltensweisen, Erwartungen und Dispositionen induziert werden.

Es darf vermutet werden, dass andere Darstellungsarten andere Dispositionen zur Folge haben, denn wir dürfen davon ausgehen, dass nicht nur die aktuellen Informationsströme im Unternehmen durch deren Strukturen kanalisiert werden, sondern dass die, das Analogon eines kognitiven Schemas darstellenden Organigramme auch die Wahrnehmung und Interpretation des Geschehens wesentlich beeinflussen. Dies ist um so eher der Fall, je mehr sich Strukturen um Berufsbilder und damit um Spezialisierungskonstellationen herum bilden, oder umgekehrt, berufliche Spezialisierungen eine Folge organisatorischer Regelungen sind. Die Mitarbeiter nehmen die Welt, so könnte man vereinfacht sagen, nur noch durch die Brille ihres Organisationsverständnisses wahr, was wiederum oft zu einer immer weiteren Zementierung eben dieser Strukturen führt – ein Prozess der kognitiven Homöostase, der zur Konstruktion *einer* (!) Realität führt, die sich in einem sich selbst verstärkenden Prozess oft als einzig mögliche Realität präsentiert.[5]

Aus diesen Gründen wählte ich das im folgenden beschriebene Vorgehen, zu dem die Geschäftsleitung ihr Einverständnis gab. Wichtig war in dieser Phase, dass ich der Geschäftsleitung nicht ein Grossprojekt vorschlug, sondern verständlich machte, dass wir gemeinsam einmal ganz bescheiden an einem Zipfel

---

4 Vgl. Pask (Cybernetics) und (Group).
5 von Foerster (Reality).

des Problems beginnen wollen, um zu schnell sichtbaren Resultaten zu kommen, die dann eventuell, falls dies sinnvoll erscheinen sollte, zu weiteren Aktivitäten führen könnten.

Dies war nicht etwa nur ein taktischer Trick, sondern es war meine echte Überzeugung, dass nur dieser Weg zu etwas führen konnte. Es war im übrigen gar nicht schwierig, den Geschäftsleitungsmitgliedern, die ja erfahrene Führungskräfte waren, auch wenn ihre Erfahrung teilweise recht einseitig war, einsichtig zu machen, dass man einmal sehen musste, wie die Leute reagierten.

Es handelt sich hier um eine typische Strategie im Umgang mit Komplexität, die dem Sondieren entspricht und in vielen Situationen und Variationen vorkommt. Es ist immer wieder erstaunlich, wie schnell Praktiker, gerade wegen ihrer eigenen Erfahrung, die Zweckmässigkeit solcher Vorgehensweisen erkennen und sie deshalb akzeptieren. Dies schafft auch Vertrauen und Kooperationsbereitschaft, denn die Leute merken, dass man in einer Weise vorgeht, die die Kontrolle über das Geschehen nicht gefährdet.

Das Vorgehen war nun wie folgt: Rund 35 Führungskräfte des Unternehmens kamen einschliesslich Geschäftsleitung in zwei Gruppen für je zwei Tage zu einem Arbeitstreffen (Workshop) zusammen. Die Aufgabe bestand im wesentlichen darin, dass *jeder Einzelne* ein *Systemdiagramm* bzw. *Prozessflussdiagramm* zu erarbeiten hatte, bei dem *seine* gegenwärtige Tätigkeit im Zentrum stand und das alle tätigkeitsrelevanten Verknüpfungen mit anderen Stellen, ungeachtet ihres hierarchischen Ranges, ihrer Bereichszugehörigkeit usw. zum Ausdruck bringen sollte.

Im Mittelpunkt der Erarbeitung eines derartigen Prozessfluss- oder Systemdiagrammes standen Fragen wie: Was kann *ich* beitragen, damit das Ganze funktioniert? Worin besteht überhaupt *mein Beitrag?* Welche Leistungen muss ich empfangen, um *meinen Beitrag* erbringen zu können? Welche Leistungen muss ich abgeben, damit andere *ihren Beitrag* erbringen können?

Diese, von Drucker seit vielen Jahren empfohlene Fragestellung[6] ist viel schwieriger zu beantworten, als man gemeinhin erwartet. In der Regel sind die Führungskräfte weitgehend unfähig, eine befriedigende Antwort zu geben. Immer wieder kann erlebt werden, dass man Antworten erhält, wie sie auch Drucker selbst schon beschreibt, etwa „Ich bin Leiter der Materialwirtschaft" oder „Ich bin Verkaufsleiter". Es liegt auf der Hand, dass mit derartigen Antworten der Beitrag, den eine Führungskraft zum Funktionieren des Ganzen zu leisten hat, in gar keiner Weise zum Ausdruck gebracht wird.

Für die Suche nach einer Antwort auf diese Frage ist es nun notwendig, dass sich die betroffenen Mitarbeiter intensiv mit ihrer Situation auseinanderzusetzen und gründlich ihre Tätigkeit zu durchdenken haben. Angesichts der das Tagesgeschehen und die operativen Notwendigkeiten bestimmenden Hektik, die

---

6 Vgl. z. B. Drucker (Führungskraft) 88 ff.

in der Regel in einer Unternehmung festzustellen ist, ist es kaum denkbar, dass man ohne spezielle Gelegenheit hierzu zu haben, Fragen der erwähnten Art stellt und zu beantworten versucht.

Allein diese, während etwa zwei bis drei Stunden eingeräumte Möglichkeit führt zu einer, im Rahmen des Tagesgeschäftes gar nicht denkbaren Tiefe der individuellen Auseinandersetzung. Die meisten Mitarbeiter denken in einer solchen Situation im Grunde zum ersten Mal über den tieferen Sinn ihrer Tätigkeit nach. Sie tun dies aber nicht unstrukturiert, sondern auf der Basis einer ganz bestimmten Perspektive, die für effektives und effizientes Management von zentraler Bedeutung ist. Ein erfahrener Moderator kann selbstverständlich hier wertvolle Hilfestellung geben und jeden dazu anhalten, sich nicht vorschnell mit bequemen oder nichtssagenden Antworten zufriedenzugeben.

Nun ist es natürlich im Rahmen von OE-Projekten weitgehend üblich, die Mitarbeiter ihre eigene Situationsanalyse machen zu lassen. Dieses Prinzip allein genügt aber nicht, denn es kommt auch noch darauf an, wie man so etwas macht. Obwohl anerkannt werden muss, dass die verschiedenen Organisationsentwicklungsansätze auch zu zahlreichen Methoden und Techniken geführt haben, so scheint doch ein gewisses Defizit vorhanden zu sein mit Bezug auf die Verbindung von Organisationsentwicklung, Managementprinzipien und systemischen Strategien der Umgangs- mit der in dieser Situation vorhandenen, proliferierenden Varietät.

Ein entscheidender Effekt für die Selbstdefinition des Systems resultiert aus dem Umstand, dass diese Auseinandersetzung zunächst zwar von jedem Beteiligten individuell und allein angefangen wird. Er muss sich dabei aber gedanklich primär *nicht mit sich selbst,* sondern mit denjenigen Mitarbeitern und deren Tätigkeiten beschäftigen, mit denen er zur Erbringung seines Beitrages zusammenarbeiten muss. Der *Bezugspunkt* ist also die *eigene* Tätigkeit, der *eigene* Beitrag; im *Blickfeld* stehen aber die *Anderen* – all jene, von deren Leistungen man abhängt und an die man Leistungen erbringt, also ein relevantes System bzw. Subsystem; Es kommt daher, unterstützt durch einige methodische Hinweise des Moderators, zumindest in Ansätzen zur Anwendung jener Methode des subjektiven *Nachvollzugs* (subjective re-enactment) oder des Sich-Hineinversetzens in die Situation eines anderen, die der Historiker und Philosoph Collingwood für die Erlangung jener Art des Verstehens empfiehlt, die aus hermeneutischer Sicht im Zusammenhang mit sozialen Systemen als so wichtig erachtet wird.[7]

---

7 Vgl. Collingwood (History) 146. Der methodologische, bzw. erkenntnistheoretische Stellenwert dieser Methode ist eine ganz andere Angelegenheit, die von Popper ausführlich diskutiert wird in Objective Knowledge, London 1972, S. 183 ff. Ich halte die Auffassung Poppers in dieser Hinsicht für richtig. Es geht bei der Anwendung der Collingwood'schen Methode im Rahmen der Organisationsentwicklung aber um einen anderen Zweck, zunächst nicht so sehr darum, eine richtige oder wahre Beschreibung der Situation zu gewinnen, sondern die Fähigkeit des Verstehens als solche zu entwickeln.

Dieses Nachdenken über den eigenen Beitrag und seine prozessuale Einbettung in den Gesamtkontext, beginnt zwar in der Regel jeder für sich allein, dabei tauchen aber Fragen auf, die er am besten dadurch beantworten kann, dass er den unmittelbar betroffenen Mitarbeiter, Kollegen usw. *direkt* fragt. Aufgrund der ständigen physischen Anwesenheit aller relevanten Personen sind diese gegenseitigen Abstimmungen jederzeit und ohne besonderen Aufwand möglich. Dies ist in der Regel wiederum ein Beitrag zur Verstärkung der Kooperationsfähigkeit.

Nach einigen Stunden hat jeder Teilnehmer ein Prozessfluss- oder Systemdiagramm mit den aus seiner Sicht relevanten Input-Output-Beziehungen auf der Basis des Bezugspunktes seines eigenen Beitrages. Es liegt in der Natur der Sache, dass hier bessere und schlechtere Ergebnisse vorliegen, aber dies spielt in dieser Phase keine besonders wichtige Rolle. Entscheidend ist der Denkprozess, die gedankliche Auseinandersetzung, die zum Resultat geführt hat. Ein typisches Beispiel findet sich in Abbildung 4(3).

Daran angeschlossen wird nun eine Phase, in der jeder einbezogene Mitarbeiter sein Ergebnis allen anderen im Rahmen einer Plenumsdiskussion präsentiert, und nun kommt der Prozess der Selbstdefinition des Systems in seine entscheidende Phase. Hier kommt es in aller Regel zu sehr intensiven Auseinandersetzungen, die zur Vervollständigung bzw. Korrektur der vorgelegten Diagramme führt, vor allem aber zur Diskussion der Zusammenarbeitsprobleme der einzelnen Stellen.

Die Erfahrung zeigt, dass im Verlauf solcher Diskussionen, die viele Stunden dauern können, kaum eine relevante Frage unbesprochen bleibt. Die Auseinandersetzungen beschränken sich keineswegs nur auf organisatorische Probleme, obwohl diese den Ausgangspunkt bilden mögen. Im Verlauf der durch keine Tagesordnung behinderten Gespräche wird fast jeder Aspekt der vieldimensionalen Unternehmungsrealität(en) berührt. Die Art der Diskussion hängt selbstverständlich wesentlich von der Moderation ab; es gelingt meistens, wenn auch nicht immer, eine zwar keinesfalls emotionsfreie (was gar nicht wünschenswert wäre), wohl aber zu Resultaten führende Diskussion abzuhalten. Im Rahmen solcher Diskussionen wird meistens mehr relevante Information über das Unternehmen im Sinne einer Unternehmungsanalyse gewonnen, als mit jeder anderen Methode möglich wäre, und eine entsprechende Protokollierung kann dies auch für die spätere Weiterbearbeitung dokumentieren.

Schlussendlich hat somit jeder Teilnehmer ein mit allen anderen abgestimmtes Prozessflussdiagramm einschliesslich der gesamten, für ihn relevanten Materialien aus der Diskussion, die sehr verschiedenen Inhalts sein können: teils noch ungelöste Probleme aus der Sichtweise der betroffenen Kollegen, Mitarbeiter und Vorgesetzten, teils Hinweise auf mögliche Lösungen, und nicht selten werden an Ort und Stelle konkrete Lösungen zumindest in den Grundzügen erarbeitet. Man beachte, dass damit auch das Relevanzproblem in einer neuen, systemischen Art gelöst wird. Es muss niemand wirklich entscheiden oder be-

Abbildung 4(3)

stimmen, was als relevant zu betrachten ist. Aus der intensiven, alle mit einbeziehenden Diskussion, ist dies meistens hinreichend klar. Die systemische Interaktion tritt an die Stelle autoritärer Festlegungen. Natürlich kann nicht gänzlich ausgeschlossen werden, dass dennoch etwas übersehen oder vergessen wird. Die Wahrscheinlichkeit dafür ist aber eher gering.

Was allerdings passieren kann, ist eine Art von durch „Inzucht" geprägtes Festbeissen der Diskussion, ein Einrasten des Systems. Nicht selten externalisiert das System hier Interaktionsweisen, die im Unternehmen immer wieder zu Double-Bind-Situationen führen, wie sie in dieser Arbeit wiederholt als Eigenschaften komplexer Systeme beschrieben wurden. Nicht das, was die Akteure in dieser Lage sagen, ist entscheidend, sondern die Art ihrer Interaktion, also nicht der Inhalt-, sondern der Beziehungsaspekt. Diese Phänomene könnten auf andere Weise kaum festgestellt werden. Insbesondere ist dies unmöglich durch die so häufig anzutreffende Unternehmungsanalyse mit Hilfe von bilateralen Interviews oder mit Fragebogen. Natürlich setzt dies voraus, dass man als Moderator dieses Phänomen kennt, damit man es erkennen kann. Es handelt sich exakt um ein Beispiel für die gedankliche Modellierung einer Situation mit Hilfe von Lenkungsstrukturen.

Gegenüber gewöhnlichen Reorganisationsprojekten, in denen zwar auch oft Selbstdiagnose-Phasen vorkommen, hat diese Art des Vorgehens den grossen Vorteil, dass die prozessualen Aspekte auf zwei Ebenen, jener des Unternehmungsgeschehens und jener der Vorgehensweise, im Vordergrund stehen und hierarchische Relationen praktisch keine Rolle spielen. Durch die zahlreichen Präsentationen und Diskussionen kann sich ein sehr hoher Grad an gegenseitigem Verständnis und damit an Verständigungsbereitschaft aufbauen, den ich zwar auch auf das in der Organisationsentwicklung gängige, die Betroffenen einbeziehende Vorgehen zurückführe, wobei aber doch der speziellen Methode, ein Prozessflussdiagramm aus der Perspektive des eigenen Beitrages erarbeiten zu lassen, eine ganz besondere Bedeutung zukommen dürfte, die freilich noch näher zu untersuchen sein wird.

Während jeder Einzelne also *sein* Systemdiagramm hat, verfügt die Unternehmung als Ganzes über einen kompletten Satz derartiger, allseits abgestimmter Diagramme. Aus diesen Einzeldiagrammen kann nun sehr leicht ein Gesamtbild durch Zusammenfügen aller Teile erarbeitet werden, was in der Regel im Anschluss an einen derartigen Workshop noch gemacht wird. Man gewinnt also eine Systembeschreibung auf zwei Rekursionsebenen. Es ist wichtig, dass der Output des gesamten Verfahrens, also die Resultate, sorgfältig dokumentiert werden, denn sie sind gewissermassen der tangible, sinnlich wahrnehmbare Niederschlag der gedanklichen Rekonstruktion. Diese Diagramme unterscheiden sich wesentlich von einem Organigramm, denn sie bringen etwas gänzlich anderes zum Ausdruck – etwas, das für das wirkliche Funktionieren eines Systems von viel grösserer Bedeutung ist als die hierarchischen Beziehungen, die durch ein Organigramm abgebildet bzw. geregelt werden.

Nun wäre es sicher nicht uninteressant, etwas ausführlicher darzustellen, welche Effekte aus einem Vorgehen resultieren, das auf das Verstehen der prozessualen Zusammenhänge des Unternehmensgeschehens zielt, im Gegensatz zu einer Methode, die ein Organigramm klassischer Prägung zum Ergebnis hat. Es muss hier genügen, darauf hinzuweisen, dass die jeweiligen Fragestellungen grundsätzlich anderer Natur sind, demnach die dadurch ausgelösten Denkprozesse ebenfalls andere sind und somit der gesamte Kontext, in dem Organisationsfragen behandelt werden, anders ist als in der klassischen Variante.

Es stellt sich nun die Frage, ob man bei Wahl der Prozessflussvariante auf ein Organigramm verzichten kann. Ich neige gegenwärtig zu dieser Auffassung, ohne hier allerdings eine abgeschlossene Meinung zu haben. Bedenkt man aber, dass die Grundformen der auf die Aufgabenverteilung bezogenen Strukturierung der Unternehmung und die diesem Ansatz zugrundeliegende Fragestellung durchaus nicht unumstritten sind und vor allem aus organisationspsychologischer Sicht ihre Schwächen haben, und bedenkt man ferner, dass hierarchische Relationen eigentlich nicht macht- und kompetenzbezogen, sondern logische Relationen im Sinne von Objekt- und Metaebene sein sollten, so könnte sich der an den Prozessflüssen orientierende Weg in mehrfacher Hinsicht als besser erweisen. Auch die Verbindung mit Führungsfragen allgemeiner Art, wie etwa der Struktur von Planungssystemen, von Zielfindungs- und Kontrollprozessen, lässt sich nach meinen Erfahrungen auf diese Weise besser herstellen. Dennoch werden weitere Untersuchungen zeigen müssen, ob diese Vermutungen in die richtige Richtung weisen.

4.35 Phase 4: Was mir das System sagte ...

Von entscheidender Bedeutung ist, dass man selbst als Teilnehmer und Moderator eines solchen Prozesses ständig die gewissermassen wie Treibholz aus einem Wasserwirbel emporsteigenden und sichtbar werdenden systemischen Strukturen erkennt und festhält. Hier kommen nicht nur die schon erwähnten Double-Bind-Phänomene zum Vorschein, sondern eine Fülle von systemischen und subsystemischen Beziehungsgruppierungen und von Regulationsmechanismen. Hier zeigen sich die wahren Positionen der einzelnen Teilnehmer im Beziehungsgefüge der Unternehmung, die oft völlig verschieden von der offiziellen Rangordnung sind. Hier zeigt sich, wer Meinungsmacher ist, wer wofür und wer wogegen ist und warum, in welchen Fragen welche Koalitionsbildungen denkbar sind, welche Behauptungen mit welchen Argumenten vertreten werden, welche Fragen offen diskutiert und welche eher tabuisiert werden. Meistens kommt hier auch die wirkliche Stimmung der Leute zum Ausdruck. Überhaupt darf man vermuten, dass man, wenn der Prozess nicht völlig ausser Kontrolle gerät oder gänzlich inkompetent gesteuert wird, hier der Wahrheit am nächsten kommt, denn es ist selbst für die guten Taktierer unter den Teilnehmern nur höchst schwer möglich, in dieser Situation während zwei Tagen ihre Karten verdeckt zu halten. Dieser Versuch wird meistens sehr schnell für alle sichtbar und verliert damit seine Wirkung bzw. müsste der Betreffende riskieren, Glaubwürdigkeit und damit Autorität und Akzeptanz einzubüssen. Aber selbst insoweit dies jemandem gelingt bzw. aus der Art und Weise, wie er reagiert, hat man wertvolle Einsichten in das wirkliche Funktionieren des Systems gewonnen. Es geht ja keinesfalls darum, alles unter das Motto völliger Offenheit und Ehrlichkeit zu stellen. Tarnung, Verschleierung, Ausweichmanöver und dergleichen gehören ja ebenfalls zur systemischen Realität.

Ferner kann man als Output eines solchen Prozesses erwarten, dass man hervorragende Einblicke bezüglich der Frage gewinnt, ob, in welcher Deutlichkeit und Effektivität die Strukturen des lebensfähigen Systems vorhanden sind. Dies setzt natürlich wiederum voraus, dass man diese Strukturen sehr genau kennt, um sie wahrnehmen zu können.

Als Fazit im Sinne eines vorläufigen Output aus dem bisherigen Prozessverlauf konnte ich folgende Diagnose stellen:

1. Die operativen Elemente, die System 1 bilden sollten, waren unklar. Im Vordergrund standen zweifellos Produktion und Verkauf, jeweils gegliedert nach 5 verschiedenen, geographisch definierten Märkten, für die je ein Verkaufsbereichsleiter zuständig war und um drei verschiedene Sortimentsgruppen, die aber in Fertigung und Materialbewirtschaftung stark vermischt waren, weil neben den Verschiedenartigkeiten erhebliche Gemeinsamkeiten in den technologischen Aspekten bestanden.

Die Interaktion zwischen Verkauf und Produktion war ausserordentlich problematisch. Ein im Rahmen der Workshops ständig mit unzähligen Facetten wiederkehrendes Thema waren die ständigen Lieferschwierigkeiten des Unternehmens. Von zehn, dem Kunden zugesagten Lieferterminen, wurden im Durchschnitt nur sechs eingehalten; bei manchen Kunden, die Spezialanfertigungen verlangten, kam es vor, dass während eines ganzen Jahres überhaupt keine Lieferung termingerecht erfolgte.

Im Rahmen der Erstellung der Prozessfluss- bzw. Systemdiagramme wurden selbstverständlich nicht nur die Innenbeziehungen behandelt, sonder auch die Umweltprobleme der einzelnen, skizzenhaft erkennbaren System 1-Elemente. Per definitionem waren ja die Kunden und Konkurrenten Bestandteile der Verkäufer-Diagramme, so wie etwa die Gewerkschaften, Arbeitsmarktbehörden usw. im Diagramm des Personalchefs vorkommen mussten und in den Diagrammen der Produktions- bzw. Materialbeschaffungsleute die Lieferantenbeziehungen.

Dadurch wurde unter anderem klar, dass die permanenten Lieferschwierigkeiten in gewissen Bereichen bereits drohten, die Lebensfähigkeit von Elementen dieser Rekursionsebene zu gefährden. Oft konnte nur durch fast übermenschliche Anstrengungen die Homöostase zwischen operativen Aktivitäten und deren Umwelten aufrechterhalten bzw. wieder hergestellt werden. Dies stellte aber die betreffenden System 1-Elemente unter ständigen Stress, sie operierten oft an der Grenze ihrer Leistungsfähigkeit, was durch die eingangs erwähnten, einseitigen Rationalisierungsprogramme noch massiv verschärft wurde.

Diese Probleme führten dazu, dass die Systeme immer wieder temporär ausser Kontrolle waren, also Notfallmassnahmen ergriffen werden mussten, und dies wieder führte zu Folgestörungen in anderen Bereichen, die in oft unkontrollierbarer Weise davon betroffen wurden. Ein typisches Phänomen war, dass Störungen oft so „bewältigt" wurden, dass sie von einem Bereich in den anderen weitergeschoben wurden und auf diese Weise oft wochenlang im prozessualen Kreislauf des Systems reverberierten, ein deutliches Anzeichen systemischer Instabilität, die, wie ich aufgrund verschiedener Symptome vermutete, ihren Ursprung zu einem erheblichen Teil in der Interaktionsweise von Verkauf und Produktion hatte.

2. Dies waren aber natürlich auch ganz entscheidende Hinweise auf System 2. Welche Mechanismen hatte die Unternehmung, um mit diesen Oszillationen fertig zu werden? Es gab eine Reihe von Instrumenten: Teile der Planung, insbesondere die Verkaufs- und Produktionsplanung, wobei allerdings eine nachfolgende Analyse dann zeigte, dass gerade durch die Art dieser Planung die Unmöglichkeit der Koordination programmiert war. Man hatte ein relativ gut funktionierendes Controlling. Vor allem waren aber Arbeitsvorbereitung und Produktionssteuerung sowie Lagerbewirtschaftung ständig mit Feuerwehrmassnahmen zur Kontrolle dieser permanenten Störungen beschäftigt und dementsprechend überlastet. Die Rate der Änderungen war deutlich höher als die Rate der möglichen Anpassungsreaktionen.

System 2 war also nur sehr rudimentär entwickelt, und manche Aktivitäten, die eigentlich für die Erfüllung der System 2-Funktion zusammenarbeiten hätten müssen, operierten antagonistisch, so dass System 2 durch unkoordinierte Massnahmen nicht selten als Generator von Störungsvarietät operierte, anstatt als Dämpfer.

Dies wiederum führte dazu, dass die Zahl von ad hoc-Eingriffen durch Geschäftsleitungsmitglieder sowie durch den Seniorchef ständig zuzunehmen schien und damit natürlich die Gefahr bestand, jene Form der Paralyse und Lethargie in den operativen Elementen zu erzeugen, die unvermeidbare Folge sich widersprechender, nicht abgestimmter Weisungen formaler Machtträger ist.

Konkret: Wenn im Produktionsbereich aufgrund entsprechender Produktionssteuerungsüberlegungen, Kapazitätsbelegungen und Kostenverläufe eine bestimmte Terminfolge festgelegt wurde, ging der Verkäufer, dessen Kunde ihn am Telefon wegen der verspäteten Lieferung angeschrien hatte, zum

Seniorchef, weil er keinen Einfluss auf das Produktionsprogramm nehmen konnte und stellte ihm die Situation so dar, dass dieser sich aus einer häufig einseitigen Informationslage heraus veranlasst sah, in Umgehung des Produktionsleiters direkt zum betreffenden Maschinenführer zu gehen, um dort anzuordnen, dass der Auftrag vorzuziehen sei und man die anderen Dinge eben umstellen müsse.

Man darf hier nicht einfach schliessen, dass alle diese Menschen unfähig gewesen wären, oder nichts von Management verstanden hätten. Diese Interpretation würde dem komplexen Charakter eines Systems nicht gerecht werden. Jeder handelte aus seiner individuellen Sicht durchaus vernünftig. Das Problem lag in der Interaktionsweise: Vielmehr in der fehlenden Interaktion, in der Desintegration von Dingen, die zu koordinieren gewesen wären und gleichzeitig in der Integration von Abläufen, die man besser voneinander getrennt hätte.

3. Dies lässt auch schon einige Schlussfolgerungen auf System 3 zu. Hier machte sich der Nachteil einer funktionalen Organisation voll bemerkbar. Die einzelnen Funktionen Technik, Produktion, Verkauf, Materialbewirtschaftung, Finanzen und Administration versuchten, ihre Bereichsinteressen so optimal wie möglich zu erfüllen und produzierten dadurch gefährliche Suboptima, nicht zuletzt deshalb, weil gewisse Strukturelemente einfach fehlten oder versagten. Etwas extrem formuliert kam mir manches vor, wie die Bewegungsabläufe eines spastisch gelähmten Menschen.

Soweit Koordination der System 3-Funktionen gegeben war, kam sie durch die jeweils am Montag stattfindende Geschäftsleitungssitzung zustande, die allerdings in den etwa drei Stunden, die dafür zur Verfügung standen, bei weitem nicht genügend Regulationsvarietät produzieren konnte, als angesichts der explosiv proliferierenden Varietät der operativen Elemente und angesichts des nur mangelhaft funktionierenden Systems 2 erforderlich gewesen wäre.

Im Laufe der Zeit bestätigte sich dann eine Vermutung, die ich in dieser Phase des Prozesses nur sehr undeutlich hatte, nämlich, dass der Seniorchef, obwohl er formal nicht der Geschäftsleitung angehörte, nach wie vor der eigentliche „... Kern" war, Focus und Locus der Kontrolle und dies vor allem durch seine Gewohnheit, intensiven Kontakt mit seinen „Mitarbeitern der ersten Stunde" zu pflegen, die mit ihm den Betrieb aufgebaut hatten. Wenn er anwesend war, dann war er im Betrieb, am liebsten in einem blauen Arbeitsmantel. Er verkörperte dadurch in hohem Masse den parasympathischen Kanal und verfügte über entsprechende Informationen, allerdings auch über die entsprechende Sachkenntnis, denn er verstand wirklich etwas von seinem Betrieb, in gewisser Weise mehr, als alle anderen. Diese Gewohnheiten wiederum machten der Geschäftsleitung, nicht zuletzt auch seinen eigenen Söhnen, das Leben und die Erfüllung ihrer Funktionen schwer.

Allerdings lagen keineswegs im üblichen Sinne gestörte Familienbeziehungen vor. Ganz im Gegenteil waren für einen aussenstehenden Beobachter die familiären Beziehungen ausserordentlich intensiv, warmherzig und von gegenseitigem Respekt geprägt. Der Vater liebte seine Söhne und war stolz auf sie und umgekehrt. Worauf aber war er eigentlich stolz?
Die Söhne waren kompetent, gut ausgebildet, fleissig und leisteten Hervorragendes für das Unternehmen. Sie taten aber nicht das, was nach Meinung des Vaters zu tun war, oder sie taten es jedenfalls anders. Natürlich vertrat der Vater immer wieder die Meinung, dies sei schon richtig, die Zeiten hätten sich ja auch geändert und erforderten daher neue Denkweisen und Methoden. Worte und Taten waren aber widersprüchlich. Er konstruierte sich also seine Realitätsversion über die Söhne, lobte sie über die Massen, was dem Beobachter geradezu als unkritisch erschien und stärkte ihnen den Rücken, wo immer es ihm nötig erschien; gleichzeitig sorgte er aber dafür, dass die ihm wirklich wichtig erscheinenden Dinge so getan wurden, wie sie seiner Meinung nach zu tun waren, und hier konnte er sich auf die Gefolgschaft „seiner Männer" im Betrieb verlassen.
Eine schwierige Situation — die in keinem Organigramm aufscheinen könnte, und in keinem betriebswirtschaftlichen Lehrbuch behandelt wird, für alle im Unternehmen aber die wirklich relevante Realität war.

4. Die Systeme 4 und 5 waren, wie man sich nach dieser Schilderung vorstellen kann, praktisch nicht vorhanden. Sie waren verkörpert in der Omnipräsenz des „Alten" und zwar beinahe um so stärker, je weniger er physisch präsent war. Und sie waren verkörpert im Versuch der Jungen, das Unternehmen in eine, wie sie glaubten und beabsichtigten, „neue Epoche" zu führen. Dazwischen standen als Keil paradoxerweise die „guten Familienbeziehungen", die es unmöglich machten, sich über das wirkliche Problem zu unterhalten, nämlich darüber, dass man sich eben darüber nicht unterhalten konnte, ohne die guten Beziehungen zu gefährden — wie jedenfalls von allen Beteiligten angenommen wurde.
Diese Situation wurde — und dies ist gewissermassen ein Paradoxon zweiter Ordnung — von den Betroffenen völlig klar gesehen. In mehreren Einzelgesprächen, die teils zufällig zustandekamen, teilweise bewusst herbeigeführt wurden, kam dies völlig klar heraus. Jeder klagte mir nach einer gewissen Zeit des Vertrauensgewinnes sein diesbezügliches Leid, etwa nach dem Muster: „... wissen Sie, wenn ich ganz ehrlich bin, dann muss ich Ihnen sagen...".
Auch der Vater sah auf seine Weise die Situation ganz klar. Er wusste, dass er sich mit seinen Söhnen über seine Auffassungen unterhalten sollte, aber er fürchtete, ihnen Enttäuschungen zufügen zu müssen und sich selbst unglaubwürdig zu machen, denn er hätte ja seine selbstgeschaffene und perpetuierte Realitätskonstruktion zerstören müssen.

4.36 Phase 5: Lerne zu werden, was Du sein kannst ...

Nachdem sich das System selbst definiert und dabei eine Fülle von Informationen über seine eigene Natur produziert hatte, und ich glaubte, eine durch meine Beobachtungen einigermassen gestützte und zutreffende Interpretation der Kybernetik dieses Unternehmens zu haben, stellte sich die Frage, was zu tun sei.

Einerseits hatten die Workshops eine sehr positive Grundstimmung im Unternehmen erzeugt. Die beteiligten Mitarbeiter äusserten sich am Ende dieser Veranstaltungen teilweise überschwenglich positiv darüber, dass so etwas überhaupt einmal gemacht wurde und über die Resultate, die dabei herauskamen.

Ich musste aber davon ausgehen, dass dies die Euphorie des unmittelbaren Erlebnisses war und nach Rückkehr in den betrieblichen Alltag vieles relativiert werden würde. Immerhin war es ein gelungener Auftakt und das System war gewissermassen in einen Zustand der „Empfängnisbereitschaft" versetzt. Nun mussten jedoch konkrete weitere Massnahmen folgen. Dies war auch der Geschäftsleitung und dem Seniorchef klar, der an den Workshops teilweise anwesend war.

Andererseits veranlasste mich meine Analyse im Lichte des Modells lebensfähiger Systeme nicht zu besonders grossem Optimismus. Dennoch wollte ich den positiven Trend verstärken und versuchen Situationen zu schaffen, die möglicherweise Gelegenheit bieten würden, auch grundlegende Änderungen einzuleiten, und vor allem trug ich mich mit dem Gedanken, nach und nach einige wichtige Personen mit dem Modell des lebensfähigen Systems vertraut zu machen, um das Leitbild einer evolutionären Unternehmensentwicklung im Unternehmen selbst zu verankern.

Davon war man aber noch weit entfernt. Vorläufig galt es, die Entwicklungsbereitschaft als solche zu stabilisieren und weitere, möglichst rasche und sichtbare Erfolge zu erzielen.

Ich fasste meine Meinung zum Ablauf der Workshops in einem *kurzen,* nicht mehr als vier Seiten umfassenden Bericht zusammen. Lange, akademische oder professionell aufgebaute Berichte wären von niemandem gelesen worden. Ich bemühte mich, die Kommunikation unmittelbar handlungsorientiert zu gestalten.

In diesem Bericht wurden drei Schwerpunktprobleme festgehalten: Zum ersten war dies das Problem, die Lieferterminsituation unter Kontrolle zu bringen. Dies war eine Sache, die die unmittelbare Lebensfähigkeit des Systems betraf und zumindest einer raschen Entschärfung zugeführt werden musste, auch wenn eine eigentliche Lösung gar nicht möglich erschien. Bestandteil einer „Lösung" musste es vielmehr u. a. sein, den beteiligten Mitarbeitern Verständnis dafür zu vermitteln, dass es sich um ein permanentes Steuerungsproblem handeln würde. Interessanterweise kam nämlich immer wieder eine Auffassung derart zum Ausdruck, man müsse eben hier nur bestimmte Methoden einsetzen, etwa ein anderes Computersystem und dergleichen, dann würde das Problem verschwinden.

Zum zweiten wurde mir klar, dass ganz entscheidende Ursachen für die Schwierigkeiten in der Produktion im Sortiment lagen. Dieses war von einigen Hundert Teilen vor 5 Jahren auf mehr als 3000 Artikelpositionen angewachsen. Im wesentlichen war dies eine Reaktion des Unternehmens auf die veränderten Marktverhältnisse. Die schwieriger werdenden Zeiten und der Druck des Marktes und der Konkurrenz hatten die Verkäufer veranlasst, praktisch jeden Auftrag hereinzunehmen. Dies führte dazu, dass das Unternehmen die steigende Flut von Sonderwünschen der Kunden zu bewältigen hatte, was unabsehbare Folgen für die gesamte Materialbewirtschaftung, für den Werkzeugbau, für die Konstruktion, die Artikeldokumentation usw. mit sich brachte. Die Lagerbestände stiegen in der Folge an, die Umschlagskennziffern verschlechterten sich, Kapitalbindung und Kostensituation wurden ebenfalls schlechter, was dann in der Folge zu den massiven Rationalisierungsmassnahmen auf der Kostenseite führte.

Das Rationalisierungsstreben, so wichtig es war, so lange es mit Augenmass betrieben wurde, bekämpfte aber die Symptome. Mir schien die eigentliche Wurzel des Übels in der Varietät des Sortiments zu liegen. Die Kunden hatten auf die Bereitschaft des Unternehmens, Sonderanfertigungen auch in kleinsten Losgrössen zu produzieren, zunächst verständlicherweise sehr positiv reagiert. Umsatzseitig war der Geschäftsgang ausgezeichnet, jedoch verschlechterte sich zusehends die Situation bei den Deckungsbeiträgen. Die Kunden kannten aber naturgemäss in ihren Ansprüchen keine natürlichen Grenzen, sondern machten aus dieser Situation zusehends einen Erpressungsfaktor.

Dies taten sie allerdings nicht aus blosser Willkür, sondern im Laufe dieser fünf Jahre war eine eigenartige, typisch systemische Wirkung eingetreten, die niemand vorhergesehen hatte. Die von der Unternehmung gefertigten Teile gingen in die Fertigung ihrer Kunden, der Maschinenbaufirmen, ein. Da die Unternehmung Sonderwünsche befriedigte, passten sich die Fertigungsmethoden mehr und mehr daran an, so dass die Kunden selbst vom Unternehmen abhängig wurden. Die Sonderanfertigungen und Spezialteile waren nun nicht mehr nur eine bequeme Sache, sondern sie waren absolut notwendig. Die Beseitigung dieser Teile aus dem Lieferprogramm der Unternehmung hätte für viele Kunden zunächst katastrophale Folgen gehabt. Dies wurde natürlich seitens der Verkäufer als Argument für die Rechtfertigung vorgebracht, solche Aufträge hereinzunehmen, gegen die sich die Produktionsleute aus verständlichen Gründen wehrten. Aber auch die Produktionsmitarbeiter sahen natürlich die prekäre Lage der Kunden ein und mussten schliesslich immer kompliziertere Anstrengungen unternehmen, um die Aufträge abzuwickeln. Irgendwie musste dieser Teufelskreis zerschlagen werden.

Zum dritten schlug ich vor, die Führung durch Zielsetzung im Unternehmen über mehrere Ebenen zu installieren. Ich machte diesen Vorschlag aus verschiedenen Gründen: Dies schien mir ein geeignetes Mittel dafür zu sein, dass die von den einzelnen Mitarbeitern in der Phase der individuellen Systembestimmung definierten Subsysteme von ihnen selbst unter Kontrolle gehalten werden konnten. Weiter wollte ich damit, insbesondere weil ich ein bestimmtes Vorgehen für die Erarbeitung der Ziele im Auge hatte, Mängel in den System 2- und 3-Funktionen mildern.

Diese Vorschläge wurden positiv aufgenommen. Es wurde je eine Arbeitsgruppe für die Bearbeitung des Lieferterminproblems und für die Sortimentsbereinigung etabliert, deren Arbeit ich durch methodische Unterstützung zu steuern mithelfen sollte, und ich selbst übernahm es, zusammen mit der Geschäftsleitung das Problem des Managements by Objectives zu bearbeiten.

Dies waren die unmittelbar auch für die Mitarbeiter verständlich und von ihnen als sinnvoll erachteten Aktivitäten. Meine eigenen Absichten bestanden aber darin, über die Bearbeitung dieser zweifellos wichtigen Fragen hinaus, die Unternehmung auf einen Entwicklungspfad in Richtung Ausdifferenzierung der Strukturen des lebensfähigen Systems zu bringen. Es ging darum, dem System zu helfen, nach und nach das zu sein, was es eigentlich werden musste – ein aus sich heraus lebensfähiges System. Ich formuliere das bewusst so, denn entgegen vielleicht gängiger Auffassungen geht es gerade nicht darum, etwas zu *werden,* was man sein kann..., sondern umgekehrt, durch tägliches Tun, also Sein, das zu realisieren, was als Potentialität gegeben ist.

Von entscheidender Bedeutung ist nun aber die Tatsache, dass es kybernetisch völlig unmöglich ist, dies etwa auf dem Wege des üblichen Organisierens zu erreichen. Ein lebensfähiges System wird nicht konstruiert, wie man eine Maschine konstruiert und baut, indem man Teil für Teil fertigt und dann zusammensetzt. Vielmehr ist es auch hier genau umgekehrt so, dass man aus der schon bestehenden Realität und der in ihr latenten Varietät jene Zustände selektiert und durch stete Verstärkung ihre Auftretenswahrscheinlichkeiten erhöht, die die Struktur des lebensfähigen Systems verkörpern. Es geht also um eine selektive Formung der Realität, die unter Nutzung ihrer Eigendynamik erfolgt, die man als Hebel im Sinne des Jiu-Jitsu-Prinzips einsetzt. Dabei können viele der in Teil 3 diskutierten strategischen Grundsätze und Verhaltensweisen eingesetzt werden, so etwa die Strategie, das System zu Änderungen zu stimulieren, um dann im gegebenen Zeitpunkt eine Zustandskonfiguration gewissermassen einzurasten.

Es lohnt sich, an dieser Stelle eine Bemerkung von Beer zu dieser Auffassung von Design zur Diskussion zu stellen:

„A particular design of anything at all... involves the SELECTION of one configuration out of a vast population of configurations. That is, the invention of the design is best regarded as the annihilation of a myriad alternative design. For instance, in carving the *Pieta* out of a block of stone Michelangelo PREVENTED his statue from being anything else ..."[8]

Ein weiteres Problem, das ich in einem abgetrennten Verfahren zu lösen bzw. in Bewegung zu bringen versuchen wollte, waren die familiären Interaktionsbeziehungen, die natürlich eine Schlüsselposition einnahmen. Dies war zweifellos eine delikate Angelegenheit, und ich wusste nicht, ob sich dazu Gelegenheit bieten würde.

4.37 Phase 6: Der Weg ist das Ziel ...

Das weitere Geschehen lief nun auf mehreren Ebenen gleichzeitig ab. Einerseits wurde in den Arbeitsgruppen an den genannten Problemen gearbeitet, wozu ich noch einige Bemerkungen machen werde. Andererseits versuchte ich aber, Gelegenheit zu nutzen, die es mir ermöglichte, in eine Interaktion mit anderer Modalität mit den Familienmitgliedern zu treten. In der Folge kam es zu mehreren, eher privaten Kontakten, die mir Gelegenheit boten, die Bereitschaft abzutasten, das Thema der Familienbeziehungen überhaupt zu berühren. Bei diesen Gelegenheiten trat das bei der Beschreibung von Phase 4 erwähnte doppelbödige Paradoxon deutlich hervor und auch die Möglichkeiten, wie man es (vielleicht) einer Lösung zuführen könnte.

Zum anderen aber boten sich anlässlich dieser Gelegenheiten mehrere Möglichkeiten, quasi en passant einige Bemerkungen zur Lebensfähigkeit eines Unternehmens einzustreuen und damit das Interesse an diesen Fragen zu wecken.

In der Folge – ich stelle diese Dinge jetzt notgedrungen im Zeitrafferverfahren dar, denn die Varietät dieser Ereignisse würde für eine minutiöse Darlegung ein eigenes Buch erfordern – legte ich im Rahmen einer eigens dafür anberaumten halbtägigen Klausur der Geschäftsleitung und dem Seniorchef das Modell des lebensfähigen Systems dar und skizzierte meine Interpretation des Unternehmens im Lichte dieses Modells. Daran anschliessend übernahm jedes einzelne Mitglied der Geschäftsleitung die Aufgabe, gewissermassen als Hausarbeit selbst zu versuchen, unter Nutzung seiner naturgemäss viel grösseren Detailkenntnisse des Unternehmens und seines speziellen Bereiches, als ich sie besitzen konnte, seine eigene Interpretation zu erarbeiten, die dann in einer weiteren Klausur intensiv diskutiert und abgestimmt wurde. Dies führte dazu, dass heute auf dieser Ebene das Modell als Leitvorstellung recht gut verstanden und verkörpert ist.

Die Glaubwürdigkeit des Modells wurde wesentlich dadurch gestützt, dass auf einer anderen Ebene, nämlich in einer der Arbeitsgruppen, bemerkenswerte

---

[8] Beer (Heart) 183, Hervorh. im Org.

Resultate erzielt werden konnten, die sich im Lichte des Modells sehr schön interpretieren liessen und dass auch das Teilprojekt „Führung mit Zielen" wichtige Fortschritte machte.

Besonders wichtig war es, in diesen ganzen Diskussionen den konstruktivistischen Effekt zu vermeiden, man könne das Modell des lebensfähigen Systems nun „einführen". Meine grösste Sorge war, dass jemand plötzlich sagen könnte: „Sie haben uns überzeugt. Bitte organisieren Sie unsere Unternehmung so."

Von grosser Hilfe war dabei der Umstand, dass wir alle als Mitglieder einer christlichen Kultur und Erben dieser Tradition insofern einen Fundus an gemeinsamem Verständnis haben, als etwa das Ziel „ein guter Christ" zu sein ja auch von anderer Art ist, als etwa das Ziel ein eigenes Haus zu besitzen. Im letzteren Fall ist es möglich, dass man das Ziel in dem Sinne erreicht, als man dann sagen kann: „Schau her, das ist mein Haus." Kann man dasselbe aber erwarten mit Bezug auf das andere Ziel? Kann man dieses Ziel in demselben Sinne „erreichen"?

4.38   Phase 7: Ja, mach' nur einen Plan . . .

Natürlich wickelten sich die Dinge nicht in der ungestörten Linearität dieser Beschreibung ab. Man wird sich vorstellen können, dass neben all diesen Aktivitäten das Unternehmen ja auf vollen Touren zu laufen hatte, und dass all die Probleme ja zunächst weiterhin existierten und ständiger Stressfaktor für die Mitarbeiter des Unternehmens waren. Jede einzelne Stunde für irgendeine Besprechung oder Fortschrittskontrolle musste man sich mühsam abringen und zwar auf beiden Seiten, denn auch für mich war dieses Projekt nicht die Hauptbeschäftigung.

Es kamen unzählige Terminüberschreitungen und -verschiebungen vor, Teilaufgaben, Vorbereitungen usw. konnten nicht rechtzeitig erledigt werden, Mitarbeiter wurden krank, mussten Sonderaufgaben vorziehen, hatten familiäre Probleme von Geburten bis zu Todesfällen und schliesslich gab es auch einige Austritte von alten und Eintritte neuer Mitarbeiter, denn schon der bisherige Ablauf erstreckte sich auf über ein Jahr.

Störungen dieser Art sind aber antizipierbar; zwar nicht in dem Sinne, dass wir wissen können, wann wer krank wird, wann welcher Kunde durch sein Verhalten alle Prioritäten über den Haufen wirft usw. Aber, wie schon in Abschnitt 4.1 gesagt, diese Art von Störungen gehört zur Natur des Systems und muss daher in der Lenkung des Prozesses gewissermassen in Form von Leerstellen ganz im Sinne eines offenen Programmes vorgesehen sein.

In der konkreten Situation kann man nämlich gewisse Dinge im Sinne von wahrscheinlich eintretenden Zuständen vorhersehen. Die Geburt eines Kindes hat schliesslich einen Vorlauf von 9 Monaten, und wenn wir auch nicht genau wissen, an welchem Tag sie dann stattfindet, so weiss man doch, dass Herr

Müller aus diesem Grunde in der ersten Oktoberhälfte terminlich nicht frei disponieren kann. Man weiss, dass die Mitarbeiter z. B. im November mit den letzten Budgetierungsarbeiten beschäftigt sind und erfahrungsgemäss das unter extremem Zeitdruck geschieht, dass im April mit einer besonderen Auslieferungsspitze zu rechnen ist, weil die Kunden aufgrund ihrer eigenen Fertigung entsprechend disponieren; dass zu diesen und jenen Terminen wichtige Messen stattfinden usw.

Ferner kann man die Wahrscheinlichkeit des Eintretens von Ereignissen auch durch eine Intensivierung der begleitenden Kontrolle besser einzuschätzen lernen. Da ich wusste, dass einige Mitglieder der Arbeitsgruppe „Liefertermine" unter fast unmenschlicher Arbeitslast standen und, obwohl sie enorm engagiert mitarbeiteten, eben doch damit zu rechnen war, dass dieses Teilprojekt manchmal aus dem Ruder laufen könnte, machte ich es mir zur Gewohnheit, die betreffenden Personen in gewissen Abständen anzurufen, um mich nach dem Fortschritt zu erkundigen, Hilfe zu offerieren, Tips zu geben oder auch ganz einfach als verständnisvoller Zuhörer ihre Sorgen entgegenzunehmen.

Darüber hinaus gab mir aber die intensive Zusammenarbeit mit den Menschen viele Gelegenheiten, ihnen in vivo Tips zur Verbesserung ihrer eigenen Arbeitstechnik, ihrer Terminplanung usw. zu geben. Es ist immer wieder erstaunlich, wie leicht man hier Resultate erzielen kann, wenn man die konkrete Arbeitssituation des betreffenden Mitarbeiters kennt, im Gegensatz zu einer Vermittlung dieser Techniken durch Seminare.

Durch die Zusammenarbeit lernten alle Beteiligten auch, ihre eigenen Fähigkeiten und Kapazitäten besser, d. h. realistischer einzuschätzen. Während zu Beginn des Projektes für die Erledigung von Teilaufgaben noch Zeitschätzungen abgegeben wurden, die meiner Erfahrung nach völlig unrealistisch waren, kam dies später immer seltener vor.

Und schliesslich machten sich alle Beteiligten eine Gewohnheit zu eigen: Sobald sie merkten, dass es mir nicht darum ging, Terminüberschreitungen und andere Störungen zum Anlass für Sanktionen zu nehmen (etwa durch ein Beklagen bei der Geschäftsleitung), sondern die Information über eingetretene oder zu erwartende Störungen als Grundlage für neue Ablaufdispositionen zu verwenden, riefen sie mich aus eigenem Interesse an, sobald sie selbst merkten, dass die Teilziele nicht zu schaffen waren. Diese kybernetische Vorkoppelung wirkte für die Projektsteuerung wahre Wunder. Sie wurde noch wesentlich unterstützt durch eine bestimmte Art der Projektdokumentation und der Arbeitsplanung, die jederzeit jedem Beteiligten zur Verfügung standen, so dass er den völligen Überblick über den Stand der Dinge, über seine eigenen Aufgaben, über deren Bedeutung für das Ganze und über die Folgen einer Verschiebung ihrer Erledigung hatte.

Dies war nun besonders wichtig und wirkungsvoll im Zusammenhang mit der Arbeitsgruppe „Liefertermine". Neben vielen Verbesserungsvorschlägen zu Einzelheiten der Produktionssteuerung, Änderung von Formularen usw., kam die Gruppe, die bereichsübergreifend zusammengesetzt war, zu wichtigen, das Problem im Kern betreffenden Einsichten.

Im Rahmen der in Phase 3 beschriebenen Workshops entstand bei mir der Eindruck, dass eine wesentliche Ursache für die spezifischen Schwierigkeiten der lieferterminbezogenen Koordination in der Interaktion des Produktions- und Verkaufsbereichs liegen könnte. Durch Einzelgespräche, die ich mit den Schlüsselpersonen führte, festigte sich dieser Eindruck.

Wie war die Situation? Ich habe diesen Fall schon in der Einführung, allerdings in einem anderen Kontext verwendet (vgl. Abschnitt 0.44) und möchte ihn hier etwas ausführlicher und aus einer etwas anderen Perspektive nochmals darstellen. Ich beschrieb dort bereits, dass das Unternehmen über eine nach allen Kriterien der Betriebswirtschaftslehre gut ausgebaute Betriebsorganisation verfügt. Die Arbeitsvorbereitung war, zusammen mit einer speziellen Stelle für Arbeitssteuerung und Terminüberwachung dafür verantwortlich, dass der Durchlauf der Aufträge ständig überwacht und entsprechend gesteuert wurde. Dennoch kam es zu der dargestellten prekären Terminsituation. Die ständigen Schwierigkeiten über die Jahre waren Anlass für die Einführung eines computergestützten Produktionssteuerungssystems, wodurch aber die Probleme eher vergrössert wurden, weil man nun gewisse, früher noch vorhandene Improvisationsmöglichkeiten nicht mehr hatte.

Die schon erwähnten, zunehmend schwieriger und härter werdenden Bedingungen auf den Märkten führten nicht nur zu den schon dargelegten steigenden Ansprüchen der Kunden, sondern auch dazu, dass die Kunden immer kurzfristiger disponierten. Zwar erteilten viele, insbesondere die grossen Kunden, über 6 bis 12 Monate reichende Rahmenaufträge, teilten aber die technischen Details, wie Leistungsnormen, Materialvarianten usw. zu den spätest möglichen Zeitpunkten mit. Ausserdem verlangten sie in immer stärkerem Masse, dass das Unternehmen für sie zusätzliche Dienstleistungen übernehmen sollte, wie Lagerhaltung, statt Auslieferung grösserer Mengen alle 14 Tage nun Auslieferung kleinerer Mengen alle 8 Tage und dergleichen mehr.

Die Kunden versuchten also, natürlich unter dem Zwang ihrer eigenen Marktsituation, Flexibilität und Spielräume auf Kosten des Unternehmens zu gewinnen. Bildhaft, aber durchaus systemisch gesprochen, kann man sagen, dass die Kunden dem Unternehmen Flexibilität wegfrassen.

Es stellte sich nun heraus, dass das Planungssystem so funktionierte, dass der Verkaufsbereich bis spätestens 4 Monate vor Beginn des neuen Geschäftsjahres einen Verkaufsplan für das nächste Jahr vorzuschlagen hatte. Dieser Verkaufsplan war die Grundlage für die Jahresplanung der Produktion. In Anbetracht der veränderten Kundenverhältnisse war es natürlich gänzlich unmöglich, mehr als allgemeine Rahmenpläne seitens des Verkaufs zu machen. Dennoch zwang das Planungssystem dazu, eine auf Artikelgruppen bezogene Planung abzugeben. In der gegebenen Situation konnte das nichts anderes sein als ein Ratespiel, das sich, wie üblich, an den Werten der Vorjahresplanung bzw. an den aktuellen Ist-Werten orientierte.

Die jeweiligen Bestellungseingänge, im Sinne von Spezifikations- und Abrufaufträgen, wurden nun direkt vom Verkauf an den Produktionsbereich weitergegeben. Die ursprüngliche Verkaufsplanung wurde aber nicht mehr geändert. Die grundlegenden Dispositionen der Produktion waren somit immer noch am ursprünglichen Verkaufsplan orientiert, so dass die laufenden Dispositionen, die die eigentliche Realität auf den Märkten widerspiegelten, nicht anders denn als Störung empfunden werden konnten. Die ad-hoc-Massnahmen zur Einhaltung von Terminen führten in vielen Fällen, wie schon geschildert, doch nicht zu einer wesentlichen Verbesserung der Lieferbereitschaft, wohl aber zu den dargestellten Turbulenzen und Instabilitäten.

Dies wiederum leitete eine Tendenz ein, die vorkommenden Fehler bei einzelnen Personen zu suchen. Immer öfter wurde Unfähigkeit oder Unzuverlässigkeit vermutet und behauptet. Es kam daher zu wachsendem Misstrauen und schliesslich zu eigentlichen Feindbildern zwischen den beiden Bereichen. Die Mitarbeiter des Verkaufsbereiches beschuldigten die Produktionsleute, sie seien nicht in der Lage, die Termine einzuhalten, was für sie wiederum zu grössten Schwierigkeiten führe, denn sie müssten den Kunden dann jeweils die oft mehrmaligen Terminverschiebungen mitteilen und sich deren Beschwerden anhören. Der Produktionsbereich andererseits behauptete, die Verkäufer seien nicht in der Lage, den Kunden realistische Termine zu offerieren, sie würden zugunsten einer kurzfristigen Umsatzmaximierung schlechtweg alles akzeptieren und ausserdem könne man sich noch nicht einmal auf die einmal gemachten Termine verlassen, denn sie würden alle paar Tage wieder abgeändert.

Zwar gab es wöchentlich eine Koordinationssitzung zwischen den Bereichen; diese diente aber eher der gegenseitigen Beschuldigung und Rechtfertigung, als der Lösung von Problemen. Die Schwierigkeit lag offensichtlich zu einem erheblichen Teil in den Interaktionsmustern zwischen Verkaufs- und Produktionsbereich. Der Produktionsbereich erlangte zu spät Kenntnis von den marktbedingten Veränderungen und *konnte* nicht mehr darauf reagieren; andererseits gab es keine Meldungen vom Produktions- an den Verkaufsbereich über drohende Lieferterminüberschreitungen. Daher konnten die Verkäufer ihre Kunden auch nicht vorwarnen oder, im Wissen um die Situation, noch neue Dispositionen treffen.

Durch das teilweise computerbedingte unveränderte Festhalten am ursprünglichen Verkaufsplan musste sich natürlich die Produktion an einer Scheinwelt orientieren, die, wie gesagt, durch die Realität immer wieder gestört wurde. Andererseits konnte aber festgestellt werden, dass die Verkaufsleiter ihre Bereiche anhand der Produktionslisten bzw. Auslieferungslisten steuerten. Erst zu diesem Zeitpunkt erfuhren sie von den Terminüberschreitungen, wenn sie nicht schon vorher durch den erbosten Kunden angerufen worden waren, was leider sehr häufig vorkam.

Nun war natürlich vollkommen klar, dass innerhalb der beiden Systeme Produktion und Verkauf wesentlich mehr an Information über die jeweilige Situation vorhanden war, als offenkundig an den jeweils anderen Bereich weitergeleitet wurde. Gerade diese Informationen hätten aber zu einer wesentlichen Verbesserung der Steuerung beitragen können. Da aber zwischen den Bereichen nur noch eine sehr dürftige Interaktion stattfand, wussten sie nichts von diesen gegenseitig verfügbaren Informationen und konnten deshalb auch die Frage nach ihrer Nützlichkeit gar nicht mehr stellen.

Die Verkäufer wussten meistens schon eine gewisse Zeit im voraus, wie sich die Kunden verhalten würden. Jeder einzelne Verkäufer unterhielt ja relativ intensive Beziehungen zu seinen Kunden, er kannte deren Fertigung und konnte zu einem relativ frühen Zeitpunkt zumindest gewisse Wahrscheinlichkeiten über das zukünftige Verhalten eines Kunden mit Bezug auf einen bestimmten Auftrag äussern. Dies hätte in vielen Fällen den Mitarbeitern des Produktionsbereiches wertvolle Dienste leisten können. Je früher sie von der Wahrscheinlichkeit bestimmter Dispositionen Kenntnis erlangten, um so eher konnten sie durch geeignete Massnahmen darauf reagieren.

Andererseits wäre es oft möglich gewesen, zu dem Zeitpunkt, an dem in der Produktion bereits erkennbar war, dass die Termine nicht zu halten waren, den Kunden so rechtzeitig zu informieren, dass dieser seinerseits neue Dispositionen hätte treffen können, oder man hätte seitens des Unternehmens noch zu Steuerungsmassnahmen, wie Ersatzlieferungen, Fremdbeschaffung usw. greifen können. Die Probleme wären dadurch in vielen Fällen wesentlich gemildert oder gar neutralisiert worden.

Diese Art der Informationen über die jeweils aktuellsten Verhältnisse in Markt und Produktion, die ja Antizipationen, oft nicht mehr als Vermutungen und Indizien über mögliche oder wahrscheinliche Zustände darstellten, waren aber nicht computerisierbar, und sie konnten auch in keines der in diesem Teilsystem zirkulierenden Formulare geschrieben werden. Es gab also gewissermassen gar keine Möglichkeit über diese Dinge zu kommunizieren, weil das offizielle System keine Sprache oder keinen Code dafür zur Verfügung stellte.

Als diese Situation einmal offen auf dem Tisch lag und von allen erkannt wurde, dass es nicht die Boshaftigkeit der Kollegen war oder ihre Unfähigkeit, die die Schwierigkeiten verursachten, sondern die Struktur des Systems selbst, waren Möglichkeiten für Verbesserungen relativ leicht zu sehen. Systemisch ging es darum, was aber die Mitglieder der Arbeitsgruppe nicht wussten, ein effektives System 2 zu installieren. Statt an noch mehr Computer und noch mehr Formulare und Prozeduren zu denken, suchten wir die Lösung im sozialen Bereich. Es wurde ein Steuerungsausschuss eingesetzt, der anstelle der ursprünglichen wöchentlichen Koordinationssitzung nunmehr zweimal täglich zu kurzen, meist nur etwa halbstündigen Besprechungen zusammentrat. Sowohl durch die drastische Verkürzung des Intervalls (man erinnere sich: Planung ist kontinuierlich und Planung ist Entscheidung...), wie durch die persönliche Interaktion war es möglich, wesentlich mehr Varietät in den Koordinationsprozess einzubringen, vor allem auch jene Varietät, die nur in den vagen Vermutungen und Antizipationen, oft nur in einem Gespür über zu erwartende Ereignisse bestanden. Dies genügte aber bereits, um dem jeweils anderen Bereich ein wesentlich höheres Mass an Vorkoppelung zu ermöglichen und damit die Voraussetzung zu schaffen, durch die Bereithaltung von Reserven, durch die Suche nach anderen Wegen zum selben Ziel usw. vernünftig zu reagieren.

Die verschiedenen Zeitdimensionen waren urplötzlich viel besser synchronisiert, und als man in der Folge sehr systematisch die frühest reagierenden Indikatoren zu identifizieren versuchte, um den Prozess der Früh- und Vorwarnung immer besser unter Kontrolle zu bringen, zeigten sich wesentliche Verbesserungen der Lage.

Natürlich bedeutete dies nicht, dass alle Schwierigkeiten behoben gewesen wären. Dies wurde jetzt aber auch von niemandem mehr erwartet. Man hatte gelernt, durch kybernetische Steuerung ein komplexes System besser zu beherrschen.

4.39 Phase 8: Ein System ist ein System ist ein System...

Man wird die Modellvorstellungen, die hinter diesen Bemühungen zur Verbesserung der Lieferbereitschaft standen, erkannt haben: Es handelte sich darum, zwei nur scheinbar miteinander interagierende Systeme, deren Scheininteraktion in Wahrheit aber dazu führte, dass sie sich immer weiter auseinanderlebten, so zu koppeln, dass echte Interaktion entsteht, dass ihre Zustände sich gegenseitig in einer kontinuierlichen Weise beeinflussen, jedes System vom jeweiligen Zustand des anderen unmittelbar modifiziert wird, so dass das Metakriterium der Stabilität, in diesem Fall Liefertermine und grösstmögliche, zweckmässige Dispositionsfähigkeit zur Ausschöpfung aller dem System inhärenten Verhaltensmöglichkeiten, innerhalb „physiologischer" Grenzen liegt. Es ging also, abstrakt gesehen, um die Installation eines effektiven Homöostaten.

Inzwischen war das Vorhaben zur Einführung der „Führung mit Zielen" relativ weit gediehen. Auch vom Timing her war die Situation günstig. Man konnte die Zielbestimmung und -koordination mit dem Budgetierungsprozess und der Verabschiedung der Jahresplanung verbinden.

Es gelang mir, die Geschäftsleitung zu veranlassen, erstmals das gesamte Kader im Rahmen einer ebenfalls erstmals durchgeführten Kadertagung über ihre obersten Ziele und Absichten zu orientieren. Man braucht nicht die Kybernetik zu bemühen, um zu wissen, dass dies einen enormen Vorsteuerungseffekt, d. h. einen antizipativ koordinierenden Effekt haben kann, wenn es richtig gemacht wird. „Richtig" heisst hier einfach „überzeugend". Die Geschäftsleitung muss echt und ehrlich wirken. Es muss erkennbar sein, dass im Vordergrund das Bemühen steht, den einzelnen Mitarbeiter durch die gegebene Information instandzusetzen, seine Aufgabe leichter und besser zu erfüllen. Zielsetzungen dürfen nicht im Gewand von machtgestützten Befehlen oder Vorgaben erscheinen, sondern als Hilfe für den Einzelnen, damit er den Flux von Ereignissen besser verstehen und nutzen kann.

Es ist bemerkenswert, wie stark nach wie vor in der Praxis die bilaterale Zielfindung und -koordination verbreitet ist. Aus varietätsbezogenen Gründen ist dies ein völlig untaugliches Verfahren.

In dieser Unternehmung schlug ich vor, die Ziele wieder im Rahmen eines Workshops gemeinsam abzustimmen. Dies benötigte eine gute Vorbereitung. Alle Mitarbeiter, die in den Prozess einbezogen waren, erhielten eine ausführliche Instruktion, zusammen mit einer schriftlichen Wegleitung und konkreten Beispielen, die auf ihren Erfahrungsbereich abgestimmt waren. Da es diesmal darum ging, 35 bis 40 Personen zu einer gemeinsamen Aktivität zusammenzubringen, wurde auch ein sorgfältig durchdachter Zeitplan vereinbart, von dem erwartet werden musste, dass er streng eingehalten wurde.

Das Verfahren sah vor, dass die Führungskräfte grösserer Bereiche gemeinsam mit ihren Mitarbeitern an dem Workshop teilnehmen sollten und dass anlässlich dieser Tagung die Ziele aller teilnehmenden Mitarbeiter durch diese selbst präsentiert werden sollten. Dies setzte die Teilnehmer unter einen gewissen Zwang, sich wirklich gut vorzubereiten, denn es war anzunehmen, dass sich keiner gerne blamieren würde.

Es war auch anzunehmen, dass die einzelnen Vorgesetzten einiges daran setzen würden, ihre Gruppe gut dastehen zu lassen, also überlegte und sauber abgestimmte Ziele in der Vorbereitungsphase gemeinsam mit den Mitarbeitern zu finden.

Für den Workshop selbst musste, wegen der Anzahl der Präsentationen, ein sehr gedrängtes Programm gemacht werden. Jeder Teilnehmer hatte eine festgelegte Zeit für seine Präsentation zur Verfügung, und für die an jede Präsentation anschliessende Diskussion, die nur hängige Koordinationsfragen identifizieren, nicht aber lösen sollte, war die Zeit ebenfalls strikt limitiert.

Schon durch viele frühere Gelegenheiten im Rahmen der Zusammenarbeit hatten die Mitarbeiter des Unternehmens ihre Präsentationstechnik wesentlich zu verbessern gelernt. Wurde früher endlos im Kreis um das Thema herumgeredet, so war jetzt für alle die Vorstellung „effektiver Kommunikation" zu einem Wert geworden. Man sah ein, dass damit nicht nur Zeit (und das hiess auch Freizeit) gewonnen wurde, sondern die Leute hatten gelernt, jene die redeten von jenen, die etwas sagten, zu unterscheiden. Das System begann also seine Fähigkeit der Selbstdefinition und Selektion selbständig zu kultivieren. Mit dem Zielsetzungs-Workshop war meinerseits auch die Absicht verbunden, einen Konnex herzustellen zwischen dem allerersten Workshop und den dort direkt erarbeiteten Systemdiagrammen und den für die Lenkung dieser Systeme geltenden Zielen und Kriterien. Grundlage für diese Absicht war natürlich die Tatsache, dass kybernetische Systeme immer geschlossene Kreisläufe bilden müssen.

Von besonderer Bedeutung war aber in diesem Zusammenhang, dass inzwischen das Verständnis der Geschäftsleitungsmitglieder für das Modell des lebensfähigen Systems gute Fortschritte gemacht hatte. Natürlich gab es immer noch Interpretationsverschiedenheiten, eher kritische Distanz bei einem und eher unkritische Übernahme bei einem anderen, aber ihre Fähigkeit, das Unternehmensgeschehen aus dieser Perspektive zu interpretieren, war recht gut gefestigt. Es ist zu betonen, dass es ja gerade um den Prozess der *Auseinandersetzung* mit dem Modell geht, um das gedankliche Experimentieren und nicht etwa um simple Akzeptanz.

Die Beschäftigung mit dem Modell hatte vor allem auch weggeführt von der Hierarchie- und Rangbezogenheit vieler Themen. Dies setzte die Geschäftsleitungsmitglieder instand, den Zielsetzungs-Workshop in seiner ganzen Vieldimensionalität zu sehen. Wie zu erwarten war, ging es im Rahmen der Zielabstimmungen zwar schwerpunktmässig um die Jahreszielsetzungen für die kommende Periode. Faktisch und logisch ist es aber völlig unmöglich, Jahreszielsetzungen vernünftig ohne Bezug zu längerfristigen Absichten zu koordinieren.

Im Rahmen dieser Arbeitstagung kamen denn auch sehr viele Überlegungen, Fragen und Anregungen zutage, welche die Grundlagenfragen des Unternehmens, wie etwa die zukünftige Produktpolitik, die Marktchancen, die Technologie usw. betreffen. Trotz der aus den Umständen resultierenden Notwendigkeit, die Diskussion sehr straff zu führen und auf die Jahreszielsetzungen zu konzentrieren, war doch sehr deutlich, wie sich das System ständig über sämtliche Dimensionen der System 3−4−5-Interaktion bewegte.

Die systemischen Resultate waren die folgenden: Die Mitarbeiter sahen, dass es ganz anders geartete Möglichkeiten der Vorauskoordination gibt, als sie sie bisher kannten und erlebten. Zusammen mit den anderen Einsichten in die Steuerung durch Vorwegnahme zukünftiger Ereignisse schuf dies eine so gute Überzeugungsbasis, dass man sich auf diesem Wege weiterbewegen sollte.

Ferner wurden sich einmal mehr die Teilnehmer dessen bewusst, dass sie wirklich ein System bildeten. Während die früheren, hauptsächlich bilateralen Beziehungen die Systemzusammenhänge total fragmentierten, waren jetzt nicht nur Ich-Du-Relationen, sondern auch Wir-Relationen erfahrbar. Das System begann, sich seiner selbst bewusst zu werden, sich als Ganzheit zu erleben. Es begann zu lernen, wie man lernt, mit Komplexität und daher mit sich selbst umzugehen.

Darüber hinaus wurde einem grossen Teil der Mitarbeiter, vor allem der Geschäftsleitung klar, dass dringend eine Überprüfung einiger Grundlagenfragen produkt-markt-strategischer Art in Angriff zu nehmen waren. Ausgelöst wurde diese Erkenntnis im wesentlichen durch die nach wie vor bestehende Diffusität der operationalen Elemente von System 1 sowie durch Fortschritte der Arbeitsgruppe „Sortimentsbereinigung". Dort hatten nämlich Strukturanalysen gezeigt, dass extreme Disproportionalitäten an sich zu erwartender Art vorherrschten. Ein minimaler Anteil des Sortiments brachte den überwältigenden Anteil am Umsatz und an den Deckungsbeiträgen. Es zeichnete sich ab, dass das Unternehmen eigentlich aus zumindest zwei, in sich homogenen Bereichen bestand: einem Bereich, der eher im Massengeschäft operierte und einem Bereich, der Spezialanfertigungen machte. Es war ersichtlich, dass man für die Frage nach deren Verhältnis Antworten finden musste.

Ein weiteres, und, wie mir schien, für die zukünftige Arbeit besonders wichtiges Resultat bestand aber darin, dass dieser Workshop für die Geschäftsleitungsmitglieder ein Life-Beispiel für die Funktionsweise bestimmter Teilsysteme des lebensfähigen Systems war, was sich im Rahmen einer an den Workshop anschliessenden, längeren Diskussion klar herausstellte. Dies war ja die erste Gelegenheit, bei der die Geschäftsleitungsmitglieder in Kenntnis der Strukturen des lebensfähigen Systems eine grössere Gruppierung von Mitarbeitern in ganz bestimmten Aktionen beobachten konnten. Es schien mir damit gelungen zu sein, eine Art Varietätsgenerator für die Propagierung dieser Ideen im Unternehmen zu etablieren. Um mit einer historischen Analogie zu sprechen, das Modell des lebensfähigen Systems hatte seine Jünger gefunden, sie hatten seine Botschaft verstanden und waren bereit, zu missionieren.

Auf einer anderen Ebene hatte einige Wochen vor dieser Zielsetzungsveranstaltung ein konstruktives Gespräch zwischen den Mitgliedern der Eigentümerfamilie stattgefunden, das eine lange Vorgeschichte hatte und sehr konkrete Möglichkeiten eines Wandels zweiter Ordnung in den Beziehungen eröffnete.

Die Voraussetzungen für eine weitere positive Unternehmungsentwicklung waren zu diesem Zeitpunkt also recht gut. Ich möchte damit aber nicht den Eindruck entstehen lassen, dass alle Probleme gelöst gewesen wären. Die Strategie des Umgangs mit komplexen Systemen mahnt uns, immer auf Überraschungen gefasst zu sein.

> Complex Systems tend
> to produce
> complex Responses
> (not Solutions)
> to Problems
>
> John Gall

4.4 Aufklärung oder Abklärung?

Trotz der einleitend zum letzten Abschnitt erwähnten Unterschiede zwischen dem Geschichtsschreiber und dem Tagebuchschreiber ist ihnen doch gemeinsam, dass ihre Aufgabe logisch nie zu Ende ist; sie wird − willkürlich − abgebrochen. Wann ist ein solcher Unternehmungsentwicklungsprozess zu Ende? Wann hört die Beschreibung eines komplexen Systems auf?

Es ging mir in diesem Kapitel darum, zu illustrieren, welchen Gebrauch man von den Denkweisen, Methoden und Modellen machen kann, die ich in diesem Buch behandelt habe. Vor allem ging es mir auch darum, zu zeigen, dass dieser Ansatz gewissermassen unbewaffnet angewandt werden kann, ohne Hilfsmittel, ohne Computer, Statistik, und letztlich auch ohne ein Füllhorn von graphischen Darstellungen ausschütten zu müssen, so hilfreich diese auch im allgemeinen sein mögen.

Die Strategie des Umgangs mit komplexen Systemen, die Kybernetik der Steuerung offener, evolutionärer Prozesse, haben ihre Methoden. Wir sind dieser Komplexität nicht ausgeliefert, vorausgesetzt, wir akzeptieren sie und machen sie, wie wir das in manchen Alltagsbereichen ja tun, zu einem festen Element unseres Denkens und Handelns; vorausgesetzt, wir lernen durch Einsicht in die Natur komplexer Systeme das Unmögliche zu erkennen, um das Mögliche und Machbare besser verwirklichen zu können.

Der Glaube des Menschen an die Unbegrenztheit seiner Vernunft und seines Verstandes, der mit all seinem naiven Optimismus, seiner Zuversicht und seiner Anmassung und Überschätzung ein Kind der Aufklärung ist, wird, wie Rupert Riedl in Erinnerung an ein Gespräch mit Marion Gräfin Dönhoff, sehr überzeugend schreibt,[9] jener Art Weisheit Platz machen müssen, die wir Abklärung nennen.

---

9 Riedl, R. (Evolution und Erkenntnis), 339 ff.

Anhang zur 5. Auflage

Stellungnahme zu Kritik

Im folgenden möchte ich zur Kritik von H.R. Fischer Stellung beziehen, die dieser unter dem Titel „Management by Bye" veröffentlichte.[1] Fischers Denk- und Argumentationsweise ist repräsentativ für einen ganzen Bereich weitverbreiteter Missverständnisse.

Seine Kritik richtet sich primär gegen das vorliegende Buch; sekundär verwendet er noch eine andere Quelle, zu der ich am Schluss meiner Erwiderung Stellung nehmen möchte.

Ich will zuerst zusammenfassen, worin ich die Substanz seiner kritischen Anmerkungen sehe: Unter Verwendung von Argumenten aus Philosophie, Systemwissenschaften und Kybernetik kritisiert Fischer Denkweise und Praxis von Management und Managern. Fischer sieht das konstitutive Element von Management in den Management by-Konzepten und -Prinzipien. Nach seinem Verständnis baut Management auf Hierarchie und Kontrolle auf, deren Grundlage die Vorstellung der prinzipiellen Beherrschbarkeit von sozialen Systemen ist, und er sieht bei Managern die aus einem Sicherheitsbedürfnis heraus resultierende Absicht, Systeme auf immer perfektere Weise unter Kontrolle zu bringen.

Darüberhinaus kritisiert Fischer Vorschläge zur Verbesserung von Management, im besonderen jene, die ich in diesem Buch unter der Bezeichnung „systemisch-evolutionäres Management" vorlege. Er versucht zu zeigen, dass ich mit meinen Vorschlägen das von ihm gebrandmarkte Management-Verständnis nicht nur nicht reformieren kann, sondern dass meine Vorschläge dieses Management-Verständnis und diese Management-Praxis nachgerade zementieren und zur ultimativen Perfektion treiben. Dabei missfällt ihm besonders, dass ich dies unter Verwendung einer Begriffswelt tue, die s. E. zwar den Anschein des Neuen und anderen erweckt, in Wahrheit aber alter Wein in neuen Schläuchen oder noch schlimmer ein Wolf im Schafspelz ist. Seiner Meinung nach wecke bzw. verstärke ich die (trügerische) Hoffnung nach Sicherheit und rechtfertige den Machbarkeitswahn, den er bei Managern festzustellen glaubt. Weiter postuliert er, dass ich eine veraltete Kybernetik, nämlich jene erster Ordnung, verwende, die nun durch jene der zweiten Ordnung überholt sei. Insgesamt stellt er fest, dass die auf der Basis der Objekt-Subjekt-Spaltung angestrebte Zweckrationalität in Zusammenhang mit der Steuerung sozialer Prozesse eine „Wahnidee" sei, ein „Mythos, den Theoretiker kultivieren, die noch den erkenntnistheoretischen Illusionen der Kybernetik erster Ordnung huldigen" (S. 17).

---

[1] Fischer, H.R., S. 15 ff. Management by Bye?, in : Schmitz, C./Gester, P.W./Heitger, B. (Hrsg.), Managerie - 1. Jahrbuch für Systemisches Denken und Handeln im Management, Heidelberg1992

Fischers Kritik kann in folgende Abschnitte gegliedert werden:

1. Eine semantische Analyse bestimmter Begriffe und Formulierungen, die er in meinem Buch findet.
2. Seine Kritik am Denken und Handeln von Managern.
3. Philosophisch-erkenntnistheoretische Kritik.
4. Seine Kritik an dem, was er „Phänomene der dritten Art" nennt, nämlich die Vorstellung einer „unsichtbaren Hand in sozialen Systemen".
5. Eine Skizze seiner eigenen Vorstellungen, was unter systemischem Denken und richtig verstandener Selbstorganisation zu verstehen sei.

Zusammenfassend und das Ergebnis vorwegnehmend:
Fischer's semantische Kritik halte ich für sinnentstellend und unfruchtbar. Es ist ein Streit um Worte und um Formulierungen. Seine Kritik an Management und Managern ist, soweit es solche Manager gibt, richtig und deckt sich mit meinen Auffassungen. Aber er hat ein sehr einseitiges und verkürztes Managerbild, das so glücklicherweise nur auf eine sehr kleine Zahl von Führungskräften zutrifft. Es **gibt** Leute von der Art, wie Fischer sie beschreibt, aber sie sind eine inzwischen rasch schwindende Minderheit; es gibt sehr viel mehr **andere**. Dort, wo er erkenntnistheoretisch argumentiert, ist meine Auffassung, dass er nicht überall den aktuellen Stand der Diskussion berücksichtigt. Seine Position entspricht häufig der sogenannten Postmoderne und der für sie typischen relativistischen Denkweise, die ich für falsch halte. Es kann etwas postmodern sein, deswegen braucht es weder besser noch richtiger zu sein als Denkrichtungen, die wir schon hatten. Einen grossen Teil der Postmoderne halte ich für intellektuelles Finassieren und für eine neue Auflage der Sophisterei, nicht selten völlig ungetrübt vom bereits erreichten Stand der Diskussion. Ausserdem habe ich den Eindruck, dass er zugegebenermassen vorhandene erkenntnistheoretische Schwierigkeiten zu unüberwindbaren Hindernissen hochstilisiert.

Ich will auf seine Kritik einigermassen gründlich eingehen, weil sie typisch ist für relativ weit verbreitete Denkweisen und daher als stellvertretend für einen Teil der Diskussion über systemisches Management betrachtet werden kann.

1. Semantische Analyse

Auf Seite 22 (letzter Absatz) und Seite 23 (erster Absatz) seines Artikels fasst Fischer meine Position in einer Weise zusammen, der ich zustimme. Er schreibt: „Eine systemische Managementtheorie, wie sie beispielsweise von F. Malik vertreten wird, versteht Unternehmen als soziale, sich selbst organisierende Systeme, deren Strukturen und Funktionsmechanismen sich evolutiv aus sich selbst heraus entwickeln. Die Idee der Selbstorganisation, die dabei eine zentrale Rolle spielt, besagt trivial formuliert, dass in einem solchen System zweckhafte Prozesse am Werk sind, die selbst von keiner zentralen Instanz organisiert oder beherrscht werden können." Dies ist zwar in der Tat etwas trivial formuliert, aber im wesentlichen richtig.

Er stellt dann aber gleich die Frage – und es stellt sich alsbald heraus, dass es eine rhetorische ist – „ob hier tatsächlich Abschied von alten Mustern praktiziert wird oder ob sich das alte Denken nicht nur in neuer Maske präsentiert". Fischer kommt zum Ergebnis, dass dies so ist und nicht nur das, sondern dass mein Verständnis von Kybernetik das Beherrschbarkeits-Postulat und die alte Kontrollidee „unter Verwendung kybernetischer Metaphern" auf die Spitze treibe. Er entdeckt eine „tiefe Sehnsucht nach Sicherheit" und meint, die Kybernetik sei für die Managementtheorie gerade wegen der Hoffnung interessant geworden, sie erlaube es, die Vorstellung der Sicherheit und der Kontrollierbarkeit noch besser zu realisieren. Dem hält er entgegen, dass komplexe Systeme prinzipiell weder berechen-, noch beherrsch- noch kontrollierbar seien.

a) Fischer unterstellt mir damit genau jene Beherrschbarkeits- und Kontrollidee, **gegen** die sich mein Buch auf über 500 Seiten wendet, und er tut es mit den Mitteln einer semantischen Analyse, also einer Auseinandersetzung mit Worten und Begriffen und ihrer Bedeutung. Nun glaube ich, an so vielen Stellen, ja durchgängig im ganzen Buch völlig klar gezeigt zu haben, dass komplexe Systeme eben wegen ihrer Komplexität weder berechenbar, noch im **üblichen** Sinne des Wortes kontrollierbar sind, dass man die Selektivität der Stellenwahl schon sehr arg strapazieren muss, um mir diese Auffassung zu unterstellen. Nicht nur finden sich auf fast jeder Seite Aussagen, die gegen jene Beherrschbarkeitsthese und Kontrollidee gerichtet sind, die Fischer mir unterstellt, sondern ich verwende auch, wo immer möglich, quantitative Beweise und Beispiele dafür, dass komplexe Systeme eben nicht beherrschbar sind, so etwa das sogenannte Bremerman'sche Limit oder Polanyi's Beweis.

Bezogen auf das, was ich sage resp. schreibe, ist es mir völlig unerfindlich, wie man zu der von Fischer geübten Kritik kommen kann. So arbeite ich bspw. in Abschnitt 02 des vorliegenden Buches, S. 22 ff. das Grundproblem heraus, das sich m.E. einer systemorientierten Managementlehre stellt. Darin findet sich folgende Stelle (S. 29): „Die leitende Vorstellung bestand darin, dass Führungskräfte (Manager), wie schon erwähnt, in letzter Konsequenz immer vor der Frage stehen, wie sie den Bereich oder das System, für das sie zuständig und verantwortlich sind, unter Kontrolle bringen und unter Kontrolle halten." Im nächsten Satz steht dann aber klar: „Dass es sich hierbei um ein ganz bestimmtes Verständnis des Wortes „Kontrolle" handelt, wurde im Rahmen jener Forschungen[2] deutlich gemacht." Ebenfalls auf S. 29 folgt dann diese Passage: „Wenn als Grundproblem die in diesem Sinne verstandene Be-

---

2 Gemeint ist damit das Forschungsprojekt, das in den Jahren 1972 – 1974 zum Problem der System-Methodik an der Hochschule St. Gallen durchgeführt wurde. Die Ergebnisse wurden publiziert von Gomez/Malik/Oeller, Systemmethodik, Bern 1975

herrschung oder Kontrolle eines Systems angenommen wurde, so ergab sich die nächste Hauptkomponente der Methodik auf natürliche Weise: die Frage, ob und in welchem Ausmass man ein System unter Kontrolle haben kann, hängt ganz wesentlich von den Eigenschaften der beteiligten Systeme ab: des Systems, das unter Kontrolle gebracht werden soll und desjenigen Systems, dem sich diese Aufgabe stellt. Manche Systeme lassen sich, z.B. weil sie sehr einfach und unkompliziert sind, sehr leicht beherrschen; andere entziehen sich, möglicherweise grundsätzlich, jeder Form menschlicher Kontrolle". Weitere einschlägige Stellen finden sich S. 34 und 35 sowie in Abschnitt 03. Kann man eigentlich noch klarer sein?
Ich stütze meine Konzeption eines systemischen Managements und auch meine konkreten Methoden und praktischen Vorschläge zum Handeln von Menschen in komplexen Systemen ja gerade darauf, dass diese Systeme eben **nicht** in jenem Sinne kontrollierbar, gar beherrschbar sind, den Fischer mir unterstellt. Eine der Schlüsselfragen in meinem Buch lautet ja: Was kann getan werden (und wie kann es getan werden), wenn man ausdrücklich davon ausgehen muss, dass man nie ausreichende Information hat, um das System zu verstehen oder zu erklären oder zu beherrschen und damit eben auch nicht im Sinne des klassischen, kontinental-europäischen Rationalismus zu handeln? (z.B. Seite 185 und 186 oder aber Seite 201 ff. im Kapitel über „Die Grenzen menschlichen Wissens und ihre Konsequenzen".)
Ich komme auf dieser Basis zu einer ganzen Reihe von Verhaltensgrundsätzen und Verhaltensvorschlägen, die dem von Fischer mit Recht kritisierten Manager-Verhalten selbstverständlich diametral entgegengesetzt sind. Das ist ja gerade die Konsequenz der **zwei Arten** von Systemen, **zwei Arten** des Denkens und **zwei Arten** von Management, die Gegenstand meines Buches sind. Praktisch alle Kybernetiker der Pionierzeit haben sich sehr bemüht, die beiden grundverschiedenen Bedeutungen, die das englische Wort 'to control' haben kann, herauszuarbeiten. So widmet Stafford Beer diesem Problem bspw. ein ganzes Kapitel in (1959) S. 20 ff., das die Überschrift „About being controlled" trägt. Er macht dort nach meiner Meinung unmissverständlich klar, worum es geht.

b) Nun könnte es aber noch immer der Fall sein, dass Fischer mit seiner Kritik doch Recht hat, und zwar in folgendem Sinne: Man könnte ja diese zweite Art von Systemen, Denkweisen und Management, also das was ich als systemisch-evolutionäres Management bezeichne, eben nur als eine besonders raffinierte Variante der totalen Beherrschung eines Systems verwenden. Fischer geht ja soweit, meine Konzeption in die Nähe des Orwell'schen 1984 zu stellen, einer ins Extrem gesteigerten „Mega-Kontrolle" (S. 24).
In der Tat interessiert mich die Frage, wie man trotz höchster Komplexität noch sinnvoll handeln kann, wie Lebensfähigkeit und in letzter Konsequenz Überleben möglich ist, wie so etwas wie Ordnung und die Lösung von Problemen trotzdem und gerade dort möglich sind. Die Alternative dazu wäre nämlich die totale Resignation, das totale Nichthandeln, der Verzicht auf jede Form von Ordnung, Regelmässigkeit und Muster.

Dies will offenbar auch Fischer nicht. Nun müsste er mir zur Aufrechterhaltung seiner Kritik aber nachweisen, dass in der **Sache** und nicht nur auf der Ebene der **Semantik**, wo man natürlich immer dieses oder jenes und vor allem das, was einem passt, in eine Formulierung hineininterpretieren kann, meine Vorschläge zu genau dieser Form von totaler Beherrschung führen. Würde ihm dies gelingen, würde ich seine Kritik akzeptieren und meine Vorschläge zurückziehen. Es wäre dann interessant zu sehen, wie Fischer überhaupt noch von Systemen reden kann, die ja ohne ein Minimum an Regelmässigkeit und Ordnung gar keine Systeme wären.

Materiell, so meine ich, wird es ihm nicht gelingen, diesen Nachweis zu führen. Fischer stützt seine Kritik in krasser Weise auf das Gegenteil dessen, was er selbst fordert, nämlich „kontextualistisches Denken" (S. 34).

c) Fischer stützt seine Argumentation auf bestimmte Formulierungen, die ich gewählt habe, vor allem auf bestimmte Wörter, die ich verwende, wie etwa „Kontrolle", „Beherrschung", „unter Kontrolle haben", „im Griff haben" usw.

Nun gebe ich zu, dass ich es immer als schwierig empfunden habe, und es noch immer als schwierig empfinde, das, was mir an Systemen wichtig erscheint, sprachlich zu fassen. Diese Schwierigkeit scheine ich mit vielen Autoren zu teilen, die auf diesem Gebiet tätig sind; dazu gibt es zahlreiche Hinweise in der einschlägigen Literatur. Dabei empfinde ich die deutsche Sprache als noch wesentlich sperriger als die englische. Daher habe ich mich bemüht, möglichst vielfältige Formulierungen, Paraphrasierungen und vor allem Beispiele zu verwenden, um Missinterpretationen vorzubeugen, so gut es eben geht, oder so gut ich es eben kann.

Dies mag weniger gut gelungen sein als Fischer es gerne hätte. Ich glaube aber, mich damit in guter Gesellschaft zu befinden. Alle Pioniere der Kybernetik, unabhängig ob erster oder zweiter Ordnung, verwenden die selben Begriffe und sie verwenden sie in genau jener Bedeutung, in denen ich sie verwende. Ich habe sie von den Pionieren übernommen: Norbert Wiener, Ross Ashby, Stafford Beer, Heinz von Foerster, William Powers, Gordon Pask usw.

Bei Nennung dieser Namen empfinden manche Leute den Impuls, eilfertig darauf hinzuweisen, dass es eine Kybernetik erster und eine solche zweiter Ordnung gibt, wie das ja auch Fischer tut. Er unterstellt mir, im Paradigma der Kybernetik erster Ordnung zu verharren, während es eben doch inzwischen die Kybernetik zweiter Ordnung gebe, in der – wie manche, auch Fischer, meinen – alles ganz anders sei. Von keinem der genannten Wissenschaftler kann man sagen, dass sie sich nicht **materiell** mit der Kybernetik zweiter Ordnung beschäftigten. Sie haben sie **geschaffen**, obwohl nicht alle diese Pioniere die Bezeichnung „Kybernetik 2. Ordnung" ständig strapazierten. Aber selbst nach der Wandlung vom Kybernetiker-"Saulus" erster Ordnung zum Kybernetiker-"Paulus" zweiter Ordnung (falls man ihm das unterstellen will, was ich für meinen Teil nicht tue) verwendet z.B. Heinz von Foerster dieselben Begriffe „Control", „Regulation", „Order", „Stability" usw. im selben Sinne wie vorher. Alle tun das. Warum hätte ich es anders machen sollen?

Natürlich stellen sich Probleme der Übersetzung[3] und des Sprachgebrauchs. Aus dem Kontext (wenn schon nicht immer aus einem Wort selbst) lässt sich aber durchwegs zweifelsfrei feststellen, was gemeint ist. Ich habe zur Genüge klargemacht, auf welche Literatur ich mich beziehe und damit auch, in welcher Bedeutung ich Begriffe verwende. Gerade weil sich hier gewisse Möglichkeiten für Missverständnisse ergeben, habe ich in (1975) ab S. 116 ausdrücklich potentielle Schwierigkeiten behandelt.

Es zeigt sich an der Kritik Fischers eben einmal mehr, dass die Analyse von Begriffen ein methodisch untaugliches Mittel ist, um etwas zu verstehen. Es ist eine Methode, die in der Philosophie und insbesondere in der deutschen Philosophie sehr beliebt und beinahe allgegenwärtig ist. Dass Fischer als u.a. Sprach- und Literaturwissenschafter dafür eine besondere Vorliebe hat, wundert mich nicht. Aber sie ist trotzdem untauglich, wie nach meiner Meinung Karl Popper völlig klar und überzeugend dargelegt hat. Was wichtig ist, sind Aussagen und der Kontext, und nicht die Begriffe.

Vor allem habe ich mich bemüht, auch für jenen Leser, der nicht in der Systemtheorie und in der Kybernetik bewandert ist, durch die Verwendung von Formulierungsvarianten und Beispiele klar zu machen, was ich meine. Unter anderem versuche ich, die verschiedenen Bedeutungen des Wortes „Kontrolle" dadurch deutlich zu machen, dass ich alltagssprachliche Ausdrucksvariationen als Beispiele heranziehe. Der Satz „Ich kontrolliere X" kann im Deutschen wie im Englischen völlig verschiedene Bedeutungen haben: *erstens* jene, die exakt oder näherungsweise jene Form von Kontrolle meint, die ich als konstruktivistisch-technomorph bezeichne; *zweitens* aber eben auch jene, die exakt oder näherungsweise jene andere Form meint, die ich als systemisch-evolutionär bezeichne. Die Sprache, und vielleicht insbesondere die deutsche, ist zwar sehr stark durchdrungen vom klassischen, kontinental-europäischen Rationalismus; dies eben führt ja zu den genannten sprachlichen Schwierigkeiten. Aber klassisch-rationalistisches Denken konnte doch nicht ganz jene andere Bedeutung ausmerzen, die den systemisch-evolutionären Kontext meint.

"Ich beherrsche eine Fremdsprache" – eine Formulierung, die üblich ist – bedeutet ja wohl kaum, dass man Herrschaft über die Sprache in dem Sinne hat, dass man sie nach Belieben ändern könnte, ihre Grammatik z.B., dass man allgemein und beliebig neue Wörter einführen und andere eliminieren könnte. Sondern es heisst doch wohl, dass man sich ihrer in zweckdienlicher Weise bedienen kann, wenn man in das entsprechende fremdsprachige Land geht oder es

---

3 Zu berücksichtigen ist, dass viele deutsche Übersetzungen der englischen Literatur sehr mangelhaft sind. Stafford Beers Buch „The Brain of the Firm" ist völlig sinnentstellend übersetzt worden. Schon der Titel „Kybernetische Führungslehre" ist falsch und irreführend. Aber auch in Heinz von Foersters „Wissen und Gewissen" wurde an einer Stelle (S. 338) zum Beispiel der Titel von Norbert Wieners Buch „Cybernetics: Control and Communication in the Animal and the Machine" schlecht übersetzt, nämlich mit „... Regelung und Signalübertragung ...". Das Wort „Signalübertragung" bedeutet aber etwas ganz anderes als „Communication".

mit einer Person aus diesem Land zu tun hat, die meine Muttersprache eben nicht spricht (beherrscht?!). Mit „beherrschen" ist unter gewöhnlichen Menschen dann wohl auch ein bestimmtes Niveau an Kompetenz gemeint – nicht gerade radebrechen. Welcher Grad an Kompetenz gemeint sein könnte, bleibt allerdings noch immer offen. Die Bandbreite kann recht gross sein und es ist durchaus damit zu rechnen, dass gewisse Spezialbereiche, Fachgebiete usw. nicht eingeschlossen sind. So könnte man doch sagen „Ich beherrsche Englisch", obwohl man vielleicht Mühe hätte, einer Aufführung von Shakespeare in Originalfassung zu folgen, oder einer Diskussion von Experten über Nuklearphysik. Falls man auf sprachanalytische Sophisterei verzichtet, kann man also sehr wohl die Ausdrucksweise „Ich beherrsche eine Fremdsprache" verwenden. Man würde aber wohl nie sagen „Ich kontrolliere die Sprache". Um nun eine analoge Form von „Control" in seiner kybernetischen Bedeutung zum Ausdruck zu bringen, würde man vermutlich nie sagen: „Das Vertragsrecht **beherrscht** bestimmte Beziehungen zwischen den Rechtssubjekten". Man wird hier eher sagen, dass es die Beziehungen **reguliere**. Anderseits würde man aber kaum die Formulierung verwenden „Ich reguliere eine Fremdsprache". Man würde auch nicht sagen „Ich reguliere meine Skier". Man kann aber sehr wohl sagen „Ich habe meine Skier unter Kontrolle" oder auch „Ich beherrsche meine Skier".

Genau an diesem Beispiel erhitzt sich Fischer und hinterfrägt, – wie ich meine sehr sophistisch – was damit wohl gemeint sein könnte. Er schreibt auf Seite 24: „Was aber heisst das, warum lässt er (Malik) diesen Begriff vorbeimarschieren? Was gehört zu den Skiern dazu? Meine Skischuhe, meine Bindung, meine Füsse, meine Beine, der Schnee, der Hang, den ich hinabstürze, oder was sonst? Wer hat seine Skier „unter Kontrolle"? Ein Abfahrtsweltmeister, der gerade nicht gestürzt ist, oder der, der seiner Frau im Wohnzimmer seine neuen Skier vorführt?"

Nun, wenn er es nicht versteht, dann lade ich ihn ein, mit mir skifahren zu gehen; dann wird er möglicherweise sehen, was gemeint ist. Ich weiss zwar nicht, ob Fischer skifahren kann, ob er es gut oder schlecht kann. Da ich selbst aber ein ziemlich guter Skifahrer und Alpinist bin, würde ich das Experiment jederzeit wagen. Ich würde mit Fischer dann Stufe für Stufe in schwierigeres Gelände gehen, von der präparierten Piste ins natürliche Gelände und vom lockeren Pulverschnee in den Bruchharsch, von flachen in steile Hänge und von breiten Hängen in schmale, felsige Couloirs; wir würden unsere Tests dann ohne Rucksack und mit einer 20 Kilo-Last machen, bei guter Sicht und bei Nebel und wir würden als ultimativen Test mit den harten, langen Pistenskiern, mit einem 20-Kilo-Rucksack bei Nebel in ein enges, 40 ° steiles Couloir mit Bruchharsch gehen. Ich gehe jede Wette ein, dass Herrn Fischer dann klar ist, was der Satz „Ich habe meine Skier unter Kontrolle" oder eben „Ich habe sie nicht unter Kontrolle", „Ich beherrsche sie" – oder eben nicht – bedeutet. Das Angebot gilt und die Wette steht.

Vielleicht ist ihm dann auch klar, wo der Unterschied zwischen Theorie und Praxis liegt und zwischen dem Fabulieren über komplexe Systeme und ihrem

Management. Fischer behauptet zwar (S. 24), dass er **keine** sprachanalytischen Untersuchungen anstellen wolle; genau das tut er aber. Sprachanalytisch kann es ja sein – wie Fischer meint – „dass der scheinbar klar definierte Begriff 'Kontrolle' bzw. 'Beherrschung' ein ... **semantisches** Chamäleon ist", **praktisch** ist er es nicht. Und Management, auch systemisches Management, ist **Praxis**. Ohne ein Minimum an gesundem Menschenverstand, den ja auch Fischer dann später in seiner Kritik unter Bezug auf Dörner anscheinend sehr schätzt, geht es nicht – hier aber lässt er ihn jedenfalls vermissen.

Was Fischer auch übersieht, ist, dass man natürlich nicht völlig abstrakt über „Control", „Kontrolle" usw. sprechen kann, sondern dass man, wie das alle Kybernetiker immer wieder herausgearbeitet haben, zuvor einen **Zweck** bestimmen muss, relativ zu dem ein System dann unter Kontrolle oder ausser Kontrolle ist. In Zusammenhang mit dem Zweck des Skifahrens unter verschiedensten Bedingungen ist die Formulierung völlig klar. Ich habe an der von Fischer kritisierten Stelle darauf zwar nicht ausdrücklich hingewiesen, aber das ist für jeden, der sich mit Kybernetik befasst hat, selbstverständlich.

Der Zweck kann eher spezifisch sein, wie im Skibeispiel; er kann aber auch ein sehr allgemein gehaltener Zweck sein, wie Überleben, Lebensfähigkeit usw. Ashby spricht in diesem Zusammenhang von „essential variables" (1952, S. 41, oder 1956, S. 197).

Ich will ein letztes Beispiel von Fischer aufgreifen. Er fragt (S. 24): „Beherrscht der Meteorologe das Wetter, wenn er aufgrund eines ungeheuren Rechenaufwandes es für 24 Stunden prognostizieren kann?" Nein, das tut er nicht – und **niemand** hat das je behauptet, weder explizit noch implizit. Die Meteorologen würden vermutlich sogar darauf hinweisen, dass sie selbst diese kurzfristige Prognose nur mit bestimmten Wahrscheinlichkeiten versehen abgeben können. Aber etwas **anderes** ist möglich auf der Basis dieser Wetterprognose, was durchaus mit „Kontrolle" zu tun hat, und Fischer hätte nur einen kleinen Schritt weiterdenken müssen: Ich kann natürlich z.B. meine Bergtour aufgrund dieser statistischen Wetterprognose anders und besser planen als ich es ohne diese Prognose könnte.

Ich kann die **Risiken** besser unter Kontrolle halten und im Sinne Ashbys meine „essential variables" von Störungen abschirmen. Ist die Wetterprognose nämlich für die nächsten 24 Stunden sehr schlecht, wird ein Wettersturz in den Alpen vorausgesagt, dann wird niemand, der bei Verstand ist, eine lange und schwierige, hochalpine Tour machen, und zwar gleichgültig, wie gross die statistische Wahrscheinlichkeit für die Richtigkeit dieser Prognose ist. Ist die Wetterprognose hingegen gut, dann wagt man die Tour, wenn alle sonstigen Voraussetzungen stimmen. Weil aber immer ein statistisches Risiko besteht, bereitet man sich dennoch auf den schlimmsten Fall vor, nimmt entsprechende Ausrüstung und Proviantvorrat mit. Die Sache kann unter Umständen trotzdem tödlich enden – meistens weil man einen Fehler macht. Man kann sich mit Hilfe einer Prognose anpassen, vorbereiten und seine Tour entsprechend disponieren. Weder der Meteorologe, noch der

Alpinist hat das Wetter unter Kontrolle; man kann es, weil man es mit einem äusserst komplexen System zu tun hat, auch nicht „berechnen", aber man kann das Risiko kalkulieren und man kann die Situation oder das System „Wetter-Gelände-Alpinist" im üblichen Sinne des Alpinismus unter Kontrolle haben. Ich sehe nicht, welche Schwierigkeiten diese Verwendung des Begriffes, aber auch die grundlegende Idee von Kontrolle, in diesem Zusammenhang bieten sollte.

Ashby hat ein sehr schönes Beispiel (1952, S. 41) gegeben, das in diesen Zusammenhang passt. Er schreibt: „By the use of animal-centred co-ordinates we can see that the animal has much more control over its environment than might at first seem possible. Thus, while a frog cannot change air into water, a frog on the bank of a stream can, with one small jump, change its world from one ruled by the laws of mechanics to one ruled by the laws of hydrodynamics."

2. Fischers Manager- und Managementbild

Fischer scheint in den „Management by"-Prinzipien ein **konstitutives** Element von Management zu sehen. So schreibt er Seite 26: „Das traditionelle – moderne – Verständnis von Management manifestiert sich seiner Struktur nach für mich in der Formel 'Management by.'. In dieser Formel kulminiert die Vorstellung einer hierarchischen, zweckrationalen (by) Steuerung von sozialen Systemen". Er meint dann weiter, die grundlegende Idee sei so „unfruchtbar wie eine gottgeweihte Jungfrau, weil immer noch der Glaube kultiviert wird, man könnte ein komplexes System, seine Umwelt (den Markt etc.) durch 'ominöse Management bys' unter die Kuratel zweckrationaler Vernunft bringen und organisieren".

Fischers Auffassung stimmt in mehrfacher Hinsicht nicht: Einleitend, aber nur nebenbei und scherzhaft gemeint: Fischer irrt sich schon darin, dass „gottgeweihte Jungfrauen" unfruchtbar sind. Ob sie Nachwuchs zur Welt bringen oder nicht, ist eine andere Frage, aber unfruchtbar sind sie normalerweise nicht.

a) Aber nun ernsthaft: *Erstens* glaubt das, was Fischer hier postuliert, heute praktisch niemand mehr. Gerade die kritische Auseinandersetzung mit diesen allzu vereinfachten Vorstellungen hat ja z.B. in St. Gallen, aber auch andernorts, dazu geführt, dass man sich mit völlig neuen und anderen Ansätzen befasst hat, z.B. eben mit einer **systemorientierten** Managementlehre, in der die „Management by's" keine Rolle mehr spielen und falls man sie darin noch findet, ist ihre Bedeutung sehr untergeordnet. Natürlich gibt es Literatur über diese Prinzipien und Rezepte und es gibt, oder besser gab Autoren, die in ihnen vielleicht einmal (in den 50er- und 60er-Jahren) Lösungen sahen. Sie wurden auch praktisch ausprobiert und es mag Unternehmen gegeben haben, die glaubten, dies sei nun die Lösung für ihre Managementprobleme. Aber man hat auch sehr rasch gesehen, dass das eben nicht so ist. Fischer rennt mit seiner Kritik hier Türen ein, die längst von der Managementlehre selbst nicht nur weit geöffnet, sondern aus den Angeln gehoben wurden.

Fischer kritisiert eine Managementlehre und Managementpraxis, die seit mindestens 20 Jahren überholt ist. Seine Kritik trifft daher überhaupt nicht. Es wird ihm natürlich gelingen, da und dort noch Einzelfälle anzuführen, wo man im alten Denken verharrt hat, aber das lässt sich in Zusammenhang mit jedem Fortschritt auf jedem Gebiet zeigen. Dass es Ewiggestrige gibt, ist weder neu, noch ist es typisch für Management.

b) *Zweitens* stimmt seine Kritik aber auch insofern nicht, als mit diesen Prinzipien zwar sehr wohl die Hoffnung auf Zweckrationalität verbunden war (die eben enttäuscht wurde), aber durchaus nicht die Idee einer Hierarchie. Eher das Gegenteil war der Fall, wie etwa die seriöse Literatur zum Management by Objectives unmissverständlich klargemacht hat. Es war nämlich die Idee eines Management by Objectives, Responsibility and Self-Control und das hat mit Hierarchie nicht viel zu tun. Das selbe lässt sich zeigen etwa für das Management by Delegation, by Decentralisation, by Communication, by Cooperation usw.

Damit will ich nun keineswegs durch die Hintertür diese Prinzipien verteidigen. Sie greifen ohne Zweifel zu kurz, insbesondere wenn man sie isoliert und unabhängig voneinander versteht. Eine gründliche Befassung mit, wie gesagt, der ernsthaften Literatur zu diesen Prinzipien wird aber zweifellos und ohne Problem zum Ergebnis führen, dass die kritische Auseinandersetzung mit Bedeutung, Stellenwert, Vor- und Nachteilen von hierarchischen Strukturen ja gerade innerhalb der Managementlehre geführt wurde, wobei der Beitrag der Praxis keineswegs unterschätzt werden darf, die sich in diesem Punkt immer wieder selbst in Frage gestellt hat. Es war ja fast immer die Praxis, die mit neuen Organisationsformen zu experimentieren begann, oft lange bevor es eine Auseinandersetzung in der Lehre gab. Dies lässt sich an zahlreichen Beispielen aus der Geschichte der Wirtschaftsorganisationen darstellen, beginnend mit der dezentralen Struktur der Fugger und Rothschilds bis zur Neuorganisation bei General Motors in den Zwanzigerjahren, die ihrerseits eine ganze Bewegung der Divisionalisierung und Dezentralisierung in zahlreichen Branchen und Firmen auslöste.

Dass man nun diese historischen Formen heute nicht mehr als das non plus ultra einer tauglichen Struktur ansehen würde, ist klar. Heute ist man in der Wirtschaft mit wiederum ganz anderen Strukturfragen befasst. Fischer unterschätzt in für mich bemerkenswerter Weise die Experimentierfreudigkeit und Innovationskraft der Wirtschaftsorganisationen. Die Motive für die Experimente mögen jeweils ganz verschieden sein. Manche mögen zu früh, manche zu spät gekommen sein und ohne Zweifel wurden dabei auch immer wieder Irrtümer und Fehler begangen. Aber es ist doch jedem, der die Wirtschaft einigermassen kennt, klar, dass das immer Umstrukturierungs- und Anpassungsbewegungen waren, die antizipative oder reaktive Antworten auf die Veränderungen der Märkte, der Technologien, der Konkurrenzkonstellation und der ökonomischen und sozialen Rahmenbedingungen waren.

Hier haben wir es doch mit sich selbst umstrukturierenden und selbstorganisierenden Systemen par excellence zu tun. Wäre das nicht erfolgt, hätte es doch kein Überleben jener Organisationen gegeben, die das tatsächlich geschafft haben. Es hat ja auch genügend Fälle gegeben, in denen die Versuche nicht von Erfolg gekrönt waren. Aber Unternehmen, die es nun seit 50, 80 oder auch 150 Jahren gibt, hatten gar keine andere Wahl, als sich dem ständigen Wandel aus eigener Kraft zu stellen und ihn zu bewältigen. Wo sonst, wenn nicht in der Wirtschaft, gibt es ein ähnliches Ausmass an struktureller Innovations- und Wandlungsfähigkeit, wobei ich natürlich nicht nur an die europäische oder gar mitteleuropäische Wirtschaft denke.

Ich finde Fischers Vorstellungen über Manager und Management bemerkenswert und es ist mir nicht klar, **welche** Wirtschaft er kennt. Ich kenne jedenfalls eine ganz andere als er sie beschreibt.

Auch das Beispiel, das er unter der Überschrift „Hierarchie, Kommunikation und Verhärtung der Wirklichkeit" beschreibt, in dem es einem Manager im Rahmen eines Gespräches mit einem seiner Mitarbeiter nach Meinung Fischers offenbar nur darum geht, „dass aus dem Gespräch das selektiert wird, was die eigenen Vorannahmen – seine Gewissheiten – bestätigt" (Seite 31), um schliesslich als Resultat den „harten Manager" zu haben, der seine Wahrheit selbst herstelle, ist für die Wirtschaft in keiner Weise typisch. Dass man unter den Hunderttausenden von Führungskräften in jedem Land auch solche findet, ist doch nichts Überraschendes. Wir finden die von Fischer kritisierten Verhaltensweisen aber natürlich auch in jedem anderen Bereich. Was Fischer hier beschreibt, sind typisch menschliche Verhaltensweisen, die es überall gibt und die sich mehr oder weniger ausgeprägt bei jedem Menschen finden. Fischer übersieht aber völlig, dass gerade Manager es sich auf Dauer gar nicht leisten können, ihre eigenen Wahrheiten selbst herzustellen. Die Korrekturen durch den Markt und die Konkurrenten sind unerbittlich. Den Luxus der Pflege und fortgesetzten Bestätigung seiner eigenen „Vorannahmen" und „Gewissheiten" kann man sich in der Wirtschaft nur auf das Risiko des Unterganges hin leisten.

Unter anderem ist es genau dieser Umstand, der mich an der Wirtschaft immer besonders interessiert hat. Vorannahmen, Vorurteile, subjektive Gewissheiten, Irrtümer und Irrlehren konnten z.B. in den **Wissenschaften** immer sehr viel länger, weil gefahrlos, aufrechterhalten werden als in der **Wirtschaft**. Jedes Buch über die Wissenschaftsgeschichte beweist das, und das zeigt ja auch Thomas Kuhn in Zusammenhang mit der Paradigmenbildung. Es gibt eigentlich nur zwei gesellschaftliche Bereiche, in denen das, was Fischer hier beschreibt, am **wenigsten** möglich ist, nämlich die militärischen Organisationen im Ernstfall (in langen Friedenszeiten ist das anders) und die Wirtschaft, die den permanenten Ernstfall hat.

Wovon also spricht Fischer? Was er vor Augen hat, ist eine **Karrikatur** von Management und Wirtschaft. Eine solche zuerst aufzubauen und dann zu kritisieren, kommt nicht ganz an die Standards einer vernünftigen Diskussion heran.

3. Zur philosophischen und erkenntnistheoretischen Kritik

3.1 Zur Subjekt-Objekt-Trennung

Fischer begründet seine Kritik sowohl an meinen Überlegungen als auch an den Managern u.a. mit dem, was er die Subjekt-Objekt-Spaltung nennt. Damit entstehe die Illusion beobachter- resp. subjektunabhängiger Objektivität, die Annahme der Möglichkeit objektiven Wissens über die Wirklichkeit und damit die Vorstellung von Wissen als Bemächtigungswissen. Er sieht den Manager als „Inbegriff neuzeitlicher Subjektvorstellung"; und die „moderne Managementtheorie" als in der „Tradition dieser Subjektphilosophie und des dazugehörigen Wissensbegriffes" stehend (S. 20). Er meint weiter: „Nirgends wird Wahrheit so mit Nützlichkeit (Francis Bacon) in eins gesetzt wie im Management. Nirgends wird Unsicherheit (Unberechenbarkeit) so bedrohlich erlebt wie im Management. Nirgends wird die Idee von Hierarchie im Dienste vermeintlicher Sicherheit so sehr kultiviert wie im Management." (S. 20) Seine Auffassungen meint er dann bestätigen zu können „schon durch einen oberflächlichen Blick auf Etymologie und Semantik" (S. 20).

In der Tat ist dieser Blick **sehr oberflächlich**. Die Suche nach Wortwurzeln für den Begriff „Management" im Lateinischen und Griechischen mag **interessant** sein; ob sie **relevant** ist, wäre allerdings zu fragen. Mir scheint, dass Fischer damit nur auf die Wurzeln seines eigenen, völlig veralteten und den heutigen Verhältnissen in keiner Weise entsprechenden Managerbildes gestossen ist. Die etymologische „Trüffelsuche" lässt ihn 2000 Jahre Entwicklung übersehen. Die Quintessenz seiner Wurzelsuche formuliert er so: „Das Lateinische *ducere* (duce = „Führer"), bedeutet so viel wie 'ziehen, führen (eine Truppe), leiten, bewegen'. Re-duzieren bedeutet demnach 'zurückführen'. Und das bezeichnet die eigentliche kognitive Tätigkeit eines Managers: Er hat Komplexität (Unbestimmtheit) zu reduzieren, zurückzuführen auf Einfaches, dann Entscheidbares. Er hat zu erkennen und das heisst: Unbekanntes auf Bekanntes zu reduzieren." (S. 21) Der Manager sei, so Fischer, ein „Zurückführer", ein „Trivialisateur".

Warum kommt er eigentlich von *ducere* auf *re-duzieren*? Weil er nur das sehen **will**? Weil es seine *Vorurteile* über Management stützt? Das kann doch nicht sein, wo er doch gerade das auf Seite 31, wie schon dargestellt, bei dem von ihm so harsch kritisierten Manager brandmarkt. Oder vielleicht, weil er nur das sehen **kann**? Und damit vielleicht Opfer seiner eigenen **Konstruktionen** wird?

Mit derselben Logik, die ihn von *ducere* auf *re-duzieren* schliessen lässt, könnte man doch auch auf *e-duzieren* kommen. Das würde dann doch wohl zum genau gegenteiligen Ergebnis führen. Dann ginge es nicht um „*zurückführen*", sondern um „*hinausführen*", vom Bekannten zum Unbekannten, um die Erhöhung von Komplexität durch „education"; es ginge um Lernen, Erkunden, um Kreieren und Innovieren, um das genaue Gegenteil dessen, was Fischer behauptet.

Man sollte also erstens keine **oberflächlichen** Blicke auf etwas werfen, was man kritisieren will, und zweitens lässt sich eben die **heutige** Realität von Management weder durch **semantische** noch **etymologische** Analyse erschliessen. Es gibt eine sehr viel bessere Methode: nämlich, hinzugehen und zu schauen, was Manager wirklich tun und wie sie handeln. Aber ich gebe zu, dass das viel mühsamer ist als am gemütlichen Schreibtisch ins etymologische Wörterbuch zu schauen.

Ich kann aus Fischers Kritik überhaupt nicht erkennen, wie sich aus der Objekt-Subjekt-Spaltung, die ja eine überholte Philosophie sein mag, zwangsläufig die von ihm dargestellte und kritisierte Führungsauffassung ableitet. Dass die Objekt-Subjekt-Spaltung ein Problem ist, eine falsche Philosophie und eine, die inzwischen überwunden sein könnte – dem stimme ich zu (mit einem kleinen Vorbehalt, der noch folgt). Aber daraus folgt doch weder **logisch** noch **praktisch** jenes Managerbild und auch nicht jene Managementlehre, die Fischer glaubt, angreifen zu müssen. Einmal mehr finde ich es ausserordentlich schade, dass Fischer ein derart verkürztes Bild von Management hat. Weder Manager noch die Managementlehre, die ich im Auge habe und vertrete, tun das, was Fischer ihnen vorwirft, nämlich reduzieren. Er selbst allerdings reduziert die Vielfalt von Management auf ein Zerrbild, auf jenes, dass sich dann leicht kritisieren lässt. Aber es ist eine Kritik, die irrelevant ist, weil sie eine Situation unterstellt, die so nur noch sehr selten anzutreffen ist.

Das lässt sich nun bezüglich mehrerer weiterer Aussagen Fischers klar zeigen:

a) Es stimmt einfach nicht, wie er schreibt, dass „nirgends Wahrheit so mit Nützlichkeit in eins gesetzt wird, wie im Management". Dass Nützlichkeit **auch** eine Kategorie im Management ist, weil es ohne sie vielleicht in der Theorie, aber nicht in der Praxis geht, ist klar. Aber ich kenne wenige Manager, die **Wahrheit** mit **Nützlichkeit** gleichsetzen oder mit ihr verwechseln. Gerade Manager sind darauf angewiesen, gelegentlich die Wahrheit herauszufinden, über den Kunden und seine Wünsche, über die Konkurrenten, über die Produkte und ihre Qualität, über die Zahlen im Unternehmen usw., und daher tun sie auch sehr viel dafür. Sie kennen schon die Schwierigkeiten, die mit der Wahrheitssuche verbunden sind – aber gerade deshalb betreiben sie den Aufwand.

Sie kennen nämlich auch die Risiken, die mit einer Fehlbeurteilung verbunden sind, mit einer unwahren Lagebeurteilung. Ein Bankier weiss doch viel zu genau, dass er, so gut es eben geht, die Wahrheit über Solvenz und Kreditwürdigkeit seines Kunden herausfinden muss, bevor er ihm Geld leiht. Und jeder Manager in den Airlines weiss, wie wichtig die Wahrheit über die Flugtauglichkeit der Maschinen, den Ausbildungsstand der Piloten usw. ist. Wozu sonst würde man Flugschreiber entwickelt haben, wenn nicht für den Zweck, bei einem Flugzeugunfall die wahren Ursachen herausfinden zu können – nicht etwa nur, weil das in den Haftungsprozessen nützlich sein kann, sondern auch, um solche Vorfälle in Zukunft zu vermeiden und weiterhin Kunden zu haben.

b) Und es stimmt einfach nicht, dass nirgends „Unsicherheit (Unberechenbarkeit)so bedrohlich erlebt (wird) wie im Management". Selbst wenn es noch stimmte (was nicht der Fall ist), dass sie so **erlebt** wird, weil eben auch Manager nur Menschen sind, so haben doch die meisten Manager inzwischen gelernt, Unsicherheit als **Chance** und **Möglichkeit** zu sehen. Darauf beruhen Innovation, technischer Fortschritt, Restrukturierung der Wirtschaft, die Erschliessung neuer Märkte usw.

c) Und es stimmt schon längst nicht mehr, dass „die Idee von Hierarchie (nirgends) im Dienste vermeintlicher Sicherheit so sehr kultiviert (wird) wie im Management". Das Gegenteil ist der Fall. Wenn man im Dienste echter oder vermeintlicher Sicherheit etwas kultiviert, dann ist es die Idee des **Abbaues** von Hierarchien, die Idee der Dezentralisation, der Verlagerung von Aufgaben, Entscheidungen, Kompetenzen und Verantwortung dorthin, wo – völlig unabhängig von Hierarchie – grösstmögliche Sachkenntnis vermutet wird. Gerade die Wirtschaft hat doch die bitteren Erfahrungen gemacht, dass die einsamen Entscheidungen an der Spitze einer Hierarchie desaströs sind. Einmal mehr also: Wovon spricht Fischer? Manager wissen sehr genau, dass sie **ein** Element unter **vielen**, sind, dass sie eingebettet in zahlreiche **Netzwerkbeziehungen** sind, und sie wissen auch, wie wichtig diese Netzwerke sind. Aber sie überlegen gerade deshalb auch sehr genau, welche Gestaltungsmöglichkeiten es in diesen Netzwerken gibt. Das ist doch der Hintergrund von wirtschaftlichen Verflechtungen, von Allianzen und Kooperationen, von vertraglichen Beziehungen zu Lieferanten und Kunden, den Beziehungen zu den Banken, zur Öffentlichkeit und zu den Medien. Hierarchie spielt doch hier überhaupt keine Rolle. Und das ist doch auch der Hintergrund für die Pflege ihrer ganz persönlichen Beziehungsnetzwerke. Jeder Manager weiss doch, dass nicht irgendeine Hierarchie, sondern diese Netzwerkbeziehungen letztlich sein Kapital und das des Unternehmens sind, auch wenn wir es nicht bilanzieren können.

d) Es gibt noch einen erwähnenswerten Punkt in Fischers Aufsatz. In Zusammenhang damit, was er als „neuzeitliche Subjektvorstellung" kritisiert, verwendet Fischer als Analogon zu Management das Bild des Schiffskapitäns, der am Ruder stehend vermeintlich vollkommene Kontrolle über das Schiff ausübt. Er konzediert dann sogar, dass es „noch halbwegs einleuchtend sei, die Idee der Kontrolle im Sinne einer Beherrschung auf das Schiff anzuwenden" und kommt hier also meinen, zuvor sehr harsch kritisierten Formulierungen einen Schritt entgegen. Er meint dann aber weiter, diese Idee werde abenteuerlich, „wenn man sie auf die Umwelt des Schiffes" ausdehne, „nämlich auf Ozean, Wetter etc.." (S. 21). Hat das eigentlich jemals irgend jemand getan? – Abgesehen davon unterläuft Fischer hier ein bemerkenswerter **kategorialer** Fehler, den ich sehr häufig bei Leuten beobachte, die von sich behaupten, besonders viel von Systemen zu verstehen. Er beweist damit besonders klar sein **intellektualistisches Finassieren** und sein Unverständnis für die Systemtheorie. Er schreibt (S. 21): „Zwar gibt es einen Einfluss des Systems Schiff auf die Umwelt, aber dieser Einfluss ist nicht berechenbar, wie uns die Chaostheorie lehrt." **Intellektualistisches Finassieren** sehe ich darin, dass hier die Chaostheorie bemüht wird und ihr kompliziertester und abstraktester Fall – der vielzitierte „Schmetterlingseffekt", die Meinung, der Flügelschlag eines Schmetterlings im Amazonasgebiet habe einen (unberechenbaren) Zusammenhang mit dem Kurs des Hong Kong-Dollars. Mag ja sein, dass das eine physikalische Denkmöglichkeit ist. Aber was ist die praktische Relevanz dieser „Erkenntnis"? Kein Kapitän hat sich je eingebildet, er habe den Ozean und das Wetter unter Kontrolle, genauso wenig wie ein Alpinist das in seinem Bereich je getan hat. Zwar gab es vielleicht Wetter- und Meeresgott-Beschwörungsrituale auch auf den Schiffen, die den Zweck hatten, Ozean und Wetter zu beeinflussen. Aber jene Kapitäne, die ihre Schiffsfahrten überlebten, haben sich kaum den rituellen Illusionen hingegeben oder sich auf diese verlassen.

Der **kategoriale** Fehler liegt darin, dass Fischer vom System „Schiff" spricht. Es gehört zu den elementaren Einsichten der Systemtheorie, dass nicht das Schiff jenes System ist, über das zu reden ist, sondern dass das relevante System das „Schiff-Ozean-Wetter"-System ist. Nicht das Schiff ist „das System", sondern das Schiff *in seiner Umwelt*. Ashby macht das schon 1952 unmissverständlich klar, wenn er schreibt: „The free-living organism and its environment, *taken together*, may be represented with sufficient accuracy by a set of variables that forms a .. system." (S. 36, meine Hervorhebung). Vollkommen identisch ist von Foersters Auffassung in (1966). Daher ist es eben auch unzulässig, über das System „Unternehmen" zu reden. Das Unternehmen *in seiner Umwelt* ist das relevante System.

e) Ich habe oben grundsätzlich der These Fischers zugestimmt, dass die Objekt-Subjekt-Trennung philosophisch überholt ist, habe aber einen kleinen Vorbehalt gemacht. Jemand hat einmal sinngemäss gesagt (ich kann leider die Quelle nicht mehr eruieren): ein Kind lerne bis zu seinem dritten Lebensjahr, dass seine Haut seine Grenze zur Umwelt bildet, und dass es den Rest seines Lebens damit verbringe, diesen Fehler zu korrigieren. Nun ist das Kind mit 3 Jahren sicher noch nicht von einer fehlerhaften Philosophie dazu verleitet, diese Subjekt-Objekt-Trennung vorzunehmen. Möglicherweise erfüllt diese Abgrenzung aber eine biologische oder eine ontogenetische Funktion. Man könnte in diesem Zusammenhang einiges von Jean Piaget lernen, den ja auch Heinz von Foerster sehr zustimmend erwähnt und ihm sogar einen seiner Artikel über epistemologische Fragen widmet. (1993, 103 ff.).

Dazu kommt, dass doch zu den neuesten und am häufigsten zitierten Fortschritten in den Systemwissenschaften die Arbeit von Spencer Brown „Laws of Form" gehört. Es ist ja sehr Mode geworden, die „Laws of Form" anzuführen. Meistens wird zwar nur das erste Postulat von Brown zitiert, während man dann weiteres nur selten findet. Aber hierher passt es. Spencer Brown beginnt seine Arbeit mit der Forderung : „Draw a distinction". Soweit ich nun sehen kann, macht er aber keine Einschränkungen bezüglich der Art der Distinction. Warum also soll für bestimmte Zwecke keine Distinction zwischen Objekt und Subjekt gezogen werden?

3.2 Kybernetik zweiter Ordnung, Unberechenbarkeit, Unkontrollierbarkeit

Über das bisher zu diesem Thema bereits Gesagte hinaus möchte ich folgende Anmerkungen machen: Fischer wirft mir vor, mich auf die Kybernetik erster Ordnung zu stützen, die seiner Meinung nach eben noch die Idee der Berechenbarkeit und vollständigen Kontrollierbarkeit umfasse. Gleichzeitig stellt er fest (S. 25), dass „man ja in Systemtheorie und Kybernetik (2. Ordnung) eine erkenntnistheoretische Wende vollzogen und erkannt (habe), dass die Voraussetzung von Systemstrukturen („da draussen") eine plumpe Objektivitätsfälschung war." Er schreibt: „Man hat den Beobachter auf der Bühne der Erkenntnis erscheinen lassen und damit die mit dem Objektivitätsanspruch verdrängte Subjektivität wieder ins Spiel eingeführt." Damit seien rekursive Prozesse zum dominanten Faktor geworden. Weiter schreibt er (S. 25): „Damit sind Nicht-Trivialmaschinen *prinzipiell unberechenbar* (Heinz von Foerster). Unberechenbarkeit heisst in diesem Zusammenhang auch und gerade *nichtkontrollierbar*. Damit wird mit dem Mythos zwanghafter Kontrollierbarkeit und Kontrolle der Kybernetik Erster Ordnung gebrochen", so Fischers Position (seine Hervorhebungen).

Auch diese Behauptungen Fischers sind schlichtweg falsch, und einmal mehr kann ich mich des Eindrucks nicht erwehren, dass Fischer mein Buch nicht gelesen hat. Es kann fast nicht anders sein, als dass er irgendwo im Einführungskapitel stecken geblieben ist.

Es stimmt zwar, dass ich nicht, wie dies inzwischen Mode geworden ist, in jedem zweiten Satz den Ausdruck „Kybernetik zweiter Ordnung" verwende. Ich habe in meinem Buch nicht nach Kybernetiken verschiedener Ordnung unterteilt, ich habe mich auf Autoren gestützt. Wenn man deren Namensliste und die Literaturliste anschaut, so ist absolut klar, dass jene Arbeiten, die heute der Kybernetik zweiter Ordnung zugeordnet werden, von mir verwendet wurden (z.B. wesentliche Arbeiten von Heinz von Foerster) und Grundlage meiner Vorschläge sind.

Damit könnte ich es eigentlich auch schon bewenden lassen. Ich will aber noch einen Schritt weitergehen. Gerade weil diese Mode um sich gegriffen hat, eine

Kybernetik erster Ordnung und eine solche zweiter Ordnung zu unterscheiden, deren Unterschied man darin zu erblicken glaubt, dass in letztere eben der Beobachter inkludiert sei, möchte ich schon darauf hinweisen, dass es in der Kybernetik **immer schon so war**. Von allem Anfang an, jedenfalls spätestens mit den Arbeiten Ashby's (1952, 1956) war die Bestimmung eines Systems ein **beobachterabhängiger** Akt. Er macht das unmissverständlich deutlich z.B. in (1952) S. 16. Stafford Beer hat 1966 ebenso klar formuliert, dass die Bestimmung eines Systems „an act of mental recognition" sei. Er schreibt: „A system is not something given in nature, but something defined by intelligence" (1966, S. 242). Sämtliche meiner Arbeiten sind darauf aufgebaut, wie den von mir publizierten Büchern zweifelsfrei entnommen werden kann. Eine intensive Auseinandersetzung findet sich insbesondere in (1975), 306 ff., 359 ff. und 425 ff. Nicht erst seit Erfindung des Ausdruckes „Kybernetik zweiter Ordnung" haben wir eine solche. Das, was damit gemeint ist, hat von allem Anfang an die Kybernetik von den anderen Wissenschaften unterschieden.

In Zusammenhang mit der Kybernetik zweiter Ordnung wird, seit seine Schriften auch auf deutsch vorliegen, im deutschsprachigen Raum sehr oft Heinz von Foerster als besonders prominenter Vertreter und gelegentlich (zusammen mit Varela und Maturana) als „Vater" dieser Art von Kybernetik zitiert. Auch Fischer tut das, wie man oben sieht. Aber auch hier hätte Fischer etwas aufpassen müssen, und alle anderen, die auf den modischen „Bandwagon" aufgesprungen sind, sollten das auch tun.

Gerade Heinz von Foerster macht (gerade) in einem Vortrag mit dem Titel „ 'X des X' – oder: Die Epistemologie der Begriffe zweiter Ordnung", der als Tonbandkassette vom Carl Auer Verlag publiziert wurde, völlig klar, dass er das als eine unnötige Mode ansieht. Er sagt wörtlich: „Es war ein Unglück, diese second order-Idee einzuführen…".

Unmittelbar damit zusammenhängend ist die **Schliessung** eines Systems zu sehen, etwas, wovon ja auch behauptet wird, es sei etwas ganz Neues. Aber auch das war von Anfang an **konstitutiv** für die Kybernetik. Ashby schreibt 1956: „Cybernetics might, in fact, be defined as *the study of systems that are open to energy but closed to information and control* – systems that are „information-tight"" (S. 4, Hervorhebung im Original). Und Stafford Beer hat dieser Problematik 1959 ein Kapitel „Completion from without" gewidmet.

Selbstverständlich bin ich auch auf die Unberechenbarkeit komplexer Systeme reichlich eingegangen (1984, S. 184 ff.). Die Idee der Rekursion wird ebenda S. 98 ff. dargelegt einschliesslich des Unterschiedes zwischen Rekursion und der klassischen Hierarchie, und das gesamte Modell lebensfähiger Systeme von Beer, dem das ganze Kapitel 1 gewidmet ist, fusst ja auf nichts anderem als einer rekursiven Logik. Die Nicht-Trivialität bestimmter Systemtypen ist hinten und vorne nichts Neues. Ashby hat sie in den 40er Jahren gezeigt. Seither ist sie elementarer Bestandteil der Kybernetik; sie ist konstitutiv für die Kybernetik als Wissenschaft, sie definiert das von ihr behandelte Problem und sie grenzt sie von den anderen

Wissenschaften ab. Sie ist auch in 1975, S. 330 ff. ausführlich erläutert. Auch wenn sich dort nicht der Begriff der Nicht-Trivialität findet, so ist das in der Sache genau das selbe.

Was aber nun eben **überhaupt** nicht stimmt – und das ist viel wichtiger als die historischen Aspekte – ist die Meinung Fischers, dass prinzipielle Unberechenbarkeit „auch und gerade", wie er schreibt, **Nicht-Kontrollierbarkeit** bedeute. Genau das **stimmt** eben **nicht**, und genau mit dieser Aussage zeigt Fischer einmal mehr, dass er Kybernetik nicht begriffen hat, weder jene erster noch jene zweiter Ordnung.

Das Wichtige an der Kybernetik ist eben genau der Umstand, dass sie zeigen konnte, dass man ein System **nicht zu berechnen braucht**, um es im systemisch-evolutionären Sinne kontrollieren zu können. Gerade Heinz von Foerster hat das mit seinen Arbeiten zum Eigenwertverhalten komplexer und rekursiver Systeme ja **bewiesen**. Es sind nur eben andere Formen von Control, als sie im konstruktivistisch-technomorphen Sinne gemeint sind. Kontrolle und Stabilität eines äusserst komplexen, nicht-trivialen, prinzipiell nichtberechenbaren Systems beruhen exakt auf der *Schliessung* dieses Systems.

Er sagt das ausdrücklich im letzten Drittel seines bereits zitierten Vortrages: „Daher ist diese Idee der Geschlossenheit eine ganz wichtige Idee. Wie behandelt man jetzt solche nicht-trivialen Systeme …? Wie geht man vor, wenn man mit nicht-trivialen Systemen operiert …? Es stellt sich heraus, wenn man ein beliebig kompliziertes, nicht-triviales System so organisiert, dass es in einem Netzwerk sitzt …, dass es ein geschlossenes System ist, … was passiert dann? Das ist das, was das Interessante an der sogenannten Chaostheorie ist und all den rekursiven Funktionentheorieen … . Wenn Sie eine Zirkulation, eine Rekursion der Operation zulassen, dann gibt es drei verschiedene Sachen, die passieren: …die erste Sache, die passiert, ist, dass plötzlich das Verhalten des Systems stabil wird…". Er demonstriert das ja auch sehr schön und leicht verständlich in vielen Publikationen am Beispiel der rekursiven Operation des Wurzelziehens, das ich hier nicht wiederholen will.

Die erste der drei Möglichkeiten ist also die, dass das System sich in **einen** stabilen Eigenwertzustand einschwingt. Die zweite Möglichkeit ist, dass das System **mehrere, verschiedene** Eigenwertzustände hat, was man ebenfalls mit dem Beispiel des Wurzelziehens zeigen kann. Was allerdings mit diesem Beispiel **nicht** gezeigt werden kann, ist, dass die Eigenwertzustände ihrerseits ausserordentlich komplex sein können, so komplex vielleicht, dass sie sich einer exakten Beschreibung entziehen. Ein stabiler Eigenwertzustand eines gesunden Organismus ist „Leben" bzw. „lebendig sein", beim Unternehmen ist es z.B. „Zahlungsfähigkeit" und bei anderen sozialen Systemen „Frieden". Die Untersuchung der Stabilität solcher Eigenwertzustände ist eines der schwierigeren, aber auch interessanten Gebiete der Theorie der rekursiven Funktionen.

Die dritte Möglichkeit, die von Foerster erwähnt, ist das, was manche an der Chaostheorie besonders interessant finden, nämlich dass das System **niemals** einen stabilen Eigenwert erreicht. Aber er zeigt im selben Vortrag auch, und das ist ja für jeden klar, der die Chaostheorie ohne falsche Mystifizierung studiert hat, dass schon die geringste „Störung" des Systems dieses aus seinem Chaos wieder herausführen und in einen stabilen Eigenwertzustand bringen kann.

Hier also finden sich die Beweise für zwei Punkte, in denen sich Fischer und mit ihm viele prinzipielle Anhänger des Systemdenkens fundamental irren. *Erstens*: Man braucht komplexe Systeme nicht zu berechnen, um sie unter gewissen Umständen stabilisieren und damit unter Kontrolle bringen zu können. Dies ist möglich, falls sie Eigenwertzustände haben. Und *zweitens*: Nichtberechenbarkeit bedeutet keineswegs Nichtkontrollierbarkeit. Der „Trick" ist die Schliessung des Systems. Das ist die **Praxis** des Umgangs mit komplexen Systemen. Der „Mythos *zwanghafter* Kontrollierbarkeit", wie Fischer formuliert (meine Hervorhebung), wurde schon von den Altvätern der Kybernetik gebrochen[4] und noch früher von den schottischen Moralphilosophen[5]. Fischer hat also einmal mehr einen Popanz errichtet. Niemand vertritt „zwanghafte Kontrollierbarkeit", was immer Fischer damit meinen mag.

Was nun in Zusammenhang mit rekursiven und damit eben selbstreferentiellen Systemen zu den früheren Arbeiten in der Kybernetik hinzugekommen ist, ist der früher nicht für möglich gehaltene Nachweis einer formalen, d.h. logisch-mathematisch einwandfreien Behandlung des Phänomens der Selbstreferenz oder der Zirkularität durch die Arbeiten von Löfgren, Varela, Brown und von Foerster selbst. Dort, wo man früher noch eher, wie auch ich das tue, von Metasystemen gesprochen hat und damit zwar das Problem klar erkannt hat, sich bezüglich seiner Lösung aber eher auf die logische Behandlung durch Russell-Whitehead und Goedel bezog, kann man sich heute auf die selbstreferentielle Logik beziehen. Das ist ein bedeutender Fortschritt, der anzuerkennen ist.

Aber es stellt sich auch hier die Frage, was das **praktisch** bedeutet. Selbstreferenz als solche ist ja nicht neu; neu ist die formal-logische Kalkülisierung von Selbstreferenz. Soziale Systeme waren **schon immer** selbstreferentiell; das ist ja ein definierendes Merkmal sozialer Systeme. Somit haben Manager logischerweise auch immer schon mit selbstreferentiellen Systemen zu tun gehabt, und sie konnten manchmal auch virtuos mit ihnen umgehen. Die Kalkülisierung von Selbstreferenz ändert an der Praxis des Umganges mit selbstreferentiellen Systemen rein gar nichts. Es war nur die Sprache sehr kompliziert und dunkel, mit der man Selbstreferenz früher zu fassen versuchte, wie man vor allem theologischen Texten schon bei Thomas von Aquin entnehmen kann.

Die gesamte moderne Demokratie beruht auf einer selbstreferentiellen Schliessung eines sozialen Systems, nämlich dadurch, dass die Regierenden die Regierten und die Regierten die Regierenden sind. Die Ausformung der konkreten Mechanismen dieser Schliessung sind von Land zu Land verschieden, was dann naturgemäss auch unterschiedliche Verhaltensweisen des Systems zur Folge hat. So hat die Schweiz mit ihrem hohen Anteil an direkter Demokratie eben eine andere Form der Schliessung und Selbst-

---

[4] Man braucht ja nur die Proceedings der Symposien der Josiah Macy jun. Foundation zu lesen, um sich davon zu überzeugen.
[5] Siehe dazu den folgenden Abschnitt 3.3.

referenz als etwa Deutschland, was folglich zu einer anderen politischen Praxis, anderen Entscheidungsprozessen und einer anderen sozio-politischen Realität führt.

3.3 Selbstorganisation und die „unsichtbare Hand"

Auf den Grundlagen des bisher Dargelegten kann nun der letzte Teil von Fischers Kritik leicht erwidert werden. Er greift jene Denkrichtung an, die, wie auch ich das tue, in den sogenannten spontanen Ordnungen sozialer Systeme ein klares Beispiel von Selbstorganisation sehen. Es sind jene Ordnungen, die Friedrich von Hayek unter Bezug auf Adam Ferguson als „result of human action, but not of human design" bezeichnet. Es ist also im wesentlichen die Entdeckung der schottischen Moralphilosophen des 18. Jahrhunderts, um die es hier geht, die dann leider dem kontinental-europäischen, insbesondere dem französischen Rationalismus wieder zum Opfer gefallen ist und durch diesen leider fast völlig aus der Diskussion eliminiert und durch konstruktivistisch-technomorphes Denken ersetzt wurde.

Fischer zitiert zwar Adam Ferguson, wendet sich dann aber Adam Smith und seiner „unsichtbaren Hand" zu. Statt sich nun **materiell** mit der Theorie der spontanen Ordnungen auseinanderzusetzen, die einen wesentlichen Bestandteil meines Buches und meiner Auffassungen über systemisches Management bildet, wird ihm einmal mehr seine Vorliebe für Semantik zur Falle. Er stellt sich damit leider in die Reihe jener, über die Hayek sagte: „... critics still pour uncomprehending ridicule on Adam Smith's expression of the, 'invisible hand' by which, in the language of his time, he described how man is led 'to promote an end which was no part of his intentions'." (1973, S. 37).

Adam Smith verwendet hier eine Metapher (... in the language of his time ...), um Selbstorganisation und die Entstehung von Ordnung **ohne Ordner**, ohne personalisierte Schöpferfigur zu veranschaulichen. Fischer versucht nun anhand des Bildes der „zeichnenden Hände" von M.C. Escher darzulegen, dass Adam Smith's Vorstellung „gerade nicht das eigentümliche Phänomen Selbstorganisation trifft" (S. 29). Er schreibt weiter: „Die 'unsichtbare Hand' suggeriert eben die Existenz eines Ordnungsfaktors, eines manipulativen (...) Subjektes, das diese Hand führt. Dies ist aber nicht die Idee der Selbstorganisation, denn hier gibt es diese Über-Hand gerade nicht..." (S. 29). Zum wiederholten Male: Was kritisiert hier Fischer eigentlich?

Genau das haben Adam Smith und seine Zeitgenossen (Ferguson, Mandeville usw.) ja gesagt und theoretisch sehr sauber, wenn auch in einer heute altmodisch gewordenen Sprache, erklärt, nämlich, dass es Ordnungen **ohne** „Über-Hand" gibt, und nicht nur das, sie haben auch gezeigt, wie diese Ordnungen entstehen (nämlich aus Regeln) und weiter, dass diese Ordnungen von grosser Zweckmässigkeit sein können und zwar auch dann, wenn keiner der handelnden Menschen diese Zweckmässigkeit anstrebt, ja wenn sie sie nicht einmal kennen oder erkennen können. Eine Darstellung der Theorie der spontanen Ordnungen und ihrer Bedeutung für das Management komplexer Systeme findet sich in meinem Buch in Abschnitt 2.3.

Die Metapher von der „unsichtbaren Hand" mag für **Fischer** die „Existenz eines Ordnungsfaktors" suggerieren, sie tut es aber für sonst **niemanden**. Für jeden Ökonomiestudenten im ersten Semester ist völlig klar, dass Adam Smith gerade eine Ordnung ohne Existenz eines Ordnungsfaktors meinte, und die Gegner einer liberalen Wirtschaftsordnung nehmen ja gerade dieses Fehlen eines Ordnungsfaktors zum Anlass, einen solchen in Form des Staates zu fordern. Genau hier liegt der Kern der Kontroverse zwischen Vertretern einer liberalen Wirtschafts- und Gesellschaftsordnung, die an die Stelle von „manipulativen Subjekten" unpersönliche Regeln stellen, aus welchen sich eine Ordnung entwickelt und selbst auf diese Regeln rekursiv zurückwirkt und – im Gegensatz dazu – jenen Vertretern staatsinterventionistischer Vorstellungen, die den „manipulativen Subjekten", seien es nun Regierungsbehörden oder Notenbanken, die Schaffung und Gestaltung der Ordnung überantworten wollen. In extremster Form führt die zweite Denkrichtung, wie Hayek bereits 1944 sehr schön gezeigt hat und wie sich schliesslich auch praktisch im Kommunismus erwiesen hat, zu jener Form von staatskapitalistischer, orwellscher Megakontrolle im konstruktivistischen Sinne, die Fischer glaubt, mir unterstellen zu können. Dass konstruktivistische Kontrolle nicht nur nicht funktioniert, sondern aus prinzipiellen Gründen nicht funktionieren **kann**, ist eines der Hauptargumente meines Buches und der Hauptgrund für das von mir vertretene systemisch-evolutionäre Management.

Es zeigt sich also leider, dass Fischer nicht nur die Kybernetik nicht verstanden hat, sondern auch Adam Smith, die schottische Moralphilosophie sowie deren Theorie der spontanen Ordnung nicht. Sein Verständnis kommt an die elementaren Grundlagen ökonomischer und gesellschaftlicher Ordnungstheorie nicht heran.

Was er dann aber selbst fordert (S. 30) als das richtige Verständnis von Selbstorganisation ist genau das, was Adam Smith gemeint hat, was leider verloren gegangener Erkenntnisstand seiner Zeitgenossen war, was Friedrich von Hayek revitalisiert hat, und was ich schliesslich in meinem Buch zu einem der Grundpfeiler systemischevolutionären Managements gemacht habe. Es ist etwas, was eine vollkommene Entsprechung in der Kybernetik findet, von dieser mit einem sehr viel zweckmässigeren Begriffsapparat neu gefasst und schliesslich auch mathematisiert und kalkülisiert wurde. Zu Fischers Kritik kann man eigentlich nur noch sagen: So what? Nachdem er alles sinnentleert, semantisch ausgehöhlt und etymologisch „entwurzelt" hat, kommt er zurück an den Anfang und postuliert exakt das, was er vorher kritisiert.

3.4 Systemisches Denken

Als letzte Trouvaille entdeckt er dann noch bei Dietrich Dörner, dass systemisches Denken in Wahrheit nur die Anwendung des „gesunden, normalen Menschenverstandes" sei und triumphiert mit der Feststellung: „Könnte es eine deutlichere Demaskierung des Mythos vom „systemischen Denken" geben?"

Nun, ich halte sehr viel von den Arbeiten und Experimenten Dörners und seiner Kollegen und Mitarbeiter, und ich bin mit seinem Resultat an sich sehr zufrieden. Ich habe auch über längere Zeit mit Franz Reither zusammengearbeitet, um zu sehen, wie man Modelle des „Lohausen"-Typs in der Managementausbildung anwenden kann. Ich bin sehr mit dem „Menschenverstand" einverstanden, vorausgesetzt, dass er „gesund" ist, was man leider nicht immer voraussetzen darf, und zwar weder bei Praktikern noch bei Theoretikern.

Ich war auch in den letzten Jahren immer weniger einverstanden mit dem inflationären Gebrauch des Ausdruckes „systemisches Denken" oder „ganzheitliches Denken" und habe daher mehr und mehr darauf verzichtet. Der Mensch denkt wie er denkt. Anders kann er nicht denken – und man muss schon zufrieden sein, wenn er gelegentlich wenigstens richtig im Sinne von „logisch korrekt" denkt. Was also soll die Forderung nach „systemischem Denken"?, war eine meiner Hauptfragen in den letzten Jahren.

Allerdings genügt mir der **blosse** gesunde Menschenverstand noch nicht ganz. Was der Mensch nämlich kann und was er vor allem lernen kann, ist, **an** Systeme, **an** Ganzheiten zu denken. Das ist mehr als Fischer in Anlehnung an Wittgenstein fordert: „Blicke weiter um Dich!" und „Schau auf das Ganze!" (S. 33), obwohl das ein guter Anfang ist.

Auch Dörner lässt es ja nicht einfach beim „gesunden Menschenverstand" bewenden. Er sieht ja in „systemischem Denken" vor allem die Fähigkeit seinen „gesunden Menschenverstand" auf die *Umstände der jeweiligen Situation einzustellen* und er zeigt auch, dass man das lernen und lehren kann. Systemisches Denken ist also *mehr* als nur gerade „gesunder Menschenverstand".

Was man vor allem lernen und lehren kann, sind die inzwischen bekannten Gesetzmässigkeiten komplexer Systeme. Man kann als *erstes* lernen, Komplexität als solche ernstzunehmen, sie wahrzunehmen, sie manchmal sogar quantitativ zu schätzen – mit den Mitteln der kombinatorischen Mathematik. Stafford Beer hat ja einmal sehr schön gesagt, dass der Stoff, mit dem Manager zu tun haben, Komplexität sei. Man kann *zweitens* Ashby's Gesetz der erforderlichen Komplexität oder Varietät kennen und es bei der Systemgestaltung berücksichtigen. Man kann *drittens* über rekursive Funktionen und ihre praktischen Erscheinungsformen mehr wissen und man kann selbstverständlich auch mehr über die theoretischen und praktischen Möglichkeiten der Schliessung von Systemen lernen. Man kann etwas über Autopoiese und pathologische Autopoiese lernen.

Dies alles als nur gerade „gesunden Menschenverstand" zu bezeichnen, hielte ich für eine krasse Überschätzung desselben. Wenn schon, dann gehört zu dieser Variante des „gesunden Menschenverstandes" noch ein erhebliches Mass an praktischer, jahrelanger und sehr reflektierender Erfahrung im Umgang mit komplexen Systemen. Es gibt Menschen, die das haben – die sich das erworben haben ohne Studium der Systemwissenschaften. Es sind die guten Manager ...

Fischers Kritik kann, wie ich gezeigt habe, argumentativ nicht überzeugen. Ich halte sie aber nicht nur für falsch, sondern in mehrfacher Hinsicht für irrelevant.

Erstens zeigt sich, dass er die kybernetischen Grundlagen nicht wirklich verstanden hat. *Zweitens* ist seine semantische und etymologische Kritik nicht fruchtbar. Als möglicherweise radikaler Konstruktivist wird Fischer vermutlich nicht viel von Karl Popper halten. Was immer man von dessen Wissenschafts- und Erkenntnistheorie denken mag, eines hat er doch gezeigt, nämlich welchen Standards eine fruchtbare, kritische Diskussion genügen sollte. Unter anderem gehört dazu, nicht an Formulierungen und Wörtern herumzumäkeln, sondern dem kritisierten Autor die stärkstmögliche und gehaltvollste Interpretation zu unterstellen und diese dann zu kritisieren. Zuerst semantische Sinnentleerung zu betreiben, um dagegen dann umso leichter vorgehen zu können, entspricht diesen Standards jedenfalls nicht. Ausserdem vermag ich überhaupt nicht zu sehen, welche Relevanz eine etymologische Analyse haben soll, die 2000 Jahre zurück zu toten Sprachen führt. Sie vermag wohl kaum Licht auf etwas zu werfen, was es damals höchstens per analogam gab. Die Wirklichkeit von Management in der zweiten Hälfte des 20. Jahrhunderts hat wenig Gemeinsamkeiten mit jener der damaligen Zeit, und es ist daher kaum zu erwarten, dass die damalige Sprache etwas Wesentliches zur heutigen Lage enthalten wird. *Drittens* hat Fischer aber eine sehr merkwürdige Vorstellung über Manager und Management. Sie ist völlig überholt und hat keinen Bezug zur wirtschaftlichen und gesellschaftlichen Realität. Es gibt schon Aspekte, die am heutigen Management zu kritisieren sind, die von Fischer dargestellten sind es aber nicht.

Ich bin trotz ihrer leicht erkennbaren Unfruchtbarkeit aber deshalb auf diese Kritik näher eingegangen, weil, wie ich einleitend schon sagte, Fischer mit seinen Meinungen nicht allein steht. Auffassungen, die den seinen sehr ähnlich sind, kann man immer wieder feststellen, und sie sind gerade unter jenen weit verbreitet, die sich als besondere Freunde des Systemansatzes präsentieren. Wie West Churchman schon vor vielen Jahren in seinem Buch „Die Feinde des Systemansatzes" bemerkt hat: bestimmte Freunde des Systemansatzes sind in Wahrheit seine grössten Feinde, oder, wie man gelegentlich in der Politik sagt -, wer solche Freunde hat, braucht keine Feinde mehr.

Um die Taktik der Kritik Fischers noch etwas klarer zu machen, möchte ich, wie einleitend schon angekündigt, auf seine Quellenwahl noch kurz eingehen. Fischer stützt seine Kritik zum grösseren Teil auf Stellen aus dem vorliegenden Buch. Dabei ist allerdings auffallend, dass er lediglich Zitate aus Kapitel 0 verwendet. Die letzte von ihm zitierte Stelle findet sich auf S. 51 meines Buches. Wie ich an mehreren Stellen meiner Erwiderung bemerkte, kann ich mir schwer vorstellen, dass sich Fischer über diese Seite hinaus mit meinem Buch befasst hat.

Fischer zitiert dann aber noch aus einer anderen Quelle. Dabei handelt es sich um begleitende Unterlagen zu einem Vortrag, den ich im Rahmen eines Kongresses für Praktiker aus der Baubranche gehalten habe. Dieser Vortrag wurde in einer Sondernummer der von A. Krunic herausgegebenen „Bücher-Perspektiven" veröffentlicht und den Kongressteilnehmern abgegeben.

Nicht, dass ich nicht zum Inhalt stehen würde. Aber ich habe es immer als eine erste Verpflichtung eines Referenten empfunden, sich an den mutmasslichen

Kenntnisstand und Erfahrungshintergrund der Teilnehmer anzupassen und daher Begriffe, Formulierungen und Beispiele so zu wählen, dass möglichst viele Zuhörer ohne Probleme den Inhalt verstehen können. Dass dabei Kompromisse gemacht werden müssen, versteht sich von selbst.

So weit ich meinen Aufzeichnungen entnehmen kann, wurde mir der Titel meines Vortrages „Sichere Unternehmungsentwicklung in turbulenten Zeiten" damals vom Veranstalter vorgegeben. Gerade weil es aber im landläufigen Sinne keine „sichere" Unternehmensentwicklung geben kann, habe ich meinen Vortrag auch gleich mit einer dementsprechenden Bemerkung begonnen. Aus welchem Grunde sich Fischer daran stösst (S. 36, FN 12), ist mir unerfindlich. Eine wissenschaftliche Kritik darauf zu stützen, ist wenig überzeugend.

Was er mir vorwerfen kann, ist vielleicht etwas anderes, nämlich auf die mutmasslich marketingmotivierte Titelwahl eines Veranstalters eingegangen zu sein, der wohl die Absicht hatte, möglichst viele Praktiker aus der Baubranche zum Besuch des Kongresses zu bewegen. Ich kann daran nichts Schlechtes oder Falsches sehen. Bauleute sind typischerweise nicht an unverständlicher Wissenschaft interessiert. Sie wollen, wie meistens auch die anderen Praktiker, etwas praktisch Verwertbares lernen.

Im Kern habe ich also nichts anderes getan, als auf die Kybernetik eines recht komplexen Systems einzugehen, bestehend aus dem Veranstalter und dessen Motivationslage sowie etwa 200 Unternehmern und Führungskräften aus einer bestimmten Branche, von denen jeder einen unterschiedlichen Erfahrungshintergrund hat und wo daher mit einer sehr heterogenen Interessenlage gerechnet werden muss. Damit habe ich genau das getan, was ich in meinem Buch vorschlage – systemisch vorzugehen.

Literaturverzeichnis

Ashby, W.R. (1952), Design for a Brain – The Origin of Adaptive Behaviour, 3rd Ed., London 1970 (und London 1952).
– (1956), An Introduction to Cybernetics
Beer, S. (1959), Cybernetics and Management, London 1959
– (1966), Decision and Control – The Meaning of Operational Research and Management Cybernetics, London 1966
– (1972), Brain of the Firm – The Managerial Cybernetics of Organization, London 1972
Brown, S. (1972), Laws of Form, New York; deutsch: Gesetze der Form, Frankfurt am Main 1972
Fischer, H.R. (1992), Management by bye?, in : Schmitz, C./Gester, P.W./Heitger, B. (Hrsg.), Managerie – 1. Jahrbuch für Systemisches Denken und Handeln im Management, Heidelberg 1992,
Foerster, H.v. (1966), From Stimulus to Symbol: The Economy of Biological Computation, in: Buckley W. (ed.), Systems Research, S. 170 – 185.
– (1993), Gegenstände: Greifbare Symbole für (Eigen-)Verhalten", in : von Foerster, Wissen und Gewissen, Frankfurt 1993, S. 103 ff.
Gomez, P./Malik, F./Oeller, K.H. (1975), Systemmethodik: Grundlagen einer Methodik zur Erforschung und Gestaltung komplexer soziotechnischer Systeme, 2 Bände, Bern und Stuttgart 1975
Malik, F., Sichere Unternehmungsentwicklung in turbulenten Zeiten, in: Bücher-Perspektiven, Sondernummer anlässlich des Kongresses „Management-Revolution – Perspektiven 2000. Von der Weisungs- zur Selbstkultur", Österreichische und Deutsche Gesellschaft für Baukybernetik, Salzburg, 12./13.9.1991
Hayek, F.A. v. (1944), The Road to Serfdom, London 1944; deutsch: Der Weg zur Knechtschaft, München 1971
– (1973), Law, Legislation and Liberty, Vol. I: Rules and Order, London 1973

Verzeichnis und Quellenangaben der Mottos

Bateson (Ökologie) 612

Abschnitt

0.   Engel in Bateson (Ecology) vii
2.1 Beer (Decision) 239
2.2 Bresch (Zwischenstufe) 288
2.3 Hayek, Theory of Complex Phenomenon (Studies) 23
2.4 Riedl (Ordnung) 6
3.1 Sloma (Management) 111 und Dickson (Rules) 56
3.2 Hayek (Rules) 54
3.3 Dickson (Rules) 71
3.4 Beer (Brain) 35
3.5 Beer (Brain) 69
3.6 Beer (Irrelevance) 285
3.7 Beer (Irrelevance) 295
4.3 Gall (Systemantics) 75

Literaturverzeichnis

Albert H., Topitsch E. (eds.) (Werturteilsstreit) Werturteilsstreit, Darmstadt 1971.
Albert H. (Traktat) Traktat über rationale Praxis, Tübingen 1978.
Ansoff H. J., Hayes R. L. (Introduction) Introduction, in: Ansoff H. J., Declerck R. P., Hayes R. L. (Strategic Management).
Ansoff H. J., Declerck R. P., Hayes R. L. (Strategic Management) From Strategic Planning to Strategic Management, London 1976.
Ansoff H. J. (Strategy) Corporate Strategy, New York 1965.
— (Weak Signals) Managing Surprise and Discontinuity — Strategic Response to Weak Signals, in: Schmalenbachs Zeitschrift für betriebswirtschaftliche Forschung, 28, 1976, 129–152.
Argenti J. (Corporate Collapse) Corporate Collapse — The Causes and Symptoms, London 1976.
Ashby W. R. (Brain) Design for a Brain — The Origin of Adaptive Behaviour, 3rd Ed., London 1970 (und London 1952).
— (Bremerman) Some Consequences of Bremerman's Limit for Information-Processing Systems, in: Oestreicher H., Moore D. (eds.) (Cybernetic Problems), S. 69–76.
— (Informational Measures) Systems and their Informational Measures, in: Klir G. (ed.) (Trends), S. 78–97.
— (Intelligent Machine) What is an Intelligent Machine? in: Western Joint Computer Conference (ed.) (Proceedings), S. 275–280.
— (Introduction) An Introduction to Cybernetics, 5th Ed., London 1970.
— (Modelling), Modelling the Brain, in: IBM Symposium (Modelling the Brain), in: IBM Symposium (Computing)), S. 195–208.
— (Models) Mathematical Models and Computer Analysis of the Function of the Central Nervous System, in: Annual Review of Physiology, 38 (1966), S. 89–106.
— (Setting Goals) Setting Goals in Cybernetic Systems, in: Tobinson H. W., Knight D. E. (eds.) (Cybernetics).
Bateson G. (Ecology) Steps to an Ecology of Mind, New York 1972.
— (Nature) Mind and Nature, New York 1979.
— (Ökologie) Ökologie des Geistes, Frankfurt a. M. 1981.
Beer S. (Brain) Brain of the Firm — The Managerial Cybernetics of Organization, London 1972.
— (Crisis) Immanent Forms of Imminent Crisis, in: Infor Journal Vd. 12, No. 3 (1974).
— (Automation) The Irrelevance of Automation, in: Cybernetica, I (1958), 280/295.
— (Heart) The Heart of Enterprise, London 1979.
— (Decision) Decision and Control — The Meaning of Operational Research and Management Cybernetics, London 1966.
— (Development) Cybernetics of National Development, The Zaheer Lecture, New Delhi 1974.

- (Factory) Towards the Cybernetic Factory, in: Von Foerster H., Zopf G. G. (eds.) (Principles), S. 25-89.
- (Freedom) Designing Freedom, 1973.
- (Governors), On Viable Governors, in: Discovery 23 (1962), S. 38-44.
- (Laws) Laws of Anarchy, The Irvine Memorial Lecture, University of St. Andrews.
- (Plan) The Aborting Corporate Plan, in: Jantsch E. (Perspectives), S. 395-422.
- (Platform) Platform for Change, London 1975.
- (Prerogatives) Prerogatives of System in Management Control, United Kingdom Automation Council, 8th Annual Lecture, 1969.
- (Science) On Heaping Our Science Together. Keynote Address to the Second Meeting on Cybernetics and Systems Research (Internes Paper), Wien 1974.
- (Systems Approach) A Systems Approach to Mangement, in: Personal Review, 1972 Spring.

Bircher B. (Unternehmungsplanung) Langfristige Unternehmungsplanung, Bern und Stuttgart 1976.

Braybrooke D., Londblom Ch. E. (Strategy) A Strategy of Decision, London 1963.

Bremerman H. J. (Optimization) Optimization Through Evolution and Recombination, in: Yovits M. C., Jacobi O., Goldstein O. (eds.) (Self-Organizing Systems), S. 93-106.

Bresch C. (Zwischenstufe Leben) Zwischenstufe Leben – Evolution ohne Ziel? , München 1977.

Campbell D. T. (Blind Variation) Blind Variation and Selective Survival as a General Strategy in Knowledge Processes, in: Yovits M., Cameron S. (eds.) (Systems), S. 205-231.
- (Creative Thought) Blind Variation and Selective Retention Processes in Creative Thought as in other Knowledge Process, in: General Systems VII (1962).
- (Epistemology) Evolutionary Epistemology, in: Schilpp P. A., (ed.) (Philosophy), S. 413-463.

Collingwood R. G. (History) The Idea of History, 1946.

Dickson P. (Rules) The Official Rules, New York 1978.

Drucker P. (Changing World) The Changing World of the Executive, New York 1982.
- (Führungskraft) Die ideale Führungskraft, Düsseldorf/Wien 1967.
- (Grossunternehmen) Das Grossunternehmen, Düsseldorf 1966.
- (ed.) (Leaders) Preparing Tomorrow's Business Leaders Today, New Jersey 1969.
- (Management) Management-Tasks, Responsibilities, Practices, London 1974.
- (People and Performance) People and Performance: The Best of Peter Drucker on Management, London 1977.
- (Praxis) Praxis des Management, 6. Aufl., Düsseldorf 1969.
- (Technology) Technology, Management and Society, London 1970.

Dyllick T. (Unternehmungsführung) Gesellschaftliche Instabilität und Unternehmungsführung – Ansätze zu einer gesellschaftsbezogenen Managementlehre, Bern/Stuttgart 1982.

Eccles J. C. (Psyche) The Human Psyche, Berlin, Heidelberg, New York 1980.
- (Human Mystery) The Human Mystery, Berlin, Heidelberg, New York 1979.
- (Reality) Facing Reality, Berlin, Heidelberg, New York 1970.

Eigen M./Winkler R. (Spiel) Das Spiel, München/Zürich 1985.

Friedman Y. (Utopien) Machbare Utopien, Frankfurt a. M. 1977.

Foerster H. v. (Reality) On Constructing Reality, in: Environmental Design, Research II, Preissner W. (Hrsg.), Stroutsbourg 1973.

- (Memory) What is Memory that It May Hindsight and Foresight as Well? in: Bogoch S. (ed.) (Brain Sciences), S. 19–63.
- (Biological Computers) Some Aspects in the Design of Biological Computers, in: Proceedings of the 2nd International Congress on Cybernetics, Namur 1958, Paris 1960.
- (Objects) Objects: Tokens for (Eigen-)behaviours. ASC Cybernetic Forum. Vol VIII, Bloc. 3+4, pp. 91–96.

Forrester J. W. (Industrial Dynamics) Industrial Dynamics, 6th Ed., Cambridge Mass. 1969.
- (Social Systems) Planning under the Dynamic Influences of complex social Systems, in: Jantsch E. (Perspectives), S. 235–254.

Gall J. (Systemantics) Systemantics; How Systems work and especially how they fail, New York 1977.

Gälweiler A. (Unternehmenssicherung) Unternehmenssicherung und strategische Planung, in: Zeitschrift für betriebswirtschaftliche Forschung (zfbf), 28/1976, S. 362–379.
- (Marketingplanung) Marketingplanung im System einer integrierten Unternehmensplanung, Luchterhand, Neuwied 1979.

Gomez P./Malik F./Oeller K. H. (Systemmethodik) Systemmethodik: Grundlagen einer Methodik zur Erforschung und Gestaltung komplexer soziotechnischer Systeme, 2 Bände, Bern und Stuttgart 1975.

Gomez P. (Operations Management) Die kybernetische Gestaltung des Operations Managements, Bern und Stuttgart 1978.
- (Systems-Methodology) The Systems-Methodology for organic Problem-Solving, Part B., in: Malik F., Gomez P., Oeller K. H., Organic Problem Solving, in: Management: 3rd European Meeting on Cybernetics and Systems Research, Vienna 1976.

Goodstein R. L. (Recursive Number Theory) Recursive Number Theory, Amsterdam 1957.

Grossekettler H. (Macht) Macht, Strategie und Wettbewerb, Diss. Mainz 1973.

Gundy L. (Businessman) The Ugly Businessman in Europe, 1975.

Hall E. T. (Language) The Silent Language, New York 1973.

Harrison P. J., Stevens C. F. (Forecasting) A Bayesian Approach to Short-Term Forecasting, in: Operational Research Quarterly 22 (1971) 4, S. 341–362.

Hayek F. A. v. (Individualismus) Individualismus und wirtschaftliche Ordnung, Erlenbach-Zürich 1952.
- (Konstruktivismus) Die Irrtümer des Konstruktivismus und die Grundlagen legitimer Kritik gesellschaftlicher Gebilde, München 1970.
- (Mirage) Law, Legislation and Liberty, Vol. II, The Mirage of Social Justice, London 1976.
- (Primat) Der Primat des Abstrakten, in: Koestler A. (Menschenbild).
- (Rules) Law, Legislation and Liberty, Vol. I: Rules and Order, London 1973.
- (Studien) Freiburger Studien, Tübingen 1969.
- (Studies) Studies in Philosophy, Politics and Economics, Chicago 1967.
- (Verfassung) Die Verfassung der Freiheit, Tübingen 1971.
- (Vernunft) Missbrauch und Verfall der Vernunft, Frankfurt 1959.
- (Order) The Sensory Order, London und Chicago 1952.
- (Primacy) The Primacy of the Abstract, in: Koestler/Smythies (eds.), Beyond Reductionism, London 1969.
- (Phänomene) Die Theorie komplexer Phänomene, Walter Eucken-Institut, Vorträge und Aufsätze, Bd. 36, Tübingen 1972.

- (Constructivism) The Errors of Constructivism and The Pretence of Knowledge, beide in: New Studies in Philosophy, Politics, Economics and the History of Ideas, London und Chicago 1978.
- (Law) Law, Legislation and Liberty, Bd. I–III, London 1973–1979.
- (New Studies) New Studies in Philosophy, Politics, Economics and the History of Ideas, London 1978.
- (Political Order) Law, Legislation and Liberty, Bd. III: The Political Order of a Free People, London 1979.

IBM-Symposium (Computing) IBM Scientific Computing Symposium on Simulation Models and Gaming, New York 1964.

Jackson D. D. (Familie) Das Studium der Familie, in: Watzlawick P., Weakland J. H. (Hrsg.) (Interaktion).

Jantsch E. (Perspectives) Perspectives of Planning, Paris 1969.
- (Selbstorganisation) Erkenntnistheoretische Aspekte der Selbstorganisation natürlicher Systeme; Konferenz über „Wahrnehmung und Kommunikation", Univ. Bremen, 1977.

Jay A. (Man) Corporation Man, London 1972.
- (Management) Management and Macchiavelli, Harmondsworth 1970.

Kami M. J. (Opportunity) Business Planning as Business Opportunity, in: Drucker (Leaders).
- (Planning) Planning in the Age of Discontinuity, Seminarunterlagen der HSG-Weiterbildungsstufe, 1976.
- (Strategies) Manual of Management Assumptions for Planning Business Strategies, Lighthouse Point 1976.

Klir G. (ed.) (Trends) Trends in General Systems Theory, London 1972.

Kneschaurek F. (Unternehmer) Der Schweizer Unternehmer in einer Welt im Umbruch, Bern 1980.

Koestler A. (ed.) (Menschenbild) Das neue Menschenbild, Wien 1970.

Koestler/Smythies (Beyond Reductionism) London 1969.

Korzybski A. (Science) Science and Sanity, New York 1941.

Krieg W. (Grundlagen) Kybernetische Grundlagen der Unternehmungsorganisation, Bern 1971.

Lindblom Ch. E. (Intelligence) The Intelligence of Democracy, London, New York 1965.
- (Muddling Through) The Science of „Muddling Through", in: Public Administr. Review 19, 2, 1959, S. 79–88.

Lorenz K. (Rückseite) Die Rückseite des Spiegels – Versuch einer Naturgeschichte menschlichen Erkennens, München 1973.

Malik F., Gomez P. (Entscheide) Evolutionskonzept für unternehmerische Entscheide, in: Industrielle Organisation 45 (1976) 9, S. 308–312.

Malik F., Gomez P., Oeller K. H. (Organic Problem Solving), Organic Problem Solving in Management, Paper presented at the 3rd European Meeting on Cybernetics and Systems Research, Wien 1976.

Maturana H. R./Varela J. F. (Autopoiesis) Autopoiesis and Cognition, Dordrecht 1980.

McCulloch W. (Mind) Embodiments of Mind, MIT Press 1965.

Mintzberg H. (Nature) The Nature of Managerial Work, London 1973.

Oeller K. H. (Cybernetic Process Control) Organic Problem Solving in Management, Part C: Cybernetic Process Control, Paper presented at the 3rd European Meeting on Cybernetics and Systems Research, Wien 1976.

- (Kennzahlen) Grundlagen und Entwicklung kybernetischer Kennzahlen-Systeme, unveröffentlichtes Manuskript, 1978.
Oestreicher H. L., Moore D. R. (eds.), (Cybernetic Problems) Cybernetic Problems in Bionics, New York 1968.
Pask G. (Approach) An Approach to Cybernetics, London 1961.
- (Organic Control) Organic control and the cybernetic method, in: Cybernetica, I, (1958), S. 155–173.
- (Human Learning) The Cybernetics of Human Learning and Performance, London 1975.
- (Cybernetic Theory) Conversation, Cognition and Learning: a Cybernetic Theory and Methodology, Elsevier Press 1974.
- (Cybernetics) The Cybernetics of Human Learning and Performance, London 1975.
- (Group) The Self-Organizing System of a Decision Making Group, in: Association Internationale de Cybernétique (ed.) (Proceedings 3rd Congress), S. 814–826.
Peters R. S. (Motivation) The Concept of Motivation, London 1959.
Polanyi M. (Logic) The Logic of Liberty, London 1951.
Popper K. R. (Autobiography) Karl Popper: „Intellectual Autobiography", in: Schilpp P. (ed.) (Philosophy), S. 3–181.
- (Conjectures) Conjectures and Refutations – The Growth of Scientific Knowledge, 4th Ed., London 1972.
- (Gesellschaft II) Die offene Gesellschaft und ihre Feinde, Band 2: Falsche Propheten; Hegel, Marx und die Folgen, 2. Aufl., Bern 1970.
- (Historizismus) Das Elend des Historizismus, 3. Aufl., Tübingen 1971.
- (Knowledge) Objective Knowledge – An Evolutionary Approach, London 1972.
- (Logik) Logik der Forschung, 4. Aufl., Tübingen 1971.
- (Propensity) The Propensity Interpretation of Probability, in: British Journal for the Philosophy of Science, 10, 1959, S. 25–42.
- (Replies), Replies to My Critics, in: Schilpp P. (ed.) (Philosophy), S. 961–1197.
- (Society) The Open Society and its Enemies, Vol. II, Hegel, Marx, and the Aftermath, 5th Ed., London 1974.
- (Gesellschaft) Die offene Gesellschaft und ihre Feinde, 2 Bände, Bern 1958.
Popper K. R./Eccles J. C. (Self) The Self and its Brain, Berlin, Heidelberg, New York 1977.
Powers W. T. (Behaviour) Behaviour: The Control of Perception, Chicago 1973.
Preiser S. (Kreativitätsforschung) Kreativitätsforschung, Darmstadt 1976.
Probst G., Kybernetische Gesetzeshypothesen als Basis für die Gestaltungs- und Lenkungsregeln im Management, Bern/Stuttgart 1981.
Quinn J. B. (Change) Strategies for Change, Homewood Ill. 1980.
Riedl R. (Ordnung) Die Ordnung des Lebendigen: Systembedingungen der Evolution, Hamburg und Berlin 1978.
- (Genesis) Die Strategie der Genesis, München/Zürich 1976.
- (Biologie und Erkenntnis) Biologie der Erkenntnis, Hamburg und Berlin 1980.
- (Evolution und Erkenntnis) Evolution und Erkenntnis, München und Zürich 1982.
Röpke J. (Innovation) Die Strategie der Innovation, Tübingen 1979.
Schilpp P. (ed.) (Philosophy) The Philosophy of Karl Popper. La Salle III. 1974.
Schwaninger M. (Strategische Planung) Software Strategische Planung, Nr. 27055, nicht veröffentlicht, Management Zentrum St. Gallen 1982.
Shibutani T. (Society) Society and Personality, New Jersey 1961.

Siegwart H./Probst G. (Hrsg.) (Mitarbeiterführung) Mitarbeiterführung und gesellschaftlicher Wandel, Festschrift für Charles Lattmann, Bern und Stuttgart 1983.
Sloan A. P. (General Motors) My Years with General Motors, New York 1964.
Sloma R. S. (Management) No-Nonsense Mangement, New York 1977.
Sommerhoff G. (Brain) Logic of the Living Brain, London 1974.
Steinbruner J. D. (Cybernetic Theory) The Cybernetic Theory of Decision, Princeton 1974.
Steinbruch K. (Masslos informiert) Masslos informiert: Die Enteignung unseres Denkens, München, Berlin 1978.
Streissler E. (ed.) (Freedom) Roads to Freedom, London 1969.
Tarr G. (Problem Solving) The Management of Problem Solving, London 1973.
Taylor G. R. (Future) How to avoid the Future, London 1975.
Tobinson H. W., Knight D. E. (eds.) (Cybernetics) Cybernetics, Artificial Intelligence and Ecology; Proceedings of the Fourth Annual Symposium of the American Society for Cybernetics, New York 1973.
Tullock G. (Corporations) The new Theory of Corporations, in: Streissler (Freedom), S. 287–309.
Ulrich H. (Unternehmung) Die Unternehmung als produktives soziales System, 2. Aufl., Bern 1971 (und 1. Auflage 1968).
Ulrich W. (Kreativitätsförderung) Kreativitätsförderung in der Unternehmung, Bern 1975.
Varela F. G., Maturana H. R., Uribe R. (Autopoiesis) Autopoiesis: The Organization of Living Systems, its Characterization and a Model, in: Bio Systems 5 (1974), S. 187–196.
Vester F. (Ballungsgebiete) Ballungsgebiete in der Krise, Stuttgart 1976.
Vester F., Sensitivitätsmodell, Frankfurt 1980.
– Neuland des Denkens, Stuttgart 1980.
– Unsere Welt ein vernetztes System, Stuttgart 1978.
Watkins J. W. (Unity) The Unity of Popper's Thought, in: Schilpp P. (ed.) (Philosophy), S. 371–407.
– (Entscheidung) Entscheidung und Überzeugung, in: Albert H., Topitsch E. (ed.) (Werturteilsstreit).
Watzlawick P., Weakland J. H. (Hrsg.) (Interaktion) Bern, Stuttgart, Wien 1980.
Watzlawick P., Beavin J. H., Jackson D. D. (Kommunikation) Menschliche Kommunikation, Bern, Stuttgart, Wien 1974.
Watzlawick P., Weakland J. H., Fisch R. (Lösungen) Lösungen: Zur Theorie und Praxis menschlichen Wandels, Bern, Stuttgart, Wien 1974.
Weinberg G. M. (General Systems) An Introduction to General Systems Thinking, New York 1975.
Western Joint Computer Conference (ed.) (Proceedings) Proceedings of the Western Joint Computer Conference, New York 1961.
Wöhe G. (Betriebswirtschaftslehre) Einführung in die Allgemeine Betriebswirtschaftslehre, 13. Auflage, München 1978.
Wolff H. (General Motors) Das grosse Erfolgsgeheimnis von General Motors, in: Fortschrittliche Betriebsführung 1964, Nr. 4, S. 97–107.
Wynne-Edwards V. C. (Dispersion) Animal Dispersion in Relation to Social Behaviour, Edinburgh 1962.
Yovits M., Cameron S. (eds.) (Systems) Self-Organizing Systems, Oxford 1960.
Yovits M., Jacobi O., Goldstein O. (eds.), (Self-Organizing Systems) Self-Organizing Systems, Washington 1962.

Namensverzeichnis

Albert H., 27, 346, 483
Ashby W. R., 27, 56, 81, 102, 170, 190, 192, 194, 197, 198, 228, 286, 287, 288, 289, 332, 338, 356, 357, 360, 380, 381, 383, 390, 394, 395, 396, 435
Ansoff H. J., 171, 182, 461, 465

Bateson G., 44, 58, 59, 60, 191, 308, 345, 354, 383, 433, 483
Beavin J. H., 345, 354, 355, 437, 440
Beer S., 27, 28, 31, 32, 53, 72, 73, 75, 77, 80, 81, 83, 84, 85, 92, 99, 101, 102, 103, 106, 109, 111, 115, 116, 117, 118, 119, 121, 122, 128, 129, 132, 133, 135, 136, 138, 141, 142, 143, 144, 145, 146, 147, 150, 151, 153, 154, 155, 169, 170, 173, 174, 175, 182, 195, 196, 198, 210, 211, 215, 216, 233, 241, 262, 264, 286, 287, 288, 289, 295, 324, 326, 338, 349, 358, 360, 395, 397, 398, 417, 421, 425, 427, 453, 465, 477, 483, 487, 489, 490, 492, 494, 495, 496, 497, 500, 530, 531
Belisar, 446
Bertalanffy L. v., 383
Bigelow J., 383
Braybrooke D., 320, 328
Bremerman H. J., 198, 232, 338, 381
Bresch C., 184, 199, 331
Bronowski J., 360

Campbell D. T., 268, 270, 271, 272, 274, 277, 287
Cannon W. B., 383
Collingwood R. G., 519

Darwin C., 250
Descartes, 258
Dönhoff M. Gräfin v., 541
Drucker P., 24, 64, 67, 82, 90, 110, 111, 133, 323, 325, 331, 379, 433, 444, 460, 517, 518
Dyllick T., 484

Eccles J. C., 29, 374
Eigen M., 41

Fabius, 444
Fisch R., 357, 358, 359, 360, 439, 445
Foerster H. v., 27, 28, 99, 383, 517
Forrester J., 94, 144, 421, 427
Friedman J., 52

Galanter E., 29
Gall J., 540
Gälweiler A., 67, 68, 488
Gambetta, 446
Ginsberg, 352
Gomez P., 26, 32, 75, 81, 83, 101, 117, 120, 122, 212, 214, 215, 220, 259, 260, 265, 266, 270, 287, 317, 321, 361, 362, 363, 364, 365, 366, 369, 372, 374, 383, 398, 410, 431
Goodstein R., 99
Grossekettler H., 428, 429, 434
Gundy L., 378

Hall E. T., 378
Hanibal, 444
Harrison P. J., 122
Hayek F. v., 27, 35, 38, 44, 57, 105, 186, 202, 203, 204, 207, 208, 209, 210, 212, 213, 214, 215, 216, 217, 218, 219, 220, 221, 222, 223, 225, 226, 227, 230, 231, 232, 250, 251, 253, 258, 259, 293, 295, 304, 305, 306, 307, 311, 312, 313, 314, 319, 335, 336, 346, 483, 509
Hayes L. R., 171

Jackson D. D., 345, 354, 355, 395, 437, 440
Jay A., 240, 406, 407, 449, 450

Kami M. J., 315
Kelly G., 29
Kneschaurek F., 34
Koestler A., 360

Korzybski A., 20
Krieg W., 9, 383
Kuhn T. S., 21

Lattmann C., 19
Lindblom C. E., 240, 246, 254, 256, 258, 259, 320, 328
Lorenz K., 176, 221, 268, 287, 326

Macchiavelli N., 437, 445
Malik F., 26, 75, 81, 83, 101, 117, 120, 122, 212, 214, 215, 220, 259, 260, 265, 266, 270, 287, 317, 321, 361, 362, 363, 364, 365, 366, 369, 372, 374, 383, 398, 410, 431
Maturana R. H., 28, 80, 483
McCulloch W., 29, 383
Mead M., 355, 383
Mintzberg H., 342
Moltke H. v., 446
Miller G., 29

Napoleon, 444
Neumann J. v., 383
Newton I., 193

Oeller K. H., 26, 32, 75, 81, 83, 101, 117, 118, 122, 212, 214, 215, 220, 265, 266, 270, 287, 317, 321, 361, 362, 363, 364, 365, 366, 369, 372, 374, 383, 398, 410, 431

Papert S., 29
Pareto V., 206
Pask G., 27, 28, 317, 516, 517
Perikles, 444
Peters R. S., 222, 223
Piaget J., 28, 29, 40, 459
Pitts W., 383
Platon, 347
Polanyi M., 214, 234, 236, 237, 238, 239, 240
Popper K. R., 26, 27, 29, 57, 219, 220, 232, 250, 251, 252, 266, 268, 272, 281, 293, 294, 305, 333, 334, 335, 347, 361, 373, 374, 431, 432, 519

Powers W. T., 119, 288, 435
Pribram K., 29
Probst G., 19, 484

Quinn J. B., 320, 336, 342, 343, 483

Rechenberg I., 280
Riedl R., 28, 248, 252, 283, 541
Röpke J., 483
Rommel E., 65, 434
Rosenblueth A., 383

Schwaninger M., 403
Shannon C., 383
Shibutani T., 395
Sloan A. P., 88, 109, 110, 111
Sloma R. S., 341, 436, 441
Sommerhoff G., 486
Steinbruner J. D., 254, 256, 257, 289, 291, 296, 297, 300, 392
Stevens C. F., 122

Tarr G., 262
Taylor G. R., 233
Tullock G., 228

Ulrich H., 7, 9, 23, 460
Uribe R., 80

Varela R., 28, 80, 483
Vester F., 350, 369, 467
Vickers G., 71

Walras L., 202
Watkins J. W., 214, 281, 337
Watzlawick P., 58, 345, 354, 355, 357, 358, 359, 395, 437, 439, 440, 445, 496
Weakland J. H., 357, 358, 359, 395, 439, 445
Weaver W., 383
Weinberg G. H., 105
Whittacker E., 232
Wiener N., 383, 390
Winkler R., 41
Woehe G., 7
Wolff H., 109
Wynne-Edwards V. C., 222

Stichwortverzeichnis

Abstraktes Problemlösen, 178 f.
Abstraktion, 305 ff., 416
Abstraktionsprinzip, 297, 305
Abweichung, 128 f., 134 f.
Änderung (Veränderung), 77, 174, 323 f., 357 f.
Aktuelle Varietät, 190 ff.
Aktuelles Verhalten, 182
Alarmfilter, 234, 138, 144, 147, 151
Algedonische Information, 138, 144, 151
Allgemeines Aussagesystem, 411
Allgemeine Unternehmungslehre, 23
Allokationsoptimierung, 89
Amöbe, 152, 289
Analytische Methodik, 257, 260, 295
Analytisch-reduktionistischer Ansatz, 185 f., 254, 347
Anastomotisches Retikulum, 116
Anpassung, 62, 65, 135, 147, 209, 221, 225, 234, 241, 246, 327, 390, 411
Anpassungsfähigkeit, 63, 70, 77, 147, 230, 235
Anpassungsformen, 240, 244 ff.
Anpassungszustand, 63, 70, 240
Anzahl Versuche (Anzahl Permutationen), 277 f., 281
Artificial-Intelligence-Research, 277
Aussagen, 389
Aussenwelt, 507
Autonomie, 102, 105 ff., 390, 492, 497
Autonomieprinzip (siehe: Prinzip der [divisionalen] Autonomie)
Autopoiesis, 394, 478, 483
Ataxie, 128

Basales Ganglion, 141
Basiseinheit, 492 f.
Bazar-Taktik, 447
Bedingungen, 313, 315 f., 405
Befehlsachse, 89, 91, 125, 132, 136, 151, 155
Beherrschung, 51, 70

Belisar'sche Taktik der defenisven Offensive, 446
Belohnungsmotivation, 437
Belohnungsprinzip, 436 f.
Beratung, 484
Bereichsprognose, 206 ff.
Bergtouren-Beispiel, 65 f.
Bestrafungsprinzip, 436
Betriebswirtschaftslehre, 22 ff., 47
Bewusstwerdung, 222
Binnenwelt, 507
Biokybernetische Forschung, 94
Biologie, 28, 213
Biologische Erkenntnistheorie, 29
Biologische Lebensfähigkeit, 498
Biologische Systeme, 112
Bit, 152
Blinde(r) Variation(-sprozess), 265, 268, 270, 272 f., 277, 284
Branch-Methode, 254
Bremerman'sches Limit, 198 f., 338, 381
Bunkersyndrom, 432

Cash-flow, 68
Control, 110
Controlling, 128, 134, 501
Cortex, 150 f.
Cyberstride, 122 ff., 145

Denkkonfigurationen, 33 f.
Denkmuster, 175
Desinformation, 419, 451
Detailprognose, 319
Deutero-Lernen, 60
Dezentralisation, 81, 103 f., 109 f.
Dezisionismus, 293 f.
Dichtestress, 350
Division, 85 ff., 99, 103, 105, 115 ff.
Divisionales Regelzentrum, 120 ff., 157
Divisionskoordinationszentrum, 125, 129 ff., 157

Divisionsleitung, 120 f.
Domino-Theorie, 300
Double Bind, 60, 345, 437
Drei-Welten-Konzept, 374
Durchführungsmechanismus, 123
Dysfunktionalität, 87, 94

Effektivität, 113, 281, 444
Einfache (nicht komplexe) Systeme, 46 ff.
Einschränkung, 205
Embryologie, 459
Empirische Epistemologie, 29
Empirische Theorie, 21
Entdeckungsverfahren, 310 ff.
Entropic Drift, 328
Entscheidung, 54, 65 f., 149, 226, 241, 255, 257, 291, 330, 334, 337, 342
Entscheidungshorizont, 301
Entscheidungskonfiguration, 330, 331
Entscheidungsmethodik, 248, 253, 256
Entscheidungstheorie, 64
Entscheidungszentrum, 237, 239, 240
Entwicklungspsychologie, 459
Erfolgspotential, 67 f., 461, 465
Ergebnis, 337, 339
Ergebnisprognose, 182
Erkenntnis, 21
Erkenntnistheorie, 26, 27, 298, 304
Erklärung, 191, 202
Erweiterung, 205
Essentielle Variablen, 287, 291
Evolution, 39, 77, 205, 215, 221, 225, 250 ff., 279, 282, 334
Evolutionäre Erkenntnistheorie, 28 f.
Evolutionäre Methode (Methodik), 253 ff., 260, 276, 280 f., 285, 289
Evolutionäres Paradigma, 233, 277, 304, 477, 511
Evolutionäre Problemlösungsmethode (-methodik), 248 f., 253, 286, 320, 323, 330
Evolutionäre Strategie, 320
Evolutionärer Problemlösungsprozess, 176, 265, 274
Evolutionärer Prozess, 200
Evolutionsgesetze, 249, 251 f.
Evlutionsmechanismus, 252

Evolutionsprozess, 222, 248 ff.
Evolutionstheorie, 39, 204 f., 249 ff., 275, 483
Existenzerhaltung, 67
Experimentelle Epistemologie, 29
Exponentialfunktion, 188
Externe algedonische Information, 141
Externe motorische Ereignisse (EME), 142, 145
Externe sensorische Ereignisse (ESE), 142, 144
Externe Stabilität, 137, 146 f., 153 ff.
Externes Gleichgewicht, 90, 172
Exterozeptoren, 144
Extrinsische Lenkung, 83, 210, 215, 402, 405

Fabianische Strategie der Nadelstiche, 444
Face-to-Face-Gruppe, 46
Familientheorie, 496
Faustregeln, 283 f.
Fehlentscheidung, 66
Flexibilität, 61 f., 69, 77, 433
Flexibilitätskosten, 63, 433
Fliessgleichgewicht, 81, 460, 493
Fluglotsensystem-Beispiel, 500
Formale Beziehung, 96
Formale Organisationsstruktur, 95
Formales Modell, 421, 424, 430, 457
Fragen-Beispiel, 406
Führung, 23, 52
Führungskraft, 54
Führungsstil, 40 f., 178, 348
Führungstheorie, 50
Fulguration, 326 f.
Funktion des lebensfähigen Systems, 98
Fussballspiel-Beispiel (kybernetische Struktur des Fussballspiels), 325 ff., 484, 488
Fuzzy Control, 70

Gambetta'sche Sperrklinken-Taktik, 446, 449
Ganzheit, 23, 274, 291 f., 297, 305
Gedankliches Modell, 420 f., 424, 430, 457
Gefrorene Komplexität, 512

Gehirn, 78, 81, 95, 286, 295, 297 ff., 304, 486
Genetik, 221
Genetische Psychologie, 28
Genie, 273 ff.
Geplante Ordnung, 214 ff.
Gerichtetheit, 291
Geschichtschreibung, 511, 512
Geschlossener Regelkreis, 386, 453
Geschlossenes Programm, 176
Geschlossenes System, 57, 322
Gesellschaftstheorie, 295
Gesetzmässigkeit, 218 ff.
Gestaltung, 23, 37, 50, 83 f., 92, 225
Gewachsene Ordnung, 215, 219
Gewinn, 66 ff.
Gewinnmaximierung, 66 f.
Gleichgewicht, 68, 196 f., 312, 390, 393 ff., 460
Glühbirnen-Beispiel, 187 ff.
Grundlagenforschung, 282
Gyroskop, 288

Heuristik, 273, 277, 284 f., 425 ff., 441
Heuristische Prinzipien, 425 f.
Hierarchie, 101, 115
Homöostase, 81, 131, 389, 394, 397
Homöostat, 81, 132 ff., 146, 152 f., 193, 233, 286 ff., 290 f.
Homöostatisches Lenkungssystem, 233 f.
Horizontale Dimension, 104, 107
Horizontale Komponente, 105, 107
Hüllkurve, 464

Immunreaktion, 174
Implementierung, 174
Implizite Regelung, 387
Impulsvariation, 449
Individuen, 224 ff., 252 f., 308
Indizes, 117 ff.
Inferentialprinzip, 297 f.
Informale Beziehungen, 96, 126
Informale Organisationsstruktur, 95

Information, 55, 64, 68, 89 f., 101, 120, 124, 128 ff., 147 ff., 190, 217, 257, 289 f., 299, 373, 380 f., 398, 408 f., 418 f., 504
Informationsabgabe, 124
Informationsaufnahme, 124, 416
Informationsbasis, 63
Informationsfilter, 106 f., 398
Informationsfluss, 121
Informationsgewinnung, 269, 272, 296, 416
Informationskreislauf, 129
Informationsmangel, 271
Informationsproblem, 55 f.
Informationsquantität, 380 ff., 409
Informationstheorie, 279
Informationsübermittlung, 55
Informationsverarbeitungskapazität, 198 f.
Initialplan, 124
Initiative, 435
Inkonsistenz-Management, 300 f.
Inkrementale Veränderung, 323 ff.
Input-Output-Matrix, 132 ff.
Input-Synapse, 121 ff.
Integration, 157, 190, 469, 503
Interaktion, 51, 53, 69, 81, 110, 154, 186, 201, 211, 343, 353, 499
Interaktionsformen, 60
Interaktionsintensität, 52
Interaktionsmuster, 58 f.
Interne algedonische Information, 141
Interne motorische Ereignisse (IME), 142, 145 f.
Interne sensorische Ereignisse (ISE), 142
Interne Stabilität, 90, 130 f., 137 ff., 145 ff., 153 ff.
Internes Gleichgewicht, 90, 117, 119, 172, 505
Intrinsische Lenkung, 83, 210, 215, 288
Invarianz, 93, 197
Invarianztheorem, 77, 92 ff.
Isomorphietheorem, 456, 487
Judo-Effekt (Jsiu-Jitsu-Effekt), 325 f., 530

Kaninchen-Beispiel, 387 f., 390 f.
Kapabilität, 117 ff.
Kausaldenken, 432
Kausalerklärung, 250
Kleinsystem, 53
Kognitive Homöostase, 517
Kognitive Operation, 299, 302
Kognitive Prinzipien, 307, 308
Kognitive Strukturen, 305 ff.
Kognitiver Prozess, 286, 296 f.
Kohäsion, 106
Kombinatorik, 186
Kommunikation, 20, 44, 59, 71, 89, 190, 193, 352 ff., 382, 394, 428
Kommunikationsprozess, 44, 76, 373
Kommunikationstheorie, 190
Komplexität, 30, 34, 37, 45 f., 56, 62, 69 f., 75, 77, 82 f., 88, 95, 102, 109, 170 f., 178, 184 ff., 191, 193 f., 201, 216, 230, 232, 257 ff., 267, 271, 286, 368, 380
Komplexe Systeme, 47, 71, 78, 188
Komplexitätsausgleich, 170 ff.
Komplexitätsbarriere, 53, 82 f.
Komplexitätsbeherrschung (-bewältigung), 37 ff., 102, 108, 172 ff., 184, 197 f., 211, 227, 258, 281, 285, 295 ff., 426, 428, 477, 485
Konfiguration, 201 ff., 213
Konkretes Problemlösen, 179
Konsistenzprinzip, 297 ff., 307
Konstruktion, 40
Konstruktivismus, 259
Konstruktivistische Steuerungssysteme, 56
Konstruktivistisch-technomorphe Managementtheorie, 36 f., 46, 53 f., 61 f., 70
Konstruktivistisch-technomorphe Prämissen, 49
Konstruktivistisch-technomorpher Ansatz, 42 ff., 253 ff., 285, 289
Konstruktivistisch-technomorphes Paradigma, 57, 68, 288, 256, 302, 304, 377, 511
Konstruktivistische Rationalität, 43, 255, 308, 338, 347
Konstruktivistischer Problemlösungsprozess, 176, 256, 258, 323
Kontrolle, 29 f., 45 f., 51, 70, 191, 193, 195, 209, 251, 388, 408, 440 f.

Kontrollfunktionen, 86
Kontrollierbarkeit, 45
Koordination, 87 f., 110, 190, 193, 500
Koppelung, 224, 236, 326 f., 428
Kosmos, 215 f., 323, 328
Kosten, 62 f., 67
Kreativität, 276, 359 f.
Kretischer Lügner, 351
Kritische Gruppe, 52 f.
Kritische Variable, 289 ff.
Kritischer Komplexitätswert, 82 f.
Kuba-Krise, 417
Kultivierung, 209, 225, 227, 239
Kultur, 39
Kybernetik, 23 ff., 51, 76 ff., 169, 190 f., 197, 213, 215, 360, 383, 422
Kybernetische Forschung, 94
Kybernetische Gesetzmässigkeit, 82
Kybernetisches Organisationsmodell, 76
Kybernetisches System, 81

Latenz, 118 f.
Lebensfähiges System, 80 ff., 115, 156 ff., 169
Lebensfähigkeit, 66, 68 ff., 77, 79 f., 94 f., 108, 111 ff., 149, 152, 175, 491, 498
Leitbild, 149, 152 f.
Lenkbarkeit, 25
Lenkende Instanz, 217 f.
Lenkung, 23, 30, 37, 49 f., 81, 84, 120, 137 f., 190, 194, 230, 234 f., 240 f., 246, 263, 288, 318, 361, 401 f., 408
Lenkungsinstanz, 86
Lenkungsinstrumente, 401
Lenkungsmechanismen, 30, 116, 362, 380
Lenkungsmodell, 408, 455 f.
Lenkungsorientierte Systemmethodik, 400, 410, 454
Lenkungsprobleme, 29, 102
Lenkungsprozess, 124, 175, 361
Lernfähigkeit, 63, 230
Liquidität, 68
Logik, 22, 58, 298 f., 366

Magnet-Eisenspäne-Beispiel, 217
Manageability, 63, 233

Management, 45 ff., 73, 83, 88, 113, 184, 290, 292, 316
Management by Objectives, 530
Management komplexer Systeme, 350, 354
Management-Kybernetik, 76, 98
Managementlehre, 22, 24, 37, 51, 71, 78, 346
Managementliteratur, 66, 342
Managementpraxis, 77
Management-Theorien, 34, 35, 46, 49, 56, 60, 77
Manager, 54, 233
Marktwirtschaft, 55
Medulla, 132
Menschenführung, 23, 49
Meta-Ebene, 21, 57 ff., 63, 69, 73, 180, 240, 324, 352, 357 f., 454, 481
Meta-Information, 353, 398
Meta-Kommunikation, 44, 58, 60, 352 ff.
Meta-Kritik, 48
Meta-Lenkung, 84
Meta-Methodik, 349
Meta-Organisation, 84
Meta-Steuerung, 399, 405 ff.
Meta-Sprache, 21, 58, 73, 101, 153, 317, 352 f.
Meta-System, 73, 101, 128, 216, 290, 316, 324 ff., 352 ff., 410
Metasystemische Lenkung, 410, 424 ff., 453 f.
Metasystemische Steuerung, 71
Metasystemische Zustandskonfigurationen, 112 ff.
Metavariable, 69
Methode, 358
Methode des subjektiven Nachvollzugs, 519
Methode der sukzessiv beschränkten Vergleiche, 254
Methodik, 358, 368
Methodologie, 358, 361
Mimikry, 419
Mittel-Zielprozess, 327 ff.
Möglichkeiten, 190, 310
Modell, 72, 117, 146, 150
Modellaufbau, 75, 98
Modellbegriff, 489

Modell der (relativen) Autonomie, 105 f., 109
Modell der kybernetischen Organisationsstruktur, 97
Modell des lebensfähigen Systems, 28, 32, 72 ff., 82, 92 ff., 99, 101 ff., 111, 114, 176, 349, 379, 379, 453 ff., 466, 468, 489, 495 f.
Modell des polystabilen Systems, 397, 445
Modelltheorie, 489 f.
Modellverwendung, 75
Moltke'sche Taktik der Sollbruchstellen, 446
Motorische Komponente, 152 ff.
Motorischer Kanal, 117, 120
Multinode, 154
Multistabiles System, 383
Multizweckprozess, 281 f.
Muster (Pattern), 199 ff., 213, 298, 322, 356
Mutation, 268, 323

Napoleonische Sukzessivstrategie, 444
Naturgesetz, 194, 232
Naturwissenschaft, 202, 258, 294
Negative Regel, 223
Negative Rückkoppelung, 214, 312, 316 f., 383 ff.
Negative Strategie, 334
Negative Verhaltensregel, 308
Neodarwinistische Evolutionstheorie, 348
Neuartige (evolutionäre) Entwicklungen, 135, 136
Neurokybernetische Forschung, 78, 94, 104, 111
Neurophysiologische Forschung, 78
Normative Divisionsplanung, 124, 129, 136 f.
Normen, 40

Objektebene, 21, 57 ff., 69, 180, 240, 324, 352, 357 f., 481
Objektivität, 504
Objektsprache, 21, 58, 73, 101, 317, 352 f.
Objektsystem, 73, 101, 324, 352, 409, 411
Ökonomie, 22
Ökonomische Gleichungssysteme, 206

583

Ökosystem, 78, 246
Offenes System, 57, 322, 389, 423
Operational Elements, 492, 494, 496
Operatives Corporate Management, 75, 502 ff.
Opportunitätsprinzip, 283
Optimalität, 61 f.
Optimalwert, 118 f., 314
Optimierung, 24, 63, 69, 113, 137, 503
Ordnung, 38, 41 f., 50, 73, 199, 211 ff., 222, 225, 228, 273, 293, 295, 304, 306, 314, 345 ff.
Ordnungsentstehung, 230, 253
Ordnungsstruktur, 73, 226, 314
Ordnungstypen, 42, 56, 73
Ordnungstypen der Wirtschaft, 55
Organigramm, 93, 95 f., 99, 101, 214, 492, 517
Organisation, 77, 80, 93, 178, 199, 211 f., 215, 228 f., 236, 317, 342, 517
Organisationsentwicklung, 348, 519
Organisationsmodell, 75
Organisationsstruktur, 55, 63, 157, 175, 235
Organisationstheorie, 87, 99, 491
Organisierbarkeit, 63
Organisierte Komplexität, 105
Organismisches Verhalten, 221 f.
Organismus, 39, 81, 212, 214
Orientierung, 41, 208 f., 227, 335, 412, 468, 507
Orientierungsgrundlage, 66, 68, 420
Output-Synapse, 123

Pain-Pleasure, 318, 436
Palo-Alto-Gruppe, 58, 357, 496
Parametrisches Modell, 117
Parasympathikus, 132 ff.
Parasympathischer Nervenstrang, 132
Parasympathisches System, 89
Pathologie des lebensfähigen Systems, 468
Pathologische Systemstruktur, 94
Pathologisches Systemverhalten, 94
Pattern (siehe Muster)
Pattern-Erklärung, 206
Perikleische Ermüdungs- und Schwachstellenstrategie, 444

Peripheres Ganglion, 115, 128
Personale Interaktion, 50
Phänomene, 186, 206 ff.
Physiologische Grenze, 389 f.
Plan, 119, 123
Planende Instanz, 216 ff.
Planung, 54, 59, 64 ff., 123, 220, 250, 342, 387, 501
Planungsbeispiel, 534 ff.
Point-of-no-Return-Management, 434
Politik der kleinen Schritte, 327
Politik des „big stroke", 327
Polygon, 237 ff.
Polystabiles System, 395, 401, 477
Polyzentrische Anpassung, 239
Polyzentrische Ordnung, 214 f., 237, 241, 347 f.
Polyzentrisches Problem, 238 f.
Polyzentrisches System, 176, 237
Popper'sche Situationslogik, 431
Positive Regel, 223
Positive Rückkopplung, 385
Positives Wissen, 42
Potentialität, 118 f.
Potentielle Futurität, 433 f.
Potentielle Varietät, 190 f., 199 ff.
Potentielles Verhalten, 182, 192
Prämisse, 19 ff., 47 ff., 65
Prämissensystem, 34
Prinzip der Arbeitsteilung, 503
Prinzip der (relativen divisionalen) Autonomie, 75, 98, 103, 114
Prinzip der Lebensfähigkeit (Viabilitätsprinzip), 75, 86 f., 92, 98 f., 107 f., 111, 458 f.
Prinzip der negativen Rückkopplung, 116
Prinzip der Rekursivität, 75, 86 f., 92, 98 f., 101, 103, 107 f., 114, 156, 458 f., 478
Prinzip der Selbstregulierung durch Selbstorganisation, 390
Prinzip der Strukturaufprägung, 299
Prinzip der Strukturvollständigkeit, 458 f.
Prinzip des Management by Exception, 136
Prinzipienerklärung, 204 ff., 250, 310
Prinzip-Prognose, 184, 310, 319, 412
Problem der Delegation, 82

Problem der Identität und Bewahrung, 69
Problem der Quantifizierbarkeit, 68
Problem der Re-Integration, 82
Problemlösen, 60 f., 73, 179, 240, 284, 319, 346 f., 356, 361, 380, 456
Problemlösungsmatrix, 371
Problemlösungsmethodik, 26, 237, 248, 256, 368
Problemlösungsprozess, 73, 175, 263 f., 267 f., 270, 277, 281, 288, 307, 362 f., 373, 399, 401, 406
Produktorientierte Unternehmung, 494
Produktionsplanung und -steuerung (PPS), 60, 76
Produktivität, 118, 123
Produkt-Markt-Strategie-Beispiel, 399 ff.
Prognose, 64, 201 ff., 251, 412 f., 420, 486, 511
Prognostizierbarkeit, 64
Projektdokumentation, 485
Propensität, 281
Prophylaktisches Management, 469
Prozessmerkmale, 405 f.
Prozesssteuerung, 406, 408

Radikale Veränderung, 326 f.
Rationales Verhalten, 309, 313
Rationalität, 227, 255, 258, 304, 338, 344, 429
Reaktionsflexibilität, 62
Realität, 20, 35, 71, 118, 306 f., 374, 439
Realitätskonstruktion, 20
Realitätsprinzip, 297, 302 f.
Rechnungswesen, 68
Reduplikation, 250
Reduzierbare- nicht reduzierbare Ziele, 381
Reflexbogen, 115, 128
Regelmässigkeit, 41, 220 f., 356
Regeln, 40 ff., 107, 175, 181 f., 220, 224, 226 ff., 305, 349 f.
Regelproduzierender Mechanismus, 182
Regelsystem, 41 f., 181 f., 350, 385
Regelungstheorie, 28
Rekursionsebene, 75, 102, 106, 156, 349, 510
Rekursionsniveau, 108

Rekursionsprinzip (siehe Prinzip der Rekursion oder Rekursivität)
Rekursivität, 157
Relative Autonomie, 104, 111
Remediale Orientierung, 333 ff.
Reorganisation, 109, 318
Reproduktion, 205
Ressourcen, 89, 107, 417, 502
Reversible-Irreversible Entscheidung, 434
Reversibilität, 434
Risiko, 66, 434
Risikoanalyse, 418, 424
Root-Methode, 254
Rückkoppelung (Feed-back-Loop), 76, 117

Sanktionsmechanismus, 436
Sanktionszentren, 435 f.
Scheinsicherheit, 68
Scheinwelt, 20 f., 71
Schismogenese, 60
Selbstkoordination, 234 f.
Selbstorganisation, 77, 146, 318, 335, 349, 488
Selbstorganisierendes System, 83, 215, 218, 349
Selbstreflexives Objektsystem, 417
Selbstregulation, 77, 215
Selbstregulierendes System, 83
Selektion, 104, 204, 222, 250, 252, 268, 269, 279, 287, 530
Selektionskriterien, 274, 278
Selektionsmechanismus, 224
Selektive Bewahrung, 250, 252, 265, 268, 270, 272 f., 277, 284
Semantische Falle, 20
Sensorische Komponente, 152 ff.
Sensorischer Kanal, 120
Sequentieller Problemlösungsprozess, 332 f.
Servo-Mechanismus, 116 f., 120, 130, 383
Simplizitätsprinzip, 297, 303, 307
Simulation, 144, 147, 284, 421
Soft Control, 70
Sozialdarwinismus, 42, 225, 249, 252
Soziale Akzeptanz, 45
Soziale Institution, 252 f.
Sozialer Prozess, 336, 338

585

Soziales System, 45, 80, 93, 95 f., 101, 112, 178, 182, 305, 308, 347
Sozialwissenschaften, 212 f., 223
Soziotechnisches System, 75, 78, 80, 169, 461
Spekulation, 415, 418
Sperrklinken-Taktik, 445
Spielregeln, 216, 229, 314, 317, 325, 356, 425, 447, 485
Spontane (sich selbst generierende) Ordnung, 38 f., 213 ff., 235, 239, 241, 305, 310, 312, 338, 347, 477
Spontane Systeme, 176, 236 f.
Spontanes Wachstum, 215
Sprache, 21, 218, 291, 353, 382, 488
Sprachebene L^0/L^1, 363
Sprachsystem, 72
Stabilität, 62, 115 f., 120, 123, 135, 137, 287, 299, 304 f., 390, 409, 503
Stabilitätskriterien, 119, 287, 289 f., 398
Stabilitätsprinzip, 297, 299, 304, 307, 395
Stärke-gegen-Schwäche-Grundsatz, 432
Steuerung, 45, 190, 486 ff.
Steuerungsfähigkeit, 61, 63, 65, 68
Störung, 106, 118, 289, 385, 485
Störungskomplexität, 106
Strategie, 69 f., 73, 150, 174, 180 ff., 342 f.
Strategie-Beispiel, 399 ff.
Strategie der gezielten Indiskretion, 451
Strategie der gezielten Verwirrung, 447
Strategie der Infiltration, 450
Strategie der Integration, 449
Strategie der Mittel- und der Kampffeldwahl, 448
Strategie der repressiven Toleranz, 449
Strategie der wohlwollenden Sabotage, 445
Strategie des gegenseitigen Beispiel, 447
Strategiekombinationen, 452
Strategie-Methodologie, 358
Strategieproduzierender Mechanismus, 180 f., 253, 411
Strategieproduzierendes System, 180
Strategische Grundsätze, 425 ff., 428 ff., 443, 460
Strategische Planung, 67 f., 171, 174, 271
Strategisches Konzept, 350

Strategisches Management, 68 f., 75, 171, 176 ff., 179 ff., 208, 212 f., 248, 335, 368, 411, 453, 478 ff., 506
Strategisches Problem, 171, 173
Strategisches Verhaltensmuster, 427, 441, 443
Struktur, 69, 77, 80, 95 f., 99, 101, 111 f., 175, 221, 274, 286, 319, 323, 459, 491 f.
Strukturänderung (Strukturbereinigung), 112 f., 245
Struktur des lebensfähigen Systems, 84, 91 f., 99, 103, 111, 114, 175, 233, 240, 350, 405, 453, 455, 459
Strukturelement, 85
Struktureller Umbruch, 34, 62
Strukturelles Modell, 117, 119
Strukturierung komplexer Systeme, 72, 307
Strukturierte Programmierung, 291
Suboptimierung, 81
Subsystem, 69, 85, 99, 102, 310, 391, 459
Suchparadigma, 154, 273
Sukzessive Approximation, 237, 239, 280
Supersystem, 99
Symmetrie, 274
Sympathikus, 131 ff., 135
Sympathischer Nervenstrang, 132
Sympathisches System, 89
Synergie, 125, 129 f., 132, 134, 136
Synergieeffekt, 88, 108, 499
Synergievorstellung, 128, 130, 132, 135
Synoptische Methode, 254, 256
System 1, 85 f., 89 ff., 99, 115 ff., 118, 120, 122, 156, 349, 493 ff.
System 2, 85, 87 ff., 99, 125, 349, 500 f.
System 3, 85, 89 ff., 99, 130 ff., 233, 349, 502 ff.
System 4, 85, 90 ff., 99, 140, 233, 349, 506 f.
System 5, 35, 90 f., 93, 99, 143, 149, 152 f., 230, 349, 508
Systemabgrenzung, 24, 355
Systemanalyse, 401, 412 f., 416 f., 422, 424, 457
Systemansatz, 23
Systemcharakteristika, 376 ff., 382, 400, 456, 477

Systemfunktion, 95 f.
Systemimmanente Kontrolle, 30
Systemische Realität, 46
Systemisch-evolutionäre Managementtheorie, 36 ff., 50, 62 f., 70 f.
Systemisch-evolutionäre Prämissen, 49
Systemisch-evolutionäre Rationalität, 43
Systemisch-evolutionärer Ansatz, 41 ff., 54, 64, 68
Systemisch-evolutionäres Paradigma, 40
Systemisch-interaktionistischer Ansatz, 185
Systemische Kommunikation, 55
Systemmethodik, 26, 30 f., 73, 176, 212 f., 350, 361, 478 f., 481
Systemorientierte Managementlehre, 22, 25, 32 f.
Systems-Dynamics-Ansatz, 144, 421
Systemstruktur, 58, 73, 75, 174, 193, 213, 246, 479, 481
Systemstrukturierungsprinzipien, 98 ff., 110
Systemtheorie, 23, 76, 169, 422, 490
Systemverhalten, 93, 465
Systemzusammenbruch, 468
Szientismus, 258 f., 293

Tabuisierungstechnik, 448
Tagebuchschreibung, 511 f.
Taktik des Einfaltspinsels, 445
Taktik des Fait accompli, 445
Täuschung, 426
Tarnung, 419, 440
Taxis, 215 ff., 228 f., 234
Taxische Ordnung, 241, 346, 348, 477
Taxische Systeme, 176, 235 ff.
Team, 316
Technologieorientierte Unternehmung, 494
Technologische Entwicklung, 67
Technologische Substitution, 68, 140
Technomorphe Systeme, 71
Technomorphes Denken, 71
Teilproblem, 77
Teleologische Erklärung, 250
Telerezeptoren, 144
Theorie, 72
Theorie autopoietischer Systeme, 28
Theoriebildung, 47

Theorie der komplexen Phänomene, 186
Theorie der kurzfristigen Prognose, 122
Theorie der Entstehung und Schaffung von Ordnung, 212
Theorie der „machine with inputs", 357
Theorie der Mechanik, 205
Theorie der Personal Constructs, 29
Theorie der rationalen Entscheidung, 309
Theorie der Spiele (Spieltheorie), 360, 416 f.
Theorie der spontanen Ordnung, 39 f., 42 f., 231, 477
Theorie des evolutionären Problemlösens, 263, 268, 275 f.
Theorie des lebensfähigen Systems, 92, 104, 169, 171, 489
Theorie des Managements, 72
Theorie des vollkommenen Wettbewerbs, 311 ff.
Theorie kognitiver Prozesse, 29
Theorie lernender Systeme, 28
Theorie selbstorganisierender Systeme, 223 f., 231, 312, 335
Theorietyp, 47, 48
Theorie über strategisches Management, 181
Tightly-Controlled System, 500
Time-Lags, 367
T-Maschine, 144
TOTE-Konzept, 29
Traditionelle Unternehmungsberatung, 515
Transducer, 121, 123
Transduction, 193
Transmission, 193

Überanpassung, 62
Überleben, 112 ff., 170, 214, 280, 307, 390, 461
Überwachungsmechanismus, 121 ff.
Uhrenindustrie, 506
Ultrastabiles System, 383, 394 f., 449, 477
Ultrastabilität, 116, 287 f., 316, 383
Umwelt, 81, 85, 88, 90, 124, 170, 172, 181 f., 293, 302, 392, 445, 493
Umweltbeziehungen, 76, 90
Umweltdruck, 106
Umweltinformation, 90, 144 f., 147
Ungewissheit, 286, 292

Unmöglichkeit, 250
Unmöglichkeitsbehauptung, 231 f., 300 ff.
Unorganisierte Komplexität, 105
Unternehmenszusammenbruch, 469
Unternehmung, 23, 51, 99, 103, 113, 169, 491 ff., 503, 506
Unternehmungsentwicklungsprojekt, 484 ff., 515 ff.
Unternehmungsführung, 22 ff., 82, 208, 289
Unternehmungsgrösse, 82, 109
Unternehmungsmodell, 142, 147
Unternehmungsplanung, 87, 142, 146 f., 315
Unternehmungsphilosophie, 149
Unternehmungspolitik, 91, 115, 119, 124, 146, 149 ff.
Unternehmungsumwelt, 141 f., 506
Unwissenheit, 207, 231

Valenz, 52
Variation, 268 f., 272, 275, 279, 416
Varietät, 102, 105, 152, 176, 168, 169, 192 ff., 200, 204, 210, 237, 289, 290, 409, 512
Varietätsausgleich, 178
Varietätsbewältigung, 108, 178
Varietätsbilanz, 102, 193, 195
Varietätserhöhung (Varietätsverstärkung), 104, 196 f., 210, 226 f., 284, 290, 372, 422
Varietätsgesetz, 102, 192, 194, 228, 230, 289
Varietätskontrolle, 178
Varietätsreduktion, 104, 107, 117, 196 f., 210, 226 f., 290, 429
Variety-Engineering, 436
Ventrikel, 141
Veränderung erster Ordnung, 357, 360, 395
Veränderung zweiter Ordnung, 357 f., 360, 395
Verarbeitungsregeln, 297
Verbot, 41
Verhalten, 40 f., 45, 50, 57, 123, 155, 174, 178, 182, 201, 204, 206, 221 f., 253, 287
Verhaltensanweisung, 145 f.
Verhaltensprognose, 182

Verhaltensregeln, 50, 79, 223 ff., 253, 291 ff.
Verhaltensrepertoire, 252, 290 f.
Verhaltensvarietät, 107, 237
Verhalten von Managern, 342 ff.
Verkoppelungsstrategie, 450
Vernetzte Systeme, 385 ff., 392
Vernunft, 35, 39, 309
Verschwörungstheorie, 432
Versuchs-Irrtums-Prozess (Trial and Error Process), 183, 265, 269 ff., 308, 369, 419
Vertikale Dimension, 105, 107
Viabilitätsprinzip (siehe Prinzip der Lebensfähigkeit)
V-Maschine, 145
Vollständige Information, 61
Voraussage, Vorhersage siehe Prognose
Vorhergehensmethodik, 101 f., 105
Vorsteuerung, 68
Vorzugszustand, 152, 154

Wahrnehmung, 306 f., 3077
Wahrnehmungspsychologie, 67
Wahrnehmungspsychologisches Problem, 67
Wahrscheinlichkeit, 257
Wehret-den-Anfängen-Taktik, 448
Weltbild, 21
Werte, 327 f.
Willkür, 294
Wirtschaft, 186
Wirtschaftlicher Wettbewerb, 311 ff., 319
Wissen, 198, 206 f., 217, 227 ff., 257 f., 309
Wissenschaftliche Erkenntnis (Wissenschaft), 201, 206, 286, 311, 390
Wissenschaftlichkeitskriterien, 35
Wissenschaftsverständnis, 185
Workshop, 518
Wunschdenken, 300 f.

Zeithorizont, 68
Zentrale Steuerung, 55
Zentralisierung (Zentralisation), 81, 98, 103 f.
Zentralnervensystem, 78, 81, 84, 121, 135
Zentralwirtschaft, 55

Ziel, 222, 228 f., 256, 281, 303, 380 f., 388
Zielbalance, 460
Zielkombination, 261
Ziel-Mittel-Zuordnung, 256
Zirkuläres System, 383
Zivilisation, 39

Zustand, 193 ff., 199 ff., 213
Zweckmässigkeit, 39 f., 228 f.
Zweckrationale Systeme, 40
Zweckrationales Handeln, 40, 349
Zweckrationalität, 42
Zweidimensionales Autonomiemodell, 111

Prof. Dr. Fredmund Malik

Management-Perspektiven
Wirtschaft und Gesellschaft, Strategie, Management und Ausbildung

2., korrigierte Auflage

422 Seiten, 20 Abbildungen
gebunden Fr. 48.– / DM 54.– / öS 394.–
ISBN 3-258-05898-9

Wirtschaft und Gesellschaft durchlaufen enorme Veränderungen. In wenigen Jahren wird kaum noch etwas so sein, wie es jetzt ist. Komplexität, Ungewissheit, Unprognostizierbarkeit und Turbulenzen sind Kennzeichen des grossen Transformationsprozesses. Management ist die Kunst, diesen zu steuern. Dieses Buch zeigt die wesentlichen Perspektiven auf und setzt Orientierungsmarken für den Massenberuf unserer Zeit: Management.

Verlag Paul Haupt Bern · Stuttgart · Wien

Prof. Dr. Fredmund Malik

Systemisches Management, Evolution, Selbstorganisation
Grundprobleme, Funktionsmechanismen und Lösungsansätze für komplexe Systeme

2., überarbeitete Auflage

421 Seiten, 27 Abbildungen, 1 Tabelle
gebunden Fr. 48.– / DM 54.– / öS 394.–
ISBN 3-258-05993-4

Fredmund Malik richtet sich an jene Führungskräfte, die den grundlegenden Charakter der Organisationen, in denen sie handeln, besser verstehen wollen. Die Organisationen einer modernen Gesellschaft sind zum grössten Teil hochkomplexe Systeme, die wir nicht – wie weithin üblich – als Maschinen, sondern weit besser in Analogie zu Organismen verstehen können. Sie können weder bis ins Detail verstanden und erklärt, noch gestaltet und gesteuert werden. Sie haben ihre eigenen Gesetzlichkeiten und werden zwar auch durch Ziele, aber vor allem durch Regeln kontrolliert.

Verlag Paul Haupt Bern · Stuttgart · Wien